relações públicas

R382 Relações públicas : profissão e prática / Dan Lattimore ... [et al.] ; tradução: Roberto Cataldo Costa ; revisão técnica: Luiz Alberto de Farias, Vânia Penafieri. – 3. ed. – Porto Alegre : AMGH, 2012.
432 p. : il. ; 25 cm.

ISBN 978-85-8055-040-5

1. Relações públicas. I. Lattimore, Dan.

CDU 659.4

Catalogação na publicação: Ana Paula M. Magnus – CRB 10/2052

DAN LATTIMORE
OTIS BASKIN
SUZETTE T. HEIMAN
ELIZABETH L. TOTH

relações públicas
profissão e prática

3ª EDIÇÃO

Tradução:
Roberto Cataldo Costa

Consultoria, supervisão e revisão técnica desta edição:

Luiz Alberto de Farias
Doutor em Comunicação e Cultura pela USP.
Professor-doutor da ECA/USP e professor-titular da Faculdade Cásper Líbero.
Presidente da Associação Brasileira de Relações Públicas (ABRP-SP).

Vânia Penafieri
Mestre em Comunicação e Semiótica pela PUC-SP.
Professora do Centro Universitário Belas Artes de São Paulo,
Universidade Cruzeiro do Sul e Centro Universitário Senac – São Paulo.

AMGH Editora Ltda.
2012

Obra originalmente publicada sob o título
Public Relations: The Profession and the Practice, 3rd Edition.

ISBN 0073378879/9780073378879

Original English edition © 2009, The McGraw-Hill Companies, Inc., New York, New York 10020.
All rights reserved.
Portuguese language translation © 2012, AMGH Editora Ltda. All rights reserved.

Capa: *Márcio Monticelli*

Preparação de original: *Lara Frichenbruder Kengeriski*

Leitura Final: *Cristine Henderson Severo*

Editora sênior: *Mônica Ballejo Canto*

Editora responsável por esta obra: *Lívia Allgayer Freitag*

Projeto e editoração: *Techbooks*

Reservados todos os direitos de publicação, em língua portuguesa, à
AMGH EDITORA LTDA., uma parceria entre GRUPO A EDUCAÇÃO S.A. e McGRAW-HILL EDUCATION
Av. Jerônimo de Ornelas, 670 – Santana
90040-340 – Porto Alegre – RS
Fone: (51) 3027-7000   Fax: (51) 3027-7070

É proibida a duplicação ou reprodução deste volume, no todo ou em parte, sob quaisquer
formas ou por quaisquer meios (eletrônico, mecânico, gravação, fotocópia, distribuição na Web
e outros), sem permissão expressa da Editora.

Unidade São Paulo
Av. Embaixador Macedo Soares, 10.735 – Pavilhão 5 – Cond. Espace Center
Vila Anastácio – 05095-035 – São Paulo – SP
Fone: (11) 3665-1100   Fax: (11) 3667-1333

SAC 0800 703-3444 – www.grupoa.com.br

IMPRESSO NO BRASIL
PRINTED IN BRAZIL

Agradecimentos

Os seguintes acadêmicos revisaram nosso manuscrito e nos ajudaram a torná-lo o mais útil possível para estudantes e professores:

Coy Callison
Texas Tech University

Todd Chambers
Texas Tech University

Scott Dickmeyer
University of Wisconsin

Shearlean Duke
Western Washington University

Dina Gavrilos
Walter Cronkite School, Arizona State University

Judith A. Linville
University of Missouri-St. Louis

Kenneth Plowman
Brigham Young University

Christine Russell
East Carolina University

Andi Stein
Cal State Fullerton

Agradecemos profundamente aos que extraíram de suas experiências profissionais ou de ensino os casos e destaques que aparecem em cada capítulo. Nossa gratidão também vai para nossas universidades, por seu apoio, seus serviços e recursos. Por fim, damos nossos sinceros agradecimentos aos profissionais da Editora McGraw-Hill, que se esforçaram tanto e por tanto tempo para nos ajudar a realizar o projeto.

Dan Lattimore, *University of Memphis*
Otis Baskin, *Pepperdine University*
Suzette T. Heiman, *University of Missouri-Columbia*
Elizabeth L. Toth, *University of Maryland*

Autores

Dan Lattimore é vice-diretor para programas ampliados, diretor da University College, professor de jornalismo da University of Memphis e profissional certificado de relações públicas. É autor de cinco livros e representa a PRSA na Comissão para a Educação em Relações Públicas.

Otis Baskin é professor de administração na Faculdade de Administração George L. Graziadio, na Pepperdine University, onde foi diretor de 1995 a 2001. Dr. Baskin foi assessor de organizações públicas e privadas em todo o mundo em relação à gestão. Faz palestras frequentes para grupos do setor e executivos, incluindo Conference Board, Family Business Network (Europa) e International Security Management Network.

Suzette T. Heiman é diretora de planejamento e comunicação e professora associada da Faculdade de Jornalismo Missouri, na University of Missouri-Columbia. Seu histórico profissional inclui experiência em relações públicas e propaganda para organizações sem fins lucrativos, e também atua como consultora de empresas. É membro certificado da PRSA.

Elizabeth L. Toth, Ph.D., é professora efetiva e chefe do Departamento de Comunicação da University of Maryland-College Park. Recebeu os prêmios: PRSA Outstanding Educator Award, Institute for Public Relations Pathfinder Award e Jackson, Jackson & Wagner Behavior Science Prize. Sua experiência profissional em relações públicas se concentrou nas relações com governos.

Sumário

Apresentação 13

   Abordagem do texto 13

   Organização do texto 14

   Pedagogia 14

   O que é apresentado em cada capítulo 14

   Material de apoio na internet 16

Introdução Visual 17

PARTE I   Profissão 21

1 A Natureza das Relações Públicas 22

   Introdução 22

   O que são relações públicas? 23

   Desenvolvimento de relações com base em uma comunicação bidirecional 23

   Influência sobre grupos, políticas e temas importantes 24

   Os públicos nas relações públicas 25

   Uso de habilidades de comunicação com eficácia 26

   Diferenciação das relações públicas de campos relacionados 26

   Os profissionais das relações públicas fazendo seu trabalho 28

   Gestão e liderança em relações públicas 29

   O alcance da indústria das relações públicas 32

   Perfil dos profissionais de relações públicas 33

2 A História das Relações Públicas 36

   Introdução 36

   A tradição dos retóricos e dos agentes de imprensa 37

   A tradição jornalística e publicitária 39

   A campanha de comunicação persuasiva 43

   Construção de relações e comunicação bidirecional 44

   A sociedade global da informação 53

3 Base Teórica para as Relações Públicas 58

   Introdução 58

   Definição de teoria 59

   Teorias das relações 59

   Teorias da persuasão e influência social 62

   Teorias da comunicação de massa 66

Papéis em relações públicas 67

Modelos de relações públicas 68

Abordagens à solução de conflitos 70

4 Direito e Ética 77

Introdução 77

O ambiente jurídico 78

O ambiente ético 86

PARTE II Processo 99

5 Pesquisa: Entendendo a Opinião Pública 100

Introdução 100

A necessidade de pesquisa nas relações públicas 101

Provando o valor das relações públicas 103

Medindo a opinião pública 112

Técnicas especiais de pesquisa em relações públicas 114

6 Planejamento Estratégico para a Eficácia das Relações Públicas 121

Introdução 121

Planejamento estratégico 122

A importância do planejamento 123

Fundamentos de planejamento em relações públicas 124

Elementos do planejamento 125

7 Ação e Comunicação 137

Introdução 137

As relações públicas em ação 138

O profissional como comunicador 144

Como ser ouvido 151

8 Avaliação da Eficácia das Relações Públicas 157

Introdução 157

Avaliação para programas de atividades de relações públicas 158

Avaliação tradicional 158

A necessidade de pesquisa em avaliação 159

Medindo o valor dos esforços de relações públicas 161

Avaliação em sistema fechado 167

Avaliação em sistema aberto 169

Programas de computador para avaliação 172

PARTE III Públicos 177

9 Relações com a Mídia 178

Introdução 178

Relações com a mídia 179

Relação entre jornalistas e profissionais de relações públicas 179

Papel da mídia nas relações públicas 183

Mídias sociais 185

Trabalhando com a mídia 186

Elementos de um programa de relações com a mídia 188

Usos do vídeo 193

Papel da tecnologia nas relações públicas 194

10 Comunicação com Funcionários 204

Introdução 204

Papel da comunicação com funcionários 206

Conceito de cultura organizacional 207

Importância da comunicação com os funcionários 209

Meios de comunicação com os funcionários 211

11 Relações com a Comunidade 222

Introdução 222

A importância das relações com a comunidade 223

O processo de relações com a comunidade 224

Funções específicas das relações com a comunidade 229

O desafio emergente do ativismo comunitário 241

12 Relações com os Consumidores e *Marketing* 249

Introdução 249

Associando as relações públicas ao *marketing* 250

O ponto de partida 255

Aplicando técnicas de relações públicas ao *marketing* 255

As relações com os consumidores estabelecem a ponte entre estes e a corporação 262

Relações públicas e assuntos relacionados ao consumidor 265

13 Relações com Investidores 273

Introdução 273

Eventos definidores 274

Interesse crescente nas relações com investidores 274

Mantendo a confiança dos investidores 276

Proporcionando informações públicas 277

Questões de crise nas relações com investidores 281

Profissionais de relações financeiras 282

Públicos para relações com investidores 282

Estratégias de comunicação nas relações com investidores 285

PARTE IV Prática 295

14 Assuntos Públicos: Relações com Governos 296

Introdução 296

Assuntos públicos 297

O que são assuntos públicos? 297

Assuntos públicos para organizações sem fins lucrativos 298

Assuntos públicos nos negócios 298

Tarefas dos assuntos públicos 300

Entendendo o sistema político 300

Assuntos públicos governamentais 306

15 Relações Públicas em Organizações Sem Fins Lucrativos 315

Introdução 315

Organizações com fins lucrativos *versus* sem fins lucrativos 316

O ambiente das organizações sem fins lucrativos 317

A prática das relações públicas em organizações sem fins lucrativos 319

Desafios de relações públicas enfrentados por organizações sem fins lucrativos 325

Fatores de sucesso para as relações públicas sem fins lucrativos 328

Avaliando as relações públicas das organizações sem fins lucrativos 330

16 Relações Públicas Corporativas 338

Introdução 338

Panorama das relações públicas corporativas 339

Credibilidade e reputação corporativas 347

17 Questões em Relações Públicas: Comunicação para Crises, Mídias Sociais e Avanços Globais 363

Introdução 363

Desafios das relações públicas 364

Comunicação para crises 364

Mídias sociais 367

Relações públicas e mercados globais 372

Mudanças na instituição de relações públicas 373

Evolução do papel dos profissionais 378

Anexo 1: Escrita 387

1. Verdade e precisão 387
2. Literatura 387
3. Uso da linguagem 388
4. Entendimento do leitor 388
5. Interesse do público 388
6. Expressão concisa 389
7. Gramática 389
8. Ortografia 389
9. Pontuação 389
10. Padrões de mídia 390

Anexo 2: Oratória 393

Preparando seu discurso 393

Fazendo sua apresentação 395

Anexo 3: Código de Ética dos Profissionais de Relações Públicas 399

Glossário 403

Créditos 415

Índice 417

Apresentação

As mídias sociais, a comunicação para crises, a prática global e uma estrutura organizacional em transformação são influências poderosas que incidem sobre a prática das relações públicas no século XXI. A profissão continua aparecendo como uma força importante na sociedade global, e sua prática está passando por transformações à medida que mídias novas e interativas, bem como possibilidades de comunicação instantânea, crescem rapidamente a cada ano. Embora os meios tradicionais ainda sejam o alicerce da comunicação pública, as novas mídias sociais proporcionam uma forma muito mais pessoal e interativa de relações públicas.

O processo de relações públicas continua baseado na pesquisa, no planejamento e na avaliação, mas muitas técnicas para efetivamente levar a cabo esse processo estão sendo modificadas pela tecnologia. As pesquisas que costumavam ser feitas por entrevistadores, de porta em porta ou mesmo por telefone, hoje em dia são feitas com mais frequência pela internet.

Essas mudanças fundamentais na sociedade e na tecnologia aumentam a importância da ênfase crescente na função de gestão das relações públicas, pois os públicos de uma organização, também chamados *stakeholders*, ainda se constituem foco de ação prioritária das organizações, sejam eles funcionários, meios de comunicação, membros da comunidade, consumidores ou investidores. O profissional pode ser um assessor em uma agência de relações públicas, orientando organizações sobre as posições e operações importantes de relações públicas, ou o vice-presidente de uma corporação sentado à mesa redonda dos executivos, aconselhando seus pares sobre as consequências de determinada ação. Os profissionais não são mais meros técnicos que definem e transmitem mensagens a partir de suas organizações, e sim profissionais que administram a função de relações públicas e constroem as relações que uma organização tem com seus vários públicos.

Os profissionais de relações públicas devem possuir o conhecimento em comunicação e a sensibilidade social necessários para possibilitar que as organizações se adaptem ao ambiente em transformação. Os profissionais de hoje precisam incluir em seu papel ampliado não apenas as tradicionais habilidades de comunicação, mas também as capacidades de pesquisar e entender problemas, planejar estrategicamente programas de relações públicas, criar mensagens eficazes, usando as novas mídias sociais e as tradicionais, e avaliar a eficácia desses programas. O objetivo deste livro é dar a você um entendimento dos princípios que estão por trás da prática das relações públicas ao mesmo tempo em que oferece uma visão de novas oportunidades de comunicação e das velhas e confiáveis ferramentas para essa prática. Tentamos fazer isso dentro do contexto histórico, do quadro teórico e dos alicerces jurídicos e éticos da profissão de relações públicas.

ABORDAGEM DO TEXTO

O texto se caracterizou por uma abordagem multidisciplinar desde o princípio. Acreditamos que, servindo-nos da experiência dos profissionais de jornalismo, administração, psicologia e comunicação, podemos apresentar um panorama abrangente e includente das relações públicas.

A experiência dos autores em educação, pesquisa e ensino em cada uma dessas áreas está relacionada às necessidades dos estudantes que vão exercer a profissão em diversos ambientes.

Tentamos manter um estilo pessoal e de fácil leitura ao longo de todo o texto. Para isso, reduzimos o jargão ao mínimo e fornecemos definições para todos os termos que são específicos da profissão. Além disso, tentamos dar aos estudantes e profissionais de relações públicas as ferramentas e o conhecimento de que necessitam, de maneira que reflitam a realidade do setor. Por exemplo, os *Minicaso*s proporcionam uma visão real e reflexiva de atividades realizadas pelas organizações. Os *Destaques* em relações públicas fornecem informações úteis sobre tópicos como as lições aprendidas com o escândalo da Enron e o Código de Ética da PRSA.

ORGANIZAÇÃO DO TEXTO

Esta edição mantém a organização das anteriores, dividida em quatro partes: profissão, processo, públicos e prática. A Parte I descreve a atual situação das relações públicas, suas raízes históricas, teorias e preocupações éticas e legais. A Parte II examina as questões principais do processo que está por trás das relações públicas, enquanto a Parte III trata dos públicos que são objeto dessas iniciativas. Por fim, a Parte IV resume a prática das relações públicas e examina as tendências que surgem na profissão. Acreditamos que essa estrutura reflete verdadeiramente o crescimento e o desenvolvimento das relações públicas como profissão emergente.

PEDAGOGIA

- Os capítulos foram atualizados, ao mesmo tempo em que se manteve o material clássico. O conteúdo reflete fielmente a direção das relações públicas no século XXI.
- Cada capítulo inicia com uma *Introdução* que envolve o estudante em uma situação de relações públicas da vida real.
- Dois anexos oferecem orientações práticas para escrever e falar.
- *Minicaso*s em cada capítulo possibilitam "enxergar" as relações públicas em ação.
- *Destaques* acrescentam material para melhorar o entendimento que os estudantes têm dos conceitos contidos em cada capítulo.
- Várias figuras e tabelas explicam e esclarecem conceitos que estão sendo discutidos.

- Um *Estudo de caso integrador* perpassa cada um dos quatro capítulos da Parte II para ajudar a aglutinar o processo.
- Um *Estudo de caso* ao final de cada capítulo dá oportunidades para os estudantes discutirem e interagirem com os conceitos contidos nele.
- Todos os capítulos trazem referências ao final.
- Termos fundamentais destacados no texto e um glossário completo ao final do livro tratam dos termos que são específicos da profissão.

O QUE É APRESENTADO EM CADA CAPÍTULO

Capítulo 1: A natureza das relações públicas

Este capítulo apresenta ao leitor a natureza variável das relações públicas, incluindo as novas mídias sociais. Um novo *Destaque* mostra a Public Relations Student Society of America. Apresenta-se um novo *Minicaso* sobre a campanha da MTV para dar prioridade à mudança climática global, junto com um *Estudo de caso* de fim de capítulo sobre o trabalho como estagiário.

Capítulo 2: A história das relações públicas

Este capítulo examina o desenvolvimento histórico das relações públicas por meio de quatro tradições sobrepostas. Aponta profissionais de relações públicas importantes ao longo do tempo, e um *Destaque* apresenta resumos biográficos breves desses profissionais – Moss Kendrix, um profissional afro-americano pioneiro, e Chester Burger, assessor de assessores e diretores-presidentes.

Capítulo 3: Base teórica para as relações públicas

As teorias da persuasão e da influência social são ilustradas por meio de um *Minicaso* sobre o jogo de computador StreetWise, da DaimlerChrysler. O capítulo também estabelece uma conexão entre o novo modelo de motivações variadas de relações públicas e estratégias de solução de conflitos. Um *Destaque* resume nove teorias fundamentais em quatro categorias.

Capítulo 4: Direito e ética

A questão jurídica na internet, que está em evolução, é tratada em profundidade, e o capítulo tem um novo foco no direito financeiro contido na Lei Sarbanes-Oxley. Também se apresenta a Lei USA Patriot e um novo *Estudo de caso* de fim de capítulo trata de beisebol e uso de esteroides.

Capítulo 5: Pesquisa: entendendo a opinião pública

O capítulo sobre pesquisa dá início à parte sobre processo, com a primeira parte do *Estudo de caso* que perpassa todos os quatro capítulos desta seção. Os termos de pesquisa são explicados em linguagem leiga, com a apresentação de um *Destaque*. Inclui a pesquisa em usabilidade para o material baseado na internet, junto com um exame de recursos da rede, bibliotecas e bancos de dados.

Capítulo 6: Planejamento estratégico para a eficácia das relações públicas

Este capítulo apresenta um exemplo de plano e orçamento, junto com a segunda parte do *Estudo de caso* que perpassa esta seção. Um novo *Estudo de caso* destaca as Kodak Galleries.

Capítulo 7: Ação e comunicação

O capítulo destaca a importância da escrita para a internet e inclui um *Destaque* com orientações para criar páginas eficazes na rede.

Capítulo 8: Avaliação da eficácia das relações públicas

Os programas de computador para avaliação e outras estratégias de medição são incluídos neste capítulo, que contém uma nova ênfase nas medições que são importantes.

Capítulo 9: Relações com a mídia

As novas mídias sociais são destacadas neste capítulo com uma seção que explica as mídias pessoais e interativas e como elas estão mudando as relações com os meios de comunicação. Os *Destaques* tratam de termos das mídias sociais e da blogosfera.

Capítulo 10: Comunicação com funcionários

Este capítulo considera a nova força de trabalho do século XXI e sua influência sobre a comunicação com os funcionários. Apresenta o uso de *blogs* como uma ferramenta para essa comunicação. O capítulo tem um *Estudo de caso* sobre a manutenção de relações com os funcionários durante uma situação de crise.

Capítulo 11: Relações com a comunidade

Este capítulo trata da filantropia social corporativa, bem como do ativismo da comunidade. Um novo *Destaque* apresenta o compromisso da Kodak com as relações com a comunidade.

Capítulo 12: Relações com os consumidores e marketing

A novidade neste capítulo é uma discussão ampliada sobre responsabilidade social corporativa. Além disso, há uma nova seção sobre *marketing* viral.

Capítulo 13: Relações com investidores

O caso da WorldCom, junto com uma discussão de influências nas relações com os investidores, como a Lei Sarbanes-Oxley, está no centro deste capítulo.

Capítulo 14: Assuntos públicos: relações com governos

Um novo *Estudo de caso* final sobre o Tesouro dos Estados Unidos associado à Weber Shandwick Public Relations para realizar uma campanha de vários anos com vistas a atrair mais aposentados do governo federal para usar o depósito direto.

Capítulo 15: Relações públicas em organizações sem fins lucrativos

Este capítulo oferece uma perspectiva global sobre o trabalho sem fins lucrativos, indo muito além de pequenos programas de base comunitária, e inclui uma discussão dos desafios enfrentados pelas organizações sem fins lucrativos. Apresenta-se um novo *Estudo de caso* sobre a criação de uma identidade nacional.

Capítulo 16: Relações públicas corporativas

O papel do diretor-presidente nas relações públicas corporativas foi ampliado, citando-se os escândalos recentes. O capítulo discute o papel crucial que as relações públicas cumprem na criação e no desenvolvimento de uma imagem e uma reputação com seus públicos principais, principalmente depois dos escândalos corporativos. Foi acrescentada uma seção sobre "Os 12 passos para restaurar a reputação de uma companhia" e se incluiu um novo *Estudo de caso* sobre o Projeto Math da MasterCard.

Capítulo 17: Questões em relações públicas: comunicação para crises, mídias sociais e avanços globais

Lidar com a comunicação em crises está se tornando cada vez mais uma necessidade importante nas relações públicas. Foi acrescentada uma nova seção sobre a comunicação para crises à lista de questões prementes na área. O capítulo também examina o uso das mídias sociais para as relações públicas e suas possibilidades para o futuro. Um novo *Minicaso* sobre chumbo nos brinquedos importados da China destaca as questões globais e de crise, e se examinam temas de nível global e organizacional.

Anexo 1 e Anexo 2

Dois anexos oferecem mais contribuições aos estudantes com duas habilidades básicas das relações públicas: escrever e falar.

Anexo 3

O último anexo apresenta o *Código de ética dos profissionais de relações públicas*, redigido pelo Conselho Federal de Profissionais de Relações Públicas (Conferp).

MATERIAL DE APOIO NA INTERNET

Entre na página do livro no *site* www.grupoa.com.br e acesse recursos exclusivos que complementam a obra.

Conteúdo online

Quizzes com 15 questões de cada capítulo.

Área do professor

Slides de todos os capítulos, assim como um manual de orientação para preparação de aulas e um banco de testes com cerca de 500 questões em inglês.

Introdução Visual

Profissão e prática: uma estrutura que reflete o crescimento e o desenvolvimento das relações públicas

A singular organização em quatro partes garante que os estudantes saiam do curso com um minucioso entendimento das relações públicas e uma base para a prática bem-sucedida atualmente e no futuro.

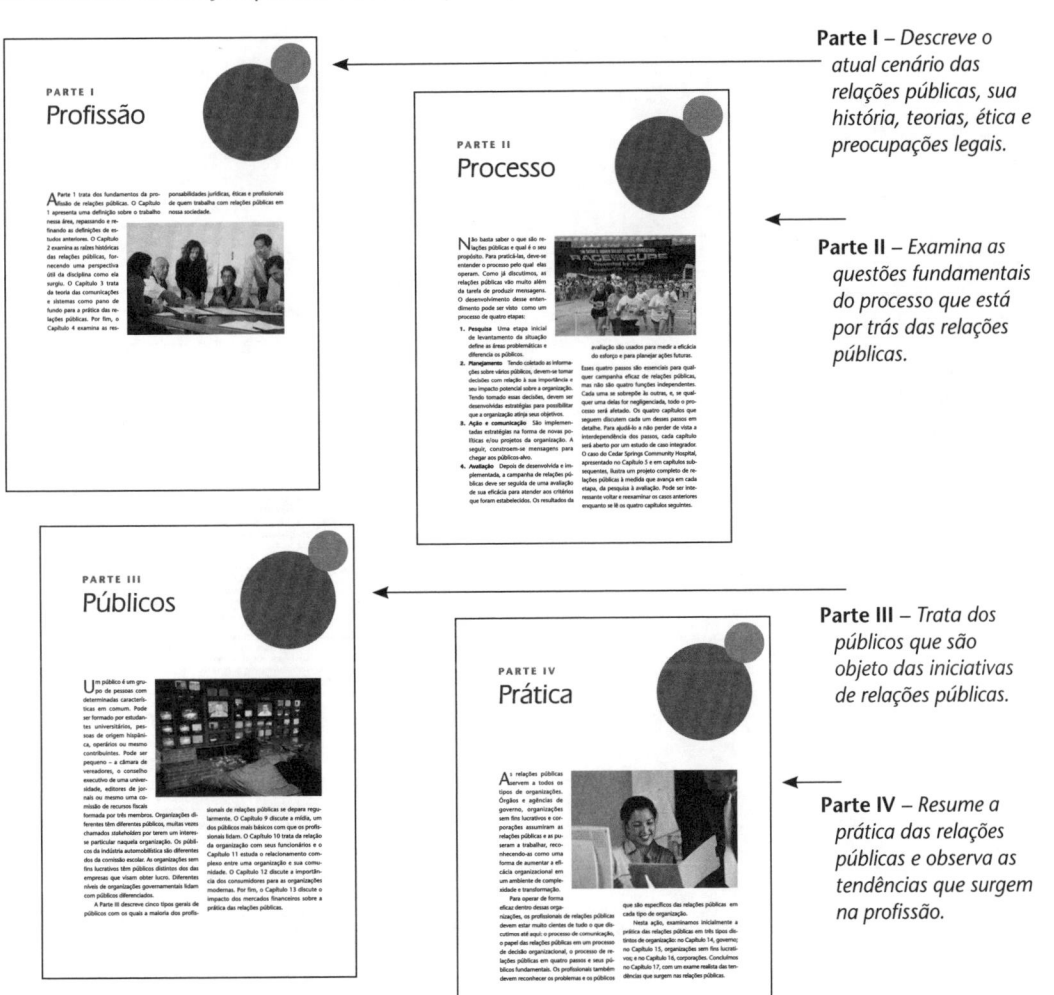

Parte I – Descreve o atual cenário das relações públicas, sua história, teorias, ética e preocupações legais.

Parte II – Examina as questões fundamentais do processo que está por trás das relações públicas.

Parte III – Trata dos públicos que são objeto das iniciativas de relações públicas.

Parte IV – Resume a prática das relações públicas e observa as tendências que surgem na profissão.

Minicasos –
Apresentam uma visão de atividades reais realizadas pelas organizações.

Minicaso 9.1

Ataque fatal de tigre no zoológico de São Francisco

Laurie Volkmann, Ph.D.
Dominican University

Pouco depois das 5h da tarde do dia de Natal de 2007, um tigre siberiano de 130 quilos escapou de seu fosso ao ar livre no zoológico de São Francisco, Califórnia, perseguindo três jovens, ferindo dois e matando um. Na investigação que se seguiu por vários dias, descobriu-se que os adolescentes tinham provocado o tigre, mas também que a cerca de 3,8 metros do fosso estava 1,3 metro abaixo do padrão e 2,8 metros abaixo do que representantes do zoológico informavam estar, possibilitando que um animal agitado saltasse e escapasse. O zoológico de São Francisco (SF Zoo) fechou por vários dias depois do incidente e manteve a exposição dos tigres fechada por meses. Os dois jovens feridos entraram com uma ação contra a cidade três meses depois do ataque.

Como atual diretor de relações públicas do SF Zoo, reflita sobre suas ações de curto e longo prazo em resposta à crise.

Perguntas

1. Como você se dirige à mídia e ao público para falar sobre a fatalidade e as lesões nos três jovens? Redija uma declaração de 200 palavras que apresentaria em uma entrevista coletiva.
2. Escreva dez perguntas que esperaria dos repórteres em sua entrevista coletiva inicial.
3. Como você lidaria com sua comunicação com as famílias dos meninos?
4. O que você faz – e qual é o seu calendário – para tratar da questão da cerca?
5. Dê descrições das três estratégias para restaurar a confiança do público na segurança do zoológico e evitar uma grande queda na frequência.
6. Pesquise o que foi feito pelo zoológico para lidar com a mídia no ano seguinte ao incidente, e diga o que acha que funcionou e o que pode não ter funcionado tão bem.

fonte: Steve Rubenstein, "Beloved but beleaguered zoo", *San Francisco Chronicle*, 30 de dezembro de 2007, A-J; Kevin Fagan, Cecilia M. Vega, Steve Rubenstein, "Wall below standard; shorter than zoo said", *San Francisco Chronicle*, 28 de dezembro de 2007, A-1.

Em função dessa dependência, a seleção e a apresentação que os profissionais fazem da informação é mais adequada a padrões jornalísticos do que aos desejos de seus superiores em suas próprias organizações. De certa forma, tanto o jornalista quanto o profissional de relações públicas, lidando um com o outro, são pegos entre as demandas das organizações que representam e as da parte oposta. Resumindo, a relação entre profissionais de relações públicas e jornalistas é de dependência mútua.

Dependência mútua

Embora os jornalistas gostem de se mostrar relutantes em usar informações de relações públicas, as considerações econômicas os forçam a fazer diferente. Uma equipe jornalística capaz de investigar informações de cada organização importante em uma cidade sem a ajuda de representantes dessas organizações seria proibitivamente cara. Por meio dos esforços de profissionais de relações públicas, a mídia recebe um fluxo constante de informação livre. Fatos que os jornalistas poderiam não ter conhecido de outra forma ficam disponíveis em forma de pacote.

A seguir, o repórter ou editor, como já observamos, pode decidir o que vale a pena ser noticiado. Vários estudos já situaram entre 40% e 70% a contribuição das relações públicas ao total de notícias. De certa forma, o profissional de relações públicas facilita em muito o trabalho do jornalista, poupando tempo e esforço e oferecendo informações que poderiam não estar disponíveis.

Existe um outro lado da questão. O estudioso da mídia Oscar Gandy e outros criticaram o processo pelo qual os profissionais de relações públicas subsidiam os custos da mídia e o tempo dos repórteres oferecendo notas à imprensa e outras informações para tornar mais fácil o trabalho dos repórteres. O desserviço, dizem esses críticos, é que muitas organizações, incluindo os movimentos sociais, organizações sem fins lucrativos e grupos de desfavorecidos, carecem de recursos para dar esses "subsídios". Como resultado, diz Gandy, a mídia pode perpetuar as desigualdades de informação na sociedade.[2]

Destaques –
Fornecem informações úteis sobre tópicos como o Código de Ética da PRSA e as lições aprendidas com o escândalo da Enron.

Destaque 9.1

API (*Application Programming Interface*) Facilidade de criar conteúdo e inseri-lo em uma série de páginas na internet, muitas vezes resulta do uso de *open API* oferecido por essas páginas.

Blog Tecnicamente, um *web log* ou diário na internet. O autor escreve *blogs* como um jornalista escreve uma coluna, exceto que as pessoas podem interagir e postar respostas à informação do *blog*.

Blogosfera O universo coletivo dos blogueiros.

Código aberto Mais comumente aplicado ao código-fonte de programas que é disponibilizado ao público em geral, com restrições permissivas ou inexistentes à propriedade intelectual. Permite que os usuários criem conteúdo de programas por meio de iniciativas individuais complementares ou trabalhem conjunto. O código aberto é parte de todo o movimento da internet 2.0 e agora significa mais do que apenas *software*, tendo evoluído para grupos de pessoas que se reúne, independentemente de estruturas organizacionais tradicionais, para criar algo que beneficie a todos, mas que ninguém pode fazer sozinho.

Podcast Arquivos digitais que podem ser de áudio e/ou vídeo, distribuídos pela internet para reprodução em aparelhos portáteis ou computadores. O termo se originou com o lançamento do iPod, da Apple, combinado com o termo *broadcast*; atualmente tem uma aplicação muito mais ampla.

Termos de mídias sociais

Os *podcasts* podem ser baixados da internet, por *stream* ou enviados por formatos, como RSS. O *podcaster* é o produtor ou autor do *podcast*.

Portal Uma porta de entrada. Um *portal de internet* é uma página na web que funciona como ponto de acesso a mais informações em outras páginas que têm *link* para aquela. Um *portal organizacional* é uma porta de entrada para *softwares* de organizações, para oferecer um ponto de acesso único a várias informações ou ferramentas que a organização quer que você tenha em um mesmo lugar.

Remix/Mashups Abordagem ao conteúdo baseada em código aberto. A sociedade do *remix* pega o conteúdo e o personaliza, alterando-o ou *mashing*, ou seja, mesclando-o com outros conteúdos, para fazer algo totalmente novo.

RSS (*Really Simple Syndication*) Fornecimento de informações para páginas e serviços na internet atualizado sempre que algo mudar. Os dados são enviados ao usuário quando forem novos e não requererem que alguém os obtenha. A colocação de vários *RSS feeds* em um *feed* torna muito mais fácil entender amplas quantidades de informações que são geradas.

Social Bookmarking Método para os usuários da internet armazenarem, organizarem, pesquisarem e administrarem marcadores de páginas na rede com a ajuda de metadados. Os usuários salvam *links* às páginas de forma privada e compartilham com pessoas ou grupos especificados dentro de uma rede especial ou algum domínio. Grande parte da marcação é feita informalmente, mas também se usam serviços de marcação, muitos dos quais oferecem classificações ou comentários e outros recursos de redes sociais.

Tagging Forma gerada pelos usuários de descrever conteúdo ao acrescentar *tags* a textos, imagens, vídeos ou outros conteúdos de mídia social.

Internet 2.0 Uso da internet que facilita a criatividade e a colaboração entre usuários. Geralmente, envolve as novas mídias sociais, como *wikis*, *blogs* e páginas para o estabelecimento de redes sociais. Em vez de se referir a qualquer mudança técnica, indica as formas como os desenvolvedores de *software* e outras pessoas fazem uso da tecnologia da internet.

Wiki Forma abreviada de Wikipedia. Um *wiki* é uma tecnologia para criar páginas colaborativas na internet. Atualmente, *wikipedia* é um termo que combina *wiki* com enciclopédia, correspondendo a uma página na internet iniciada em 2001, por Jimmy Wales e Larry Sanger.

Fontes: Audrey Williams, "Best Practices and Innovation in Distance Learning: Using Web 2.0", apresentação na Tennessee Alliance for Continuing Higher Education, Nashville, TN, 2007; www.digitalcenter.org/, acessado em 9 de março de 2008; Vocus, "Five Golden Rules for Blogger Relations", Vocus White Paper, 2008; en.wikipedia.org/.

TRABALHANDO COM A MÍDIA

Com um entendimento básico das relações complexas entre profissionais de relações públicas e jornalistas, podemos descrever alguns princípios para trabalhar com a mídia.

O melhor conselho para se lidar com a mídia é dar aos jornalistas aquilo de que necessitam, no conteúdo, na forma e na linguagem que querem. Por exemplo, um profissional de relações públicas que esteja trabalhando com clientes de alta tecnologia ou empresas iniciantes sabe que

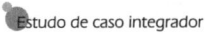

Estudo de caso – Cada capítulo termina com um estudo de caso que convida os estudantes a aplicar os princípios daquele capítulo a uma campanha simulada. Cada caso oferece uma série de perguntas que incentivam os estudantes a usar o que aprenderam na preparação da campanha.

Estudo de caso integrador – Um estudo de caso contínuo perpassa os quatro capítulos da Parte II, para ajudar a aglutinar e ilustrar o processo das relações públicas.

Abertura de capítulo –
Cada capítulo abre com uma introdução que envolve o estudante em situações de relações públicas da vida real.

> # Planejamento Estratégico para a Eficácia das Relações Públicas
>
> **6**
>
> ### INTRODUÇÃO
>
> Alessio é o diretor de relações públicas da Northern State University. Nos últimos anos, ele e sua equipe têm trabalhado em um plano para a celebração do 100º aniversário da universidade, cujo tema é "100 anos de inspiração e serviço". Agora que finalmente se aproximam os eventos de abertura, é hora de definir os detalhes. Alessio tem expectativas de ver todos os planos de seu departamento se tornarem realidade.
>
> Entre os eventos a serem realizados durante a celebração, que durará um mês, estão a inauguração de um novo prédio de ciências, uma cerimônia completa, inclusive com fogos de artifício, onde o campo de atletismo será rebatizado, a instalação de uma escultura ao ar livre para homenagear a fundação da escola, um jantar de gala para professores e administração, após um concerto da orquestra da escola, e a publicação de inúmeras matérias e entrevistas na mídia com o reitor e outras figuras importantes da universidade. Os planos para a maioria desses eventos, incluindo calendários e orçamentos, foram iniciados e articulados com outros departamentos muitos meses atrás, e Alessio tem verificado os relatórios semanais de sua equipe com relação a cada um dos eventos. Tudo está no rumo certo.
>
> Faltando poucos dias, seu trabalho vai se tornando cada vez mais direcionado. O gabinete da reitora enviou um *e-mail* perguntando a hora da entrevista que ele dará à emissora de TV local, e a lista de coisas a fazer hoje de Alessio inclui redigir as notas à imprensa anunciando a inauguração do novo prédio do *campus*.
>
> Ele se senta ao computador, envia a informação sobre a entrevista à reitora, abre o editor de texto e começa a escrever.

> de Lenoir, que também aprovou a venda de um prédio da comunidade à West. Além disso, o governador da Carolina do Norte deu à West, por meio de fundos estaduais, 250.000 dólares para a reinstalação da fábrica de Kinston que fora destruída menos de quatro meses antes.
>
> Dois meses depois do desastre, o preço das ações da West estava praticamente inalterado em relação ao momento do evento em Kinston e no período imediatamente posterior.
>
> **Fonte:** Adaptado de http://schwartz-pr.com/case-studies-Pages.php?ind=9&id=39 (Feb. 21, 2006).
>
> *Perguntas*
> 1. O que fez o RP da Schwartz para manter as relações da West com os funcionários?
> 2. Que tipos de mídias controladas são indicados nesses casos?
> 3. Você concorda ou discorda da estratégia de RP de Schwartz para a comunicação com funcionários? Por quê?
>
>
>
> A comunicação com funcionários é um aspecto grande e complexo da prática de relações públicas. Os profissionais dessa área se deparam com muitos tópicos e questões diferentes. Neste capítulo, discutimos a importância de manter os funcionários informados, criando a cultura organizacional adequada para facilitar a comunicação, estabelecendo políticas de comunicação e construindo programas de comunicação com funcionários. Também consideramos as questões especiais de comunicação com funcionários no caso de uma força de trabalho sindicalizada e a comunicação de benefícios. Por fim, detalhamos a produção de boletins aos funcionários e outros instrumentos de comunicação. Armados com esse conhecimento e essas ferramentas, os profissionais de relações públicas podem dar uma grande contribuição ao sucesso de sua organização.
>
>
>
> | | |
> |---|---|
> | benefícios aos funcionários | culturas participativas |
> | comunicação com os funcionários | mídias internas |
> | comunicação interna | negociação coletiva |
> | cultura organizacional | políticas de comunicação |
> | culturas autoritárias | relações com os funcionários |

Termos fundamentais –
Termos destacados do glossário aparecem no final de cada capítulo.

PARTE I
Profissão

A Parte I trata dos fundamentos da profissão de relações públicas. O Capítulo 1 apresenta uma definição sobre o trabalho nessa área, repassando e refinando as definições de estudos anteriores. O Capítulo 2 examina as raízes históricas das relações públicas, fornecendo uma perspectiva útil da disciplina como ela surgiu. O Capítulo 3 trata da teoria das comunicações e sistemas como pano de fundo para a prática das relações públicas. Por fim, o Capítulo 4 examina as responsabilidades jurídicas, éticas e profissionais de quem trabalha com relações públicas em nossa sociedade.

1
A Natureza das Relações Públicas

INTRODUÇÃO

Marissa acaba de ser promovida a executiva de contas na agência de relações públicas e comunicação estratégica em que trabalha, uma empresa em franco crescimento. Seu cliente é a gigante de informática Microsoft. Instalada em sua sala, Marissa verifica seu correio eletrônico e o relatório diário de acompanhamento da mídia para ver o que a imprensa disse sobre seu produto Microsoft nas últimas 24 horas. Ela também confere para ver o que foi dito sobre os concorrentes de seu cliente, se é que algo foi mencionado. A seguir, resume os principais pontos e os envia por *e-mail* a seus clientes e a outros membros da equipe de produto da Microsoft.

A seguir, vem o trabalho com a revista de informática *Wired*. Marissa vem trabalhando com um repórter desse veículo para garantir que o lançamento do novo produto da Microsoft seja a matéria principal em uma edição próxima, com chamada de capa. Hoje ela começa a organizar ilustrações para acompanhar o material de divulgação e as leva a uma reunião da equipe de conta, onde seus membros sincronizarão o artigo da *Wired* com artigos de seguimento em outras publicações do setor, em revistas voltadas aos consumidores de equipamentos eletrônicos e na imprensa financeira.

No almoço com um grupo de voluntários que estão organizando um programa de leitura de verão para crianças, Marissa sugere algumas parcerias empresariais locais como forma de patrocinar o programa e oferecer às crianças um transporte de ida e volta para a biblioteca. A agenda da tarde inclui localizar um executivo da Microsoft para responder a perguntas de um repórter que está escrevendo sobre a regulamentação da internet e começar uma nova linha de pesquisa com um gerente de marca da Microsoft que busca ajuda com um programa de *marketing*. Em poucas horas, Marissa demonstrou as habilidades de comunicação, liderança e gestão de que depende o sucesso das relações públicas.

O QUE SÃO RELAÇÕES PÚBLICAS?

Examinaremos outros aspectos de um trabalho como o de Marissa no decorrer deste capítulo e em todo o livro, mas, antes disso, definamos as relações públicas e suas principais dimensões. Há muitas e variadas tentativas de definir as relações públicas como campo profissional e disciplina acadêmica. A própria natureza da profissão e sua constante adaptação às necessidades da sociedade fazem dela, na melhor das hipóteses, um alvo móvel para definições. As relações públicas são praticadas em organizações que vão desde gigantes multinacionais das telecomunicações a pequenas agências de prestação de serviços pessoais e organizações iniciantes dos movimentos sociais. Um gerente de relações públicas de uma universidade privada pode dedicar a maior parte de seus esforços a captar verbas e recrutar alunos. A equipe de relações públicas de uma grande corporação, por sua vez, pode ser responsável pelas relações da empresa com clientes, fornecedores, investidores, funcionários e até mesmo governos de outros países.

Definição de trabalho

Os profissionais de relações públicas ajudam outros a estabelecer e manter relações efetivas com terceiros. Podem atuar em organizações do 1°, 2° ou 3° setores, como nas equipes de comunicação de corporações, organizações sem fins lucrativos ou órgãos de governo. Podem ainda trabalhar em agências de relações públicas, como a de Marissa, ou como consultores independentes. Para os propósitos deste livro – e para estabelecer uma descrição ampla, realista e precisa da função de relações públicas – oferecemos a seguinte definição de trabalho:

> As **relações públicas** são uma função de liderança e gestão que ajuda a atingir os objetivos, definir a filosofia e facilitar a transformação da organização. Os profissionais das relações públicas se comunicam com todos os públicos internos e externos relevantes para desenvolver relações positivas e criar coerência entre as metas da organização e as expectativas da sociedade. Esses profissionais desenvolvem, executam e avaliam os programas da organização que promovem o intercâmbio de influências e o entendimento entre as partes e os públicos de uma organização.

Examinaremos as principais dimensões da definição nas próximas páginas. Não deixe de dar uma olhada no Destaque 1.1, a declaração oficial sobre relações públicas emitida pela associação de relações públicas dos Estados Unidos, a Public Relations Society of America (PRSA). A PRSA é a mais antiga e maior associação de profissionais de relações públicas.

O trabalho dos profissionais de relações públicas

As relações públicas continuam a ser uma das disciplinas mais dinâmicas na vida das organizações em todo o mundo. Uma razão para isso é a grande diversidade de habilidades e capacidades programáticas que os profissionais dessa área trazem a seu trabalho. Tem-se uma ideia da natureza da disciplina ao entender que ela pode incluir quaisquer das seguintes atividades:

Pesquisa	Relações na mídia
Consultoria/assessoria	Assuntos públicos
Assuntos governamentais	Relações comunitárias
Relações com investidores	Relações com funcionários
Desenvolvimento de captação de recursos	Publicidade
Assuntos multiculturais	Comunicação de *marketing*
Gestão de crises	Promoção

Examinaremos esses e outros aspectos das relações públicas no restante do livro.

DESENVOLVIMENTO DE RELAÇÕES COM BASE EM UMA COMUNICAÇÃO BIDIRECIONAL

O trabalho de relações públicas está muito relacionado ao desenvolvimento de relações eficazes entre organizações e grupos que são importantes a elas, incluindo a mídia, os clientes, funcionários, investidores, líderes e membros

Destaque 1.1

Declaração oficial da PRSA sobre relações públicas

As relações públicas ajudam nossa sociedade complexa e pluralista a chegar a decisões e funcionar de forma mais eficaz ao contribuir para o entendimento mútuo entre grupos e instituições. Isso serve para criar harmonia entre o público e as políticas públicas.

As relações públicas servem a uma ampla variedade de instituições na sociedade, como empresas, sindicatos, órgãos de governo, associações de voluntários, fundações, hospitais e instituições educacionais e religiosas. Para atingir seus objetivos, essas instituições devem desenvolver relações eficazes com muitos públicos diferentes, como funcionários, membros, clientes, comunidades locais, acionistas e outras instituições e com a sociedade como um todo.

A liderança das instituições precisa entender as atitudes e valores de seus públicos para atingir seus objetivos institucionais. Os próprios objetivos são moldados pelo ambiente externo. O profissional de relações públicas funciona como assessor do administrador e como mediador, ajudando a traduzir metas privadas em políticas de ação razoáveis e publicamente aceitáveis. Como função de gestão, as relações públicas englobam o seguinte:

1. Prever, analisar e interpretar a opinião do público, suas atitudes e as questões de seu interesse que possam influenciar, para o bem ou para o mal, as operações e planos da organização.
2. Assessorar a administração em todos os níveis da organização com relação a decisões sobre políticas, rumos para a ação e a comunicação, levando em conta suas ramificações públicas e as responsabilidades da organização para com a sociedade e a cidadania.
3. Pesquisar, conduzir e avaliar continuamente programas de ação e comunicação visando atingir o entendimento público informado que é necessário ao sucesso das metas da organização. Elas podem incluir relações de *marketing*, financeiras, de captação de verbas, com funcionários, com a comunidade ou com governos.
4. Planejar e implementar os esforços da organização para influenciar ou mudar políticas públicas.
5. Estabelecer objetivos, planejar, orçar, recrutar e treinar funcionários, desenvolver instalações, em resumo, administrar os recursos necessários para realizar todos os itens acima.
6. Exemplos do conhecimento que pode ser necessário na prática profissional das relações públicas são: artes da comunicação, psicologia, psicologia social, sociologia, ciência política, economia e princípios de gestão e ética. São necessários conhecimentos técnicos e habilidades de pesquisa de opinião, análise de questões públicas, relações de mídia, mala direta, propaganda institucional, publicações, produções de filme/vídeo, eventos especiais, discursos e apresentações.

Ao ajudar a definir e implementar políticas, o profissional das relações públicas usa várias habilidades de comunicação e cumpre um papel integrador, tanto dentro da organização quanto entre ela e o ambiente externo.

Fonte: "Public Relations: An Overview" (New York: PRSA Foundation, 1991), p. 4-5. Declaração adotada formalmente pela assembleia da PRSA em 6 de novembro de 1982.

---

da comunidade, grupos ativistas e órgãos de governo. Essas relações devem beneficiar ambas as partes. A criação do tipo de situação duradoura, em que ambos têm a ganhar, demanda muitas concessões baseadas no entendimento mútuo dos interesses uns dos outros. A comunicação bidirecional eficaz também implica fazer bem ao fazer o bem, como mostra o miniestudo de caso sobre a MTV. A campanha sobre as mudanças climáticas no Minicaso 1.1 é uma campanha de relações públicas e uma campanha de *marketing* social. O ***marketing* social** é uma forma especial de relações públicas que tenta mudar as atitudes e os comportamentos do público em nome de uma causa social cujo trabalho beneficia a sociedade como um todo, e não a organização que o promove.

INFLUÊNCIA SOBRE GRUPOS, POLÍTICAS E TEMAS IMPORTANTES

Grande parte do que os profissionais de relações públicas comunicam é persuasivo e intencional. É por isso que nossa definição fala em promover o intercâmbio de influências entre as partes que constituem uma organização e seus públicos. Desde muito cedo, as relações públicas são vistas como o esforço planejado de influenciar a opinião pública, geralmente por meio de comunicação persuasiva. As campanhas de comunicação em *marketing*, por exemplo, usam a publicidade de produtos para introduzi-los.

Os programas de *marketing* social são esforços de persuasão para informar às pessoas e alterar seus comportamentos com relação a algum tipo de bem-estar público. Um exemplo é a campanha da HIV Alliance que promoveu o sexo mais seguro por meio de programas para troca de seringas nos bairros. O profissional de relações públicas planeja estrategicamente a mensagem e escolhe o canal de comunicação, enquanto especialistas em *marketing* se certificam de que a mensagem e os preservativos atinjam o público-alvo.

OS PÚBLICOS NAS RELAÇÕES PÚBLICAS

Todas as definições e discussões de relações públicas estão relacionadas aos *públicos* e à *opinião pública*. De que forma as pessoas que estudam e praticam relações públicas fazem uso desses termos? Para começar, os grupos que quase sempre são importantes às organizações são chamados de **públicos**, e geralmente os definimos em termos de suas relações organizacionais conosco, incluindo a mídia, funcionários, representantes do governo, líderes da comunidade e analistas financeiros, por exemplo.

Em outros casos, definimos públicos como categorias de pessoas que se tornam importantes para nossa organização por que ela as associou de forma intencional ou involuntária. Talvez elas sejam membros da comunidade que não gostam de nossa organização por ela construir mais uma sede com escritórios próxima a uma área de banhistas. Elas se tornam um público quando reconhecem um tema importante, entendem a relevância que ele tem para si, e então o debatem ou mesmo se organizam para fazer alguma coisa a respeito.

Os profissionais de relações públicas que estejam alertas se comunicam com esses grupos já bem no início do processo, mesmo antes de essas pessoas se tornarem ativistas organizados ou uma organização do movimento social. O provável é que esses ativistas entendam os processos pelos quais as pessoas formam opinião sobre um tema quando ele é divulgado em jornais, rádios e noticiários de televisão locais.

À medida que a cidadania como um todo toma conhecimento do tema, os indivíduos começam a expressar sua opinião, falam com outros sobre o tema e conciliam suas opiniões com atitudes, valores e pertencimento a grupos que vêm de longa data. Portanto, não surpreende que os profissionais de relações públicas monitorem a formação e as mudanças da opinião pública sobre muitos temas, pois isso é do seu interesse. Mais além, o estudo das relações públicas sempre incluiu a investigação da opinião pública, dos processos de mudança de atitude e da psicologia social.

Se quiserem construir e manter a reputação de uma organização, os profissionais de relações públicas precisarão entender que a formação da opinião pública é um processo dinâmico, em que cada um dos principais interesses compete para enquadrar o tema de uma determinada forma na mídia. Mais além, esses profissionais influenciam a opinião pública ajudando as organizações a atrair e mobilizar os públicos de interesse.

Este *outdoor* incentiva o envolvimento de funcionários em relações na comunidade para atuar como mentores de jovens e os inspirar a alcançar seus sonhos.

Minicaso 1.1

Campanha da MTV contra a mudança climática global

Quando a maior rede de TV do mundo, com uma audiência potencial de mais de 1,5 bilhão de pessoas em mais de 150 países, decide dar prioridade máxima à mudança do clima do planeta, as pessoas ficam sabendo.

A MTV lançou sua campanha sobre as mudanças climáticas em junho de 2007, no MTV Switch, em www.mtvswitch.org. A missão da campanha é: "Afinal, o que estamos fazendo neste mundo? Estamos fazendo a campanha da MTV contra a mudança climática global, e nossa missão é transformar todos vocês em verdes".

O portal foi lançado para oferecer informações sobre o meio ambiente e como lugar de encontro de expectadores da MTV ou visitantes interessados em aprender como ter uma vida que não prejudique o meio ambiente. A MTV sente "uma responsabilidade de abordar um tema que as pesquisas mostram ser a preocupação número um entre seus espectadores, depois de questões de família e pessoais".

A MTV planeja um intensivo de atividades de mídia a cada três ou quatro meses, para sustentar o interesse em seu esforço sobre a mudança global. Em dezembro de 2007, a rede estreou um documentário e cerca de 10 anúncios de interesse público. Alguns são mostrados na página MTVswitch, e outros, em lugares como YouTube, que são construídos de forma a levar a pessoa à página da campanha. A Nokia patrocinou o documentário. Os anúncios foram preparados de graça pelas agências de publicidade Lowe Worldwide e Ogilvy. A página na internet serve como ponto focal para a campanha ambiental.

John Jackson, diretor do grupo de assuntos públicos da MTV internacional, disse que as mensagens constantes da página são dirigidas a "mudanças positivas e viáveis que podemos fazer".

1. Vá à página e escreva uma descrição, em 250 palavras, de sua avaliação dela e de seus esforços para conscientizar a mudar comportamento sobre questões ambientais.
2. Escreva um comentário no *blog*, em www.mtvswitch.blogspot.com.
3. Quais canais de comunicação diferentes você consegue encontrar que a MTV esteja usando para impulsionar sua campanha sobre a mudança climática?

USO DE HABILIDADES DE COMUNICAÇÃO COM EFICÁCIA

Em muitos aspectos, o coração do trabalho com relações públicas – pelo menos para cargos de nível inicial – é a capacidade de escrever, formatar e produzir materiais para todas as mídias. Os profissionais de relações públicas também devem possuir habilidades para falar em público, liderança de grupo e mesmo de planejamento. Sendo assim, uma grande parte do trabalho de relações públicas no dia a dia é identificar mensagens centrais e escolher a melhor combinação de canais de comunicação para direcioná-los a públicos-alvo. O modelo integrado de mídia para relações públicas desenvolvido pelo professor Kirk Hallahan e mostrado na Tabela 1.1 ilustra o leque de canais para os quais os estudantes de relações públicas aprendem a escrever, formatar e produzir.

DIFERENCIAÇÃO DAS RELAÇÕES PÚBLICAS DE CAMPOS RELACIONADOS

Como as palavras *relações públicas* são muito genéricas, não causa surpresa que diferentes organizações deem nomes muito diferentes à função. Por exemplo, as palavras *comunicação* e *comunicação corporativa* são mais usadas hoje para dar nome à função de relações públicas em muitos ambientes corporativos e sem fins lucrativos. Órgãos do governo geralmente usam os termos *informações públicas* ou *assuntos públicos* para delinear as funções de relações públicas e comunicação, ainda que a expressão **assuntos públicos** geralmente esteja relacionada a relações entre organizações e governos. Outros termos usados são *relações corporativas* e *comunicação de* marketing. A questão do nome se complica ainda mais pelo fato de os profissionais de relações públicas serem designados às vezes a vários departamentos em uma organização, em vez de serem acomodados juntos em um departamento de relações públicas ou de comunicação.

As expressões *relações públicas* e *propaganda* muitas vezes também são confundidas. Propaganda é espaço pago na mídia, ao passo que relações públicas busca inserir conteúdos informativos sem cobrança nas colunas de notícias da mídia. As propagandas pagas e comerciais são publicadas quase que exclusivamente nos prin-

TABELA 1.1 Modelo integrado de relações públicas para a mídia					
Característica	Mídias públicas	Mídias interativas	Mídias controladas	Eventos/grupos	Um a um
Uso principal	Divulgação	Responder a perguntas; troca de informações	Promoção; fornecer informações detalhadas	Motivar participantes; reforçar atitudes	Obter compromissos; resolver problemas
Exemplos	Jornais, revistas, televisão, rádio	Por telefone: resposta automática; texto em áudio. Por computador: internet, banco de dados, correio eletrônico, listas, grupos de discussão, salas de bate-papo, fóruns, CD-ROMs	Folhetos, boletins, revistas patrocinadas, relatórios anuais, mala direta, expositores em pontos de venda, vídeo, páginas na internet, correio eletrônico	Discursos, feiras comerciais, exposições, reuniões/conferências, demonstrações, competições, patrocínios, aniversários, sorteios, concursos, reconhecimentos, prêmios	Visitas pessoais, *lobby*, cartas pessoais, telefonemas, telemarketing, solicitações
Natureza da comunicação	Não pessoais	Não pessoais	Não pessoais	Quase pessoais	Pessoais
Direção da comunicação	Unidirecionais	Quase bidirecionais	Unidirecionais	Quase bidirecionais	Bidirecionais
Sofisticação tecnológica	Alta	Alta	Moderada	Moderada	Baixa
Propriedade do canal	Organizações de mídia	Carreira ou instituição comum	Patrocinador	Patrocinador ou outra organização	Nenhum
Mensagem escolhida por	Terceiros e produtores	Receptor	Patrocinador	Patrocinador ou organização conjunta	Produtor ou público
Envolvimento do público	Baixo	Alto	Moderado	Moderado	Baixo
Alcance	Alto	Moderado-baixo	Moderado-baixo	Baixo	Baixo
Custo por impressão	Extremamente baixo	Baixo	Moderado	Moderado	Alto
Principais desafios à eficácia	Concorrência; edição	Disponibilidade, acessibilidade	Desenho, distribuição	Participação, atmosfera	Empoderamento, dinâmica pessoal

Fonte: Kirk Hallahan, *Strategic media planning: toward a public relations model* (Thousand Oaks, CA: Sage, 2001), p. 461-70.

cipais órgãos da mídia de massa, incluindo TV, jornais, rádio, revistas e a internet.

O *marketing* é uma função de vendas e distribuição cujos principais públicos são clientes, varejistas e distribuidores. Em contraste, as relações públicas lidam com muitos públicos, cujos interesses às vezes colidem com os interesses públicos. Além de clientes, os públicos importantes das relações públicas são a mídia, os funcionários, líderes da comunidade, reguladores governamentais, analistas de investimentos, grupos ativistas e outros.

Por fim, o *jornalismo* se distingue das *relações públicas* de duas formas. Os jornalistas não representam as organizações sobre as quais escrevem, mas os profissionais de relações públicas o fazem, e isso pode influenciar sua objetividade e a forma como enquadram ideias e apresentam os fatos.

Os jornalistas têm formação para escrever para a mídia de notícias; os profissionais de relações públicas devem dominar a redação, o planejamento gráfico e as convenções jornalísticas de todos os meios de massa, junto com os meios mais especializados cujo conteúdo controlam, como mala direta, panfletos, cartazes, boletins, publicações comerciais e a página de sua organização na internet.

OS PROFISSIONAIS DAS RELAÇÕES PÚBLICAS FAZENDO SEU TRABALHO

Os departamentos de relações públicas variam de tamanho, desde mais de 400 membros em grandes corporações a um ou dois indivíduos em pequenas organizações. A função de relações públicas nas grandes corporações muitas vezes é dirigida por um vice-presidente que ajuda a desenvolver políticas gerais como membro da administração superior. Grandes organizações também costumam incluir vários outros gerentes de relações públicas em níveis da empresa como um todo e de divisão, e podem empregar vários especialistas na área, como redatores, pesquisadores e representantes para a mídia. Porém, em uma organização pequena, uma pessoa pode dar conta de todas essas responsabilidades. Firmas de assessoria em relações públicas podem ter especialistas em uma determinada área de trabalho, como serviços de saúde ou financeiros, bem como especialistas funcionais para lidar com mudanças de cultura corporativa ou coordenar o conteúdo da intranet.

Essa grande diversidade nas tarefas dos profissionais de relações públicas fica clara na lista de funções publicada na brochura da PRSA, chamada *Careers in Public Relations* (Carreiras em Relações Públicas):

1. *Programação*. Programar significa analisar problemas e oportunidades, definir metas e públicos (de pessoas cujo apoio ou entendimento é necessário) e recomendar e planejar atividades. Pode incluir orçamentos e atribuição de responsabilidades às pessoas adequadas, incluindo pessoal que não seja de relações públicas. Por exemplo, o presidente de uma organização ou diretor-executivo geralmente é uma figura-chave nas atividades de relações públicas.

2. *Relações*. Os profissionais de sucesso nas relações públicas desenvolvem habilidades de coleta de informações da administração, de colegas em suas organizações e de fontes externas. Eles fazem isso para fortalecer os vínculos de sua organização com grupos externos, incluindo a mídia, líderes da comunidade, formuladores de políticas de governo, investidores, analistas financeiros, instituições educacionais, grupos ativistas e assim por diante. Eles também constroem relações com públicos formados por funcionários e de departamentos com os quais mantêm contato diário, como *marketing*, recursos humanos e departamento jurídico.

3. *Redação e edição*. Como o profissional das relações públicas muitas vezes está tentando atingir grupos de pessoas, a palavra impressa é uma ferramenta importante para a criação de relatórios, notas à imprensa, folhetos, discursos, roteiros de filmes, artigos em revistas do setor, informações sobre produtos e material técnico, publicações dos funcionários, boletins, relatórios aos acionistas e outras comunicações da administração direcionadas a pessoal da organização e a grupos externos. Um estilo sólido e claro de redação que comunique de forma eficaz é uma necessidade para o trabalho de relações públicas.

4. *Informações*. Uma tarefa importante das relações públicas é compartilhar informações com os editores certos em jornais, rádio e TV, e publicações gerais e específicas, para conquistar seu interesse na publicação de notícias e reportagens sobre uma organização. Para isso, deve-se saber como operam os jornais e outros meios de comunicação, suas áreas de especialização e os interesses dos editores individualmente. (A concorrência está ávida pela atenção de editores de meios impressos e transmitidos, que têm tempo e espaço limitados à sua disposição.)

Como disse um profissional das relações públicas, "você tem que chegar ao editor certo na publicação certa, com a história certa, na hora certa". Embora as ideias sejam aceitas com base em seu interesse como notícia e outros valores que tenham para os leitores, os profissionais bem-sucedidos desenvolvem relações de respeito mútuo e cooperação com os meios de notícias que sejam úteis para esses profissionais e para os dos meios.

5. *Produção*. Várias publicações, relatórios especiais, filmes e programas multimídia são formas importantes de comunicação. O profissional das relações públicas não precisa ser um especialista em arte, diagramação, tipografia e fotografia, mas pode ter um conhecimento geral das técnicas para planejar e supervisionar seu uso com inteligência.

6. *Eventos especiais*. Entrevistas coletivas, exposições em convenções e apresentações especiais, comemorações de novas instalações e aniversários, concursos e programas de premiação, visitas e reuniões especiais são apenas alguns dos eventos especiais usados para obter atenção e aceitação. Eles demandam planejamento e coordenação cuidadosos, atenção aos detalhes e a preparação de folhetos, materiais de divulgação e relatórios especiais.

7. *Fala*. O trabalho de relações públicas muitas vezes exige a comunicação face a face – encontrar as plataformas adequadas, fazer discursos e prepará-los para outros. Quem tiver habilidade para falar em público terá uma vantagem.

8. *Pesquisa e avaliação*. Todo o trabalho de relações públicas se baseia em pesquisa – pesquisa sobre temas importantes, organizações, públicos, concorrência, oportunidades, ameaças e assim por diante. Os profissionais das relações públicas passam um tempo considerável incorporando sua pesquisa em declarações de posição, planos de relações públicas, campanhas de comunicação, materiais de informação à mídia, etc. Eles obtêm pesquisa por meio de entrevistas, conversas informais e a leitura de material bibliográfico, bancos de dados e páginas na internet. Também podem fazer *surveys* ou contratar empresas especializadas em planejamento e realização de pesquisas de opinião.

As conclusões das pesquisas influenciam os objetivos e as estratégias de um programa de relações públicas, que, por sua vez, formam a base da avaliação de seu planejamento, implementação e eficácia. Mais e mais gestores esperam que seus assessores ou funcionários de relações públicas façam pesquisa e avaliação.

Uma empresa de testagem psicológica de funcionários, a RembrandtAdvantage, concluiu, em sua pesquisa comparando profissionais de relações públicas de nível intermediário e sênior em empresas importantes de relações públicas, que os profissionais de alto desempenho geralmente têm três características em comum: urgência, solução analítica de problemas e flexibilidade. Em seu folheto eletrônico *Careers in Public Relations*, o Council of Public Relations Firms faz uma comparação entre as três características para dar aos aspirantes a relações públicas um teste que lhes indique a probabilidade de terem a capacidade de se tornar altos executivos das relações públicas.[1] Veja uma comparação na Tabela 1.2.

GESTÃO E LIDERANÇA EM RELAÇÕES PÚBLICAS

As relações públicas demandam funções de liderança e gestão, e diferenciamos os dois tipos nesta seção. Também tratamos dos papéis que os profissionais de relações públicas e líderes cumprem na promoção do comportamento socialmente responsável. E, por fim, consideramos como os profissionais de relações públicas ajudam a tomar decisões em suas organizações. Os estudiosos de administração de empresas muitas vezes diferenciam liderança e gestão ao dizer que a primeira significa fazer as coisas certas e as escolhas certas, ao passo que a segunda quer dizer fazer as coisas da forma certa. Como gestores, os profissionais de relações públicas formatam e organizam programas de comunicação e campanhas.

Eles são especialistas em comunicação para suas organizações. Como líderes, os gerentes de comunicação são incorporados no planejamento, mas geralmente se trata de planejamento de nível intermediário, como o desenvolvimento de comunicação para um plano de *marketing* plurianual, determinando as mensagens fundamentais para o

TABELA 1.2 Comparação com profissionais de relações públicas
Compare-se com profissionais de sucesso nas relações públicas.
Você tem "urgência"?
_____ Você avança no trabalho mais rapidamente que a maioria das pessoas?
_____ Você fica inquieto quando há uma calmaria na atividade?
_____ Você se considera mais intenso do que a maioria das pessoas?
Você é um "solucionador analítico de problemas"?
_____ Jogos e quebra-cabeças complexos prendem sua atenção?
_____ Você acha que as soluções de vários problemas chegam a você mais facilmente do que à maioria das pessoas?
_____ Você quer instintivamente tratar da causa básica por trás de várias questões/problemas?
Você é "flexível" em sua abordagem ao trabalho e às interações?
_____ Quando as visões das pessoas diferem das suas, você reflete sobre as perspectivas delas?
_____ Você acha que pode ter várias interrupções e ainda assim realizar os objetivos que definiu para o dia?
_____ Mudanças em seus planos aumentam o entusiasmo de seu dia?
Se você respondeu sim à maioria ou a todas as afirmativas acima, talvez tenha o que é necessário para se tornar um profissional de RP.

Fonte: *Careers in Public Relations: A Guide to Opportunities in a Dynamic Industry*, Council of Public Relations Firms, disponível em www.prfirms.org, em 20 de fevereiro de 2008.

programa de treinamento e "mudança cultural" de uma organização ou desenvolvendo as diretrizes de conteúdo para as páginas da empresa na internet e seus vários usos em intranets e extranets.

Tradicionalmente, os profissionais de relações públicas têm sido considerados mais gestores do que líderes organizacionais. Os líderes são os indivíduos encarregados de construir e manter a reputação de longo prazo da organização, ajudando a cumprir objetivos de lucratividade e assessorando a organização sobre como agir de forma responsável no interesse público. Eles conciliam planos estratégicos nos mais elevados níveis da organização com os interesses e preocupações de grupos cujo apoio é necessário, estejam esses grupos dentro da organização, na comunidade ou, inclusive, em algum outro lugar do mundo. Examinemos várias dimensões da liderança em relações públicas.

Promovendo o comportamento socialmente responsável

Os líderes de relações públicas ajudam a manter as organizações lucrativas e duradouras por meio de comportamentos socialmente responsáveis que sirvam ao interesse público, assim como ao seu. Eventos como a falência da Enron, o 11 de setembro de 2001, atentados terroristas e conflitos regionais em todo o mundo destacam a importância de empresas, governos e organizações sem fins lucrativos serem considerados como dignos de crédito e responsáveis em todos os lugares e momentos. Mesmo assim, a explosão tecnológica das duas últimas décadas, juntamente com executivos que ganham demais no país de origem da empresa e trabalhadores industriais mal pagos em outros lugares, mostra que as reputações públicas de muitas organizações correm sério risco. Contra esse pano de fundo, observadores perspicazes hoje em dia afirmam que as instituições devem assumir mais responsabilidades pelas consequências de seus atos.

Os profissionais de relações públicas criteriosos reconhecem que o comportamento socialmente responsivo e responsável ajuda a prevenir inquietações trabalhistas e greves, boicotes de consumidores, ações na justiça por questões ambientais e ataques aleatórios de parte de pessoas e grupos ativistas que se sintam prejudicados.

O veterano profissional e acadêmico das relações públicas Rex Harlow acreditava que o profissional de relações públicas define e enfati-

Profissionais de relações públicas discutem táticas de campanha.

za a responsabilidade da administração em servir ao interesse público. O ex-presidente da Hill & Knowlton, Robert Dilenschneider, assume uma postura ainda mais forte, afirmando que o comportamento socialmente responsável entre 2000 e 2020 determinará até onde a globalização e a economia mundial sobreviverão.

Os líderes das relações públicas e o processo de decisão

O que dá aos líderes e profissionais das relações públicas a responsabilidade ou o direito a determinar e influenciar o comportamento organizacional socialmente responsivo no interesse público? Em verdade, os líderes de relações públicas não tomam todas as decisões que levam a mudanças dentro de organizações, mas, como monitoram constantemente todas as decisões e interagem com todos os públicos dentro das organizações, costumam ter informações que sugerem uma necessidade de mudanças ou indiquem a direção que deveriam tomar. Esses profissionais podem descobrir um problema quando ele ainda é administrável, evitando, assim, crises desnecessárias. Na verdade, o finado Scott Cutlip, renomado educador das relações públicas, acreditava que a responsabilidade mais importante desses profissionais é interpretar o clima da opinião pública para a administração.

Por entender os interesses de diferentes públicos, os líderes de relações públicas podem ajudar as organizações a definir políticas e fazer planos estratégicos, estabelecer filosofias, atingir objetivos, se adaptar a mudanças no ambiente e competir com sucesso nos mercados atuais. As relações públicas podem dar importantes contribuições à formação das ideias de uma organização sobre si mesma – o que ela deve fazer e o que a sociedade quer e espera dela. Charles Steinberg descreveu esse aspecto das relações públicas como "a estruturação da filosofia da empresa e sua aplicação na prática, para que aquilo que a instituição diz não seja diferente do que ela faz".[2] Em essência, portanto, os líderes de relações públicas passam um tempo considerável avaliando as implicações que as questões sociais, políticas e econômicas no país e no exterior têm para a manutenção da reputação de longo prazo da organização.

Uma razão pela qual diferenciamos a liderança em relações públicas da gestão das funções de comunicação de uma organização é que as percepções do público sobre as empresas e a vida organizacional têm um alcance grande demais para que as relações públicas tomem conta delas sozinhas. Na verdade, as relações públicas são cada vez mais responsabilidade de executivos, além de ser campo de funcionários de relações públicas propriamente ditas. Vemos a necessidade de reinventar o que é "bom" na vida empresarial e organizacional, à medida que órgãos governamentais em todos os níveis são reduzidos diante de novas limitações fiscais. Os hospitais lutam com regulamentações, elevação de custos, novas tecnologias e mudanças nas demandas de clientes. As organizações ligadas às artes buscam novas fontes de verbas à medida que o Congresso planeja reduzir ou retirar apoio do governo. As empresas lidam com concorrência global, condições econômicas incertas e um público cético. Sendo assim, os líderes bem-sucedidos em todas as organizações incorporam o saber e as perspectivas das relações públicas a seu trabalho.

Presidentes de grandes corporações estão bastante cientes de que as relações públicas contribuem para a tomada de decisões. Sir Gordon White, que era presidente da Hanson Industries, fez carreira comprando empresas e eliminando suas equipes, tinha um grupo de apenas 12 funcionários, mas que incluía um executivo de relações públicas. Talvez a tarefa mais importante dos profissionais de relações públicas seja garantir que as considerações nessa área estejam presentes no centro da tomada de decisões administrativas.

O ALCANCE DA INDÚSTRIA DAS RELAÇÕES PÚBLICAS

Como o alcance global da prática de relações públicas está mudando muito rapidamente, é difícil saber quantos profissionais existem em todo o mundo, mas o Bureau of Labor Statistics estimou a existência de 243 mil especialistas em relações públicas nos Estados Unidos em 2006 e previu um aumento para 286 mil até 2016.[3] Na verdade, organizações norte-americanas gastam mais de 10 bilhões todos os anos em relações públicas. Na Europa, incluindo a Comunidade de Estados Independentes e os países do antigo bloco soviético, o setor equivale a mais ou menos um terço do tamanho da atividade nos Estados Unidos. A seguir, vêm os países da Ásia, principalmente Japão, China, Hong Kong, Coreia, Cingapura e Malásia. O setor cresce rapidamente na América Latina e um pouco nas economias que mais crescem na África.

Como mostrado na Figura 1.1, nos Estados Unidos se estima que cerca de um terço de todos os profissionais de relações públicas trabalhe para agências, algumas das quais têm foco nas relações públicas, mas outras as combinam com comunicação de *marketing* e propaganda. Outro terço dos profissionais trabalha para corporações, incluindo bens de consumo como eletrônicos, indústria, finanças e empresas de investimentos, companhias de seguros, fábricas e os setores de entretenimento e mídia. Associações setoriais, instituições educacionais e fundações empregam cerca de um sétimo dos profissionais, e os serviços de saúde, em torno de um décimo. Órgãos governamentais municipais, distritais, estaduais e federais respondem por uns 5%, assim como associações de bem-estar, beneficentes e religiosas.

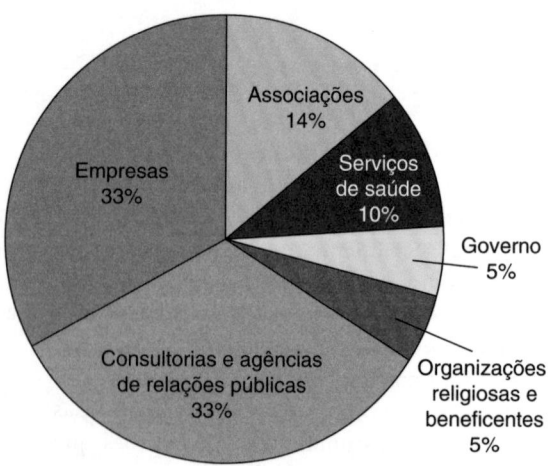

FIGURA 1.1 Onde trabalham os profissionais de relações públicas.

Destaque 1.2

Public Relations Student Society of America

Atualmente, os estudantes de relações públicas podem fazer parte de uma das 284 seções da Public Relations Student Society of America, uma divisão educacional da Public Relations Society of America. Em 2007, havia mais de 9.600 membros da PRSSA em todos os Estados Unidos. Nem sempre foi assim.

A PRSSA foi fundada na reunião anual da PRSA, em 11 de novembro de 1967, na Filadélfia, com apoio de J. Carroll Bateman, presidente da sociedade naquele ano. Hoje, o concurso de estudos de caso da PRSSA leva o nome de Bateman. Os profissionais de relações públicas têm tentado envolver os estudantes na sociedade profissional desde 1950. As primeiras nove seções foram reconhecidas no início de 1968, e outras cinco foram acrescentadas antes do final do mesmo ano.

O Dr. Frederick Teahan, APR (*accreditation in public relations*), vice-presidente da PRSA para educação e fundador da PRSSA, escreveu o seguinte com relação às primeiras duas décadas da PRSSA: "Que época improvável para os dirigentes da PRSA criarem um ramo júnior da sociedade... os protestos devastavam as cidades. Manifestações violentas contra o envolvimento no Vietnã eram comuns, o assassinato de figuras públicas revoltava e assustava, o radicalismo disseminado tomava todas as instituições norte-americanas — a religião, o governo, os militares, a democracia. As próprias universidades eram denunciadas como 'irrelevantes'. E isso tudo estava inevitavelmente ligado, na mente popular, aos estudantes. Mas os líderes de uma sociedade de relações públicas de jovens acadêmicos não se deixaram assustar. O radicalismo parecia estar ausente das fileiras desses pré-profissionais".

Pode ter sido uma época improvável para começar, mas a PRSSA cresceu rápido e criou sua própria conferência nacional em 1976. Um requisito importante para uma seção era o número de cursos de relações públicas oferecidos pela unidade na qual se lecionava o tema. Esse número aumentou para cinco cursos de relações públicas oferecidos por unidade em 1988, o que permanece sendo o padrão. Em seu 40º aniversário, os amigos da PRSSA, chamados de *Champions*, publicaram *PRSSA, A Brief History*, como presente aos 81 mil ex-alunos membros da PRSSA e às gerações de futuros estudantes que estão por vir.

Fonte: F. H. "Chris" Teahan, *A Brief History: The First Two Decades*, e Susan Gonders e Barbara DeSanto, *A Brief History: The Second Two Decades* (New York: Public Relations Society of America, 2007).

PERFIL DOS PROFISSIONAIS DE RELAÇÕES PÚBLICAS

Mais do que em qualquer momento no passado, o profissional de relações públicas de hoje em dia tem melhor formação, ganha mais e está mais preparado para assumir uma série de funções de planejamento estratégico e comunicação para organizações de todos os tipos. As subseções a seguir descrevem as principais conclusões de um estudo sobre a profissão realizado nos Estados Unidos e no Canadá,[4] pelas duas maiores associações profissionais de relações públicas — a Public Relations Society of America (PRSA) e a International Association of Business Communicators (IABC).

Educação

Dois terços (65%) dos profissionais de relações públicas têm graduação universitária e quase metade diz que seus cursos se concentravam no tema. Quase 300 universidades têm setores voltados aos estudantes de relações públicas. Entre 2007 e 2008, cerca de 10 mil estudantes eram membros da PRSSA, a Public Relations Student Society of America (ver Destaque 1.2).

Cada vez mais profissionais têm não apenas graduação, mas também diplomas de pós-graduação. Mais de 30%, ou quase um terço, tinham mestrado, comparados com 27% cinco anos antes. Desses, cerca de metade dos mestrados eram em comunicação, relações públicas ou jornalismo, ou campos relacionados à mídia. Outros 40% eram mestrados em administração de empresas. Os restantes 10 a 15% vinham de um espectro de graduações relacionadas. E, surpreendentemente, outros 2% dos pesquisados tinham doutorado.

Pouco menos de um terço (24%) dos comunicadores pesquisados também tinha passado em exames nacionais de certificação aplicados pela IABC ou a PRSA.[5]

*Salários**

O valor dos salários pode mudar de ano para ano. Um bom lugar para conhecer vários salários

---

* N. de R. T.: No Brasil, os salários variam de acordo com a empresa e com a região em que está localizada. Na região Sudeste, são observados os maiores salários. Os recém-formados, quando são inseridos no mercado de trabalho, ganham de três a quatro salários mínimos.

de relações públicas é na página www.salary.com (use a palavra-chave "public relations" e insira o local desejado). Segundo o salary.com, em 2008, o salário médio para um especialista em relações públicas em início de carreira, em Chicago, era de 46.035 dólares anuais, mais benefícios e bônus. Um diretor de relações públicas nessa mesma cidade tinha um salário médio de 136.712 dólares, mais benefícios e bônus. Os altos executivos da área em grandes corporações, contudo, ganhavam mais de 500.000 dólares por ano.[6]

O Council of Public Relations Firms diz que um executivo de contas com dois a cinco anos de experiência ganha entre 35.000 e 50.000 dólares, mais benefícios e bônus. Um supervisor de contas com cinco a dez anos de experiência ganha entre 55.000 e 85.000, mais benefícios e bônus. O vice-presidente sênior com mais de dez anos de experiência provavelmente ganhará entre 120.000 e 175.000 dólares, mais benefícios e bônus.[7]

A mais recente pesquisa sobre salários feita pela PRSA concluiu que o salário médio de um profissional de relações públicas era de 69.000 dólares, mais 10.000 em bônus. O consultor médio em relações públicas ganhava 110.000 dólares, com 20.000 em bônus.[8]

Idade e gênero

A média de idade para os membros da PRSA e da IABC pesquisados era de 39 anos. É importante observar que a média de idade dos profissionais tem caído anualmente, pelo menos na última década.

Mais de 7 em cada 10 profissionais (71%) eram mulheres: a taxa de homens quase se inverteu nos últimos 25 ou 30 anos. Mesmo assim, os homens continuam a ter proporcionalmente mais cargos administrativos importantes em relações públicas, principalmente porque passaram mais anos no campo. As diferenças salariais entre homens e mulheres são apenas uma das questões de gênero que apreciamos mais tarde.[9]

Estudo de caso

A tarefa do estagiário

Você teve a sorte de conseguir um estágio remunerado para o verão, trabalhando com Marissa e a agência de relações públicas que cuida da conta de Microsoft. Marissa quer fazer algo neste verão, como projeto de *marketing* social. Sua primeira tarefa é pensar em vários projetos de *marketing* social em que a Microsoft poderia se envolver e examinar quais públicos e ferramentas de comunicação poderiam ser usados. Responda às seguintes perguntas:

1. Quais projetos sociais melhor se adequariam à Microsoft se pensarmos na realidade brasileira? Apresente três ideias.
2. Quais podem ser os públicos externos da Microsoft para um desses projetos?
3. Quem são os principais públicos internos da Microsoft e como você os envolveria?
4. Quais meios de comunicação você usaria nesse projeto?
5. Que outras ferramentas de comunicação podem funcionar bem?

Resumo

As relações públicas são uma função de gestão e construção de relações baseada na comunicação bidirecional eficaz entre uma organização e seus *stakeholders*. Essa função é realizada por profissionais de relações públicas cujas funções incluem uma ampla gama de habilidades, da redação ao planejamento estratégico. O profissional de relações públicas de hoje tem melhor formação, ganha mais e está mais preparado para trabalhar em todos os tipos de organizações. Em níveis avançados, os líderes de relações públicas formulam e executam campanhas de comunicação, contribuem para o planejamento estratégico e para as decisões da organização e assumem responsabilidades de construir e manter sua imagem e reputação.

Embora não se conheça o número exato de profissionais de relações públicas nos Estados Unidos, o Labor Bureau o estima em cerca de 250 mil. Entretanto, as relações públicas são uma função que cresce muito no leste europeu. A Europa tem cerca de um terço dos profissionais de relações públicas dos Estados Unidos. A Ásia também é uma região de muito crescimento para as relações públicas no mundo, seguida da América Latina e da África.

Termos fundamentais

assuntos públicos
marketing social

públicos
relações públicas

Notas

1. *Careers in Public Relations: A Guide to Opportunities in a Dynamic Industry*, Council of Public Relations Firms, retirado de www.prfirms.org em 20 de fevereiro de 2008, p.8.
2. Charles S. Steinberg, *The Creation of Consent: Public Relations in Practice* (New York: Hastings House, 1975), p. 9.
3. Bureau of Labor Statistics. http://stats.bls.gov/oco/ocos086.htm, em 14 de fevereiro de 2008.
4. *Profile 2000-1 Survey of the Profession* (International Association of Business Communicators and Public Relations Society of America, 2001), p. A22.
5. Ibid., p. A5.
6. Retirado de www.salary.com, em 20 de dezembro de 2008.
7. Council of Public Relations Firms, *Careers in Public Relations: A Guide to Opportunities in a Dynamic Industry*, retirado de www.prfirms.org em 18 de fevereiro de 2008, p.8.
8. *Profile 2000-A Survey of the Profession*, p. A5.
9. Ibid.

2

A História das Relações Públicas

INTRODUÇÃO

Os jornais publicam propaganda desde os dias da Revolução Americana. Benjamin Franklin, que também era escritor e editor, publicou o jornal mais lido nas colônias norte-americanas. Seu *Pennsylvania Gazette* publicava propagandas de itens cotidianos como sabão, livros e material de escritório. Franklin chegou a escrever seus próprios anúncios, um dos quais elogiava as características superiores do fogão barrigudo que inventou.

As pessoas que têm uma mensagem a comunicar há muito reconheceram o poder que a opinião pública tem de fazer com que outras pessoas ajam. É por isso que a opinião pública é um dos três fatores responsáveis pelo crescimento das relações públicas como meio de comunicação. Os outros dois são a concorrência entre as muitas instituições que dependem de apoio público e o desenvolvimento dos meios pelos quais essas organizações conseguem atingir o público. Esses três fatores motivaram a evolução das relações públicas em quatro tradições diferentes:

- A tradição dos retóricos e dos agentes de imprensa
- A tradição jornalística e publicitária
- A tradição da campanha de comunicação persuasiva
- A tradição de construção de relações e comunicação bidirecional

Ao examinarmos uma a uma no decorrer do capítulo, você verá que, como muitas tendências históricas, elas se sobrepõem um pouco. Cada uma delas foi produto de forças econômicas, políticas, sociais e culturais maiores de sua época, bem como do crescimento dos meios de comunicação de massa e dos canais de comunicação especializados. Podemos pensar nelas como um contínuo histórico dos usos estratégicos da comunicação por organizações empresariais, movimentos sociais, grupos sem fins lucrativos, órgãos de governo e grupos da comunidade.

Mas o que torna seu estudo importante para nós são as lições que aprendemos da história. Nas relações públicas, temos o benefício de importantes princípios desenvolvidos e empregados por muitos profissionais do século XX. Ivy Lee nos ensina que devemos agir de forma decidida para ter algo que valha a pena comunicar. Harold Burson, que construiu a maior agência de relações públicas do mundo, enfatiza uma cultura empresarial de "cuidar e compartilhar" ou "louvar o indivíduo e celebrar a equipe". Edward Bernays nos ensina a importância de aplicar técnicas das ciências sociais para influenciar o comportamento.

Este capítulo apresenta os muitos indivíduos e movimentos sociais que moldaram nossa prática de relações públicas de hoje. Aprenda os princípios e seja criativo para aplicá-los à disciplina de relações públicas no futuro.

A TRADIÇÃO DOS RETÓRICOS E DOS AGENTES DE IMPRENSA*

O precursor da prática de relações públicas dos tempos atuais pode ser encontrado no trabalho de **retóricos, agentes de imprensa** e outros promotores. Desde tempos muito antigos, os oradores públicos, chamados de retóricos, prestavam serviços de comunicação, como redigir discursos, falar em nome de um cliente, treinar para perguntas difíceis e habilidades de persuasão.

Por exemplo, nos tempos de Platão, em torno de 427 a 347 a. C., a retórica era uma disciplina bem estabelecida na Grécia. O principal retórico era Górgias de Leontina, na Sicília (cerca de 483-375 a. C.), que acreditava que o trabalho do retórico era incentivar as habilidades persuasivas, mais do que determinar se os argumentos ou afirmações eram verdadeiros ou falsos, segundo Helio Fred Garcia.[1] Garcia também observou que, mesmo na Atenas clássica, a opinião pública determinava questões de grande e pequeno porte, desde importantes projetos de obras públicas, como a construção de muralhas da cidade, passando pela nomeação de generais e outros cargos importantes, até a resolução de questões da justiça penal.[2]

As habilidades de persuasão têm sido usadas para influenciar o público e a opinião pública por centenas de anos. Artefatos do que se pode interpretar como materiais de relações públicas sobreviveram desde a Índia, a Mesopotâmia, a Grécia e a Roma antigas. As Cruzadas, as proezas de Lady Godiva, as ações de Martinho Lutero e as aventuras dos conquistadores em busca do Eldorado foram todas explicadas como exemplos de antigas atividades de relações públicas. A criação no século XVII, da *Congregatio de Propaganda* (a congregação para a propagação da fé) pela Igreja Católica costuma ser apontada como um marco no desenvolvimento das relações públicas. A ação nos trouxe o termo *propaganda*, mas não um desenvolvimento significativo em uma igreja que existe para propagar a fé.

Os antecedentes das relações públicas nos Estados Unidos

É possível identificar diversos exemplos de atividades com caráter de relações públicas nos primeiros dias da colonização dos Estados Unidos, à medida que cada colônia usava técnicas de assessoria de imprensa para atrair colonos. Em 1641, o Harvard College iniciou a primeira campanha sistemática de arrecadação de fundos no país, que foi apoiada pelo primeiro folheto dessa natureza, o *New England's First Fruits*. Em 1758, o King's College (atual Columbia University)

---

* N. de R. T.: Embora os termos *retóricos* e *agentes de imprensa* não tenham representatividade na literatura de relações públicas brasileira, optou-se por mantê-los no texto, uma vez que são elementos facilitadores para o entendimento da história das relações públicas em sua cronologia. Assim, o termo *retórico* pode ser compreendido como *Spin Doctor*, profissional especializado em discursos e em técnicas de influência da opinião pública. O profissional denominado *agente de imprensa* exerce o papel, de maneira limitada, rudimentar e por vezes duvidosa, do que hoje evoluiu para assessor de imprensa.

A *Boston Tea Party*, promovida por Samuel Adams.

emitiu a primeira nota à imprensa, para anunciar cerimônias de formatura.

As técnicas de assessoria de imprensa eram ainda mais predominantes na época da Revolução Americana e em todos os conflitos e situações subsequentes em que o poder foi ameaçado ou quando se precisava de apoio público. Na verdade, as relações públicas prosperaram mais em tempos de extrema pressão ou crise, como nas circunstâncias que precederam a Guerra Revolucionária Americana, quando Samuel Adams deu início ao que se pode chamar de uma campanha de relações públicas. Adams foi, para a dimensão de comunicação da Guerra Americana, o que George Washington foi para a dimensão militar. Adams reconhecia o valor de usar símbolos como a Árvore da Liberdade, que era facilmente identificável e estimulava emoções.

Adams também usava *slogans* que ainda são lembrados, como "taxação sem representação é tirania". Como ele fez com que sua versão da história chegasse antes a um público receptivo, tiros disparados contra um grupo de desordeiros ficaram conhecidos como "o Massacre de Boston". Adams dirigiu uma campanha sustentada de relações públicas, baseada na saturação, usando todos os meios disponíveis. Ele promoveu o protesto conhecido como Festa do chá de Boston, ou *Boston Tea Party*, para influenciar a opinião pública. Com os Filhos da Liberdade e os comitês de correspondência, proporcionou a estrutura organizativa para implementar ações possibilitadas por sua campanha de relações públicas.[3]

Relações públicas em uma nação jovem

Nos primórdios da história dos Estados Unidos, as relações públicas eram praticadas basicamente na esfera política. A publicação e disseminação da obra *O federalista*, que levou à ratificação da Constituição dos Estados Unidos, foi chamada de "o melhor trabalho de relações públicas da história".[4]

No início de sua presidência, Andrew Jackson indicou Amos Kendall, membro do famoso *Kitchen cabinet* (gabinete ou armário de cozinha), para servir como seu especialista em sondagens de opinião, assessor, escritor-fantasma e assessor de imprensa. Embora não tivesse o título, Kendall foi, na prática, o primeiro secretário de imprensa presidencial e contato com o Congresso. Jackson, que não sabia se expressar muito bem, usou Kendall como especialista para transmitir suas ideias ao Congresso e ao povo do país nos jornais do dia.

Os jornais, pela primeira vez, estavam começando a atingir uma classe média ascendente como resultado da urbanização e dos avanços na educação e nas taxas de alfabetização. Mesmo assim, a comunicação se dava fundamentalmente face a face, porque a maior parte dos norte-americanos vivia em fazendas ou em pequenas comunidades.

A publicidade impulsionou a colonização da fronteira oeste dos Estados Unidos, a questão mais importante da época. De Daniel Boone a Davy Crockett e Buffalo Bill, a promoção habilidosa e, por vezes, exagerada, foi a forma de fazer com que as pessoas se mudassem do leste para o oeste. Até mesmo Jesse James entrou em cena ao emitir uma nota à imprensa sobre um de seus assaltos a trem particularmente ousado. Os líderes empresariais também se conscientizaram das virtudes da assessoria de imprensa. Quando a Burlington Railroad iniciou sua campanha de 1858, Charles Russell Lowell declarou: "Temos que tocar a trombeta o mais alto que os méritos de nossa posição garantirem".[5]

P. T. Barnum e a atividade do agente de imprensa

Phineas T. Barnum sempre foi considerado o mestre dos agentes de imprensa, com uma capacidade de fazer promoção com inesgotável imaginação. Barnum promoveu o anão General Tom Thumb; Jenny Lind, o "Rouxinol Sueco"; Jumbo, o elefante; e Joice Heath, uma mulher de 161 anos (assim se afirmava, embora uma autópsia tenha revelado, depois de sua morte, que ela tinha cerca de 70 a 80). Barnum usou a assessoria de imprensa para ganhar dinheiro, pura e simplesmente.

Quando P. T. Barnum morreu, o jornal *London Times* o chamou carinhosamente de "um enganador inofensivo". Desde que a atividade do agente de imprensa seja usada para promover circos, entretenimento e esportes profissionais, seu potencial negativo fica limitado, mas seu uso em política é mais ameaçador.

Desvantagens da atividade do agente de imprensa

Na corrida para chamar a atenção da mídia e do público, a atividade do agente de imprensa pode se tornar cada vez mais abusiva, exploradora e manipuladora. Além disso, a tentativa manipuladora de obter atenção do público por meio da mídia tem um lado ainda mais obscuro.

Em 1878, o sociólogo francês Paul Brousse descreveu o que chamou de **"propaganda pelo ato"**. O termo diz respeito ao ato provocativo cometido para atrair a atenção para uma ideia ou reclamação, com vistas a obter publicidade. Para os anarquistas na Europa do século XIX e início do século XX, a propaganda pelo ato significava bombardear, matar e assassinar. Os sociólogos europeus temiam que os agentes de imprensa e os retóricos pudessem incitar a multidão, desestabilizando governos e sociedades. Essa é a mesma tática usada por organizações terroristas em atentados como os voos suicidas de 11 de setembro contra o World Trade Center e o Pentágono. Os terroristas tentam usar seus atentados para chamar a atenção à sua propaganda.

A TRADIÇÃO JORNALÍSTICA E PUBLICITÁRIA

As condições da sociedade em torno da Revolução Industrial nos Estados Unidos do século XIX abriram caminho para um novo modelo predominante de prática de relações públicas. A Revolução Industrial atingiu o país com toda a força durante o último quarto daquele século. A população dobrou à medida que os imigrantes corriam para chegar à terra das oportunidades. Novos produtos e novos padrões de vida surgiram rapidamente. O ritmo imposto da fábrica, o estresse da vida urbana e a enorme diferenciação entre chefes e trabalhadores eram realidades novas e nem sempre agradáveis da vida nos Estados Unidos. Na verdade, a harmonia social em termos gerais estava se desagregando com conflitos e enfrentamentos cada vez maiores.

As empresas estavam amealhando enormes lucros, mas perdendo apoio público no processo. Os trabalhadores começaram a se organizar em sindicatos e consideravam seus interesses, em muitos casos, opostos aos dos patrões, que estavam, ao mesmo tempo, altamente bem-sucedidos e cada vez mais sitiados. O historiador Merle Curti escreveu que as corporações começavam a se dar conta gradualmente da importância de combater a hostilidade e ganhar a simpatia do público. O especialista no campo das relações públicas era um fenômeno inevitável em vista da necessidade dos serviços que poderia prestar.[6]

Em poucas palavras, a industrialização alterou a estrutura da sociedade e deu lugar a condições que demandavam conhecimento de relações públicas. No início dos anos de 1900, as empresas foram forçadas a se submeter a cada vez mais regulamentações governamentais e recebiam críticas cada vez mais hostis por parte da imprensa. As corporações reconheciam que o engano, a manipulação e as meias-verdades em benefício próprio eram respostas inadequadas aos desafios levantados pela mídia e pelo governo. Como resultado disso, as relações públicas se tornaram uma função especializada amplamente aceita em grandes empresas para se contrapor à hostilidade conquistando a simpatia do público.

Previsivelmente, a expressão *relações públicas* passou a ser usada nessa época e sua primeira aparição provavelmente foi no discurso de Dorman B. Eaton, em 1882, à turma de formandos da faculdade de direito de Yale. O conceito, como se observou, não era novo, mas o fato de o termo ter sido cunhado sugere um novo nível de importância e consciência. Como comentou o historiador Marc Bloch, "o advento de um nome é um grande evento, mesmo quando o objeto nomeado não for novo, pois o ato de dar nome significa tomar consciência".[7]

Os primeiros assessores de imprensa

Ex-jornalistas começaram a ver que era possível ganhar a vida no negócio de relações públicas. Em 1900, George V. S. Michaelis estabeleceu o primeiro *Publicity Bureau* em Boston. Seu trabalho, segundo ele próprio, era coletar informações factuais sobre seus clientes para distribuição a jornais. Em 1906, seus principais clientes eram as ferrovias do país, que contrataram o *Publicity Bureau* para combater regulamentações contrárias que estavam sendo promovidas por Theodore Roosevelt. A agência desenvolvia a assessoria de imprensa a partir de informações concretas e nos contatos pessoais para promover as posições dos clientes, mas mantinha em segredo sua conexão com a ferrovia. A equipe do *Publicity Bureau* aumentou muito, instalando escritórios em Nova York, Chicago, Washington, St. Louis e Topeka, e com agentes na Califórnia, Dakota do Sul e em outros lugares.

O presidente Theodore Roosevelt, que considerava a presidência um "púlpito de onde falar", mostrou que era mais do que páreo para o *Publicity Bureau*. Como primeiro presidente a usar amplamente as entrevistas coletivas e individuais, dizia-se que Roosevelt governava o país a partir das capas dos jornais. A aprovação da lei conhecida como Hepburn Act aumentou o controle do governo sobre a indústria ferroviária e representou uma clara vitória para o governo Roosevelt.

O pai das relações públicas e o homem que mais recebeu crédito por alimentar a profissão, que então engatinhava, foi Ivy Ledbetter Lee, filho de um pregador da Geórgia. Lee era um repórter que, muito cedo, viu perspectivas melhores na arena da assessoria de imprensa. Depois de trabalhar na campanha à prefeitura de Nova York nas eleições de 1903 e para o Comitê Nacional Democrata, Lee se juntou a George Parker, outro veterano dos jornais, para formar a terceira agência de publicidade do país, em 1904.

Dois anos mais tarde, a empresa de carvão George F. Baer and Associates contratou a parceria para representar seus interesses durante uma greve nas minas de antracito. John Mitchell, líder dos trabalhadores, era muito aberto e sabia falar com a imprensa, que tratava a ele e à sua causa com considerável simpatia. O irritadiço Baer nem falava com o presidente dos Estados Unidos.

Lee aceitou a tarefa e convenceu Baer a se abrir. A seguir, emitiu imediatamente uma Declaração de Princípios a todos os editores de jornal da cidade. Os sentimentos expressos nesse documento indicavam claramente que as relações públicas tinham entrado em sua segunda etapa.

Como observou Eric Goldman, "o público não deveria ser mais ignorado, à maneira tradicional dos negócios, nem enganado, na maneira persistente do agente de imprensa".[8] Lee declarou que o público deveria ser informado:

> Esta não é uma agência de imprensa secreta. Todo o nosso trabalho é feito às claras. Nosso objetivo é fornecer notícias. Esta não é uma agência de propaganda; se você achar que qualquer material nosso é seu por direito, não o use. Nosso material é preciso. Mais detalhes sobre qualquer assunto tratado serão apresentados prontamente, e qualquer editor será ajudado, com o maior prazer, a verificar diretamente qualquer declaração factual... Resumindo, nosso plano é, franca e abertamente, em nome de empresas e instituições públicas, fornecer à imprensa e ao público dos Estados Unidos informações imediatas e precisas sobre temas que tenham valor e interesse para ele.[9]

Em poucas palavras, portanto, a ideia de Lee era dizer a verdade sobre as ações da organização de seu cliente. Ele acreditava que, se a verdade prejudicasse a organização, esta deveria corrigir o problema para que a verdade pudesse ser contada sem medo. Dito isso, os clientes de Lee que eram ligados à ferrovia não reagiram bem a essa declaração. Segundo o historiador das relações públicas Ray Hiebert, "muitos dos membros da velha guarda da ferrovia ficaram assustados quando, quase que imediatamente, Lee começou a revolucionar as coisas, colocando em prática suas teorias sobre a franqueza absoluta com a imprensa".[10]

O arsenal de comunicação de Lee não se limitava a notas à imprensa. Ao ajudar a protelar as regulamentações sobre fretes na ferrovia, ele publicou panfletos, folhetos e boletins para clientes; notícias das empresas para os funcionários e outros materiais para pessoas em importantes cargos de decisão, incluindo congressistas, legisladores estaduais, prefeitos e vereadores, economistas, banqueiros, reitores de universidades, escritores e religiosos.[11]

Lee entendeu que uma corporação não deveria esperar influenciar o público a menos que sua comunicação fosse sustentada por boas obras. O desempenho determina a informação. Para atingir a coerência necessária e clara entre palavras e atos, Lee exigiu que seus clientes em empresas e indústrias alinhassem suas razões e suas políticas com o interesse público. O público, ele achava, era formado por seres humanos racionais que, se recebessem a informação completa e precisa, tomariam as decisões certas. Como resultado, ele dizia que seu trabalho era interpretar a Pennsylvania Railroad ao público e interpretar o público para a Pennsylvania Railroad. Ou seja, Lee se via como um mediador que faria uma ponte entre os interesses das empresas e os do público.

Então, em 1914, Lee foi contratado para reconstruir a imagem de John D. Rockefeller, proprietário da Standard Oil, de Nova Jersey. Nove mil mineiros de carvão entraram em greve no sul do Colorado em setembro de 1913. Os Rockefeller eram os principais acionistas da maior empresa envolvida, a Colorado Fuel and Iron Company. Em abril de 1914, um tiro acidental causou uma batalha em que foram mortos vários mineiros, duas mulheres e 11 crianças. Os Rockefeller foram responsabilizados e seu nome ficou prejudicado. Lee aconselhou ao Rockefeller mais jovem a praticar uma política de abertura e, depois da greve, recomendou que Rockefeller visitasse os campos de mineração para observar as condições em primeira mão.

Lee morreu em desgraça, vítima de suas próprias políticas de relações públicas. No início da década de 1930, ele assessorou a Interessen Gemeinschaft Farben Industrie, mais conhecida como I. G. Farben ou o German Dye Trust. Com o tempo, os nazistas assumiram a empresa e pediram que Lee recomendasse como melhorar as relações entre Alemanha e Estados Unidos. Ele disse que a empresa deveria ser aberta e honesta. Pouco antes de sua morte, as relações de Lee com os alemães foram investigadas pelo Comitê Especial do Congresso sobre Atividades Antiamericanas. As manchetes berravam: "Revelado que Lee era agente de imprensa de Hitler", e seu nome foi manchado em todos os Estados Unidos.

Outras das primeiras agências de assessoria de imprensa foram estabelecidas por William Wolf Smith, em Washington, em 1902; Hamilton Wright, em São Francisco, 1908; Pendleton Dudley, no distrito de Wall Street, em Nova York, em 1909; Rex Harlow, em Oklahoma, em 1912; e Fred Lewis e William Seabrook, em Atlanta, 1912.

Organizações sem fins lucrativos e movimentos sociais

As organizações sem fins lucrativos, incluindo faculdades, igrejas, causas beneficentes e órgãos de saúde e bem-estar começaram a fazer amplo uso da assessoria de imprensa no início do século XX. Em 1899, Anson Phelps Stokes converteu o Gabinete do Secretário da Universidade de Yale em um eficaz escritório para ex-alunos e relações públicas. O reitor de Harvard, Charles W. Eliot, que já falava em 1869 da necessidade de influenciar a opinião pública rumo ao avanço da aprendizagem, esteve entre os primeiros clientes do *Publicity Bureau*, em 1900. As universidades da Pensilvânia e de Wisconsin estabeleceram gabinetes como esse em 1904. Em 1917, formou-se a Association of American College News Bureaus.

Em 1905, a ACM de Washington buscava 350.000 dólares para um novo prédio. Pela primeira vez, foi contratado um assessor de imprensa em tempo integral, em uma iniciativa de arrecadação de fundos. Em 1908, a Cruz Vermelha e a National Tuberculosis Association usavam muito os assessores de imprensa. O New York Orphan Asylum pagava 75 dólares por mês a um assessor.

As igrejas e grupos religiosos reconheceram rapidamente o valor de um esforço organizado de assessoria de imprensa. A Trinity Episcopal Church de Nova York foi um dos primeiros clientes de Pendleton Dudley, em 1909. A Igreja Adventista do Sétimo Dia estabeleceu seu escritório de assessoria de imprensa em 1912. George Parker, o antigo parceiro de Ivy Lee, foi nomeado para coordenar a comunicação da Protestant Episcopal Church, em 1913.

Embora muito negligenciados na história das relações públicas, os movimentos sociais da época adotaram as mesmas técnicas de relações públicas que eram usadas por outras organizações sem fins lucrativos, segundo Karen Miller, estudiosa do tema. Além disso, ela observa que os textos de relações públicas praticamente não prestam atenção às mulheres que comandavam esses movimentos, como Clara Barton, Margaret Sanger, Susan B. Anthony, Ida B. Wells e Elizabeth Cady Stanton. Cada uma delas usou técnicas de relações públicas da época de forma bastante eficaz para informar o público sobre questões polêmicas, apesar de seu trabalho geralmente ser considerado fora da estrutura empresarial do campo.[12]

Os primeiros departamentos de comunicação de empresas

Já em 1883, o dirigente da AT&T Theodore Vail expressava preocupação com o público e com seus conflitos com a empresa. Ele construiu apoio da classe média para os programas da AT&T implementando tarifas telefônicas reduzidas, saudações simpáticas de parte das telefonistas, programas voltados ao moral dos funcionários e propaganda paga. Em 1907, contratou James Drummond Ellsworth para as relações públicas da empresa, que promoveu uma operação eficiente e a consideração pelas necessidades dos clientes, um método sistemático para ouvir queixas e a aceitação da regulamentação governamental como o preço a pagar por se operar um monopólio privado.

Em 1888, a Mutual Life Insurance Company empregou Charles J. Smith para gerenciar uma "espécie de gabinete literário". Um ano depois, George Westinghouse, chefe da Westinghouse Electric, fundou o primeiro departamento de comunicação corporativa. Samuel Instill, funcionário de George Westinghouse, ascendeu a chefe da Chicago Edison Company, uma fornecedora de eletricidade. Em 1903, começou a publicar *The Electric City*, uma revista voltada a conquistar o entendimento e a boa vontade da comunidade. Ele foi pioneiro de filmes com propósitos de relações públicas em 1909, e em 1912, introduziu as *bill stuffers*, que eram mensagens aos clientes enviadas junto com seus extratos mensais.

Entre os grandes usuários da assessoria de imprensa industrial estava Henry Ford. A Ford Company foi pioneira no uso de várias ferramentas de relações públicas. Em 1914, fundou-se um departamento corporativo de filmes. A Ford também fez pesquisas com mil clientes para conhecer suas atitudes e seus interesses.

Comunicadores corporativos astutos começaram a reconhecer que funcionários bem informados poderiam servir como embaixadores da boa vontade corporativa. Na verdade, George

Michaelis, que havia fundado o *Publicity Bureau* em Boston, aconselhou George Westinghouse, em 1914, a prestar mais atenção às "relações humanas" internas. Sendo assim, os funcionários passaram a ser reconhecidos como um público relevante e uma audiência devidamente importante para as iniciativas de relações públicas. Em 1925, mais de metade de todas as empresas de produção industrial estava publicando revistas voltadas aos funcionários.

As primeiras relações públicas de governos

A maior iniciativa de relações públicas na história, até este momento, foi a que se montou em apoio ao esforço norte-americano na Primeira Guerra Mundial. Os militares tinham utilizado a assessoria de imprensa por vários anos e os Fuzileiros Navais estabeleceram um gabinete da atividade em Chicago, em 1907. Nunca antes havia sido montado um programa tão grande e multifacetado. Além disso, embora fossem muito usadas por grandes empresas de maneira defensiva, as relações públicas assumiram a ofensiva quando veio a guerra.

A CAMPANHA DE COMUNICAÇÃO PERSUASIVA

Em muitos aspectos, os primórdios da tradição de campanha persuasiva estão embutidos no programa de comunicação norte-americano na Primeira Guerra Mundial.

O Comitê Creel

Woodrow Wilson montou um Comitê sobre Informações Públicas em 1917, e pediu que o jornalista George Creel o dirigisse. Com uma equipe de jornalistas, estudiosos, artistas e outras pessoas com habilidades na manipulação de palavras e símbolos, Creel mobilizou a frente doméstica com um gabinete de propaganda abrangente, que usava todos os meios de comunicação, incluindo filme e fotografia.

Creel não montou apenas um escritório central; ele descentralizou a organização e o esforço. Cada indústria tinha um grupo especial de profissionais de comunicação que cuidavam de sua contribuição específica ao esforço de guerra. O cientista político Harold D. Lasswell estava envolvido na organização Creel. Avaliando posteriormente a situação, Lasswell concluiu, "A propaganda é uma das instrumentalidades mais poderosas do mundo moderno".[13]

Embora os métodos usados pelo Comitê Creel tenham sido ferramentas bastante tradicionais do modelo de informações públicas, o comitê obteve grande sucesso porque fez uso, sem saber, dos princípios psicológicos da persuasão de massa. Os membros do comitê construíram mensagens que tinham apelo àquilo em que as pessoas acreditavam e ao que queriam ouvir. Claramente, o Comitê Creel demonstrou o poder da persuasão de massa e da influência social em nível nacional.

O sucesso levou norte-americanos reflexivos a dar uma atenção mais organizada à natureza da opinião pública e ao papel do público na sociedade. O filósofo da educação John Dewey e seus apoiadores acreditavam que a propaganda da época da guerra e o foco no desenvolvimento empresarial no pós-guerra sinalizavam que os cidadãos estavam perdendo seu interesse na vida cívica. Em contraste, o comentador político Walter Lippmann, de forte capacidade oratória, disse que a sociedade norte-americana tinha se tornado complexa demais para que o cidadão médio entendesse. O governo, ele achava, deveria ser influenciado e comandado por especialistas que pudessem interpretar a vontade pública à luz das necessidades e interesses nacionais. A interpretação de Lippmann levou profissionais como Edward Bernays a enfatizar que a função das relações públicas era mudar as imagens e influenciar a percepção do público sobre temas importantes.

Considerando-se as atitudes pró-empresa dos anos de 1920 e 1930, não surpreende que as ideias de Lippmann tenham suplantado as de Dewey. A estudiosa crítica Margaret Duffy observa que as ideias de Lippmann foram "transplantadas" por Edward Bernays, o profissional por excelência da tradição de campanha da comunicação persuasiva.[14]

Edward Bernays

O principal defensor da persuasão foi claramente Edward Bernays, sobrinho do psicanalista Sigmund Freud. Bernays cresceu ouvindo discussões sobre ciências sociais na mesa do jantar antes de entrar para o comitê de informações públicas de Creel. Depois da Segunda Guerra, tornou-se autor de textos sobre ciências e, depois, promotor de teatro, onde combinava seus interesses jornalísticos e de persuasão.

Bernays entendeu que os públicos podem ser persuadidos se a mensagem sustentar seus valores e interesses. Em muitos aspectos, o motor de sua filosofia fica claro em seu primeiro livro, *Crystallizing Public Opinion*. Na época, ele considerava as relações públicas como sendo mais ou menos um sinônimo de propaganda, que ele definia como "a manipulação consciente e inteligente dos hábitos e opiniões organizados das massas".[15]

Ao longo de toda a sua carreira, Bernays descreveu as relações públicas como a ciência de criar circunstâncias, montar eventos que fossem calculados para se destacar como notícias, mas que ao mesmo tempo não parecessem encenados. "Eventos de mídia" encenados eram claramente uma característica definidora da agência que Bernays começou em 1919, com Doris Fleischman, sua futura esposa e sócia. O evento mais conhecido de Bernays foi o "Lights Golden Jubilee". Tendo recebido em 1929 o apoio da General Electric e da National Electric Light Association, o evento de mídia homenageava os 50 anos da invenção da lâmpada por Thomas Edison. Bernays promoveu a celebração como um testemunho maior do gênio e espírito empreendedor das empresas dos Estados Unidos. O evento foi encenado na forma de uma demonstração maciça de iluminação em Dearborn, Michigan, e em outros locais no mundo. Antes do evento, Bernays organizou uma imensa cobertura de mídia e artigos em revistas, manifestos de saudações e apoios de prefeitos, governadores e outros estadistas em todos os Estados Unidos e na Europa. O verdadeiro valor de notícia, contudo, veio no dia do evento, quando os dignitários reunidos no palanque em Dearborn incluíam o presidente Herbert Hoover, J. P. Morgan, John D. Rockefeller Jr., Orville Wright, Madame Curie e o editor do *The New York Times*, Adolph Ochs.

CONSTRUÇÃO DE RELAÇÕES E COMUNICAÇÃO BIDIRECIONAL

Enquanto Bernays capitaneava a abordagem de campanha persuasiva às relações públicas, uma perspectiva muito diferente era promovida por Arthur Page, um bem-sucedido empresário, servidor público, escritor e editor.

Arthur Page

Arthur Page recebeu uma oferta para ser vice-presidente da AT&T, como sucessor do pioneiro especialista em relações públicas James D. Ellsworth. Page só aceitava o cargo sob a condição de que não ficasse restrito à assessoria de imprensa no sentido tradicional.

Ele exigiu que lhe fosse dado o direito de opinar nas políticas da empresa e insistiu em que o desempenho dela era determinante para sua reputação pública. Page sustentava que todos os negócios em um país democrático começam com permissão pública e existem com aprovação pública. Se tudo isso for verdade, conclui-se que as empresas deveriam estar dispostas e felizes por dizer ao público quais são suas políticas, o que estão fazendo e o que esperam fazer. Isso parece ser praticamente um dever.[16]

Page considerava as relações públicas uma função de gestão ampla que transcendia a publicidade jornalística e as tradições de comunicação baseadas nas campanhas persuasivas. Sob sua liderança, contudo, a empresa reconheceu que conquistar a confiança do público exigia não apenas tentativas isoladas de responder a críticas, e sim um programa contínuo e planejado de relações públicas positivas usando propaganda institucional, um fluxo de informação que passasse por notas à imprensa e outros métodos. Desviando-se dos meios impressos convencionais, a empresa foi diretamente ao público, estabelecendo, por exemplo, um programa de filmes a serem mostrados em escolas e grupos cívicos.

A AT&T buscava manter contato direto com o maior número possível de clientes. A empresa estabeleceu um compromisso total com serviços aos clientes. Além disso, o dinheiro era depositado em uma série de bancos diferentes, as questões jurídicas foram dadas a advogados em todo o país e foram estabelecidos contratos para fornecedores e seguros com muitas agências locais. A AT&T pagava mensalidades para que os empregados participassem de organizações externas, sabendo que, com a presença deles, ela estaria constantemente representada em muitos fóruns. Por fim, buscava ter o maior número possível de pessoas com suas ações. Hoje em dia, a AT&T e as empresas que a sucederam, que foram criadas por alienação em 1984, têm as ações com propriedade mais difundida.

O que realmente diferenciava Page e o estabelecia como pioneiro era sua insistência em que o departamento de publicidade funcionasse como um intérprete do público para a empresa, baseando-se em um diagnóstico sistemático e preciso da opinião pública. Page queria dados, e não palpites. Sob sua direção, o departamento de publicidade da AT&T (como ainda era chamado) acompanhava de perto as políticas da empresa, avaliando seu impacto sobre o público. Sendo assim, Page fez com que a empresa "agisse o tempo todo do ponto de vista público, mesmo quando isso parecesse estar em conflito com o ponto de vista da operação".[17]

Page insistia em que sua equipe praticasse seis princípios das relações públicas:

1. *Dizer a verdade.* Contar ao público o que está acontecendo e apresentar um quadro preciso do caráter, das ideias e das práticas da empresa.
2. *Provar com ações.* A percepção pública de uma organização é determinada em 90% pelo que ela faz e 10% pelo que ela diz.
3. *Ouvir o cliente.* Para servir bem à empresa, entenda o que o público quer e do que ele precisa. Mantenha pessoas em importantes cargos de decisão e outros funcionários informados sobre os produtos, as políticas e as práticas da empresa.
4. *Administrar para amanhã.* Antecipe as relações públicas e elimine práticas que criem dificuldades. Gere boa disposição em relação a si.
5. *Conduzir as relações públicas como se a empresa toda dependesse delas.* As relações corporativas são uma função de gestão. Nenhuma estratégia corporativa deve ser implementada sem considerar seu impacto sobre o público. O profissional de relações públicas é um formulador de políticas capaz de dar conta de uma ampla gama de atividades de comunicação.
6. *Permanecer calmo, paciente e bem-humorado.* Construa o alicerce para os milagres das relações públicas prestando atenção constante, calma e refletida a informações e contatos. Quando surgir uma crise, lembre-se de que as cabeças frias se comunicam melhor.

A historiadora das relações públicas Karen Miller Russell acredita que Page pode ser o que mais se aproxima, entre os primeiros profissionais, de representar a ideia de construção de relações e da tradição de comunicação bidirecional. Isso se revela, segundo Russell, em sua busca contínua por entendimento entre o governo e o setor. Ele liderou o esforço, com o cientista social da Universidade de Columbia, Paul Lazarsfeld, para realizar pesquisas periódicas com clientes, funcionários e outros públicos fundamentais, com vistas a avaliar a imagem da AT&T entre eles e usou os resultados para incentivar mudanças organizacionais e melhorar a precisão das mensagens relacionadas à identidade da empresa. (O Destaque 2.1 apresenta um breve esboço biográfico dos principais pioneiros das relações públicas.)

A Depressão e a Segunda Guerra Mundial

Embora a prática de relações públicas em empresas e em agências tenha crescido muito a partir da explosão empresarial dos anos de 1920, foi a Grande Depressão da década de 1930 e a liderança pessoal do presidente Franklin Roosevelt que transformaram a prática. Com ajuda de profissionais de relações públicas como Carl Byoir, Roosevelt construiu apoio público e mudou a opinião pública a favor de seus programas de recuperação conhecidos como *New Deal*, com transmissões semanais de rádio e muitas outras técnicas, incluindo as descritas no Minicaso 2.1, sobre o assessor Carl Byoir.

A presidência de Roosevelt foi marcada pela Grande Depressão e pela Segunda Guerra Mundial. Em junho de 1942, com os Estados Unidos totalmente engajados na guerra em nível mundial, foi estabelecido o Gabinete de Informações de Guerra, o Office of War Informa-

Destaque 2.1 — Pioneiros das relações públicas

P. T. Barnum. Completo *showman* em meados e final do século XIX, Barnum criou métodos para atrair atenção pública. Ele não deixava a verdade interferir em seu trabalho como agente de imprensa. Embora tenha contribuído positivamente para nosso entendimento do poder da assessoria de imprensa, sua falta de honestidade deixou um legado de desconfiança em relação aos esforços publicitários que, por vezes, ainda existe.

George Michaelis. Organizador da principal empresa de assessoria de imprensa dos Estados Unidos, o *Publicity Bureau*, em Boston, em 1900, Michaelis usava a assessoria de imprensa baseada em informações concretas e os contatos pessoais para saturar a mídia do país.

Ivy Lee. Muitas vezes chamado de pai das modernas relações públicas, Lee acreditava que o público deveria ser informado. Ele reconhecia que boas palavras tinham de ser sustentadas por ações positivas por parte de indivíduos e organizações. Sua ênfase nas relações públicas como função de gestão as colocou no caminho certo com o setor empresarial nos Estados Unidos.

George Creel. Como chefe do Comitê sobre Informações Públicas durante a Segunda Guerra Mundial, Creel usou técnicas de relações públicas para vender bônus da liberdade, construir a Cruz Vermelha e promover a conservação de comida e outras atividades relacionadas. Fazendo isso, provou o poder das relações públicas e formou vários dos mais influentes profissionais do século XX.

Edward Bernays. Líder intelectual da área, Bernays cunhou a expressão *public relations counsel* (assessoria de relações públicas), escreveu *Crystallizing Public Opinion* (o primeiro livro sobre relações públicas) e deu o primeiro curso sobre o tema em nível universitário, na Universidade de Nova York, em 1923. Bernays enfatizava a contribuição das ciências sociais às relações públicas e era um importante defensor do profissionalismo na área, por meio de licenciamento e certificação de profissionais. Continuou sendo assessor, escritor e palestrante ativo até morrer, em 1995, aos 103 anos.

Arthur Page. Quando lhe ofereceram a vice-presidência da AT&T, Page insistiu em ter voz na definição das políticas da empresa. Ele sustentava que os negócios em um país democrático dependiam de permissão e aprovação públicas.

John Hill. Junto com Don Knowlton, John Hill abriu uma agência de relações públicas em Cleveland, Ohio, em 1927. Quando John Hill se mudou para Nova York, alguns anos mais tarde, para abrir a Hill & Knowlton, Knowlton não fazia parte da agência, mas a empresa, com sede em Nova York, continuou a ter os nomes de ambos e se tornou a maior agência de relações públicas no mundo e continua no grupo principal. John Hill teve contas importantes nos setores de aço e tabaco durante sua carreira. A agência foi vendida a J. Walter Thompson em 1980, por 28 milhões de dólares. Em 1987, foi vendida ao grupo inglês WPP por 85 milhões.

Doris Fleischman Bernays. Doris Fleischman Bernays foi a parceira e assessora de Edward Bernays desde que os dois se casaram, em 1922, até a aposentadoria, em 1952. Ela assessorou corporações, órgãos de governo e presidentes junto com seu marido. Ela lutou por igualdade, não com seu marido, mas com as atitudes das empresas norte-americanas, que muitas vezes prestavam menos atenção às recomendações de uma profissional de relações públicas do sexo feminino.

Leone Baxter. Ela e seu marido, Clem Whitaker, desenvolveram a especialidade de consultor de mídia política em relações públicas. Eles se conheceram em uma reunião de apoio ao Central Valley Project, na Califórnia, em 1933. Daquela reunião, veio uma oferta para que os dois organizassem uma campanha para derrotar um referendo patrocinado pela Pacific Gas & Electric, na qual venceram por 33 mil votos. A seguir, a PG&E contratou a dupla por honorários anuais de 10 mil dólares e eles mantiveram a conta por mais de 25 anos, o que levou a uma parceira, como Whitaker and Baxter International,[18] e também levou a seu casamento. Em sua parceria profissional, eles se revezavam a cada ano como presidente da empresa e dividiam seus lucros em partes iguais. A Revista *Time* os chamou de "reconhecidamente originais no campo das relações públicas políticas".

Carl Byoir. Carl Byoir, como Edward Bernays, foi outro membro do Comitê sobre Informações Públicas de George Creel na Primeira Guerra Mundial. Depois da guerra, fundou a Carl Byoir and Associates em 1930 para promover o turismo em Cuba. Ficou conhecido por usar o apoio de terceiros, anúncios em jornais como ferramenta de relações públicas e desenvolvimento de *lobby* em

---

tion (OWI). Semelhante aos esforços de Creel na Primeira Guerra Mundial, foi montada uma iniciativa intensa de relações públicas para mobilizar a frente doméstica. Elmer Davis dirigia o programa. Os objetivos do OWI incluíam a venda de bônus de Guerra, racionamento de comida, roupas e gasolina, plantação de jardins da vitória e recrutamento de pessoal militar. Outras questões promovidas eram a produtividade e a eficiência das fábricas.

batalhas legislativas para clientes como A&P, Libby-Owens-Ford e Eastern Railroads.

Rex Harlow. Harlow foi um importante educador na área de relações públicas. Começou lecionando uma disciplina de relações públicas em Stanford, em 1939, e pode ter sido o primeiro professor da disciplina em tempo integral. Ele também fundou o American Council on Public Relations em 1939, que acabou se fundindo com a National Association of Public Relations Councils para formar a Public Relations Society of América, em 1947. Harlow fundou a publicação *Public Relations* em 1944 e a *Social Science Reporter* em 1952.

Moss Kendrix. Kendrix, pioneiro afro-americano das relações públicas, desenvolveu várias campanhas e mensagens de relações públicas e propaganda para clientes como Coca-Cola, Carnation, Ford Motor Company e a National Education Association. Nascido em 1917, em Atlanta, e formado no Morehouse College, Kendrix foi editor do jornal de sua faculdade e cofundador da Phi Delta Delta Journalism Society, a única sociedade de jornalismo afro-americana durante décadas.[19]

Kendrix foi convocado para servir ao exército dos Estados Unidos na Segunda Guerra Mundial, no Gabinete de Finanças de Guerra (*War Finance Office*). Ali recebeu sua experiência prática em relações públicas, viajando pelo país com celebridades afro-americanas para a promoção de bônus de guerra.

Em 1944, Moss Kendrix fundou sua própria agência de relações públicas em Washington. Seu destacado e exitoso trabalho de relações públicas para a comemoração do centenário da República da Libéria lançou sua futura carreira em relações públicas trabalhando com grandes corporações e agências nacionais sem fins lucrativos, como a National Dental Association e a NEA.[20]

Além de sua consultoria em relações públicas, Kendrix também apresentava o programa semanal de rádio *Profiles of Our Times*. Morreu em 1989.

Denny Griswold. Griswold fundou e foi editora por quase 40 anos da *Public Relations News*, o primeiro boletim semanal dedicado às relações públicas. Sua experiência profissional incluiu o trabalho para com redes difusoras, Forbes, BusinessWeek e para a empresa de relações públicas de Bernays. Seu boletim publicou milhares de estudos de caso. Ela não apenas fazia a cobertura da profissão, mas ajudou a lhe dar identidade ao homenagear muitos de seus líderes em seu boletim.[21]

Chester Burger. "Assessor de assessores" em relações públicas, foi homenageado como primeiro membro vitalício da Counselor's Academy. É famoso por suas muitas campanhas de relações públicas sobre direitos civis e diplomacia pública, mas sua carreira no campo das relações públicas começou, como as de muitos dos primeiros profissionais, com o trabalho na mídia. Ele entrou para a CBS em 1941 como mensageiro e saiu em 1955, depois de ter ascendido à posição de gerente nacional da CBS News. A Segunda Guerra Mundial interrompeu sua carreira na rede, quando ele foi servir à força aérea dos Estados Unidos e produziu as primeiras transmissões do exército. Em 1946, voltou à CBS ao sair do exército e foi o primeiro repórter de televisão do país.[22]

A Chester Burger & Co., sua empresa de consultoria em gestão de comunicação, incluía clientes como a AT&T, Sears, American Bankers Association, American Cancer Society, Texas Instruments e Occidental Petroleum Corporation. É autor de seis livros sobre gestão.

Patrick Jackson. O renomado assessor de relações públicas Patrick Jackson serviu à profissão com distinção por mais de 30 anos até sua morte em 2001. Publicou o boletim *pr reporter*, em que publicava sobre pesquisas que afetassem a prática das relações públicas com ênfase na aplicação de conclusões de pesquisas em comunicações e ciências do comportamento. Também foi presidente da Public Relations Society of America.

Harold Burson. Natural de Memphis, Burson fundou a Burson-Marsteller Public Relations com Bill Marsteller, proprietário de uma agência de publicidade, em 1953. Embora a agência de propaganda de Marsteller detivesse 51% da agência de relações públicas, esta era uma empresa livre e autônoma. A agência cresceu e se tornou a maior agência de relações públicas do mundo ao se expandir nos Estados Unidos e em outros 35 países, e continua sendo a maior ou uma das maiores. Burson acredita que as mudanças de comportamento devem ser o objetivo da maioria das metas das relações públicas. Ele continua membro da diretoria da Burson-Marsteller, como presidente fundador.

O pós-Segunda Guerra Mundial

O período que se seguiu à Segunda Guerra Mundial representou um ponto alto no crescimento e desenvolvimento profissional da prática das relações públicas. Muitos profissionais de destaque dos anos de 1950 aos anos de 1980 estavam entre os cerca de 75 mil norte-americanos que experimentaram o "estágio mais avançado em relações públicas", tendo aprendido a prática durante a época da guerra, ao trabalhar para o OWI.

Minicaso 2.1

Carl Byoir e FDR

Franklin Delano Roosevelt contraiu pólio em 1921, durante as férias, alguns meses depois de sua derrota como vice-presidente na chapa Democrata de James Cox, de 1920. Roosevelt escapou por pouco de morrer e lutou contra os efeitos, que o aleijaram pelo resto de sua vida.

Em 1926, Roosevelt comprou um *spa* decadente em Warm Springs, Georgia, de seu amigo e filantropo George Peabody. O *spa* – com 1.200 acres, um hotel e cabanas – estava em mau estado, mas os poderes curativos das águas minerais termais prometiam ajudar muitas vítimas de pólio.

Quando Roosevelt foi eleito governador de Nova York em 1928, entendeu que não teria tempo para supervisionar a reforma em Warm Springs, então pediu a seu sócio e advogado, Basil O'Conner, que o fizesse. O'Conner formou a Warm Springs Foundation para arrecadar fundos para a reforma do *spa* para tratamento de saúde, mas a quebra da bolsa de valores de 1929 dificultou essa arrecadação.

Quando Roosevelt se tornou presidente, em 1932, a fundação estava quase falida, mas um dos arrecadadores, Keith Morgan, contratou um assessor de relações públicas, Carl Byoir, para fazer o trabalho. Byoir tinha fundado sua própria agência de relações públicas em 1930, para promover o turismo em Cuba. A ideia de Byoir para arrecadar fundos para a Warm Springs Foundation era criar um evento especial, que acabou se constituindo em bailes em todo o país, para celebrar o aniversário do presidente Roosevelt em 30 de janeiro de 1934.

Byoir enviou cartas a editores de jornais em todas as partes dos Estados Unidos, pedindo que indicassem um diretor de bailes para sua região. Se o editor não respondia, ele recorria ao presidente do Partido Democrata na região ou ao diretor do correio, indicado por Roosevelt, para pedir que eles fizessem o baile. A mídia era bombardeada com informações sobre os eventos. Walter Winchell, colunista de vários jornais e rádios, apresentou um apelo tão bom que seria usado por anos para bailes de aniversário e para a Marcha dos Dimes.* Personalidades do rádio tentavam se superar na promoção dos bailes. No final, haviam sido realizados bailes em 3.600 comunidades, e foi arrecadado mais de 1 milhão de dólares para a fundação.

Nos dois anos seguintes, o evento foi modificado para que a receita fosse dividida, com 70% indo para comunidades locais e 30% para uma recém-criada comissão nacional de pesquisa sobre a pólio.

Carl Byoir liderou os primeiros três bailes e depois se decepcionou com o presidente Roosevelt quando ele manipulou a Suprema Corte em 1937. Mas os esforços de Byoir geraram não apenas bailes, mas também a Marcha dos Dimes, a National Foundation for Infantile Paralysis e, por fim, a vitória sobre a pólio. Carl Byoir havia elevado a arrecadação de fundos a um novo patamar por meio de suas iniciativas de relações públicas e havia proporcionado novas visões sobre técnicas que os profissionais desse campo continuam a usar até hoje.

Perguntas

1. O que outras organizações sem fins lucrativos já fizeram que se baseiam nesse conceito de evento especial nacional?
2. Examine a página na internet do St. Jude Children's Research Hospital (www.stjude.org) para conhecer seu Thanks & Giving Program. De que forma ele capitaliza um público nacional para ajudar o hospital St. Jude?

---

* N. de R. T.: "Marcha dos Dimes" pode ser entendida como uma espécie de "marcha do tostão", incentivando as pessoas a doarem um "dime" (então a menor moeda norte-americana) para arrecadação de fundos para pesquisas sobre a poliomielite.

Fonte: Scott M. Cutlip, *The Unseen Power* (Hillsdale, NJ: Erlbaum, 1994), p. 553-63.

Várias agências de comunicação importantes ainda em operação hoje em dia tiveram início no OWI, entre elas, Voice of America, American Advertising Council e United States Information Agency, que patrocina intercâmbios acadêmicos e culturais. Muitos veteranos do OWI aplicaram seus conhecimentos dos tempos da guerra para dar início a programas de informação pública e relações públicas para agências do governo, organizações sem fins lucrativos, escolas, faculdades e hospitais. Moss Kendrix, pioneiro como profissional afro-americano das relações públicas, foi um daqueles cujas carreiras foram lançadas enquanto trabalhavam com o Departamento do Tesouro, promovendo os bônus de guerra.[23]

Mesmo assim, o pico de crescimento das relações públicas no pós-guerra aconteceu no setor privado, nas corporações e nas agências. Uma economia de consumo fazia uso de relações públicas e propaganda para vender produtos. As agências passaram a ter uma existência plena, fornecendo serviços de relações e contatos com a mídia que nem sempre estavam disponíveis no lado corporativo. A necessidade dessas habilidades era movida em parte pelo explosivo crescimento de meios de comunicação que não estavam disponíveis antes da guerra, como rádio, revistas gerais, jornais de comunidades de bairro e publicações de associações empresariais e profissionais. Seus serviços se expandiram a partir de uma base de assessoria e relações com a mídia, para incluir assuntos públicos ou relações com o governo, relações financeiras ou com investidores, comunicação para crises e formação em relações com a mídia para executivos.

No lado das organizações, ou clientes, foram acrescentadas novas áreas de serviços para complementar as que já existiam nas relações de publicidade/mídia, publicações para funcionários, relações comunitárias e serviços audiovisuais. Destacava-se entre essas um novo componente relacionado aos assuntos públicos, para desenvolver relações com repartições nos ramos legislativo e executivo de governo. Inicialmente, os assuntos de governo, ou assuntos públicos, se baseavam em práticas de relações com a comunidade, mas em pouco tempo adquiririam *status* próprio, muitas vezes como resultado de um conjunto de novos programas federais conhecidos como *Great Society*, que tiveram início nos anos de 1960 e de 1970. Os direitos civis e os programas ambientais urbanos e semelhantes demandavam envolvimento dos cidadãos ou participação pública para determinar como os vários **stakeholders** e os públicos estabelecidos eram afetados pelas mudanças no uso da terra, zoneamento e atividades de desenvolvimento da comunidade.

Os novos programas obrigatórios de envolvimento cidadão e participação pública exemplificaram o crescimento da tradição de construção de relações e comunicação bidirecional. A tradição bidirecional envolvia a construção de relações de longo prazo com públicos e importantes *stakeholders* a ser reconhecidos pelas organizações. Os programas não eram voltados à persuasão, e sim ao entendimento mútuo, ao compromisso e à criação de situações onde todos tivessem a ganhar, tanto organizações quanto públicos afetados e os *stakeholders*. Em muitos aspectos, essa abordagem já tinha sido adotada em setores regulados como concessões de serviços públicos, empresas de TV a cabo e outros, para os quais a renovação de licenças e os aumentos de tarifas dependiam de aprovação de governos. Por sua vez, essa aprovação dependia de o licenciado demonstrar apoio da comunidade provando que as necessidades de vários públicos tinham sido atendidas na solicitação de renovação.

Harold Burson

Harold Burson personifica esse crescimento das relações públicas pós-Segunda Guerra Mundial. Cofundador da Burson-Marsteller Public Relations, uma das maiores e mais respeitadas agências do mundo, Burson teve um princípio humilde. Cresceu em Memphis, Tennessee, de pais imigrantes, que não podiam pagar uma universidade, de forma que ele pagou seus estudos na chamada *Ole Miss* sendo repórter para o *Memphis Commercial Appeal*. Alistou-se como engenheiro de combate durante a Segunda Guerra Mundial e, posteriormente, cobriu os julgamentos de Nuremberg para a rádio do exército.[24]

Em 1946, Burson fundou sua própria agência de relações públicas. Em pouco tempo, tornou-se líder na explosão das relações públicas no pós-guerra, quando uma pequena disciplina de menos de 20 mil profissionais cresceu até se tornar uma grande profissão, com mais de 400 mil profissionais atualmente, segundo estimativa do Departamento do Trabalho dos Estados Unidos.

Burson se uniu a Bill Marsteller em 1953 para formar a Burson-Marsteller, que se tornou a maior agência de relações públicas do mundo e continua entre as três maiores. Burson foi presidente por 35 anos e administrou a expansão da agência em 35 países. Creditando grande parte do sucesso da agência à contratação de pessoas de valor, que muitas vezes trabalhavam nela por toda a vida, Burson diz que se tivesse que começar de novo, prestaria ainda mais atenção a "recrutar, formar, desenvolver, motivar e recompensar seus funcionários". Ele sugere que o sucesso de sua agência está basicamente relacionado a quatro ações fundamentais:

1. Contratação de um grupo de *funcionários dedicados* que trabalharam para a agência por muitos anos.
2. Desenvolvimento de uma *atmosfera familiar* com uma abordagem de equipe ao trabalho.
3. Criação de uma *cultura corporativa* de forma proativa, semeando novos escritórios com funcionários experientes da Burson-

-Marsteller que contrataram e treinaram pessoas locais.
4. Posicionamento da empresa como *líder*, sendo a primeira a usar multimídia (incluindo seu próprio estúdio de transmissões com transmissões bidirecionais por satélite), simulação de crises, consultórios de saúde e computadores pessoais.[25]

Moss Kendrix

Moss Kendrix, pioneiro afro-americano das relações públicas, desenvolveu várias campanhas e mensagens de relações públicas e propaganda para clientes como a Coca-Cola, Carnation, Ford Motor Company e a National Education Association. Nascido em 1917, em Atlanta, e formado no Morehouse College, Kendrix foi editor do jornal de sua faculdade e cofundador da Phi Delta Delta Journalism Society, a única sociedade de jornalismo afro-americana durante décadas.[26]

Kendrix foi convocado para servir ao exército dos Estados Unidos na Segunda Guerra Mundial, no Gabinete de Finanças de Guerra (War Finance Office). Ali recebeu sua experiência prática em relações públicas viajando pelo país com celebridades afro-americanas para a promoção de bônus de guerra.

Em 1944, Moss Kendrix fundou sua própria agência de relações públicas em Washington. Seu destacado e exitoso trabalho de relações públicas para a comemoração do centenário da República da Libéria lançou sua futura carreira em relações públicas. Além de sua consultoria em relações públicas, Kendrix também apresentava o programa semanal de rádio *Profiles of Our Times*. Ele morreu em 1989.

Profissionalização do campo

Mais importante, talvez, foram as medidas articuladas, tomadas para estabelecer as relações públicas como um campo profissional definido, respeitado e aceito. Na verdade, talvez os 40 anos entre 1960 e 2000 possam ser mais bem caracterizados como a era da construção do desenvolvimento profissional das relações públicas. Em 1947, a Universidade de Boston fundou a primeira faculdade de relações públicas. Dois anos depois, 100 faculdades e universidades ofereciam aulas sobre o tema. Talvez mais do que qualquer outra coisa, o período de 50 anos

Eventos de arrecadação de fundos, como esta *WalkAmerica* para a *March of Dimes*, usam ferramentas de relações públicas para ter êxito.

> ## Destaque 2.2
>
> ### Tradições conceituais em relações públicas
>
> **Década de 1920:** O entendimento sistemático da importância e da natureza da opinião pública surgiu não apenas em termos de realização de pesquisas e medições científicas, mas também como processo de organização social em torno de temas importantes.
>
> **Década de 1950:** Princípios da persuasão e influência social, especialmente aqueles estabelecidos com o Programa de Comunicação da Universidade de Yale, proporcionaram as estratégias para o estabelecimento, manutenção e alteração de opiniões e atitudes.
>
> **Década de 1960:** A difusão da tradição de pesquisa em inovações serviu como estrutura conceitual para os profissionais de relações públicas, comunicadores em saúde e oficiais da organização Peace Corps, sobre como combinar comunicação interpessoal e de mídia para mudar comportamentos. Mais recentemente, a estrutura de difusão tem sido usada para ilustrar o uso de elementos de comunicação de *marketing*, incluindo publicidade, propaganda, promoção de vendas e venda direta.
>
> **Década de 1970:** Foi proposta a teoria situacional dos públicos. Enquanto os profissionais de relações públicas usam uma série de técnicas de segmentação de público, a teoria situacional de J. Grunig explica quais deles se tornarão mais ativos em relação a questões específicas. A comunicação relacional, com suas raízes na comunicação interpessoal, proposta por Rogers e Millar, explica as condições que estimulam e inibem o desenvolvimento de relações.
>
> **Décadas de 1960-1990:** Os alicerces da psicologia social que estão na base da prática de relações públicas floresceram junto com teorias específicas das relações públicas. Muitas dessas teorias são usadas para estudar mudanças cognitivas ou de conhecimento e processamento de informações nas relações públicas e na comunicação em saúde. Entre elas, a coerência de atitude e ação, a teoria de expectativa-valor, co-orientação, teoria da ação racional, teoria do enquadramento, teoria sociocognitiva e teoria dos jogos.
>
> **Década de 1970-ano 2000:** Influências normativas sobre a prática das relações públicas embasaram pesquisas importantes sobre papéis dos profissionais, feminização do campo e outros efeitos relacionados ao gênero.
>
> **Década de 1980-ano 2000:** Os quatro modelos de relações públicas de J. Grunig baseados em comunicação unidirecional/bidirecional e equilibrada/desequilibrada estimularam o recente aumento nas pesquisas e teorias em relações públicas.
>
> As influências da estrutura social e organizacional no crescimento e na natureza do trabalho em relações públicas, incluindo a pesquisa sobre relações públicas em diferentes setores da economia, os impactos interculturais estruturalmente determinados sobre a prática e a invasão das funções de relações públicas por áreas relacionadas, ficaram evidentes.
>
> **Década de 1990-2010:** Surgiram as abordagens da teoria crítica. Os estudiosos dessa tradição acreditam que a prática e o estudo das relações públicas de um ponto de vista de empresas e organizações mascaram as diferenças de poder na sociedade e ignoram grupos desfavorecidos, incluindo movimentos sociais e candidatos de terceiros partidos.

entre o final da Segunda Guerra Mundial e a explosão da internet tenha se caracterizado pela profissionalização da prática. Duas importantes associações profissionais norte-americanas foram formadas a partir de fusões de grupos menores. A maior delas, a PRSA, começou em 1948 e agora tem 20 mil membros, incluindo mais de 110 seções locais, bem como organizações de estudantes universitários sob o nome de Public Relations Student Society of America. Em 1954, a PRSA desenvolveu o primeiro código de ética para a profissão. A sociedade estabeleceu um comitê de reclamações para a aplicação do código em 1962, um programa para a certificação de voluntários em 1964 e um código de ética reescrito em 2000.

Em 1970, formou-se a International Association of Business Communicators (IABC), da fusão do International Council of Industrial Editors e da Association of Industrial Editors. A IABC tem estado na linha de frente no patrocínio de pesquisas, examinando o estado atual e o futuro da profissão de relações públicas. Tanto a PRSA quanto a IABC administram programa de educação profissional continuada para seus membros e um programa de certificação. Os profissionais que passam nos exames orais e escritos são considerados certificados e podem colocar as iniciais APR ou ABC depois de seus nomes em seus cartões de visita. A PRSA usa APR (Accredited Public Relations); o IABC usa ABC (Accredited Business Communicator).

Além da PRSA e do IABC, existe mais de uma dúzia de organizações nacionais de relações públicas nos Estados Unidos, para não falar daquelas cujos membros ficam em grande parte fora do país. Elas são listadas aqui para indicar uma gama de especialidades profissionais dentro das relações públicas:

- Religious Public Relations Council, fundada em 1929.
- National School Public Relations Association, fundada em 1935.
- Public Relations Society of America, fundada em 1948. Tem 21 mil membros, sem contar os filiados da Public Relations Student Society of America.
- Agricultural Relations Council, fundado em 1953.
- International Public Relations Association, fundada em 1955.
- National Society of Fund-Raising Executives, fundada em 1960.
- National Investor Relations Institute, fundado em 1969.
- International Association of Business Communicators, fundada em 1970 e atualmente com 13 mil membros.
- Council for the Advancement and Support of Education (CASE), fundado em 1975.
- National Association of Government Communicators, fundada em 1976.
- Issue Management Council, fundado em 1982.
- The Arthur Page Society, fundada em 1983.
- Society of Healthcare Strategy and Marketing Development, fundada em 1996 e incluindo associações anteriores de relações públicas em hospitais e serviços de saúde.
- Association of Counseling Firms, fundada em 1999.

Organizações de relações públicas profissionais e especializadas também lançaram revistas e boletins profissionais, como *Public Relations Journal* e *Communication World*, que foram seguidos de outros boletins privados e revistas do setor, como *Ragan Report*, *PR News*, *PR Tactics*, *PR Week*, *pr reporter* e *Public Relations Quarterly*. Juntas, essas publicações profissionais formam uma literatura diferenciada, voltada a esses profissionais.

Os textos de relações públicas foram publicados quando houve oferecimento de cursos em nível universitário, primeiro como uma ênfase dentro de graduações em jornalismo e comunicação de massa e depois dentro do campo de comunicação oral ou comunicação integrada. A seguir, vieram as publicações acadêmicas, em que professores universitários publicavam conclusões de pesquisas ou desenvolviam novas tradições teóricas para explicar a prática de relações públicas. As principais eram *Public Relations Review*, *Public Relations Research and Education*, *Public Relations Research Annual* e *Journal of Public Relations Research*. Uma literatura ou corpo de conhecimentos em relações públicas estava se desenvolvendo separadamente a partir de campos independentes, como propaganda, jornalismo, opinião pública e comunicação interpessoal. Esses alicerces conceituais estavam baseados em teoria e são listados cronologicamente no Destaque 2.2.

Juntos, esses novos textos, revistas e publicações de pesquisa reforçavam o crescente consenso de que o trabalho em relações públicas poderia ser organizado em termos de um processo em quatro etapas: pesquisa, comunicação e ação (implementação) e avaliação. Com o passar do tempo, o campo ganhou ainda mais respeito à medida que os planos de programas foram ampliados para incluir objetivos mensuráveis e avaliações de seguimento para avaliar o impacto, o custo e as formas de melhorar futuras campanhas e programas.

Novos grupos de stakeholders

No final dos anos de 1960 e durante os de 1970, movimentos sociais de inspiração democrática usaram as técnicas de relações públicas para se opor aos interesses das empresas. Com pouco dinheiro e pessoal, membros de grupos ambientalistas, por exemplo, se tornaram proficientes em realizar abraços a árvores, bloqueios de ruas e outros eventos cujos temas conflituosos eram quase garantia de cobertura televisiva. Eles usaram com eficácia não apenas meios de comunicação alternativos e especializados, mas também intervenções jornalísticas, às vezes à custa de perder sua vantagem, segundo os sociólogos Todd Gitlin e Charlotte Ryan.[27]

As preocupações das sociedades no final da década de 1960 e na de 1970 levaram as empresas e suas agências de relações públicas a dar uma nova ênfase a relações com a comunidade e os governos, acompanhamento de temas controversos, gestão de temas e planejamento estratégico. Era o caso especialmente das empresas regulamentadas, como as de concessões de serviços públicos e telecomunicações, cujas estruturas tarifárias, franquias e requisitos para licenciamento tornavam mais importante a construção eficaz de relacionamentos entre públicos importantes.

A SOCIEDADE GLOBAL DA INFORMAÇÃO

Outra fase distinta na história das relações públicas surgiu em torno de 1990 e se caracterizou por (1) o uso da internet e outras tecnologias de comunicação e (2) o crescimento das agências de relações públicas, que ocorreu muitas vezes pela fusão entre grandes agências de relações públicas ou propaganda ou pela formação de alianças com outras empresas em cidades regionais.

Os anos de 1990 se caracterizaram também pelo crescimento de especialidades nas relações públicas. Relações com investidores, embora tenham iniciado 20 anos antes, ganharam *status* próprio quando as empresas de tecnologia buscaram capital de risco, tornaram-se empresas de capital aberto por meio de ofertas públicas iniciais e mais tarde se fundiram com outras corporações do mesmo tipo. Sendo assim, manter os acionistas informados e atrair novos investidores passou a ser uma função central e não mais periférica das relações públicas.

Em 1990, empresas importantes tinham alinhado suas doações corporativas a programas de relações com a comunidade que estavam em andamento. Além disso, sua expansão global na década de 1990 levou a mais foco em responsabilidade social corporativa em geral, em vez de doações corporativas em sentido estrito. Funções de gestão de temas importantes e monitoramento ambiental se tornaram mais sistemáticas, devido aos bancos de dados informatizados e sistemas de acompanhamento nos quais as organizações podiam participar de salas de bate-papo, listas de correio eletrônico e *blogs*.

A abertura de novos mercados em escala global levou a sistemas de desenho estratégico global com implementação local e uma ênfase visivelmente mais intensa dada às questões ou diferenças interculturais, nas formas com que as empresas poderiam oferecer a si mesmas e a seus produtos em diferentes culturas e regiões do mundo.

Nos Estados Unidos, aumentou em muito o grau de especialização nas agências, à medida que elas buscavam desenvolver mais competência temática em nichos importantes da economia, incluindo tecnologia, serviços de saúde, instituições financeiras e de investimento e prática internacional.

Outro ponto fundamental foi atingido quando se soube que mais profissionais de relações públicas estavam buscando fazer mestrados, seja para se tornar mais especializados no campo das relações públicas ou como forma de assumir responsabilidades de gestão mais gerais.

A década de 1990 foi uma época de crescimento explosivo das relações públicas e da comunicação corporativa, em grande parte como resultado de (1) crescimento e uso da internet, (2) demandas de comunicação global e (3) proliferação de canais de comunicação.

Internet

Não surpreende que a **internet** tenha mudado a natureza do trabalho com relações públicas. Em seus primórdios, sete pessoas se conectavam pela primeira vez a cada segundo. O especialista em relações públicas na internet Don Middleberg previu que haverá 1 bilhão de usuários de internet em 2010*, com a maior parte dos novos usuários vindo de fora dos Estados Unidos.[28] Para colocar em perspectiva o impacto da internet, os que estudam a adoção de mídias observam que o rádio levou 30 anos para atingir uma audiência de 50 milhões e a TV, 13 anos; em contraste, a internet levou apenas 4 anos. Em 2000, o correio eletrônico tinha se tornado o meio preferido para chegar a repórteres com os quais a organização já tivesse desenvolvido relações.

Antes da internet, o ímpeto do trabalho de relações com a mídia era "empurrar" informações da organização às mesas de repórteres, produto-

---

* N. de R. T.: O livro, originalmente, foi publicado em 2009. Segundo a União Internacional de Telecomunicações (UIT), foi atingido o número de 2 bilhões de usuários no mundo em janeiro de 2011.

res e editores por meio de notas à imprensa, dicas de notícias e *press kits*. Tudo isso mudou porque a internet dá ao repórter a oportunidade de puxar e analisar a informação necessária sobre a empresa de sua página na internet e todos os seus *links* sem ter que passar pelo escritório de relações com a mídia ou de relações públicas. Os jornalistas com trabalho baseado na internet acreditam que têm manchetes a cada segundo. Como observa a especialista em relações com a mídia Carole Howard, "O dia da mídia se transformou na hora da mídia e, agora, no minuto ou segundo".[29] A questão central aqui é que a internet é um ferramenta de relações com a mídia muito diferente e mais poderosa do que qualquer outra dos 50 anos anteriores.

Já é lugar-comum os repórteres lerem páginas na internet enquanto escrevem suas matérias, principalmente material amplo. Isso exige que as organizações atualizem suas páginas regularmente e deixem todas as páginas e *links* prontamente acessíveis para que os repórteres que as cobrem considerem seu *site* uma fonte atual, útil e confiável.

Mecanismos de pesquisa como o Google também revolucionaram a forma como jornalistas e profissionais de relações públicas coletam informações. Da mesma forma, *blogs* de um determinado tema dão aos leitores uma ideia sobre questões atuais. Por fim, as transmissões de áudio e vídeo por parte de determinadas organizações ou a promoção de temas importantes estão disponíveis para quem sabe usar a internet.

Jornalistas e profissionais de relações públicas não são os únicos que estão colhendo os benefícios da internet. Grupos de arrecadação de fundos, organizações sem fins lucrativos e movimentos políticos/sociais usam as tecnologias novas e relativamente "gratuitas" para atender a suas necessidades, possibilitando que operem com mais competitividade dentro de seus orçamentos limitados. O Capítulo 9 aprofunda a questão das mudanças técnicas nas relações com a mídia.

Demandas da comunicação global

Assim como as páginas na internet e o correio eletrônico, a criação de novos mercados consumidores e financeiros pelo mundo deu nova forma à prática de relações públicas. A concorrência por mercados mundiais acelera a introdução de produtos. Como resultado, os editores de revistas comerciais e profissionais e relatórios financeiros clamam por informações atualizadas quase que de hora em hora. Portanto, foram-se os dias em que notas à imprensa poderiam ser planejadas e agendadas com semanas e meses de antecedência.

O novo ambiente mundial de relações públicas implica trabalhar simultaneamente com a mídia em várias culturas, nações e regiões. Nessas condições, os profissionais de relações públicas são forçados a ser mais versados nas práticas de comunicação intercultural e a entender as diferenças na forma como repórteres e editores de meios de comunicação são abordados ou contatados em diferentes culturas.

No Japão, por exemplo, o contato com a mídia se dá por meio de "clubes de imprensa" mantidos separadamente por cada setor da economia ou em salas de imprensa do governo, mantidas por cada ministro. Os secretários dos clubes de imprensa decidem emitir notas à imprensa, chamar entrevistas coletivas ou nada fazer. O selo de aprovação do clube de imprensa, principalmente com relação a entrevistas coletivas, aumenta muito a cobertura de um jornal.

Proliferação de canais de comunicação

A proliferação de canais de mídia, principalmente os canais de TV a cabo e novas revistas, continua, em resposta a desejos de indivíduos e da mídia de obter informações mais especializadas que sejam adequadas aos diversos interesses de expectadores e leitores, sejam investidores, clientes, funcionários, doadores e assim por diante. Para os profissionais de relações públicas, isso significa adequar as qualidades dos meios tradicionais e da internet às necessidades de informação de seus públicos-alvo. Ray Kotcher, sócio majoritário e presidente da Ketchum, explica como a proliferação de canais afeta o trabalho de relações com a mídia: "Atualmente, temos de lidar em nível mais estratégico (fazer disso uma nova evolução) em função desse momento de incrível força na mídia, na transmissão de mensagens e informações por que estamos passando. Pense nisso: só tínhamos uma rede NBC há 15 anos e, agora, temos CNBC, MSNBC e não sei quantas NBCs na internet".[30]

Estudo de caso

Acidente na Pennsylvania Railroad, 1906

Craig Aronoff
Kennesaw State College

Severas regulamentações ferroviárias aprovadas em 1903 e em 1906 fizeram com que Alexander J. Cassatt, presidente da Pennsylvania Railroad, buscasse a assessoria de Ivy Ledbetter Lee com relação à forma de lidar melhor com a imprensa e o público. Lee passou a trabalhar imediatamente. Ele acreditava em franqueza absoluta com a imprensa. Os veteranos das ferrovias ficaram incomodados com o comportamento de Lee, convencidos de que revelar informações sobre acidentes assustaria os clientes.

Em pouco tempo surgiu uma oportunidade de ouro para Lee colocar em prática suas ideias. Houve um acidente de trem na principal linha da Pennsylvania Railroad, próximo à cidade de Gap, na Pensilvânia. Como era a prática antiga, a empresa tentou suprimir todas as notícias do acidente.

Ao saber da situação, Ivy Lee assumiu o controle. Contatou repórteres, convidando-os para vir ao local do acidente por conta da empresa, forneceu instalações para ajudá-los em seu trabalho e lhes forneceu informações que eles não tinham solicitado.

Os executivos da ferrovia estavam abismados com as ações de Lee. Suas políticas eram consideradas desnecessárias e destrutivas. De que forma a propagação dessas más notícias poderia fazer alguma coisa além de prejudicar os negócios de carga e passageiros da empresa?

Mais ou menos na época do desastre da Pennsylvania, outro acidente de trem atingiu sua rival New York Central. Mantendo sua política tradicional, a Central tentou evitar a imprensa e restringir informações sobre a situação. Diante da conduta da Central e tendo experimentado a abordagem de Lee às relações públicas, a imprensa ficou furiosa com a New York. Colunas e editoriais surgiram em grande quantidade criticando-a e elogiando a Pennsylvania.

Os esforços de Lee resultaram em comunicação positiva, mais credibilidade, vantagens comparativas sobre a Central, além de cobertura e relações com a imprensa boas e construtivas.

Earl Newsom, ele próprio um gigante das relações públicas, refletiu sobre esse acidente quase 60 anos depois e disse:

> Pode-se dizer que toda essa atividade da qual você e eu somos parte começou quando Ivy Lee convenceu os diretores da Pennsylvania Railroad de que a imprensa deveria receber todos os dados sobre acidentes de trem – mesmo os que poderiam colocar a culpa na própria empresa.*

Quando Ivy Lee morreu, em 1934, entre os muitos presentes a seu funeral estavam os presidentes da Pennsylvania e da New York Central.

Fonte: O material para este caso foi coletado de *Courtier to the Crowd*, de Ray Hiebert (Ames, IA: Iowa State University Press, 1966), p. 55-61, e de *Two-Way Street*, de Eric Goldman (Boston: Bellman Publishing, 1948), p. 8.
*Earl Newsom, "Business Does Not Function by Divine Right", *Public Relations Journal* (Janeiro de 1963), p. 4.

Perguntas

1. As ações de Lee em resposta ao acidente ferroviário foram coerentes com a prática de hoje? Explique.
2. Se o acidente da New York Central não tivesse ocorrido, o que você acha que teria acontecido a Ivy Lee e sua relação com a Pennsylvania Railroad? Você acha que os rumos do desenvolvimento das relações públicas teriam sido afetados?
3. A partir dos acidentes aéreos ocorridos no Brasil nos anos 2000, como você avalia a transparência da comunicação das respectivas empresas aéreas?

Resumo

O alcance do trabalho de relações públicas hoje obviamente não se parece com o que era em seus primórdios, durante o período após a Segunda Guerra Mundial. Mesmo assim, o padrão de desenvolvimento pode ser visto nas quatro tradições orientadoras: a tradição dos retóricos e dos agentes de imprensa, a tradição da publicidade jornalística, a tradição da campanha de comunicação persuasiva e, por fim, a tradição de construção de relações bidirecionais. Encerramos com uma citação do veterano educador e historiador das relações públicas Scott M. Cutlip, que escreveu em *The Unseen Power*: "a essencialidade das relações públicas como função de gestão que Ivy Lee vislumbrou no início dos anos de 1900 fica mais clara a cada dia que passa, à medida que nossa sociedade global se torna ainda mais dependente da comunicação eficaz e de um mundo interdependente e competitivo".[31]

Termos fundamentais

agentes de imprensa
internet
propaganda pelo ato

retóricos
stakeholders

Notas

1. Helio Fred Garcia, "Really Old-School Public Relations", *Public Relations Strategist* (1998), p. 18.
2. Ibid., p. 16-18.
3. Philip Davidson, *Propaganda and the American Revolution, 1763-1783* (Chapel Hill: University of North Carolina Press, 1941), p. 3.
4. Allan Nevins, *The Constitution Makers and the Public, 1785-1790* (New York: Foundation for Public Relations Research and Education, 1962), p. 10.
5. Richard Overton, *Burlington West* (Cambridge, MA: Harvard University Press, 1941), p. 158-59.
6. Merle Curti, *The Growth of American Thought*, 3rd ed. (New York: Harper & Row, 1964), p. 634.
7. Marc Bloch, *The Historian's Craft* (New York: Knopf, 1953), p. 168.
8. Eric F. Goldman, *Two-Way Street* (Boston: Bellman Publishing, 1948), p. 21.
9. Citado em Sherman Morse, "An Awakening on Wall Street", *American Magazine* 62 (Setembro de 1906), p. 460.

10. Ray E. Hiebert, *Courtier to the Crowd: The Story of Ivy Lee and the Development of Public Relations* (Ames: Iowa State University Press, 1966), p. 57.
11. Ibid., p. 65.
12. Karen S. Miller, "U.S. Public Relations History: Knowledge and Limitations", *Communication Yearbook* 23 (2000), p. 381-420.
13. Harold D. Lasswell, *Propaganda Techniques in the World War* (New York: Knopf, 1927), p. 220.
14. Margaret E. Duffy, "There's No Two-Way Symmetric About It: A Postmodern Examination of Public Relations Textbooks", *Critical Studies in Media Communication* 17, nº 3 (September 2000), p. 294-313.
15. Stuart Ewan, *A Social History of Spin* (New York: Basic Books, 1996), p. 34.
16. George Griswold Jr., "How AT&T Public Relations Policies Developed," *Public Relations Quarterly* 12 (1967), p. 13.
17. Allan R. Raucher, *Public Relations and Business, 1900-1929* (Baltimore: Johns Hopkins University Press, 1968), p. 80-81.
18. Scott Cutlip, *The Unseen Power: Public Relations – A History* (Hillsdale, NJ: Erlbaum, 1994), p. 595-96.
19. "Moss Kendrix, A Retrospective", The Museum of Public Relations, retirado de www.prmuseum.com/kendrix/life/html em 03 de março de 2008.
20. Ibid.
21. "In Memoriam: Denny Griswold", PRSA, retirado de www.prsa.org em 23 de setembro de 2005, e "Arthur W. Page Society Will Honor Two Public Relations Legends", retirado de www.awpagesociety.com em 25 de setembro de 2005.
22. "Chester Burger", The Museum of Public Relations, Março de 2000, retirado de www.prmuseum.com/burger/chetl.html em 03 de março de 2008.
23. "Moss Kendrix: A Retrospective", The Museum of Public Relations, retirado de www.prmuseum.com/kendrix/life.html em 03 de março de 2008.
24. Harold Burson, *E Pluribus Unum: The Making of Burson-Marsteller* (New York: Burson-Marsteller, 2002).
25. Ibid., p. 161.
26. "Moss Kendrix: A Retrospective," The Museum of Public Relations, retirado de www.prmuseum.com/kendrix/life.html em 03 de março de 2008.
27. Todd Gitlin, *The Whole World Is Watching: Mass Media in the Making and Unmaking of the New Left* (Berkeley: University of California Press, 1980), e Charlotte, Ryan, *Media Strategies for Grassroots Organizing* (Boston, MA: South End Press, 1991).
28. Don Middleberg e Steven Ross, "The Middleberg/Ross Media Survey: Change and Its Impact on Communication", Eighth Annual National Survey, 2002.
29. Carole Howard, "Technologies and Tabloids: How the New Media World Is Changing Our jobs," *Public Relations Quarterly* 45 (2000), p. 9.
30. Ray Kotcher, "Roundtable: Future Perfect? Agency Leaders Reflect on the 1990s and Beyond", *Public Relations Strategist* 8 (2001), p. 11.
31. Cutlip, *The Unseen Power*, p. 761.

3
Base Teórica para as Relações Públicas

INTRODUÇÃO

Por que incluir um capítulo acerca da teoria em um livro-texto introdutório sobre princípios de relações públicas? Embora a maioria dos livros-texto descreva as relações públicas – sua história, suas práticas e seus processos – acreditamos também ser necessário apresentar alguma perspectiva sobre por que e como as relações públicas são praticadas como o são. Mais importante, a teoria explica como tornar as relações públicas mais eficazes para as organizações e para a sociedade.

As teorias predizem a forma como as coisas funcionam ou acontecem. Elas apresentam uma visão da relação entre ações e eventos. Como profissional de relações públicas, você precisará ser capaz de explicar por que e como seus planos e propostas acontecerão. Seu supervisor e seus colegas de trabalho terão mais convicção de apoiar suas opiniões se você tiver teorias e evidências para sustentá-las.

Não existe uma teoria única que explique todas as práticas de relações públicas. Os profissionais desse campo levam em consideração várias teorias quando tomam decisões sobre como podem construir relações bem-sucedidas com seus públicos. Este capítulo introduz seis tipos de teorias que os profissionais de relações públicas usam todos os dias: a teoria das relações, persuasão e influência social, comunicação de massa, papéis, modelos e abordagens à solução de conflitos.

DEFINIÇÃO DE TEORIA

O que aconteceria se usássemos uma página na internet para chegar a nossos voluntários? Por que nosso público concorda em doar dinheiro? Como os investidores conhecerão nossas ações na bolsa? Perguntas como essas deveriam soar familiares a qualquer um que trabalhe com relações públicas. Os profissionais de relações públicas avaliam por que um plano funcionou ou não para poder ajustar suas estratégias para futuras iniciativas.

Algumas das perguntas que fazemos como profissionais são rotineiras e outras, não. Quando alguém sabe as respostas para perguntas de rotina, dizemos que a pessoa tem uma visão de senso comum. Quando alguém sabe responder corretamente ao que não é rotineiro, dizemos que a pessoa é perspicaz e experiente. Mas para responder a cada tipo de pergunta, a pessoa precisa entender a relação entre ações e eventos.

Uma **teoria** é uma predição de como eventos e ações estão inter-relacionados. Por exemplo, a publicação *pr reporter* descreveu como fracasso uma campanha de mensagens com financiamento federal para assustar os jovens e os afastar da drogas.[1] As pesquisas mostraram que os jovens que informavam ter visto os anúncios estavam usando maconha ainda mais do que os que não tinham visto. O que causou um desperdício de 180 milhões de dólares por ano? Um especialista disse: "Assustar os jovens não funciona. Quando as pessoas experimentam maconha pela primeira vez, elas ficam se perguntando qual é o grande problema. Aí, não acreditam no resto. Os anúncios não são realistas".[2] Essa opinião reflete uma grande quantidade de teoria sobre o uso de apelos ao medo. A teoria a esse respeito prediz que haverá poucas mudanças quando se contar demais com apelos ao medo que ameacem danos físicos.[3] A essa predição chamamos teoria.

Temos teorias sobre muitas ações e eventos em relações públicas. Algumas nos servem bem porque as testamos regularmente e observamos as mesmas relações com o passar do tempo. Por exemplo, cartões de agradecimento para expressar nossa gratidão quase sempre levarão a uma relação melhor entre uma organização e seus clientes, funcionários e outros envolvidos. Outras teorias são dinâmicas e em evolução, e precisam de mais testagem e aprimoramento para ter valor preditivo.

Como gerente de relações públicas, você deve ter conhecimento de diferentes modelos teóricos para poder tomar as decisões certas para seus planos e programas. O valor que você tem para seu patrão ou cliente estará diretamente relacionado ao uso que fizer da teoria em seu trabalho. Leia algumas das duradouras teorias do ex-presidente da PRSA, Pat Jackson, para as relações públicas, no Destaque 3.1.

Nenhuma teoria responde sozinha a tudo do que você precisa saber em relações públicas ou qualquer outra disciplina, de modo que é importante olhar as teorias agrupando-as segundo a forma como são usadas. Começamos com teorias das relações. A seguir, discutimos teorias da persuasão e da influência social, ou seja, teorias sobre como as pessoas assimilam informações e o que as faz agir. Logo após, examinamos teorias da comunicação de massa. Por fim, observamos as formas de descrever o que fazem as pessoas envolvidas com relações públicas e como as organizações abordam esse campo.

TEORIAS DAS RELAÇÕES

Tanto a teoria dos sistemas e a teoria situacional são consideradas *teorias das relações*. Examinamos cada uma delas aqui.

Teoria dos sistemas

A **teoria dos sistemas** é útil nas relações públicas por que nos oferece uma forma de pensar sobre relações. Em termos gerais, essa teoria examina organizações como algo formado por partes inter-relacionadas, adaptando-se e ajustando-se a mudanças nos ambientes políticos, econômicos e sociais em que operam. As organizações têm limites reconhecíveis, dentro dos quais deve haver uma estrutura de comunicações que guie as partes da organização para atingir os objetivos desta. Os líderes da organização criam e mantém essas estruturas internas.

Grunig, Grunig e Dozier afirmam que a perspectiva de sistemas enfatiza a interdependência das organizações com seus meios, tanto

Destaque 3.1

As contribuições duradouras de Pat Jackson às relações públicas

- Qualquer profissão só existe por consentimento público. As relações públicas proporcionam um benefício social superior quando as pessoas têm escolha.
- A harmonia é uma consequência das relações públicas praticadas repetidamente com o passar do tempo.
- Relações harmoniosas, e não apenas relações, fortalecidas com confiança requerem co-autoria.
- Lembre aos gestores de que seu papel de comunicação é transmitir não apenas informações, mas também emoções e intuição.
- O efeito mais importante é alterar comportamentos.
- O papel principal do profissional de relações públicas é servir como catalisador.

Fonte: pr reporter, 2 de abril de 2001, p. 1-2.

Pat Jackson

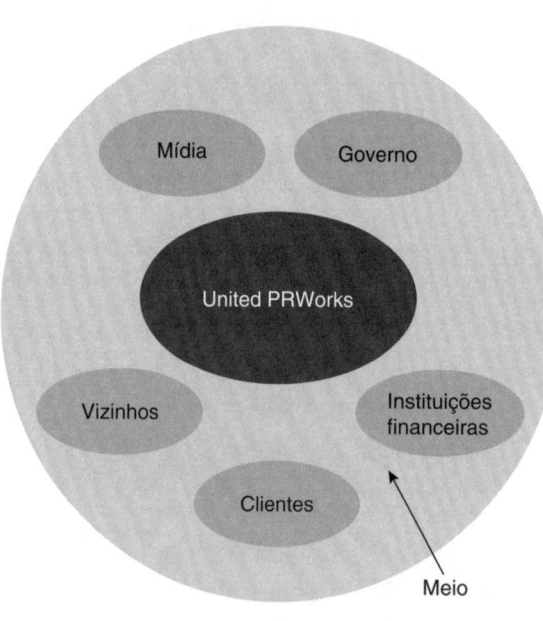

FIGURA 3.1 Modelo de sistemas para uma organização e seu meio.

internos quanto externos a ela.[4] Segundo essa perspectiva, as organizações dependem de recursos de seus meios, como "matérias-primas, uma fonte de empregados e clientes para os serviços ou produtos que produzem. O meio precisa da organização por seus produtos e serviços".[5] As **organizações com sistemas abertos** usam pessoal de relações públicas para ter uma avaliação do quão produtivas são suas relações com clientes e outros *stakeholders*. As **organizações com sistemas fechados** não buscam novas informações. Quem toma decisões opera a partir do que aconteceu no passado ou de suas preferências pessoais.

As organizações fazem parte de um meio maior, formado por muitos sistemas. Usamos como exemplo uma organização hipotética, a United PRworks, mostrada como um oval no centro da Figura 3.1. Afastando-se da organização, você pode ver que ela tem um meio – a área entre o círculo grande e nossa organização. Naquele meio, vemos a maior parte dos grupos que examinamos no Capítulo 1 – clientes, mídia, comunidade, instituições financeiras e o governo. Esses grupos são chamados de *stakeholders* porque "eles e a organização têm influências mútuas",[6] ou seja, criam problemas ou oportunidades uns para os outros.

Podemos usar a teoria dos sistemas não apenas para examinar relações com nossos interessados externos, mas também para examinar as funções internas dos interessados de nossas organizações. As organizações estruturam seus funcionários segundo cargos e funções específicos. Muitos departamentos diferentes, como contábil, jurídico e de relações públicas, formam a função gerencial. A função de produção de uma organização pode incluir funcionários especializados e não especializados, que são quem faz o produto e presta o serviço aos clientes na prática. A função de *marketing* é ocupada por funcionários de vendas. Todos esses empregados diferentes são interdependentes.

Examinemos esse exemplo real do pensamento sistêmico por parte de uma diretora de responsabilidade social da Merck & Co., Inc., uma empresa farmacêutica de âmbito mundial. A Merck ajuda no combate à AIDS criando parcerias com *stakeholders*: os diretores da Merck, o governo de Botsuana e a Fundação Bill e Melinda Gates. Isso requer comunicação e solução de problemas o tempo todo. Para se preparar para uma apresentação em uma conferência internacional sobre AIDS em Bancoc, Maggie Kohn descreveu seus esforços para conectar muitos sistemas internos e externos diferentes: "Eu fazia reuniões semanais com os dois representantes da Merck, comunicação diária com o diretor de comunicações de Botsuana e contatos bimestrais com os comunicadores da Fundação Gates".[7]

O monitoramento de relações é fundamental para o pessoal de relações públicas. Por meio da teoria de sistemas, pensamos nessas pessoas como **boundary spanners**, percorrendo os limites da organização, olhando dentro e fora dela. Os profissionais de relações públicas são os intermediários, explicando a organização a seus *stakeholders* e interpretando o meio para ela. O pessoal de relações públicas assessora a **coalizão dominante**,[8] os que tomam as principais decisões na organização, sobre problemas e oportunidades no meio e os ajudam a responder a essas transformações.

O **ambiente** impõe limitações às organizações. Por exemplo, os clientes podem boicotar seus produtos. Os tribunais podem fazer com que uma empresa pague danos a pessoas feridas por esses. Os bancos podem optar por não emprestar dinheiro à organização. Como usamos teoria dos sistemas, podemos identificar os *stakeholders* de uma organização e, ao observar seus limites, conseguimos antecipar as necessidades de cada lado.

Se mantiver abertos seus sistemas, quem toma decisões possibilita o fluxo bidirecional de recursos e informações para adaptação ao meio, ou pode usar a informação que recebe para tentar controlar esse meio. Por exemplo, para controlar matérias na mídia que sejam potencialmente negativas, um comunicador corporativo da Nike criou o *Issues Brief*, um sumário sobre temas importantes, a ser usado quando a mídia questionasse os produtos da empresa. Essa nota dava informações aos porta-vozes da Nike para explicar políticas ou posições da empresa. "Por exemplo, se um atleta importante estivesse no meio de uma maratona e um tênis Nike se desmanchasse, teríamos um documento de uma página apresentando, de forma muito concisa, a história daquele produto ou tema, declarações legais aprovadas e linguagem que pode ser usada quando se discutirem as questões, e uma lista de perguntas mais prováveis que a mídia ou outros *stakeholders* externos farão".[9]

Usando os conceitos de organizações e meios, podemos começar a criar afirmações teóricas sobre relações com *stakeholders*. Por exemplo, podemos dizer: quanto mais turbulento for o meio, mais flexível tem de ser o departamento de relações públicas, porque os *stakeholders* que poderiam ter consequências positivas ou negativas para a organização estão constantemente mudando. As organizações que permanecem fechadas a novas informações do meio têm menor probabilidade de construir relações efetivas com seus públicos fundamentais. Se as organizações têm sistemas fechados, pode ser necessária uma crise para que aceitem mudanças no meio.

Teoria situacional

Grunig e Repper concordam que seria um bom começo usar o conceito de *stakeholders* para descrever relações,[10] mas concluíram que nem todas as pessoas em grupos de *stakeholders* teriam as mesmas probabilidades de se comunicar com a organização.

Os autores consideraram que o pessoal de relações públicas poderia gerenciar com mais eficácia as comunicações identificando públicos específicos com grupos de *stakeholders*. Esses **públicos** eram subgrupos mais ou menos ativos em termos de comportamento de comunicação. Um exemplo de público *stakeholder* seria os eleitores ativos dentro de um grupo mais amplo de eleitores registrados. Os candidatos a cargos políticos concentram seus esforços de comunicação naqueles eleitores que certamente irão às urnas no dia da eleição. Grunig e Hunt propuseram o que chamam de teoria situacional dos públicos para nos dar informações mais específicas sobre suas necessidades de comunicação.[11] Os autores teorizaram que os públicos vão desde aqueles que buscam e processam ativamente as informações sobre uma organização ou um tema de interesse até os que as recebem passivamente. Segundo esses pesquisadores, essas variáveis predizem quando os públicos buscarão e processarão informações sobre um tema: reconhecimento de problemas, reconhecimento de limitações e nível de envolvimento. A questão fundamental é que os públicos são situacionais, ou seja, à medida que a situação, oportunidade ou a questão muda, mudam os públicos com os quais a organização deve se comunicar.

Reconhecimento de problemas Os públicos que estão diante de um tema devem antes estar cientes dele e reconhecer seu potencial para afetá-los. Por exemplo, pais de crianças em idade escolar terão mais consciência sobre instalações escolares insuficientes do que contribuintes sem filhos.

Reconhecimento de limitações Essa variável descreve como os públicos percebem obstáculos que podem se colocar no caminho de uma solução. Se acreditarem que têm uma chance concreta de influenciar uma questão, tenderão a buscar e processar as informações sobre ela. Mais uma vez, pensemos em pais de alunos. Eles têm mais acesso a pessoas em posição de decidir sobre escolas porque têm mais contato com diretores, professores e administradores escolares do que os contribuintes sem filhos.

Nível de envolvimento Essa variável se refere a quanto um indivíduo se preocupa com um determinado tema. É muito provável que quem se preocupa seja um comunicador ativo sobre aquele tema. Os que pouco se preocupam provavelmente seriam mais passivos na busca e processamento de informações. Prevemos que o nível de envolvimento seria muito mais alto para os que vissem as instalações escolares em primeira mão do que para os que não as vissem.

Usando essas três variáveis, Grunig e Hunt descreveram quatro reações que resultam de se ter um nível alto ou baixo nessas dimensões. Por exemplo, os públicos que têm elevado reconhecimento de problemas, baixo reconhecimento de limitações e alto envolvimento em um tema têm maior probabilidade de se envolver ativamente na comunicação acerca dele.

A **teoria situacional** também ajuda a explicar por que alguns grupos são ativos em relação a um único tema, outros são ativos em muitos e outros são uniformemente apáticos. A relação específica é determinada pelo tipo de grupo (ativo, passivo) e pela forma como a organização está vinculada ao tema. O pessoal de relações públicas pode planejar suas estratégias de comunicação com muito mais precisão sabendo o quão ativamente seus públicos de *stakeholders* buscarão a informação.

TEORIAS DA PERSUASÃO E INFLUÊNCIA SOCIAL

O pessoal de relações públicas tenta persuadir os públicos a aprender novas informações, a mudar emoções e a agir de determinadas maneiras. Como afirmam Miller e Levine, "no mínimo, uma tentativa bem-sucedida de persuasão gera algum tipo de modificação cognitiva, afetiva e comportamental no alvo".[12] Usamos os seguintes termos para falar de **persuasão**:

Consciência: aceitar a informação pela primeira vez.
Atitudes: predisposições a gostar ou desgostar de coisas.
Crenças: avaliações de que as coisas sejam verdadeiras ou falsas.
Comportamento: ações observáveis.[13]

Às vezes, nem temos consciência de que estamos sendo persuadidos. Pense em uma atividade comum, por exemplo, ir ao banco. Quando você entra no banco, há folhetos e prismas de mesa explicando como abrir uma conta e os novos serviços que o banco diz que economizarão seu dinheiro. Tem cafezinho e pipoca de graça. Com cada um desses "mimos" sutis, o pessoal de relações públicas do banco está tentando mudar sua consciência, suas atitudes, suas crenças e seu comportamento. (Ver Minicaso 3.1 para conhecer outros exemplos desses termos em uso.)

Minicaso 3.1

DaimlerChryster: adolescentes prontos para as estradas

Adolescentes entre 16 e 19 anos têm maior probabilidade de morrer em um acidente de carro do que qualquer outro grupo. Isso se deve basicamente à falta de experiência ou de maturidade na direção. A pesquisa mostra que quando os jovens são levados a dirigir com tranquilidade e quando os pais assumem um papel ativo na educação de seus filhos para isso, estabelecendo regras para dirigir, as chances de seus filhos adolescentes terem um acidente podem ser reduzidas em até um terço. A DaimlerChrysler buscou reforçar sua posição como líder em segurança com consumidores ao conscientizar pais e adolescentes sobre os riscos que estes enfrentam como motoristas novatos e lhes dar ferramentas e táticas para sobreviver aos anos de alto risco. Com essa finalidade, a empresa ofereceu, de graça e na internet (www.roadreadyteens.org, em inglês e espanhol), um vídeo chamado Streetwise. Os resultados mostraram que o jogo foi jogado mais de 1,8 milhão de vezes, com uma média de 19 minutos por jogador.

Perguntas

1. Que tipo de efeitos persuasivos a DaimlerChrysler buscava com essa campanha: consciência, atitude, crença ou mudança de comportamento?
2. De que forma a campanha considerou a fonte, a mensagem e o receptor para criar seus efeitos?
3. Você consegue aplicar a esse caso as teorias da persuasão e influência social? Trocas sociais? Aprendizagem social? Difusão? Modelo de probabilidade elaborada?

Fonte: DaimlerChrysler, Road Ready Teens, acessado em 27 de março de 2008, http://69.20.125.164/dbtw-wpd/exec/dbtwpub.dll.

Vários fatores influenciarão o quanto as mensagens ou ações de relações públicas serão persuasivas. Entre elas, estão a **fonte** da mensagem, a própria **mensagem** e o **receptor**. Previsivelmente, os pesquisadores descobriram que quanto mais credibilidade tiver a fonte, maior será a probabilidade de que aceitemos a mensagem. Estudos de mensagens eficazes consideram características como intensidade da linguagem, tendência da mensagem e qualidade e quantidade das evidências.[14] Gênero, traços de personalidade e capacidade de argumentação do receptor também vão influenciar o impacto das mensagens persuasivas.[15]

Discutiremos quatro teorias das influências persuasivas e sociais: trocas sociais, difusão, aprendizagem social e modelo de probabilidade elaborada.

Teoria das trocas sociais

A **teoria das trocas sociais** usa a metáfora econômica dos custos e benefícios para predizer o comportamento, pressupondo que os indivíduos e os grupos escolhem estratégias baseadas em sua percepção de recompensas e custos. Essa teoria, desenvolvida por John Thibaut e Harold Kelley, aplica-se a muitos campos de estudo, incluindo a comunicação interpessoal, as relações públicas e as teorias das organizações.[16]

A teoria das trocas sociais afirma que as pessoas calculam as consequências de seu comportamento antes de agir. Em geral, elas querem manter os custos reduzidos e suas recompensas, elevadas. Os esquemas de enriquecimento rápido têm usado esse princípio por muito tempo.

Mas o que isso tem a ver com relações públicas? Digamos que se queira que as pessoas respondam a uma pesquisa. Lembre-se: queremos manter baixos os custos em relação aos potenciais respondentes e manter altas as recompensas percebidas. O que se pode fazer para manter os custos baixos?

- Manter as instruções simples.
- Manter a pesquisa breve.
- Se for necessário enviar por correio, fornecer um envelope de retorno.
- Se o retorno for por fax, usar um número 0800.
- Evitar perguntas abertas, complexas e pessoais.

Como podemos aumentar as recompensas para o respondente?

- Torne a pesquisa interessante.

Clientes

	Ficam sabendo	Não ficam sabendo
Fazer recall dos parafusos	Recompensas: • Empresa associada a qualidade • Possível publicidade positiva Custos: • dinheiro • possível publicidade negativa	N/A N/A
Ignorar	Recompensas: Custos: • perder a boa vontade • publicidade negativa • ações na justiça • perder clientes	Recompensas: • sem custos imediatos • sem publicidade negativa • economia de custos de varejo Custos:

United PRworks

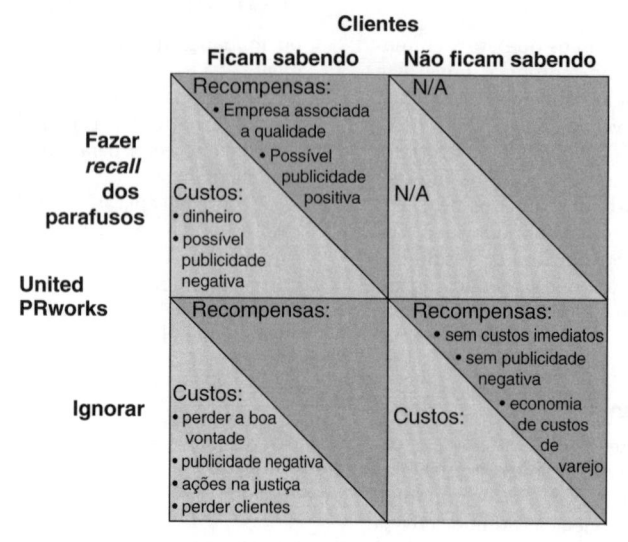

FIGURA 3.2 Matriz de compensação mostrando custos e recompensas envolvidos em uma decisão sobre fazer ou não um *recall*.

- Enfatize que a pessoa está sendo "consultada" para se saber o que ela pensa e que suas ideias são importantes.
- Diga aos respondentes como o resultado será usado – supostamente para contribuir com algo que valha a pena.
- Ofereça uma oportunidade para recompensas tangíveis, uma cópia dos resultados ou uma chance de ganhar algo de valor.

Essa mesma lógica pode ser aplicada a um comportamento mais complexo, usando uma matriz de compensação. Digamos que nossa empresa, a United PRworks, descubra defeitos em um produto que já foi enviado a clientes. O defeito pode fazer com que o produto precise de reparos muito mais rapidamente do que a garantia prometida de três anos. Podemos examinar essa situação como um conjunto de decisões possíveis, com cada uma delas tendo custos e recompensas. Na Figura 3.2, a parte superior de cada campo contém recompensas percebidas e a parte inferior, possíveis custos. Algumas da consequências, como custos de *recall*, são certas; outras, como a possibilidade de ações judiciais e publicidade negativa, têm alguma probabilidade associada a elas.

Se o diretor da United PRworks pudesse ver as coisas dessa forma, a empresa faria o *recall* dos produtos e aceitaria a perda de curto prazo. O problema é que a natureza humana pode nos cegar para a informação nas células associadas à ideia de os clientes descobrirem o defeito. Seria humano ignorar o problema, esperando que ele desapareça. O trabalho do profissional de relações públicas é fazer a pessoa que tomará a decisão enxergar toda a gama de opções juntamente com os custos e recompensas associados.

Teoria da difusão

A **teoria da difusão** é outra forma de se ver como as pessoas processam e aceitam as informações. A teoria diz que as pessoas só adotam uma ideia depois de passar pelos cinco passos (etapas) distintos a seguir:

1. *Conhecimento*. O indivíduo tomou contato com a ideia.
2. *Atitudes*. A ideia tem que mobilizar o indivíduo.
3. *Avaliação*. O indivíduo deve considerar a ideia potencialmente útil.
4. *Teste*. O indivíduo experimenta a ideia em outros.
5. *Adoção*. Representa a aceitação final da ideia, depois de ter passado com sucesso pelas quatro etapas anteriores.[17]

Essa teoria é útil para explicar por que chegamos a decisões importantes – e não atos de impulso. Sabemos, por ter testado esse modelo, que os meios de comunicação de massa são importantes nas duas primeiras etapas e os contatos pessoais são importantes nas outras duas.

Vejamos um exemplo. O piquenique familiar anual da United PRworks será em duas semanas. Você está vendendo ingressos a 1 dólar por família, como forma de planejar a quantidade de comida a ser encomendada. Na reunião de equipe matinal, você diz ao chefe que as vendas de ingressos estão lentas. Se seu chefe é típico, dirá: "Certifique-se de que todos os funcionários recebam um lembrete".

Enviar mais lembretes praticamente garante o conhecimento, mas você ainda está quatro passos distante de fazer com que as pessoas decidam ir (adoção). Sabendo como elas aceitam e processam as informações, você planeja sistematicamente fazer com que os funcionários passem pelas quatro etapas restantes. O próximo passo é mobilizar interesse em participar do piquenique enviando convites individuais para dizer aos funcionários como suas famílias gostarão do evento. Que tal entretenimento para os mais velhos e os mais jovens? Uma mesa com lanches especiais para as crianças, jogos e brindes para adultos e crianças. A seguir, faça com que os organizadores do piquenique peçam que os funcionários avaliem como fazer com que esse evento vá ao encontro de seus interesses. Estacionamento gratuito? Serviço de babá? Dissemine o boca a boca, fazendo com que o presidente da empresa converse com os funcionários sobre o piquenique. Por fim, você vai precisar de muitas pessoas nos postos mais básicos para falar sobre o evento com seus colegas. A seguir, eles precisam sair a vender os ingressos.

Teoria da aprendizagem social

Até aqui, discutimos teorias que consideram que o receptor seja ativamente envolvido no processamento de informações. A **teoria da aprendizagem social** tenta explicar e predizer o comportamento olhando outras formas com que os indivíduos processam as informações. Essa teoria nos ajuda a entender que os exemplos pessoais e os meios de comunicação de massa são importantes para adquirir novos comportamentos.

O psicólogo social Albert Bandura diz que podemos aprender novos comportamentos simplesmente observando outras pessoas.[18] Quando vemos comportamentos que podem nos interessar, observamos se eles parecem estar gratificando o ator. Essas recompensas podem ser externas, como elogios, ou internas, como "parecer legal". Bandura diz que experimentamos esse comportamento de forma indireta em nossas mentes. Se concordarmos em que o comportamento é potencialmente útil a nós, ele pode ficar adormecido por longos períodos até precisarmos dele. A probabilidade de que um comportamento específico ocorra é determinada pelas consequências esperadas quando o executamos. Quando mais positivas e gratificantes elas forem, mais provável será que o comportamento ocorra.

Sabendo disso, o pessoal de relações públicas pode prever que funcionários novos ou inexperientes imitarão o comportamento de outros mais experientes, principalmente se esse comportamento for recompensado. Se uma empresa reconhecer com uma recompensa por desempenho os empregados que estejam dispostos a dar o melhor de si para satisfazer clientes, pode-se prever que os que querem progredir imitarão esses comportamentos.

Lembre-se: você terá o comportamento que recompensar. A teoria da aprendizagem social explica um dos caminhos para esse comportamento.

Modelo de probabilidade elaborada

A noção de "rotas" é fundamental para uma teoria que descreve duas formas nas quais as pessoas são influenciadas. Richard Petty e John Cacioppo descrevem a primeira rota como "rota central" – a situação em que as pessoas pensam ativamente sobre uma ideia.[19] Depender dessa rota presume que as pessoas estejam interessadas em sua mensagem, tenham tempo para prestar atenção a seus argumentos e condições de avaliar suas evidências com a mente aberta. É assim que o pessoal de relações públicas geralmente tenta influenciar atitudes e comportamentos.

Mas e se o grupo-alvo não estiver interessado, estiver ocupado demais ou simplesmente não entender as questões? Como proceder?

O **modelo de probabilidade elaborada** propõe uma "rota periférica" na qual as pessoas são influenciadas por coisas como repetição, um porta-voz de alta credibilidade ou mesmo gratificações tangíveis. Os profissionais de relações públicas costumam usar essa rota quando elaboram suas mensagens. Por exemplo, os candidatos a cargos eletivos locais não têm como debater as questões com todos os eleitores, de forma que tomam a rota periférica e cobrem a cidade com cartazes em jardins. A repetição de mensagens dá familiaridade com o nome do candidato e a localização dos cartazes sugere que muitos eleitores o apoiam. As pessoas que não são politicamente ativas não têm de pensar sobre os temas; elas simplesmente votam na escolha popular óbvia.

Quando empresas telefônicas de longa distância afirmam que podem economizar o seu dinheiro em planos que não são facilmente comparáveis, fica difícil tomar uma decisão informada. É aí que a credibilidade do porta-voz pode ser o fator decisivo para decidir por um ou outro plano.

Outras rotas periféricas que funcionam para a mudança de comportamento são encontradas nas iniciativas de relações públicas das empresas de perda de peso. Elas oferecem cupons e descontos para participar de seus programas. Fornecem orientação gratuita por telefone se o plano para perda de peso for complicado demais. É provável que você receba vídeos de exercícios gratuitos e reconhecimento por perder peso. Celebridades são pagas para perder peso e divulgar o fato a você. Mesmo que o controle de peso impeça muitos problemas de saúde, essa não é a mensagem central que ajudará as pessoas com problemas de peso. É direta, mas geralmente não é persuasiva. Duas teorias muito conhecidas que se aplicam especialmente à mídia de massa são os a teoria de usos e gratificações e a da definição de agenda.

TEORIAS DA COMUNICAÇÃO DE MASSA

Teoria dos usos e gratificações

É importante lembrar que nem todas as pessoas leem regularmente o jornal do dia, assistem ao noticiário da TV ou escutam programas de entrevistas no rádio. Jornais, TV e rádio são chamados de mídia de massa, mas cada pessoa escolhe como e quando usá-los. Da mesma forma, não se deve presumir que os funcionários leiam de maneira uniforme as publicações internas ou assistam a vídeos da empresa. Mesmo uma nota em cada contracheque pode ir direto para a lata de lixo. Como explicamos esse comportamento? A **teoria dos usos e gratificações** garante que as pessoas são usuários ativos da mídia e escolhem como a usarão.[20] Os pesquisadores descobriram que as pessoas usam os meios de comunicação das seguintes formas:

Como entretenimento
Para pesquisar o ambiente em busca de itens que tenham valor pessoal a elas
Como distração
Como substituto para relações pessoais
Para verificar identidades e valores pessoais

Para os profissionais de relações públicas, isso significa que nem todo mundo verá ou ouvirá as más notícias sobre uma empresa ou produto. Também significa que não se pode contar com que as pessoas vejam ou ouçam as boas notícias. O simples fato de uma mensagem estar disponível em algum meio não significa que as pessoas prestem atenção nela e se lembrem dela.

Os profissionais de relações públicas devem esperar que as mensagens na mídia de massa sejam formatadas, escolhidas e interpretadas de várias formas, se é que serão vistas ou ouvidas! Por exemplo, o público nos Estados Unidos nunca entendeu por que a vida pessoal do presidente Clinton deveria interferir em sua presidência, mesmo com horas de audiências televisionadas e transcrições escritas.

Muitas opiniões foram transmitidas, mesmo pelo apresentador Jay Leno e pelo programa *Saturday Night Live*, mas a opinião nos Estados Unidos nunca deixou de ser de desinteresse pelos costumes morais de Clinton e de apoio a sua presidência, apesar da mídia.

Teoria da definição de agendas

Bernard Cohen observou que, embora não consiga dizer às pessoas o que devem pensar, a mídia tem um êxito impressionante ao lhes dizer sobre o que devem pensar.[21] Essa foi uma ideia interessante, mas não muito aceita em 1963. Cerca de uma década mais tarde, os estudiosos do jornalismo Maxwell McCombs e Donald Shaw mostraram que Cohen tinha alguma razão:[22] durante a campanha presidencial de 1968, eles acompanharam matérias sobre opinião pública e de mídia em relação às questões fundamentais em Chapel Hill, Carolina do Norte, e descobriram que existia uma forte relação positiva entre o que os eleitores diziam que era importante e o que a mídia mostrava como sendo importante. Como as questões estavam visíveis na mídia várias semanas antes de aparecerem na opinião pública, McCombs e Shaw tiveram uma razoável segurança de que a mídia estabelecia a agenda e não o contrário. Ainda mais impressionante era o fato de que os eleitores tinham maior probabilidade de concordar com a agenda combinada da mídia do que com a posição do candidato que diziam apoiar.

McCombs e Shaw não dizem que uma simples concordância com a mídia muda o comportamento eleitoral; eles simplesmente mostraram que a mídia pode definir a agenda para aquilo sobre o que pensamos e falamos.

Esse pensar e falar pode levar à busca e ao processamento de informações, seguindo a teoria situacional dos públicos, mas apenas se forem cumpridas outras condições. Esse é um aspecto importante para os profissionais de relações públicas se lembrarem quando sua organização está apanhando na imprensa. As pessoas podem pensar sobre você, mas isso não quer dizer que as opiniões consistentes que você tem sobre sua organização serão alteradas. Você terá de fazer alguma pesquisa antes de poder chegar a essa conclusão.

Os profissionais de relações públicas tentam influenciar a **agenda da mídia** oferecendo novos itens para consumo público. Para conseguir isso, identificam temas que os editores e os diretores da imprensa considerem notícias, localizam suas mensagens e ajudam os representantes da mídia a cobrir a história. (Ver, no Destaque 3.2, um resumo das teorias da relações públicas.)

PAPÉIS EM RELAÇÕES PÚBLICAS

Algumas das mais importantes construções teóricas que foram desenvolvidas nas relações públicas estão relacionadas aos papéis dos profissionais na vida das organizações. Alguns desses papéis são gerenciais, enquanto outros estão vinculados ao *marketing*. Há demandas de comunicação da função de recursos humanos. Até mesmo o departamento jurídico influencia as atividades de relações públicas quando há uma crise na organização. A questão é se os profissionais de relações públicas cumprem os papéis adequados para atingir a eficácia organizacional.

Os **papéis** são o conjunto de atividades diárias que as pessoas realizam. Glen Broom e David Dozier têm estudado papéis em relações públicas por mais de 20 anos. Seus tipos de papéis nos ajudaram a aprender sobre o poder da função de relações públicas na organização e como as atividades do pessoal dessa área produzem os programas certos, influenciam o planejamento estratégico e afetam os objetivos de curto (lucros) e de longo prazos (sobrevivência) das organizações.[23]

Na pesquisa sobre atividades de relações públicas, surgem sempre dois papéis amplos: o do técnico e o do gestor. O papel do **técnico** representa o lado artesanal das relações públicas: redigir, editar, tirar fotos, lidar com a produção da comunicação, realizar eventos especiais e dar telefonemas para os meios de comunicação. Essas atividades têm seu foco nas estratégias gerais de comunicação da gestão.

O **papel do gestor** está direcionado a atividades que ajudam a identificar e resolver problemas de relações públicas. Os gerentes de relações públicas aconselham gerentes seniores sobre necessidades de comunicação e são responsáveis por resultados organizacionais amplos. Os gerentes de relações públicas podem cumprir três papéis:

Consultor especializado: a pessoa que funciona como consultor para definir o problema, sugerir opções e supervisionar a implementação.

Facilitador de comunicação: a pessoa que faz a mediação entre a organização e seu meio, que mantém a comunicação bidirecional fluindo.

Facilitador para solução de problemas: a pessoa que trabalha junto aos gerentes seniores para identificar e resolver problemas.[24]

Para cumprir todos os três papéis, muito depende do conhecimento de cada gerente. Se eles puderem cumprir funções gerenciais e técnicas, adquirem um *status* superior nos processo de decisão da organização. Os profissionais de relações públicas não podem esperar obter um "lugar à mesa" onde possam influenciar a

Destaque 3.2 — Teorias usadas em relações públicas

As nove teorias destacadas no capítulo são as seguintes:

I. Teorias das relações

1. Teoria dos sistemas: avalia as relações e a estrutura na forma como se relacionam com o todo.
2. Teoria situacional: sustenta que as situações definem as relações.

II. Teorias de cognição e comportamento

3. Teoria das trocas sociais: prediz comportamento de grupos e indivíduos e se baseia em recompensas e custos percebidos.
4. Teoria da difusão: sugere que as pessoas adotam uma ideia ou inovação importante depois de passar por cinco passos distintos: conhecimento, interesse, avaliação, teste e adoção.
5. Teoria da aprendizagem social: afirma que as pessoas usam o processamento de informações para explicar e predizer o comportamento.
6. Modelo de probabilidade elaborada: sugere que as decisões são influenciadas por meio de repetição, recompensas e porta-vozes com credibilidade.

III. Teorias da comunicação de massa

7. Teoria dos usos e gratificações: afirma que as pessoas são usuárias ativas dos meios de comunicação e os selecionam com base na gratificação que obtêm deles.
8. Teoria da definição de agendas: sugere que os conteúdos de mídia que as pessoas leem, veem e ouvem definem as agendas de discussão e interação da sociedade.

IV. Abordagens à solução de conflitos

9. Nove estratégias: contenção; cooperação; acomodação; evitação; construtiva incondicional; compromisso; baseada em princípios; ganhos mútuos ou nada; mediada.

---

forma como se atingem relações benéficas com *stakeholders*, a menos que cumpram ambos os papéis. Eles devem especialmente executar o papel de gerente de maneira que a administração superior entenda seu valor e a demanda da função de relações públicas.[25]

MODELOS DE RELAÇÕES PÚBLICAS

Uma das formas mais úteis de pensar sobre relações públicas tem sido através dos **modelos** que identificam as ideias centrais das relações públicas e como eles se relacionam entre si. Em 1984, James E. Grunig e Todd Hunt propuseram quatro modelos de relações públicas que são usados em comunicação, pesquisa e ética. Desde aquela época, Grunig e uma equipe de estudiosos propuseram novos modelos que enriqueceram nosso entendimento de como se praticam relações públicas.

Os quatro modelos originais eram o do agente de imprensa, o da informação pública, o modelo assimétrico bidirecional e o modelo simétrico bidirecional.[26] Os três primeiros modelos refletem uma prática de relações públicas que tenta, por meio da persuasão, chegar aos objetivos da organização. O quarto está dirigido ao equilíbrio dos interesses próprios e os interesses dos outros grupos ou do público.

A atividade do *agente de imprensa* é o modelo onde a informação se movimenta em sentido único, da organização aos públicos. Talvez seja a mais antiga forma de relações públicas e é sinônimo de promoções e publicidade. Os profissionais de relações públicas que operam sob esse modelo estão sempre em busca de oportunidades para fazer com que o nome de sua organização seja mencionado de forma favorável na mídia. Eles não fazem muita pesquisa sobre seus públicos, para além de levantamentos quantitativos. Esse modelo inclui táticas de propaganda como o uso de nomes de celebridades e dispositivos para chamar a atenção, como distribuição de brindes, desfiles e grandes inaugurações. Embora os agentes de imprensa não sejam aéticos, eles tampouco desejam ser éticos. Quanto mais alto o ruído, quanto mais atenção a história ganhar – seja ela verdadeira ou falsa –, melhor estarão fazendo seu trabalho.

A *informação pública* difere da atividade do agente de imprensa em função da intenção de informar em vez de pressionar por promoção e publicidade, mas a comunicação ainda é essencialmente unidirecional. Hoje em dia, esse modelo representa as práticas de relações públicas no governo, instituições educacionais, organizações sem fins lucrativos e mesmo em algumas empresas. Os profissionais que operam sob esse modelo fazem muito pouca pesquisa sobre seus públicos, além de testar a clareza de suas mensagens. Eles são "profissionais internos", que valorizam a precisão, mas decidem qual informação é melhor comunicar a seus públicos.

O *modelo assimétrico bidirecional* considera as relações públicas como persuasão científica. Esse modelo emprega os métodos de pesquisa das ciências sociais para aumentar a capacidade de persuasão das mensagens. Os profissionais de relações públicas usam *surveys*, entrevistas e grupos focais para medir as relações do público para que a organização possa formular programas de relações públicas que conquistem o apoio de públicos fundamentais. Embora haja mecanismos de retorno embutidos no processo, a organização está muito mais interessada em fazer com que os públicos se ajustem a ela do que o contrário.

O *modelo simétrico bidirecional* apresenta uma orientação em relações públicas na qual as organizações e seus públicos se ajustam uns aos outros. Ele se concentra no uso de métodos de pesquisa das ciências sociais para chegar a um entendimento mútuo e à comunicação bidirecional em vez da persuasão unidirecional. Em 2001, James E. Grunig criou outros nomes para o modelo simétrico: motivações mistas, defesa conjunta e antagonismo cooperativo. Sua intenção era apresentar um modelo que "balanceasse o interesse próprio com os interesses de outros no processo de compensação que possa oscilar entre a defesa de interesses e a colaboração".[27] Grunig afirmava que esse modelo era o mais ético porque todos os grupos faziam parte da solução dos problemas.

Em 1995, David M. Dozier, Larissa A. Grunig e James E. Grunig apresentaram o novo modelo de relações públicas que veio de sua pesquisa em excelência em relações públicas e gestão de comunicação. Eles encontraram em um estudo com 321 organizações em três países, que os profissionais de relações públicas que apresentavam as práticas mais excelentes usavam o "novo modelo de simetria como prática bidirecional".[28] Essa apresentação das relações públicas situava a organização e seus públicos em um contínuo (ver Figura 3.3). Como, no melhor interesse das relações públicas, os profissionais de relações públicas e seus supervisores informaram usar modelos bidirecionais simétricos e assimétricos, Dozier, Grunig e Grunig argumentaram que, em função de cada situação específica de relações pú-

Tipo de prática	Explicação
① Modelo de assimetria pura	Comunicação usada para dominar o público e aceitar a posição da coalizão dominante.
② Modelo de cooperação pura	Comunicação usada para convencer a coalizão dominante a se submeter à posição do público.
③ Modelo bidirecional	Comunicação usada para mover o público, a coalizão dominante ou ambos para a zona de ganhos mútuos aceitável.

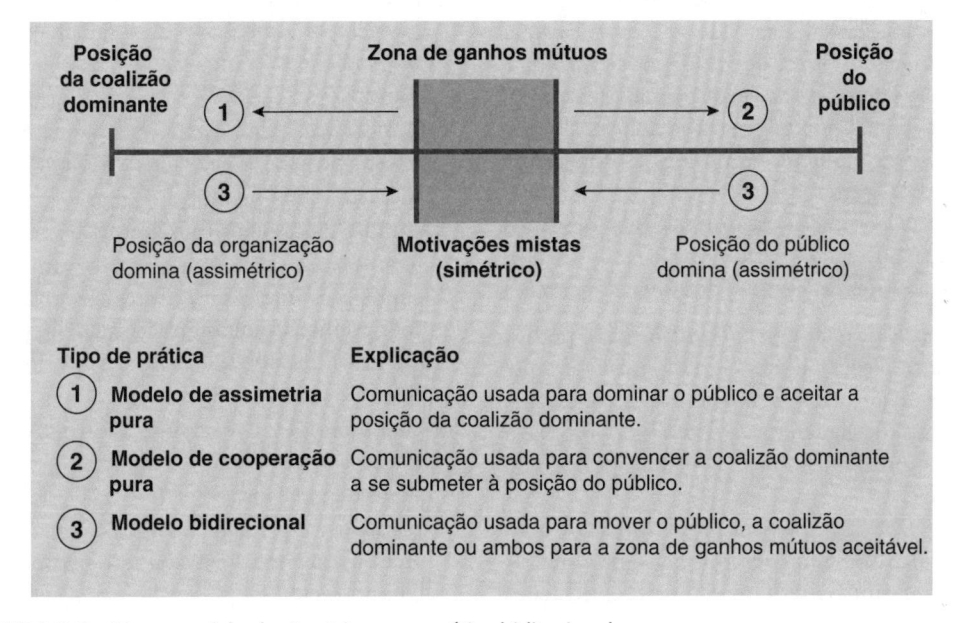

FIGURA 3.3 Novo modelo de simetria como prática bidirecional.

blicas, as organizações *e* seus públicos buscariam persuadir uns aos outros o máximo possível. Eles são mostrados como extremos opostos do contínuo, seja como um modelo de assimetria pura no qual a coalizão dominante tenta forçar um público a aceitar a posição da organização ou como um modelo de cooperação pura em que o público usa a comunicação para convencer a coalizão dominante a aceitar a posição do público. O meio do contínuo é a zona de ganhos mútuos, na qual a organização e o público usam a comunicação para chegar a uma decisão aceitável para ambos.

Esse novo modelo avança nosso pensamento sobre a prática das relações públicas porque leva em consideração ambas as partes na situação de relações públicas. Dado que a organização e seus públicos também estarão empregando estratégias de comunicação, teríamos de ser tão astutos para com as estratégias de comunicação de nossos públicos quanto somos com as nossas.

O trabalho no desenvolvimento de modelos de relações públicas que descrevem de forma mais eficaz como elas são conduzidas continuou em 1996, com o relato de dois modelos diferentes: o **modelo do intérprete cultural** e o **modelo de influência pessoal**. Embora ambos estejam na categoria de assimetria, eles nos dão mais o que pensar em nosso entendimento da prática das relações públicas. Os dois foram identificados em pesquisas feitas por estudantes de pós-graduação da Universidade de Maryland que voltaram a seus países de origem, Índia, Grécia e Taiwan, para testar se os profissionais desses países estavam usando os quatro modelos originais das relações públicas. Embora esses dois novos modelos possam representar as relações públicas como são praticadas em outras culturas, vemos aplicações deles em práticas nos Estados Unidos. A seguir, um breve resumo dos dois modelos:

O *modelo do intérprete cultural* mostra a prática das relações públicas em organizações que fazem negócios em outros países, "onde precisam de alguém para entender o idioma, a cultura, os costumes e o sistema político do país".

O *modelo de influência pessoal* mostra uma prática de relações públicas na qual os profissionais tentam estabelecer relações pessoais com indivíduos fundamentais, "como contatos por meio dos quais se podem buscar favores".[29]

ABORDAGENS À SOLUÇÃO DE CONFLITOS

Se começarmos com a noção de que a **solução de conflitos** é apenas um dos muitos estados que pode assumir uma relação, temos uma teoria melhor sobre um conflito e como lidar com ele. Todos temos um entendimento comum do conflito. Ele envolve um indivíduo ou grupo que se opõe ativamente aos valores ou objetivos de outro.

Assim como acontece com os indivíduos, o conflito corporativo ocorre quando um *stakeholder* avança em direção diferente da organização, gerando atrito entre partes.[30] Quando isso acontece, os profissionais de relações públicas com frequência precisam fazer com que a organização e seu público avancem rumo a uma resolução.

Plowman, Briggs e Huang identificaram nove tipos de estratégias de solução de conflitos e as relacionaram às motivações de organizações e públicos (ver Figura 3.4):

1. *Contenção*. Envolve uma parte que força sua posição sobre a outra.
2. *Cooperação*. Ambas as partes trabalham juntas para chegar a uma solução de benefícios mútuos.
3. *Acomodação*. Uma parte cede parcialmente em sua posição e rebaixa suas aspirações.
4. *Evitação*. Uma ou ambas as partes saem do conflito física ou psicologicamente.
5. *Construtiva incondicional*. A organização concilia os interesses estratégicos dela e de seus públicos, quer o público siga diretrizes, quer não, mesmo que a outra parte do conflito não corresponda.
6. *Compromisso*. Um acordo alternativo situado a meio caminho entre as posições preferidas das partes.
7. *Baseada em princípios*. Ambas as partes se atêm à ética mais elevada que não podem comprometer.

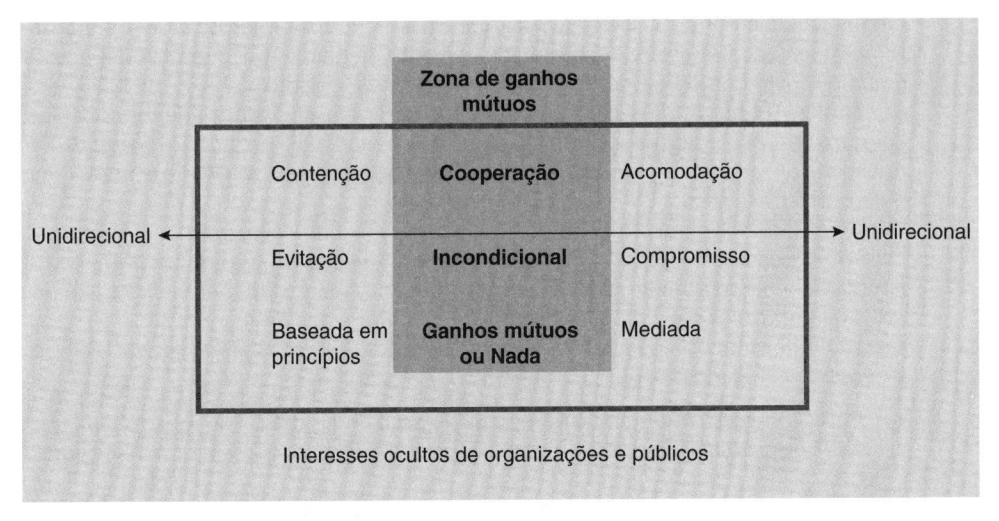

FIGURA 3.4 Modelos de motivações mistas de relações públicas.
Fonte: Kenneth D. Plowman, William G. Briggs, and Yi-Hui Huang, "Public Relations and Conflict Resolutions," in *Handbook of Public Relations*, ed. R.L. Heath (Thousand Oaks, CA: Sage, 2001), p. 304.

8. *Ganhos mútuos ou nada*. Ambas as partes suspendem o acordo até que estejam prontas para chegar a negociar.
9. *Mediada*. Envolve o uso de uma parte externa desinteressada.[31]

Plowman substituiu a perseverança por mediação porque argumentou que esta era útil em todas as nove estratégias.[32] Ele ofereceu uma nova palavra – "*humwillity*" – combinando humildade (*humility*) e força de vontade (*strength of will*) ou perseverança.[33] Claramente, nem todas essas estratégias resultarão em partes mutuamente satisfeitas. O conflito pode ser "resolvido", mas o trabalho do profissional de relações públicas está longe de ter terminado.

Estudo de caso

Cidadãos param os trens de carvão: ampliação do período para comentário público

Panorama

A Citizens to Stop the Coal Train (CSCT), uma coalizão de líderes que representam todas as facetas da comunidade de Rochester, em Minnesota, lançou uma agressiva campanha de base contra uma proposta de trem de carvão de 1,4 milhão de dólares apresentada pela Dakota, Minnesota & Eastern Railroad (DM&E). Se aprovada, a proposta do trem de carvão seria devastadora para Rochester, resultando em trens de um quilômetro e meio e vagões abertos retumbando no meio de seu centro bucólico a cada 40 minutos, 365 dias por ano. Os atrasos do trânsito nos cruzamentos ferroviários em Rochester seriam de quase 3 horas por dia.

Mais de 1,5 milhão de visitantes nacionais e internacionais vêm a cada ano a Rochester, quem tem aproximadamente 80 mil habitantes. A maioria desses visitantes vem em função da renomada Clínica Mayo, que é o terceiro maior empregador no estado de Minnesota. A economia de Rochester, obviamente, depende muito de atender a esses visitantes, bem como suas famílias, enquanto estão na cidade.

Trinta e sete trens de carvão cruzando Rochester em alta velocidade todos os dias colocam em risco a segurança pública, ameaçam a vitalidade econômica e desgastam a qualidade de vida nessa comunidade, que costuma estar no topo dos "melhores lugares para se viver" do país.

A CSCT foi formada em julho de 2000, prevendo a emissão, pela Comissão de Transportes de Superfície (Surface Transportation Board, STB), de sua proposta de Relatório de Impacto Ambiental (Draft Environmental Impact Statement, DEIS). Um dos principais objetivos da CSCT era persuadir a STB, nomeada em nível federal, a expandir o período de comentários públicos sobre o DEIS dos 90 dias estabelecidos a 180. Uma extensão desse período:

- Daria aos especialistas em campos legais e ambientais tempo adequado para tratar de conclusões problemáticas dentro do relatório DEIS e apresentar análises significativas à STB.
- Possibilitaria mais tempo para que a CSCT angariasse apoio dos cidadãos de Rochester e enviasse cartas pessoais à STB.
- Faria com que a ferrovia perdesse o impulso para o projeto.
- Enviaria uma forte mensagem à DM&E, de que Rochester é capaz de frustrar seu projeto de trem de carvão.

Pesquisa

Soubemos que a STB é um órgão arbitral independente, o que possibilita que esse grupo de três pessoas indicadas tome decisões de forma independente de outros órgãos federais. Entretanto, a STB deve levar em consideração todas as declarações submetidas durante o período de comentários públicos para esse projeto do trem de carvão, de modo que esperávamos poder convencê-la a conceder um período de extensão com base no volume e qualidade das solicitações por parte de cidadãos e seus representantes eleitos.

Para ajudar a defender os argumentos da CSCT diante do público de Rochester, pesquisamos estatísticas sobre a ferrovia, bem como a segurança de Rochester, sua economia e sua qualidade de vida.

Descobrimos que a DM&E tem o pior histórico de segurança em sua categoria em todo o país. Mostramos como as unidades de resposta a emergências em Rochester tinham acesso às ruas, para determinar de que forma os congestionamentos nos cruzamentos ferroviários aumentariam os tempos de resposta e ameaçariam vidas.

Para melhor entender quais foram as estatísticas que mais preocuparam os cidadãos da cidade, entrevistamos representantes de grupos que estávamos tentando mobilizar – empresas, serviços de saúde, escolas e idosos. A seguir, incorporamos essas estatísticas em cada nota à imprensa, entrevista e oportunidade de falar, adaptando as estatísticas ao público específico que estávamos tentando atingir.

Planejamento

Desenvolvemos um plano abrangente para aumentar nossas chances de garantir uma extensão dos 90 dias de período para comentários públicos. Entre os elementos táticos desse plano, estavam:

- Posicionar a CSCT como líder na defesa da cidade de Rochester e seus cidadãos.
- Educar todos os cidadãos de Rochester – não apenas os que moram perto dos trilhos do trem – sobre os riscos da proposta de trem de carvão e como esses trens afetariam a vida cotidiana.
- Chamar a atenção da mídia e obter sua cobertura sobre a questão do trem de carvão e enfatizar as preocupações de Rochester em linguagem clara e concisa. Acrescentar

credibilidade ao envolver membros respeitados da comunidade, que representassem setores afetados – empresas, serviços de saúde, escolas e idosos.
- Levar as preocupações de Rochester sobre o projeto do trem de carvão à atenção dos candidatos e representantes eleitos em níveis local, estadual e federal, e convencê-los a apresentar suas próprias declarações e cartas à STB.
- Dar aos cidadãos formas de acesso fácil para contatar a STB e expressar suas preocupações. Encaminhar pessoas à página da CSCT na internet e incentivá-las a mandar cartões de resposta à STB.

Com os objetivos definidos e um orçamento estabelecido em 150.000 dólares para gestão do projeto, relações com a mídia, produção de vídeos e propaganda, gestão de eventos e criação de páginas na internet, partimos para implementar esse plano agressivo dentro de um calendário curto, de cinco meses.

Execução

Fomos ganhando força à medida que cada tática dentro de nosso programa era executada. Alguns de nossos principais esforços foram os seguintes:

- Realização de uma entrevista coletiva da CSCT no mesmo dia em que o DEIS era publicado. A entrevista atraiu mais de 100 pessoas e rendeu muitas matérias impressas e transmitidas.
- Envio de uma delegação da CSCT a Washington, para se reunir com importantes membros do Congresso. Essa viagem gerou cartas de apoio do governador Ventura e do deputado Gutknecht à extensão do período de comentários públicos.
- Produção de um vídeo de 10 minutos para atrair a atenção de moradores locais ao mostrar o quão devastadores seriam os efeitos dos trens de carvão para Rochester.
- Organização de dúzias de palestras na comunidade de Rochester.
- Lançamento de uma campanha de propaganda na imprensa e em rádio e TV locais. Essa campanha foi graduada para atingir nossos públicos-alvo – empresas, escolas, serviços de saúde e idosos. Os anúncios impressos forneciam cartões de resposta que os leitores preenchiam e enviavam à STB, enquanto os anúncios transmitidos encaminhavam as pessoas à página da CSCT na internet.
- Desenvolvimento de uma página na internet para informar cidadãos implicados e lhes dar os meios de expressar suas próprias preocupações à STB.
- Promoção de uma manifestação pública e uma reunião pública municipal. Esses eventos foram uma enorme demonstração de forças, atraindo centenas de residentes que usavam broches e carregavam cartazes em apoio a nossos esforços.

Avaliação

Em 14 de dezembro, a STB anunciou que ampliaria o período de comentários públicos em 60 dias, e não resta dúvida de que a CSCT influenciou essa decisão. Nossa campanha de quatro meses resultou em cobertura na capa dos jornais sobre mais de 300 cidadãos que compareceram à manifestação da CSCT, 75 mil visitas e mais de 8 mil cartas à STB geradas pela página www.stopthecoaltrain.com, muitas centenas de cartões de resposta enviados por nossa campanha de anúncios e cartas de apoio de representantes no Congresso depois de nossa visita a Washington.

A campanha apareceu na edição de fevereiro de 2001 da *Ragan's Interactive Public Relations*. Um trecho da matéria: "A ampliação é uma vitória significativa para nós, pois nos dará mais tempo para estudar o documento de 5 mil páginas" que descreve o impacto ambiental da proposta dos trens, diz John Wade, um dos coordenadores da Citizens to Stop the Coal Train.

Além disso, o atraso aumenta os custos e os problemas da DM&E, que propôs a ferrovia.

"À medida que o processo se torna mais longo e mais complexo, o mercado muda, a economia muda e os preços mudam. Pode chegar um ponto em que não possamos mais bancar o projeto", diz Rick Daugherty, responsável de relações públicas da DM&E. "A pergunta de um bilhão de dólares continua: Quanto tempo vai levar?"

Fonte: PRSA Silver Anvil Awards, 2001, Public Affairs section. Citizens to Stop the Coal Trains with Weber Shandwick Worldwide.

Perguntas

1. Como você poderia usar a Figura 3.2 para examinar os custos e as consequências da proposta da DM&E?
2. De que forma os cidadãos usaram a teoria da difusão para fazer com que cidadãos agissem?
3. Como o modelo de probabilidade elaborada é ilustrado nesse caso?
4. Como os cidadãos aproveitaram a teoria da definição de agendas?

Resumo

Continuam a surgir teorias sobre como as relações públicas são praticadas. Os quatro modelos originais foram um bom ponto de partida para descrever as atividades centrais que os profissionais de relações públicas realizam: comunicação, pesquisa e ética. Eles nos deram uma forma de organizar nossos conceitos por tipos de prática de relações públicas. James E. Grunig propôs avançar dos modelos de relações públicas para conjuntos mais específicos de variáveis mensuráveis: simetria e assimetria (opções de métodos de pesquisa), o alcance da comunicação unidirecional *versus* bidirecional, o uso de formas mediadas e interpessoais de comunicação, e até onde as relações públicas são praticadas de forma ética.[34] Essas quatro dimensões nos dão maneiras ainda mais profundas e sofisticadas de pensar sobre as relações públicas do que os modelos originais. Elas nos ajudam a predizer com mais eficácia o que funcionará e o que não, em nossa prática de relações públicas.

Termos fundamentais

agenda da mídia
ambiente
boundary spanners
coalizão dominante
fonte
mensagem
modelo de influência pessoal
modelo de probabilidade elaborada
modelo do intérprete cultural
modelos
organizações com sistemas abertos

organizações com sistemas fechados
papéis
papel de gestor
persuasão
públicos
receptor
solução de conflitos
stakeholders
técnico
teoria
teoria da aprendizagem social

teoria da difusão
teoria das trocas sociais
teoria dos sistemas

teoria dos usos e gratificações
teoria situacional

Notas

1. Doug McVay, "In Fighting the Drug War, Keep Kids' Behavior Focused on Positive Actions; Lessons Applicable for All", *pr reporter*, 3 de junho de 2002, p. 1-2.
2. Ibid., p. 1.
3. Charles Atkin and Alicia Marshall, "Health Communication", in *An Integrated Approach to Communication Theory and Research*, ed. Michael B. Salwen and Don W. Stacks (Mahwah, NJ: Erlbaum, 1996), p. 479-96.
4. Larissa A. Grunig, James E. Grunig, and David M. Dozier, *Excellence in Public Relations and Effective Organizations: A Study of Communication Management in Three Countries* (Mahwah, NJ: Erlbaum, 2002).
5. Ibid., p. 5.
6. J. E. Grunig and Fred C. Repper, "Strategic Management, Publics, and Issues", in *Excellence in Public Relations and Communication Management*, ed. J. E. Grunig (Hillsdale, NJ: Erlbaum, 1992), p. 117-58.
7. Maggie M. Kahn, "Integrating Responsibility Communications at Merck", *Strategic Communication Management* 8 (2004), p. 32.
8. David M. Dozier, Larissa A. Grunig, and J. E. Grunig, *The Manager's Guide to Public Relations and Communication Management* (Mahwah, NJ: Erlbaum, 1995), p. 15.
9. Vada Manager, "Integrated Issues Management," *Strategic Communication Management* 8, nº 6 (2004), p. 4.s
10. Grunig and Repper, "Strategic Management", p. 117-58.
11. James E. Grunig and Todd Hunt, *Managing Public Relations* (New York: Holt, Rinehart & Winston, 1984).
12. Michael D. Miller and Timothy R. Levine, "Persuasion", in *An Integrated Approach to Communication Theory and Research*, ed. Michael B. Salwen and Don W. Stacks (Mahwah, NJ: Erlbaum, 1996), p. 261.
13. Ibid., p. 262.
14. Ibid., p. 262-63.
15. Ibid, p. 262.
16. John W. Thibaut and Harold H. Kelley, *The Social Psychology of Groups* (New York: Wiley, 1959).
17. Herbert F. Lionberger, *Adoption of New Ideas and Practices* (Ames: Iowa State University Press, 1960), p. 32.
18. Albert Bandura, *Social Learning Theory* (Englewood Cliffs, NJ: Prentice-Hall, 1977).
19. Richard E. Petty and John T. Cacioppo, *Communication and Persuasion: Central and Peripheral Routes to Attitude Change* (New York: Springer-Verlag, 1986).
20. Elihu Katz, Jay G. Blumler, and Michael Gurevitch, "Utilization of Mass Communication by the Individual", in *The Uses of Mass Communications: Current Perspectives on Gratifications Research*, ed. J. G. Blumler and E. Katz (Beverly Hills, CA: Sage, 1974), p. 19-32.
21. Bernard C. Cohen, *The Press and Foreign Policy* (Princeton, NJ: Princeton University Press, 1963).
22. Donald E. Shaw and Maxwell E. McCombs, *The Emergence of American Political Issues: The Agenda Setting Function of the Press* (St. Paul, MN: West, 1977).
23. Dozier, Grunig, and Grunig, *The Manager's Guide*.
24. Scott M. Cutlip, Allen H. Center, and Glen M. Broom, *Effective Public Relations* (Upper Saddle River, NJ: Prentice-Hall, 2000), p. 41-44.
25. Dozier, Grunig, and Grunig, *The Manager's Guide*.
26. Grunig and Hunt, *Managing Public Relations*.
27. James E. Grunig, "Two-Way Symmetrical Public Relations: Past, Present, Future", in *The Handbook of Public Relations*, ed. Robert L. Heath (Thousand Oaks, CA: Sage, 2000), p. 28.
28. Dozier, Grunig, and Grunig, *The Manager's Guide*, p. 48.

29. James E. Grunig, Larissa A. Grunig, K. Sriramesh, Yi-Hui Huang, and Anastasia Lyra, "Models of Public Relations in an International Setting", *Journal of Public Relations Research* 7, nº 3 (1995), p. 183.
30. Larissa A. Grunig, "Power in the Public Relations Department", in *Public Relations Research Annual*, ed. Larissa A. Grunig and James E. Grunig (1990), p. 115-56.
31. Kenneth D. Plowman, William G. Briggs, and Yi-Hui Huang, "Public Relations and Conflict Resolution," in *Handbook of Public Relations*, ed. Robert L. Heath (Thousand Oaks, CA: Sage, 2001), p. 304. Ver, também, Kenneth D. Plowman et al., "Walgreens: A Case Study in Health Care Issues and Conflict Resolution", *Journal of Public Relations Research* 7, nº 4 (1995), p. 231-58; e Kenneth D. Plowman, "Power in Conflict for Public Relations", *Journal of Public Relations Research* 10 (1998), p. 237-62.
32. Kenneth D. Plowman. "Public Relations, Conflict Resolution, and Mediation", in *The Future of Excellence in Public Relations and Communication Management: Challenges for the Next Generation*, ed. Elizabeth L. Toth (Mahwah, NJ: Erlbaum, 2007), p. 96.
33. Ibid.
34. Grunig, "Power in the Public", p. 28.

4

Direito e Ética

INTRODUÇÃO

Foi um dia cheio. Você está cansado, mas seu cérebro é um turbilhão e você não consegue dormir. Do que você realmente precisa é passar algum tempo relaxando com um bom livro, então levanta, vai para o computador, baixa o último *thriller* de John Grisham de graça do Google e se acomoda para ler.

Impossível? Por enquanto, sim, mas muitos editores e autores estão com receio de que o *Google Livros*, voltado a oferecer aos usuários versões digitalizadas e pesquisáveis de livros em domínio público que estão em grandes bibliotecas de pesquisa norte-americanas e britânicas, possa se transformar em uma concessão gratuita e não autorizada de textos sujeitos a direitos autorais. Cinco editoras já entraram com ações na justiça alegando que o programa viola leis federais.

Alguns executivos de editoras acham que a proposta poderia beneficiar a editores e autores, ao passo que outros temem não apenas as violações de direitos autorais, mas também a possibilidade de pirataria. O Google garante aos editores e ao público que apenas fragmentos de textos sujeitos a direitos autorais estarão disponíveis, e serão acompanhados por *links* para páginas onde os livros podem ser comprados. Um executivo do Google observou que a empresa tem alimentado um relacionamento "respeitoso" com os proprietários de conteúdos que ela distribui.[1] Será que ela e os editores chegarão a um acordo sobre o que constitui um "uso limpo" ou lutarão nos tribunais? De que forma cada parte influenciará a percepção do público leitor sobre seu argumento na discussão? Em ambos os casos, os profissionais de relações públicas do Google e da associação dos editores terão muito trabalho.

O AMBIENTE JURÍDICO

Segundo uma pesquisa feita com profissionais de relações públicas, "muitos [profissionais de relações públicas] podem estar colocando a si e às organizações que são suas clientes em risco de responsabilização porque conhecem pouco ou nada das questões jurídicas importantes que afetam as atividades de relações públicas".[2] Sendo assim, como os profissionais de relações públicas estão cada vez mais vulneráveis à responsabilização legal, é mais importante do que nunca que conheçam as questões legais fundamentais, como os direitos e limites relacionados à **Primeira Emenda**, calúnia, privacidade, contratos de direitos autorais, propaganda comercial e diversas **regulamentações** federais, estaduais e locais. Além disso, os profissionais de relações públicas trabalham com advogados de organizações na área do litígio. Quando um empregador ou cliente é processado, as relações públicas são envolvidas em processos e, na entrada do prédio do tribunal, mantêm relações que passam a ser examinadas.

Direitos e limites da primeira emenda

Um dos direitos mais fortemente sustentados dos cidadãos dos Estados Unidos é à liberdade de expressão, que é garantida na Primeira Emenda à Constituição:

> O Congresso não deve fazer leis a respeito de estabelecer uma religião nem proibir o seu livre exercício, nem diminuir a liberdade de expressão ou de imprensa, nem sobre o direito das pessoas de se reunirem pacificamente e de solicitar ao governo a reparação de injustiças.

Decisões judiciais esclareceram que as organizações desfrutam de praticamente a mesma liberdade de expressão dos indivíduos. No caso levado em 1964 à Suprema Corte, do *New York Times versus Sullivan*, as organizações sem fins lucrativos pela primeira vez receberam um endosso para usar anúncios com vistas a discutir questões de interesse público. No caso, o *The New York Times* publicou um anúncio de página inteira intitulado *Heed Their Rising Voices* (Ouçam as suas vozes que se levantam), que afirmava que estudantes da Universidade Estadual do Alabama tinham sido assediados pela polícia e por outras autoridades. O anúncio foi pago por uma série de religiosos afro-americanos. L. B. Sullivan, vereador de Montgomery, Alabama, afirmava que o anúncio o caluniava. Mas a Suprema Corte decidiu em favor do *The New York Times*, porque o anúncio comunicava informações, expressava opiniões, relatava injustiças, protestava, alegava abusos e buscava apoio financeiro em nome de um movimento cuja existência e objetivos eram questão de máximos interesse e preocupação públicos.[3]

O caso *First National Bank of Boston versus Bellotti* envolveu o direito de uma organização sem fins lucrativos à livre expressão política e social. Quando o banco quis se opor e publicar anúncios contrários a um referendo sobre imposto de renda de pessoas físicas em Massachusetts, o procurador-geral do estado, Francis Bellotti, argumentou que a lei estadual impedia que empresas participassem de referendos que não as afetassem diretamente. O *First National* processou o estado por violar seu direito de expressão segundo a Primeira Emenda. Em 1978, a Suprema Corte decidiu em favor do banco. Hoje, vemos anúncios de página inteira e eletrônicos para organizações com e sem fins lucrativos aparecendo livremente nos debates políticos e sociais de nossa sociedade.

Em um caso semelhante em 1980, da empresa *Consolidated Edison Company of New York versus Public Service Commission of New York*, o tribunal reafirmou o direito da empresa de discutir questões públicas. A Consolidated Edison tinha se expressado a seus consumidores usando folhetos e panfletos que vinham nas contas mensais. O juiz Powell reiterou, a partir do caso Bellotti: "O valor inerente do que é expresso em termos de sua capacidade de informar o público não depende da identidade da fonte".[4]

A **propaganda comercial** (*commercial speech*) é outro conceito jurídico importante para programas de relações públicas. Em 1976, o caso *Virginia State Board of Pharmacy versus Virginia Citizens Consumer Council, Inc.* ampliou a proteção da Primeira Emenda ao *marketing* honesto de produtos e serviços legais. Em questão estava se os compradores potenciais de remédios controlados tinham o direito de saber o preço desses medicamentos, o que, na época, poderia variar até em 600% de uma farmácia a outra.[5] A Suprema Corte decidiu em fa-

Minicaso 4.1

A propaganda comercial e a Nike

A Nike pode ser processada em função de suas declarações sobre políticas corporativas, diz a Suprema Corte da Califórnia, em uma votação por 4 a 3, segundo um artigo na edição de maio de *The Recorder* – "Corporation PR Campaigns Lose Speech Protection", de Mike McKee.

O tribunal decidiu que as empresas podem ser processadas por propaganda enganosa em relação a declarações de política feitas em campanhas de relações públicas. Declarações da fabricante de calçados com sede no estado do Oregon negando alegações de que algumas fábricas estrangeiras são *sweatshops* foram uma forma de *commercial speech* que não está protegida pela Primeira Emenda. "Considerando-se que, nas declarações em questão, a Nike estava fazendo propaganda comercial, que seu público-alvo era basicamente os compradores de seus produtos e que as declarações consistiam em representações factuais sobre suas próprias operações empresariais, concluímos que as declarações constituíam propaganda comercial para propósitos de aplicação de leis estaduais voltadas a impedir a propaganda enganosa e outras formas de engano comercial", escreveu o juiz Joyce Kennard. A sentença do tribunal não decidiu se as propagandas da Nike eram falsas ou enganosas.

A Nike recorreu da sentença à Suprema Corte dos Estados Unidos. Esta, em 26 de junho de 2003, negou o recurso e enviou o caso à Suprema Corte da Califórnia. Entretanto, cinco juízes da Suprema Corte dos Estados Unidos rejeitaram o argumento central de que o discurso da Nike poderia ser considerado puramente comercial.

Perguntas

1. Como assessor de relações públicas da Nike, você aconselharia retirar os anúncios? Por que sim ou por que não?
2. Quando você acha que o discurso sobre responsabilidade social da empresas não é uma tentativa de vender calçados?

Fonte: pr reporter, 27 de maio de 2002, p. 2. Também em nota à imprensa da Nike, 26 de junho de 2003.

---

vor do interesse dos consumidores no fluxo livre de informações, em vez da afirmação dos donos de farmácias, de que discutir preços era uma conduta antiprofissional.

As decisões da Suprema Corte nesses e em outros casos abriram a porta para uma propaganda orientada por temas importantes de parte de empresas, associações e grupos de interesses especiais. A interpretação ampliada das proteções à liberdade de expressão resultou em mais atividade política por parte de empresas, por meio de *lobbies* e comitês de ação política (*political action committees*, PACs).

A liberdade de expressão tem seus limites. A maioria dos júris hoje em dia interpreta que a Primeira Emenda significa que a liberdade de expressão deveria ser contrabalançada em relação a outros valores ou direitos humanos. Esses outros direitos – por exemplo, o direito à privacidade, à boa reputação ou à propriedade – podem restringir o direito à liberdade de expressão. Embora o fluxo livre de informações comerciais seja indispensável, as comunicações públicas – notas à imprensa, boletins empresariais e propagandas – são limitadas no sentido de não poderem difamar ou caluniar um indivíduo, invadir sua privacidade, infringir direitos autorais ou marcas registradas existentes, romper contratos nem violar requisitos legais. Essas proteções e limitações estão agora sendo ampliadas para um novo canal de comunicação – a internet.

Difamação* A **difamação** é uma fala definida como "publicação de material que possa submeter uma pessoa a ódio, ridículo ou des-

---

* N. de R. T.: Na legislação brasileira, o Código Penal define como crimes contra a honra: calúnia, difamação e injúria. A calúnia representa a acusação de um fato criminoso sem provas. A difamação é a ofensa à reputação, mesmo que o fato repassado seja verdadeiro. A injúria é qualquer ofensa dita à pessoa, não representa um fato, mas uma opinião. No entanto, os tribunais brasileiros têm entendido que somente indivíduos podem ser vítimas de crimes contra a honra, não organizações. Os crimes relacionados à pessoa jurídica entram na esfera da responsabilidade civil, sendo aquele que, por ação ou omissão voluntária, negligência ou imprudência, viola o direito e causa dano a outrem, ainda que exclusivamente moral, comete ato ilícito (art. 186 do Código Civil). A responsabilidade civil de fatos que prejudiquem organizações está relacionada aos seguintes pressupostos: ação ou omissão com relação ao material ofensivo, dolo ou culpa, dano material ou moral (vale ressaltar que na realidade organizacional um dano moral, ou seja, dano à reputação, leva invariavelmente a prejuízos financeiros) e nexo de causalidade, ou seja, comprovação que a ação ou omissão foi a causadora dos danos à organização. Diferentemente da legislação norte-americana, a responsabilidade civil, defendida pela legislação brasileira, é de interpretação subjetiva.

prezo."⁶ Na legislação dos Estados Unidos, há dois tipos: *libel* e *slander*. **Libel** é a difamação publicada, em palavras escritas ou impressas ou em alguma outra forma *física*. **Slander** é a difamação por meio de palavras faladas, gestos ou outros meios transitórios.⁷

Os profissionais de relações públicas têm de levar em consideração que "quase todas as notas à imprensa, matérias jornalísticas ou propagandas têm potencial para uma ação judicial".⁸ Também correm esse risco os produtos e serviços de clientes que poderiam ser depreciados de forma pública. Por exemplo, quando Oprah Winfrey transmitiu, em 1996, uma matéria sobre a doença da vaca louca que sugeria que a indústria de carnes nos Estados Unidos carecia de proteção aos consumidores, o programa causou perdas financeiras imediatas para a indústria. No processo judicial que se seguiu, o tribunal acabou decidindo em favor de Winfrey, declarando que ela não havia difamado a quem quer que fosse. Os direitos de liberdades de expressão de empresas foram mais uma vez questionados em uma decisão contra a Nike na Califórnia, discutida no Minicaso 4.1.

Mais importante para os profissionais de relações públicas é a **comunicação inverídica**. Para que seja passível de ser considerada danosa, uma declaração deve conter certos elementos. Deve ser publicada, deve causar danos e deve identificar a parte atingida. Deve haver negligência envolvida e a declaração deve ser difamatória. Se a declaração envolver uma figura pública, outro elemento se torna de suma importância: deve envolver **malícia**.

Considera-se que ocorreu *disseminação* quando a alegada difamação tiver sido comunicada a terceiros. Por exemplo, algo é "tornado público" quando o autor, a parte atingida e um terceiro viram ou ouviram a observação. A *difamação* lida com as próprias palavras ou a implicação por trás delas. A reputação de uma pessoa (não seu caráter) foi prejudicada, por exemplo, ao ser chamada de terrorista, traidora ou mentirosa.

Houve *dano* se as observações têm reflexo negativo sobre a reputação da pessoa, prejudicam sua capacidade de ganhar a vida ou restringem seus contatos sociais.

Ocorreu *identificação* quando os leitores ou ouvintes conseguem identificar a pessoa mencionada, independentemente de seu nome ter sido citado. Caso se publique a fotografia errada com um artigo, haja um erro tipográfico ou mecânico no processo de publicação ou a informação não seja verificada cuidadosamente, o réu pode ser considerado negligente.

Ocorre *malícia* quando o querelante consegue provar que o réu sabia que o material publicado era falso ou demonstrou desconsideração negligente pela verdade. Somente as figuras públicas devem provar malícia. Políticos, pessoas em cargos eletivos e presidentes de empresas são figuras públicas óbvias. Assim como o é a profissional do entretenimento Carol Burnett, que processou com sucesso o *The National Enquirer* pedindo 10 milhões de dólares por mostrá-la maliciosamente como uma bêbada ao público. Ela usou sua indenização financeira para dar prêmios de ética jornalística. Embora haja ações na justiça contra os meios de comunicação, qualquer empresa, organização ou profissional de relações públicas pode ser considerado culpado de difamação por meio de material escrito ou observações feitas diante de qualquer grupo de pessoas.

Direitos de privacidade A difamação está relacionada, em termos gerais, à publicação de discurso que seja pejorativo. Mas até mesmo informações elogiosas podem descumprir a lei se invadirem os **direitos de privacidade** de outra pessoa. Os profissionais de relações públicas disseminam muitos tipos de mensagens sobre suas próprias organizações, colegas de trabalho, participantes de eventos especiais, clientes e estudantes em um *campus*. Nenhuma dessas mensagens deve ser criada sem antes pensar sobre a proteção à privacidade.

Existem, em termos gerais, quatro tipos de **invasão de privacidade: apropriação**, publicação de informação privada, intrusão e ponto de vista falso. A apropriação é o uso, com vistas a obter ganhos financeiros, do nome, imagem ou fotografia de uma pessoa sem permissão. A **publicação de informação privada** diz respeito a informações que sejam verdadeiras, mas não de conhecimento geral de um grande número de pessoas. Registros de saúde, emprego e educação são exemplos de informações privadas para as quais se deve obter permissão antes de divulgá-las. A **intrusão** está relacionada a gravar em ví-

As questões legais são uma preocupação constante do profissional de relações públicas.

deo, áudio ou bisbilhotar os assuntos privados de outras pessoas. É ilegal registrar secretamente as vozes ou ações de outros sem informá-los de que isso está sendo feito. O **ponto de vista falso** é a publicação de informação verdadeira que seja exagerada ou usada fora de contexto.

A melhor defesa contra a invasão de privacidade é obter **consentimento por escrito**. Devem-se usar formulários de consentimento padronizados sempre que a imagem ou as informações pessoais de um indivíduo forem inseridas em materiais de relações públicas (ver Figura 4.1).

A **Lei de Liberdade de Informação (*Freedom of Information Act,* FOIA)**, aprovada em 1966 e emendada em 1974, exige que todos os registros do governo – documentos, notas à imprensa e publicações – sejam abertos ao público. Por exemplo, dados do Censo dos Estados Unidos e dos relatórios do Departamento (Ministério) do Trabalho estão disponíveis a todos os cidadãos.

Órgãos do governo devem dizer aos cidadãos quais informações estão disponíveis a eles e como eles podem obtê-las. Essas agências inclusive têm páginas na internet que incluem descrições dos tipos de informação e *links* diretos a elas na internet. As empresas usam a FOIA para obter estatísticas e outras pesquisas, como relatórios de impacto ambiental e solicitações de licenças do governo. Organizações de ativistas acompanham leis e regulamentações que estejam em estudo por parte de órgãos de governo, atas de reuniões e propostas de planos do governo para mudanças sobre zoneamento e construção.

Em 1976, o Congresso aprovou a Lei da Luz do Sol (***Sunshine Act***), que abriu ao público algumas reuniões que costumavam ser fechadas, de conselhos, comissões e órgãos federais. Muitos governos estaduais e locais têm estatutos semelhantes que afetam seus conselhos e comissões. Por exemplo, membros de governos locais podem estar proibidos de se reunir como grupo, a menos que isso seja noticiado publicamente.

A privacidade de organizações está sendo contestada em função da **Lei USA Patriot** de 2001, que permite acesso a informações para obstruir o terrorismo. Os profissionais de relações públicas terão de explicar a abertura contra as objeções de clientes e o confisco de telefones e computadores portáteis, bem como a entrada de pessoal da alfândega dos Estados Unidos.

> **Autorização adulta**
>
> Considerando meu envolvimento como modelo, e para qualquer outra consideração aplicável e válida aqui reconhecida e recebida, sob os termos aqui declarados, concedo a _____, seus representantes legais e indicados, àqueles por quem _____ está atuando e aos que agem com sua autorização e licença, o direito e a permissão absolutos de registrar e usar, reusar e publicar retratos fotográficos ou imagens de minha pessoa ou nos quais eu possa estar incluído, integralmente ou em parte, ou compostos ou distorcidos em caráter ou forma, sem restrição em termos de mudanças ou alterações, de tempos em tempos, em conjunto com meu próprio nome ou outro fictício, ou reproduções em cor ou não, feitos por quaisquer meios em seus estúdios ou em outro lugar para propósitos de arte, propaganda, comércio ou qualquer outro.
>
> Autorizo, também, o uso de qualquer material impresso em conjunto com isso. Renuncio a qualquer direito que possa ter de inspecionar ou aprovar o produto ou produtos acabados de material de propaganda impressa que possa ser usado em conjunto ou o uso ao qual possa ser aplicado.
>
> Libero, isento e concordo em absolver a _____, seus representantes legais ou indicados e todas as pessoas agindo sob sua permissão ou autoridade ou aqueles por quem estiver agindo, de responsabilidades em virtude de qualquer indistinção, distorção, alteração ou ilusão ótica, ou uso em forma composta, intencionalmente ou não, que possa ocorrer ou ser produzida ao fazer a dita imagem ou em qualquer processamento subsequente dela, bem como qualquer publicação, mesmo que possa me submeter ao ridículo, escândalo, reprovação, escárnio e indignidade.
>
> Declaro ser maior de idade e ter todos os direitos de fazer contratos em meu nome no que diz respeito ao acima exposto. Além disso, declaro ter lido a autorização, liberação e acordo acima, antes de sua execução e que estou integralmente ciente de seus conteúdos.
>
> Data _____
>
> Assinatura _____
>
> (Endereço) _____
>
> _____
>
> (Testemunhas) _____

FIGURA 4.1 Esse uso de um formulário-padrão de autorização pode proteger contra possíveis acusações de invasão de privacidade.

Agências reguladoras dos EUA

Muitos órgãos do governo federal têm papel de fiscalização sobre a comunicação empresarial e organizacional, como a **Federal Trade Commission**, a **Food and Drug Administration**, a **Federal Communications Commission**, a **National Labor Relations Board** e a **Securities and Exchange Commission**. Reclamações pertinentes à regulação de qualquer desses órgãos federais podem ter origem no próprio órgão ou ser trazidas à sua atenção por consumidores, dirigentes sindicais ou concorrentes. O pessoal de relações públicas deve prever como podem ser descumpridas leis e regulamentações federais quando a organização busca se comunicar com qualquer número de consumidores, funcionários ou concorrentes.

Federal Trade Commission (FTC) A FTC comanda todas as **propagandas comerciais** e notas à imprensa sobre produtos ou serviços – meios típicos para comunicação em *marketing*. Propagandas e notas são ilegais se enganarem ou iludirem o público de qualquer forma. Igualmente, práticas promocionais são ilegais a menos que sejam literalmente verdadeiras. A FTC requer que afirmações sem sustentação ou falsas sobre produtos sejam omitidas de futuros anúncios e alguns anunciantes também podem ter de publicar anúncios corretivos.*

Food and Drug Administration (FDA) A FDA regula a rotulagem, embalagem e venda de alimentos, medicamentos e cosméticos. As regulamentações comandam a segurança e a divulgação dos produtos. Muitos *recalls* de produtos e a proibição de alguns medicamentos nos Estados Unidos resultam do descumprimento das regulamentações e diretrizes da FDA. O órgão é responsável pela rotulagem nutricional de muitos produtos alimentares. Os profissionais de relações públicas que trabalham com introdução de produtos terão de ser capazes de explicar as regulamentações da FDA a muitos *stakeholders*, incluindo os clientes e a mídia.**

Federal Communications Commission (FCC) A FCC regula transmissões, televisão e rádio para garantir que as concessionárias estejam operando em interesse público. Documentos importantes para os profissionais de relações públicas no campo político são as Seções 315 e 317 da Lei Federal de Comunicações (Federal Communications Act). Eles monitoram o conteúdo das transmissões políticas de modo que todos os partidos tenham oportunidade de serem ouvidos. Um profissional de relações públicas de um candidato deve conhecer o seguinte, na Seção 315a:

> Se qualquer concessionário permitir que qualquer candidato a cargos públicos use uma estação de transmissões, deve proporcionar oportunidades iguais a todos os outros candidatos àquele cargo, e esse concessionário não deve ter qualquer poder de censura sobre o material transmitido segundo as disposições desta seção. Nenhuma obrigação é imposta a qualquer concessionário para que permita o uso de sua estação por qualquer candidato.[9]

Embora a Seção 315 não exija que as estações forneçam tempo de transmissão, a Seção 312(a7) o faz. Ela exige que as estações vendam "quantidades razoáveis de tempo" para candidatos legalmente qualificados a cargos federais. As estações não são responsáveis pelo conteúdo, mas os candidatos, suas organizações e seus profissionais de relações públicas, o são.

National Labor Relations Board (NLRB) A NLRB fiscaliza a aplicação da Lei Nacional de Relações de Trabalho (National Labor Relations Act), de 1935, a principal lei que controla as comunicações entre sindicatos e empregadores. A lei lida com todos os aspectos das atividades sindicais, incluindo o direito à sindicalização, a participar de negociações coletivas e atividades sindicais. A lei também protege atividades não sindicais como greves não organizadas por sindicatos, condições de trabalho e discussão de indenizações pelos funcionários. Todas essas atividades demandariam que administradores e profissionais de relações públicas expressassem as posições das empresas de modo não coercitivo nem ameaçador nas relações entre administrações e trabalhadores.***

---

* N. de R. T.: No Brasil, o Conselho Nacional de Autorregulamentação Publicitária (CONAR), desde 1980, exerce a função de impedir que a publicidade enganosa ou abusiva cause constrangimento ao consumidor ou a organizações. Fonte: www.conar.org.br.

** N. de R. T.: Agência reguladora equivalente à FDA no Brasil é a Agência Nacional de Vigilância Sanitária (ANVISA), que foi criada pela Lei 9.782, de 26 de janeiro de 1999, cuja finalidade institucional é promover a proteção da saúde da população por meio do controle sanitário da produção e da comercialização de produtos e serviços submetidos à vigilância sanitária, inclusive dos ambientes, dos processos, dos insumos e das tecnologias a eles relacionados. Fonte: www.anvisa.gov.br.

*** N. de R. T.: No Brasil, o direito dos trabalhadores é assegurado pela Consolidação das Leis de Trabalho (CLT).

Securities and Exchange Commission (SEC) A SEC aplica leis e regulamentações relacionadas à compra de ações de empresas de capital aberto que estejam listadas em qualquer das 13 maiores bolsas de valores dos Estados Unidos ou tenham ativos de 1 milhão de dólares e 500 acionistas. Ela aplica a **Lei de Valores Mobiliários (Securities and Exchange Act) de 1934** e outras leis que exigem que as empresas "ajam prontamente para desmentir rumores infundados que resultem em atividades de mercado ou variações de preços incomuns".

A versão da Securities and Exchange Act de 1933 exigia a "abertura total e justa do caráter das ações [...] e a prevenção de fraudes em sua venda". A lei de 1934 complementou a legislação do ano anterior e visava "garantir, para ações oferecidas ao público, publicidade adequada aos fatos necessários para uma avaliação inteligente de seu valor".

A SEC demanda a apresentação de três tipos de relatórios anuais (**Formulário 10-K**), relatórios trimestrais (**Formulário 10-Q**) e relatórios correntes (**Formulário 8-K**). Embora as informações contidas nesses relatórios sejam produzidas por contadores e advogados, essas publicações têm valor para as relações públicas porque são distribuídas a muitos públicos, incluindo acionistas, analistas financeiros e investidores potenciais.

A **Lei Sarbanes-Oxley**, de 2002, requer que as empresas de capital aberto sejam muito mais "transparentes" em sua comunicação com seus acionistas, investidores, aposentados e representantes de governo. Aprovada em resposta ao colapso da Enron, essas empresas devem fornecer muito mais informações sobre seus executivos, transações financeiras e códigos de ética específicos. A Lei Sarbanes-Oxley trouxe novas responsabilidades a executivos de comunicação empresarial que contribuem para explicitar os processos de decisão à mídia financeira, aos analistas de ações e aos investidores. Veja o Capítulo 13 para mais informações sobre isso e outros materiais sobre relações com investidores.

Regulamentações gerais para empresas

As relações públicas constituem prática protegida pela Primeira Emenda e regulamentada como uma função das organizações, mas elas também são uma atividade empresarial, envolvida na criação e proteção de marcas e reputações de organizações. Dessa forma, os profissionais de relações públicas precisam conhecer as regulamentações gerais sobre sua atividade, como leis de direitos autorais, leis de marcas e as leis de litígio. "Os profissionais de relações públicas devem entender até onde as leis gerais das empresas também comandam seu campo, mas eles e a mídia estão sujeitos à legislação empresarial normal, como as leis antitruste, mesmo que sua expressão possa estar protegida pela Primeira Emenda".[10]*

Legislação de direitos autorais Os profissionais de relações públicas devem ter consentimento legal para usar as expressões criativas de outras pessoas ou sua "propriedade intelectual", como desenhos gráficos, música a ser usada em vídeos, cópias de relatórios anuais e folhetos e outros trabalhos artísticos originais fixados em qualquer forma tangível. Consultores de relações públicas autônomos registram os direitos de seus materiais, a menos que assinem contratos abrindo mão desses direito com seus clientes.

Somente quando se estabelece o **uso justo** é que os profissionais de relações públicas podem usar ou copiar a expressão criativa de outras pessoas. A disposição sobre uso justo da Lei de Direitos Autorais (*Copyright Act*) possibilita o uso do material de outros com determinações amplas sobre:

1. O propósito e o caráter do uso, incluindo se esse uso é de natureza comercial ou sem fins lucrativos ou para propósitos educativos.
2. A natureza do trabalho sujeito a direitos autorais é questionada.
3. A quantidade e a importância da parte usada é verificada com o detentor dos direitos autorais.
4. O efeito do uso sobre o mercado potencial ou valor do material sujeito a direitos autorais é considerado.

---

* N. de R. T.: A atividade de relações públicas no Brasil foi regulamentada pela Lei 5.377, de 11 de dezembro de 1967, definida como o esforço deliberado, planificado e contínuo para estabelecer e manter compreensão mútua entre uma instituição pública ou privada e os grupos de pessoas a que esteja direta ou indiretamente ligada.

Isso significa que, na preparação das comunicações, uma parte do material sujeito à lei pode ser usada sem a permissão do autor:

1. Se não for tirado de contexto.
2. Se for dado crédito à fonte.
3. Se esse uso não afetar materialmente o mercado do material sujeito à lei.
4. Se o trabalho para o qual for usado tiver propósito escolástico, noticioso ou de pesquisa.
5. Se o material usado não exceder uma determinada porcentagem do trabalho total.

A lei não determina qualquer porcentagem, o que depende do trabalho. Uma regra prática: não use qualquer música, use apenas uma fração de poesia, mas pode usar entre 100 e 200 palavras de um livro ou artigo.

Leis sobre marcas registradas As leis de registro de marcas cobrem os nomes de empresas e de seus produtos. Assim como as leis de patentes cobrem os produtos em si, seus nomes podem ser cobertos por **marcas registradas**. As organizações querem ter direitos exclusivos sobre as marcas de seus produtos e serviços, suas logomarcas e seus símbolos. Seria uma infração da lei de registro de marcas colocar um produto no mercado com um nome muito parecido ou sugestivo de uma marca ou nome existente.

As empresas protegem com zelo suas marcas de produtos contra quem tentar usá-las sem permissão. Elas também se resguardam da possibilidade de que um nome se torne um genérico para todos os produtos em sua categoria, sacrificando assim sua singularidade e causando graves problemas de propaganda e relações públicas. Pense em marcas como Kleenex, Band-Aid e Xerox, que perderam sua singularidade porque essas marcas são usadas por todos os produtos em suas categorias.

Contratos Materiais sujeitos a direitos autorais e com marca registrada podem ser usados se o detentor dos direitos der sua permissão. A permissão de uso pode ser um **contrato**, ou seja, um instrumento legal que proteja os direitos de duas ou mais partes. Os profissionais de relações públicas muitas vezes têm de usar contratos, e profissionais independentes precisam ter contratos com as empresas individuais que representam. Eventos especiais podem requerer contratos com hotéis, grupos musicais, serviços de *catering* e outros. Os profissionais fazem contratos com vendedores externos, como editoras e gráficas, agências de distribuição de correspondência e serviços de clipagem eletrônica, para fazer trabalhos de produção e pesquisa.

Para ter valor, um contrato deve seguir alguns critérios legais. Por exemplo, deve incluir o seguinte:

1. Uma oferta genuína e legal.
2. Uma aceitação genuína e legal.
3. Um acordo que inclua um intercâmbio de atos e promessas, que é chamado de "contraprestação".[11]

Alguns contratos devem ser feitos por escrito, mas nem todos. Os tribunais muitas vezes consideram válidos os contratos verbais se foram feitos todos os testes legais no processo. Se as obrigações estabelecidas em um contrato não forem cumpridas, pode ter ocorrido descumprimento.

Considerações legais em relação à internet

A internet está demandando uma nova regulamentação em termos de difamação escrita, direitos autorais e privacidade. Essas são questões importantes para os profissionais de relações públicas que aproveitam a possibilidade de ir diretamente aos *stakeholders* com esse canal de informações imediato e contundente.

Direitos autorais e a rede Os profissionais de relações públicas estão usando a internet e os serviços *online* para enviar e saber das últimas notícias, matérias importantes, fotos e informações sobre órgãos ou organizações, bem como para receber consultas e avaliações diretas de *stakeholders*. Mesmo que esses recursos estejam convenientemente acessíveis, eles ainda são protegidos pelos **direitos autorais** e os profissionais de relações públicas não devem usar materiais sem permissão.[12] A *BusinessWeek* chama de violação dos direitos autorais na internet de *highway robbery*, ou assalto na via, afirmando que a infração vai muito além de violações feitas em copiadoras. Um código de direito autoral digital foi designado em 1995 para colocar uma "cifra", ou código, identificando o proprietário de cada trabalho sujeito a direitos autorais que está na internet.[13]

Difamação e a rede Embora ainda haja debates nos tribunais sobre quem é responsável por difamações na internet, os profissionais de relações públicas seriam responsabilizados se as fizessem, pois controlam as mensagens enviadas ao público. Quem faz a transmissão, como as companhias telefônicas, contudo, não é responsável porque não controla as declarações. Um tribunal de Nova York decidiu, em 1995, que um provedor de internet poderia ser responsabilizado se editasse mensagens eletrônicas postadas pelos assinantes. A empresa de investimentos de Long Island Stratton Oakmont Inc. processou a Prodigy for 200 milhões de dólares porque um usuário anônimo do fórum de discussão (*bulletin board*) "Money Talk", da Prodigy, retratou falsamente a empresa como criminosos envolvidos em fraudes.[14] O tribunal disse que, como a Prodigy se apresentava no mercado como um serviço *online* voltado à família, que selecionava novas mensagens em seu *bulletin board*, era mais uma editora do que apenas uma transmissora.

Privacidade e a internet A privacidade é uma "fonte de preocupações" para quem manda e quem recebe mensagens pela internet. Como a comunicação na rede pode ser identificada e acompanhada, e ter seus autores identificados por autoridades, *hackers* e ladrões de dados, o público tem um forte desejo de ter as informações pessoais protegidas à medida que mais e mais coisas chegam por *e-mails* e pelo ciberespaço. As organizações têm políticas variadas sobre os tipos de informações que os funcionários podem trocar pela internet. Endereços eletrônicos estão sendo vendidos a comerciantes que os usam para propósitos comerciais. Profissionais de relações públicas têm de avaliar os ganhos e os riscos desse canal de comunicação como forma de chegar aos *stakeholders* e manter relações com eles.

Relações públicas de litígio

As organizações devem considerar se e como suas relações com clientes, funcionários, governo e meios de comunicação seriam afetadas no caso de elas irem parar nos tribunais. O interesse da mídia em uma organização acusada de fazer algo errado ou outras atividades que prejudiquem a reputação pode ser constante o suficiente para que, independentemente de como o caso judicial se resolva, a organização acusada seja considerada menos confiável e fidedigna por seu público fora dos tribunais. A Dow Corning está sendo processada em milhões de dólares por mulheres que afirmam que seus implantes de seios de silicone lhes causaram várias enfermidades, dor e sofrimento. Essa empresa se viu em litígio por causa de um programa de TV da CBS transmitido em 1990, no qual Connie Chung entrevistou várias mulheres que afirmavam que seus implantes de seio lhes deram doenças autoimunes. Anos depois, a Dow Corning ainda estava gastando milhares de dólares em tempo e dinheiro tentando, nos tribunais, chegar a uma reorganização de sua falência, ao mesmo tempo em que buscava formas, por meio de comunicação, de manter seus funcionários produtivos e a confiança em sua reputação para preservar seus acionistas, clientes, fornecedores e relações bem-sucedidas com a comunidade, governo e mídia.[15]

Os profissionais de relações públicas têm de se preocupar, também, com a **responsabilidade pelo produto**, ou seja, a "responsabilidade legal das empresas de compensar indivíduos por lesões ou danos resultantes de defeitos em produtos que compraram".[16] Diante de publicidade negativa, o McDonald's fez um acordo em uma ação relativa a responsabilidade de produto, de autoria de uma mulher que derramou seu café enquanto tentava dirigir e segurar o copo entre as pernas.

O AMBIENTE ÉTICO

Kant definiu a ética como "uma ciência que ensina, não como conquistaremos a felicidade, e sim como nos tornaremos merecedores dela".[17] Aquilo que é legal nem sempre é ético, e o que é ético nem sempre é legal. As leis dão conta de apenas uma quantidade de situações nas relações públicas. Em muitas delas, os profissionais de relações públicas têm de fazer avaliações sobre qual é a "coisa certa a fazer" para construir

Martha Stewart busca soluções para alegações legais contra ela, de uso de informações privilegiadas.

relações entre a organização e seus públicos. Eles devem avaliar os benefícios em relação aos danos de suas atividades de comunicação e/ou ter a determinação moral para dizer sim ou não, porque os efeitos de longo prazo de uma má decisão irão se sobrepor aos ganhos de curto prazo.

A ética é uma área de preocupação para as relações públicas por quatro razões. Primeira, os profissionais devem estar cientes de que, para algumas pessoas, as relações públicas têm reputação de comportamento antiético; segunda, muitas vezes, elas são fonte de declarações éticas de organizações e repositório de políticas éticas e sociais da organização; terceira, os profissionais têm lutado para criar códigos adequados de ética para si; quarta, devem agir em nome de suas organizações e como ouvidores éticos para os públicos que atendem.

Se as relações públicas buscam atingir um *status* profissional como função de comunicação que represente o interesse público, bem como a organização no processo de decisão, seus profissionais devem responder a padrões elevados.

A ética como padrão de conduta social

A ética é aquilo que é moralmente certo ou errado em conduta social, geralmente da forma determinada por padrões de profissões, organizações e indivíduos. O comportamento ético é uma importante consideração que diferencia o civilizado do incivilizado na sociedade. Allen Center e Patrick Jackson afirmam que cinco valores regulam a conduta social:

1. *Tradição.* Formas em que a situação tenha sido considerada ou tratada no passado.
2. *Opinião pública.* Comportamento aceitável atualmente segundo a maioria dos pares.
3. *Direito.* Comportamentos que são permissíveis e os que são proibidos pela legislação.
4. *Moralidade.* Em termos gerais, uma proibição espiritual ou religiosa. A imoralidade é uma acusação geralmente feita em questões em que os ensinamentos religiosos se concentraram.

5. *Ética*. Os padrões estabelecidos pela profissão, organização ou a própria pessoa, baseados em consciência – o que é certo ou justo com o outros e consigo mesma?[18]

Ética individual

Ralph Waldo Emerson, filósofo norte-americano, disse: "Aquilo que és predomina sobre ti, e ecoa tão alto que não consigo ouvir o que dizes". Essa mesma filosofia ficou clara no trabalho de Ivy Lee, um dos primeiros pioneiros das relações públicas. Lee considerava que as ações de relações públicas, e não as palavras, eram mais importantes. Sua Declaração de Princípios, de 1906, foi a precursora de um **código de ética** em relações públicas.

Mais importante do que códigos de ética de relações públicas, contudo, é a natureza da ética individual e privada do profissional. Quando se trata disso, ele deve ter um elevado padrão pessoal de ética que leve a seu próprio trabalho. James E. Grunig, importante defensor do profissionalismo em relações públicas, afirmou que os profissionais devem ter dois princípios éticos a orientá-los:

1. Devem ter a disposição de ser éticos, pretendendo não prejudicar outras pessoas, e sim ser honestos e confiáveis.
2. Devem fazer todos os esforços para evitar ações que tenham consequência adversas para outras pessoas.[19]

No centro de qualquer discussão de ética em relações públicas estão algumas perguntas que são profundamente problemáticas para o profissional individual. Por exemplo, ele:

- Mentiria por um cliente ou empregador?
- Enganaria para coletar informações sobre os clientes de outro profissional?
- Ajudaria a ocultar uma condição prejudicial ou um ato ilegal?
- Apresentaria informações que contenham apenas parte da verdade?
- Ofereceria algo (presente, viagem ou informação) a repórteres ou legisladores que possa comprometer sua posição?
- Apresentaria informações verdadeiras, mas tendenciosas, em uma entrevista individual ou coletiva que corrompa os canais do governo?

Muitos profissionais de relações públicas se veem forçados a responder a perguntas como essas.

Veja o Minicaso 4.2, sobre John "Pat" Philbin. Philbin estava por mudar de um cargo de alto nível a outro, no campo dos assuntos públicos do governo, e perdeu antigo e o novo depois da entrevista coletiva falsa da FEMA.

Considerando seus padrões éticos, os profissionais podem evitar situações difíceis que possam prejudicar suas reputações individuais. Infelizmente, a maioria das decisões éticas não é "preto no branco". Quando as obrigações com os acionistas colidem com uma questão ética, o profissional deve decidir qual é mais importante ou acarreta o menor prejuízo ao menor número de pessoas. Dessa forma, quando as políticas do empregador são diferentes daquelas que a profissão ou dos ditames da consciência individual, qual deveria prevalecer?

Ética nos negócios

A questão da ética individual é tão controversa quanto a questão geral da ética nos negócios. É relativamente fácil concordar em termos abstratos com a ideia de que os profissionais individuais têm dever de se comportar eticamente. Infelizmente, não tem sido tão fácil traduzir conceitos abstratos em padrões éticos para a prática nos negócios em um ambiente competitivo. Alguns profissionais têm sido demitidos arbitrariamente por se recusar a escrever notas à imprensa que consideravam falsas ou enganosas. Um deles trabalhava para uma empresa que queria que ele preparasse e distribuísse uma nota listando clientes da empresa antes que estes tivessem assinado contratos de serviços. Ao se recusar a preparar a nota, foi demitido e posteriormente processou a empresa por demissão ilegal, recebendo quase 100.000 dólares em um acordo extrajudicial. Outro profissional de relações públicas se demitiu depois de inicialmente participar de várias práticas eticamente questionáveis com um conglomerado multinacional de frutas. Ele acusou a empresa de manipulação da cobertura na imprensa, bem como ações políticas e militares envolvendo um país da América Latina onde a empresa estava operando.

Minicaso 4.2

FEMA: entrevista coletiva falsificada

John "Pat" Philbin, ex-diretor de assuntos externos da Federal Emergency Management Administration (FEMA), enfrentou um problema ético quando acompanhou seu chefe, o vice-almirante Harvey Johnson, a uma entrevista coletiva organizada às pressas para divulgar os esforços da FEMA em resposta aos incêndios na Califórnia. Funcionários da FEMA, e não repórteres, faziam perguntas ao almirante durante uma transmissão em canais por cabo. Philbin acabou interrompendo a entrevista quando se deu conta de sua natureza enganosa, mas era tarde demais para não ser pego pela mídia que acompanhava. A questão ética gerou muita ridicularização.

Philbin assumiu a responsabilidade pelo erro, na condição de principal responsável pelos assuntos públicos da FEMA. A equipe de assuntos públicos tinha deixado de avisar a mídia a tempo da entrevista coletiva, mas um membro da equipe tomou a decisão de seguir adiante – sem a mídia. Quando Philbin e o vice-almirante Johnson chegaram tarde à entrevista coletiva, não havia repórteres. Foi-lhes dito que a mídia estava ao telefone.

Alguns dias depois do evento, um repórter do *Washington Post* entrou em contato com Philbin para falar sobre a "entrevista coletiva". Philbin, que havia se demitido cinco dias antes para assumir outro trabalho, recebeu essa investigação no dia em que estava deixando o cargo. Em vez de responder ao próprio repórter do *Post*, ele enviou a investigação a um membro da equipe com instruções: "Entre em contato com ele e diga exatamente o que aconteceu". O artigo resultante publicado no *Post* fez duras críticas a Philbin e à FEMA pela entrevista encenada.

Em resposta ao incidente, Philbin, um profissional de relações públicas certificado e agora vice-presidente sênior da PIER Systems, Inc., disse que assumiria a responsabilidade mais uma vez se um incidente assim acontecesse, porque era o líder. "Acredito firmemente em [...] comportamento ético, porque acho que é tudo o que se tem neste negócio, sua credibilidade, o que é particularmente problemático para mim, porque é isso que foi questionado neste caso."

Philbin sugeriu as seguintes lições de sua experiência:

- Conheça seu pessoal e as capacidades e a ética que ele tem.
- Não hesite em enfrentar as coisas e retificá-las imediatamente.
- Seja mais agressivo para fazer com que a história seja divulgada.
- Entenda suas limitações.

Fonte: Kami Huyse, "Exclusive: Former FEMA External Affairs Head John 'Pat' Philbin Sets the Record Straight about 'Fake' Press Conference", *Communication Overtones*, 9 de Janeiro de 2008, retirado de http://overtonecomm.blogspot.com/2008/01/exclusive-former-fema-external-affairs.html.

A maior atenção que muitas organizações dão às dimensões éticas da operação pode ter suas origens identificadas na investigação de 1968, sobre o caso Watergate. O presidente Richard Nixon renunciou para não enfrentar processo de *impeachment* em função de um arrombamento malsucedido em um comitê de campanha do Partido Democrata e de revelações posteriores de práticas de campanhas antiéticas, acobertamento e gravações secretas de reuniões na Casa Branca.

Outro exemplo incrível de controvérsia ética que aumentam o ceticismo público para com as relações públicas é a Firestone, uma fabricante de pneus que ainda não admitiu responsabilidade por mortes em estradas ligadas a seus produtos. A Coca-Cola também sustenta que seus distribuidores europeus não tinham responsabilidade na contaminação que levou crianças em idade escolar a relatar problemas de saúde ao beber produtos da empresa, embora ela tenha tentado fazer reparos oferecendo produtos de graça. A Cruz Vermelha dos Estados Unidos enfrentou a opinião pública negativa duas vezes depois de seus esforços para formar um fundo beneficente com vistas a lidar com os atentados de 11 de setembro. Primeiramente, a organização foi atacada ao anunciar, depois dos atentados, que iria guardar para futuros desastres as doações que o público norte-americano esperava que fossem para as vítimas dos atentados ao World Trade Center e ao Pentágono. A seguir, quando a Cruz Vermelha começou a distribuir o dinheiro, foi criticada por ser demasiado generosa.

Quando participam de decisões empresariais, os profissionais de relações públicas têm uma grande responsabilidade ética – não apenas consigo e com suas organizações, mas também com sua profissão e seu público. Eles devem ponderar todas essas considerações quando ajudam a tomar decisões organizacionais e comunicá-las quando elas forem tomadas.

Os códigos profissionais, as políticas empresariais e mesmo a legislação não conseguem garantir a prática ética em profissão alguma; somente a aplicação de valores pessoais sólidos pode garantir o comportamento ético. Mesmo assim, códigos, políticas e leis adequados podem servir como valiosas diretrizes para profissionais de relações públicas que desejem manter elevados padrões éticos.

Estabelecendo padrões para uma profissão em desenvolvimento

Para se transformar em uma profissão, qualquer ocupação deve atender a quatro critérios: (1) *expertise*, (2) autonomia, (3) compromisso e (4) responsabilidade.[20] A *expertise* compreende o conhecimento especializado e as habilidades que são requisitos fundamentais para a profissão realizar sua função na sociedade. A *autonomia* possibilita que o profissional pratique sem interferência externa. *Compromisso* é o resultado de *expertise*, implica devoção à busca da excelência sem ênfase nas recompensas da profissão. Por fim, *responsabilidade* significa que o poder conferido pela *expertise* acarreta uma relação de confiança com os grupos de *stakeholders* do profissional.

Embora todos os quatro critérios sejam importantes, o último, a responsabilidade, é operacionalizado por meio de códigos de ética, organizações profissionais e licenciamento profissional. Sendo assim, para ser considerada integralmente profissionalizada, uma ocupação precisa de um código de ética bem desenvolvido e bem fiscalizado, associações profissionais ativas e algum meio de controlar a prática. É a questão do licenciamento que continua a impedir que as relações públicas sejam uma ocupação integralmente profissionalizada.

O código da PRSA

O código de ética da Public Relations Society of America (PRSA) é o mais detalhado e abrangente no campo das relações públicas, embora seja estritamente voluntário e não tenha valor legal (ver Destaque 4.1). Quando a PRSA foi fundada, em 1948, uma de suas ações foi desenvolver um código de ética para que seus membros tivessem algumas diretrizes comportamentais comuns e os gestores, um entendimento claro de seus padrões. Esse código se tornou a ferramenta para diferenciar profissionais das relações públicas de obscuros promotores de eventos e assessores, que se apropriaram rapidamente da expressão *relações públicas* para descrever suas atividades.

As mais recentes revisões do Código da PRSA, aprovadas em 2000, mudaram profundamente a forma como a Sociedade pretendia refletir sobre os profissionais de relações públicas e educá-los a respeito da ética. Em primeiro lugar, o Código da PRSA eliminou a ênfase na aplicação de padrões baseados na ideia de que os membros fizessem queixas ou identificassem outros que violem o Código, embora a diretoria da PRSA se preserve o direito de negar participação a indivíduos ou expulsá-los da Sociedade. Em segundo lugar, o Código da PRSA se concentrou em valores universais que inspirem o comportamento ou desempenho ético. Terceiro, o Código forneceu exemplos para ajudar os profissionais a melhor praticar importantes objetivos empresariais éticos e baseados em princípios.*

O Código da IABC

A International Association of Business Communicators (IABC), com cerca de 19 mil membros, também tem um código de ética muito usado (ver Destaque 4.2), que difere do da PRSA apenas em alguns aspectos. Ele parece se concentrar mais no valor dos seres humanos nas muitas culturas do mundo e ser sensível a outros valores e crenças culturais. Apresenta uma lista mais limitada de padrões e não tenta enunciar valores que tenham levado aos padrões listados formalmente. Ambos os códigos são voluntários, mas os membros devem reconhecer por escrito que leram e estão dispostos a cumprir os códigos.

---

* N. de R. T.: O Código de Ética dos Profissionais de Relações Públicas, definido pelo Conselho Federal de Profissionais de Relações Públicas – Brasil (Conferp), determina ações de conduta acerca de responsabilidade gerais, relações com o empregador, relações com o cliente, honorários profissionais, relações com os colegas, relações com entidades de classe, relações com a justiça, sigilo profissional, relações políticas e exercício do *lobby*, observância, aplicação e vigência do referido Código. (Ver o Código completo no Anexo 3.)

Código de normas profissionais para a prática de Relações Públicas da PRSA

Destaque 4.1

Uma mensagem da Comissão de Ética e Padrões Profissionais da PRSA

Nossa principal obrigação

A principal obrigação dos membros da Public Relations Society of America é a prática ética das relações públicas.

O Código de Ética dos Membros da PRSA é a forma como cada membro de nossa Sociedade pode reafirmar diariamente um compromisso com atividades e decisões profissionais éticas.

- O Código estabelece os princípios e padrões que orientam nossas decisões e ações.
- O Código conecta solidamente nossos valores e nossos ideias ao trabalho que cada um de nós faz a cada dia.
- O Código diz respeito ao que devemos fazer e por que devemos fazê-lo.

O Código também pretende ser um corpo vivo e crescente de conhecimentos, precedentes e experiências. Ele deve estimular nosso pensamento e nos incentivar a buscar orientação e esclarecimento quando tivermos perguntas sobre princípios, práticas e padrões de conduta.

O envolvimento de todos os membros na preservação e melhora dos padrões éticos é essencial para a construção e manutenção do respeito e da credibilidade de nossa profissão. Usando como alicerce nossos valores, princípios e padrões de conduta e nosso compromisso, e continuando com o trabalho conjunto em questões éticas, garantimos que a Public Relations Society of America cumpra sua obrigação de construir e manter a estrutura de diálogo público que merece a confiança e o apoio do público.

Preâmbulo

Código de Ética dos Membros da Public Relations Society of America, 2000

- Valores profissionais
- Princípios de conduta
- Compromisso e cumprimento

Este código se aplica a membros da PRSA. O Código pretende ser um guia útil para que os membros conduzam suas responsabilidades éticas. Este documento visa prever e ajustar, por meio de precedentes, desafios éticos que possam surgir. Os cenários delineados nas disposições do Código são exemplos reais de má conduta. Mais será acrescentado à medida que se ganha mais experiência com o código.

A Public Relations Society of America (PRSA) está comprometida com práticas éticas. O nível de confiança pública que os membros da PRSA buscam, ao servirmos o bem comum, significa que assumimos uma obrigação especial de operar eticamente.

O valor da reputação dos membros depende da conduta ética de todos os filiados à Public Relations Society of America. Cada um de nós dá um exemplo para os outros – bem como outros profissionais – com nossa busca de excelência a partir de fortes padrões de desempenho, profissionalismo e conduta ética.

A ênfase na aplicação do Código foi eliminada, mas a diretoria da PRSA se preserva o direito de barrar a filiação ou expulsar da sociedade qualquer indivíduo que tenha sido punido por um órgão de governo ou condenado em um tribunal por uma ação que viole este Código.

A prática ética é a mais importante obrigação de um membro da PRSA. Consideramos o Código de Ética dos Membros como modelo para outras profissões, organizações e profissionais.

Declaração de valores profissionais dos membros da PRSA

Esta declaração apresenta os valores fundamentais dos membros da PRSA e, mais amplamente, da profissão de relações públicas. Esses valores proporcionam os alicerces do Código de Ética dos Membros e estabelecem um padrão do setor para a prática profissional das relações públicas. Esses valores são as crenças fundamentais que orientam nossos comportamento e processos de decisão. Acreditamos que nossos valores profissionais são vitais para a integridade da profissão como um todo.

Defesa

- Servimos ao interesse público ao atuar como defensores responsáveis daqueles a quem representamos.
- Proporcionamos uma voz no mercado de ideias, fatos e pontos de vista, para contribuir com o debate público informado.

Honestidade

- Aderimos aos mais elevados padrões de precisão e verdade ao promover os interesses daqueles a quem representamos e ao nos comunicarmos com o público.

Expertise

- Adquirimos e usamos com responsabilidade a *expertise*.
- Promovemos a profissão por meio do desenvolvimento profissional, pesquisa e educação contínuos.
- Construímos entendimento mútuo, credibilidade e relações entre um amplo leque de instituições e públicos.

Independência

- Proporcionamos assessoramento objetivo a quem representamos.
- Respondemos por nossas ações.

Lealdade

- Somos fiéis ao que representamos, ao mesmo tempo em que honramos nossa obrigação de servir ao interesse público.

Destaque 4.1

Código de normas profissionais para a prática de Relações Públicas da PRSA
(continuação)

Integridade
- Lidamos de forma justa com clientes, funcionários, concorrentes, iguais, vendedores, a mídia e o público em geral.
- Respeitamos todas as opiniões e apoiamos o direito de livre expressão.

Disposições do Código da PRSA

Fluxo livre de informações

Princípio fundamental
Proteger e promover o fluxo livre de informações precisas e verdadeiras é essencial para servir ao interesse público e contribuir para o processo informado de decisão em uma sociedade democrática.

Intenção
- Manter a integridade das relações com a mídia, membros do governo e o público.
- Contribuir para o processo de decisão informada.

Diretrizes
Os membros devem:
- preservar a integridade do processo de comunicação;
- ser honestos e precisos em todas as comunicações;
- agir prontamente para corrigir comunicações equivocadas pelas quais o profissional seja responsável;
- preservar o fluxo livre de informações sem preconceito e dar ou receber presentes, garantindo que o presente seja nominal, legal e infrequente.

Exemplos de conduta inadequada segundo esta disposição
- Um membro que represente um fabricante de esquis dá um par de esqui caros a um colunista de uma revista esportiva, com vistas a influenciar o colunista para que escreva artigos favoráveis ao produto.
- Um membro agrada um representante do governo para além dos limites legais e/ou violando as normas do que deve ser informado ao governo.

Concorrência

Princípio fundamental
Promover a concorrência saudável e justa entre profissionais preserva um clima ético, ao mesmo tempo em que incentiva um ambiente empresarial consistente.

Intenção
- Promover o respeito e a concorrência justa entre profissionais de relações públicas.
- Servir ao interesse público oferecendo a mais ampla possibilidade em termos de escolha entre opções de profissionais.

Diretrizes
Os membros devem:
- seguir princípios éticos de contratação, voltados a respeitar a concorrência livre e aberta sem prejudicar deliberadamente um concorrente;
- preservar direitos de propriedade intelectual no mercado.

Exemplos de conduta inadequada segundo esta disposição
- Um membro empregado por uma "organização-cliente" compartilha informações úteis com uma empresa de consultoria que esteja competindo com outras pelos negócios da organização.
- Um membro divulga rumores maliciosos e infundados sobre um concorrente para afastar os clientes e os funcionários deste, em um plano para recrutar pessoas e negócios.

Divulgação de informações

Princípio fundamental
A comunicação aberta incentiva as decisões informadas em uma sociedade democrática.

Intenção
- Construir confiança com o público, ao revelar todas as informações necessárias para tomar decisões responsáveis.

Diretrizes
Os membros devem:
- ser honestos e precisos em todas as comunicações;
- agir prontamente para corrigir comunicações equivocadas pelas quais sejam responsáveis;
- investigar a fidedignidade e a precisão das informações divulgadas em nome dos representados;
- revelar os apoiadores de causas e interesses representados;
- divulgar interesses financeiros (como propriedade de ações) nas organizações de um cliente;
- evitar práticas enganosas.

Exemplos de conduta inadequada segundo esta disposição
- Grupos de fachada: um membro implementa campanhas "de base" ou campanhas de envio de cartas a legisladores em nome de grupos de interesse não revelado.
- Mentir por omissão: um profissional que trabalha para uma empresa deixa deliberadamente de divulgar informações financeiras, dando uma impressão enganosa de seu desempenho.
- Um membro descobre informações incorretas disseminadas por meio de uma página na internet ou *press kit* e não as corrige.

(continua)

- Um membro engana o público empregando pessoas para se passar por voluntários, falar em audiências públicas e participar de campanhas "de base".

Salvaguardar as confianças
Princípio fundamental

A confiança dos clientes requer proteção adequada de informações confidenciais e privadas.

Intenção
- Proteger os direitos de privacidade de clientes, organizações e indivíduos ao salvaguardar informações confidenciais.

Diretrizes

Os membros devem:
- proteger segredos e direitos de privacidade de clientes e funcionários atuais, antigos e potenciais;
- proteger informações privilegiadas, confidenciais ou internas obtidas de um cliente ou organização;
- comunicar imediatamente uma autoridade competente se descobrirem que informações confidenciais estão sendo divulgadas por um funcionário de uma empresa ou organização que sejam seus clientes.

Exemplos de conduta inadequada segundo esta disposição
- Um membro muda de emprego, leva informações confidenciais e as usa no novo cargo, em prejuízo do antigo empregador.
- Um membro deixa vazar informações privadas intencionalmente, em prejuízo de alguma outra parte.

Conflitos de interesse
Princípio fundamental

Evitar que se criem conflitos de interesse reais, potenciais ou percebidos, entre clientes, funcionários e os públicos.

Intenção
- Ganhar confiança e respeito mútuo com clientes e empregados.
- Construir confiança com o público evitando ou pondo fim a situações que coloquem seus próprios interesses pessoais e profissionais em conflito com os da sociedade.

Diretrizes

Os membros devem:
- agir no interesse do cliente ou empregador, mesmo subordinando seus próprios interesses;
- evitar ações e circunstâncias que possam parecer comprometer o bom discernimento nos negócios ou criar conflitos entre interesses pessoais e profissionais;
- divulgar prontamente qualquer conflito de interesses existente ou potencial a clientes ou organizações afetadas;
- incentivar clientes para que determinem se há conflitos depois de notificar todas as partes afetadas.

Exemplos de conduta inadequada segundo esta disposição
- O membro deixa de comunicar que tem um forte interesse financeiro no concorrente de seu cliente.
- O membro representa uma "empresa concorrente" ou um "interesse conflitante" se informar um potencial cliente.

Aprimorar a profissão
Princípio fundamental

Os profissionais de relações públicas trabalham constantemente para fortalecer a confiança do público na profissão.

Intenção
- Construir respeito e credibilidade com o público para a profissão de relações públicas.
- Aprimorar, adaptar e ampliar as práticas profissionais.

Diretrizes

Os membros devem:
- reconhecer que há uma obrigação de proteger e aprimorar a profissão;
- manter-se informados e instruídos sobre práticas na profissão, para garantir a conduta ética;
- buscar ativamente o desenvolvimento profissional pessoal;
- abrir mão de representar clientes ou organizações que demandem ou requeiram ações contrárias a este Código;
- definir com precisão o que as atividades de relações públicas podem realizar;
- orientar os subordinados sobre os processos éticos de decisão;
- exigir que os subordinados cumpram os requisitos éticos deste código;
- informar violações da ética, sejam elas cometidas por membros da PRSA ou não, à autoridade competente.

Exemplos de conduta inadequada segundo esta disposição
- Um membro da PRSA declara publicamente que um produto vendido por um cliente é seguro, sem divulgar evidências em contrário.
- Um membro dá um trabalho questionável a ser feito para um cliente a um profissional não membro, para evitar obrigações éticas de sua condição de membro da PRSA.

Destaque 4.2

Código de ética para comunicadores profissionais da IABC

Prefácio

Como centenas de milhares de comunicadores empresariais em todo o mundo realizam atividades que afetam a vida de milhões de pessoas, e como esse poder traz consigo importantes responsabilidades sociais, a International Association of Business Communicators desenvolveu o Código de Ética para Comunicadores Profissionais.

O Código se baseia em três princípios diferentes, mas inter-relacionados, de comunicação profissional aplicáveis em todo o mundo.

Esses princípios pressupõem que as sociedades justas são governadas por um profundo respeito pelos direitos humanos e o estado de direito, que a ética – os critérios para determinar o que é certo e errado – pode ser objeto de acordo entre membros de uma organização e que para entender questões de gosto é necessária sensibilidade a normas culturais.

Esses princípios são essenciais: A comunicação profissional é legal. A comunicação profissional é ética. A comunicação profissional é de bom gosto.

Reconhecendo esses princípios, os membros da IABC realizarão comunicação que não apenas é legal, mas também ética e sensível a valores e crenças culturais, desenvolverão comunicação verdadeira, precisa e justa, que facilite o respeito e o entendimento mútuo e cumprirão os artigos a seguir do Código de Ética para Comunicadores Profissionais da IABC.

Como as condições no mundo estão mudando constantemente, os membros da IABC trabalharão para melhorar sua competência individual e aumentar o corpo de conhecimentos no campo, com pesquisa e formação.

Artigos

1. Os comunicadores profissionais sustentam a credibilidade e a dignidade de sua profissão praticando comunicação honesta, franca e oportuna, estimulando o fluxo livre de informações essenciais segundo o interesse público.
2. Os comunicadores essenciais disseminam informações precisas e corrigem prontamente qualquer comunicação equivocada pela qual sejam responsáveis.
3. Os comunicadores profissionais entendem e apoiam os princípios de liberdade de expressão, liberdade de reunião e acesso a um mercado aberto de ideias, e agem de acordo com eles.
4. Os comunicadores profissionais são sensíveis aos valores e crenças culturais e realizam atividades de comunicação justas e equilibradas que promovam e incentivem entendimento mútuo.
5. Os comunicadores profissionais se recusam a tomar parte em qualquer empreendimento que considerem antiético.
6. Os comunicadores profissionais obedecem às leis e políticas públicas que comandam suas atividades profissionais e são sensíveis ao espírito de todas as leis e regulamentações e, se alguma lei ou política pública for violada, por qualquer razão, agem prontamente para corrigir a situação.
7. Os comunicadores profissionais dão crédito em relação a expressões singulares que tomaram emprestadas de outras pessoas e identificam as fontes e propósitos de todas as informações divulgadas ao público
8. Os comunicadores profissionais protegem informações confidenciais e, ao mesmo tempo, cumprem todos os requisitos legais para a divulgação de informações que afetem o bem-estar de outras pessoas.
9. Os comunicadores profissionais não usam informações

A questão do licenciamento profissional*

Algumas pessoas acreditam que os códigos de comportamento são apenas parte do que é necessário para construir um *status* profissional para o campo das relações públicas. O acesso controlado é a marca de uma profissão reconhecida.

Assim sendo, o acesso controlado, por meio do licenciamento profissional, ao título de "assessor certificado de relações públicas" é considerado como a única forma de separar as fraudes e os promotores dos profissionais legítimos. Defensores como Edward L. Bernays, que foi fundamental na formulação do moderno conceito de relações públicas, acreditavam que o licenciamento poderia proteger a profissão e o público de profissionais incompetentes e inescrupulosos.

Os que defendem o licenciamento profissional o consideram como o único método

---

* N. de R. T.: No Brasil, ao contrário do caso nos Estados Unidos, a profissão é regulamentada.

confidenciais obtidas como resultado de atividades profissionais para beneficio próprio e não representam interessem conflitantes ou concorrentes sem o consentimento escrito dos envolvidos.
10. Os comunicadores profissionais não aceitam presentes ou pagamentos não revelados por serviços profissionais de qualquer um que não seja cliente ou empregador.
11. Os comunicadores profissionais não garantem resultados que estejam além do que podem proporcionar.
12. Os comunicadores profissionais são honestos não apenas com outros, mas também, e mais importante, consigo mesmos como indivíduos, pois um comunicador profissional busca a verdade e fala a verdade primeiramente a si mesmo.

Aplicação e comunicação do Código da IABC para Comunicadores Profissionais

A IABC incentiva o cumprimento de seu Código ao participar de campanhas globais de comunicação em vez de usar sanções negativas. Entretanto, de acordo com o artigo 6º do Código, os membros que forem considerados culpados, por um órgão de governo ou instância judicial, de violar leis e políticas públicas que regulamentem suas atividades profissionais podem ter sua filiação cancelada pela diretoria executiva da IABC após procedimentos estabelecidos pelas normas da associação.

A IABC incentiva a mais ampla comunicação sobre este código.

O Código para Comunicadores Profissionais da IABC foi publicado em várias línguas e está livremente disponível a todos. É permitido a qualquer organização copiar e incorporar a totalidade ou parte do código da IABC em seus códigos pessoais ou empresariais, desde que seja dado o devido crédito à IABC em qualquer publicação desses códigos.

O Código da IABC é publicado na lista anual da associação, o *The World Book of IABC Communicators*. Sua revista mensal, *Communication World*, publica artigos periódicos tratando de questões éticas. Pelo menos uma sessão na conferência anual da associação é dedicada a questões éticas. A sede internacional da IABC, por meio de suas atividades de desenvolvimento profissional, incentiva e apoia esforços das seções estudantis e das seções profissionais da IABC, e de distritos/regiões, a realizar reuniões e oficinas dedicadas ao tópico de ética e o Código da IABC. Membros novos e que estejam renovando sua filiação à IABC assinam a declaração a seguir como parte de sua solicitação: "Li e entendi o Código para Comunicadores Profissionais da IABC".

Como serviço prestado aos comunicadores em todo o mundo, podem ser feitos questionamentos sobre ética e perguntas ou comentários sobre o código a membros do comitê de ética da IABC. O comitê de ética da IABC é composto de pelo menos três membros certificados da entidade, que cumprem mandatos escalonados de três anos. Outros membros da IABC podem participar do comitê com aprovação do comitê executivo da entidade. As funções do comitê de ética são colaborar com atividades de desenvolvimento profissional que tratem de ética e oferecer orientação e assistência a comunicadores com relação a situações específicas relacionadas à ética.

Mesmo se usando discrição ao tratar de todos os questionamentos sobre ética, não se pode garantir absoluta confidencialidade. Quem desejar mais informações sobre o Código da IABC ou orientações específicas sobre ética deve entrar em contato com a Sede Mundial (IABC World Headquarters, One Hallidie Plaza, Suite 600, San Francisco, CA 94102 USA; fone, 415-544-4700; fax, 415-544-4747).

---

eficaz para garantir padrões profissionais, mas os esforços para impor esses padrões são muito polêmicos. Mesmo que o licenciamento seja implementado, muitos profissionais provavelmente não seriam afetados por que trabalham em departamentos de empresas. Não haveria um interesse forte por parte de governos estaduais de regulamentar a prática das relações públicas com uma agência de governo.

A PRSA e a IABC oferecem programas de certificação para profissionais experientes que passam por muitos exames. Esses programas são o mais próximo que existe de procedimentos de licenciamento profissional. Porém, menos da metade dos membros de ambas as associações tem certificação. Apesar dos esforços da PRSA, poucas pessoas fora da profissão têm qualquer noção do processo de certificação e do que ele significa.

Estudo de caso

A primeira divisão de beisebol dos Estados Unidos e os esteroides

Dr. Laurie Volkmann,
Dominican University

Em dezembro de 2007, o senador norte-americano George Mitchell revelou seu esperado relatório sobre o uso/abuso de esteroides por jogadores da primeira divisão do campeonato de beisebol. O relatório indiciou publicamente, embora não legalmente, 86 jogadores atuais e aposentados por "uso ou posse de esteroides", "supostamente comprar esteroides na internet" e/ou "estar ligado à ação federal contra os laboratórios BALCO".

Embora o relatório não tenha qualquer efeito disciplinar, vários jogadores famosos foram chamados na investigação, forçando o Comissário Bud Selig, da Liga Nacional de beisebol, a MLB, a levar em consideração o efeito que a inação teria nas relações públicas. O relatório também surgiu junto com um indiciamento federal do superastro e rei da *home-run* Barry Bonds, por acusações de perjúrio no caso sobre esteroides da BALCO. Dois lançadores vencedores do prêmio Cy Young, Roger Clemens e Andy Pettitte, foram chamados ao Congresso em fevereiro de 2008 para testemunhar sobre seu uso de esteroides.

Pettitte admitiu usar uma substância, GH (hormônio do crescimento), para melhorar o desempenho, várias vezes em 2004 e antes, para acelerar o processo de cura de lesões. Ela não era proibida na primeira divisão do beisebol na época. Clemens negou o uso e o Departamento de Justiça ordenou posteriormente que o FBI investigasse se ele tinha mentido sob juramento ao Congresso.

Embora o uso de esteroides entre atletas profissionais na maioria dos esportes tenha se tornado um grande problema nos últimos anos, o da liga da primeira divisão de beisebol foi o mais visado pelo público e pelo governo. Isso pode ser devido ao fato de essa liga ter sido mais desleixada em suas próprias regulamentações e medidas disciplinares sobre o problema, não tendo feito testes oficiais para detecção de esteroides até 2004, apesar de eles terem sido incluídos em sua "lista de substâncias proibidas" e classificados pelo Congresso em 1990 na mesma categoria das anfetaminas, metanfetaminas, ópio e morfina. Mesmo então, os testes de 2004 só incluíam aconselhamento para uma primeira infração e suspensão de 15 dias para a segunda.

Em 2005, o Congresso convocou vários jogadores, incluindo Mark McGwire, Sammy Sosa e Jose Conseco, para testemunhar sobre beisebol e esteroides. Todos os três evadiram as perguntas e negaram usar esteroides, mas os parlamentares repreenderam o Comissário Selig por essas penalidades lenientes e falta de seriedade com relação ao problema dos esteroides. Um mês depois, Selig pediu aos jogadores que aceitassem novas punições para testes positivos – suspensão de 5 jogos para a primeira infração, 10 jogos para a segunda e banimento permanente para a terceira. Um ano depois, Selig pediu que o senador Mitchell investigasse o uso dos esteroides por parte de Barry e outros.

A regulamentação de empresas e organizações por parte do governo geralmente é evitada a qualquer custo, e os autores deste livro-texto alertam profissionais de relações públicas para que convençam os executivos a se manterem estritamente dentro das normas e assim prevenir a necessidade de investigações e controles. O beisebol é o único esporte profissional até agora a sofrer interferência do governo em suas políticas de uso de substâncias e ações disciplinares. Muitos torcedores expressaram sua contrariedade com a forma como o beisebol lidou com a questão dos esteroides na última década, mas o apoio da torcida ao esporte em si não diminuiu. Alguns sugerem que a liga da primeira divisão não precisa se preocupar com um potencial problema de relações públicas com relação à questão dos esteroides, porque os torcedores costumam perdoar e assistirão ao esporte de qualquer forma.

Suponha que você trabalhe para uma empresa de relações públicas que recebeu uma solicitação de orientar uma primeira divisão de beisebol nos Estados Unidos em sua estratégia de relações públicas de curto e médio prazos, especificamente em relação aos eventos recentes.

Perguntas

1. O que você (como profissional de relações públicas) tem a dizer em relação ao argumento de que os torcedores não se preocupam com o problema dos esteroides o suficiente para impedir que assistam/comprem ingressos para os jogos? Explique por que pensa assim.
2. Mesmo que as vendas de ingressos e o número de espectadores não diminuam, quais poderiam ser os feitos de longo prazo se a Liga não tomasse medidas drásticas para conter o problema do uso de esteroides entre jogadores? (Considere os regulamentos do governo e a percepção pública.)
3. Como membro do Congresso, por que você estaria interessado na integridade do beisebol?
4. Além de mais testagem e punições mais rígidas por uso de esteroides, que medidas você (na posição da Liga) deveria tomar para provar ao público que considera isso um grande problema que deve ser resolvido?
5. Quais padrões éticos dos códigos de ética da PRSA ou da IABC provavelmente seriam testados se você fosse diretor de relações públicas da Liga na época dessa investigação parlamentar?
6. Como você acha que os advogados e profissionais de relações públicas que trabalham para a Liga poderiam tratar dessa situação de outra forma? Como você poderia incluir o "tribunal da opinião pública" em defesa de sua estratégia?

Fonte: "Steroids Timeline", Associated Press, janeiro de 2008.

Resumo

A questão da prática ética nas relações públicas está intimamente relacionada aos esforços para certificação e licenciamento. Promovendo a responsabilidade e o reconhecimento profissional, as organizações de relações públicas podem incentivar o comportamento e a consciência éticos entre seus membros.

Termos fundamentais

apropriação
código de ética
consentimento por escrito
contrato
difamação
direitos autorais
direitos de privacidade

Federal Communications Commission (FCC)
Federal Trade Commission (FTC)
Food and Drug Administration (FDA)
Formulários 10-K, 10-Q e 8-K
intrusão
invasão de privacidade

Lei de Liberdade de Informação (Freedom of Information Act, FOIA)
Lei de Valores Mobiliários (Securities and Exchange Act) de 1934
Lei Sarbanes-Oxley
Lei USA Patriot
libel
malícia
marca registrada
National Labor Relations Board (NLRB)
ponto de vista falso
Primeira Emenda
propaganda comercial
publicação de informação privada
regulamentações
responsabilidade pelo produto
Securities and Exchange Commission (SEC)
slander
Sunshine Act
uso justo

Notas

1. Burt Helm, "A Google Project Pains Publishers", *BusinessWeek Online* (23 de maio de 2005) em www.businessweek.com/technology/content/may2005/tc200505239472tc024.htm?campaign_id=search.
2. Kathy R. Fitzpatrick, "Public Relations and the Law: A Survey of Practitioners", *Public Relations Review* 22, nº 1 (1996), p. 1.
3. Roy L. Moore, Ronald T Farrar, and Erik L. Collins, *Advertising and the Law* (Mahwah, NJ: Erlbaum, 1998), p. 50.
4. Ibid., p. 52.
5. Ibid., p. 26.
6. Kyu Ho Youm, "Libel: The Plaintiff's Case", in *Communication and the Law*, ed. W. Wat Hopkins (Northport, AL: Vision Press, 2001), p. 88.
7. Ibid.
8. Moore, Farrar, and Collins, *Advertising and the Law*, p. 189.
9. Seção 315a, Federal Communications Act.
10. Greg Lisby, "Regulating the Practice of Public Relations", in *Communication and the Law*, ed. W. Wat Hopkins (Northport, AL: Vision Press, 2001), p. 167.
11. J. Edward Conrey, Gerald R. Ferrer, and Karla H. Fox, *The Legal Environment of Business* (Dubuque, IA: Wm. C. Brown, 1986), p. 197.
12. R. Penchina, "Venturing On-Line: Protecting You and Your Product in Cyberspace", *Editor and Publisher* (24 de junho de 1995), p. 122.
13. "Halting Highway Robbery on the Internet", *BusinessWeek*, 17 de outubro de 1994, p. 212.
14. P. H. Lewis, "Judge Allows Libel Lawsuit Against Prodigy to Proceed", *The New York Times*, 24 de maio de 1995, p. D4.
15. "Lessons from the Ultimate Crisis: Dow Corning in the Crucible", *The Strategist* 3, nº 1 (1997), p. 6-12.
16. Moore, Farrar, and Collins, *Advertising and the Law*, p. 174.
17. Larissa A. Grunig, "Toward a Philosophy of Public Relations", in *Rhetorical and Critical Approaches to Public Relations*, ed. Elizabeth L. Toth and Robert L. Heath (Hillsdale, NJ: Erlbaum, 1992), p. 79.
18. Allen Center and Patrick Jackson, *Public Relations Practices: Managerial Case Studies and Problems*, 5th ed. (Englewood Cliffs, NJ: Prentice-Hall, 1995), p. 476.
19. James E. Grunig and Todd Hunt, *Managing Public Relations* (New York: Holt, Rinehart & Winston, 1984), p. 72.
20. Dan Lattimore, "Professionalism and Performance: An Investigation of Colorado Daily Newsmen", tese de Ph.D., University of Wisconsin, 1972; e Blaine McKee, Oguz Nayman, e Dan Lattimore, "How PR People See Themselves", *Public Relations Journal* 31 (Novembro de 1975), p. 47-60.

PARTE II
Processo

Não basta saber o que são relações públicas e qual é o seu propósito. Para praticá-las, deve-se entender o processo pelo qual elas operam. Como já discutimos, as relações públicas vão muito além da tarefa de produzir mensagens. O desenvolvimento desse entendimento pode ser visto como um processo de quatro etapas:

1. **Pesquisa** Uma etapa inicial de levantamento da situação define as áreas problemáticas e diferencia os públicos.
2. **Planejamento** Tendo coletado as informações sobre vários públicos, devem-se tomar decisões com relação à sua importância e seu impacto potencial sobre a organização. Tendo tomado essas decisões, devem ser desenvolvidas estratégias para possibilitar que a organização atinja seus objetivos.
3. **Ação e comunicação** São implementadas estratégias na forma de novas políticas e/ou projetos da organização. A seguir, constroem-se mensagens para chegar aos públicos-alvo.
4. **Avaliação** Depois de desenvolvida e implementada, a campanha de relações públicas deve ser seguida de uma avaliação de sua eficácia para atender aos critérios que foram estabelecidos. Os resultados da avaliação são usados para medir a eficácia do esforço e para planejar ações futuras.

Esses quatro passos são essenciais para qualquer campanha eficaz de relações públicas, mas não são quatro funções independentes. Cada uma se sobrepõe às outras, e, se qualquer uma delas for negligenciada, todo o processo será afetado. Os quatro capítulos que seguem discutem cada um desses passos em detalhe. Para ajudá-lo a não perder de vista a interdependência dos passos, cada capítulo será aberto por um estudo de caso integrador. O caso do Cedar Springs Community Hospital, apresentado no Capítulo 5 e em capítulos subsequentes, ilustra um projeto completo de relações públicas à medida que avança em cada etapa, da pesquisa à avaliação. Pode ser interessante voltar e reexaminar os casos anteriores enquanto se lê os quatro capítulos seguintes.

5

Pesquisa: Entendendo a Opinião Pública

INTRODUÇÃO

Kristen e Amy estavam buscando roupas para as férias em um *shopping center*. Kristen viu uma resplandecente estante de camisetas e arregalou os olhos para Amy, que sacudiu a cabeça – tudo o que parece muito bom é caro demais. As duas amigas saíram da loja e voltaram ao saguão central do *shopping center*, onde ficaram mexendo em seus telefones celulares e pensando no que fazer depois.

"Com licença", disse uma jovem cheia de estilo, com um bloco e uma caneta. "O meu nome é Kara e esse é o meu colega Rico. Estamos trabalhando para uma empresa que quer abrir uma loja nova no *shopping*, e nosso trabalho é obter informações de adolescentes que usem roupas bacanas. Podemos fazer algumas perguntas?".

Kristen e Amy concordaram com a entrevista e passaram os minutos seguintes respondendo às perguntas de Rico e Kara sobre suas preferências de estilos, as roupas que elas usavam e como se vestiam para diferentes ocasiões, como escola, festas e para sair. Depois de obter as opiniões das meninas sobre algumas fotografias de estilos de roupas, Rico e Kara agradeceram e lhes deram alguns cupons para tomar café gelado na praça de alimentação.

A NECESSIDADE DE PESQUISA NAS RELAÇÕES PÚBLICAS

A pesquisa é uma função vital no processo de relações públicas, proporcionando as informações iniciais necessárias para planejar a ação de relações públicas e cumprir o importante papel de avaliar sua eficácia. A gestão precisa de fatos concretos, e não de intuição ou achismo. Os profissionais de relações públicas, como seus colegas em todas as áreas da gestão, devem ser capazes de demonstrar de forma convincente sua capacidade de "agregar valor" quando geram um produto ou serviço. As realidades econômicas das organizações modernas fazem com que as relações públicas tenham de incorporar técnicas de coleta de dados em todas as fases do processo. Um uso específico importante da pesquisa em relações públicas é na **gestão de temas controversos**. Esse processo, que se tornou parte importante da prática de relações públicas, deve ser informado em cada etapa por dados de pesquisa.

A identificação precoce de temas que possam ter impacto em um cliente ou em uma organização é melhor feita com métodos de pesquisa voltados a examinar o ambiente em busca de temas com esse potencial. A análise para determinar quais temas têm o maior impacto potencial requer vários métodos de pesquisa voltados a determinar a intensidade de opiniões sobre o tema e a centralidade que percebem nela os clientes ou a organização. Da mesma forma, a escolha de métodos e ações potenciais que estejam disponíveis ao pesquisador e a avaliação de implementação de ações podem ser determinadas por meio de ações de pesquisa bem planejadas.

O estudo de caso sobre o Hospital Cedar Springs mostra como um esforço de relações públicas pode usar a pesquisa para identificar e lidar com um problema organizacional.

Estudo de caso integrador

Cedar Springs Community Hospital
Parte 1

Identificação de problemas

O Hospital Comunitário Cedar Springs foi formado pela fusão de dois hospitais concorrentes. Dois anos depois, uma nova equipe administrativa foi trazida para resolver preocupações sobre a capacidade do hospital recém-formado de atender às necessidades de seus pacientes. Pouco depois de assumirem suas funções, o novo administrador e seus sete assistentes começaram a ouvir relatos de baixo moral entre os funcionários e decadência na qualidade do atendimento aos pacientes. Grande parte dessas informações vieram de médicos que sentiam que as mudanças depois da fusão tinham produzido um ambiente mais baseado na rotina e menos pessoal. Muitos deles achavam que suas relações com outros funcionários do hospital tinham sido prejudicadas por novas tentativas da organização de eliminar a duplicação e construir uma estrutura mais eficiente. Em geral, o crescente consenso entre os médicos era o de que a qualidade do atendimento aos pacientes tinha decaído muito desde a fusão.

Pesquisas secundárias

Por serem um público importante para qualquer hospital, as preocupações dos médicos receberam atenção imediata da administração. Os médicos tinham sugerido montar uma campanha para conscientizar os funcionários de sua responsabilidade na prestação de atendimento aos pacientes, mas o diretor de relações públicas achava que era necessário ter mais informações na forma de pesquisas secundárias (pesquisas já feitas por outros) antes de se poder planejar uma campanha de comunicação eficaz. Ele começou a examinar o contexto da fusão e as relações entre funcionários do hospital e a equipe médica.

Um exame cuidadoso dos registros do hospital e de arquivos de jornais locais, além de conversas com vários funcionários antigos, revelou a complexidade da situação. Os hospitais não apenas haviam sido antigos concorrentes, mas também tinham sido fundados por dois grupos religiosos muito diferentes e, portanto, tinham desenvolvido duas clientelas diferenciadas. Embora as filiações religiosas de ambos os hospitais tenham sido encerradas muito antes da fusão, permaneceu uma atmosfera de rivalidade, que ficou mais clara em suas tentativas de superar um ao outro em termos de benefícios aos médicos.

Pesquisa primária

Um público importante, os médicos, acreditava claramente que a qualidade do atendimento aos pacientes não estava aceitável, mas definir as visões de funcionários e pacientes não era tão fácil. O departamento de relações públicas formulou um plano de pesquisa primária (pesquisa original) para avaliar as opiniões de cada grupo. Pediu-se que uma amostra aleatória de funcionários do hospital respondesse a um questionário sobre vários aspectos do atendimento aos pacientes. Ao mesmo tempo, foi realizada uma pesquisa telefônica entre pacientes que acabavam de ter alta, para avaliar suas opiniões sobre as mesmas questões. Os resultados foram surpreendentes.

Em uma escala de 1 (ruim) a 10 (excelente), os funcionários deram ao desempenho do hospital uma decepcionante classificação geral de 6,6, mas a pesquisa com ex-pacientes resultou em uma classificação geral de 8,5. Outras questões relacionadas à qualidade do atendimento também receberam notas muito mais baixas dos funcionários do que dos pacientes.

Pesquisa informal

Com vistas a entender as razões para as baixas classificações dadas pelos funcionários, foi montado um grupo focal para responder às conclusões das pesquisas. O grupo era formado por 10 membros, com seis representantes dos serviços de enfermagem e dois de cada serviço de apoio e dos serviços a empresas. Eles foram entrevistados como grupo, com relação a suas respostas ao questionário. A entrevista revelou que, ao mesmo tempo em que os funcionários acreditavam que o hospital, como um todo, prestava um atendimento medíocre aos pacientes, eles achavam que o atendimento em suas áreas específicas era bem melhor do que no restante do hospital e que eles, pessoalmente, estavam um pouco acima da média de seus departamentos. Esses funcionários também indicaram que seus colegas de trabalho consideravam que algo estava errado na organização, mas não tinham certeza do que era. Isso gerava sentimentos de impotência individual e um alto nível de estresse e frustração.

No caso do Cedar Springs, o que em princípio parecia um problema bastante claro de comunicação de funcionários acabou sendo identificado como uma situação complexa envolvendo três públicos importantes: médicos, funcionários e pacientes. As pesquisas mostraram que as preocupações dos médicos eram exageradas. Se a administração do hospital tivesse agido a partir das recomendações originais deles, sem fazer mais pesquisas, a situação teria ficado pior, aumentando a frustração e o estresse dos funcionários.

Ao ler sobre os diferentes tipos de métodos de pesquisa que os profissionais de relações públicas usam, consulte esta seção e observe como várias das técnicas foram aplicadas. Uma rápida comparação do caso Cedar Springs com o primeiro passo na Figura 5.1 revelará que cada um dos elementos básicos da pesquisa está presente. A natureza surpreendente das conclusões neste caso ilustra a necessidade de pesquisa em relações públicas.

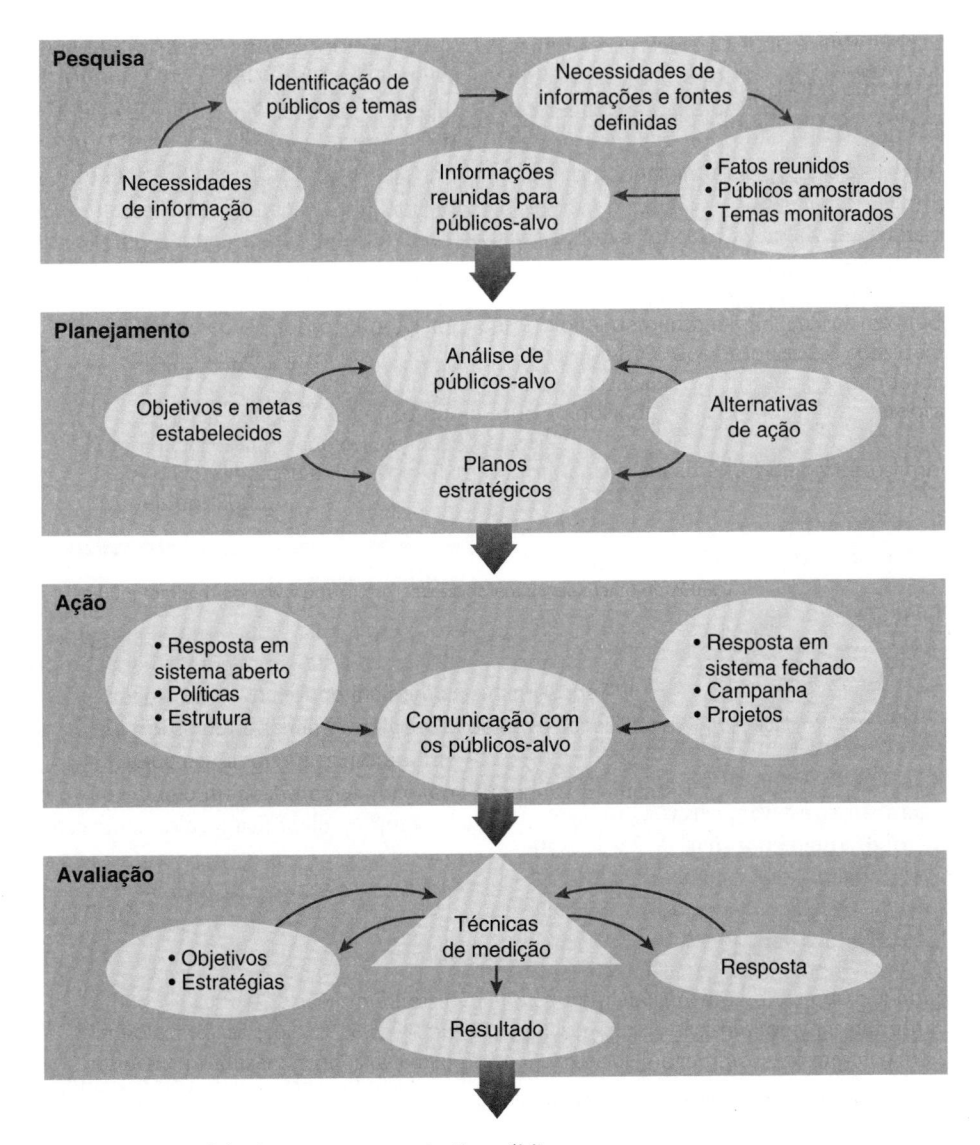

FIGURA 5.1 Um modelo de processo em relações públicas.

Pesquisa
- Necessidades de informação
- Identificação de públicos e temas
- Necessidades de informações e fontes definidas
- Fatos reunidos
- Públicos amostrados
- Temas monitorados
- Informações reunidas para públicos-alvo

Planejamento
- Objetivos e metas estabelecidos
- Análise de públicos-alvo
- Alternativas de ação
- Planos estratégicos

Ação
- Resposta em sistema aberto
- Políticas
- Estrutura
- Comunicação com os públicos-alvo
- Resposta em sistema fechado
- Campanha
- Projetos

Avaliação
- Objetivos
- Estratégias
- Técnicas de medição
- Resposta
- Resultado

PROVANDO O VALOR DAS RELAÇÕES PÚBLICAS

Por terem tradicionalmente sido realizadores em vez de pesquisadores, os profissionais de relações públicas partem do pressuposto de que outras pessoas enxergarão o valor de sua função. Esse pressuposto coloca as relações públicas diretamente na linha dos cortes orçamentários.

Mesmo quando as condições econômicas não forem críticas, as relações públicas podem ser percebidas como mera fachada. Os meios de comunicação, as agências reguladoras, organizações de consumidores e muitos administradores questionam se as relações públicas têm um propósito útil nas empresas dos Estados Unidos. Geralmente, os profissionais de relações públicas respondem afirmando que contribuem para um melhor entendimento entre públicos e organizações, mas não apresentam evidências tangíveis dessa contribuição. Entretanto, o elemento que faz a maior diferença para a eficácia de uma campanha de relações públicas é a pesquisa. Por exemplo, uma campanha em que a pesquisa fez diferença foi o referendo sobre a "lei das garrafas" no estado do Colorado. Em uma campanha de relações públicas para derrotar um projeto de lei segundo o qual os consumidores poderiam devolver uma lata ou garrafa por cinco centavos ao engarrafador, o assessor de relações públicas Nick Del Calzo fez muitas pesquisas para determinar quais estratégias e táticas conseguiriam persuadir seus públicos-alvo a votar "não" ao projeto.

A partir de suas pesquisas com públicos-alvo, Del Calzo desenvolveu uma campanha em torno do tema "Problema certo, solução errada". Ele usou Will Rogers Jr. como seu porta-voz para transmitir a mensagem de que a melhor postura diante do problema do lixo era uma lei mais rígida, e não uma lei de devolução de garrafas. Assim, o lixo era o "problema certo" enquanto um projeto sobre garrafas era a "solução errada". Apesar de o jornal *Denver Post* ter divulgado, seis semanas antes da votação de novembro, que o projeto seria aprovado por uma proporção de 2 votos a 1, Del Calzo tinha certeza de que suas pesquisas, que mostravam a derrota da proposta por sua campanha, estavam certas. E estavam. A proposta foi derrotada por mais de 2 a 1, exatamente como sua pesquisa tinha indicado. Como profissional de relações públicas bom e ético, Del Calzo liderou a luta para aprovar uma lei mais rígida sobre o lixo no mês de Janeiro seguinte.[1]

Os profissionais de relações públicas devem falar com autoridade quando se lhes pedir que provem seu valor às empresas e à sociedade. Essa autoridade só pode se dar por meio de uma capacidade de realizar pesquisas e aplicar os resultados em campanhas de relações públicas. Os profissionais de relações públicas devem manter boas relações com a mídia, produzir publicações dirigidas aos funcionários das empresas, publicar informações financeiras e realizar programas de relações com a comunidade. Além disso, os que tiverem sucesso também devem ser capazes de medir os efeitos de seus programas, apresentar previsões sólidas de necessidades futuras e responder pelos recursos que consomem. Não basta medir o espaço que ocupam nas páginas de jornais ou os acessos em páginas na internet.

Um assessor de relações públicas independente estava buscando um novo cliente, que lhe perguntou: "O que você pode fazer por mim?".

"Eu posso lhe obter exposição", explicou o profissional de relações públicas. "Posso lhe conseguir oportunidades de falar em público e colocá-los nos jornais".

"Isso eu sei fazer", disse o cliente (que rapidamente ia se tornando um cliente menos provável). "Eu preciso é de alguém que me ajude a ganhar dinheiro."

"Isso é *marketing*", disse o assessor. "O que eu faço é relações públicas."

"Você não faz nada se não contribuir para o meu ganho final" foi a resposta. "Todas as minhas despesas me rendem dinheiro, ou então nem acontecem. Não tem negócio."

Técnicas de pesquisa informais ou preliminares

Fazer pesquisa significa coletar informações e, geralmente, se classifica em formal ou informal.[2] As pesquisas podem ir desde procurar nomes de editores de jornais semanais em Nebraska até levantar as opiniões dessas pessoas sobre a política de exportações agropecuárias. A pesquisa nem sempre é científica ou altamente estruturada. Começamos esta seção examinando alguns métodos e fontes de **pesquisa informal**, ou não científicos, usados pelos profissionais. A pesquisa informal é um método para conhecer profundamente um público sem o rigor de métodos de pesquisa mais formais e científicos. Também se chama pesquisa preliminar porque é não científica e muitas vezes é feita como pesquisa para levantamento de informações gerais.

Registros Uma das habilidades mais necessárias para a prática bem-sucedida de relações públicas é a capacidade de manter registros amplos e precisos. Os profissionais costumam receber solicitações para que apresentem informações importantes em prazos curtos, para serem usadas dentro ou fora de suas organizações. Sendo assim, quando um editor ou administrador pede informações, o profissional de relações públicas deve apresentar os dados necessários dentro de um tempo relativamente curto ou perderá credibilidade.

Ao conquistar uma reputação de fonte de informação útil, o profissional de relações públicas pode desenvolver uma rede de contatos internos e externos para informações.

A tecnologia atual possibilita à organização a armazenagem de grandes quantidades de informação em bancos de dados, elevando as expectativas em relação à quantidade de informações que pode ser fornecida em prazos exíguos. Os profissionais de relações públicas devem estar confortáveis usando essa tecnologia e saber onde encontrar informações importantes, principalmente dentro da organização. Entretanto, o princípio GIGO ainda se aplica – *Garbage In, Garbage Out* (lixo entra, lixo sai). Os criadores desses bancos de dados precisam pensar sobre quais informações serão necessárias, e em que forma, já quando a informação for criada e armazenada.

Contatos fundamentais Com frequência, os indivíduos que são **líderes de opinião** na comunidade, no setor da economia em questão ou na organização atuam como **contatos fundamentais** para os profissionais de relações públicas. Outras pessoas que possuam conhecimento especial ou que se comuniquem com frequência com públicos importantes também são boas fontes. Para uma faculdade comunitária, por exemplo, contatos fundamentais seriam líderes empresariais, políticos, estudantis e comunitários. Embora possam fornecer informações valiosas, talvez esses indivíduos não representem a opinião majoritária. Por serem líderes ou indivíduos com conhecimento especial, devem ser considerados como atípicos em relação a outros em seus grupos. Suas visões especiais podem lhes dar uma maior sensibilidade em relação a uma questão do que a maioria das pessoas. Portanto, o profissional deve tomar cuidado para não exagerar em sua reação às informações fornecidas por essas fontes nem planejar grandes reações somente com base nelas. Os contatos fundamentais são mais bem utilizados como alertas precoces sobre questões que podem se tornar importantes.

Comitês especiais Para ajudar a obter as informações necessárias, muitos profissionais de relações públicas organizam comitês especiais. Os comitês internos e externos de comunicadores fundamentais, pessoas em cargos de decisão e líderes de opinião podem ajudar a identificar temas controversos antes que eles se transformem em problemas e sugerir cursos de ação alternativos. Esses grupos assessores podem ser formados por um período determinado, como a duração de uma campanha, ou podem ser grupos permanentes que substituem seus membros periodicamente.

Grupos focais* A técnica mais usada para pesquisa preliminar é o **grupo focal**, caracterizado como uma pesquisa de natureza qualitativa. Como vimos no caso Cedar Springs, um grupo focal é um pequeno número de pessoas que compartilham alguma característica demográfica. Os membros do grupo são entrevistados, usando perguntas abertas para incentivar a interação e investigar a natureza de suas crenças. O grupo focal é reunido somente uma vez, e as respostas dos participantes são gravadas em vídeo e/ou observadas por trás de um vidro espelhado. Isso possibilita que os pesquisadores examinem não apenas o que foi dito, mas também gestos, expressões faciais e outras formas de comunicação não verbal que podem revelar algum sentido profundo. Embora as considerações éticas e legais exijam que os pesquisadores informem aos grupos focais de que eles estão sendo gravados e/ou observados, a experiência mostra que os participantes raramente relutam em discutir suas opiniões. Com frequência, as pessoas escolhidas para grupos focais gostam que alguém as queira escutar. Às vezes, o processo de perguntar pode ser tão valioso quanto a informação obtida, já que a organização constrói uma imagem de que responde a seus públicos.

O grupo focal pode ser usado como a única ferramenta de pesquisa primária, mas como não se pode generalizar a informação ao grupo amplo do qual ele foi extraído, ele pode não fornecer informações confiáveis. Muitas vezes, contudo, os grupos focais são usados antes da pesquisa quantitativa para ajudar o pesquisador a ter informações suficientes e assim fazer as perguntas adequadas no questionário.

Por exemplo, a Mountain Bell usou vários grupos focais de mulheres entre 18 e 35 anos antes de lançar sua campanha *Let's Be Friends*. Haviam sido produzidos três comerciais de 30 segundos, que foram mostrados a vários grupos

---

* N. de R. T.: Como sinônimos de grupo focal, são usados com frequência os termos *grupo de foco*, *discussão em grupo* (DG), ou mesmo a expressão original em inglês: *focus group*.

Pesquisadores observam um grupo focal, que também está sendo gravado em vídeo para futuras consultas.

focais antes de irem ao ar. Dois dos comerciais foram considerados muito eficazes, mas um foi descartado, mesmo que a empresa tivesse gasto milhares de dólares em sua produção. A campanha se tornou uma das mais duradouras da Mountain Bell e, posteriormente, foi usada por outras antigas empresas da AT&T.

Em outro exemplo, Larissa A. Grunig relatou o uso de grupos focais para ajudar a planejar um programa para um departamento distrital de saúde mental com vistas a reduzir o estigma existente em relação a doenças mentais crônicas na comunidade. Além dos grupos focais, foi realizada uma pesquisa telefônica com uma grande amostra. Segundo o administrador do departamento, contudo, os resultados da pesquisa telefônica apresentaram menos respostas, e mais vazias, para a formulação da campanha de comunicação seguinte. Os grupos focais possibilitaram ao pesquisador discutir por que os residentes achavam o que achavam, enquanto o estudo quantitativo não.[3]

Sendo assim, os grupos focais também podem ser usados depois de uma pesquisa quantitativa, para investigar mais profundamente algumas das questões. Por exemplo, antes de uma campanha para aumentar o uso que os estudantes fazem de locais para ter aulas fora do *campus*, uma universidade pesquisou os alunos que estavam fazendo esse tipo de atividades no momento. Um dado demográfico se destacou: 75% de todos os alunos que faziam aulas fora do *campus* eram mulheres, comparados com mais ou menos 52% do total de alunas da universidade. A seguir, pediu-se a vários grupos focais de alunas que falassem sobre por que decidiram fazer aulas fora do *campus*. Com poucas opiniões divergentes, as mulheres achavam que os locais externos eram mais seguros do que o *campus* à noite, de modo que estavam mais dispostas a fazer aulas noturnas fora dele.

Monitoramento casual Muitos profissionais consideram útil fazer uma triagem sistemática do material que chega regularmente a seus escritórios. Deve-se fazer um acompanhamento das notícias em meios escritos e em rádio e TV para possibilitar a consideração da qualidade e da quantidade da cobertura. A internet também deve ser acompanhada de perto. A facilidade e a velocidade com que qualquer tipo de informação pode ser difundida, incluindo rumores e inverdades, demanda que se preste muita atenção ao que está sendo dito sobre a organização e seu setor na economia.

Isso inclui o monitoramento de salas de bate-papo na internet, grupos de discussão e as páginas de organizações ativistas.

O acompanhamento cuidadoso de *e-mails* recebidos, telefonemas e relatórios de vendas também pode proporcionar informações úteis. Porém, assim como todas as informações coletadas por meio de métodos de pesquisa informais, essas técnicas têm vieses embutidos, pois os dados não são coletados a partir de amostras representativas de públicos-alvo.

Fontes na internet, bibliotecas e bancos de dados A internet revolucionou a forma como as pessoas pesquisam informações. Alguns tipos de dados devem ainda ser buscados em livros ou em bancos de dados privados que só estão disponíveis em bibliotecas públicas ou de empresas, mas há grandes quantidades de informações facilmente disponíveis na internet. A maioria das empresas mantém atualmente uma página que fornece informações sobre seus negócios. Governos estaduais e municipais, bem como o governo federal, têm amplos bancos de dados e o mesmo se aplica a governos de muitos outros países. O uso de um mecanismo de pesquisa poderoso como Yahoo! pode ajudar a localizar informações quando não se sabe o endereço exato. Alguns acervos de dados, no entanto, são especialmente úteis de conhecer e marcar. Por exemplo, o Federal Reserve Bank of St. Louis tem um acervo muito amplo de dados econômicos dos Estados Unidos (www.stls.frb.org/research/index.html). O banco de dados EDGAR, que contém documentos arquivados com a *Securities and Exchange Commission*, pode fornecer informações gerais sobre empresas estatais (www.sec.gov/edgar.html).

As bibliotecas públicas e privadas são outra fonte de dados que seria impossível de coletar pessoalmente. Os bibliotecários de órgãos abertos ao público são úteis para encontrar informações, e muitas bibliotecas atualmente assinam redes de acesso a dados computadorizados, que podem obter informações de qualquer lugar no mundo, incluindo dados que não estão disponíveis de graça na internet. Os dados do censo* e outros tipos de informações públicas estão disponíveis em bibliotecas que são montadas como depósitos de governo, caso você prefira pesquisar cópias impressas em vez de usar um computador. Além disso, várias organizações de pesquisa publicam informações que podem ter valor para o profissional de relações públicas.

Guias de mídia, publicações comerciais e profissionais e outros materiais de consulta podem se mostrar úteis na biblioteca de um profissional de relações públicas. Muitos guias valiosos, que são grandes e caros demais para bibliotecas pessoais, podem ser acessados em uma biblioteca pública.

Técnicas de pesquisa formais e científicas

A crescente importância da **pesquisa formal**, ou científica, nas relações públicas tem gerado vários estudos nos últimos anos que tentam avaliar técnicas de pesquisa preferidas entre profissionais. Em um desses estudos, Walter K. Lindenmann amostrou 253 profissionais, entre os quais estavam executivos de relações públicas das empresas da lista *Fortune 500*, agências de relações públicas, organizações sem fins lucrativos e acadêmicos. Um resumo de suas conclusões é listado na Tabela 5.1.[4]

Ao ler a seção seguinte, não se esqueça de que as fontes secundárias como as mencionadas na tabela devem ser esgotadas antes de se planejar uma pesquisa de fontes primárias. Os pesquisadores devem examinar as informações disponíveis para se certificar de que as perguntas que estão sendo feitas já não foram respondidas por outros.

Análise de conteúdo A **análise de conteúdo** é um método de pesquisa que permite ao pesquisador codificar sistematicamente e, assim, quantificar o conteúdo verbal de men-

---

* N. de R. T.: No Brasil, os dados do Censo são disponibilizados pelo Instituto Brasileiro de Geografia e Estatística (IBGE), retirados de http://ibge.gov.br.

TABELA 5.1 Técnicas de pesquisa que os respondentes afirmaram usar com mais frequência	
Pesquisas bibliográficas/acesso a informações	Pré- e pós-testes (antes e depois das pesquisas de opinião)
Acompanhamento da publicidade	Técnicas sofisticadas (conjuntas/análise fatorial)
Pesquisas por telefone/correio, com tabulações cruzadas simples	Análise psicográfica
Grupos focais	Estudos com interceptação em *shopping centers*
Auditorias de RP/comunicações	Estudos de análise de conteúdo
Estudos com análise secundária	Desenhos experimentais
Análise de investigações com consumidores	Medidas não invasivas (dramatização, observação participante)
Entrevistas em profundidade com líderes de opinião	Construção de modelos
Estudos com leitores/legibilidade	

sagens escritas ou transcritas. Essa técnica proporciona um método de observação sistemática, como a análise de clipagem de imprensa. O conteúdo de salas de bate-papo na internet ou grupos de discussão também pode ser analisado em sua quantidade e qualidade da cobertura. Muitas organizações analisam os conteúdos dos relatórios anuais e outras publicações de seus concorrentes para descobrir planos estratégicos.

Pesquisa (*survey*)* O Hospital Cedar Springs usou a pesquisa para responder a algumas perguntas fundamentais. Experimentos de laboratório e de campo, e vários tipos de simulações podem acontecer (como pré-testagem de uma mensagem) em um esforço de pesquisa e em relações públicas. Entretanto, os *surveys* são a forma mais eficaz de avaliar as características dos públicos de fora, permitindo que se usem os dados para planejar e avaliar os esforços em relações públicas. Os *surveys* devem fornecer um meio de separar os públicos em vez de amontoá-los em uma massa amorfa.

O termo *survey*, da forma como se aplica à pesquisa em relações públicas, se refere ao exame cuidadoso e detalhado de amostras de conhecimentos, percepções, atitudes e opiniões de membros de vários públicos. O propósito geral de um *survey* é obter um melhor entendimento das reações e preferências de um público ou públicos específicos. Para esforços de relações públicas, dividimos os dados de *survey* em dois tipos: dados demográficos e de opinião. Os primeiros são aquelas características (idade, sexo, ocupação, etc.) de quem responde ao *survey* que ajudam o profissional a classificar essas pessoas em um ou mais públicos. Dados de opinião são respostas às perguntas que o profissional faz com relação às atitudes e percepções de certos públicos sobre questões fundamentais. (Ver Minicaso 5.1.)

Pesquisa experimental A pesquisa experimental geralmente é dividida em duas categorias: experimentos de laboratório e de campo. Os primeiros acontecem em ambientes cuidadosamente controlados, voltados a minimizar efeitos externos. Os experimentos de campo acontecem em contextos da vida real. A compensação entre ambos os tipos de experimentos é essencialmente de autenticidade *versus* pureza.

Em um experimento de campo, o pesquisador sacrifica uma grande quantidade de controle sobre o contexto para obter reações em um ambiente real, mas, em um contexto de laboratório, ele pode controlar muitos estímulos externos que poderiam contaminar os resultados do estudo.

Por exemplo, um profissional de relações públicas pode decidir testar previamente uma deter-

---

* N. de R. T.: Pesquisas caracterizadas como *survey* são estudos que investigam atitudes, motivações e opiniões a partir de uma coleta de dados por amostragem. Tais pesquisas podem ser feitas pessoalmente, pelo telefone, correio ou internet.

Minicaso 5.1

Resumo de *survey* sobre as percepções dos moradores de Memphis

O comitê de pesquisa da PRSA em Memphis, nomeado para coletar informações sobre as percepções dos moradores da cidade, que seriam usadas para desenvolver seu plano de relações públicas, apresenta esse resumo de suas conclusões.

Um *survey* por correio, desenvolvido e implementado por membros do comitê em maio e junho, centrou-se em vários tópicos fundamentais, incluindo educação, entretenimento, etnia, serviços de saúde, governo e outras questões relativas à qualidade de vida. Uma amostra aleatória de 1.900 pessoas foi selecionada a partir da lista telefônica do distrito de Shelby. Cerca de 227 dos questionários foram devolvidos em função de incorreções no endereço, mas 305 questionários usáveis foram respondidos e devolvidos na pesquisa por correio de envio único. Os respondentes tinham maior probabilidade de serem brancos e de não morarem em áreas economicamente desfavorecidas de Memphis do que seria representativo de toda a área do distrito de Shelby.

Os principais resultados foram:

Geral: Quase 75% dos que foram pesquisados tinham orgulho de morar em Memphis. O senso comum na cidade é de que seus moradores têm um complexo de inferioridade, de modo que esse número foi surpreendente. Além disso, em torno de 92% dos pesquisados gostam de seus bairros e cerca de 80% se sentem seguros onde moram. Entretanto, os respondentes que não gostam do bairro onde moram também eram os que tinham maior probabilidade de ter orgulho de morar em Memphis.

Uma reflexão feita pelo comitê é que talvez o plano de relações públicas devesse abordar o fortalecimento e o orgulho de bairros individuais em vez de tentar promover a cidade como um todo.

Mais de metade dos respondentes não se sente segura no centro da cidade. Não importou muito se eles moravam nos bairros ou no centro.

O desenvolvimento da orla do rio foi considerado por 85% como uma boa forma de atrair turistas e residentes potenciais.

Questões étnicas: Somente cerca de 30% dos pesquisados achavam que os grupos étnicos convivem bem em Memphis. Entretanto, 57% da população afro-americana achava que convivia bem em comparação com 27% dos brancos, indicando que o problema existia muito mais na comunidade branca.

Artes, Saúde: Em torno de 90% achavam que atividades artísticas fortalecem a cidade e a tornam mais atrativa aos recém-chegados. Mas quase metade achava que não há variedade cultural suficiente nas artes em Memphis e no distrito de Shelby. Mais de 80% acha que a qualidade dos serviços de saúde na cidade é boa. Ambos são pontos positivos e devem ser enfatizados ao se fazer propaganda da cidade.

Tráfego: Enquanto 75% dos respondentes acham que o tráfego em Memphis é muito menos congestionado do que em outras cidades grandes, 67% não consideraram tão seguro dirigir na cidade quanto em outras cidades.

Governo: Somente 23% dos que responderam acham que o governo municipal é eficiente, em comparação com metade, que achou que o governo do distrito é eficiente (ainda pouco). Cerca de 75% não confiam nos representantes eleitos, sejam da cidade ou do distrito. Então, embora a cidade tenha um problema maior, está claro que é uma questão a ser abordada em ambos os níveis.

Educação: Houve outra divisão entre cidade e distrito, com as escolas municipais recebendo notas mais baixas do que as distritais. Mas nenhuma foi boa. Cerca de 90% acham que as escolas distritais não eram excelentes, comparados com cerca de metade que disse o mesmo das escolas municipais. Essa é uma questão importante que deve ser tratada para que a cidade de Memphis atraia empresas e indústrias de qualidade.

Perguntas

1. Considerando-se esses dados, o que você enfatizaria na campanha de relações públicas?
2. A amostra foi adequada para determinar as percepções dos cidadãos sobre Memphis?
3. De que forma a taxa de retorno pode afetar os resultados?
4. O que você teria feito diferente se estivesse encarregado do *survey*?

Fonte: Dan Lattimore, presidente da seção de Memphis da PRSA, Comitê de pesquisa, outubro de 2001.

---

minada mensagem convidando as pessoas a entrar em uma sala para vê-la em várias formas e depois avaliar suas reações. Uma fundação religiosa que esteja tentando levantar fundos para uma capela em um hospital de câncer local usou esse método para testar imagens e fotografias em seu folheto, para evitar efeitos negativos antes da publicação. Ao iniciar sua primeira campanha financiada nos meios de comunicação para evitar comportamentos "de risco" entre adolescentes jovens, o governo dos Estados Unidos pré-testou a eficácia potencial de 30 diferentes anúncios de interesse público, transmitindo-os para jovens. Fazendo isso, concluiu que alguns dos anúncios tinham, na verdade, o efeito oposto do pretendido.[5]

O contexto de laboratório garantiu que as respostas dos sujeitos fossem baseadas na mensagem que estava sendo estudada e não em algum outro estímulo que pudesse existir em um ambiente normal. Para testar os efeitos de uma mensagem em um contexto mais autêntico, poder-se-ia providenciar um experimento de campo, como um teste de mercado, usando um grupo específico de jovens em seu ambiente normal.

Muito poucas pesquisas de relações públicas são feitas em contexto controlado, de laboratório. Além das pesquisas com *survey*, os experimentos de campo são o segundo método mais usado para pesquisa científica, junto com análise de conteúdo. Antes de lançar uma grande campanha de economia de energia, o Departamento de Energia dos Estados Unidos fez um teste de campo do programa em um período de inverno de três meses, em seis cidades, tendo uma delas como um grupo-controle (que não recebeu nenhuma informação da campanha, como as outras). Cada uma das seis cidades tinha sido pesquisada com uma amostra aleatória de residentes antes da campanha de divulgação e uso de dispositivos e técnicas de economia de energia. A seguir, cada uma foi pesquisada depois da campanha de três meses. Um pequeno aumento porcentual no conhecimento e uso aconteceu na cidade de controle que não foi submetida à campanha, mas nas outras cinco o aumento foi grande. A diferença entre os escores de conhecimento e o uso na cidade de controle, portanto, foi atribuída aos esforços da campanha de relações públicas.[6]

Coletando dados de pesquisa formal

Já descrevemos vários métodos de pesquisa. A seguir, examinamos formas de coletar informações.

Métodos descritivos e inferenciais As informações de pesquisa podem ser obtidas de várias formas, que podem ser classificadas como descritivas ou inferenciais. Os **dados descritivos** são usados para descrever alguma coisa, como um determinado grupo de pessoas (um público). Se o profissional de relações públicas de uma organização pede ao departamento de pessoal para preparar um perfil demográfico de seus funcionários (média de idade, composição por sexo, anos de instrução, nível de experiência, etc.), está pedindo dados descritivos. Esses estudos usam médias, porcentagens, números reais ou outras estatísticas descritivas para resumir as características de um grupo ou público.

Os **dados inferenciais** fazem mais do que descrever um determinado público, eles descrevem (inferem) as características das pessoas que não estão incluídas no grupo específico do qual se obteve a informação. Por meio de amostragem, que discutimos posteriormente nesta seção, é possível selecionar um número relativamente pequeno que representa uma população maior. Usando estatísticas inferenciais, o profissional de relações públicas pode inferir as características de um público muito grande, como um grupo de consumidores, a partir de uma amostra relativamente pequena, mas representativa daquela população.

Métodos para obter informações Seja a pesquisa classificada como descritiva ou inferencial, *survey* ou experimental, e independentemente da técnica de amostragem aplicada, os três meios básicos de coleta de dados de pesquisa em relações públicas são as **observações**, **entrevistas** e **questionários**.

É fácil utilizar mal as técnicas de observação na pesquisa em relações públicas por causa da natureza informal de muitas observações em **pesquisa qualitativa** sobre públicos. As observações pessoais de um profissional são muito limitadas por suas próprias percepções, experiências e sensibilidade. Esses problemas podem levar a decisões baseadas mais em intuição do que em informações confiáveis. As observações pessoais podem se tornar mais confiáveis com o uso de técnicas estruturais, pois os observadores estão treinados dentro de regras estabelecidas para observar e registrar sistematicamente os dados, mas esse processo costuma ser caro e complexo.

As entrevistas podem ser uma forma exitosa de obter informações de um público. Entrevistadores habilidosos podem evocar informações que as pessoas não ofereceriam voluntariamente. As entrevistas podem acontecer pessoalmente ou por telefone e, em geral, são classificadas como estruturadas ou não estruturadas. As primeiras usam um plano de perguntas com alternativas de resposta específicas que vão de sim/não até múltipla escolha. As entrevistas não estruturadas possibilitam que os sujeitos respondam a perguntas abertas da forma como quiserem. Embora sejam muito usadas, as entrevistas têm suas desvantagens. Por exemplo, personalidade, forma de vestir, padrões de fala ou sotaques ou sinais não verbais do entrevistador podem direcionar uma resposta. Para minimizar esses problemas, é necessário usar entrevistadores com formação especializada, o que costuma ser caro.

Os entrevistadores podem usar as entrevistas pessoais abertas recém-descritas ou podem usar um questionário estruturado. As entrevistas pessoais podem ser muito mais profundas do que uma entrevista por correio ou telefone. As entrevistas telefônicas devem ser curtas – geralmente com 5 a 10 minutos de duração – ao passo que o questionário por correio ou internet não deve levar mais de 10 minutos para ser respondido.

Os questionários devem ser formulados adequadamente para coletar dados que não tenham viés. Isso significa que as perguntas devem ser simples e diretas, sem ser "carregadas". Quando um questionário é impresso ou postado em uma página na internet, as mesmas perguntas são feitas, exatamente da mesma forma, a todos os respondentes. Os questionários geralmente são formulados para medir um ou mais dos seguintes: conhecimento, atitudes, opiniões e características demográficas da amostra. Mas eles também podem avaliar a intensidade dessas atitudes ou opiniões.

A decisão de usar um questionário por correio ou internet ou uma entrevista telefônica ou pessoal de coleta de dados para a pesquisa em relações públicas deve levar em conta o orçamento do estudo, seu propósito, os sujeitos e uma série de outras considerações. Os questionários podem ser devolvidos por correio ou internet, assim como podem ser administrados a indivíduos ou grupos. Eles proporcionam anonimato e apresentam um estímulo uniforme a todos os participantes. Porém, a taxa de resposta pode ser baixa e os que respondem podem não ser representativos da população como um todo. A administração de questionários pela internet tem se tornado muito comum a grupos com acesso específico a redes, mas a taxa de resposta muitas vezes é semelhante a um questionário por correio, ou seja, baixa. Por outro lado, entrevistas pessoais ou por telefone são mais flexíveis, obtêm uma porcentagem de respostas mais altas em algumas situações e podem ser usadas com públicos que tenham formação relativamente baixa. Também são consideravelmente mais caras de administrar.

Métodos de amostragem Uma **amostra** é um subconjunto de uma população ou público. Os pesquisadores das relações públicas usam amostras porque, na maioria dos casos, não é viável coletar informações de todas as pessoas em um público-alvo. Há inúmeras técnicas de amostragem, mas os melhores métodos se baseiam na teoria da probabilidade para proporcionar uma versão em miniatura do público-alvo. A teoria da probabilidade é a base de toda a estatística inferencial. Os métodos de amostragem a seguir se baseiam nessa teoria para garantir que a amostra seja representativa do público do qual foi extraída.

A **amostragem aleatória simples** é uma técnica que dá a cada membro de um público a mesma chance de ser selecionado. Se for grande o suficiente e selecionada de forma totalmente aleatória, a amostra refletirá as características de seu público. Por exemplo, as classificações de Nielsen usam entre 1.200 e 1.600 em uma amostra aleatória para determinar quais domicílios no país estão assistindo a TV a cada noite.

É provável que o exemplo mais comum de amostragem aleatória simples seja tirar um nome de um chapéu. Supondo-se que os nomes de todas as pessoas na população-alvo estejam no chapéu e que os pedacinhos de papel estejam

Seja qual for a tecnologia, toda a pesquisa depende de uma inserção precisa de dados, o que geralmente requer uma interface humana que pode ser onerosa e sujeita a erros.

adequadamente misturados, cada pedacinho tem a mesma chance de ser selecionado no momento em que um é retirado.

A **amostragem sistemática** usa uma lista, como um guia telefônico ou lista de endereços, para selecionar uma amostra aleatoriamente. Em geral, usa-se uma tabela de números aleatórios para encontrar um ponto de partida na lista e um intervalo de seleção. Por exemplo, um pesquisador pode pegar aleatoriamente 293006 em uma tabela de números aleatórios. Usando os três primeiros algarismos, o pesquisador poderia começar na página 293 da lista telefônica. A seguir, usando os três últimos algarismos, poderia selecionar todos os sextos nomes da amostra. Esse método é mais prático do que a amostragem aleatória simples na maioria das pesquisas de relações públicas, mas pode ser difícil encontrar listas completas para alguns públicos. Os guias telefônicos, por exemplo, não incluem pessoas que possuam números restritos ou que só tenham telefone celular. Há outras técnicas de amostragem, menos representativas, mas é melhor usar a amostragem aleatória simples quando for possível, pois uma amostra menor dará resultados mais significativos do que determinar sua amostra de outra forma.

MEDINDO A OPINIÃO PÚBLICA

A maioria das metas e objetivos organizacionais que tratam das relações públicas depende em algum nível do conceito de **opinião pública**. Portanto, a pesquisa em relações públicas costuma ser usada para fazer amostragens da opinião pública. É importante entender já no início que uma organização não tem um público único e indistinguível. O profissional de relações públicas que depende das chamadas pesquisas de opinião pública para entender características ou opiniões de seu público potencial pode estar operando a partir de dados equivocados. A maioria das pesquisas desse tipo não é muito útil do ponto de vista das relações públicas porque, na verdade, mede a **opinião de massa** em vez de a opinião pública. Antes de usar um *survey*, o profissional deve estar ciente da diferença entre avaliar a opinião de massa e avaliar a opinião pública.

Opinião de massa

A opinião de massa representa uma média de um grupo com muitas opiniões diferentes. Porém, as médias tendem a confundir a força de algumas atitudes. Quando se calcula a média de opiniões substancialmente diferentes, o resultado pode ser muito diferente das opiniões originais declaradas. Por exemplo, se fizermos uma pesquisa de opinião perguntando às pessoas sobre a imagem de uma determinada organização, podemos descobrir que 60% de nossa amostra lhe dá notas muito altas, ao passo que 40% têm uma opinião muito negativa. Observando-se a média dessas respostas, podemos deduzir que a organização em questão tem uma imagem moderadamente positiva; contudo, isso ocultaria a quantidade significativa de opiniões negativas que existe.

Nossa pesquisa hipotética na verdade descobriu dois públicos – um que tem uma imagem muito positiva da organização e outro que tem uma imagem muito negativa. Na verdade, ninguém em nossa amostra tem a imagem moderadamente positiva que a média sugere. Para responder adequadamente, deveríamos construir estratégias de comunicação para dois grupos de pessoas com opiniões muito fortes, mas opostas. As relações públicas devem estar preocupadas com a força, bem como com a direção das atitudes públicas.

Muitas pesquisas de opinião de massa são usadas para pouco mais do que predizer eleições políticas e não esclarecem muito as complexidades da opinião pública das quais um programa de relações públicas deve tratar. Entretanto, se os resultados da pesquisa de opinião de massa forem analisados em termos das diferentes características demográficas dos pesquisados, o resultado se aproxima mais de uma pesquisa de opinião pública.

Opinião pública

As pesquisas de opinião pública* envolvem populações cuidadosamente escolhidas. O profissional de relações públicas deve desmembrar o público em subgrupos significativos e formular estratégias de comunicação específicas para cada segmento. A amostragem de opinião pública não tem utilidade, a menos que reflita com precisão os sentimentos de cada grupo do público e ofereça algum entendimento de por que as pessoas têm essas opiniões. Por exemplo, uma pesquisa de opinião que descubra que os eleitores brancos de classe média consideram a escola pública a questão fundamental na campanha, porque as verbas para educação têm sido cortadas anualmente nos últimos 10 anos, pode dar a um candidato informações suficientes para fazer mais comerciais voltados a essa questão. Entretanto, se a pesquisa tivesse descoberto apenas que esse grupo preferia um candidato em detrimento de outro, não teria proporcionado a informação necessária.

Identificando públicos

John Dewey, em seu livro de 1927, *The public and its problems*, define um público como um grupo de pessoas que:

1. enfrenta uma situação indeterminada semelhante;
2. reconhece o que é indeterminado naquela situação;
3. organiza-se para fazer algo sobre o problema.[7]

Sendo assim, um público é um grupo de pessoas que compartilha um problema ou objetivo e reconhece seu interesse comum. No restante deste capítulo, discutimos métodos específicos para avaliar a opinião pública e aplicar o resultado de forma eficaz no trabalho de relações públicas. James Grunig propôs e testou três categorias para identificar públicos baseadas na definição de Dewey:

- **Público latente** – o grupo enfrenta uma situação indeterminada, mas não a reconhece como problema.
- **Público consciente** – o grupo reconhece o problema, isto é, o que falta na situação, e se torna consciente.
- **Público ativo** – o grupo se organiza para discutir e fazer algo acerca do problema.[8]

Essas categorias agrupam pessoas que têm probabilidade de se comportar de forma semelhante, possibilitando que os profissionais de relações públicas se comuniquem com cada grupo com relação a suas necessidades e preocupações, em vez de tentar se comunicar com um mítico público "médio". Pesquisar a opinião pública nas categorias adequadas pode ajudar a direcionar o processo de relações públicas. Por exemplo, pode ser possível classificar o público fundamental para uma campanha de relações públicas em uma das três categorias listadas e

---

* N. de R. T.: As pesquisas de opinião pública são também chamadas de pesquisas eleitorais quando há características políticas e voltadas para eleições.

desenvolver mensagens específicas a ele. No caso Cedar Springs, os médicos eram um público ativo, mas se a administração não tivesse tido o cuidado de determinar a visão do público latente, os pacientes, poderia ter cometido erros que lhe custariam caro.

Monitoramento ambiental

Os resultados de um *survey* da Foundation for Public Relations Research and Education revelaram que o **monitoramento ambiental** é a categoria que mais cresce na pesquisa em relações públicas.[9] As organizações de hoje se reconhecem como sistemas dinâmicos e abertos que devem reagir às mudanças no ambiente, de modo que é importante manter um acompanhamento dessas mudanças.

Os profissionais de relações públicas podem usar sistemas formais para observar tendências e transformações na opinião pública e outras áreas do ambiente, para orientar muitas fases do planejamento organizacional, incluindo as relações públicas. A gestão de temas, discutida anteriormente, é uma aplicação do monitoramento ambiental. Outra técnica é a varredura.

A **varredura ambiental** é o monitoramento, a avaliação e a disseminação de informações a pessoas em importantes cargos de decisão dentro da organização. É uma importante ferramenta para as relações públicas porque pode proporcionar o elo inicial na cadeia de percepções e ações que permite que a organização se adapte a seu ambiente.

Os avanços na tecnologia de informática, principalmente por meio da internet, têm tornado a varredura permanente mais viável e necessária. Um estudo recente do impacto dos grupos de discussão na internet sobre a incapacidade da Intel de administrar os danos a sua imagem pública causados por um processador Pentium com problemas mostra a velocidade com que os públicos latentes podem se tornar ativos.

A proliferação de grupos de discussão na internet tem aumentado muito a capacidade de formação de públicos dedicados a um único tema. No caso da Intel, mais de 130 mil pessoas visitaram uma página de um grupo de discussão em questão de semanas, transformando um problema obscuro com um processador em um problema altamente reconhecido na mente dos consumidores. Com o uso dessa tecnologia se expandindo rapidamente em todo o mundo, as organizações precisam ter uma presença regular no ciberespaço para monitorar todas as aparições de sua identidade corporativa na rede. O Center for Association Leadership desenvolveu um serviço de monitoramento na internet para dar acesso a dados detalhados sobre tendências, temas fundamentais e modelos para planejamento de ações permanentes.[10]

O modelo de varredura contínua dá sustentação ao esforço de planejamento estratégico da organização. Por exemplo, executivos de alto nível em vários agrupamentos de seguros do governo estão realizando varredura ambiental para extrair pesquisas de matérias noticiosas, discursos, *blogs* (páginas na internet postadas como diários pessoais) e várias fontes de informação acessíveis publicamente, para identificar futuros temas controversos e tendências que possam ajudá-los a predizer riscos.[11]

TÉCNICAS ESPECIAIS DE PESQUISA EM RELAÇÕES PÚBLICAS

As técnicas especiais de pesquisa para profissionais de relações públicas incluem a auditoria de relações públicas e a auditoria social.

A auditoria de relações públicas

O tipo misto de pesquisa em relações públicas mais usado é a **auditoria**. A **auditoria de relações públicas** é essencialmente um estudo de ampla escala que examina as relações públicas internas e externas de uma organização. Muitas das técnicas de pesquisa que já discutimos são usadas em auditorias de relações públicas. Essas auditorias proporcionam informações para planejar futuros esforços de relações públicas. A Carl Byoir and Associates, uma das empresas pioneiras na auditagem de relações públicas, descreve: "A auditoria de relações públicas, como o nome já diz, envolve um estudo abrangente da posição de uma organização em termos de relações públicas: como se situa na opinião de seus vários públicos".[12] Podemos identificar quatro categorias gerais de auditorias em relação às organizações e seus públicos.

Públicos relevantes Uma organização prepara uma lista de públicos relevantes, descrevendo cada um segundo sua função – acionistas, funcionários, clientes, fornecedores e outros. Também estão incluídos públicos que não têm relação funcional direta, mas ainda assim estão em posição de afetar a organização – por exemplo, grupos de defesa do consumidor, ambientalistas, comunidades e outros. O procedimento é basicamente de identificação de público para ajudar a planejar mensagens de relações públicas.

A situação da organização diante dos públicos A visão de cada público da organização é determinada por meio de vários métodos de pesquisa, mais comumente estudos de opinião e análise de conteúdo de jornais, revistas e outros meios impressos. Todos esses métodos de pesquisa foram discutidos anteriormente neste capítulo.

Temas de preocupação para os públicos As técnicas de monitoramento ambiental como as já mencionadas são usadas para construir uma agenda de temas para os públicos relevantes de cada organização. Esses dados identificam públicos segundo temas de interesse e suas posições com relação a eles. A seguir, as conclusões são comparadas com as políticas da própria organização. Esse é um passo vital no planejamento de campanhas de relações públicas para vários públicos.

O poder dos públicos Os públicos são classificados segundo a quantidade de influência econômica e política (e, portanto, regulatória) que têm. Grupos de interesse e outras organizações são avaliados segundo a quantidade de membros que têm, o tamanho de seu público, orçamento e fonte de receita, quantidade de funcionários e número de especialistas qualificados (lobistas, advogados, profissionais de relações públicas, etc.).

As auditorias são componentes regulares de muitos programas de relações públicas, fornecendo dados para planejar futuros programas e ajudando a avaliar a eficácia de esforços anteriores. Várias empresas de assessoria em relações públicas oferecem serviços de auditoria a seus clientes. Joyce F. Jones, da Ruder Finn Rotman Agency, descreve o processo de auditoria em quatro passos:

1. *Descobrir o que "nós" pensamos*. Entrevistas com gestores importantes nos níveis superior e intermediário da organização para determinar os pontos fortes e fracos da empresa, seus públicos relevantes e temas e tópicos a ser explorados.
2. *Descobrir o que "eles" pensam*. Pesquisar públicos fundamentais para descobrir o quanto suas visões se aproximam das da administração da empresa.
3. *Avaliar a disparidade entre as duas*. Prepara-se um balancete de relações públicas contendo recursos, passivos, qualidades, defeitos e assim por diante, com base em uma análise das diferenças encontradas nos passos 1 e 2.
4. *Recomendar*. Um programa abrangente de relações públicas é planejado para preencher a lacuna entre os passos 1 e 2, para corrigir os déficits do balancete preparado no passo 3.[13]

Pesquisas sobre imagem da organização

As pesquisas de atitude que determinam a percepção de um público sobre uma organização ajudam os gerentes de relações públicas a obter uma visão geral da imagem da organização. Em termos gerais, essas pesquisas buscam medir (1) o conhecimento do público sobre a organização, seus representantes, produtos, políticas e outras facetas; (2) graus de percepções positivas e negativas; e (3) características que vários públicos atribuem à organização. Frequentemente, as organizações usam pesquisas como ferramentas de planejamento para comparar imagens existentes com imagens desejadas. Quando as diferenças são avaliadas, podem-se estabelecer objetivos em termos de imagem e fazer planos estratégicos para superar os problemas identificados. Por exemplo, cidades que busquem atrair negócios no setor de convenções e turismo conferem periodicamente a imagem que grupos fundamentais têm delas, e usam esses dados para avaliar suas técnicas de atração.

Embora várias organizações realizem seus próprios estudos de imagem, muitas delas empregam consultores externos ou empresas de pesquisa para obter dados.

Auditorias de comunicação

A **auditoria de comunicação**, assim como a auditoria de relações públicas, apresenta-se de muitas formas diferentes. Uma auditoria de comunicação eficaz começa com um modelo voltado ao receptor, e não ao emissor. Essas medidas avaliam a satisfação individual com a quantidade de informação que os funcionários ou outros públicos recebem sobre um tópico relativo a suas necessidades, o quanto a informação é compreensível e útil, e as preferências gerais por modos de comunicação, como a individual ou pela internet.

Geralmente, a auditoria de comunicação tenta monitorar e avaliar os canais, mensagens e o clima de comunicação de uma organização. Às vezes, as auditorias são aplicadas apenas a sistemas de comunicação internos das organizações, mas a mesma técnica pode ser usada para avaliar sistemas externos. Com frequência, os resultados de uma auditoria de comunicação revelam problemas de distorção ou falta de informações. Ver Tabela 5.2 para um exemplo completo de auditoria.

As auditorias de comunicação são um pacote de vários métodos de pesquisa para aplicações específicas. Os métodos de pesquisa a seguir são

TABELA 5.2 Exemplo da segunda seção de uma auditoria de comunicação: avaliando necessidades de informação e preferências de mídia específicas

Operações (OBS.: Essa categoria é apenas um dos muitos tópicos que podem ser avaliados): A informação sobre operações se refere à informação relacionada a operações, produção, calendários e uso de recursos no dia a dia.

Qual é a sua satisfação com a quantidade de informações sobre operações que recebe?
(*Circule o número que melhor reflete sua resposta.*)

Muito insatisfeito   1   2   3   4   5   Muito satisfeito

Até onde a informação que você recebe sobre operações é compreensível?
(*Circule o número que melhor reflete sua resposta.*)

Nem um pouco compreensível   1   2   3   4   5   Muito compreensível

Em geral, como você preferiria receber informações sobre operações?
(*Marque a resposta desejada*)

❏ Por meio de materiais escritos   ❏ Por meio de reuniões de grupo
❏ Por meio de interações individuais   ❏ Verbalmente, pelo telefone

A seção a seguir está voltada a saber onde você obtém informações atualmente sobre operações e como preferiria obtê-las. Marque todas as respostas que se aplicarem e fique à vontade para escrever quaisquer fontes de informação que use atualmente ou as que gostaria que fossem usadas.

Atualmente, obtenho informações de: Eu preferiria obter informações sobre operações de:

❏ Boletim da empresa   ❏ Boletim da empresa
❏ Reuniões semanais   ❏ Reuniões semanais
❏ Relatórios semanais de *status*   ❏ Relatórios semanais de *status*
❏ Correio eletrônico   ❏ Correio eletrônico
❏ Intranet   ❏ Intranet
❏ Atualizações por supervisores   ❏ Atualizações por supervisores
❏ Outros   ❏ Outros

Fonte: Dean Kazoleas and Alan Wright, "Improving Corporate and Organizational Communications: A New Look at Developing and Implementing the Communication Audit", in *Handbook of Public Relations*, ed. Robert L. Heath and Gabriel Vasquez (Thousand Oaks, CA: Sage, 2001), p. 477.

usados na combinação adequada para auditar comunicação em organizações e investigar áreas problemáticas específicas:

1. **Pesquisas sobre clima de comunicação.** Essas medições de atitude são voltadas a revelar o quanto os públicos percebem os canais de comunicação como sendo abertos e adequados.
2. **Análise de rede.** Geralmente aplicado com ajuda de um computador, esse método de pesquisa observa a frequência e a importância de uma rede de interações, com base nas relações mais frequentes. Esses padrões podem ser comparados com gráficos e políticas de comunicação oficiais da organização para estabelecer disparidades entre teoria e prática.
3. **Pesquisa com leitores.** Identificam quais artigos ou seções de publicações são lidos com mais frequência. Embora esse método seja estritamente quantitativo, é uma forma excelente de determinar os padrões de leitura dos vários públicos.
4. **Análise de conteúdo.** Essa ferramenta quantitativa, discutida anteriormente, pode analisar o conteúdo de todos os tipos de mensagem. É muito usada para descrever a quantidade de cobertura favorável e desfavorável que uma organização recebe.
5. **Estudos de legibilidade.** Vários métodos podem ser empregados para avaliar com que prontidão as mensagens escritas são entendidas. A maioria desses métodos se baseia no número de sílabas nas palavras e na extensão das frases usadas. Essas fórmulas serão discutidas em mais detalhe no Capítulo 8, quando discutirmos técnicas de avaliação. Por agora, observamos apenas que elas ajudam a determinar a clareza de uma mensagem escrita e sua adequação ao nível educacional do público.

Pesquisa em usabilidade

O uso disseminado da internet requer que praticamente todos os esforços de relações públicas incluam a elaboração de materiais voltados a ela. Como a natureza das mensagens na rede é muito diferente de outras imagens visuais e textos impressos, elas devem ser avaliadas em termos de sua usabilidade, além de outros critérios de comunicação. Como técnica aplicada inicialmente ao desenvolvimento de produtos e programas de computador, a pesquisa em usabilidade ajuda a avaliar as respostas objetivas e subjetivas dos usuários de páginas na internet.[14]

Auditorias sociais

O conceito de **auditoria social** surgiu no início da década de 1960, quando as empresas e outras organizações foram desafiadas a reconhecer suas obrigações para com a sociedade. As auditorias sociais são geralmente pesquisas de atitude ou opinião para medir as percepções de vários públicos sobre a capacidade de resposta social de uma organização. Essa técnica tenta quantificar o impacto que uma organização tem sobre seu público de forma muito semelhante a uma auditoria de relações públicas. Contudo, as auditorias sociais são geralmente limitadas a questões de responsabilidade social.

Pesquisas recentes mostraram que as organizações e seus públicos têm relações profissionais, pessoais e comunitárias. Portanto, elas precisam ser claras quanto às relações que estão tentando administrar com os vários públicos. As relações profissionais demandam uma abordagem empresarial e voltada aos serviços para com um público, ao passo que as relações pessoais dependem de uma percepção de verdade. As relações comunitárias requerem que uma organização seja vista como apoiadora e ativa na melhoria de interesses sociais e econômicos de um público. A auditoria social era comum em meados e no final da década de 1970. Nos últimos anos, as questões sociais têm sido incluídas em outros tipos de pesquisa, como varredura ambiental e em auditorias de relações públicas e comunicação.[15]

Veja, no Destaque 5.1, uma análise de alguns dos termos usados neste capítulo.

Destaque 5.1 — Termos de pesquisa em linguagem leiga

Talvez você não conheça muitos dos termos de pesquisa usados neste capítulo. Embora eles sejam definidos mais detalhadamente ao longo do capítulo e você possa encontrar as definições no glossário no final do livro, pode ser útil estudar esses termos antes e depois de ler o capítulo.

Pesquisa secundária é a pesquisa de fontes já produzidas, como livros, revistas, jornais, pesquisas de opinião publicadas, artigos na internet e outros registros eletrônicos. Você deve ler as pesquisas existentes em seu tópico antes, de forma que o termo "secundária" pode ser enganoso.

Pesquisa primária é a pesquisa original. É necessária quando a secundária não pode fornecer as respostas às perguntas.

Pesquisa informal é a pesquisa ou a coleta não científica de informações. Por exemplo, pode incluir telefonemas às organizações, bem como cartas, relatórios de vendas e discussões informais com líderes da comunidade.

Pesquisa formal é a pesquisa científica. É feita para produzir resultados que tenham probabilidade de ser estatisticamente precisos dentro de uma determinada faixa.

Grupos focais são direcionados ou selecionados a partir de uma determinada característica de seu público. Desse grupo selecionado, geralmente de 8 a 12 pessoas, um moderador faz perguntas abertas para investigar o porquê, ou a resposta profunda à pergunta. Ainda que a pesquisa com grupos focais seja considerada pesquisa informal, dado que os resultados do grupo não podem ser cientificamente aplicados ao grupo ou público mais amplo que representa, essa ferramenta de pesquisa primária tem se tornado uma das mais usadas de todas as ferramentas de pesquisa para o profissional de relações públicas em termos qualitativos.

Dados descritivos são informações usadas para descrever algo, como um determinado grupo de pessoas. Esses dados costumam incluir porcentagens, médias ou números reais para resumir as características de um grupo ou público.

Dados inferenciais são os resultados da amostragem sistemática da população, e você pode inferir a partir da amostra as características do grupo mais amplo.

Amostra é um subconjunto de uma população que é selecionado para dar informação a partir da qual o pesquisador pode fazer inferências sobre o grupo maior. A partir daquela amostra, se bem escolhida, o pesquisador pode fornecer um grau de confiabilidade de que a amostra é semelhante à população total, dependendo do tamanho de amostra, das perguntas feitas e do tipo de amostra.

Amostragem aleatória simples é uma técnica de coleta em pesquisa que seleciona um subconjunto a partir de um grupo maior, em que todos os membros do grupo maior têm uma chance igual de serem selecionados. Esse tipo de amostragem oferece a melhor chance estatística de ser preciso.

Amostragem aleatória estratificada é simplesmente a amostragem aleatória dentro de cada estrato ou subgrupo de uma população mais ampla. Por exemplo, se você extraiu 5% de uma amostragem aleatória de todos os calouros, e depois 5% de alunos do primeiro, segundo e terceiros anos, teria uma amostra que é diferente de uma amostra aleatória de todos os estudantes de graduação. Esse tipo de amostragem lhe permite comparar diferentes classificações (estratos).

Estudo de caso

Esforço pela doação de sangue na universidade

O banco de sangue local, uma entidade sem fins lucrativos, pediu que a universidade na qual você estuda prepare uma campanha de relações públicas para um esforço de doação em toda a universidade no próximo semestre. O veículo conhecido como Sanguemóvel estará no *campus* para coletar doações durante uma semana nesse período. A universidade pediu que sua sessão da Public Relations Student Society of America faça a campanha e você recebeu a responsabilidade de realizar a pesquisa anterior ao seu desenvolvimento.

A pessoa encarregada pediu que você respondesse a perguntas como estas: Onde você encontraria informações sobre esforços de doação de sangue, bancos de sangue e doadores? Quem são os seus públicos? Como você descobriria o que eles sabem sobre doar sangue a partir da experiência ou quais são suas atitudes em relação à doação? Como você encontraria os meios mais eficazes para atingir esses públicos? Como decidiria qual deve ser sua mensagem? Que tipos de perguntas você precisa fazer em sua pesquisa? Desenhe um plano de pesquisa formal com *survey* para responder às perguntas, incluindo quem você amostraria, de quantos participantes precisaria e como administraria o *survey*. Escreva as perguntas para o questionário.

Perguntas

1. Quem são seus públicos-alvo?
2. Que pesquisa preliminar você usaria?
3. Quais fontes usaria para obter informações gerais preliminares?
4. Quais técnicas formais ou sistemáticas de pesquisa você precisaria usar?
5. Que tipo de perguntas você precisaria fazer?

Resumo

A pesquisa é uma parte importante de qualquer esforço de relações públicas. Ela dá as contribuições iniciais para orientar o desenvolvimento de estratégias e mensagens e fornece um método para predizer a eficácia e avaliar os resultados. Os profissionais de relações públicas devem ser capazes de medir os efeitos de seu trabalho e fazer predições razoáveis sobre êxitos futuros se quiserem influenciar decisões gerenciais na maioria das organizações atualmente.

Muitas pesquisas de opinião pública não são úteis no planejamento e avaliação de relações públicas porque tendem a respostas médias, mascarando as intensidades relativas das atitudes. A boa pesquisa de opinião pública deve ser sensível o suficiente para segmentar os públicos segundo a intensidade de suas opiniões. Quatro categorias básicas de pesquisa em relações públicas são sensíveis o suficiente: monitoramento ambiental, auditorias de relações públicas, auditorias de comunicação e auditorias sociais.

Termos fundamentais

amostra
amostragem aleatória simples
amostragem sistemática
análise de conteúdo
análise de rede
auditoria
auditoria de comunicação
auditoria de relações públicas
auditoria social

contatos fundamentais
dados descritivos
dados inferenciais
entrevistas
estudos de legibilidade
gestão de temas controversos
grupo focal
líderes de opinião
monitoramento ambiental

observações
opinião de massa
opinião pública
pesquisa com leitores
pesquisa experimental
pesquisa formal
pesquisa informal
pesquisa primária
pesquisa qualitativa

pesquisa secundária
pesquisas sobre clima de comunicação
público ativo
público consciente
público latente
questionários
survey
varredura ambiental

Notas

1. Nick Del Calzo, Del Calzo and Associates, entrevista em vídeo com Dan Lattimore.
2. Don W. Stacks, Primer of Public Relations Research (New York: Guilford Press, 2002).
3. Larissa A. Grunig, "Using Focus Group Research in Public Relations", *Public Relations Review XVI* (1990), p. 36-49.
4. Walter K. Lindenmann, "Research, Evaluation and Measurement: A National Perspective", *Public Relations Review XVI* (1990), p. 10.
5. "Avoiding the Boomerang: Testing the Relative Effectiveness of Anti-Drug Public Service Announcements before a National Campaign", *American Journal of Public Health* 92, nº 2 (Fevereiro de 2002), p. 238.
6. Del Calzo, entrevista em vídeo.
7. John Dewey, *The Public and Its Problems* (Chicago: Swallow, 1927).
8. James E. Grunig, "A New Measure of Public Opinions on Corporate Social Responsibility", *Academy of Management Journal* 22 (Dezembro de 1979), p. 740-41.
9. Otto Lerbinger, "Corporate Use of Research in Public Relations", *Public Relations Review* 3 (1977), p. 11.
10. Michelle Mason, "Revolutionizing the Scan Process", *Association Management* 57 (Agosto de 2005), p. 16.
11. Dave Lenckus, "Public Entities Search Below the News Radar", *Business Insurance* 39 (6 de junho de 2005), p. 11-13.
12. Lerbinger, "Corporate Use", p. 16.
13. Joyce F. Jones, "The Public Relations Audit: Its Purpose and Uses. R&F Papers", Number 3 (New York: Ruder Finn Rotman, Inc., 1975). Reimpresso no *Public Relations Journal* 31 (Julho de 1975), p. 6-8.
14. Kirk Hallahan, "Improving Public Relations Web Sites through Usability Research", *Public Relations Review* 27 (2001), p. 223-39.
15. Cynthia E. Clark, "Differences Between Public Relations and Corporate Social Responsibility: An Analysis", *Public Relations Review* 26 (2000), p. 363-50.

Planejamento Estratégico para a Eficácia das Relações Públicas

INTRODUÇÃO

Alessio é o diretor de relações públicas da Northern State University. Nos últimos anos, ele e sua equipe têm trabalhado em um plano para a celebração do 100º aniversário da universidade, cujo tema é "100 anos de inspiração e serviço". Agora que finalmente se aproximam os eventos de abertura, é hora de definir os detalhes. Alessio tem expectativas de ver todos os planos de seu departamento se tornarem realidade.

Entre os eventos a serem realizados durante a celebração, que durará um mês, estão a inauguração de um novo prédio de ciências, uma cerimônia completa, inclusive com fogos de artifício, onde o campo de atletismo será rebatizado, a instalação de uma escultura ao ar livre para homenagear a fundação da escola, um jantar de gala para professores e administração, após um concerto da orquestra da escola, e a publicação de inúmeras matérias e entrevistas na mídia com o reitor e outras figuras importantes da universidade. Os planos para a maioria desses eventos, incluindo calendários e orçamentos, foram iniciados e articulados com outros departamentos muitos meses atrás, e Alessio tem verificado os relatórios semanais de sua equipe com relação a cada um dos eventos. Tudo está no rumo certo.

Faltando poucos dias, seu trabalho vai se tornando cada vez mais direcionado. O gabinete da reitora enviou um *e-mail* perguntando a hora da entrevista que ele dará à emissora de TV local, e a lista de coisas a fazer hoje de Alessio inclui redigir as notas à imprensa anunciando a inauguração do novo prédio do *campus*.

Ele se senta ao computador, envia a informação sobre a entrevista à reitora, abre o editor de texto e começa a escrever.

PLANEJAMENTO ESTRATÉGICO

O planejamento estratégico confere organização ao processo de relações públicas, e consiste em um processo de avaliação do que se tem e aonde se quer chegar.[1] O calibre e o detalhamento da reflexão que precede a execução das atividades de relações públicas determinarão o valor da operação. Entender como desenvolver um plano de relações públicas, portanto, é um dos principais critérios que separam os cargos iniciais dos gestores de alto nível em relações públicas.

O planejamento faz as relações públicas passarem de uma atividade reativa a um processo **proativo**. Os profissionais de relações públicas, como a maioria dos outros gestores, tendem a ser orientados por ações. As transformações constantes que acontecem tanto dentro quanto fora de qualquer organização geram uma procissão interminável de problemas de relações públicas. Com muita frequência, em função do número dos problemas prementes, os gestores se veem respondendo apenas a situações excepcionais, as quais geralmente são negativas no sentido de demandar que o profissional intervenha depois que o problema já saiu de controle.

Embora apagar incêndios certamente seja parte da função de relações públicas, não se pode deixar que isso domine todas as ações. Se acontecer, o profissional se torna vítima das circunstâncias, capaz de reagir apenas à situação em questão. Talvez a queixa mais frequente dos profissionais de relações públicas seja que outros gestores pedem seus serviços somente depois que o problema ficou inadministrável. Quando já houve prejuízos à imagem da organização, o gerente de relações públicas costuma ser chamado para "consertar", o que pode se mostrar uma situação em que tanto a organização quanto o profissional perdem, com este tendo que estabelecer relações reparadoras, muitas vezes infrutíferas.

Por muito tempo, os profissionais de RP têm defendido relações públicas preventivas para evitar esse tipo de problema. Parte dessa abordagem envolve o tipo de pesquisa para levantamento da situação que discutimos no Capítulo 5. Se detectarem problemas potenciais antes que eles se tornem situações prejudiciais, os profissionais podem dar alertas precoces e aconselhamento à administração. Às vezes, nem mesmo a detecção precoce é capaz de impedir impactos negativos, mas quando alertas antecipados são acoplados ao planejamento adequado, os efeitos negativos podem ser minimizados e a gerência de relações públicas pode oferecer ações positivas e bem formuladas em vez de reações concebidas às pressas. Ao continuarmos com o estudo de caso integrador iniciado no Capítulo 5, observe como se evitam as armadilhas da reação apressada.

Estudo de caso integrador

Cedar Springs Community Hospital
Parte 2

Talvez você se lembre de que os médicos no Hospital Cedar Springs (Capítulo 5) estavam demandando ação imediata para corrigir o que consideravam uma situação nos serviços prestados aos pacientes. A reação ao problema como surgiu na época teria gerado uma campanha para conscientizar os pacientes da necessidade de prestar-lhes serviços de qualidade e enfatizar sua responsabilidade na prestação do melhor serviço possível. Entretanto, antes de agir, o diretor de relações públicas realizou algumas pesquisas para entender melhor o problema. Os resultados foram surpreendentes e mostraram que a primeira ação contemplada só teria piorado as coisas. Os funcionários já acreditavam que a qualidade dos serviços prestados aos pacientes no hospital não era satisfatória e estavam frustrados porque achavam que, pessoalmente, estavam fazendo um bom trabalho. Além disso, as pesquisas revelaram que pacientes que tiveram alta recentemente consideraram a qualidade dos serviços muito melhor do que a consideravam os funcionários.

A diferença entre as classificações de funcionários e pacientes apontava para um problema diferente do que se suspeitava inicialmente. O processo de planejamento baseado nessa pesquisa redefiniu a questão, que passou dos serviços de saúde propriamente ditos para as percepções a seu respeito.

Objetivo: O objetivo que surgiu a partir das conclusões de pesquisa era melhorar as visões de médicos e funcionários sobre o desempenho geral do hospital. Obviamente, como médicos e funcionários individuais acreditavam estar prestando pessoalmente o melhor serviço que podiam e os pacientes classificavam seus serviços como de alto nível, a qualidade real era boa. Entretanto, sua percepção do mau desempenho estava criando um problema de moral para médicos e funcionários.

Planejamento: Duas estratégias básicas foram formuladas para serem implementadas por uma campanha com duração de um ano. A primeira estratégia foi reforçar continuamente os sentimentos de valor dos funcionários como membros da equipe médica do hospital por meio de avaliações positivas de parte da administração. A segunda estratégia foi ajudar médicos e funcionários a julgar com mais precisão a qualidade geral dos serviços ao receber mais avaliações dos pacientes.

Orçamento: Foi desenvolvido um orçamento de 6.000 dólares para realizar outras pesquisas com pacientes recentes e transmitir a mensagem de serviços de qualidade através de vários meios. Deviam ser escolhidos canais de comunicação para permitir que públicos externos e internos recebam a mensagem de que os funcionários do hospital eram uma equipe de qualidade. Foram alteradas políticas para permitir que qualquer carta com comentários positivos dos pacientes fosse encaminhada ao departamento envolvido, antes de ser arquivada.

A IMPORTÂNCIA DO PLANEJAMENTO

No caso Cedar Springs, pesquisa e planejamento cuidadoso impediram a perda de tempo e de confiança dos funcionários, que teria resultado de uma reação apressada aos primeiros sintomas do problema. Somente por meio de planejamento antecipado contínuo é que os profissionais de relações públicas evitam ter que reagir depois de o estrago estar feito. Ainda que muitos gerentes de relações públicas achem que não têm tempo para planejar, quanto mais tempo passarem planejando com base em pesquisas adequadas, menos tempo precisarão gastar para apagar incêndios. David M. Dozier resumiu a importância do planejamento.

> O processo de estabelecer metas e objetivos de relações públicas em forma mensurável cumpre dois propósitos. Primeiro, a escolha prudente e estratégica de metas e objetivos de relações públicas vinculados à sobrevivência organizacional e ao crescimento serve para justificar o programa de relações públicas como atividade gerencial viável... Segundo, a especificação de metas e objetivos de relações públicas em forma mensurável as torna responsáveis e torna concreto e objetivo o sucesso ou fracasso do programa.[2]

O planejamento permite o desenvolvimento de esforços integrados de relações públicas que sustentem os objetivos da organização de forma positiva em vez de defensiva. O planejamento dá oportunidade de envolver os gestores de outras áreas da organização e garantir sua cooperação e apoio. Quando um gestor de outro departamento contribui para o plano de relações públicas, ele tem maior probabilidade de apoiá-lo.

Os esforços de relações públicas muitas vezes fracassam em função de problemas de comunicação entre profissionais da área e outros gestores na organização. A causa desses problemas costuma ser a falta de sintonia entre o processo de planejamento de relações públicas e o planejamento feito em outras partes da organização. Geralmente se podem evitar mal-entendidos se os profissionais de relações públicas analisarem a administração da organização com o mesmo cuidado com que analisam outros públicos.

Os departamentos de relações públicas devem preparar mensagens que comuniquem suas necessidades e contribuições potenciais a outros segmentos da organização. Portanto, ao planejar, devem aprender os termos e métodos comuns à gestão organizacional.

FUNDAMENTOS DE PLANEJAMENTO EM RELAÇÕES PÚBLICAS

O planejamento geralmente é classificado em duas categorias amplas: estratégico e tático. Os **planos estratégicos** são planos de longo prazo, geralmente feitos em níveis superiores da administração. Eles envolvem decisões relacionadas aos principais objetivos da organização e políticas para sua implementação. A varredura ambiental (Capítulo 5) se tornou uma ferramenta básica para identificar e priorizar questões estratégicas nas quais os planos da organização são baseados em última análise.[3]

Os **planos táticos** desenvolvem decisões específicas sobre o que será feito em cada nível da organização para concretizar os planos estratégicos. Os planejadores estratégicos geralmente lidam com eventos futuros e devem, portanto, trabalhar com dados relativamente incertos. O uso de técnicas para prever quais efeitos a economia e as transformações técnicas terão sobre a organização nos cinco anos seguintes é um exemplo de planejamento estratégico. Os planejadores táticos, por sua vez, estão mais preocupados com a operação cotidiana de uma organização e seu futuro imediato.

Os planos de relações públicas são estratégicos e táticos. As decisões relacionadas ao futuro distante de uma organização muitas vezes levam em consideração as relações públicas, mas os membros das equipes de relações públicas devem desenvolver planos táticos para implementar a apoiar os planos estratégicos.

Para dar início ao processo de planejamento, precisamos olhar para o futuro, ou prevê-lo. O planejamento sempre envolve o futuro. Prever barreiras que possam existir no futuro é uma tarefa muito mais difícil do que avaliar a situação existente, mas, mesmo assim, essas previsões são necessárias para determinar os efeitos de condições futuras sobre programas que estejam sendo planejados. O objetivo de tentar olhar o futuro é entender melhor o ambiente no qual seus públicos estarão formando suas opiniões. Esses esforços são voltados para ajudar a identificar e categorizar grupos de *stakeholders* para que suas atitudes, opiniões e comportamentos possam ser avaliados e previstos com alguma precisão. Além disso, esses esforços podem ajudar a identificar públicos-alvo, entender estilos de vida dos públicos e identificar apelos que possam ter sucesso. Algumas das técnicas comumente usadas para essas análises são discutidas a seguir. Elas vão desde as complexas e quantitativas às intuitivas, mas cada uma tem potencial de contribuir para o desenvolvimento de um plano bem-sucedido.

As **pesquisas de opinião pública** preveem a reação a iniciativas ou ações cogitadas por políticos, membros do governo e administradores. Os presidentes, por exemplo, costumam usá-las para determinar se apoiam ou não uma questão legislativa, uma pessoa indicada para um ministério ou uma ação militar. O presidente George W. Bush examinou minuciosamente as pesquisas de opinião para tomar decisões sobre a Guerra ao Terrorismo. Também se devem fazer previsões com relação aos efeitos de atividades de relações públicas planejadas sobre os vários públicos e os efeitos correspondentes que a reação pública terá sobre os programas que estão sendo planejados. Muitas vezes, esses julgamentos devem ser feitos por meios qualitativos em vez de quantitativos. Colegiados de opinião executiva, grupos de pessoal de vendas e expectativas de clientes costumam ser empregados.

Brainstorming (tempestade de ideias) é uma técnica de discussão em grupo usada para gerar grandes quantidades de alternativas criativas ou novas ideias. Tem sido usada há algum tempo por agências de propaganda, agências de relações públicas e outros que precisam gerar ideias criativas. Por exemplo, o *brainstorming* é muito usado para desenvolver um tema apropriado para uma campanha de relações públicas. A regra básica do *brainstorming* é que ninguém tem permissão para interromper a discussão com avaliações ou críticas negativas. À medida que o grupo gera ideias, todas são registradas para serem criticadas posteriormente. Nenhuma observação é considerada absurda demais ou simples demais, pois pode produzir a fagulha necessária para uma ideia verdadeiramente criativa. O *brainstorming* pode ser eficaz com um grupo que esteja confortável funcionando em uma atmosfera livre.

A **construção de cenários** tem sido usada por entidades de estudos, como a Rand Corporation, para criar previsões de prazo muito longo. Constrói-se uma descrição lógica e hipotética de eventos futuros (cenário) para explorar as dinâmicas das várias alternativas. Por exemplo, se uma grande empresa automobilística quisesse escolher uma de várias plantas para fechar, poderia ser construído um cenário para cada caso, com vistas a detalhar possíveis efeitos sobre o ambiente, o futuro econômico da comunidade, a disponibilidade de empregos para substituição e outros resultados positivos ou negativos.

Com essas ou outras abordagens de exame de questões para o futuro de sua organização, o processo de planejamento pode ter início, com seus vários elementos. Os planos estratégicos e táticos combinados produzem **planos permanentes** ou **de uso único**.

ELEMENTOS DO PLANEJAMENTO

Essa hierarquia de planos é ilustrada na Figura 6.1. As **metas** se referem à direção básica em que a organização avança. O propósito, missão, objetivos e estratégias de uma organização são todos componentes de suas metas. Esses termos são usados com frequência de maneira intercambiável, mas também podem ser usados em várias combinações para indicar subníveis de planejamento. Como não existem definições universalmente aceitas desses termos, a maioria das organizações adota suas próprias aplicações muito específicas.[4]

Na próxima seção, discutiremos os elementos característicos do planejamento, principalmente os ligados a campanhas de relações públicas. Entender esse processo, junto com as especificidades do planejamento, é importante para o sucesso do esforço de relações públicas de uma organização. Entretanto, deve-se observar que esse não é um processo linear ou passo a passo, sendo que alguns dos elementos do planejamento devem ocorrer simultaneamente, alguns são permanentes e alguns podem ocorrer antes de outros em algumas situações.

Planos de campanha (uso único)

As campanhas são um resultado frequente do planejamento de relações públicas. Como geralmente são formuladas para chegar a objetivos únicos, devem ser planejadas usando procedimentos que não são de rotina. Alguns elementos aceitos de modo geral para elaborar o documento de planejamento de campanha são os seguintes:

1. Estabelecer metas em relação à declaração de missão No caso Cedar Springs, o serviço prestado aos pacientes passou a ser a meta que unificou médicos, administradores e funcionários. Chegar a um acordo sobre uma meta ou um conjunto delas deve ser um primeiro passo para decidir do que um esforço de relações públicas precisará. Frequentemente, em uma lista de metas possíveis, duas ou mais são excludentes entre si. Quando possíveis metas entram em conflito, cada uma deve ser avaliada para determinar os efeitos de longo e curto prazos da aceitação ou rejeição, que se baseiam na **declaração de missão** da organização.

Os recursos muitas vezes ditam a escolha de metas. A organização pode não ter condições para (ou não querer) dedicar o tempo, pessoal e a capital necessários para atingir determinadas metas.

Metas
Propósito
Missão
Objetivos
Estratégias

Planos de uso único
Programas
Projetos
Campanhas
Orçamentos

Planos permanentes
Políticas
Procedimentos padrão e métodos
Regras

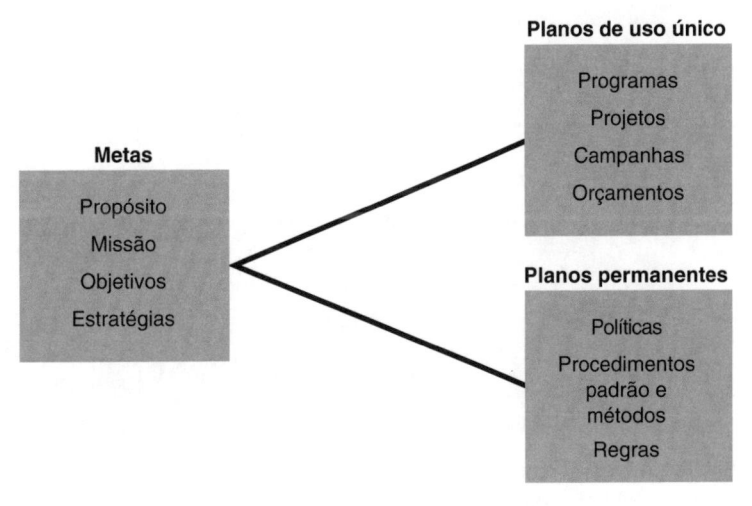

FIGURA 6.1 Hierarquia de planos.

Mas as metas selecionadas para a função de relações públicas devem sempre estar relacionadas ao propósito da organização. Ao buscar aprovação para metas de relações públicas, o gestor terá mais êxito se conseguir relacioná-las à missão, às metas e aos objetivos da organização como um todo.

Por exemplo, a declaração de missão da Ben & Jerry's, em três partes, fornece a base para seus esforços de relações públicas:

> *Missão de produto*: Fazer, distribuir e vender o sorvete mais natural, da melhor qualidade, bem como produtos relacionados, em uma série de sabores feitos com produtos de Vermont.
>
> *Missão econômica*: Operar a empresa sobre uma sólida base financeira de crescimento lucrativo, aumentando o valor para nossos acionistas e criando oportunidades profissionais e recompensas financeiras para nossos funcionários.
>
> *Missão social*: Operar a empresa de forma que reconheça ativamente o papel central que as empresas cumprem na estrutura da sociedade, ao iniciar formas inovadoras de melhoria da qualidade de vida de uma comunidade ampla: local, nacional ou internacional.[5]

Muitas das relações da Ben & Jerry's na comunidade ambientalista têm sido desenvolvidas para implementar particularmente a declaração de missão social. Essas iniciativas de relações ambientais contribuíram significativamente para tornar a empresa conhecida em todo o país como uma organização socialmente responsável e que não prejudica o meio ambiente.

2. Determinar a situação atual Na verdade, é impossível separar planejamento de pesquisa, pois eles ocorrem quase que simultaneamente; dessa forma, ao se considerar uma meta, devem-se coletar dados atuais sobre o ambiente da organização e usá-los para avaliar a probabilidade de que a meta possa ser atingida. As informações fornecidas pelo tipo de pesquisa para levantamento da situação discutido no Capítulo 5 são cruciais nesse momento. A identificação de problemas baseada nos dados disponíveis deve responder às seguintes perguntas:

- É um problema relativamente grande ou pequeno?

Eventos especiais de grande porte, como essa comemoração do Centenário da aviação no Air & Space Museum, muitas vezes requerem seu próprio plano de relações públicas. Geralmente, contudo, os eventos especiais são apenas uma estratégia de um plano. Esse evento homenageou o voo dos irmãos Wright.

- Quais são as áreas mais amplas de preocupação nas quais o problema pode se encaixar?
- É realmente um problema para nossos públicos?
- Quais fatos e questões de fundo da pesquisa de seu cliente/organização são relevantes a esse problema?
- Se esse é mais de um problema, como deveria ser desmembrado?
- É preciso fazer mais pesquisas a essa altura para determinar a extensão do problema?
- É necessária uma auditoria pública para entender a organização e suas oportunidades de relações públicas internas e externas?

Mais uma vez, o exemplo de Cedar Springs demonstra a importância de dar passos adequados para obter informações precisas antes de começar um plano. É inútil estabelecer metas não realistas ou que já tenham sido atingidas. Mesmo depois de a meta ter sido firmemente estabelecida, os dados sobre a situação atual devem ser monitorados. Se a situação mudar, pode ser necessário alterar a meta ou as metas. Devem-se definir metas com um bom entendimento da situação atual, dos recursos disponíveis e de quais limitações devem ser impostas a essas metas.

3. Determinar ameaças e oportunidades para atingir as metas Depois de determinar metas razoáveis, deve ser feita uma investigação mais cuidadosa do ambiente, para identificar o que irá ajudar e o que irá inibir a obtenção das metas. Os recursos de uma organização (pessoas, dinheiro e equipamento) são ajudas importantes para se chegar a qualquer meta. Por outro lado, uma deficiência em qualquer desses elementos é uma barreira que deve ser superada. Embora o dinheiro seja muitas vezes a primeira barreira a ser considerada, raramente ela é grave o suficiente para impedir que se atinjam objetivos. Muitos planos, como o do Hospital Cedar Springs, podem ser levados a cabo com orçamentos relativamente baixos. Entre as perguntas fundamentais a ser feitas para definir elementos favoráveis e barreiras estão: Temos as *pessoas certas*? (em vez de pessoas suficientes) Temos dinheiro *suficiente*? (em vez de muito dinheiro).

A estrutura e as políticas de uma organização podem representar ajudas ou obstáculos no caminho às metas. Por exemplo, a meta de criar um sentido de unidade entre trabalhadores e administração pode ser gravemente prejudicada por políticas que proíbam a comunicação informal entre a empresa e seu sindicato. Outras barreiras e ajudas estão situadas fora da organização – vêm do governo, concorrentes, grupos de consumidores e outros grupos de interesse especial.

4. Pesquisar e selecionar seus públicos-alvo Baseado em pesquisas preliminares, o documento de planejamento deve descrever os principais públicos-alvo, identificando apelos e pontos de interesse que atrairão atenção, definirão estilos de vida do público e determinarão a força relativa de cada apelo possível. Ao selecionar os públicos, você deve antes identificar e categorizar seus grupos de *stakeholders*. Você pode dividi-los em públicos principais e secundários.

A seguir, pode analisar cada grupo, determinar quais são os públicos-alvo ou os *stakeholders* que deve atingir para que seus programas de relações públicas tenham sucesso. Suas pesquisas também devem analisar e avaliar as atitudes, opiniões e comportamentos de seus públicos-alvo.

A análise de público inclui a descrição mais minuciosa possível do perfil demográfico e dos estilos de vida de cada público. Também deve incluir identificação de possíveis mensagens ou outros apelos que possam ser usados para influenciar cada público. Tendo determinado suas audiências-alvo, você pode começar a desenvolver seus objetivos, estratégias e táticas para melhor atingir esses *stakeholders*.

Depois de identificar os problemas e oportunidades, você deve **priorizá-los**. Você raramente terá orçamento ou tempo para experimentar tudo ao mesmo tempo. Nesse momento, deve formular um enunciado do problema para refletir as pesquisas feitas com vistas a estreitar a tarefa a um tamanho administrável. Ele deve definir a amplitude do esforço e reconhecer qualquer demanda especial da organização, os públicos-alvo e os meios de comunicação. O documento de planejamento deve dizer como o propósito será atingido para o público que foi identificado, discutir táticas e alternativas especiais, definir resultados esperados e especificar meios de comunicação, atividades e canais a serem usados.

Voluntários do SFJAZZ examinam um novo folheto, uma das táticas da campanha.

5. Desenvolver um tema para o programa ou campanha Nem todos os planos de relações públicas para um programa ou uma campanha precisam ter um tema, mas com frequência o tema tem sido a peça criativa que fez com que a campanha de relações públicas tivesse sucesso. Um tema eficaz deve fazer três coisas:
- Captar a essência do plano ou campanha.
- Ser curto... cerca de 3 a 5 palavras.
- Ser algo que possa durar no tempo.

6. Desenvolver os objetivos do plano ou campanha Os objetivos devem ser o coração do plano e devem se concentrar na superação dos problemas prioritários ou desenvolver as oportunidades centrais do plano. Os objetivos dos planos de relações públicas devem ser escritos na forma infinitiva. Os critérios para redigir e escolher objetivos:
- devem estar relacionados com as metas gerais da organização;
- precisam ser voltados a melhorias;
- têm de ser claramente definidos;
- têm de ser específicos;
- devem ser mensuráveis;
- precisam ser viáveis.

Por exemplo, se um teatro comunitário é relativamente novo em uma cidade que cresce, está com problemas financeiros em função do baixo número de frequentadores e pouca venda de ingressos de temporada e precisa de mais recursos para produzir o teatro de qualidade que a comunidade quer, seu plano outonal de relações públicas pode ter os seguintes objetivos:

- aumentar o conhecimento sobre o teatro comunitário em 25% na área local;
- aumentar as vendas de ingressos de temporada em 10%;
- levantar 25.000 dólares em doações para o teatro;
- envolver 25 novos voluntários para trabalhar no teatro.

7. Criar estratégias para atingir os objetivos As estratégias podem ser as mais difíceis de definir no processo de planejamento. Elas podem se referir ao tipo de ênfase de uma mensagem, à forma como queremos abordar uma tarefa ou a uma série de outras coisas. Contudo, nesse contexto, estratégia é uma forma ou formas como você vai atingir seus objetivos.

Para um teatro comunitário, algumas estratégias para implementar o primeiro objetivo podem incluir:

- desenvolver uma campanha de mídia para divulgar o teatro e sua próxima temporada;
- criar materiais informais para o teatro;
- preparar um evento especial, talvez um evento aberto, com um concerto de um grupo de música relativamente conhecido.

Sendo assim, as estratégias são usadas para definir meios de atingir objetivos são um passo intermediário entre objetivos e táticas e tendem a agrupar táticas semelhantes.

8. Desenvolver táticas para implementar estratégias As táticas são as ações mais específicas e diretas que se podem fazer no plano. São as atividades mais específicas e concretas e devem estar relacionadas aos objetivos e estratégias. Para o teatro comunitário, as táticas para a segunda estratégia (criação de materiais informais) podem ser:

- elaborar um folheto sobre a próxima temporada para vender ingressos para todo o período;
- elaborar um folheto para convencer os residentes a se tornarem voluntários no teatro;
- criar cartazes para cada peça durante a próxima temporada;
- preparar programas para as apresentações;
- criar um vídeo sobre o teatro a ser usado na promoção do teatro e de sua próxima temporada.

9. Criar técnicas de avaliação Para avaliar adequadamente um plano, seja uma campanha ou uma ação permanente, os procedimentos de avaliação devem ser desenvolvidos antes de começar a implementação, para que se tenha uma referência segundo a qual medir o desempenho durante o programa e ao seu final. As técnicas usadas devem avaliar cada objetivo e incluir avaliações formativa e somativa. A **avaliação formativa** (avaliação em várias etapas do programa) inclui o monitoramento necessário para fazer mudanças enquanto o plano ainda está sendo implementado. A **avaliação somativa** fornece o resumo daquilo que deu certo ou errado – e por quê – depois que a campanha terminou.

Veja, no Capítulo 8, informações detalhadas sobre o processo de avaliação.

10. Elaborar um orçamento Os orçamentos são essenciais a qualquer plano. Em geral, são feitos para projetar custos durante uma campanha ou outro período de tempo. **Orçamentos de campanha** ou **projeto** são componentes de planos para realizar atividades específicas de relações públicas e proporcionam estrutura e disciplina em termos de custos de tempo e dinheiro. Orçar para atividades específicas é um processo bastante direto. Os gerentes de relações públicas preparam orçamentos usando um modelo simples, em três passos: (1) Os recursos necessários, como pessoal, tempo, material e equipamentos devem ser listados, (2) deve-se estimar até onde esses recursos serão usados e (3) determinar os custos dos recursos. Esses são considerados orçamentos "de base zero" porque são elaborados incluindo todos os custos específicos necessários para realizar o projeto. Podem ser elaborados outros orçamentos, como os funcionais e os administrativos, mas o orçamento de base zero é o que se usa geralmente em campanhas.

Quando Pam Smith, membro da equipe de relações públicas do nosso exemplo de teatro comunitário, começou a produzir um folheto para incentivar voluntários da comunidade, ela teve de elaborar um orçamento para o projeto. A Tabela 6.1 mostra os seus resultados. A coluna da esquerda lista recursos (passo 1), a coluna do centro estima quantidades (passo 2) e a coluna da direita mostra os custos e como eles são calculados (passo 3).

Os orçamentos para projetos e campanhas são as peças para se construir orçamentos anuais de departamentos de relações públicas e a base para propostas apresentadas por **assessores de relações públicas** independentes.

Em ambos os casos, os orçamentos se tornam instrumentos na concorrência por recursos da organização.

11. Trabalhar em um calendário Deve-se elaborar uma agenda de todas as atividades da campanha de relações públicas. Esse é um processo de trás para a frente, ou a determinação, a partir do que se quer como produto acabado, quanto tempo cada passo no processo irá levar. Há várias ferramentas de informática para planejamento de tempo, que podem lhe dar assistência para detalhar o tempo exato definido para cada uma das táticas do plano. Algumas organizações são pequenas o suficiente para usar uma simples agenda e anotar os dias necessários para cada atividade, mas, sejam quais forem os meios, é essencial que cada atividade ou tática individual seja agendada para saber exatamente quando se precisa iniciar para que ela seja finalizada a tempo.

Por exemplo, se você precisar de um clipe de vídeo para a imprensa (*video release*) para sua campanha, terá que ter o conceito elaborado e aprovado, o roteiro escrito e aprovado, o vídeo gravado e editado e a produção final aprovada antes de poder começar a distribuição. Você precisa agendar tempo para cada passo no processo. O Destaque 6.1 apresenta um exemplo de calendário.

12. Designar pessoal O plano deve detalhar os recursos humanos necessários para realizar os objetivos. Sendo assim, deve abordar quais funcionários serão usados para quais atividades e onde se encontrará pessoal adicional. Com frequência, usa-se a agência de relações públicas da empresa para obter esse pessoal adicional. Outras vezes, são contratados artistas *freelance*, usa-se uma agência de emprego ou se contrata uma empresa de vídeos para fornecer a *expertise* necessária para completar as táticas necessárias.

Embora haja acordo geral sobre a necessidade de todos os passos anteriores à campanha, alguns elementos costumam ser negligenciados.

Um *survey* recente de 41 campanhas mostrou que 100% delas identificavam seus públicos-alvo, mas somente 63% especificavam um tema, e só 62% documentavam resultados.[6]

Gestão por objetivos

Tendo descrito a situação, considerado elementos que contribuem e prejudicam, e finalizado previsões, a formulação de rumos de ação alternativos deve ser relativamente automática. Depois de listar o máximo de objetivos possível, o processo tem início, comparando-se alternativas em termos de custos e benefícios.

A expressão **gestão por objetivos** (*management by objectives*, MBO), uma abordagem ao planejamento detalhada no Destaque 6.2, é menos usada no jargão de gestão hoje do que na última década. A MBO é um processo de planejamento administrativo caracterizado pela definição de objetivos de longo e curto prazos e depois pela elaboração de planos para atingir esses objetivos. Frequentemente, o processo se difunde em todos os níveis da organização. Os gestores e seus subordinados podem começar o processo elaborando objetivos e planos separados, e depois examinar o trabalho uns dos outros e preparar um documento conjunto como plano final. Isso pode ocorrer em todos os níveis no organograma da organização. Às vezes, essa técnica de planejamento flexível tem outros nomes. Como discutiremos no Capítulo 8, estabelecer objetivos antes de agir é funda-

TABELA 6.1 Orçamento para o folheto do teatro comunitário		
Recursos	**Quantidades**	**Custos**
1. Tempo da Pam (entrevistas, redação, inserir fotos no texto, administrar o projeto)	56 horas	1.234 dólares (baseado em 64.000 anuais)
2. Tempo do fotógrafo (*freelance*) (125 dólares por hora)	10 horas	1.250 dólares
3. Departamento de programação gráfica	8 páginas	500 dólares (estimativa, imagens)
4. Impressora (terceirizada) com meio-tom (estimativa, impressora)	1.000 cópias, 2 cores	3.000 dólares
5. Custos de distribuição (correio e manipulação)	Postagem para 1.000 cópias Mala direta de 500 nomes	380 dólares
	10% de contingência	6.364 dólares 646 dólares
	Total orçado para folhetos	7.000 dólares

> ## Destaque 6.1
>
> **Plano de campanha para incentivar o exame de câncer de mama do Departamento de Saúde de Rhode Island**
>
> **Duração da campanha:** novembro a dezembro (13 meses)
>
> **Cronologia da campanha**
>
> *Quarto trimestre*
> - Entrevista coletiva apresenta programa de Triagem para Câncer de Mama.
> - Anúncios em um jornal de alcance estadual e três jornais regionais.
> - Palestra a voluntários da American Cancer Society.
> - Comparecimento a quatro programas de TV e quatro programas de rádio.
>
> *Primeiro trimestre*
> - Anúncios em um jornal de alcance estadual e três jornais regionais.
> - Matéria de jornal sobre mamografia.
> - Palestra a voluntários da American Cancer Society.
> - Comparecimento a três programas de entrevistas no rádio.
> - Mala direta a todos os médicos.
>
> *Segundo trimestre*
> - Anúncios em um jornal de alcance estadual e três jornais regionais.
> - Anúncio de utilidade pública distribuído a todas as emissoras de TV.
> - Cartazes distribuídos a hospitais, radiologistas e cabeleireiros.
> - Campanha postal piloto a todas as funcionárias públicas estaduais aptas.
>
> *Terceiro e quarto trimestres*
> - Repetir mensagens se for necessário.
> - Medir consequências e avaliar resultados da campanha com *surveys* anteriores e posteriores.
>   - 60% das mulheres-alvo tinham ouvido falar no programa.
>   - 15% das mulheres de 40 anos ou mais receberam mamografias pela primeira vez.
>
> *Fonte*: Vicki S. Freimuth, "Mass Media Strategies and Channels: A Review of the Use of Media in Breast and Cervical Cancers Screening Programs", *Wellness Perspectives* 11 (1995), p. 79.

mental para a capacidade de demonstrar eficácia nos esforços de relações públicas.

Planos permanentes

Em todas as organizações, certas ações programáveis demandam uma resposta padronizada e constante. Os planos permanentes proporcionam respostas de rotina para situações recorrentes. Uma vez definidos, esses planos permitem aos gestores formular um novo plano para cada situação. Um alerta: o uso exagerado de planos permanentes pode limitar a capacidade de resposta da organização a seu ambiente, o que é uma questão fundamental nas relações públicas.

Não obstante, os planos permanentes têm lugar na função de relações públicas. Discutiremos três tipos de planos permanentes: políticas, procedimentos e regras.

Políticas As **políticas** geralmente são estabelecidas pela administração superior de uma organização, como diretrizes para tomar decisões. Os que formulam políticas geralmente buscam direcionar os processos de decisão de formas coerentes com os objetivos da organização. Outros propósitos são melhorar a eficácia ou impor valores à administração superior.

Às vezes, as políticas se originam informalmente nos níveis inferiores da organização, à medida que um padrão de decisões ocorre durante um tempo longo. Nesses casos, a administração superior formaliza o que já está acontecendo. Em outras situações, as políticas podem ser estabelecidas como resultado de recomendações de gestores de níveis inferiores ou como resultado direto da observação da administração superior de que existe um problema.

Organizações externas, como órgãos do governo, também definem políticas, ou pelo menos as influenciam. As políticas de saúde e segurança na maior parte das organizações têm mudado consideravelmente nos últimos anos como resultado direto de ações por parte de órgãos do governo.

Os departamentos de relações públicas, como todas as outras subunidades de organizações, devem planejar suas operações cotidianas para evitar conflitos com políticas. Mais importante, os profissionais de relações públicas devem estar incluídos nos estratos de formuladores de políticas para que qualquer organização garanta sensibilidade para com os interesses de seus públicos. Por exemplo, políticas que determinem que qualquer contato com a imprensa

Destaque 6.2 — Relações públicas por objetivos

As relações públicas muitas vezes não dão certo porque os administradores não entendem o que os profissionais da área estão dizendo e fazendo. Portanto, é imperativo falarmos nos termos da administração em vez de tentar educá-la nos nossos.

As vantagens da gestão por objetivos

1. Comunica a forma com que os empresários pensam em termos de problemas e objetivos empresariais.
2. Aponta a importância das relações públicas na estrutura da empresa.
3. Apresenta uma estrutura para implementar programas efetivos de comunicações.
4. Ajuda a manter os profissionais de relações públicas no rumo ao resolver problemas de sua área.
5. Contribui para o corpo de conhecimento das relações públicas.

O processo

1. Trabalhe com o problema empresarial: analise-o usando todas as técnicas de pesquisa disponíveis, depois desenvolva uma formulação clara e concisa sobre qual é o problema.
2. Traduza o problema empresarial em objetivos de relações públicas: essa é a parte mais difícil do processo. Os objetivos devem ser enunciados em termos mensuráveis.
3. Determine o(s) público(s): identifique a quem sua mensagem será dirigida. Pode haver vários públicos. Exemplo: mídia impressa e radiodifusão, funcionários da empresa, clientes, membros do governo.
4. Determine elementos do programa: isso inclui exatamente quais veículos serão usados para realizá-lo. Exemplos: TV, clipagem da imprensa, notas à imprensa, anúncios institucionais e eventos de divulgação.
5. Determine o orçamento: a situação ideal é ajustar o orçamento à necessidade, usando uma abordagem baseada em objetivos e tarefas.
6. Implemente o programa/campanha: aplique as táticas da campanha.
7. Avalie o programa: use instrumentos e técnicas de medição adequados.

---

passe pelo departamento de relações públicas para aprovação e orientação devem ser examinadas pela equipe de relações públicas.

Procedimentos As diretrizes detalhadas para implementar decisões sobre políticas são chamadas de **procedimentos** padronizados. Os procedimentos padronizados, ou procedimentos operacionais padronizados, oferecem instruções detalhadas para a realização de uma sequência de ações que ocorrem regularmente. A maioria dos departamentos de relações públicas tem procedimentos padronizados para notas à imprensa, publicações internas, visitas a instalações, entrevistas nos meios de comunicação e muitas outras atividades que são realizadas ano a ano. Além disso, todas as organizações precisam de um procedimento padronizado para emergências.

As emergências, embora não sejam frequentes, devem ser tratadas por meio de um conjunto de procedimentos por causa da necessidade de responder de forma rápida e eficaz. Quando acontece um desastre, é tarde demais para começar um processo deliberado de planejamento que irá considerar todas as alternativas antes de responder. Veja o Minicaso 6.1. A resposta articulada, deliberada e eficaz é de importância vital. Quando existe uma situação de emergência, o tempo se torna um elemento fundamental na comunicação e devem ser feitos planos antecipadamente, para que a reação possa ser imediata.

Regras Enquanto as políticas e os procedimentos padronizados servem como diretrizes para tomar decisões, as regras as substituem. Regras são afirmações que especificam o que fazer em uma determinada situação. Não se dá espaço para a aplicação que não seja seguir ou não seguir a regra. As **regras** podem ser necessárias quando certos procedimentos são cruciais. Por exemplo, muitas vezes é aconselhável ter uma regra exigindo que se obtenha permissão assinada antes de usar informações pessoais ou fotografias em materiais de divulgação.

Lembre-se de que o plano de relações públicas é uma mensagem que deve ser transmitida aos executivos da organização. A aceitação da mensagem depende da execução eficaz do processo de planejamento e de como o plano é comunicado às pessoas que decidem e devem entendê-lo e aprová-lo.

Minicaso 6.1

A tragédia inevitável: O planejamento de emergência da NASA

Em 1º de fevereiro de 2003, o ônibus espacial *Columbia* explodiu, apenas 16 minutos antes da hora de pousar no Centro Espacial Kennedy, na Flórida, espalhando destroços desde Fort Worth, passando pelo leste do estado do Texas, até a Louisiana e matando todos os sete astronautas a bordo. A NASA reagiu imediatamente, com comunicados em todos os meios de comunicação, informando o mundo de que um desastre ocorrera. Enquanto ainda buscava respostas para a causa do acidente, o administrador da NASA, Sean O'Keefe, reafirmou que a segurança ainda é sua prioridade máxima. O presidente George H. W. Bush elogiou o programa espacial em sua mensagem à nação e às famílias que tiveram perdas.

Mas qual foi a resposta do público? Uma pesquisa Gallup feita no dia seguinte ao desastre mostrou que 82% do público norte-americano queria que a NASA continuasse mandando pessoas ao espaço. Isso era semelhante aos 80% que queria continuar o programa depois da perda da Challenger. O presidente Bush afirmou: "O programa espacial dos Estados Unidos continuará".

Dessa vez, a NASA estava preparada, mas anos atrás, quando ocorreu o primeiro desastre espacial, ela não estava pronta para uma situação de crise. Não havia repórteres de qualquer meio de comunicação no Cabo Kennedy quando começou o incêndio no módulo de comando da Apollo-Saturn 204, posteriormente conhecido como Apollo 1, em 27 de janeiro de 1967. A tripulação de três homens, os astronautas Virgil Grissom, Edward White e Roger Chaffee, tinham entrado na Apollo à 1 da tarde para a última contagem regressiva simulada antes do lançamento. Em pouco tempo, surgiu uma série de problemas. Dois dos astronautas informaram fogo na cabine e os técnicos ficaram horrorizados ao ver as chamas dentro da Apollo, já cheia de fumaça. Apesar do perigo de explosão do escapamento do foguete, seis técnicos correram para abrir a escotilha da Apollo. Quando chegaram, todos os três astronautas estavam mortos, asfixiados pelo monóxido de carbono e com queimaduras térmicas. Eles nem haviam saído da plataforma de lançamento.

Embora a NASA soubesse, cinco minutos depois do acidente, que todos os três astronautas estavam mortos, a informação só foi liberada duas horas depois. Era quase meia-noite quando a UPI e a AP receberam a foto da NASA com dois dos astronautas entrando na cápsula pela última vez.

A NASA afirmou que a retenção dos fatos e a divulgação de declarações enganosas e equivocadas resultou da falta de um plano para lidar com a informação em emergências. Ainda que isso possa ser difícil de acreditar, vindo de um órgão com uma equipe de informação de 300 pessoas, a afirmação certamente tem sua validade.

Desde então, o gabinete de informações da NASA tem sustentado que havia um plano de emergência vigente e que foi seguido na época do incêndio na Apollo 1.[7] A NASA declara que tem um plano de contingência para cada missão. Na verdade, quando começou um incêndio a bordo da Apollo 13, três anos mais tarde, muitos consideraram que a forma como a agência lidou com a crise não apenas salvou as vidas dos três astronautas, como também melhorou em muito a imagem do órgão a ponto de aumentar o apoio a todo o programa tripulado.[8]

Em 28 de janeiro de 1986, a tragédia atingiu mais uma vez o programa espacial do país, quando milhões de norte-americanos e pessoas de todo o mundo assistiram ao vivo, pela televisão, à explosão do ônibus espacial Challenger, pouco depois da partida. Em suas críticas à comunicação da NASA sobre o desastre, muitos observadores profissionais e repórteres comentaram que parecia que pouco se tinha aprendido de experiências anteriores. Embora os controladores de voo soubessem do destino da tripulação da Challenger quase instantaneamente, deixou-se que houvesse especulação sobre sua possibilidade de sobrevivência por cerca de uma hora após a explosão, enquanto os técnicos "coletavam dados".

Em sua tragédia mais recente, a NASA teve de aplicar novamente um plano de comunicação. A agência foi rápida para proporcionar informações, principalmente porque os destroços estavam espalhados em grandes áreas do Texas e Louisiana. Quase que imediatamente, a página da NASA na internet, www.nasa.gov, forneceu informações atualizadas, incluindo vídeos de entrevistas coletivas, mas à medida que a investigação continuava, surgiam perguntas sobre a eficácia da comunicação interna da agência. Depois da descida fatal da Columbia, apareceram *e-mails* e relatórios escritos antes da missão, que continham alertas sobre a possibilidade de acontecer exatamente uma explosão como aquela. Várias comissões examinaram a tragédia.

Um estudo comparando o tratamento que a NASA deu aos desastres da Challenger e da Columbia encontrou uma cobertura da mídia muito mais positiva após o segundo. As diferenças estavam ligadas ao uso de comportamentos de comunicação específicos por parte da NASA junto com respostas imediatas e fluxo constante de informações.[9] Esse padrão de pronta resposta e fluxo constante de informações foi repetido quando se observou espuma isolante caindo do tanque de combustível durante o lançamento da Discovery, em junho de 2005.

Perguntas

1. Com que êxito uma organização pode se preparar para um desastre?
2. Como você elaboraria um orçamento de relações públicas para cobrir quaisquer atividades necessárias depois de um acontecimento importante inesperado?

Fontes: Dianne Calhoun Bragg, estudante de pós-graduação da Universidade do Alabama, coletou o caso a partir de Charles W. Petit, "A Star-Crossed Flight", *U.S. News & World Report*, 17 de fevereiro de 2003, p. 44-49; Thomas Hayden, "Landing in the NASA Hot Seat", *U.S. News & World Report*, 17 de fevereiro de 2003, p. 52-53; *Site* da NASA; e James Skardon, "The Apollo Story: What the Watchdogs Missed", *Columbia Journalism Review* 6 (1967), p. 13-14.

Estudo de caso

Kodak Galleries

Panorama

A Kodak foi líder nos setores de fotografia e filme por mais de 120 anos, mas quando os filmes passaram de analógicos a digitais e a fotografia deixou de ser baseada em prata e passou a ser digital, a empresa precisou se reposicionar como líder na era da fotografia digital. Para ajudar nessa tarefa, contratou a Ketchum Public Relations. A Ketchum buscou uma ideia para captar a essência do novo meio e relacioná-lo com a Kodak. A ideia era captar tudo o que a Kodak era em um conceito que pudesse ser usado em muitas aplicações. Esse conceito era a Galeria.

"Em 2005, a Kodak lançou uma categoria revolucionária: a câmera digital sem fio Kodak EasyShare-One (ESO). Juntas, Kodak, Ketchum e Concentric deram vida à transformação da Kodak para que todos vivenciassem ao criar galerias temporárias, as Kodak One Galleries, em Nova York e São Francisco, em novembro de 2005. Por meio de uma série de eventos privados, informes à imprensa e visitas das pessoas que passavam pela frente, os visitantes experimentaram a tecnologia ESO e conheceram as inovações da Kodak".[10] A empresa conquistou o primeiro lugar no mercado de câmeras digitais nos Estados Unidos pelo segundo ano consecutivo em 2005.

Objetivos

A Kodak era um dos muitos atores no mercado de câmeras digitais. Em função da longa tradição da empresa na fotografia baseada em prata e seu lento movimento no mundo digital, a comunidade empresarial manifestava grande ceticismo em relação a seus planos digitais. Os objetivos eram:
1. Criar oportunidades para 6 mil consumidores e líderes de opinião para experimentar os produtos digitais da Kodak, incluindo a EasyShare-One.
2. Divulgar que a Kodak era uma das líderes no mercado digital.

Táticas

1. Desenvolveu "galerias temporárias" para possibilitar que os consumidores experimentassem pessoalmente a capacidade da Kodak de trabalhar no mundo digital.
2. Instalou cabines temporárias em Nova York e São Francisco.
3. Fez festas de lançamentos na noite anterior à inauguração oficial das galerias, somente para convidados, para cerca de 200 fotógrafos profissionais e locais, para que pudessem experimentar os mais novos produtos Kodak e ajudar a espalhar os rumores.
4. Usou mala direta e *marketing* de guerrilha para levar visitantes à Galeria.
5. Lançou um *fotoblog* da galeria para destacar os acontecimentos diários.
6. Usou *podcasts* dos palestrantes das oficinas, divulgando-os na página da Kodak Gallery na internet.
7. Abriu as portas das One Galleries a veículos de comunicação e a várias organizações, tornando-as um lugar a se visitar.
8. Articulou reuniões individuais com meios de comunicação importantes nas Galerias para destacar a transformação da marca Kodak e enfatizar a ESO como líder no futuro da fotografia digital.
9. Coletou milhares de nomes e endereços postais para o grupo de gestão em *marketing* de relacionamento da Kodak por meio de entrevistas e eventos nas galerias.

Resultados

- A Kodak conquistou o primeiro lugar no mercado de câmeras digitas dos Estados Unidos pelo segundo ano consecutivo, aumentando sua distância das rivais Canon e Sony.
- As Galerias receberam mais de 13 mil visitantes, incluindo uma representação significativa do público consumidor de padrão mais elevado.
- 1.056 acessos ao *fotoblog* da One Gallery e Nova York, 1.779 ao de São Francisco e 12.500 às páginas da One Gallery virtual na página Kodak.com, durante o evento de um mês.
- "A percepção sobre a Kodak como ator digital de ponta é refletida nos resultados de pesquisas realizadas nas One Galleries: mais de 80% dos pesquisados consideravam que a Kodak estava trazendo anos de especialização em fotos para o mundo digital de hoje e quase 70% concordaram que a Kodak oferecia produtos para fotografia digital de alta tecnologia e fáceis de usar."[11]
- A *prweek* indicou a ESO como um dos principais lançamentos de produtos imperdíveis em 2005.

Fontes: David Westenoff, Ketchum West panel in San Jose, CA, on Ketchum Perspectives: Audio Series, 2006; também em www.prftrms.org, acessado em 29 de março de 2008.

Perguntas

1. Que tema você sugeriria para essa campanha?
2. Como se poderiam fortalecer os objetivos e facilitar sua avaliação?
3. Que estratégias eles usaram?
4. Que outras estratégias você teria sugerido? E táticas?

Resumo

A boa prática das relações públicas demanda bom planejamento. Ainda que possam parecer empolgantes, as ações de relações públicas que surgem de decisões tomadas por impulso geralmente produzem ganhos de curto prazo e perdas de longo prazo. Até mesmo situações de emergência que não podem ser previstas devem ter sistemas de resposta planejados. O processo de planejamento é lento, complexo e muitas vezes enfadonho, mas, nas relações públicas, assim como em outras funções administrativas, o planejamento cuidadoso aumenta a eficácia e reduz a frequência de ações futuras. O planejamento adequado também estabelece um sistema de metas que pode ser usado para avaliar o sucesso das relações públicas. Esse aspecto do planejamento é aprofundado no Capítulo 8.

O planejamento envolve um olhar para o futuro. As técnicas para dar início a esse processo incluem o uso de pesquisas de opinião pública já existentes, construção de cenários e *brainstorming*. Os planos são de uso único (muitas vezes, campanhas de relações públicas e planos permanentes, como os voltados a crises).

Termos fundamentais

assesor de relações públicas
avaliação formativa
avaliação somativa
brainstorming
construção de cenários
declaração de missão
gestão por objetivos (MBO)
metas
orçamento de campanha
orçamento de projeto
pesquisas de opinião pública

planos de uso único
planos estratégicos
planos permanentes
planos táticos
políticas
priorizar
proativo
procedimentos
regras
video release

Notas

1. Fran R. Matera and Ray J. Artigue, *Public Relations Campaigns and Techniques* (Boston: Allyn bt Bacon, 2000), p. 103.
2. David M. Dozier, "Planning and Evaluation in PR Practice", *Public Relations Review* (1985), p. 21-22.
3. Don Clare and Ron Nyham, "A Grand Scan Plan", *Association Management* 53 (Janeiro de 2001), p. 73-77.
4. L. J. Garrett and M. Silver, *Production Management Analysis* (New York: Harcourt Brace Iovanovich, 1966), p. 364-65.
5. Ben & Jerry's plant in Waterbury, Vermont, 4 de junho de 2002.
6. Sonja L. Myhre and June A. Flora, "HIV/AIDS Communication Campaigns: Progress and Prospects", *Journal of Health Communication* (Abril-Junho de 2000) (Suppl.), p. 29.
7. James Kauffman, "Adding Fuel to the Fire: NASA's Crisis Communications Regarding Apollo 1", *Public Relations Review* 25 (1999), p. 421.
8. James Kauffman, "A Successful Failure: NASA's Crisis Communications Regarding Apollo 13", *Public Relations Review* 27 (2001), p. 437-48.
9. Ryan M. Martin e Lois A. Boynton, "From Liftoff to Landing: NASA's Crisis Communications and Resulting Media Coverage following the *Challenger* and *Columbia* Tragedies", *Public Relations Review* 31 (Junho de 2005), p. 57-58.
10. www.prfirms.org, acessado em 29 de março de 2008.
11. Ibid.

Ação e Comunicação

INTRODUÇÃO

Se você é cliente da Netflix, a locadora de filmes pela internet, provavelmente está ciente de seu novo serviço "Profiles", que permite aos clientes criar cinco listas diferentes de filmes solicitados com cada assinatura paga. Isso significa que pais e filhos podem ter suas próprias listas separadas de filmes a alugar, uma vantagem para muitos usuários da Netflix. O que talvez você não saiba é que a ideia do "Profiles" veio de um blogueiro, Mike Kaltschnee, que escreve o conhecido *blog Hacking Netflix*.

Desde que o *blog* chamou a atenção da empresa, a Netflix tomou a iniciativa de forjar uma relação positiva com Kaltschnee (que já era fã). A firma não apenas adotou a ideia do "Profiles", como também ofereceu a Kaltschnee informações atualizadas sobre novos produtos e, por sua vez, vai minando a discussão que os leitores postam no *blog* dele em termos de reações e críticas a seus serviços. Às vezes, seus executivos até participam das conversas, e se sabe que funcionários da Netflix usam o *blog* como sua *home page*.

A relação benéfica entre Kaltschnee e a Netflix poderia ter facilmente ido a pique se a empresa tivesse cometido erros de relações públicas no caminho. *Hacking Netflix* é apenas um exemplo da forma como as ações de relações públicas que são demandadas das organizações modernas têm crescido para incluir canais de comunicação desconhecidos até poucos anos atrás.

Seja qual for o canal de comunicação, contudo, os profissionais de relações públicas usam com frequência cinco passos básicos para trazer novas informações a seus públicos-alvo: conhecimento, interesse, avaliação, testes e adoção. Primeiramente, a organização identifica o canal apropriado (o que pode até incluir o *blog* de um fã), depois pode dar os passos de comunicação adequados para transmitir a mensagem.

A redação é a ferramenta básica para construção da mensagem, e escrever bem é uma habilidade fundamental para os profissionais de relações públicas. Este capítulo trata do vínculo entre ação e comunicação e apresenta formas de fazer com que a mensagem seja ouvida.

AS RELAÇÕES PÚBLICAS EM AÇÃO

No início do século XX, Ivy Lee, um dos pais das relações públicas, enfatizou a importância de se aconselhar a administração a agir de forma responsável antes do processo de comunicação. O profissional de relações públicas, como parte da equipe de gestão de uma organização, deve se envolver no processo de decisão para garantir que a administração decida dar passos positivos para resolver um problema ou criar uma oportunidade. Uma vez que a administração tenha tomado atitudes responsáveis, a equipe de relações públicas pode se comunicar com o público-alvo para induzir resultados comportamentais desejados. Por exemplo, a Standard Oil da Califórnia agiu imediatamente ao comunicar ao público que gastaria o que fosse necessário para limpar um imenso vazamento de petróleo na baía de São Francisco depois que dois de seus petroleiros colidiram. A empresa cumpriu suas promessas e limpou a baía. Os jornais de São Francisco publicaram editoriais dizendo que "as praias nunca tinham estado tão limpas".[1]

Tradicionalmente, a ação de relações públicas inclui a comunicação de alguma forma e, muitas vezes, uma nota à imprensa. O mundo mudou, assim como a prática de relações públicas. A tecnologia tem influenciado os tipos de mídia com que os profissionais devem trabalhar, exigindo que as organizações tenham um leque mais amplo de alternativas de ação oferecidas por suas equipes de relações públicas. As situações de crise de hoje, bem como muitos dos programas planejados de relações públicas, devem fazer uso de novas tecnologias, como transmissões de vídeo via satélite, entrevistas em vídeo e outras transmissões de notícias ao vivo, como importante ferramenta para combater uma crise de alcance nacional, quando se afirmou que um objeto estranho foi encontrado em uma lata fechada de Diet Pepsi em Tacoma, Washington. (Ver Minicaso 7.1.)

As grandes organizações com acesso à moderna tecnologia não são as únicas que demandam vários mecanismos de resposta. O Hospital Cedar Springs deu vários passos, nenhum dos quais era uma nota à imprensa. Embora muito dessa ação envolvesse a comunicação escrita, vários passos importantes eram dirigidos ao processo de decisão administrativo.

Estudo de caso integrador

Cedar Springs Community Hospital
Parte 3

Implementação de ações

No Capítulo 6, foram desenvolvidas metas, objetivos e estratégias básicas para resolver os problemas do hospital. A seguir, a equipe de relações públicas voltou sua atenção à execução daqueles planos. Ficou claro, a partir de pesquisas com pacientes, que a principal meta do hospital – prestar um serviço de qualidade aos pacientes – já estava sendo atingida. Portanto, foram desenvolvidas estratégias para tentar melhorar as percepções de funcionários e médicos sobre o desempenho do hospital.

As duas estratégias básicas para as quais era necessário desenvolver ações eram (1) reforçar os sentimentos de valor dos funcionários como membros da equipe de saúde e (2) aumentar a coleta de opiniões dos pacientes. Várias táticas foram implementadas para tratar dessas necessidades.

Equipe de funcionários

Foi desenvolvido um *slogan* para conscientizar os funcionários de seu valor como membros da equipe médica do Hospital Cedar Springs. O *slogan Quality People, Quality Care*

(Gente de qualidade, atendimento de qualidade) foi transmitido aos funcionários, médicos e a outros públicos por seis meios:

1. Foram colocadas placas com o *slogan* nas entradas de todos os prédios principais.
2. Foram impressos cartões postais para todas as publicações.
3. Os cartões de aniversário para os funcionários foram redesenhados.
4. Foram desenhados crachás especiais com os nomes dos funcionários que passassem do período probatório de 90 dias, designando-os como *QualityProviders* (Prestadores de qualidade).
5. Foram impressas camisetas com o *slogan*, usadas como brindes para a feira anual que o departamento de pessoal faz para promover os benefícios aos funcionários.
6. Foram colocadas fotos dos funcionários que receberam homenagens na página do hospital na internet, com uma nota sobre a homenagem. Os médicos também foram homenageados na internet com notas especiais dos pacientes.

A administração do hospital também queria fazer uma afirmação muito pública sobre a qualidade de seus funcionários e seu trabalho. Assim sendo, um programa que já existia, o "Funcionário do mês", foi revitalizado. Para dar mais visibilidade ao reconhecimento entre os pacientes, médicos e o público em geral, foi publicado um anúncio de 60 centímetros no jornal local todos os meses, mostrando um funcionário homenageado, o *slogan* "Gente de qualidade, atendimento de qualidade" e um *link* para a página do hospital com mais informações sobre o funcionário.

Opiniões dos pacientes

Três métodos principais foram usados para aumentar a coleta de **opiniões** dos pacientes pela equipe do hospital. Em primeiro lugar, a pesquisa com pacientes que tiveram alta recentemente foi repetida trimestralmente. Os resultados foram divulgados de várias formas, por exemplo, usando o boletim do hospital, prismas de mesa na cafeteria dos funcionários e correio eletrônico. Além disso, iniciou-se um concurso no qual os funcionários tentavam prever os resultados da pesquisa antes de sua publicação. Em segundo lugar, cartas de ex-pacientes foram divulgadas entre os funcionários do hospital. Terceiro, uma seção permanente chamada "Vale a pena contar" foi iniciada no boletim mensal para destacar as histórias de sucesso dos pacientes, também publicada na página do hospital na internet.

Influenciando as decisões da administração

Quando se propôs pela primeira vez colocar o novo *slogan* nas entradas dos prédios principais, muitos funcionários regiram negativamente, acreditando que "propaganda" era uma coisa comercial demais para um estabelecimento de saúde. Um comitê *ad hoc* de chefes de departamento investigou as queixas e fez recomendações com relação ao uso do *slogan*. O comitê acabou recomendando que fosse colocado acima das entradas e vendeu aos funcionários a integridade da ideia. Esse grupo também sugeriu o uso do *slogan* nos crachás de funcionários que tivessem passado pelo período de observação de 90 dias.

A tomada de decisões por parte da administração foi, mais uma vez, a principal ação que levou a uma distribuição mais ampla de cartas de agradecimento de pacientes. Essa ação relativamente simples demandou uma mudança na política organizacional que poderia ter sido politicamente explosiva. Uma mudança de políticas desse tipo poderia ter alienado o gerente de pessoal e os gerentes de departamento se não fosse tratada com cuidado. Os gerentes de relações públicas precisavam conhecer bem as dinâmicas de comunicação e da organização para atingir esse objetivo. Essas cartas costumavam ser encaminhadas ao departamento de pessoal e, depois, ao gerente do departamento envolvido. Isso significava que, para receber qualquer reconhecimento,

Minicaso 7.1

O embuste da Pepsi

Tudo começou em Seattle, quando uma estação de TV local informou à franquia local de engarrafamento da Pepsi que um homem da cidade de Tacoma, de 82 anos, encontrara uma agulha hipodérmica em uma lata de Pepsi Diet. A matéria foi transmitida naquela noite nos noticiários locais, e seria a principal notícia do país nas 96 horas seguintes. Em poucas horas, outra seringa apareceu em uma lata, em outra localidade. Em pouco tempo, notícias transmitidas de outras partes do mundo informavam sobre pessoas que encontravam agulhas em latas de Pepsi.[2] Com o tempo, foram feitas mais de 50 alegações em 23 estados.[3]

A Pepsi Cola montou uma equipe de gestão de crises em sua sede corporativa, em Somers, estado de Nova York, liderada por Craig Weatherup, o presidente da Pepsi. Rebecca Madeira, a vice-presidente para assuntos públicos, coordenou as ações da equipe e articulou as comunicações para que a empresa pudesse falar com uma voz única.

Em primeiro lugar, a equipe de crise da Pepsi tinha de determinar se o problema eram os seus engarrafadores. O plano de resposta à crise tinha os seguintes pontos-fundamentais.

- Colocar a segurança do público em primeiro lugar. Avaliar o problema pelos olhos do público. Deixar claro que essas necessidades e preocupações vinham em primeiro lugar.
- Encontrar. Resolver. Trabalhar dia e noite com representantes de órgãos reguladores para investigar todos os aspectos da operação das fábricas para identificar e, possivelmente, corrigir o problema.
- Comunicar-se com rapidez e frequência, usando ferramentas e calendários usados pelos repórteres.
- Assumir responsabilidades pela solução da crise. Não fazer acusações, atribuir culpas nem se eximir de responsabilidades. Fazer com que a equipe respondesse por uma solução rápida e sólida do problema.[4]

Depois de levantar a situação e se sentir segura de que o problema não fora causado por seus engarrafadores, a Pepsi tomou a iniciativa. O presidente Weatherup disse repetidas vezes na mídia: "Uma lata é a embalagem mais à prova de adulteração no fornecimento de alimentos. Temos 99,99% de certeza de que isso não aconteceu nas fábricas da Pepsi".[5]

A equipe de crise decidiu usar clipes em vídeo para mostrar aos consumidores que o processo de engarrafamento da Pepsi não poderia ser adulterado. Mostraram-se equipamentos de alta tecnologia e alta velocidade enchendo latas de Pepsi. Cada lata era virada de cabeça para baixo, limpa com um poderoso jato de ar ou água, invertida, enchida e fechada em menos de um segundo! Vídeos do processo de enlatamento foram transmitidos via satélite para estações de TV de todo o país. Em 48 horas, o primeiro vídeo tinha sido visto por 296 milhões de espectadores – três vezes o número que geralmente assiste à final do campeonato nacional de futebol americano, o Super Bowl.

A empresa usou o vídeo para combater as imagens das seringas que vinham sendo mostradas constantemente nas redes de TV desde o primeiro instante em Seattle. A Pepsi criou outros três vídeos em três dias. No final da semana, o presidente tinha aparecido em uma dúzia de programas de notícias e entrevistas nas redes de TV, e os porta-vozes da Pepsi tinham feito mais de 2 mil entrevistas com jornais, revistas e repórteres de rádio e TV. A estratégia era mostrar ao público que o que estava acontecendo era, na verdade, um engodo em vez de um problema com engarrafadores da Pepsi. O caso deu uma virada com o vídeo que apresentava uma câmera de vigilância mostrando um comprador inserindo uma seringa em uma lata aberta de Pepsi Diet enquanto o caixa estava de costas. A Pepsi não poderia divulgar a fita até o dia seguinte, quando uma pessoa foi presa. Depois da divulgação do terceiro vídeo, os espectadores estavam apoiando a Pepsi maciçamente. A avaliação feita indicava que a resposta da empresa tinha funcionado. As vendas no período de 4 de julho não foram afetadas negativamente, o que era muito importante.

Perguntas

1. As ferramentas de comunicação usadas pela Pepsi seriam usadas hoje?
2. Avalie o papel dos vídeos. Eles sempre são eficazes?

---

um departamento precisaria parecer estar fazendo autoelogios. Portanto, a maioria das cartas de agradecimento tinha sido tratada internamente, sem informar o resto da organização. A natureza privada desse processo trabalhava contra o novo objetivo de melhorar as percepções dos funcionários ao compartilhar as opiniões dos pacientes. Dessa forma, a política foi modificada, para que a carta original fosse encaminhada primeiramente ao setor de relações públicas, onde se faziam cópias não apenas para o chefe do departamento em questão, mas também ao departamento de recursos humanos. Algumas cartas foram publicadas na página do hospital na internet.

Difundindo informações

Embora a tomada de decisões administrativas seja uma das principais ações de relações públicas usadas no caso Cedar Springs, o processo de ação básico pode ser descrito como sendo de **difusão de informações**. Na maioria das vezes, a ação implementada para realizar um plano de relações públicas pode ser explicada como uma tentativa de difundir informações dentro de um público-alvo.

Escolhendo um público-alvo O processo de ação começa e termina com públicos-alvo. Uma vez identificado cada público, suas características podem ser estudadas e se pode planejar um caminho central de influência para o tema em questão.

Quando se consideram as características individuais de cada público-alvo, é útil categorizá-las como (1) principal, interveniente ou moderador e como (2) latente, consciente ou ativo. Um **público principal** é o grupo ao qual a ação é direcionada em última análise. Como mostramos, entretanto, o caminho central até esse grupo costuma demandar que se fale também a outros públicos. Os indivíduos em **públicos intervenientes** têm contato direto com o público principal e podem lhe transmitir mensagens. Todos os canais de influência, com exceção da experiência pessoal, podem ser públicos intervenientes. Os **públicos moderadores** são grupos que têm um objetivo ou filosofia orientadora comum e podem ter um impacto sobre o público principal. Esses grupos geralmente têm alta credibilidade com o público principal em áreas temáticas específicas.[6] Apenas os meios de comunicação de massa e a experiência pessoal não têm potencial de ser públicos moderadores.

Como você se lembrará a partir de nossa discussão no Capítulo 5, um **público latente** não está ciente de uma necessidade de mudar ou agir. Um **público consciente** reconhece a necessidade, mas não está inclinado a qualquer ação, como aceitar uma ideia. Um **público ativo** está ciente e pronto para fazer alguma coisa. Esse sistema de classificação ajuda a determinar até onde um dado público está pronto e é capaz de responder a qualquer ação planejada.

O processo de difusão A *difusão* é um termo usado para descrever a forma com que novas ideias são adotadas pela sociedade. Os sociólogos e os pesquisadores da comunicação há muito são fascinados pelos caminhos que as inovações seguem ao penetrar em um sistema social. Os públicos, ou públicos-alvo, são sistemas sociais que os profissionais de relações públicas tentam influenciar. Assim, é importante que nosso conhecimento sobre a difusão de informações seja aplicado ao processo de relações públicas. (Ver Capítulo 3, no qual esta teoria é discutida.)

Caminhos centrais Quem estuda o processo de difusão por meio de novos produtos, ideias e tecnologias difundidas identificou cinco passos que descrevem como as pessoas são influenciadas para mudar.
1. *Conhecimento.* As pessoas tomam conhecimento da ideia ou prática, embora esse conhecimento seja limitado e costume ser difundido pelos meios de comunicação de massa.
2. *Interesse.* As pessoas começam a desenvolver um interesse na ideia e buscar mais informações a respeito. Mais uma vez, os meios de comunicação de massa são especialmente importantes para fornecer as in-

Manifestantes tentam conscientizar as pessoas dos temas pelos quais se manifestam.

formações a grandes públicos nesse passo do processo de difusão.

3. *Avaliação*. As pessoas começam a aplicar mentalmente a ideia a suas situações individuais, ao mesmo tempo em que obtêm informações e tomam a decisão de experimentar a ideia.
4. *Testes*. Neste momento, começa a aplicação propriamente dita, geralmente em pequena escala. As pessoas que têm potencial para adotá-la estão interessadas principalmente na prática, técnicas e condições necessárias para a aplicação.
5. *Adoção*. Uma vez que tenha se mostrado válida, a ideia é adotada pelos públicos-alvo.[7]

Canais de influência Os pesquisadores acompanharam inovações ao longo do processo de adoção e concluíram que elas usam cinco canais de influência básicos:

1. *Meios de comunicação de massa*. Meios eletrônicos e impressos como rádio, TV, jornais e revistas.
2. *Intermediários tendenciosos*. Indivíduos ou grupos que podem ter benefícios com a adoção por parte de outros (como vendedores).
3. *Terceiros neutros*. Grupos de consumidores, órgãos de governo e outros grupos de indivíduos que tenham credibilidade.
4. *Outras pessoas relevantes*. Amigos, parentes e outros que sejam admirados por que tem potencial de adotar a ideia.
5. *Experiência pessoal*. Uso real da informação.

Nas primeiras etapas de conhecimento e interesse, os meios de massa são os mais eficazes. Nas etapas fundamentais da avaliação e teste, contudo, a ênfase muda para a influência de pessoas relevantes. Por fim, no momento da adoção, a experiência pessoal se torna o canal principal. O caminho secundário, ou de apoio, começa com as pessoas relevantes, avançando a terceiros neutros nas etapas de avaliação e teste e, a seguir, de volta às pessoas relevantes na adoção.

Facilitando o processo de adoção

O profissional de relações públicas pode aplicar a abordagem do caminho central tentando criar conhecimento e interesse por meio de notas à imprensa e outras coberturas da mídia. Desde o início da campanha, o profissional deve planejar se comunicar com outros públicos que sejam significativos para o público-alvo. Quando os objetivos iniciais de conhecimento e interesse são alcançados, as ações de relações públicas se afastam de formas óbvias de comunicação, passando a mais sutis, por meio de pessoas relevantes e terceiros neutros. Depois de passadas as etapas de avaliação e teste, pode-se avaliar o sucesso pelo nível em que o público aceita a nova ideia.

Grupos de pressão e de interesses especiais Tradicionalmente, uma boa parte da prática de relações públicas tem se baseado em um *fluxo de informações em dois passos*, de aceitação geral. Essa teoria se constrói sobre uma premissa de que algumas pessoas em nossa sociedade são líderes de opinião. Portanto, se puderem ser convencidos a apoiar uma determinada questão, esses líderes de opinião influenciarão outros a fazer o mesmo. Por exemplo, se ministros religiosos em sua comunidade derem muito apoio a um novo centro para a terceira idade na cidade, como líderes de opinião, eles provavelmente terão muita influência sobre muitos dos membros de suas igrejas. Sendo assim, a estratégia pode ser o uso de um fluxo de informações em dois passos, para convencer os ministros de que o centro é uma boa ideia e fazer com que eles incentivem o apoio dos membros de suas congregações.

Embora haja muito de verdade na teoria do fluxo em dois passos, a pesquisa e a prática mostraram que ela é demasiado simplista. A teoria só permite dois níveis (líderes e seguidores) em qualquer tentativa de influência.

Além disso, presume um fluxo linear de informações por meio de um sistema social. A partir de nossa discussão da teoria de sistemas e do processo de difusão no Capítulo 3, deve ficar claro que a sociedade é muito mais complexa. Assim, alguns pesquisadores estão usando uma teoria do fluxo em múltiplos passos para descrever o processo.

Esse processo de múltiplos passos é semelhante ao fluxo em dois passos, mas em vez de tentar chegar a um grupo-alvo que, por sua vez, chegará ao público final, essa teoria sugere que o ministro em nosso exemplo pode ser apenas um dos líderes de opinião que pode ser usado para influenciar outros. Ele pode influenciar vários membros fundamentais da igreja que, por sua vez, podem ter mais influência direta sobre outros. Ou seja, o ministro pode influenciar banqueiros, médicos, professores e secretários que, por sua vez, serviriam como líderes de opinião em sua pequena esfera de influência, acabando por atingir o público-alvo mais amplo e convencer a comunidade como um todo a apoiar aumentos de impostos para um novo centro da terceira idade.

Quando a Mountain Bell decidiu introduzir serviços de telefonia local cobrados por medição na região metropolitana de Phoenix, a mídia dedicou muita cobertura a descrever as vantagens do novo sistema.[8] Em função da veiculação favorável, a companhia telefônica se sentiu confiante quando a questão foi para a aprovação da Arizona Corporate Commission. Quando representantes da Mountain Bell chegaram à audiência, contudo, encontraram cidadãos idosos lotando as galerias e outros fazendo piquetes do lado de fora para protestar contra a inovação. Estava claro que um importante público da região de Phoenix – os idosos – não tinha aceitado a ideia. Depois de a primeira solicitação ser rejeitada, a companhia começou a trabalhar com grupos de idosos para obter apoio de pessoas relevantes e terceiros neutros, e a proposta foi aprovada sem protestos na próxima vez que foi submetida à comissão. Para garantir a cooperação de vários públicos, a Mountain Bell usou uma estratégia de ação conhecida como análise de *stakeholders*.

Análise de *stakeholders* O conceito de gestão de *stakeholders* oferece uma base mais realista para uma organização visualizar seu ambiente. A **análise de *stakeholders*** é um método para diferenciar públicos. Os *stakeholders* são aqueles indivíduos que consideram ter interesse nas ações de uma organização. Podem ser clientes, acionistas, funcionários ou apenas membros da sociedade e costumam se expressar por meio de grupos que têm um propósito em comum, como causas ambientais ou de consumidores.

Aplicar a abordagem da gestão de *stakeholders* à prática das relações públicas permite que as ações sejam organizadas em torno de um sistema inteiro de grupos de *stakeholders*.

O objetivo é a máxima cooperação geral entre os *stakeholders* e os objetivos da organização. Para conseguir isso, são formuladas estratégias para lidar simultaneamente com questões que afetam vários grupos.

O processo baseado em *stakeholders* não muda fundamentalmente a comunicação nas relações públicas nem outros processos de ação, e sim os organiza para um uso mais eficiente. A gestão de *stakeholders* pode determinar quem deve ser objetivo de uma ação em passos, qual deve ser essa ação, quais resultados devem ser buscados e como cada elemento deve se encaixar no plano geral.

Tradicionalmente, muitas atividades de relações públicas foram administradas por meio de sistemas de prestação de serviços como agências de notícias, palestrantes e departamentos de reclamações. Por se concentrarem em ações únicas, eles têm dificuldades de reconhecer as diferenças entre os públicos. Em um sistema de gestão de *stakeholders*, contudo, a ação voltada a cada público é planejada separadamente. As necessidades e interesses de um determinado grupo de *stakeholders* determinam quais ações são apropriadas e como devem ser implementadas.

Quando tentaram pela primeira vez implantar o serviço local por medição, os administradores da Mountain Bell estavam tentando alcançar todos os consumidores por meio das mesmas estratégias de ação. Análises mais aprofundadas os fizeram entender que a tarefa demandava uma visão mais complexa de seus públicos. Os *stakeholders* que precisavam ser levados em conta na questão do serviço medido eram os seguintes:

1. *Stakeholders internos*. Funcionários e acionistas.

2. *Stakeholders residenciais*. Defensores dos consumidores, portadores de deficiências, minorias, segmentos de baixa renda, idosos, grupos de voluntários e serviços, organizações educativas.

3. *Stakeholders empresariais*. Os que dependem de *telemarketing*, pequenas empresas, grande empresas.

4. *Outros stakeholders.* Meios de comunicação, governo, a Arizona Corporate Commission.[9]

Designou-se um gestor de projeto a cada grupo de *stakeholders*. Os profissionais tomaram conhecimento das necessidades e interesses dos grupos que lhes foram atribuídos e trabalharam com departamentos por função, como relações com a mídia, palestras, publicações internas e outros, para direcionar mensagens a seus públicos.

Elaborando a matriz de relações públicas

Depois de determinados os canais de influência adequados e escolhidos os públicos-alvo, são preparadas mensagens dentro de categorias de ação básicas. Em uma organização grande, essas áreas funcionais, ou subespecialidades dentro das relações públicas, costumam ser realizadas por departamentos diferentes. Mesmo que seja tratada por uma única pessoa, cada categoria de ação deve produzir uma mensagem distinta. Frequentemente, também são usados meios diferentes, o que cria uma série de relações cruzadas ou de matriz entre públicos-alvo e mensagens.

A Tabela 7.1 ilustra as relações entre alguns dos públicos-alvo (*stakeholders*) e as categorias de ação usadas para responder à situação. No caso da resposta da Mountain Bell ao protesto contra o serviço local por medição, um profissional foi designado a cada público-alvo, enquanto cada categoria de ação era de responsabilidade de um departamento funcional. Pelo menos dois membros da equipe de relações públicas estariam responsáveis pela formulação e implementação de cada mensagem.

Por exemplo, uma nota à imprensa preparada pelo grupo de relações com a imprensa poderia ter sido iniciada pelo gerente de consumidores residenciais ou empresariais e revisada detalhadamente por outros dirigentes para verificar seu impacto potencial sobre a mídia, os funcionários e os *stakeholders* governamentais.

Nesse sistema, as mensagens são preparadas para públicos principais e se verifica seu efeito desejado para públicos moderadores e intervenientes. O sistema permite a especialistas em funções específicas, como redatores e editores, continuar realizando suas tarefas enquanto os administradores assumem a responsabilidade por garantir que todas as mensagens recebidas por seus públicos sejam preparadas segundo o plano de relações públicas. Um único administrador pode ser responsável por supervisionar contatos com vários públicos em mais de um trabalho. Essas responsabilidades mudam à medida que os trabalhos são finalizados e se acrescentam novos.

O PROFISSIONAL COMO COMUNICADOR

Começamos este capítulo ilustrando a variedade de ações possíveis como passos de um único plano de relações públicas. Embora praticamente não haja limites para as ações que podem ser usadas, uma continua predominante. A capacidade de escrever de forma eficaz continua a ser uma habilidade básica que se exige de quem emprega profissionais de relações públicas.[10]

TABELA 7.1 Matriz de relações públicas para os públicos-alvo da Mountain Bell

	Mídia	Clientes residenciais	Funcionários	Empresas	Governo
Notas à imprensa	Interveniente	Principal	Moderadora	Principal	Moderadora
Palestras	Interveniente	Principal	Moderadora	Principal	Moderadora
Publicações internas			Principal		Moderadora
Publicações externas	Principal	Principal	Moderadora	Principal	Principal
Propaganda para defesa		Principal	Moderadora	Principal	Moderadora

As ações de comunicação estão no eixo vertical e os públicos estão no eixo horizontal.
Fonte: Reimpresso por cortesia da Mountain Bell.

Assim como a comunicação é o passo básico de um plano de relações públicas, escrever é a ferramenta básica para construir mensagens. Até mesmo as mensagens que forem principalmente visuais, como vídeos ou apresentações em *slides*, geralmente demandam instruções bem redigidas ou um roteiro. As páginas na internet também dependem da eficácia da palavra escrita para ter impacto máximo. Escrever para a internet muitas vezes significa usar palavras-chave em mecanismos de pesquisa. Embora o uso de *links* inseridos na página e a compartimentalização da tela em várias mensagens tragam desafios diferentes, eles devem ser associados a uma escrita clara e eficaz. Políticas e outras decisões são escritas à medida que são desenvolvidas, transmitidas e preservadas. Portanto, escrever é uma habilidade básica necessária para todos os profissionais de relações públicas, independentemente do tipo ou tamanho das organizações em que trabalham.

Princípios da redação eficaz

Algumas pessoas nascem com um talento excepcional que não são capazes de explicar ou ensinar. Gente como Ernest Hemingway pode não precisar aprender os princípios da redação eficaz, mas poucos de nós são artistas de dons excepcionais. A maioria das pessoas tem de aprender o ofício de escrever por meio do estudo, da prática e do trabalho duro. Essa é a má notícia.

A boa notícia é que a redação eficaz pode ser aprendida. As pessoas de talento médio podem aprender a escrever de forma eficaz praticando alguns princípios. (Ver Destaque 7.1 e Anexo 1.)

Embalando ideias A extensão de frases em um documento escrito é amplamente reconhecida como fundamental para sua clareza. Muitas das fórmulas de legibilidade usam a extensão de sentenças como base para sua medição. O distinguido educador e jornalista Harold Davis costuma contar a história de um jornalista que trabalhava no American Press Institute no final da década de 1940 e início da de 1950, que ajudou a estabelecer com firmeza a ligação entre clareza e comprimento.

James H. Couey Jr., da Birmingham News, ajudou a realizar seminários para jornalistas profissionais na Universidade de Columbia.

Antes de começar um seminário, ele pedia que cada participante lhe enviasse uma amostra de seus textos para que pudesse testá-los. Couey repetiu seu teste com dúzias de artigos. Os resultados eram sempre os mesmos. Uma sentença é uma embalagem de ideias e os leitores devem fazer um esforço para colocar embalagens imensas e volumosas em suas mentes. Simplesmente encurtando as frases, ele conseguia enormes ganhos de entendimento.

Couey continuou a investigar o fenômeno da frase curta e descobriu alguns fatos interessantes:

1. As frases curtas geralmente contêm uma ideia cada.
2. Uma história pode conter frases longas e curtas para acrescentar variedade, desde que a média seja curta.
3. A média ideal para a maioria das frases parecia estar em torno de 17 palavras.[11]

Poder de pirâmide Couey obteve enormes ganhos de entendimento simplesmente encurtando as frases, mas nunca pensou que o comprimento de frase fosse um elemento da escrita eficaz. A organização é outra habilidade que deve ser dominada.

Os jornalistas costumam usar o estilo da pirâmide invertida para escrever (Figura 7.1), que organiza a matéria de modo que os pontos mais importantes sejam tratados antes. A pirâmide invertida é igualmente útil para outros tipos de escrita informativa. A mensagem deve começar respondendo a cinco perguntas: quem, o quê, quando, onde e por quê. Essas perguntas são respondidas no primeiro ou no segundo parágrafo, chamados de lide. Os jornalistas começam com a pergunta que é mais importante à mensagem e continuam em ordem decrescente. Cada novo parágrafo contém detalhes que são menos importantes do que o parágrafo anterior.

Os profissionais de relações públicas devem dominar vários estilos de escrita. Para ser um comunicador eficaz, muitas vezes é necessário misturar estilos aparentemente incompatíveis para cumprir propósitos para vários públicos.[12] Independentemente do estilo, todavia, o uso da pirâmide invertida oferece várias vantagens. Primeira, coloca os detalhes mais importantes pró-

Destaque 7.1 — Dicas para a escrita eficaz

As dicas a seguir podem ajudar quase todo mundo a comunicar de forma eficaz informações técnicas e não técnicas em cartas, relatórios, notícias, brochuras e na maioria dos outros meios que usam a palavra escrita:

1. Use palavras curtas e simples. Prefira o simples ao complexo. Por exemplo, opte por "usar", e não "utilizar" na maioria das situações.
2. *Use frases e parágrafos curtos.* As pesquisas mostram que a frase média deveria ter 20 palavras ou menos.
3. *Escreva na voz ativa, e não na passiva.* A exceção a essa regra é se você precisar enfatizar o receptor em uma ação.
4. *Evite gíria ou jargão.* Isso dificulta a um público de massa entender o texto. Por exemplo, o inglês é a segunda língua para muitos, que têm considerável dificuldade de entender gíria e jargão.
5. *Use adjetivos e advérbios com parcimônia.*
6. *Seja breve.* Por exemplo, limite a maioria das notas à imprensa a uma ou duas páginas digitadas.
7. *Seja específico.* Não se comunique em generalidades, e sim seja o mais concreto possível.
8. *Cite razões para suas opiniões.* Sustente suas afirmações com estatísticas, fatos e declarações de fontes imparciais para lhes dar credibilidade.

ximos do início, onde os leitores que passam os olhos na mensagem terão maior probabilidade de vê-los. Segunda, o editor pode cortar a matéria de baixo para cima, se for necessário, sem perder detalhes importantes. Terceira, uma abertura forte chama a atenção dos leitores e os direciona ao resto da mensagem.

Escolha de meios

Vários meios de comunicação e seus públicos são discutidos detalhadamente na Parte 3, mas, neste momento, cabe descrever uma estratégia para escolha dos meios. Embora seja necessário construir cuidadosamente as mensagens para que elas comuniquem os significados desejados a um público, é igualmente importante escolher o meio apropriado para transmiti-las.

Para propósitos de discussão, os meios podem ser classificados em controlados e não controlados.

A preparação de uma nota à imprensa é diferente da preparação de uma mensagem de propaganda, porque a primeira depende de um terceiro para selecionar e transmitir a mensagem. Essa é a diferença básica entre meios controlados e não controlados. Os **meios controlados**, incluindo as publicações internas, mala direta e propaganda, permitem ao profissional de relações públicas ditar o que é publicado e como isso se transmite ao público principal. Os **meios não controlados**, para os quais outras pessoas tomam decisões sobre conteúdo, incluem jornais, televisão e rádio.

Dois meios controlados se tornaram especialmente importantes para as campanhas de relações públicas nos últimos anos: a internet e a propaganda.

A internet pode ser considerada o primeiro meio de comunicação de massa de relações públicas, porque permite que a comunicação gerenciada flua diretamente entre organizações e os públicos de massa sem as funções de guardião

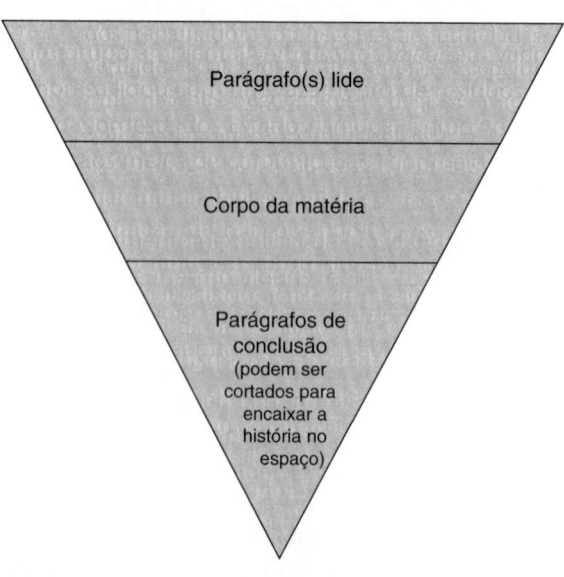

FIGURA 7.1 Forma da pirâmide invertida.

Destaque 7.2

Diretrizes para escrever para a internet

1. Não faça uma página para seus executivos, eles não são o público-alvo. Conheça as características de seu público-alvo e escreva para ele.
2. Estabeleça e apresente uma progressão lógica de ideias.
3. Insira blocos de não mais de 75 palavras nas páginas iniciais. Textos mais longos podem estar em outros lugares do *site*.
4. Não use manchetes engenhosas, e sim estruture seus artigos com vários níveis de manchetes para que o leitor possa completar uma seção e continuar lendo ou optar por seguir adiante.
5. Escreva 50% no início do artigo. A maioria dos usuários da internet passa os olhos nos textos antes de decidir gastar seu tempo para ler um artigo em profundidade.
6. Descreva palavras-chave por meio de *links* em hipertexto, variações de fonte ou cor.
7. Use listas com marcadores quando o texto possibilita. A tela do computador é pequena, e as pessoas tendem a olhar os elementos rapidamente.
8. Use estilo de pirâmide invertida para a maioria dos textos, com a informação importante vindo antes. Não enterre seus pontos-chave.
9. Use uma ideia principal por parágrafo.
10. Mantenha suas frases curtas, mas, por outro lado, lembre-se de que um segredo para uma boa página na internet é você oferecer as respostas às perguntas que o leitor tem, de forma que precisa ser minucioso.

Fonte: Stephen Dembner, "Web Writer Pro: In Search of a Functional Model for Effective Text on the World Wide Web", dissertação de mestrado não publicada, Universidade de Memphis, maio de 2000.

---

presentes em outros meios de massa.[13] Por isso, escrever para internet requer algumas regras especiais, como descrito no Destaque 7.2.

O advento desse novo meio como ferramenta de comunicação para as relações públicas desencadeou mais interesse na construção de relações por meio da internet. Os profissionais de relações públicas estão usando a rede amplamente para pesquisas, comunicação bidirecional e muitas outras aplicações.[14] Embora o potencial seja grande, o impacto dos princípios de relações públicas aplicados ao desenho de páginas na internet ainda é relativamente desconhecido. (Ver Destaque 7.3.)

Estudos preliminares sugerem cinco diretrizes para a construção de relações com públicos usando a tecnologia da internet:

1. Crie um circuito dialógico e incentive os públicos a questionar a organização que patrocina a página. Isso inclui a disponibilidade de uma equipe adequada e bem treinada para cuidar das respostas.

O colesterol alto pode ter várias aparências.

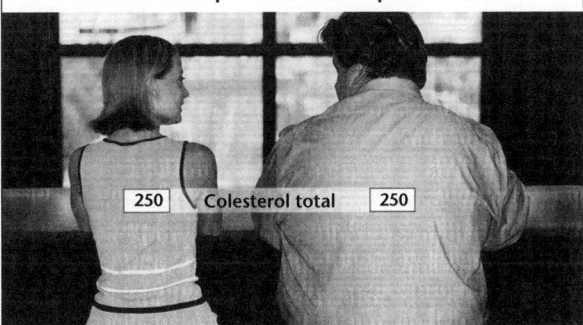

Aqui vai uma dica. Você pode ser ativo, jovem ou velho. A verdade é que o colesterol alto pode ter tanto a ver com os genes de sua família quanto com a alimentação. Portanto, mesmo uma dieta rígida pode não ser suficiente para reduzi-lo. A boa notícia é que o LIPITOR pode ajudar. Ele pode reduzir seu colesterol total em 29% a 45%, e também pode reduzir seu colesterol ruim em 39 a 60%.* (*O efeito médio depende da dose.) Mais de 18 milhões de norte-americanos já falaram com seus médicos sobre LIPITOR. Talvez você devesse fazer o mesmo. Informe-se. Descubra se o remédio mais receitado para o colesterol é bom para você. Fale conosco no telefone 1 888 LIPITOR. Ou em www.lipitor.com.

LIPITOR
atorvastatin calcium tablets
FOR CHOLESTEROL®

Informações importantes: LIPITOR® (atorvastatina cálcica) é um medicamento vendido sob prescrição e usado em conjunto com dietas para controlar o colesterol. LIPITOR não é para todo mundo, e as exceções incluem quem tem doenças do fígado ou possíveis problemas de fígado, lactantes, grávidas ou mulheres que possam engravidar. Não há evidências de que LIPITOR previna doenças cardíacas nem ataques do coração.

Se você tomar LIPITOR, fale com seu médico sobre alguma dor muscular incomum ou fraqueza. Isso poderia ser um sinal de efeitos colaterais graves. É importante falar com seu médico sobre qualquer medicamento que esteja tomando para evitar interações entre medicamentos potencialmente graves. Seu médico pode fazer exames de sangue simples para monitorar a função hepática antes e durante o tratamento com o remédio. Os efeitos colaterais mais relatados são gases, constipação, dores estomacais e indigestão, geralmente são leves e tendem a desaparecer.

Consulte informações importantes adicionais na página seguinte.

Com mensagens de propaganda, você tem um meio "controlado" e pode ter certeza de que sua mensagem será publicada como você quer.

> **Destaque 7.3**
>
> ## 33 diretrizes eficazes para páginas de internet baseadas na pesquisa de usabilidade
>
> **Considerações sobre *design***
>
> 1. Comece com simplicidade: parta de um *design* simples para seu *site*.
> 2. Busque a constância – ela ajuda a encontrar informações.
> 3. Evite fundos texturizados e coloridos: certifique-se de que seu texto seja legível.
> 4. Use *links* azuis: *links* azuis para hipertexto são a convenção.
> 5. Evite *links* para clicar sobre desenhos gráficos: os usuários costumam não ver *links* que estão embutidos.
> 6. Use *links* informativos: descreva as páginas de forma que os usuários possam decidir se devem clicar nela ou não.
> 7. Use colunas de texto estreitas: larguras de coluna de 200 a 400 pixels tornam a leitura mais fácil e mais rápida.
> 8. Minimize a rolagem de páginas: use páginas de 20 a 44 linhas.
> 9. Ofereça outros auxílios: acrescente "voltar à página inicial" e outros *links* fundamentais.
> 10. Proporcione *downloads* rápidos.
> 11. Forneça uma versão somente com texto: nem todos os usuário ou computadores têm a mesma capacidade.
> 12. Inclua informações fundamentais: certifique-se de identificar sua página e forneça informações de contato.
> 13. Minimize as dicas tipográficas: evite o uso exagerado de itálicos e negritos.
>
> **Outras considerações gerais**
>
> 14. Identifique seu público: elabore o *design* da página visando a usuários específicos. Leve em conta os sistemas deles.
> 15. Adote a abordagem de equipe: use ideias de várias pessoas para o *design* de sua página sempre que for possível.
> 16. Conheça seus usuários: pergunte-se: "Como são os meus usuários?".
> 17. Siga a política de sua organização para a internet: use a rede de forma eficiente, ética e legal.
> 18. Respeite as normas relativas aos direitos autorais: obtenha permissão para usar o trabalho de outras pessoas.
> 19. Use URLs relativas, pois facilitará a manutenção da página.
> 20. Inclua uma *metatag*: ajude os usuários da internet e dos mecanismos de pesquisa a encontrar sua página.
> 21. Teste sua página: certifique-se de que sua página funciona e carrega rapidamente.
> 22. Entenda os processos cognitivos: a comunicação é uma atividade cognitiva.
>
> **Considerações sobre a redação**
>
> 23. Escreva na voz ativa: os leitores a entendem melhor.
> 24. Elimine expressões preposicionais: menos preposições encurtam as frases.
> 25. Elimine frases em excesso: as sentenças acrescentam comprimento, mas não significado.
> 26. Escreva de forma concisa: sentenças concisas melhoram a compreensão.
> 27. Use verbos fortes e evite os verbos desnecessários: escreva de forma clara e vá direto ao ponto.
> 28. Use palavras curtas: as palavras fáceis de entender são melhores.
> 29. Elimine qualificativos desnecessários: qualifique somente quando for necessário.
> 30. Elimine a prolixidade: menos palavras reduzem a confusão.
> 31. Use palavras específicas e concretas: torne suas mensagens claras.
> 32. Evite o jargão: use termos que seus leitores entendam.
> 33. Substitua clichês: eles podem ser elementos de distração.
>
> *Fonte*: Kirk Hallahan, "Improving Public Relations Web Sites Through Usability Research", *Public Relations Review* 27 (2001), p. 229.

2. Torne a informação útil a todos os públicos que possam usar a página. Até mesmo uma página especializada deve ter algumas informações de uso geral. Faça com que a informação seja fácil de obter.

3. Concentre-se na geração de visitas repetidas usando estratégias interativas. Fóruns, formatos de pergunta e resposta, e salas de bate-papo com especialistas ou representantes corporativos tendem a construir frequência de visitas.

4. Desenvolva uma facilidade intuitiva na interface. O foco das páginas na internet deve ser a organização, o produto ou a informação situada ali e não os "enfeites" que a tornam possível. Páginas com efeitos gráficos que levam muito tempo para carregar podem afastar alguns visitantes.

5. A preservação de visitantes deve ter prioridade sobre o fornecimento de *links* para outras páginas. *Links* demais para outras páginas relacionadas, já no início, podem afastar visitantes de sua página antes que eles tenham uma chance de construir uma relação.[15]

Muitos desses princípios também podem ser aplicados para se tornar mais eficaz a rede de computadores interna de uma organização, ou "intranet".[16]

Os *blogs* representam um novo desafio e uma oportunidade para a prática das relações públicas. Muitas pessoas estão prevendo que o fenômeno mudará para sempre as relações públicas à medida que as empresas entendem que devem envolver seus clientes e funcionários em conversas bidirecionais em tempo real. Alguns executivos seniores, incluindo Bob Luty, vice-presidente da General Motors, e Jonathan Schwartz, presidente da Sun Microsystems, já são blogueiros ativos.[17]

O *blog* de Schwartz (blogs.sun.com/jonathan) tem uma média de 400 mil acessos por mês e cada uma de suas postagens resulta em dúzias de comentários de clientes, acionistas e outros.[18]

Antes de lançar um *blog* corporativo,

- Determine a meta da empresa. Os *blogs* internos cumprem um propósito diferente dos *blogs* públicos.
- Aprenda as regras. Os *blogs* são uma nova forma de comunicação bidirecional caracterizada por um tom informal, atualizações permanentes e discussão franca.
- Certifique-se de dedicar tempo e/ou recursos para manter o *blog* atualizado.
- Estude os desdobramentos legais de se lançar um *blog* e estabeleça diretrizes para que os executivos e funcionários entendam quais são os materiais que não devem constar.[19]

Cada vez mais, as linhas entre as relações públicas e a propaganda estão confusas em um esforço para se comunicar da forma mais eficaz possível. Os profissionais de relações públicas costumam usar a propaganda como elemento de campanha para obter um ou mais dos seguintes objetivos:

1. Desenvolver conhecimento de uma organização.
2. Articular uma linha de produtos diversificados.
3. Melhorar relações com clientes.
4. Melhorar a imagem da organização.
5. Assumir uma posição em uma questão pública.[20]

As três considerações básicas para a escolha dos meios são os públicos, a escolha do momento certo e o orçamento disponível.

Públicos Os públicos devem ser a primeira consideração em qualquer esforço de relações públicas. (Ver Capítulo 5.) É necessário identificar os públicos que você está tentando atingir e determinar o que os interessará. Os meios não controlados apresentam um problema especial ao profissional de relações públicas, porque devem ser planejadas notas publicitárias para dois públicos. O público principal, aquele para o qual a mensagem é dirigida, é o mais importante, mas o editor e o repórter que escolhem ou rejeitam a nota para publicação ou transmissão são o primeiro obstáculo. Portanto, embora seja voltada a comunicar uma mensagem específica ao público principal, a nota deve primeiramente atrair a atenção jornalística de um editor.

Depois de determinar o público-alvo, é necessário saber quais meios têm probabilidade de se interessar por determinados tipos de informação. Pesquisando com cuidado os meios disponíveis, um profissional de relações públicas pode conhecer os tipos de matérias que usam e o público que atraem e depois pode escolher os melhores meios para cada nota e embalar a informação de forma a atrair a atenção do editor. O Capítulo 9 discute mais detalhadamente várias estratégias para as relações com os meios de comunicação.

Tempo O tempo e o momento adequados para se atingir um público representam o segundo fator mais importante na escolha do meio. Uma vez escolhidos os meios adequados, o tempo necessário para atingir o público principal é fundamental.

Algumas publicações têm itens a serem priorizados e podem não conseguir publicar uma história a tempo. Portanto, o momento em que o público principal recebe a mensagem pode ser tão importante quanto se recebe ou não.

Orçamentos Os orçamentos, o terceiro fator importante na escolha dos meios, são sempre limitados e muitas vezes acabam limitando essa escolha. Geralmente, a primeira decisão a ser tomada é se a mensagem precisa ser transmitida por mais de um meio. Caso seja aconselhável uma mescla de

TABELA 7.2 Meios principais: vantagens e desvantagens

Meio	Vantagens	Desvantagens
Televisão	1. Combina atributos de visão, som e movimento. 2. Permite demonstração física do produto. 3. Acreditabilidade devida ao caráter imediato da mensagem. 4. Alto impacto da mensagem. 5. Públicos enormes. 6. Boa identificação do produto. 7. Meio conhecido e preferido por muitas pessoas.	1. Mensagem limitada por segmentos de tempo restritos. 2. Sem possibilidade de indicação de consumidores à mensagem. 3. Disponibilidades às vezes são difíceis de providenciar. 4. Altos custos do tempo. 5. Desperdício de cobertura. 6. Altos custos de produção. 7. Má transmissão da cor.
Revistas	1. Seletividade do público. 2. Chega a consumidores mais afluentes. 3. Oferece prestígio a um anunciante. 4. Leitores que passam entre si. 5. Boa reprodução de cor.	1. Muitas vezes duplica a circulação. 2. Geralmente não consegue ser dominante em um mercado local. 3. Às vezes, tem altos custos de produção. 4. Tempo longo para fechamento. 5. Mensagem sem caráter imediato.
Rádio	1. Seletividade dos mercados geográficos. 2. Boa saturação de mercados locais. 3. Facilidade de mudar o texto da propaganda. 4. Custo relativamente baixo.	1. Mensagem limitada por segmentos de tempo restritos. 2. Sem possibilidade de indicação de consumidores à mensagem. 3. Sem apelo visual. 4. Desperdício de cobertura.
Jornais	1. Seletividade dos mercados geográficos. 2. Facilidade de mudar o texto da propaganda. 3. Chega a todos os grupos de renda. 4. Facilidade de agendar propagandas. 5. Custo relativamente baixo. 6. Bom meio para propaganda de fabricante/vendedor.	1. Alto custo para cobertura nacional. 2. Mensagem tem vida curta. 3. Desperdício de circulação. 4. Diferenças de tamanhos e formatos. 5. Diferenças de preços entre mercados local e nacional. 6. Má reprodução de cor.
Mala direta	1. Extremamente seletiva. 2. Mensagem pode ser transmitida de forma muito personalizada. 3. Pouca concorrência com outras propagandas. 4. Fácil de medir o efeito dos anúncios. 5. Dá um meio fácil para a ação do consumidor.	1. Muitas vezes tem imagem ruim. 2. Pode ser muito caro. 3. Muitas normas postais restritivas. 4. Problemas na manutenção de listas de endereços.
Outdoors ao ar livre (painéis fixos)	1. Seletividade dos mercados geográficos. 2. Alto valor repetitivo. 3. Tamanho físico grande. 4. Custo relativamente baixo. 5. Boa reprodução de cor.	1. Muitas vezes tem imagem ruim. 2. Mensagem deve ser muito curta. 3. Desperdício de circulação. 4. Cobertura nacional é cara. 5. Poucos especialistas criativos.
Expositores em pontos de venda	1. Apresenta a mensagem no ponto de venda. 2. Maior flexibilidade para criatividade. 3. Capacidade de demonstrar produto em uso. 4. Boa reprodução de cor. 5. Valor repetitivo.	1. Apatia do revendedor na instalação. 2. Longo período de produção. 3. Alto custo unitário. 4. Problemas de envio. 5. Problema de espaço.

TABELA 7.2 Meios principais: vantagens e desvantagens *(continuação)*

Meio	Vantagens	Desvantagens
Trânsito (cartazes em veículos em movimento)	1. Seletividade dos mercados geográficos 2. Público cativo. 3. Custo muito baixo. 4. Boa reprodução de cores. 5. Elevado valor repetitivo.	1. Limitado a uma determinada classe de consumidores. 2. Desperdício de circulação. 3. Arredores têm má reputação. 4. Poucos especialistas criativos.
Trailers de filmes	1. Seletividade dos mercados geográficos. 2. Público cativo. 3. Tamanho físico grande. 4. Bom meio para propaganda de fabricante/revendedor.	1. Não pode ser empregado em todos os cinemas. 2. Desperdício de circulação. 3. Custos de produção elevados. 4. Sem possibilidade de indicação de consumidores à mensagem.
Propagandas especiais	1. Apresentação única. 2. Alto valor repetitivo. 3. Tem uma qualidade de "presente". 4. Vida relativamente longa.	1. Sujeito a modas. 2. Mensagem deve ser curta. 3. Pode ter custo unitário relativamente alto. 4. Eficácia difícil de avaliar.
Panfletos e folhetos	1. Oferece mensagem detalhada no ponto de venda. 2. Suplementa uma representação pessoal de vendas. 3. Oferece um bom meio de indicação aos compradores potenciais. 4. Boa reprodução de cores.	1. Revendedores muitas vezes não usam. 2. Pode ter custo unitário relativamente alto. 3. Poucos especialistas criativos. 4. Eficácia difícil de avaliar.

Fonte: Reimpresso com permissão de Publishing Horizons, Inc., em Advertising Campaigns, *Formulations and Tactics*, de Quera, p. 71-74.

meios, pode ser necessário considerar os custos ao decidir quais usar. Lembre-se de que, embora os custos dos meios controlados, como a propaganda, sejam óbvios, os custos associados a um meio não controlado também devem ser contabilizados.

A Tabela 7.2 compara vantagens e desvantagens de vários meios diferentes. Considerar esses pontos com relação a públicos, tempo e orçamento ajudará os profissionais de relações públicas a selecionar os meios mais adequados a suas mensagens.

COMO SER OUVIDO

Há momentos em que não apenas *queremos* ser ouvidos, mas *precisamos* ser ouvidos. Nossa mensagem precisa ser ouvida porque nossas organizações podem querer influenciar a legislação, gerar uma boa disposição entre vários públicos, dar respostas em momentos de crise, atrair funcionários capazes, aumentar vendas ou levantar verbas. Pode haver mais razões por que precisamos nos certificar de que nossa mensagem será ouvida e se agirá a partir dela, mas elas ilustram a variedade de razões para que as organizações se comuniquem com seus públicos-alvo.

Como, todavia, sua mensagem pode ser ouvida e gerar ações? De forma semelhante a passar por um funil, a mensagem deve passar por quatro etapas básicas nas quais os públicos devem decidir seletivamente envolver-se ou não com a comunicação:

1. Atenção
2. Entendimento
3. Retenção
4. Ação

Cada uma dessas etapas deve ser entendida e usada se você quiser que sua mensagem realmente seja ouvida.[21]

Atenção (atenção seletiva)

Os vários públicos com os quais uma organização precisa se comunicar só prestam atenção a algumas das mensagens com que são bombardeados diariamente. Isso se chama **atenção seletiva**. Para que suas mensagens sejam ouvidas, antes devem captar a atenção. É necessário analisar os *stakeholders* do ponto de vista dos *stakeholders*. O que atrairá sua atenção? O que sabemos sobre eles que pode nos ajudar a construir uma sintonia? Por exemplo, embora os temas talvez sejam os mesmos, podem ser necessárias mensagens diferentes para atingir legisladores e editores de jornal.

A atenção seletiva é um conceito de comunicação negligenciado por aqueles que prefeririam ter uma abordagem "discreta" das relações públicas, mas, às vezes, é necessário atrair atenção. Nessas ocasiões, pode ser útil, até mesmo essencial, ter uma imagem positiva. Gostemos ou não, todo grupo, organização ou indivíduo tem uma imagem. Algumas são boas, outras nem tanto. Mas as imagens são importantes para captar a atenção. A construção de uma imagem envolve praticamente todas as partes das atividades de sua organização e muitas vezes é considerada "comunicação total". Esse é um primeiro passo.

Para além da construção de imagem, fazer com que os públicos prestem atenção em suas mensagens envolve a mecânica e o conteúdo dessa mensagem. Por exemplo, a forma como você embala sua mensagem ao presidente do Subcomitê de Controle de Preços do Senado pode determinar se ela receberá atenção. Alguns dos fatores mecânicos que afetam a atenção à mensagem podem ser a escolha do momento, o contexto e a autoridade. Por exemplo, você enviaria uma nota à imprensa sobre a importância dos comerciantes independentes de petróleo logo após uma entrada de vigor de um aumento de preços? Ou seria mais eficaz emitir essa nota alguns meses antes do aumento? Você manda a nota em espaço 1, com 12 páginas escritas dos dois lados em papel rosa forte (contexto)? Você usa fontes (autoridade) que só você sabe serem especialistas em suas disciplinas?

Entendimento (percepção seletiva)

O conteúdo da mensagem determina não apenas se ela recebe atenção, mas, em grande medida, se é entendida. Nossas experiências e nosso papel na sociedade (ou quadro de referência) definem a forma como percebemos as coisas. Mas ninguém teve experiências iguais às da outra pessoa. Cada um de nós é singular. Sendo assim, cada um percebe as coisas de forma levemente diferente. Resultado: nosso pressuposto inconsciente é de que o mundo é como o vemos. Tendemos a crer que a forma como vemos as coisas é a "correta" e que quem não compartilha de nossas percepções está "errado" ou tem "visões distorcidas", como mostrado na Figura 7.2.

Sendo assim, os principais obstáculos na comunicação são a incapacidade de reconhecer as diferenças de percepção e de negociá-las. Sua experiência é mais "verdadeira" do que a dos outros? Do ponto de vista da comunicação, as percepções de cada um de nós são "verdadeiras" porque refletem o que sabemos e o que somos. Se você tivesse o quadro de referência de outra pessoa, poderia ver as coisas exatamente como ela. Considere os seguintes casos:

1. Embora as mensagens possam ser enviadas, na Figura 7.3, não ocorre comunicação (e, portanto, entendimento) porque não há experiência compartilhada.

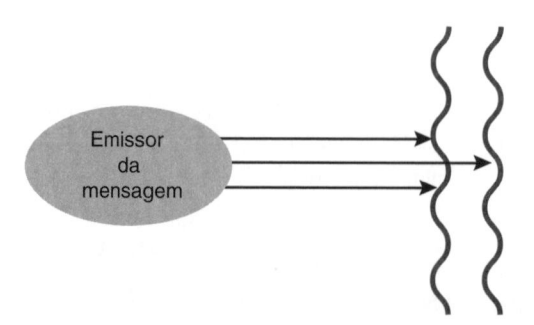

FIGURA 7.2 Barreira à comunicação: diferença.

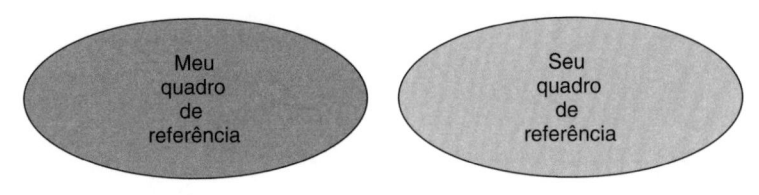

FIGURA 7.3 Sem comunicação.

2. Entretanto, começa a ocorrer alguma comunicação na Figura 7.4, porque há um quadro de referência comum (área de intersecção).

Como encontramos quadros de referência comuns ou compartilhados? Devemos descobrir o que outras pessoas pensam e por que elas pensam assim. Por quê? Para que se possa atacar o problema – enviar a mensagem no contexto do quadro de referência de seu receptor (seu conhecimento, papel sociocultural, atitudes, habilidades de comunicação, necessidades, desejos), e não do seu. A razão pela qual vocês estão se comunicando é que seus quadros de referência são diferentes. O objetivo é entender as percepções de seu receptor – não tanto para mudá-las ou criticá-las, mas para ampliá-las, de modo que ele tenha um entendimento de suas **percepções seletivas** e assim, mais capacidade de apoiar, ou pelo menos, não obstruir a realização de seus objetivos.

Por exemplo, olhar as questões legislativas do ponto de vista do legislador e de outros grupos que buscam o apoio dele, e não de sua visão. Você encontra os quadros de referência de seus *stakeholders* por meio de pesquisa, formal e informal.

Retenção e ação (retenção seletiva e ação)

Uma mensagem pode receber atenção e ser entendida, mas ainda precisará ser retida para que se aja a partir dela. A retenção e o desejo de agir são aumentados se o receptor da mensagem puder responder às seguintes perguntas:

1. Qual o meu interesse nisso?
2. É compatível com meus valores, necessidades e crenças?
3. É fácil de lembrar e fazer? (Divida questões complexas em uma série de questões simples.)
4. É fácil de tentar com pouco ou nenhum risco?
5. Posso observar as consequências de minhas ações?
6. Minha ação é reforçada positivamente pelas mensagens subsequentes?

Nem mesmo os comunicadores mais eficazes conseguem se comunicar o tempo todo. Muitos fatores dos quais não estamos cientes, ou que não controlamos, podem distorcer nossas mensagens, mas, ao aplicar conscientemente os princípios da comunicação, a porcentagem de sucesso aumentará.

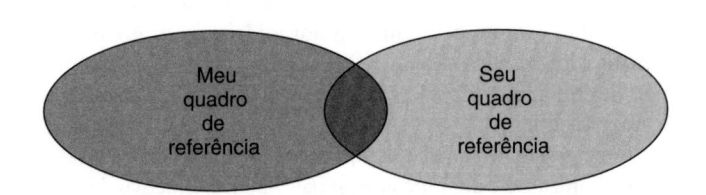

FIGURA 7.4 A comunicação ocorre na área de intersecção.

Estudo de caso

University Hospital

O University Hospital, situado em uma cidade de cerca de 1,2 milhão de habitantes, é o maior hospital privado dos Estados Unidos, com mais de 2 mil leitos e mais de 5 mil pacientes anualmente. O hospital emprega 6 mil pessoas e tem uma equipe médica de mais de 1.300 membros, com um orçamento anual de mais de 750 milhões de dólares.

Como todos os hospitais, o University Hospital tem enfrentado desafios financeiros difíceis na era do atendimento de saúde gerenciado (*managed health care*). Ao se preparar para celebrar seu centenário, que começa em 18 meses, o hospital examina estratégias de relações públicas que continuem a posicioná-lo como líder da cidade no atendimento hospitalar.

Como diretor de relações públicas do hospital, você recebeu a solicitação de avaliar o impacto potencial das atuais tendências demográficas nos Estados Unidos e recomendar ação adequada com vistas à comemoração do centenário.

Perguntas

1. Quais grupos de *stakeholders* estarão envolvidos?
2. Quais características demográficas você esperaria encontrar em cada grupo?
3. Que respostas você induziria em cada grupo de *stakeholders*?
4. Quais mensagens você quer enviar a cada grupo?
5. Quais canais de comunicação você sugeriria para transmitir suas mensagens a cada grupo de *stakeholders*?
6. Quais estratégias de comunicação você esperaria que fossem mais produtivas nessa situação?

Resumo

O profissional de relações públicas, como parte da equipe de administração de uma organização, deve estar envolvido no processo de decisão para garantir que a organização realize ações positivas e socialmente responsáveis. Essas ações se tornarão a fonte de grande parte da comunicação da organização.

Muitas vezes, o processo usado para implementar um plano de relações públicas pode ser considerado uma tentativa de espalhar, ou difundir, informações para todos os públicos principais da organização. O processo de difusão é como as novas ideias são adotadas na sociedade. Os caminhos centrais pelos quais as novas ideias, produtos ou tecnologia se difundem são conhecimento, interesse, avaliação, teste e adoção. Os meios de comunicação de massa são fundamentais nos dois primeiros desses caminhos, enquanto o contato pessoal pode ser mais importante nos três últimos.

O conceito de gestão de *stakeholders* proporciona uma boa base na qual visualizar o ambiente de uma organização e diferenciar os *stakeholders*. O objetivo dessa gestão é desenvolver a máxima cooperação geral entre *stakeholders* e os objetivos da organização.

O profissional de relações públicas é o principal comunicador dentro de uma organização. A escrita continua sendo a ferramenta central do comunicador, mas os profissionais devem dominar vários estilos de redação. Enquanto a estrutura da pirâmide invertida é especialmente importante porque é usada pela maioria dos jornalistas, outros estilos, como a escrita para a internet, também são necessários.

Outro aspecto importante do processo de comunicação é a escolha dos meios. As três considerações básicas para a escolha dos meios são as necessidades e desejos dos públicos, a escolha do momento ideal para a mensagem e o orçamento disponível para o meio.

Por fim, se você quer que sua mensagem seja ouvida, precisa ter certeza de captar a atenção do público, seu entendimento, retenção e ação. Infelizmente, para ser ouvida, a mensagem deve passar por um "funil" de atenção seletiva, percepção seletiva, retenção seletiva e ação seletiva, e a mensagem muitas vezes se perde em várias etapas no processo, a menos que se deem passos para melhorar a probabilidade de ela ser ouvida.

O passo final no processo de relações públicas, avaliar os efeitos da mensagem, é discutido no Capítulo 9.

Termos fundamentais

análise de *stakeholders*
atenção seletiva
difusão de informações
meios controlados
meios não controlados
opinião
percepção seletiva

público ativo
público consciente
público interveniente
público latente
público moderador
público principal
stakeholders

Notas

1. "Opinions of the Publics", Public Relations Society of America, New York, filme em 16 mm.
2. "The Pepsi Hoax: What Went Right?". Estudo de caso preparado pela Pepsi Cola Public Affairs, Somers, NY, 1993.
3. Ray Stifle, Delta Beverage, em discurso à seção de Memphis da PRSA, em 13 de setembro de 1995.
4. Ibid., p. 3.
5. Ibid.
6. Frank Walsh, *Public Relations Writer in a Computer Age* (Englewood Cliffs, NJ: Prentice Hall, 1986), p. 10.
7. Herbert F. Lionberger, *Adoption of New Ideas and Practices* (Ames: Iowa State University Press, 1960), p. 32.
8. *Mountain Bell Submission*, Public Relations Society of America Silver Anvil Awards Competition, 1983.
9. Ibid.
10. Burton St. John, "Whither P.R. Writing?" *Public Relations Tactics* (Abril de 2002).
11. Craig E. Aronoff et al., *Getting Your Message Across* (St. Paul, MN: West, 1981), p. 28-31.
12. Cynthia M. King, "The Write Stuff: Teaching the Introductory Public Relations Writing Course", *Public Relations Review* 27 (2001), p. 276.

13. Candace White and Niranjan Raman, "The World Wide Web as a Public Relations Medium: The Use of Research, Planning and Evaluation in Web Site Development", *Public Relations Review* 25 (1999), p. 405.
14. Lynne M. Sallot, Lance V. Porter, and Carolina Acosta-Alzuru, "Practitioners' Web Use and Perceptions of Their Own Roles and Power: A Qualitative Study", *Public Relations Review* 30 (Setembro de 2004), p. 269.
15. Michael L. Kent and Maureen Taylor, "Building Dialogic Relationships Through the World Wide Web", *Public Relations Review* 24 (1998), p. 326-31.
16. Marie E. Murgolo-Poore, Leyland F. Pitt, and Michael T. Ewing, "Intranet Effectiveness: A Public Relations Paper-and-Pencil Checklist", *Public Relations Review* 28 (Fevereiro de 2002), p. 113.
17. Scott Morrison, "The Rise of the Corporate Blogger", *Financial Times* (15 de junho de 2005), p. 8.
18. "Sun CEO sees competitive advantage in blogging", wvvw.usatoday.com. Acessado em 25 de junho de 2006.
19. Morrison, p. 8.
20. Suzanne Sparks FitzGerald, "Tips for Using Advertising in Public Relations", *Public Relations Quarterly* 46 (2001), p. 43-45.
21. Dan Lattimore and Derry Eynon, "How to Be Heard", apresentação à Independent Petroleum Dealers Association, Vail, CO, 1976.

8

Avaliação da Eficácia das Relações Públicas

INTRODUÇÃO

"Oi, Karen! Você encontrou aquele livro que eu lhe recomendei?"
"Encontrei, obrigada, estava na biblioteca."
"Ótimo! Você conseguiu ler este fim de semana?"
"Para falar a verdade, eu li inteiro. Bom, depois a gente se vê."

Poucos de nós considerariam essa conversa satisfatória. Se você recomenda alguma coisa a um amigo e ele segue a recomendação, você naturalmente quer saber se ele gostou.

Da mesma forma, os profissionais de relações públicas querem avaliar a atitude do público depois de conhecer um produto ou serviço. Geralmente, não basta apenas saber que o público agora está informado; a avaliação dos resultados deve ser minuciosa e específica o suficiente para nos dizer se provavelmente haverá as mudanças em atitude ou comportamento.

A avaliação é um passo essencial que os profissionais dão para conhecer a eficácia de um esforço de relações públicas, para quantificar essa eficácia para a administração e para ajustar as táticas se for necessário, enquanto a campanha ainda está em andamento. A avaliação significa demonstrar à administração o valor das relações públicas.

Nesse processo, o valor é ainda mais importante do que o volume. O número de notas à imprensa enviadas aos meios de comunicação, ou mesmo o número delas que os meios usam, já não é uma medida aceitável de eficácia. Em vez disso, os profissionais de hoje avaliam a eficácia medindo as mudanças no comportamento, nas atitudes, no conhecimento e consciência do público. Algumas das ferramentas que captam esses dados são a análise de impacto, a cobertura da mídia, a resposta do público e a mediação ambiental.

Neste capítulo, falamos de um modelo para medir a eficácia das relações públicas baseado em um sistema aberto, que leva em conta fatores ambientais e comparações entre o antes e o depois.

AVALIAÇÃO PARA PROGRAMAS DE ATIVIDADES DE RELAÇÕES PÚBLICAS

Dividimos o processo das relações públicas em quatro funções relacionadas: pesquisa, planejamento, ação e comunicação e avaliação. Em realidade, contudo, os métodos discutidos no Capítulo 5 e o material deste capítulo são simplesmente aplicações diferentes da função de pesquisa. Separamos os dois capítulos para efeitos de ilustração e ênfase, mas muito do que dizemos aqui sobre avaliar programas de relações públicas está diretamente relacionado com os métodos de pesquisa mencionados no Capítulo 5. Além disso, como observamos antes, a importância da internet e suas páginas para as relações públicas eficazes é amplamente aceita. Entretanto, pesquisas iniciais parecem indicar que poucos profissionais usam, se é que usam, os elementos básicos de pesquisa, planejamento e avaliação de gestão de internet em relações públicas.[1]

AVALIAÇÃO TRADICIONAL

A maioria dos esforços de relações públicas no passado não foram avaliados ou não o foram adequadamente, para dar respostas a perguntas fundamentais como as seguintes: por que a campanha funcionou ou não? Quais foram as táticas mais eficazes? O que teria acontecido se tivéssemos feito uma alteração a meio caminho na pesquisa? As agências de departamentos de relações públicas muitas vezes têm sido incapazes de convencer a administração ou os clientes da necessidade de avaliação. Um conhecido profissional afirmou que menos de 5% dos programas de relações públicas foram efetivamente avaliados.[2]

Tradicionalmente, a avaliação em relações públicas tem sido usada para medir resultados concretos, incluindo o número de notas à imprensa usadas, os acessos a uma página na internet e o número de videoclipes usados. Essa geralmente é a fase de implementação de um esforço de relações públicas. Essas medidas de implementação de resultados são necessárias

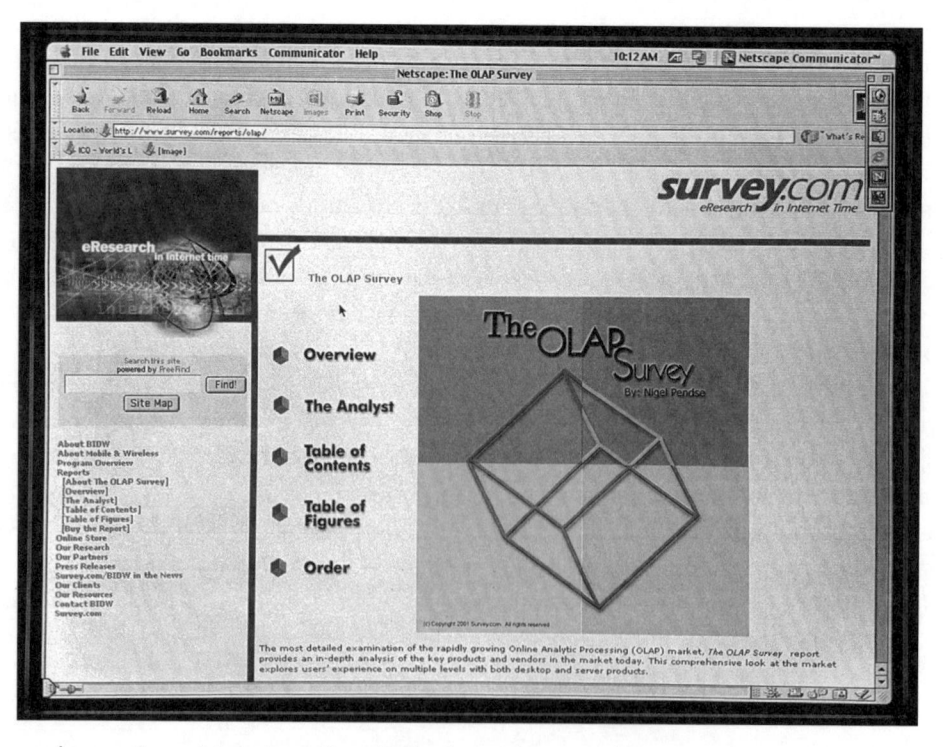

Empresas de pesquisa na internet com frequência são usadas para criar pesquisas de avaliação.

para dar elementos para a avaliação, mas não são suficientes para proporcionar uma avaliação de qualidade, relação custo-benefício ou oportunidades para melhoria. Em lugar disso o profissional deveria estar medindo as mudanças em comportamento, atitudes, conhecimento e consciência.

Há pelo menos três níveis de avaliação dos esforços de relações públicas: preparação para o programa de relações públicas, implementação do esforço e **análise de impacto** do programa.

1. *Preparação.* A avaliação da preparação pode envolver o exame da adequação das informações gerais que você coletou, a correção do conteúdo e do formato da mensagem e a qualidade dessas mensagens.
2. *Implementação.* Avaliar a implementação envolve medir o número de mensagens enviadas (distribuição), o número de mensagens colocadas na mídia, o número de pessoas que receberam a mensagem e o número de pessoas que prestaram atenção a ela.
3. *Impacto.* Quando se avalia o impacto, os profissionais medem o número ou a porcentagem do público que tomou conhecimento do conteúdo da mensagem, que mudou suas opiniões, que alterou suas atitudes e que se comportou de forma desejada. Eles também podem determinar se o problema está resolvido ou o objetivo atingido.

Para avançar rumo a um esforço de avaliação mais bem-sucedido, todos os três níveis devem ser examinados, e não apenas as medidas tradicionais de implementação.

A NECESSIDADE DE PESQUISA EM AVALIAÇÃO

Embora apresentada por último, a **avaliação** não é a etapa final do processo de relações públicas. Na prática real, ela costuma ser o início de um novo esforço. A função de pesquisa se sobrepõe às funções de planejamento, ação e avaliação. É um processo independente que, uma vez desencadeado, não tem início nem fim.

Para ajudar a explicar como a avaliação pode estar envolvida em praticamente todas as fases de um programa, a Figura 8.1 está dividida em três segmentos de avaliação:

1. *Verificação da implementação.* A questão central nesse passo de início da avaliação é: até que ponto o público-alvo foi atingido? Independentemente do quão completo possa ter sido o processo de planejamento, ainda será necessário determinar a diferença entre o planejado e a implementação real. As variações do plano original devem ser analisadas e explicadas de forma que se possa tomar uma decisão e modificar o plano ou corrigir as discrepâncias.
2. *Monitoramento durante o processo.* Periodicamente, durante o programa, as ações realizadas devem ser revisadas e, se necessário, modificadas. Esse processo costuma ser chamado de **avaliação formativa**. Essas avaliações podem ser planejadas para intervalos regulares, para determinar a eficácia do programa em atingir seus objetivos. Quaisquer resultados previstos podem ser examinados e contabilizados na avaliação. A variação entre o progresso real e previsto em cada ponto deve ser examinada em função de seu efeito sobre o resultado geral. O monitoramento regular ajuda a determinar por que alguns resultados diferem muito do plano original e ajuda prevenir surpresas indesejadas.
3. *Avaliação de resultados.* O passo final é avaliar os resultados finais do programa. Esse processo se chama **avaliação somativa**. Mais uma vez, comparam-se objetivos e resultados para determinar a variação. Nesse momento, todas as avaliações anteriores se tornam importantes para explicar o contexto no qual o programa foi implementado e para interpretar os resultados. Um relatório de avaliação transmite essa informação, juntamente com quaisquer sugestões para planejar futuros esforços, a alguém devidamente encarregado de tomar as decisões.

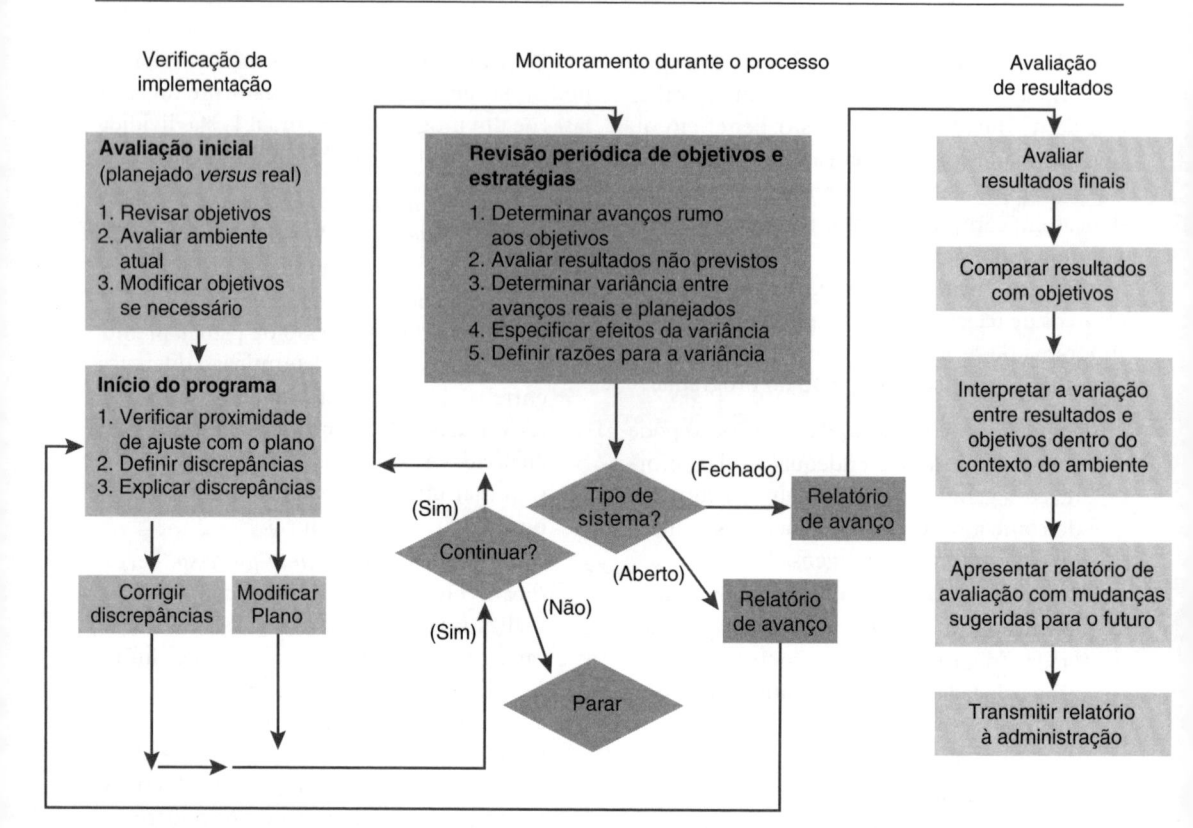

FIGURA 8.1 Componentes do plano de avaliação.

A pesquisa sobre relações públicas deve ser contínua, avaliando constantemente o processo e seu ambiente e proporcionando novas informações para sustentá-lo. Conhecer os sucessos e fracassos de uma campanha de relações públicas oferece informações que podem ser usadas para planejar mais precisamente o esforço seguinte. A pesquisa em avaliação também é útil para se avaliar uma campanha existente. Esse elemento é ilustrado no Estudo de Caso Integrador sobre o Cedar Springs Community Hospital. A pesquisa teve um impacto enorme sobre os passos de planejamento e ação que foram dados no caso. Nesse episódio final, a pesquisa ajuda a determinar a eficácia do esforço total.

Estudo de caso integrador

Cedar Springs Community Hospital
Parte 4

Aproximadamente um ano após iniciado o programa para melhorar as percepções dos funcionários com relação à qualidade do atendimento aos pacientes, foi realizada uma pesquisa de seguimento. Esse processo de avaliação começou no mesmo ponto da pesquisa original. Usando a metodologia do *survey* inicial com funcionários, mais uma vez foram escolhidos 300 nomes aleatoriamente, a partir de 1.226 funcionários. Cada um dos indivíduos escolhidos recebeu um questionário por correio, semelhante ao usado para dar início ao processo.

Quatro fatores fundamentais do *survey* original tinham sido selecionados como objetivos para melhorar durante o ano anterior. Esses mesmos fatores foram medidos de novo no *survey* de avaliação para determinar o progresso que havia sido feito. As seguintes comparações foram produzidas.

Fatores	Média de classificações no início	Média de classificações no fim
1. Qualidade do atendimento	6,6	7,0
2. Entendimento dos procedimentos por parte dos pacientes	5,7	6,2
3. Cortesia e respeito demonstrados aos pacientes	7,4	7,8
4. Chamadas de pacientes nos quartos respondidas em menos de 5 minutos	56%	82%

Obviamente, havia acontecido uma mudança visível e positiva nas percepções dos funcionários sobre o desempenho geral do hospital. Além das evidências quantitativas, que mostravam ganhos em todas as categorias no ano anterior, os indicadores qualitativos também sustentavam essa conclusão. Outro grupo focal demonstrou considerável melhoria nos sentimentos dos funcionários com relação ao atendimento oferecido. Isso foi reforçado por meio de cartas dos funcionários e comentários feitos durante as reuniões mensais.

Embora as percepções dos funcionários não tenham se elevado no mesmo nível das dos pacientes que tiveram alta recente em pesquisas anteriores, as melhorias foram constantes e consistentes. Portanto, a administração concluiu que um programa para dar continuidade oferecendo as opiniões dos pacientes seria uma parte importante dos futuros programas de comunicação com funcionários.

Outra razão importante pela qual a pesquisa em avaliação é uma necessidade dos programas de relações públicas é que ela aumenta o apoio na organização. Os profissionais de relações públicas devem assumir responsabilidade igual pela eficácia que têm seus colegas de administração. Os recursos da organização sempre são limitados e foco de muita competição. Os gerentes de relações públicas devem ser capazes de demonstrar eficácia de maneiras que possam ser medidas em relação a outras funções concorrentes, como revela Robert Marker, gerente de imprensa da Armstrong Cork, no Minicaso 8.1.

MEDINDO O VALOR DOS ESFORÇOS DE RELAÇÕES PÚBLICAS

Muitos programas de relações públicas foram eliminados ou cortados porque não se conseguiu atribuir "valor" a eles. As duras realidades da existência corporativa tornam necessário que os profissionais de relações públicas demonstrem o valor do que fazem. Principalmente em situações difíceis, todos os aspectos da atividade organizacional são medidos pelo benefício relativo que proporcionam à empresa. Os departamentos de relações públicas que não são capazes de demonstrar seu valor à organização não estarão em posição de influenciar as decisões sobre políticas que afetam seu próprio destino.

Medições que contam

A lição do Minicaso 8.1 é que a realidade de tudo em uma organização, principalmente um empreendimento com fins lucrativos, deve ter "valor" associado. Os esforços de relações públicas não estão isentos dessa realidade. As RP se tornam influentes se seus resultados puderem ser ligados diretamente a coisas que a organização-cliente considere valiosas. Se as seguintes questões puderem ser relacionadas ao desempenho das relações públicas, esses esforços serão apreciados na maioria das culturas corporativas:

- Como o programa de RP pode impulsionar as vendas?
- Qual retorno sobre o investimento (ROI) a empresa tem com as despesas de RP?

Minicaso 8.1

A importância da avaliação

Lembro-me de uma ocasião, alguns anos atrás, que me fez pensar sobre a necessidade de um mecanismo de medição e um sistema de relatório interno para ajudar a explicar a função de relações públicas.

Um executivo de *marketing* da Armstrong me pediu que fosse a seu escritório e o informasse, da forma mais sucinta possível, o que ele estava gastando e obtendo com as relações públicas. Isso não me incomodou na época, porque tínhamos tido esse tipo de questionamento antes, e eu tinha certeza de que poderia respondê-lo. Fui preparado, com um volume considerável de recortes de jornais, matérias em revistas e histórias de casos que tínhamos produzido para apoiar sua linha de produtos naquele ano.

Coloquei tudo isso à sua frente... Depois de algum tempo, mostrei que toda essa publicidade – caso fosse enfileirada – sairia de seu escritório, na ala oeste do prédio, passaria pelo centro e chegaria à ala leste, desceria as escadas e sairia pelo saguão principal, e ainda haveria papel suficiente para forrar uma parede e meia de seu escritório (esse era um mecanismo de "medição" comum naquele tempo. Costumávamos pedir que nossas secretárias calculassem os centímetros de colunas e os convertessem em metros lineares de espaço construído). E foi então que veio a pergunta que ninguém jamais me fizera: "Mas o que tudo isso vale para nós?".

Eu gaguejei por um momento e disse algo como que o material falava por si. Afinal de contas, estávamos falando de um espaço editorial muito cobiçado... Eu disse que seria difícil atribuir a ele um valor específico.

Ele sorriu: "Meu garoto, eu tenho que atribuir valor a tudo nesta empresa... Por que você não volta lá e escreve um memorando descrevendo claramente que função isso cumpre para nós, e depois nós falamos sobre seu orçamento para o ano que vem?".

Perguntas

1. O que Robert Marker deixou de fazer ao se preparar para esta entrevista?
2. É apropriado que um gestor atribua valor a tudo em sua empresa? Por quê?
3. O que sua resposta à pergunta 2 implica para os profissionais de relações públicas?

Fonte: Robert K. Marker, "The Armstrong/ PR Data Management System," *Public Relations Review* 3 (1977), p. 51-52.

- Até que ponto se pode atribuir um aumento no preço das ações da empresa (capitalização de mercado) aos esforços para construir uma reputação positiva por meio das RP?
- De que forma os esforços de RP contribuem para uma imagem de marca positiva?
- Como as RP funcionam com outros tipos de comunicação de *marketing* para criar valor e tornar um orçamento de *marketing* mais eficaz?

O que se pode medir nos esforços de relações públicas? Obviamente, várias coisas relacionadas aos esforços de relações públicas permanecerão "intangíveis", mas muitos resultados podem ser medidos e atribuídos às RP. Embora quase qualquer coisa possa ter associada a si alguma forma de medição, aqui estão algumas das áreas mais comuns das atividades de medição em RP.

Cobertura e impacto da mídia Embora "contagens de aparições na imprensa" e "impressões" (número de pessoas que têm contato com a mensagem) ainda sejam usadas como medidas autônomas de eficácia nas relações públicas, há um amplo reconhecimento de sua insuficiência. Entretanto, esses métodos tradicionais podem ser melhorados em muito incorporando-se medidas que desmembram os resultados segundo o "tom" da cobertura recebida. O uso de análise de conteúdo para determinar o grau de favorabilidade das impressões da mídia ou aparições ajuda a entender os resultados em termos de impacto positivo ou negativo.

Medição de eventos O grau em que a cobertura da mídia é elevado em termos de impressões positivas devido à participação de uma organização em um evento, como uma feira comercial ou um evento beneficente, bem como o impacto sobre *stakeholders* importantes que visitaram a mostra ou programa.

Boca a boca e outras "mídias sociais" Recomendações e discussões tradicionais boca a boca são constantemente citadas como as mais poderosas influências sobre a opinião pública. As mídias sociais, como *blogs*, myspace.com e YouTube, são cada vez mais eficazes como formas de atingir líderes de opinião. Medir a quantidade e o tom dessas interações pela internet é o propósito de Nielsen BuzzMetrics, por exemplo.

Mensagens pela internet Enquanto o número de acessos e visitantes individuais tem sido uma medida básica para inserção na internet, novas abordagens para monitorar o impacto das iniciativas de RP baseadas na internet estão vindo de serviços como Yahoo News, Google News, comScore e Nielsen NetRatings.

Melhoria da reputação da empresa Podem-se obter medidas do impacto positivo e negativo da reputação de uma organização entre vários *stakeholders* (clientes, fornecedores, acionistas, funcionários) usando modelos de mix de *marketing*. Esses métodos estatísticos complexos podem ajudar as organizações a avaliar o retorno relativo sobre o investimento de vários métodos de comunicação, bem como seu impacto cumulativo.[3]

Estratégias de medição

O próprio conceito de medição não é novo à prática das relações públicas. Todos os profissionais de relações públicas precisam entender o seguinte:

- Sua relação com representantes da mídia.
- O impacto de suas mensagens sobre os públicos que querem atingir.
- O número de pessoas atingidas.
- Quantos meios de comunicação usam suas mensagens.
- Que valor seus esforços têm para a organização.[4]

O problema, como descobriu Robert Marker, é que o resto do mundo dos negócios vem usando padrões de referência diferentes. O sistema de medição de Marker era quantificável (metros lineares de corredor) e refletia com precisão o esforço que tinha sido feito. Mas quando ele se deparou com a pergunta devastadora sobre "valor", a estratégia de medição não foi capaz de fornecer quaisquer dados. Como a natureza das relações públicas é intangível, é difícil atribuir um valor a suas atividades. Muitas vezes, o problema leva os profissionais a usar medidas errôneas ou aplicar incorretamente as medidas.

Assim como todos os aspectos da prática das relações públicas, a avaliação precisa de planejamento cuidadoso. Em termos ideais, o esforço de avaliação deve ser planejado desde o início do programa. Uma tentativa de avaliação elaborada depois de o programa ter sido iniciado produzirá dados incompletos e geralmente inadequados. Quando a avaliação faz parte do plano geral, cada componente pode ser formulado com um olhar para a medição posterior de seu êxito.

Medição por objetivos O uso da medição por objetivos (MPO), ou qualquer processo de planejamento semelhante, ajudará a aliviar o problema de medição que as relações públicas enfrentam. Embora a MPO seja mais usada para avaliar funcionários individualmente, seus elementos básicos também podem ser aplicados a programas, projetos e grupos de trabalho. O objetivo é preparar declarações antecipadas, geralmente durante a fase de planejamento, com relação a expectativas legítimas sobre um determinado esforço. Eles devem ser fruto de acordo mútuo de todos os envolvidos antes que a ação ocorra. Quando chegar a hora definida para a avaliação, os objetivos podem ser comparados com realizações para avaliar o grau de sucesso. O processo exato varia entre organizações, mas aqui vão os passos básicos da MPO:

1. *Envolvimento do grupo de trabalho.* Se mais de uma pessoa estiver trabalhando no projeto, o grupo como um todo deve estar envolvido na definição dos objetivos. Isso é importante para que nenhuma parte da tarefa seja negligenciada e que cada colaborador se sinta comprometido com o esforço.
2. *Envolvimento gestor-subordinado.* Definidos os objetivos do grupo, cada subordinado deve trabalhar com o gestor do projeto para definir um conjunto de objetivos individuais, que manterão o projeto em andamento ao garantir que todos entendam seu papel.
3. *Determinação de objetivos intermediários.* Este passo define uma série de objetivos no caminho do objetivo geral. Estabelecer objetivos intermediários permite a avaliação com mais precisão durante o processo e possibilita a consideração de correções no meio do caminho, antes de o projeto sair de controle.
4. *Determinação de medidas de realização.* O momento em que o projeto será considerado completo deve ser especificado em termos de tempo ou de realização de um objetivo formulado.

5. *Revisão, avaliação e reciclagem.* Como não se podem definir objetivos com absoluta precisão nem realizá-los com perfeição, é importante usar a informação obtida de cada processo de avaliação para melhorar o planejamento do próximo esforço de relações públicas.

Análise de impacto Medir o impacto de um esforço de relações públicas é sempre difícil e nunca totalmente objetivo. Como já discutimos neste capítulo, contudo, quanto mais conseguirem medir quantitativamente os efeitos de seu trabalho, mais os profissionais de relações públicas conseguirão planejar futuras iniciativas e demonstrar seu valor para quem toma as decisões na organização. Nesta seção, apresentamos quatro dimensões de medição que podem ser usadas para avaliar o impacto de qualquer campanha de relações públicas, independentemente de seu porte: *cobertura de público, resposta do público, impacto da campanha* e *mediação ambiental.*

Cobertura de público Talvez o primeiro ponto que deva ser documentado ao se avaliar qualquer esforço de relações públicas seja se os públicos pretendidos foram atingidos. Outras perguntas devem ser respondidas na fase inicial: até que ponto cada público-alvo tomou contato com as várias mensagens? Quais públicos não pretendidos também receberam as mensagens?

Duas medições básicas são usadas para ajudar a responder a essas perguntas. Em primeiro lugar, devem ser feitos registros precisos de quais mensagens foram preparadas e para onde foram mandadas. Segundo, deve-se usar um sistema para acompanhar quais notas foram usadas e por quem. Embora a primeira medida seja a mais fácil de calcular, ela nada vale sem a segunda para comparação. Grandes quantidades de inserções na mídia não têm valor a menos que parte dela realmente chegue ao público que se pretende. Portanto, algum método deve ser concebido para medir com precisão o uso de mídia espontânea e a cobertura dos eventos.

Essencialmente, essa medição pode ser conseguida se o profissional e outros funcionários mantiverem um acompanhamento cuidadoso dos meios-alvo e tiverem arquivos de clipagem. É claro que isso é mais fácil para meios impressos do que em radiodifusão, mas algumas estações de rádio e televisão fornecem relatórios periódicos aos profissionais de relações públicas se isso for solicitado. Além disso, serviços de clipagem que monitoram meios impressos e radiodifusão fornecem relatórios regulares como serviço remunerado. Esse serviço deve ser escolhido com cuidado, com base nas recomendações de outros usuários, em relação a sua precisão.

A medição da **cobertura de mídia** envolve mais do que simplesmente a proporção de notas enviadas em relação às usadas. O profissional deve também ser capaz de especificar quais públicos (pretendidos e não) foram atingidos pelo meio. Esse tipo de dado está disponível em *surveys de leitores* e informação de audiência que se pode obter nos departamentos de vendas de propaganda dos meios de comunicação. Os perfis de audiência de cada publicação ou estação podem ser calculados com a quantidade de espaço ou tempo para se obter uma medição completa de cobertura de audiência. Esses dados podem ser relatados em termos dos centímetros totais de colunas (para meios impressos), tempo de transmissão por audiência (para radiodifusão) para cada nota ou evento ou acessos a uma página na internet. John Pavlik, John Vastyan e Michael Maher usaram um *survey* com leitores em um centro médico para determinar que os funcionários que estavam mais integrados à organização tinham maior probabilidade de ler um boletim da empresa, de forma que a publicação poderia ser elaborada com vistas a atender às necessidades desse público.[5] Porém, para obter um efeito mais concreto, muitos profissionais traduzem tempo e espaço de mídia em valores monetários, com base em preços anteriores de anúncios. Embora isso possa ser eficaz para ilustrar um argumento diante da administração, tem muito pouca validade para determinar qual foi o efeito dessa exposição sobre o público pretendido.

Resposta do público Quando se determina que a mensagem atingiu o público pretendido, o profissional deve avaliar a resposta do público. Frequentemente, esse tipo de informação pode ser obtido por meio de vários métodos para pré-testar mensagens, como os discutidos neste capítulo e no Capítulo 5. Amostras de cada público-alvo são postas em contato com várias mensagens antes de que estas sejam emitidas. Os dados resultantes ajudam a prever se a mensagem causará uma reação favorável ou desfavorável. Também pode determinar se a mensagem atrai atenção, gera interesse ou obtém entendimento por parte do público. Aplicando-se boas técnicas de amostragem e desenho de questionários (Capítulo 5), é possível fazer previsões precisas e corrigir problemas antes que as mensagens sejam emitidas. Algumas mensagens, contudo, como chamadas transmitidas ou matérias escritas a partir de notas à imprensa, não podem ser medidas antecipadamente, pois não são controladas pelo profissional. Assim, é necessário medir a resposta do público usando as técnicas de *survey* discutidas no Capítulo 5. Muitas vezes, a resposta do público pode ser prevista acompanhando-se o tratamento que os meios dão a matérias em termos de tendências favoráveis, neutras ou desfavoráveis, como veremos posteriormente neste capítulo.

Também se podem pré-testar mensagens usando estudos de legibilidade. A premissa básica desses testes é que os textos escritos serão ineficazes se forem difíceis de ler. A maioria dos métodos para medir a legibilidade gera um índice que se traduz em um grau de instrução aproximado que é necessário para entender o material. Por exemplo, a revista *Time* e a *Reader's Digest* são escritas para o que se chama de nível de 11^a ou 12ª série nos Estados Unidos, ou seja, seus leitores são basicamente pessoas que têm pelo menos o ensino médio. Há muita polêmica sobre qual fórmula é a mais precisa e quais fatores são necessários para calcular a legibilidade, mas os testes podem ser úteis nos esforços de relações públicas para adequar os estilos de redação a publicações-alvo. O índice de uma nota à imprensa comparado com o índice da publicação à que se destina deve indicar se eles são compatíveis.

Lembre-se de que a escrita mais simples nem sempre é a melhor. Pode-se perder sentido supersimplificando com tanta facilidade quanto complexificando. Conceitos abstratos ou complexos não podem ser expressos adequadamente em frases simples e curtas, usando palavras de uma ou duas sílabas. O importante é associar a mensagem escrita à publicação e ao público ao qual ela se dirige. Este livro-texto, por exemplo, foi escrito para universitários que estão estudando relações públicas, e não para leitores casuais. Muitas vezes, os editores de publicações internas para organizações altamente técnicas devem evitar rebaixar seu texto tanto quanto evitam jargão.

Impacto da campanha Além de considerar a resposta do público a mensagens individuais, o profissional deve estar preocupado com o impacto da campanha como um todo. Nesse caso, o todo não é igual à soma das partes. Se uma campanha for corretamente pesquisada e planejada, seus elementos interagirão para produzir um efeito que é muito maior do que a soma das respostas a cada mensagem individual. Se o conjunto não estiver correto, não importa o quanto os elementos da campanha combinados sejam excelentes individualmente, eles podem ficar aquém do objetivo.

Assim sendo, é importante medir o impacto cumulativo de uma campanha de relações públicas tendo em mente os objetivos desenvolvidos na fase de planejamento. Isso pode ser feito apenas depois de a campanha estar em andamento por tempo suficiente para chegar a alguns resultados. Os efeitos são geralmente em termos de atitudes, embora possam ser comportamentais. Se um objetivo de campanha é manter ou aumentar atitudes favoráveis com relação a uma organização entre membros de determinados públicos, podem ser usados métodos de pesquisa como pesquisas de imagem da organização descritos no Capítulo 5 para medir o êxito. Geralmente, isso demanda pré-testes e pós-testes, ou uma série de pesquisas para monitorar as tendências de atitude. Além disso, determinadas ações por parte de membros de um público podem ser medidas, como as reclamações, perguntas sobre serviços e solicitações de novas edições.

Mediação ambiental Os profissionais devem se dar conta de que a campanha de relações públicas não é a única influência sobre as atitudes e comportamentos de seus públicos. As campanhas existem em um ambiente de processos sociais que pode ter tanto efeito sobre os objetivos do esforço quanto as mensagens preparadas. Por essa razão, os resultados medidos devem ser interpretados à luz de várias outras forças na operação. Pode-se não ser capaz de atingir um objetivo sem que isso signifique um fracasso, desde que tenham surgido condições imprevistas.

Igualmente, um sucesso estrondoso pode não ser totalmente atribuível à campanha de relações públicas quando tiver havido forças ambientais positivas presentes na época. Portanto, as técnicas como monitoramento ambiental e outras discutidas no Capítulo 5 devem ser usadas para avaliar os resultados de uma campanha.

Um método usado para verificar influências ambientais, mesmo quando o profissional tem um orçamento e uma equipe pequenos, é a entrevista com grupos focais. Esses grupos são compostos por indivíduos selecionados aleatoriamente a partir de um público, que se reúnem para discutir a campanha. Elementos da campanha devem ser apresentados ao grupo, que será instruído a discutir seus efeitos e as causas desses efeitos. Um entrevistador habilidoso manterá a discussão no tema, sem franquezas prejudiciais nem fluxo livre de ideias. Os grupos focais devem discutir suas reações aos elementos da campanha e avaliar seu efeito geral. Eles também podem ajudar a interpretar dados obtidos na etapa de impacto da campanha com relação a eventos históricos, sociais e políticos que possam ter surtido algum efeito.

Essas quatro etapas de medição podem ajudar o profissional de relações públicas a avaliar mais completamente os resultados de uma campanha e planejar futuros esforços eficazes. Essas etapas de medição também proporcionam o mesmo tipo de dados da vida real que os gestores de outras áreas de uma organização usam para dar sustentação a suas atividades.

Fontes de erro de medição

Aqui vão alguns erros comuns na medição da eficácia das relações públicas:

1. *Volume não é o mesmo que resultados.* Com frequência, o pressuposto de partida é o de que, se uma nota à imprensa é eficaz, três serão três vezes mais eficazes. Como descobriu Marker, uma pilha grande, ou mesmo uma longa teia de clipagens de imprensa, pode ser prova de esforço, mas os resultados em termos do efeito dessas clipagens sobre os públicos aos quais se destinavam não podem ser medidos por volume. Nem mesmo os mecanismos de medição de audiência elaborados para contar o número de pessoas expostas a uma mensagem mostram se os expostos realmente prestaram qualquer atenção ou, se prestaram, que efeito a mensagem teve sobre eles.

2. *Estimativa não é medição.* Depender da experiência e da intuição para avaliar a eficácia dos esforços de relações públicas não é mais aceitável como medição objetiva. Os especialistas sabem que as aparências, mesmo ao olho treinado, podem enganar. O achismo não tem lugar em um sistema de medição. Pode ser atrativo e confortável, porque é fácil de realizar e elogioso ao especialista, mas, quando se trata de requisitos de orçamento, os gestores como o que Marker encontrou exigem fatos concretos.

3. *As amostras devem ser representativas.* Muitas decisões equivocadas sobre o futuro de uma campanha de relações públicas se basearam em alguns comentários favoráveis que foram oferecidos voluntariamente ou coletados de forma não sistemática. Existem vários riscos ao se fazer isso: somente os que têm comentários positivos (ou negativos) podem fazê-los; algumas pessoas, quando perguntadas, tendem a dar as respostas que acham que o entrevistador quer ouvir; ou a seleção de entrevistadores pode ser involuntariamente tendenciosa. As amostras devem ser selecionadas científica e sistematicamente para evitar esses erros.

4. *Esforço não é conhecimento.* Um dos objetivos mais comuns nas relações públicas é aumentar o conhecimento do público sobre um determinado tema. Às vezes, os profissionais pressupõem uma relação direta entre a quantidade de esforço que fazem para comunicar uma mensagem e a quantidade de conhecimento que o público adquire. Esse pressuposto errôneo leva a um problema semelhante ao erro de volume discutido anteriormente. O estudo da aprendizagem humana sugere que, depois de se atingir certo nível de conhecimento, o ritmo de aprendizagem se reduz na maioria das pessoas. Portanto, apesar dos melhores esforços dos comunicadores, todos os públicos acabarão por atingir um nível de conhecimento a partir do qual haverá muito pouca aprendizagem.

5. *Conhecimento não equivale a atitude favorável.* Muitas vezes se supõe que a comunicação é bem-sucedida se o público obteve conhecimento do tema da mensagem. Mesmo quando os resultados de pré-teste e pós-teste indicam um aumento de conhecimento, não se pode supor que resultaram atitudes mais favoráveis. Um alto grau de lembrança ou consciência do nome não é necessariamente uma indicação de que o esforço de relações públicas tenha sido eficaz.
6. *Atitude não é comportamento.* Embora a opinião pública positiva possa ser um objetivo legítimo das relações públicas, é incorreto pressupor que atitudes favoráveis resultarão no comportamento desejado. Quando membros de um determinado público têm atitudes favoráveis em relação a um cliente ou a uma organização, provavelmente não se oporão conscientemente àquela pessoa ou grupo. Por outro lado, ainda assim podem não apoiar ativamente os objetivos da campanha de relações públicas. Nossa discussão sobre públicos latentes, conscientes e ativos no Capítulo 5 enfatizou essa questão. Os profissionais devem estar cientes da necessidade de predizer o comportamento ou, pelo menos, o comportamento potencial, quando medirem a opinião pública.

AVALIAÇÃO EM SISTEMA FECHADO

Mark P. McElreath descreve dois modelos de pesquisa em relações públicas, sob os quais a maioria dos esforços de medição pode ser categorizada: sistemas de avaliação abertos e fechados.[6] Uma **avaliação em sistema fechado** limita seu alcance às mensagens e eventos planejados para a campanha e seus efeitos sobre os públicos pretendidos. Esse é o modelo mais usado de avaliação de relações públicas. A intenção do sistema é testar a mensagem e os meios de uma campanha de relações públicas antes que sejam apresentados aos públicos-alvo. Essa estratégia de pré-teste visa revelar erros de cálculo que possam ter passado despercebidos na etapa de planejamento. A avaliação pós-teste é realizada depois que a campanha já estiver em andamento por tempo suficiente para produzir resultados. Os dados do pós-teste podem ser comparados com os resultados do pré-teste e os objetivos de campanha para avaliar a eficácia do esforço. Esses resultados também proporcionam informações para planejar a próxima campanha.

Desenho pré-teste/pós-teste

Os seguintes fatores geralmente são examinados nos tradicionais desenhos de pré-teste e pós-teste:

1. *Produções.* É feita uma contabilidade de todas as possíveis ferramentas de relações públicas usadas na campanha (notas à imprensa, *press kits*, folhetos, vídeos, páginas na internet, etc.). A quantidade de materiais realmente produzidos e o custo total de produção rendem importantes informações sobre relação custo-benefício. A quantidade de tempo e orçamento dedicada a cada segmento de uma iniciativa de relações públicas pode ser reavaliada com esse tipo de dado.
2. *Distribuição.* O desenho de avaliação inclui os canais pelos quais as mensagens de campanha são distribuídas. Clipagens coletadas por serviços profissionais costumam ser usadas para medir quantas matérias foram realmente impressas. O número de emissoras de rádio e TV que assumiram a matéria pode ser uma informação importante. Esse tipo de dado pode ser usado com mais frequência para avaliar campanhas de relações públicas. Observe que, embora esses tipos de dados forneçam uma medida razoável da eficiência da campanha, os dados de distribuição não tratam realmente da questão da eficácia.
3. *Interesse.* As pesquisas sobre interesse dos leitores determinam o que as pessoas leem em vários tipos de publicações. Uma amostra representativa do público leitor potencial total é pesquisada para se obter uma medida quantitativa de quais itens atraem mais interesse. Essas são medidas relativamente boas do que os leitores realmente consomem, mas não medem compreensão nem efeito da mensagem sobre o leitor. A televisão e o rádio usam métodos semelhantes para determinar quais programas e horários as pessoas preferem.

4. *Alcance.* As pesquisas de interesse dos leitores fornecem informações com relação a se a matéria foi lida, mas também descrevem as pessoas que as leem. Essa informação pode ser útil porque as mensagens muitas vezes chegam a públicos que não os pretendidos. A eficiência de uma mensagem é o grau em que ela realmente chega ao público pretendido. Para qualquer esforço de avaliação, é necessária uma medida razoavelmente precisa de quais públicos estão sendo atingidos por qual mensagem. Os serviços de níveis de audiência de televisão e rádio fornecem informações sobre as características da audiência em vários momentos do dia.

5. *Entendimento.* Embora seja importante determinar se o público-alvo está sendo atingido, é igualmente importante saber se ele consegue entender a mensagem. Uma campanha de relações públicas não pode ser considerada bem-sucedida se o público não entender o argumento. Com frequência, aplicam-se testes de legibilidade a mensagens escritas para medir sua facilidade de leitura. Como já discutimos, a legibilidade é medida segundo a extensão de frases e o número de sílabas nas palavras utilizadas. Já foram feitas muitas críticas, mas eles continuam sendo instrumentos padrão para avaliação pré-teste.

6. *Atitudes.* Criar e manter atitudes positivas ou mudar as negativas é um propósito central de toda a atividade de relações públicas. Portanto, medir as atitudes ou, de preferência, mudar de atitude é uma forma muito considerada de avaliação. Muitas vezes se faz medição pré-teste/pós-teste para determinar a quantidade de mudança nas atitudes de públicos-alvo que pode ser atribuída à campanha de relações públicas.

Medir atitudes é uma técnica científica comportamental sofisticada que apresenta muitas oportunidades de erro. Poucos profissionais de relações públicas tentam realizar grandes estudos de atitude sem a ajuda de profissionais especializados nesse tipo de medição. Várias das técnicas de pesquisa discutidas no Capítulo 5 (como a auditoria de relações públicas) usam alguma forma de medição de atitude. Organizações profissionais de pesquisa costumam fornecer dados sobre atitudes para a avaliação de relações públicas. Muitos fatores, desde a necessidade de uma amostra cientificamente selecionada até a construção de um questionário que imponha viés aos resultados, tornam a medição de atitudes uma tarefa difícil para a maioria dos profissionais de relações públicas.

Desvantagens de um método de sistema fechado

Embora seja o modelo mais usado por equipes de relações públicas, a avaliação em sistema fechado tem dois problemas. Primeiramente, como já discutimos, o fato de uma mensagem ter sido transmitida a um público-alvo de forma inteligível e produzido atitudes favoráveis não significa que os objetivos de campanha foram atingidos. Segundo, a probabilidade de os resultados desejados ocorrerem, principalmente em termos de mudanças reais de comportamento, é influenciada por uma série de fatores de fora dos elementos da campanha. Deixar de atingir os objetivos do esforço de relações públicas pode não significar que os elementos ou o plano do esforço tenham tido problemas. Vários fatores ambientais, como mudanças econômicas, políticas e sociais, podem anular resultados que poderiam ter sido positivos.

Empresas petrolíferas, pegas em um embargo que causou uma subida rápida de preços, escassez e longas filas nas bombas de gasolina, experimentaram perdas na opinião pública favorável, apesar de enormes esforços de relações públicas no início dos anos de 1970. A eficácia de suas mensagens foi desgastada por eventos fora do controle de qualquer campanha de relações públicas. Portanto, esses eventos tiveram de ser considerados na avaliação dos esforços de relações públicas. Mesmo que tenha havido perda, e não ganhos, na opinião pública positiva, as campanhas ainda podem ter sido eficazes. Sem planos de relações públicas viáveis já aplicados, as perdas de opinião pública teriam sido muito mais devastadoras.

AVALIAÇÃO EM SISTEMA ABERTO

Embora o desenho com pré-teste/pós-teste possa ser adequado para avaliar projetos de curto prazo, muitos programas de relações públicas são demasiado complexos para medidas simples de "antes e depois". Os programas contínuos ou de longa duração, como mudanças em política organizacional, requerem um método de avaliação que possibilite a avaliação durante todo o processo, sem ter de esperar por resultados finais. Os modelos de **avaliação em sistema aberto** tentam incorporar fatores externos à campanha de relações públicas quando avaliam sua eficácia.

O modelo de sistema aberto enfatiza até onde a função de relações públicas é englobada por vários outros aspectos de uma organização e seu ambiente. Fatores como públicos não pretendidos e administração e eficácia organizacional também são incluídos.

No Capítulo 5, discutimos o uso crescente de monitoramento ambiental e auditorias sociais como métodos de coleta de informações. Essas mesmas técnicas fornecem dados úteis para avaliar a eficácia nas campanhas de relações públicas. Os efeitos dos esforços de relações públicas sobre vários fatores ambientais podem ser uma medida útil de resultados. Por sua vez, os dados ambientais podem ajudar a explicar os efeitos de uma campanha. Como a maioria desses fatores está fora do controle da organização, eles podem operar como variáveis de confusão em uma avaliação em sistema fechado. As condições econômicas, por exemplo, podem ter um efeito importante sobre as atitudes de consumidores diante de uma organização. Dessa forma, resultados de um esforço de relações públicas que não pareçam positivos quando examinados isoladamente podem ser realmente importantes quando forem levados em conta os efeitos negativos de determinadas condições econômicas.

Dados sobre o clima interno também ajudam a avaliar as campanhas de relações públicas. As mensagens de relações públicas podem ter tanto efeito sobre gestores e funcionários de uma administração quanto sobre outros públicos. No Capítulo 5, sugerimos que as organizações pesquisassem seus climas internos para obter informações com vistas a planejar relações públicas, e isso também serve para a avaliação. Os profissionais de relações públicas devem olhar dentro e fora de suas organizações para medir os efeitos de seus esforços. Assim como os fatores ambientais, o clima interno de uma organização pode ajudar a explicar o efeito de um esforço de relações públicas. Atividades sindicais, percepções sobre a administração e mudanças na política da empresa podem afetar os resultados de uma campanha.

Muitos dos fatores incluídos no modelo de avaliação em sistema fechado são difíceis de medir com precisão. Mesmo assim, reconhecer esses fatores é, em si, um passo importante para avaliar os esforços de relações públicas. O valor do método de avaliação em sistema aberto está em considerar as relações públicas no espectro mais amplo da eficácia organizacional geral.

As abordagens de curto prazo e continuada

Os modelos de sistema aberto e fechado podem ser usados em aplicações de curto prazo ou continuadas. Quando um esforço de relações públicas não busca estabelecer um diálogo com um público ou receber sua opinião, a abordagem de curto prazo à avaliação pode ser adequada. Portanto, se o objetivo de um esforço é simplesmente distribuir notícias à mídia, uma abordagem de curto prazo para determinar seu uso pode ser suficiente.

Contudo, para programas longos e complexos, é necessária uma postura mais flexível em relação à avaliação. A abordagem continuada possibilita um circuito interativo que pode levar em conta os efeitos que estejam sendo criados pelo programa ao longo do tempo. Sendo assim, o programa se torna autocorretivo ao processar informações sobre seu impacto e redefinir continuamente as táticas e mesmo as estratégias.[7] Combinada a um modelo de sistema aberto, essa abordagem pode permitir que os programas de relações públicas evoluam à medida que os ambientes e os públicos mudam.

Os métodos de avaliação podem ser ainda classificados como medidas de resultados numéricos ou consequências. Um recente estudo mostrou que as medidas gerais de resultados

Um funcionário faz uma pergunta para o presidente da Qwest, em Denver. A Qwest está tentando voltar a suas "raízes" como prestadora regional de telefonia.

quantificáveis foram mais usadas para avaliar campanhas de relações públicas (ver Tabela 8.1).[8]

Um plano de sistema aberto funcionando na prática

James F. Tirone, diretor de relações públicas da American Telephone and Telegraph Company antes de seu desmembramento, sustentava que as relações públicas são um esforço gerencial, além de criativo.[9] Tirone acreditava que as relações públicas deveriam passar pelos mesmos testes de desempenho de outras funções gerenciais. Essa crença se reflete nas técnicas clássicas de medição desenvolvidas pelo Sistema Bell para serem aplicadas uniformemente em

TABELA 8.1 Uso de métodos de avaliação de resultados e consequências em campanhas

Métodos de avaliação de resultados quantificáveis	Porcentagem de uso	Métodos de avaliação de consequências	Porcentagem de uso
Taxas de resposta	66,10	Consequências da atividade	29,66
Monitoramento da mídia	64,41	*Surveys*	22,88
Análise de conteúdo da mídia	41,53	Coleta de dados não invasivos	17,80
Estatísticas de distribuição	28,81	Grupos focais	4,24
Codificação de material	8,47	Entrevistas em profundidade	4,24
Análise estatística	6,78	Pré-testes e pós-testes	3,39
Estudos de atitude e imagem	5,93	Estudo quase-experimental	0,00
Análise de audiência	4,24		
Análise de reclamações	2,54		

Fonte: Robina Xavier, Kim Johnston, Amish Patel, Tom Watson, and Peter Simmons, "Using Evaluation Techniques and Performance Claims to Demonstrate Public Relations Impact: An Australian Perspective", *Public Relations Review 31*, nº 3 (Setembro de 2005), p. 421.

uma ampla variedade de situações de relações públicas. Embora tenham mais de 20 anos, os exemplos do programa do Sistema Bell apresentados a seguir ainda representam uma excelente tentativa de implementar um modelo de avaliação em sistema aberto em três áreas: processos administrativos, publicações para funcionários e relações com a mídia.

Avaliando processos administrativos Para medir a eficácia dos processos administrativos em relações públicas, Tirone usou as informações já disponíveis de fontes padrão da organização para fazer algumas comparações singulares. Relacionando orçamentos de relações públicas com essas medições-padrão no setor, ele conseguiu mostrar um "retorno" das despesas em relações públicas. Levando ainda mais longe essa comparação, demonstrou que, quando comparados com o aumento do índice de preços ao consumidor (uma maneira de medir a inflação), os orçamentos gerais de relações públicas ficavam muito atrás, enquanto o orçamento de propaganda acompanhava.

Avaliando publicações para os funcionários O sucesso de publicações dirigidas aos funcionários no Sistema Bell foi medido em relação a objetivos corporativos estabelecidos para elas: "Atingir todos os funcionários, criar conhecimento, estabelecer uma reputação de confiabilidade, ser redigidas de modo a ser entendidas e ser legíveis em um grau de instrução adequado ao público".[10] Esses objetivos foram traduzidos nos seguintes critérios de medição: "Com que eficácia a publicação foi distribuída em 48 horas, uma estimativa média de conhecimento dos leitores sobre as histórias, entendimento e legibilidade (medida pela escala Gunning)".[11] A Tabela 8.2 mostra a capacidade de uma amostra de funcionários de se lembrar, sem ajuda, de determinadas matérias que apareceram no jornal semanal da empresa. A Tabela 8.3 informa as medidas de todos os componentes da eficiência da publicação definidos operacionalmente:

Distribuição. Porcentagem de exemplares entregues em um período de 48 horas.
Conhecimento. Média de capacidade de lembrança dos dados.
Confiabilidade. Resposta média a três perguntas sobre o jornal: É muito compreensível? É excelente ao apresentar os dois lados? É uma fonte excelente de informações?
Entendimento. Porcentagem dos que se lembraram e entenderam a matéria sobre o seminário de planejamento corporativo.
Legibilidade. O escore Gunning para a matéria do seminário de planejamento corporativo, que é mais ou menos igual ao número de anos necessário para a compreensão.

Avaliando relações com a mídia Medir a eficácia das relações de uma organização com representantes da mídia é uma tarefa difícil. Tirone relatou três aspectos dessas relações que podem ser medidos até certo ponto: "A visão da mídia sobre essas relações, as consequências

TABELA 8.2 Melhor lembrança, pelos funcionários, de artigos no jornal da empresa (três edições da publicação)

Tema	Lembrança sem ajuda (%)
Departamento de pessoal contratando (1)	56
Defendendo a empresa (3)	42
Circo Pioneer (1)	40
Marketing/concorrência	36
Seminário de planejamento corporativo (média de 3 semanas)	6
Lembrança média	36

Fonte: James F. Tirone, "Measuring the Bell System's Public Relations", *Public Relations Review* 3 (1977), p. 29. Reimpresso com permissão.

TABELA 8.3 Resultados da publicação para os funcionários	
Componente	Escore (%)
Distribuição	67
Conhecimento	36
Confiabilidade (média)	34
Muito compreensível	61
Ambos os lados/Excelentes	12
Fonte/ Excelente	30
Entendimento	40
Legibilidade	16,5 anos

Fonte: James F. Tirone, "Measuring the Bell System's Public Relations", *Public Relations Review* 3 (1977), p. 30. Reimpresso com permissão.

da emissão de notas à imprensa e a atividade de nosso representante de mídia (Sistema Bell)".[12] Como primeiro passo para atingir esses objetivos de medição, Tirone propôs uma pesquisa nacional com representantes de meios noticiosos para estimar suas classificações da quantidade e da qualidade de notas à imprensa do Sistema Bell. Ele também instigou uma análise dos meios para determinar o que realmente estava sendo dito sobre a Bell.

Para dar início à segunda fase do processo, a Bell contratou a PR Data Systems, Inc., para codificar e informatizar as informações coletadas de clipagens e matérias na mídia eletrônica. Por um longo período, esse tipo de dado poderia ajudar a medir o acesso aos porta-vozes da Bell e a qualidade de suas relações com representantes da mídia. As Tabelas 8.4 e 8.5 mostram a porcentagem de matérias favoráveis, desfavoráveis e neutras, segundo a região do país e os serviços de mídia, respectivamente. A partir desses dados, podem ser descobertas certas discrepâncias que são úteis para identificar áreas problemáticas e planejar esforços futuros.

PROGRAMAS DE COMPUTADOR PARA AVALIAÇÃO

Ao enxergarem a necessidade de começar a fazer avaliação mais sistemática, muitos profissionais de relações públicas passaram a usar as novas tecnologias para ajudá-los em seus esforços. Várias novas ferramentas têm sido desenvolvidas para ajudar os profissionais a avaliar a eficácia de seus esforços. Por exemplo, a Edelman Public Relations Worldwide informa que desenvolveu sua própria ferramenta Edelman Media Analysis and Planning, "que não apenas nos diz onde a matéria apareceu, mas também exatamente quem a leu".[13]

TABELA 8.4 Matérias de jornal por região, N = 3.848				
	Favoráveis (%)	Desfavoráveis (%)	Neutras (%)	Totais (%)
Nordeste	14	5	5	24
Sul	18	5	8	31
Centro-norte	18	3	10	31
Oeste	9	2	3	14
	59%	15%	26%	100%

Fonte: James F. Tirone, "Measuring the Bell System's Public Relations", *Public Relations Review* 3 (1977), p. 34. Reimpresso com permissão.

TABELA 8.5	Tratamento dado por agências de notícias			
	Favoráveis (%)	Desfavoráveis (%)	Neutras (%)	Totais (%)
AP	61	18	21	100
UPI	19	33	48	100
Sindicatos	43	22	35	100

Fonte: James F. Tirone, "Measuring the Bell System's Public Relations", *Public Relations Review* 3 (1977), p. 34. Reimpresso com permissão.

O PRTrack, da TRAKWare, Inc., é um pacote disponível no comércio, voltado a calcular com facilidade o que o programa chama de "valor de mídia" ao computar o valor equivalente da propaganda na mídia. Embora essas ferramentas possam ser úteis, elas ainda apresentam "números subjetivos" que só medem resultados quantitativos.[14] As consequências qualitativas requerem abordagens mais sofisticadas e variadas, como as discutidas neste capítulo.

Estudo de caso

River City Symphony

Problema

A diretoria da River City Symphony decidiu usar os meses de verão para estimular o interesse na próxima série de concertos de outono e inverno. Eles organizaram uma apresentação gratuita da orquestra em concertos ao ar livre em vários parques locais, para dar um sentimento de "volta às bases" ao que tinha sido considerada uma imagem elitizada.

Objetivos

1. Mudar a imagem da orquestra para fazer com que as pessoas comuns se sentissem confortáveis indo a concertos.
2. Vender 25% mais de ingressos.
3. Aumentar a arrecadação de fundos anual em 50.000 dólares.

Para atingir esses objetivos, a diretoria da orquestra planejou o seguinte:

Estratégias e táticas

1. Preparar uma campanha de mídia.
    a. Notas à imprensa sobre os concertos de verão.
    b. Anúncios de utilidade pública para o rádio sobre os concertos.
    c. Anúncios de utilidade pública para TV; anúncio feito por universitários locais.
    d. Entrevistas e programas, com diretores e membros da orquestra.
2. Desenvolver uma campanha de propaganda.
    a. Anúncios impressos em jornais locais.
    b. Anúncios de rádio em estações locais.
    c. Anúncios na TV a cabo.

3. Incentivar a ajuda de voluntários.
    a. Associação dos aposentados trabalhando como orientadores do público.
    b. Departamento de música da universidade ajuda.
    c. Departamento de artes da universidade ajudará com materiais.
4. Desenvolver materiais informativos.
    a. Folhetos sobre os concertos de verão.
    b. Cartazes sobre os concertos de verão.
    c. Vídeo: *Summer Simphony on Tour*.

Perguntas

1. De que dados de referência você precisou?
2. O que você mediu na etapa de preparação? E na fase de implementação? E na fase de impacto?
3. Como você prepararia a seção de avaliação para o plano de relações públicas da orquestra?

Resumo

É comum supor que a avaliação seja o passo final no processo de relações públicas, mas ela é mais bem descrita como um novo começo. Medir a eficácia de um esforço de relações públicas muitas vezes proporciona nova direção e ênfase para um programa em andamento. Mesmo quando o programa que está sendo avaliado não tem continuidade, as lições aprendidas com relação à eficácia serão úteis em várias atividades futuras. O conhecimento adquirido em avaliações cuidadosas é uma importante compensação para qualquer esforço de relações públicas. A avaliação dos projetos que são fracassos óbvios pode impedir erros futuros. Medições cuidadosas de esforços bem-sucedidos ajudarão a produzir elementos positivos em futuros programas.

As relações públicas não podem mais se dar o luxo de ignorar a pergunta "Mas que valor isso tem para nós?". Os profissionais devem estar prontos para responder com métodos adequados, dados sólidos e predições precisas.

Termos fundamentais

análise de impacto
avaliação
avaliação em sistema aberto
avaliação em sistema fechado

avaliação formativa
avaliação somativa
cobertura de mídia

Notas

1. Candace White and Niranjan Raman, "The World Wide Web as a Public Relations Medium: The Use of Research, Planning and Evaluation in Web Site Development", *Public Relations Review* 25 (1999), p. 405-19.
2. Pat Jackson, "Measurement and Evaluation", entrevista em vídeo, 1998.
3. Dick Gibson, Jerra Leigh Gonzales, and Jaclynn Castanon, "The Importance of Reputation and the Role of Public Relations", *Public Relations Quarterly* 51 (Outubro de 2006), p. 15.
4. Carole M. Howard and Wilma K. Mathews, "Measurement/Evaluation: How to Know If Your Program Is Working", in *On Deadline: Managing Media Relations* (Prospect Heights, IL– Waveland Press, 2000), p. 272.
5. John Pavlik, John Vastyan, and Michael F. Maher, "Using Readership Research to Study Employee Views", *Public Relations Review* (1990), p. 50-60.
6. Mark McElreath, "Public Relations Evaluative Research: Summary Statement", *Public Relations Review* 3 (1977), p. 133.
7. Tom Watson, "Integrating Planning and Evaluation, Evaluating the Public Relations Practice and Public Relations Programs", in *Public Relations Handbook*, ed. Robert L. Heath and Gabriel Vasquez (Thousand Oaks, CA: Sage, 2001), p. 266-68.
8. Robina Xavier, Kim Johnston, Amish Patel, Tom Watson, and Peter Simmons, "Using Evaluation Techniques and Performance Claims to Demonstrate Public Relations Impact: An Australian Perspective", *Public Relations Review* 31, nº 3 (Setembro de 2005), p. 417-24.
9. James F. Tirone, "Measuring the Bell System's Public Relations", *Public Relations Review* 3 (1977), p. 21-38.
10. Ibid., p. 31.
11. Ibid.
12. Ibid.
13. "Count Clips While You Make More", *PR Intelligence* 11 (Janeiro de 1999), p. 4.
14. Howard and Mathews, "Measurement/ Evaluation", p. 279.

PARTE III
Públicos

Um público é um grupo de pessoas com determinadas características em comum. Pode ser formado por estudantes universitários, pessoas de origem hispânica, operários ou mesmo contribuintes. Pode ser pequeno – a câmara de vereadores, o conselho executivo de uma universidade, editores de jornais ou mesmo uma comissão de recursos fiscais formada por três membros. Organizações diferentes têm diferentes públicos, muitas vezes chamados *stakeholders* por terem um interesse particular naquela organização. Os públicos da indústria automobilística são diferentes dos da comissão escolar. As organizações sem fins lucrativos têm públicos distintos dos das empresas que visam obter lucro. Diferentes níveis de organizações governamentais lidam com públicos diferenciados.

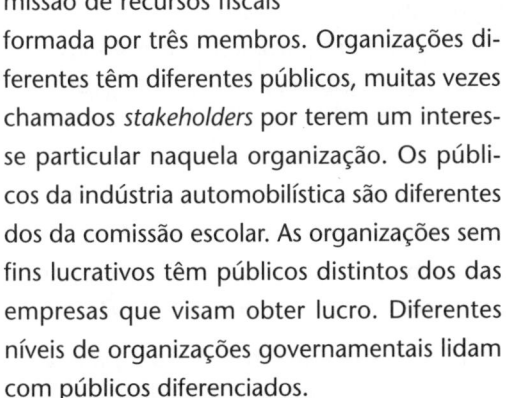

A Parte III descreve cinco tipos gerais de públicos com os quais a maioria dos profissionais de relações públicas se depara regularmente. O Capítulo 9 discute a mídia, um dos públicos mais básicos com que os profissionais lidam. O Capítulo 10 trata da relação da organização com seus funcionários e o Capítulo 11 estuda o relacionamento complexo entre uma organização e sua comunidade. O Capítulo 12 discute a importância dos consumidores para as organizações modernas. Por fim, o Capítulo 13 discute o impacto dos mercados financeiros sobre a prática das relações públicas.

9
Relações com a Mídia

INTRODUÇÃO

Obter apoio para sua organização por meio da mídia é um componente fundamental da prática das relações públicas. Com o advento da internet, o trabalho de relações com a mídia mudou muito para jornalistas e profissionais de relações públicas, já que os negócios demandam comunicação instantânea de alcance mundial.

Os jornalistas têm sentimentos contraditórios em relação aos profissionais de relações públicas: suspeitam que manipulem a informação, ao mesmo tempo em que dependem deles para obtê-la. Os profissionais de relações públicas consideram os jornalistas um público, um meio pelo qual atingir o público mais amplo e guardiões que representam o público e respondem à sua necessidade de saber. A seguir, dois cenários típicos de relações públicas.

> Como diretor de relações públicas de uma empresa multinacional, você está no centro de uma reportagem, porque membros de um grupo ambiental vêm usando *blogs* em vários lugares para criticar a forma como sua empresa lidou com um vazamento de resíduos tóxicos em uma de suas maiores fábricas no Nordeste dos Estados Unidos. Como você responde à situação? Responde diretamente aos meios de comunicação, por meio de *blogs* ou por estes e outros meios?

> Você é o diretor de assuntos públicos do departamento de polícia de Nova Orleans. Durante o furacão Katrina, repórteres de todo o país e mesmo alguns repórteres internacionais telefonam para perguntar ao chefe de polícia sobre os saques e crimes que se seguiram à tempestade. Você está muito ocupado. Você responde? Caso o faça, como?

Essas são apenas duas crises de relações com a mídia que ocorrem nas relações públicas. À medida que se desenvolvem mais oportunidades para você responder a seus públicos, também surgem mais oportunidades de você e sua organização serem atacados. Este capítulo trata de como você deve lidar com as relações com a mídia, no sentido proativo e no reativo. Descrevemos os ingredientes básicos de um programa de relações com a mídia e damos mais atenção às mudanças tecnológicas que afetam as relações com a mídia. Também se inclui a comunicação para crises, em função do papel importante que as relações com a mídia cumprem ao se lidar com crises.

Um jornalista fala ao telefone com um contato de relações públicas.

RELAÇÕES COM A MÍDIA

As **relações com a mídia** e o trabalho de assessoria de imprensa sofisticados formam a espinha dorsal da prática de relações públicas. Em muitos aspectos, desenvolver e manter boas relações com a mídia continua a ser marca de qualidade da prática. Fazer com que as notícias sobre sua organização sejam impressas ou transmitidas nos meios de comunicação de massa tem sido um meio tradicional de obter apoio para empresas, organizações sem fins lucrativos e órgãos de governo, mas o *mix* de meios está mudando, e os novos ainda constituem apenas uma fração dele. A introdução das mídias sociais abriu uma oportunidade para interação direta entre a organização e seus vários grupos de *stakeholders*.

A mídia constitui um método relativamente econômico e eficaz de se comunicar com públicos grandes e dispersos, de modo que serve como guardiã ou filtro pelo qual os profissionais de relações públicas chegam ao público em geral ou a outros grupos de cujo apoio necessitam. Quando a mídia publica ou transmite informações fornecidas por organizações e colunas de notícias, ou dentro de um programa jornalístico, essa informação parece transmitir uma sensação de legitimidade que a organização pode não obter com a propaganda paga. Esse *status* ou selo de aprovação que a cobertura midiática confere às notícias e informações de uma organização se chama **endosso de terceiros**.

RELAÇÃO ENTRE JORNALISTAS E PROFISSIONAIS DE RELAÇÕES PÚBLICAS

Uma compreensão básica do trabalho de relações com a mídia começa com entender a relação entre jornalistas e os profissionais de relações públicas. Os jornalistas que coletam e organizam informações para a mídia tendem a levar muito a sério suas responsabilidades para com a sociedade e o sujeito da matéria. Eles concebem a si próprios como os olhos e ouvidos do público, vigiando instituições públicas que conduzem questões públicas, e consideram que seu trabalho é buscar a verdade, colocá-la em perspectiva e publicá-la para que as pessoas possam tratar de suas questões estando bem informadas.

Para o jornalista, uma matéria é um elemento transiente no fluxo contínuo de informações, ao passo que o profissional de relações públicas quer que ela deixe uma impressão duradoura e seja vista por um prisma positivo. O jornalista está mais interessado em reportagens que sejam precisas, justas e equilibradas, independentemente de a organização ser vista por um prisma positivo ou negativo.

Mesmo assim, com todas as preocupações que as organizações expressam sobre como suas histórias são tratadas, o poder da mídia não reside tanto em sua capacidade de distorcer o conteúdo em um sentido ou em outro, mas sim no fato de editores, repórteres e produtores escolherem cobrir um tópico em detrimento de outros. O fato de alguns itens serem publicados, transmitidos e falados enquanto outros não o são é chamado de função de definição de agenda da imprensa. Douglas Cater, assistente especial do presidente norte-americano Lyndon Johnson e autor de *The fourth branch of government*, delimitou a ideia da definição de agenda da seguinte forma:

> O poder essencial da imprensa está em sua capacidade de escolher o que é notícia. A cada dia em Washington, pronunciam-se dezenas de milhares de palavras, consideradas importantes por quem as pronuncia. Ocorrem dezenas de dúzias de eventos que são considerados dignos de ser noticiados por quem os promoveu. A imprensa tem o poder de selecionar – decidir quais eventos saem na primeira página ou chegam ao horário nobre da TV e quais são ignorados.[1]

Os repórteres não gostam de qualquer coisa ou qualquer pessoa que lhes pareça estar entre eles e os fatos. Qualquer um que busque manter um segredo é visto com profunda suspeição. Organizações de todos os tipos atraem a atenção da mídia quando se comportam de maneiras consideradas menos do que abertas.

Os jornalistas, coletivamente, sustentam que têm responsabilidade de fornecer não apenas informações ao público, mas também a opinião da sociedade como um todo aos administradores de instituições públicas. À medida que a sociedade se torna mais complexa e as instituições têm maior impacto sobre as vidas privadas, os jornalistas afirmam que as reportagens e investigações mais minuciosas proporcionam o controle necessário sobre possíveis excessos por parte de empresas, governos e organizações, à custa da sociedade mais ampla.

Às vezes, os jornalistas têm dificuldades de obter a informação de que precisam. Eles afirmam que as fontes de notícias de alto nível geralmente são muito isoladas, sigilosas e sensíveis, não reconhecendo o direito do público de saber nem o valor do papel da mídia para expor práticas questionáveis. Outra razão pela qual os repórteres têm dificuldades é que a maioria é relativamente nova em suas tarefas profissionais, que podem mudar com uma frequência de até uma vez a cada um ano e meio. Os profissionais de relações públicas podem lhes dar informações gerais sobre temas, e o fazem, mas os repórteres devem aprender como solicitar e localizar a informação correta e identificar o histórico de um tema na comunidade.

Ainda assim, jornalistas ativos fazem eco a algumas das queixas dirigidas a eles pelas instituições que cobrem. Os repórteres reconhecem que costumam ter formação e experiência insuficientes para cobrir adequadamente questões e instituições complexas. Eles se frustram com a falta de tempo, espaço e equipe necessários para fazer seu trabalho minuciosamente e pelas necessidades de gerar lucros que seus empregadores lhes atribuem.

Mesmo assim, os profissionais de relações públicas e outros que lidam com jornalistas devem se lembrar de que, quando os repórteres fazem perguntas "sacanas", não é necessariamente porque são adversários ou ignorantes; eles estão apenas fazendo o que se espera de bons repórteres. (Ver Minicaso 9.1.)

A visão que o profissional de relações públicas tem do jornalista

Da perspectiva do relações públicas, o jornalista é, ao mesmo tempo, um público, um meio pelo qual chegar ao público mais amplo e um guardião que representa e responde à necessidade que o público tem de saber.

Os profissionais sabem que devem facilitar o trabalho dos jornalistas se esperam que suas organizações recebam cobertura.

> ## Minicaso 9.1
>
> ### Ataque fatal de tigre no zoológico de São Francisco
>
> Laurie Volkmann, Ph.D.
> Dominican University
>
> Pouco depois das 5h da tarde do dia de Natal de 2007, um tigre siberiano de 130 quilos escapou de seu fosso ao ar livre no zoológico de São Francisco, Califórnia, perseguindo três jovens, ferindo dois e matando um. Na investigação que se seguiu por vários dias, descobriu-se que os adolescentes tinham provocado o tigre, mas também que a cerca de 3,8 metros do fosso estava 1,3 metro abaixo do padrão e 2,8 metros abaixo do que representantes do zoológico informavam estar, possibilitando que um animal agitado saltasse e escapasse. O zoológico de São Francisco (SF Zoo) fechou por vários dias depois do incidente e manteve a exposição dos tigres fechada por meses. Os dois jovens feridos entraram com uma ação contra a cidade três meses depois do ataque.
>
> Como atual diretor de relações públicas do SF Zoo, reflita sobre suas ações de curto e longo prazo em resposta à crise.
>
> **Perguntas**
>
> 1. Como você se dirige à mídia e ao público para falar sobre a fatalidade e as lesões nos três jovens? Redija uma declaração de 200 palavras que apresentaria em uma entrevista coletiva.
> 2. Escreva dez perguntas que esperaria dos repórteres em sua entrevista coletiva inicial.
> 3. Como você lidaria com sua comunicação com as famílias dos meninos?
> 4. O que você faz – e qual é o seu calendário – para tratar da questão da cerca?
> 5. Dê descrições das três estratégias para restaurar a confiança do público na segurança do zoológico e evitar uma grande queda na frequência.
> 6. Pesquise o que foi feito pelo zoológico para lidar com a mídia no ano seguinte ao incidente, e diga o que acha que funcionou e o que pode não ter funcionado tão bem.
>
> *Fonte*: Steve Rubenstein, "Beloved but beleaguered zoo", *San Francisco Chronicle*, 30 de dezembro de 2007, A-l; Kevin Fagan, Cecilia M. Vega, Steve Rubenstein, "Wall below standard; shorter than zoo said", *San Francisco Chronicle*, 28 de dezembro de 2007, A-1.

Em função dessa dependência, a seleção e a apresentação que os profissionais fazem da informação é mais adequada a padrões jornalísticos do que aos desejos de seus superiores em suas próprias organizações. De certa forma, tanto o jornalista quanto o profissional de relações públicas, lidando um com o outro, são pegos entre as demandas das organizações que representam e as da parte oposta. Resumindo, a relação entre profissionais de relações públicas e jornalistas é de dependência mútua.

Dependência mútua

Embora os jornalistas gostem de se mostrar relutantes em usar informações de relações públicas, as considerações econômicas os forçam a fazer diferente. Uma equipe jornalística capaz de investigar informações de cada organização importante em uma cidade sem a ajuda de representantes dessas organizações seria proibitivamente cara. Por meio dos esforços de profissionais de relações públicas, a mídia recebe um fluxo constante de informação livre. Fatos que os jornalistas poderiam não ter conhecido de outra forma ficam disponíveis em forma de pacote.

A seguir, o repórter ou editor, como já observamos, pode decidir o que vale a pena ser noticiado. Vários estudos já situaram entre 40% e 70% a contribuição das relações públicas ao total de notícias. De certa forma, o profissional de relações públicas facilita em muito o trabalho do jornalista, poupando tempo e esforço e oferecendo informações que poderiam não estar disponíveis.

Existe um outro lado da questão. O estudioso da mídia Oscar Gandy e outros criticaram o processo pelo qual os profissionais de relações públicas subsidiam os custos da mídia e o tempo dos repórteres oferecendo notas à imprensa e outras informações para tornar mais fácil o trabalho dos repórteres. O desserviço, dizem esses críticos, é que muitas organizações, incluindo os movimentos sociais, organizações sem fins lucrativos e grupos de desfavorecidos, carecem de recursos para dar esses "subsídios". Como resultado, diz Gandy, a mídia pode perpetuar as desigualdades de informação na sociedade.[2]

Construindo relações positivas

Embora se possa dizer muito sobre a arte e o ofício de preparar materiais para consumo da mídia, talvez nada seja mais importante para o êxito da publicidade do que os relacionamentos estabelecidos entre profissionais de relações públicas e jornalistas. Quando os primeiros dão o tempo e o esforço necessários para estabelecer boas relações pessoais com os segundos, eles têm muito mais probabilidade de atrair cobertura positiva da mídia para suas organizações. As boas relações públicas começam com boas relações pessoais. Da mesma forma, a dependência mútua tende a aumentar quando os profissionais de relações públicas lidam com repórteres especializados que cobrem seu setor da economia, quando as questões são mais complexas e quando o repórter tem tempo e espaço suficientes para cobrir a história minuciosamente.

Dicas para se relacionar bem com jornalistas Como em tudo na vida, é bom para os profissionais de relações públicas conhecer as pessoas com quem trabalham. Às vezes, a abordagem direta é eficaz. Telefone para um jornalista com quem sabe que irá trabalhar. Apresente-se. Sugira um almoço ou café. Outra possibilidade é entregar pessoalmente uma nota à imprensa para ter a oportunidade de uma apresentação e uma reunião breve.

Outros jornalistas podem não querer ser abordados diretamente. Com estes, é necessária uma postura indireta. Ser membro do clube de imprensa local, comparecer a reuniões da sociedade de jornalistas profissionais ou se envolver nas atividades da comunidade nas quais os jornalistas também estejam envolvidos são formas de conhecer seus colegas da mídia. Incentive editores de TV encarregados de seleção da cobertura a vir ao seu local de trabalho. Muitas vezes é possível desenvolver boas histórias de interesse humano a partir dessas visitas.

O ex-secretário de imprensa do governo Clinton, James L. Fetig, agora diretor nacional de relações com a mídia da Lockheed, resume:

Tudo é uma questão de relações. Eu confio nos repórteres que conheço e não confio nos que não conheço. A maioria de nós tem relações de longa data com jornalistas, que se baseiam em confiança mútua. Meu conselho a profissionais de RP é que conheçam bem os jornalistas que cobrem seu setor e desenvolvam credibilidade mútua. Isso vale principalmente [...] no caso de canais de notícias 24 horas e da internet. Os profissionais de RP têm de entender o ciclo de notícias de 24 horas e, quando conversam com qualquer repórter, estabelecer as regras básicas com relação à internet. Houve um tempo em que eu podia falar com um repórter de uma revista no início da semana e saber que meus comentários só apareceriam nas bancas no final da semana. Fale com um repórter hoje, e provavelmente estará na internet amanhã.[3]

Uma vez estabelecidas as relações, proteja-as e cuide delas. Não estrague relações valiosas usando-as para pequenos favores ou inserções de matérias únicas. Não destrua uma relação esperando fazer sempre o que quer. Aceite negativas. Não insulte sua relação com presentes inadequados, porque os jornalistas, assim como outros profissionais, são sensíveis até mesmo à aparência de conflitos de interesse.

Cultive suas relações com colegas jornalistas prestando um bom serviço. Ofereça informações, histórias, imagens suficientes e oportunas quando e como elas forem desejadas. Esteja disponível 24 horas para responder às necessidades e perguntas de repórteres. Não pense que o contato por *e-mail* é um substituto adequado para a comunicação pessoal com os jornalistas.

Nada destrói uma relação mais rápida e completamente do que uma afronta à verdade. Precisão, integridade, abertura e completude formam a base para a confiança concedida por jornalistas. Uma vez rompida, a confiança raramente pode ser recuperada.

Por fim, para garantir boas relações com jornalistas, o profissional de relações públicas deve se comportar de forma profissional. Corresponda às expectativas. Não tenha favoritos em meio à mídia. Retorne telefonemas prontamente e com respeito aos prazos. Não implore por favores, cobertura especial ou eliminação de veiculação negativa.

Lucy Caldwell, em um artigo em *Government communications*, sugere,

> Uma vez que (a mídia) confie em que eu realmente retorno telefonemas... a mídia esperará que eu confirme as informações que recebeu de "fontes" ou obervadores antes de publicá-la. Parece uma tarefa simples, mas construir essas relações requer tempo, paciência e a atitude correta.[4]

PAPEL DA MÍDIA NAS RELAÇÕES PÚBLICAS

Os veículos de comunicação proliferam semanalmente, acrescentando novos desafios às funções de relações com a mídia.[5] Esse é especialmente o caso dos canais de TV a cabo e revistas iniciantes, incluindo publicações de setores da economia e profissionais. Parece não haver fim à segmentação de públicos em nichos menores. Para o profissional de relações públicas, isso significa que há uma necessidade cada vez mais premente de adequar as mensagens aos públicos-alvo.

Antes de avaliar essas tendências mais detalhadamente, observemos o tamanho da indústria de comunicação nos Estados Unidos, para não falar dos veículos de comunicação em nível mundial. Nossa ênfase nesse caso está nos veículos de notícias, o que os profissionais de relações públicas chamam de meios *não controlados*, no sentido de que os profissionais de relações públicas podem enviar notícias e informações a esses meios, mas os repórteres e editores controlam se e como elas serão usadas. Diferentemente, os profissionais de relações públicas conseguem controlar o conteúdo e a apresentação de informações em publicações e boletins de empresas, correio eletrônico, TV em circuito fechado, mostras e exposições, propaganda paga, quadros de aviso, *outdoors*, folhetos, *flyers*, cartazes e o que vai na página da empresa na internet.

Jornais

Os jornais continuam sendo os burros de carga do sistema de informação pública. Ou seja, os repórteres de jornal coletam a maior parte das notícias do dia a dia, principalmente as relacionadas a assuntos públicos ou sobre o governo, transformações sociais e desenvolvimento econômico. Os jornais são o meio principal para se chegar aos públicos da comunidade. Embora não sejam mais o principal meio de obter notícias para a maioria, ainda são uma força poderosa para definir a agenda pública e influenciar o resultado atualmente. E, para indivíduos que buscam conteúdo político, os resultados de pesquisas mostram que eles tendem a recorrer aos jornais. Em muitos aspectos, os jornais diários oferecem aos profissionais de relações públicas as maiores oportunidades, porque têm mais espaço para preencher e oferecem a mais ampla gama de seções especiais e repórteres especializados, encarregados de cobrir temas como meio ambiente, saúde, negócios, ciência e assim por diante.

O número de jornais diários nos Estados Unidos vem encolhendo constantemente desde a década de 1950. Naquele ano, havia 1.772, por exemplo, e apenas 16 a menos, ou 1.756, em 1975. Em 2007, havia 1.437 diários, e as perdas se deviam a fusões e publicações extintas.[6] A circulação média dos que sobreviveram diminuiu, e os adultos que dizem ler jornais passam uma média de 28 minutos por dia com seu jornal.

Os jornais semanais e semissemanais têm se mantido bastante estáveis, com 6.394 semanais publicados em 2007.[7] Eles incluem jornais de bairro, rurais, de centros urbanos, alternativos, de imigrantes e de grupos étnicos. A circulação combinada é de cerca de 40 milhões. Esses jornais ainda são uma forma eficaz, direta e íntima de chegar a pessoas nos bairros, cidadezinhas e áreas rurais que muitas vezes são a fonte das opiniões de base. Os leitores dos jornais semanais são leais e os leem detalhadamente. Um jornal desses pode exercer um impacto muito maior sobre as opiniões dos leitores do que o jornal diário típico.

Agências de notícias

Os jornais diários e as estações de televisão obtêm grande parte de suas notícias de uma ou mais agências de notícias. A Associated Press é uma cooperativa cujos assinantes incluem 1.600 jornais diários e semanais e 5.900 estações de rádio e TV. Os jornais também assinam serviços de notícias do *The New York Times, Washington*

Post, Los Angeles Times e associações de jornais, como King Features, National Newspaper Syndicate, News America Syndicate, United Features Syndicate e Newspaper Enterprises Syndicate. A PR Newswire distribui notas à imprensa apresentadas por organizações a cerca de 1.500 grandes veículos de comunicação em todas as áreas do país. A PR Newswire também ajuda os repórteres da mídia mantendo uma biblioteca de notas à imprensa ou arquivos de notas antigas que distribuiu a seus clientes.

Revistas

Mais de metade das cerca de 20 mil revistas dos Estados Unidos é considerada revista de interesse geral, ao passo que pouco mais de metade é formada por publicações profissionais e comerciais especializadas. Todos os *hobbies*, interesses e ocupações têm suas próprias revistas. As revistas destinadas ao consumidor são altamente competitivas, e apenas uma em cada dez sobrevive a cada ano. O número dessas revistas que são pagas caiu em 16% de 2000 a 2007, mas as revistas com produtos para compra única, vendidas em bancas, ficaram estáveis.[8]

As revistas para consumidores são melhores para qualidade de produção, inserção de notícias próximo a anúncios correspondentes, serviços aos leitores e assim por diante. Em geral, os profissionais de relações públicas não fazem tanto uso de revistas ao consumidor como de publicações comerciais e profissionais. As revistas especializadas chegam aos que trabalham em setores específicos da economia ou cujos interesses e necessidades de informação são maiores do que os proporcionados pela mídia. Como resultado, quem escreve nesse tipo de revista é profundo conhecedor de seu tema. As revistas direcionadas também são importantes porque são lidas por líderes de cada setor. Além disso, as empresas costumam tomar suas decisões de compra com base em artigos e avaliações de produtos publicadas por essas revistas.

Rádio

O rádio é um meio relativamente estável, com 18.238 de estações contabilizadas em 2008 nos Estados Unidos e no Canadá.[9] Dessas, 6.622 transmitem em AM e 11.616 em FM. Tem havido uma transformação visível nos padrões de programação e escuta, da AM à FM. Nos anos de 1990, três quartos dos ouvintes de rádio sintonizavam estações de rádio FM. O rádio é um meio de comunicação individual que cresce a partir da conversação – daí vem a popularidade dos programas de entrevistas.

Televisão e TV a cabo

Mais de 1.756 estações de TV transmitem quase que 24 horas a praticamente todos os domicílios nos Estados Unidos.[10] A televisão continua sendo uma força dominante nas vidas das crianças e a principal fonte de notícias e entretenimento para a maioria dos norte-americanos. Os hábitos de assistir a televisão estão mudando à medida que as redes comerciais atraem agora menos de 60% dos telespectadores, comparados com 90% no início dos anos de 1960. As gravações de vídeo e invenções como TiVo também libertaram o espectador das grades de programação. A nova tecnologia de transmissão ampliou a capacidade de difusão de canais das redes de TV a cabo, dando aos assinantes a opção de centenas de serviços e canais. Do ponto de vista das relações públicas, a TV geralmente é mais bem usada para atingir grandes públicos sobre tópicos noticiosos atuais, muitas vezes envolvendo o elemento do conflito. A TV continua a ser o principal meio para entretenimento e publicidade de produtos.

Cerca de 74% dos lares dos Estados Unidos estão conectados a cabo, o que se traduz em 240 milhões de espectadores.[11] Embora a maioria pague apenas por serviços básicos, a grande disponibilidade de até 500 canais já alterou os padrões dos expectadores em muitas partes do mundo. Para além dos canais especializados e pagos, as operadoras de TV a cabo oferecem conexão à internet a seus assinantes, acesso a caixas eletrônicos, serviço de saúde interativo e serviços locais de governo.

Agências de notícias pela internet

Entre as fontes importantes de notícias na internet estão pioneiros como AOL e Yahoo; múltiplos meios de comunicação tradicionais com presença na rede, como NBC-TV, CNN, *USA Today*, *The New York Times* e *The Wall Street Journal*, e novos atores de comunicação pela internet, como TheStreet.com e MarketWatch.com. Até o momento, os profissionais de relações públicas concluíram que os serviços pela internet chegam a públicos de empresas, investidores e profissionais selecionados.

MÍDIAS SOCIAIS

A expressão **mídias sociais**, às vezes identificada com a **internet 2.0**, é um termo abrangente que se refere a novos meios que usam a tecnologia para criar interação social por meio de palavras e/ou material visual. Um elemento fundamental para as mídias sociais é sua natureza colaborativa, ou o compartilhamento de informações entre os públicos. Essas mídias dependem do público para construir um sentido compartilhado usando a tecnologia como ferramenta.

Esses meios sociais podem assumir muitas formas, incluindo *wikis*, *podcasts*, *blogs* e fóruns ou grupos de discussão na **internet**. Tecnologias como *e-mail*, mensagens instantâneas, protocolos de voz na internet (*voice-over-Internet protocol*, VOIP) e compartilhamento de fotos são ferramentas usadas com frequência. O conteúdo pode estar na forma de texto, imagens, áudio ou vídeo. Os exemplos de mídia social são o YouTube (compartilhamento de vídeos e estabelecimento de redes sociais – *networking*), Facebook (rede social), Flickr (compartilhamento de fotos), Google (rede social e mecanismo de pesquisa) e MySpace (rede social).

A Social Media Optimization (SMO) é uma iniciativa de obter conteúdo disseminado por um grande número de meios sociais. Isso é feito por um *webmaster* que pode melhorar uma página na internet para permitir que aspectos da mídia social da página funcionem. Isso pode incluir *links* para serviços como Del.icio.us para facilitar o *upload* de conteúdo pelos usuários. SMO é importante para profissionais de relações públicas, anunciantes e profissionais de *marketing* que estejam tentando disseminar mensagens a públicos amplos.

A transformação dos meios de comunicação de massa em colaboração em massa talvez seja a grande contribuição da mídia personalizada. Entretanto, os profissionais de relações públicas não devem negligenciar os meios tradicionais. Larry Maggett, colunista que trabalha por meio de agências para a CBS News Online, New York Times Online e outras empresas de comunicação, afirma que os meios tradicionais ainda são fortes, embora a tendência seja definitivamente em direção aos meios personalizados. A CBS News, diz ele, é a terceira rede em índices de audiência para telejornais noturnos, com cerca de 7 milhões de telespectadores, mas isso ainda é maior do que todas as audiências dos canais de notícias a cabo. E os 25 milhões de pessoas que assistem aos noticiários na TV mostram a força que a mídia tradicional ainda tem.[12]

Uma das principais questões ao se lidar com a mídia social é como estabelecer a credibilidade na rede: em sua pesquisa, B. J. Fogg, da universidade de Stanford e fundador da Yak-Pak, diz que tudo se resume a dois fatores: *expertise* e credibilidade.[13] A *expertise* pode ser estabelecida com relativa facilidade por meio da identificação com uma organização ou de credenciais. A credibilidade é mais difícil; pode evoluir com o passar do tempo à medida que as relações dentro de um meio têm continuidade. Fogg fundou a Yak-Pak, uma empresa que ele acredita combinar e emoção e a confiança da voz com a interação social disponível em *wikis*. Ele afirma que a voz, ou vídeo, introduzidos na mídia social pode aumentar a credibilidade.[14]

Percentuais cada vez maiores de usuários da internet estão encontrando altos graus de confiabilidade e precisão em suas páginas favoritas. O Digital Future Project, da University of Southern California, concluiu em sua mais recente pesquisa anual sobre a internet que 83% dos usuários disseram que a maior parte de toda a informação nas páginas da rede é confiável e precisa. Eles também relatam altos níveis (80%) de confiabilidade e precisão para páginas de meios de comunicação estabelecidos, como o *The New York Times* ou a CNN.[15]

O Destaque 9.1 apresenta alguns dos termos mais usados nas mídias sociais.

Destaque 9.1 — Termos de mídias sociais

- **API** (*Application Programming Interface*) Facilidade de criar conteúdo e inseri-lo em uma série de páginas na internet, muitas vezes resulta do uso de *open API* oferecido por essas páginas.
- **Blog** Tecnicamente, um *web log* ou diário na internet. O autor escreve *blogs* como um jornalista escreve uma coluna, exceto que as pessoas podem interagir e postar respostas à informação do *blog*.
- **Blogosfera** O universo coletivo dos blogueiros.
- **Código aberto** Mais comumente aplicado ao código-fonte de programas que é disponibilizado ao público em geral, com restrições permissivas ou inexistentes à propriedade intelectual. Permite que os usuários criem conteúdo de programas por meio de iniciativas individuais complementares ou trabalho conjunto. O código aberto é parte de todo o movimento da internet 2.0 e agora significa mais do que apenas *software*, tendo evoluído para significar um grupo de pessoas que se reúne, independentemente de estruturas organizacionais tradicionais, para criar algo que beneficie a todos, mas que ninguém pode fazer sozinho.
- **Podcast** Arquivos digitais que podem ser de áudio e/ou vídeo, distribuídos pela internet para reprodução em aparelhos portáteis ou computadores. O termo se originou com o lançamento do iPod, da Apple, combinado com o termo *broadcast*; atualmente tem uma aplicação muito mais ampla. Os *podcasts* podem ser baixados da internet, por *stream* ou enviados por formatos, como RSS. O *podcaster* é o produtor ou autor do *podcast*.
- **Portal** Uma porta de entrada. Um *portal de internet* é uma página que funciona como ponto de acesso a mais informações em outras páginas que têm *link* para aquela. Um *portal organizacional* é uma porta de entrada para *softwares* de organizações, para oferecer um ponto de acesso único a várias informações ou ferramentas que a organização quer que você tenha em um mesmo lugar.
- **Remix/Mashups** Abordagem ao conteúdo baseada em código aberto. A sociedade do *remix* pega o conteúdo e o personaliza, alterando-o ou *mashing*, ou seja, mesclando-o com outros conteúdos, para fazer algo totalmente novo.
- **RSS** (*Really Simple Syndication*) Fornecimento de informações para páginas e serviços na internet atualizado sempre que algo mudar. Os dados são enviados ao usuário quando forem novos e não requererem que alguém os obtenha. A colocação de vários *RSS feeds* em um *feed* torna muito mais fácil entender amplas quantidades de informações que são geradas.
- **Social Bookmarking** Método para os usuários da internet armazenarem, organizarem, pesquisarem e administrarem marcadores de páginas na rede com a ajuda de metadados. Os usuários salvam *links* às páginas de forma privada e compartilham com pessoas ou grupos especificados dentro de uma rede especial ou algum domínio. Grande parte da marcação é feita informalmente, mas também se usam serviços de marcação, muitos dos quais oferecem classificações ou comentários e outros recursos de redes sociais.
- **Tagging** Forma gerada pelos usuários de descrever conteúdo ao acrescentar *tags* a textos, imagens, vídeos ou outros conteúdos de mídia social.
- **Internet 2.0** Uso da internet que facilita a criatividade e a colaboração entre usuários. Geralmente, envolve as novas mídias sociais, como *wikis*, *blogs* e páginas para o estabelecimento de redes sociais. Em vez de se referir a qualquer mudança técnica, indica as formas como os desenvolvedores de *software* e outras pessoas fazem uso da tecnologia da internet.
- **Wiki** Forma abreviada de Wikipedia. Um *wiki* é uma tecnologia para criar páginas colaborativas na internet. Atualmente, wikipédia é um termo que combina *wiki* com enciclopédia, correspondendo a uma página na internet iniciada em 2001, por Jimmy Wales e Larry Sanger.

Fontes: Audrey Williams, "Best Practices and Innovation in Distance Learning: Using Web 2.0", apresentação na Tennessee Alliance for Continuing Higher Education, Nashville, TN, 2007; www.digitalcenter.org/, acessado em 9 de março de 2008; Vocus, "Five Golden Rules for Blogger Relations", Vocus White Paper, 2008; en.wikipedia.org/.

TRABALHANDO COM A MÍDIA

Com um entendimento básico das relações complexas entre profissionais de relações públicas e jornalistas, podemos descrever alguns princípios para trabalhar com a mídia.

O melhor conselho para se lidar com a mídia é dar aos jornalistas aquilo de que necessitam, no conteúdo, na forma e na linguagem que querem. Por exemplo, um profissional de relações públicas que esteja trabalhando com clientes de alta tecnologia ou empresas iniciantes sabe que os repórteres, principalmente os de revistas profissionais ou comerciais, vão querer verificar as afirmações sobre os produtos com especialistas ou analistas externos. Sendo assim, o profissional de relações públicas perspicaz estará preparado para dar ao repórter de revista ou financeiro uma lista de especialistas ou analistas a contatar. Essa abordagem responde rápida e honestamente à solicitação da mídia. Da mesma forma, os profissionais de relações públicas que trabalham para estabelecer uma relação de confiança mútua com determinados jornalistas podem neutralizar muitos encontros potencialmente antagônicos.

Preparando-se para encontrar a mídia

Considere as seguintes situações:

Você é o chefe de relações públicas de uma empresa importante. Uma repórter telefona para seu escritório às 9h da manhã. Ela quer vê-lo para uma entrevista às 11, para que sua empresa responda a alegações feitas por uma fonte que ela não pode revelar. Tudo o que ela diz é que as acusações lidam com finanças da empresa e condutas questionáveis de certos funcionários.

Como diretor de relações públicas de uma grande universidade privada, você decide fazer uma **entrevista coletiva** para anunciar o início de um importante esforço de arrecadação de fundos. Um destacado ex-aluno doou 5 milhões de dólares para dar início à campanha. Você sabe que a cobertura recente da mídia criticou os problemas orçamentários da universidade, aumentos de mensalidades e incursões em bairros em torno dela que desalojaram pessoas de baixa renda e prejudicaram a base de impostos da comunidade.

Você é o diretor de relações com a comunidade da polícia local. Um repórter telefona e solicita uma reunião com o chefe de polícia para tratar do baixo moral na instituição, resultante da incapacidade de atender a demandas de aumento salarial pelos policiais de baixa patente. Quando você tenta marcar uma entrevista para a tarde seguinte, o chefe o repreende, dizendo: "É seu trabalho fazer com que a imprensa me deixe em paz. Por que você não pode responder às perguntas desse cara?". Você convence o chefe de que o repórter não queria falar com você porque estava cansado de ver o chefe se escondendo atrás do seu RP. Você lhe diz que a integridade e o moral do departamento dependem de sua disposição de lidar com a imprensa e promete lhe ajudar a se preparar. Ele concorda relutantemente com a entrevista.

Em cada um desses casos, uma reunião com a mídia representa um desafio importante à organização. Algumas organizações consideram esses desafios um problema a superar. É mais construtivo, contudo, considerá-los oportunidades. A assessoria de imprensa não consegue substituir os bons trabalhos ou a ação efetiva, mas pode chamar atenção para questões, ideias ou produtos. Pode dar destaque à personalidade, às políticas ou ao desempenho da organização. Pode tornar alguém ou algo conhecido.

Todo contato com a mídia é uma oportunidade de conhecer opiniões, de contar sua história, de gerar uma resposta positiva à sua organização. É claro que há riscos, mas que oportunidade se apresenta sem risco? E que oportunidade pode ser aceita sem preparação?

Estratégias de preparação

Antes de qualquer pessoa de uma organização se reunir com a mídia, o primeiro passo é desenvolver o conjunto de atitudes adequado. Reunir-se com a mídia é uma oportunidade, e não um problema, portanto, a atitude defensiva não é adequada. Não há necessidade de se sentir intimidado, principalmente se seu objetivo é válido. No cenário acima, da arrecadação de fundos para a universidade, deve-se ter em mente, com firmeza, o propósito da entrevista coletiva. O diretor de relações públicas deve se recusar, de forma simpática, a ser arrastado pelas perguntas dos repórteres para temas que não o das doações e a campanha.

A atitude de um entrevistado em relação ao jornalista deve ser de hospitalidade, cooperação e abertura. Ao mesmo tempo, o entrevistador deve entender que o repórter não precisa estar no controle. O entrevistador deve decidir o que precisa ser dito e dizê-lo – não importa quais possam ser as perguntas do repórter. Em outras palavras, tenha sua **agenda**, com as coisas que quer dizer, não importando o que o jornalista possa querer. Uma atitude mental positiva é essencial. Quando essa atitude estiver estabelecida entre todos os membros de uma organização que possam ser chamados para ser entrevistados, fica muito mais fácil e menos traumático se preparar para entrevistas específicas. Depois de o chefe de polícia realizar com sucesso uma entrevista (no exemplo anterior), a seguinte será tratada com muito mais facilidade.

Antes de examinar mais profundamente como os indivíduos podem interagir com sucesso com a mídia, discutimos como as organizações podem fazer sua publicidade com êxito.

Pesquisa e planejamento de relações com a mídia

O velho ditado segundo o qual "o êxito acontece quando a oportunidade se encontra com a preparação" nunca foi mais verdadeiro do que quando aplicado à publicidade. Como demonstramos em capítulos anteriores, a preparação indica pesquisa e planejamento. Nas relações com a mídia, pesquisa significa saber com quem você está lidando e no que eles estão interessados. Os especialistas em relações com a mídia lidam basicamente com sua própria gestão e com a mídia, de modo que devem entender bem ambas as partes.

Depois de entender a organização, o profissional de relações públicas deve estudar os meios específicos com os quais irá trabalhar. A pesquisa nessa área consiste em descobrir os interesses e necessidades das pessoas ligadas aos vários veículos de comunicação. Guias de mídia podem fornecer parte dessa informação. Especialistas em relações com a mídia competentes também têm seus próprios sistemas de arquivos, fichas, programas de computador e tabelas para acompanhar as qualidades e preferências pessoais das pessoas na mídia com quem querem trabalhar.

A maior parte das notícias se baseia em um plano de mídia. Os planos de mídia descrevem as circunstâncias com as quais a organização está lidando, estabelecem metas ou objetivos, identificam públicos fundamentais e especificam mensagens e canais de mídia importantes.

As informações relativas à empresa costumam ser consideradas **mídia espontânea**, um termo que se refere à divulgação de notícias sobre uma organização ou pessoa para as quais não se comprou espaço nem tempo.

O apelo da mídia espontânea é a credibilidade. Como as informações aparecem na mídia de notícias na forma de uma matéria, e não de um anúncio, elas recebem do editor o que equivale ao endosso de um terceiro. Como o editor considerou que o material tem valor de notícia, o público provavelmente não o perceberá como um anúncio. Portanto, a mídia espontânea pode atingir membros do público de uma organização que desconfiariam de propaganda.

ELEMENTOS DE UM PROGRAMA DE RELAÇÕES COM A MÍDIA

O método pelo qual um evento é comunicado pode determinar seu impacto. Três formas diretas de atingir deliberadamente a mídia impressa são a **nota à imprensa**, uma discussão (conversa, telefonema, reunião ou entrevista) ou uma entrevista coletiva. A mídia em radiodifusão pode ser atingida por meio de vídeos (*video releases*), entrevistas por satélite ou *tours* de mídia via satélite. As organizações sem fins lucrativos também podem atingir a mídia eletrônica com anúncios de interesse público (*public service announcements*, PSAs).

Qualquer ocorrência dentro de uma organização que possa ter valor de notícia em nível local, regional ou nacional é uma oportunidade para assessoria de imprensa. Às vezes, essa notícia não é favorável à organização, mas, mesmo nesses casos, é necessário fazer uma nota. As notícias sempre vão vazar quando algo sair errado. O papel do profissional de relações públicas é se certificar de que a história seja contada integralmente e que se informem as ações corretivas. Observe os seguintes tipos de notas à imprensa depois de ter examinado a Figura 9.1:

Artigos empresariais. Uma forma de inserção importante e muito valorizada por várias organizações é o artigo principal em publicações profissionais, empresariais, comerciais ou técnicas. As publicações especializadas dirigidas a um público muito definido têm aumentado muito nos últimos anos e permitem aos profissionais de relações públicas se concentrarem em um público específico para obter máxima eficácia. Alguma análise desse tipo de artigo dará uma visão do tipo e estilo de matéria que os editores preferem. Essas publicações tendem a publicar artigos que definem problemas comuns a uma determinada profissão ou setor e descrevem as tentativas da organização de lidar com eles. Usos singulares de produtos já existentes ou produtos desenvolvidos para tratar de velhos problemas também são temas frequentes. Os profissionais de relações públicas muitas vezes empregam redatores *freelance* especializados em um determinado campo da publicação-alvo. A maioria das organizações tem vários outros veículos para serem utilizados em assessoria de imprensa, incluindo relatórios técnicos internos, palestras discutindo novas tecnologias ou produtos e artigos preparados para associações profissionais.

Matérias de serviço aos consumidores. Muitos jornais e revistas, bem como algumas estações de televisão, publicam ou transmitem material voltado a ajudar os consumidores. Informações sobre quase qualquer produto ou serviço ao consumidor podem se tornar uma oportunidade institucional. Matérias que oferecem informações aos consumidores com relação a alimentos, moda, cuidado com crianças, livros, administração doméstica e vários outros tópicos têm boa demanda em diversas publicações. As receitas, fotos de comida, histórias de viagem e notícias sobre moda contidas em seções especiais de jornais muitas vezes são fornecidas por profissionais de relações públicas que representam várias associações de fabricantes e empresas.

Matérias financeiras. A maior parte dos jornais e das estações de TV, bem como algumas revistas e estações de rádio, publica notícias e artigos financeiros, e há um número cada vez maior de publicações especializadas nessa área. Essa publicidade pode ser uma ferramenta especialmente eficaz para relações com acionistas porque investidores atuais e potenciais dão mais credibilidade à informação quando editores independentes a selecionam para publicação. Fontes potenciais de informação financeira incluem anúncios de dividendos, fusões, relatórios de lucratividade, expansões, novas linhas de produtos, pedido de grande porte, mudanças no pessoal de administração, importantes descobertas em pesquisa e muitos outros eventos que possam ser de interesse para a comunidade financeira em geral.

Matérias sobre produtos. Informações de produtos podem muitas vezes ter valor de notícia a ponto de ser selecionada para uso pelos editores. Matérias sobre produtos devem ser encaminhadas a periódicos, seções de jornais e programas de rádio e TV especializados em informações de produtos ao consumidor. Editores e outros que usam esse tipo de material estão interessados em informações relacionadas a características, composição, desempenho e aplicação de produtos que ajudem os consumidores a tomar suas decisões de compra. Além de explorar características singulares dos produtos, o profissional de relações públicas pode criar eventos dignos de notícia para dramatizar e ilustrar o desempenho do produto para representantes da mídia.

Matérias com imagens. A crescente popularidade do fotojornalismo tornou mais revistas e jornais receptivos a fotografias com valor de notícia ou incomuns, que possam transmitir, elas próprias, uma mensagem. Elas costumam ser usadas com apenas uma linha de legenda, sem uma matéria que as acompanhe. Por serem difíceis de serem planejadas pelos editores encarregados da cobertura, essas fotografias de alta qualidade e únicas oferecem uma oportunidade excelente para inserção na mídia. Um gerente de relações públicas sempre deve estar alerta a fotografias que possam ser boas o suficiente para esse propósito.

Muitas organizações empregam fotógrafos permanentes, e seu trabalho deve ser constantemente examinado em busca de fotos boas e incomuns. As fotografias feitas para publicações internas, relatórios anuais e mesmo propaganda podem proporcionar

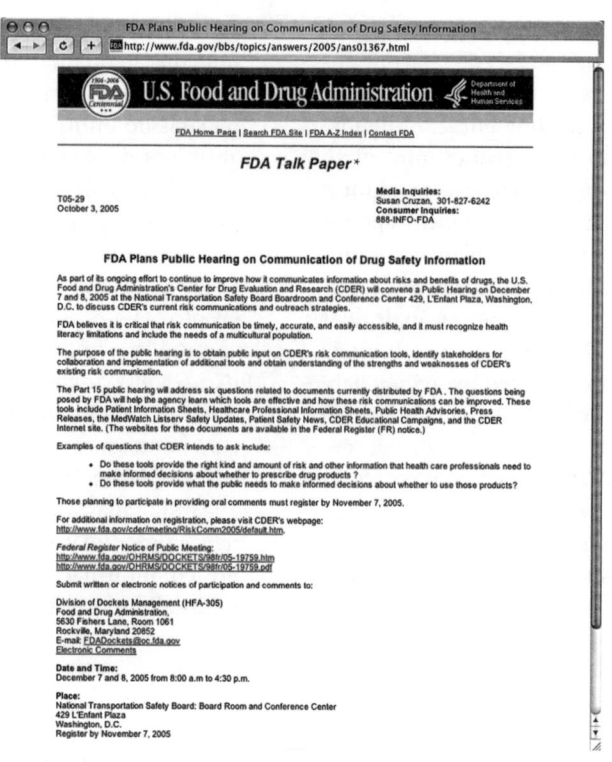

FIGURA 9.1 Amostra de nota à imprensa preparada para distribuição pela internet.

Fonte: Página da U.S. Food and Drug Administration na internet, www.fda.gov/bbs/topics/answers/2005/ans01367.htm (5 de outubro de 2005).

---

*N. de T.: Comunicação FDA
T05.29
6242
3 de outubro de 2005
Atendimento à imprensa:
Suzan Cruzan, 301-827
Atendimento aos consumidores:
888-INFO-FDA

FDA planeja audiência pública de comunicação de informações sobre segurança de medicamentos

Como parte do esforço permanente para continuar a melhorar a forma como comunica informações sobre riscos e benefícios de medicamentos, o Center for Drug Evaluation and Research (CDER) da U.S. Food and Drug Administration convocará uma audiência pública em 7 e 8 de dezembro de 2005, no National Transportation Safety Board Boardroom and Conference Center, L'Enfant Plaza, número 429, Washington, D.C., para discutir as estratégias atuais do CDER para comunicações e relações externas.

A FDA acredita ser fundamental que a comunicação de riscos seja feita no momento certo, de forma precisa e facilmente acessível, e reconheça as limitações dos conhecimentos que as pessoas têm sobre saúde, incluindo as necessidades de uma população multicultural.

O propósito da audiência pública é obter contribuições públicas às ferramentas de comunicação de riscos do CDER, identificar *stakeholders* para colaboração e implementação de ferramentas adicionais e entender as qualidades e os defeitos da atual comunicação de riscos do CDER.

A audiência pública prevista na Parte 15 do código tratará de seis questões relacionadas a documentos atualmente distribuídos pela FDA. As questões que são colocadas pela FDA ajudam o órgão a aprender quais ferramentas são eficazes e como essas comunicações de riscos podem ser melhoradas. Essas ferramentas incluem formulários de informações aos pacientes, formulários de informações aos profissionais de saúde, orientações de saúde pública, notas à imprensa, atualizações de segurança no grupo de discussão MedWatch, notícias sobre segurança dos pacientes, campanhas educativas do CDER e a página do CDER na internet. (As páginas para esses documentos estão disponíveis no aviso da Federal Register – FR.)

Exemplos de perguntas que o CDER pretende fazer:
- Essas ferramentas proporcionam a quantidade certa de informações sobre riscos e outras de que os profissionais de saúde necessitam para tomar decisões informadas sobre a prescrição de medicamentos?
- Essas ferramentas oferecem o que o público precisa para tomar decisões informadas sobre usar ou não esses produtos?

As pessoas que pretendem fazer comentários orais devem se registrar até 7 de novembro de 2005.

Para mais informações sobre registro, visite a página do CDER na internet:
http://vww.fda.gov/cder/meeting/RiskComm2005/default.htm

Aviso de reunião pública no Federal Register:
http://www.fda.gov/OHRMS/DOCKETS/98fr/05-19759.htm
http://www.fda.gov/OHRMS/DOCKETS/98fr/05-19759.pdf

Submeta avisos escritos ou eletrônicos de participação e comentários a:
Division of Dockets Management (HFA-305)
Food and Drug Administration,
5630 Fishers Lane, Room 1081
Rockville, Maryland 20852
E-mail: FDADockets@oc.fda.gov
Electronic Comments

Dia e hora:
7 e 8 de dezembro de 2005, das 8:00 às 16:30.

Local:
National Transportation Safety Board: Board Room and Conference Center
429 L'Enfant Plaza
Washington, D.C.
Registre-se até 7 de novembro de 2005.

oportunidades interessantes para veiculação. Os eventos especiais sempre devem ser planejados tendo em mente boas fotografias publicitárias. Frequentemente, editores de jornais e TV designam fotógrafos a eventos especiais se souberem de antemão de uma boa possibilidade de se obter uma fotografia incomum ou com valor de notícia.

As fotografias, com o advento da facilitação das imagens digitais, tornaram-se mais atrativas e de fácil utilização. Ao mesmo tempo que sua qualidade cresceu, o investimento para sua produção deixou de contar com produtos, mantendo os serviços. Vale ressaltar que as imagens digitais continuam a requerer qualidade técnica, exigindo a contratação de profissionais de fotografia de alto nível. Além do mais, essas imagens tanto podem ser disponibilizadas em mídias físicas (CDs, DVDs e *pen drives*), quanto podem ser enviadas por meios virtuais.

Anúncios de interesse público (Public Service Announcements, PSAs*).* As organizações sem fins lucrativos conseguem, às vezes, usar os anúncios de interesse público, que são anúncios curtos que as estações de rádio e televisão podem se sentir obrigadas a transmitir para demonstrar seu compromisso com o "interesse público" na hora da renovação de licenças. O profissional de relações públicas deve trabalhar com o diretor de serviços públicos do canal para determinar os requisitos daquela emissora específica para um PSA. As emissoras costumam ajudar a organização na produção do PSA. Emissoras de TV em Denver, por exemplo, permitem que uma organização faça quatro anúncios por ano. Todas as emissoras da cidade contribuem com o trabalho de produção, que é feito em uma delas. Os anúncios devem se enquadrar em intervalos comerciais de 10, 20 e 30 segundos. Os PSAs de rádio geralmente são feitos dentro desse tempo, ou com um anúncio adicional de 60 segundos, mas algumas emissoras preferem que seus locutores leiam o anúncio e não exigem um texto com tempo determinado. Um problema dos PSAs, contudo, é que podem ser transmitidos a qualquer hora do dia ou da noite. O seu anúncio pode ir ao ar às 6h ou às 2h da manhã e, com sorte, poderá sair no horário nobre.

Pacotes de notas à imprensa

Os pacotes, na forma de *press kits*, podem aumentar a probabilidade de a informação contida em uma nota à imprensa ser usada por um editor. O *press kit* inclui folhas informativas (*fact sheets*), folhetos, fotografias ou outras informações dentro de uma capa ou algum outro sistema de pacote. Embora o pacote atrativo possa ajudar a chamar a atenção de um editor ocupado, cuja escrivaninha esteja coberta de notas concorrentes, o *design* não é a principal consideração quando se monta um *press kit*. Mais importante é que as notas à imprensa, fotos, *fact sheets*, informações gerais e artigos sejam incluídos em pacotes de forma organizada e legível, para permitir que o editor escolha a informação que quer usar. A estratégia por trás de qualquer *press kit* deve se basear no entendimento de que a maioria dos meios de comunicação importantes não usa a nota literalmente, e sim seleciona informações para usá-las na redação de uma matéria que seja específica para sua publicação. O *press kit* deve ser elaborado para ajudar os editores a selecionar as informações de que precisam.

Os *press kits* não precisam ser sofisticados e caros. As notas podem ser organizadas em pastas de uma ou duas cores, simples, mas bem planejadas, desde que sejam adaptáveis a uma série de necessidades da mídia. O papel básico de um *press kit* é fornecer, aos editores, informações que levariam horas para serem pesquisadas de outra forma. Os *kits* podem prestar um serviço à mídia, economizando tempo de pesquisa e identificando informações importantes para consumidores e outros. A organização, é claro, tem a ganhar a veiculação favorável. Hoje em dia, muitas organizações distribuem seus *kits* pela internet, por meio de páginas das empresas. É cedo demais para prever quando essas versões pela internet substituirão as cópias físicas, já que estas são distribuídas a pessoas de fora da mídia.

Distribuindo notas à imprensa

Atualmente, é mais provável que as notas à imprensa cheguem por correio eletrônico do que por fax, correio normal ou sejam entregues em mãos. Na verdade, a maioria das notas atualmente é enviada por fax ou correio eletrônico, diretamente ao editor ou à pessoa a quem se dirige. O *broadcast fax*, que é o material enviado por computador a todas as máquinas de fax definidas por seu computador para recebê-lo, é cada vez mais usado por departamentos de relações com a mídia.

Organizando entrevistas coletivas

Tendo sido um componente básico das relações com a mídia no passado, a entrevista coletiva passou ao segundo plano em relação à distribuição de informações via internet e outros componentes multimídia que a acompanham. Com raras exceções, há poucas razões para que os repórteres usem seu tempo para participar de uma entrevista coletiva quando podem obter todas as informações e materiais de apoio multimídia na página da empresa na internet. Às vezes, podem até obter "exclusivas" fora da página quando a organização adapta uma nota na forma de matéria empresarial única, uma outra como matéria exclusiva sobre uma personalidade e uma terceira, como um artigo de tecnologia. Em outros casos, os repórteres usam respostas a perguntas feitas por correio eletrônico como base para suas matérias. Suponhamos que seja necessário fazer uma entrevista coletiva. Esses eventos são oportunidades organizadas de transmitir notícias simultaneamente a todos os meios de comunicação, e só devem ser usados quando a notícia for importante e quando for necessária interação para promover entendimento de tópicos complexos ou polêmicos. Não convoque uma entrevista coletiva a menos que o evento seja extremamente relevante e simplesmente não possa ser tratado por meio de notas nem colocado na página da internet, ou que haja alguém que valha muito a pena entrevistar. Para as raras ocasiões em que as entrevistas coletivas são apropriadas, as seguintes orientações ajudarão a garantir o sucesso.

1. *Planeje o evento cuidadosamente.* Convide todos os representantes de todos os veículos de comunicação que possam ter interesse com antecedência suficiente para que os editores planejem o envio de repórteres e fotógrafos. Escolha um local, adequado, próximo ao evento que será tratado e conveniente para a maioria dos veículos (hotel, associação de imprensa, aeroporto, sala da diretoria – nunca um gabinete de relações públicas). Verifique se há tomadas e telefones em número suficiente. Planeje o tempo da entrevista para acomodar prazos importantes dos veículos. Certifique-se de ter preparado material suficiente para ser distribuído a todos. Prepare qualquer apresentação visual que possa ser usada de modo a sair bem em fotografias tiradas de qualquer lugar da sala. Prepare um cartaz com a logomarca ou nome da organização para colocar sobre o púlpito de quem vai falar, caso use um local alugado. Planeje telefonar para veículos importantes na manhã ou na tarde anterior à entrevista, como lembrete. Brindes simples geralmente são um toque simpático.

2. *Prepare executivos e outros que serão entrevistados.* Certifique-se de que eles entendem os tópicos que serão discutidos. Ajude-os a prever e a se preparar para perguntas difíceis ou delicadas. Aconselhe-os a ser completamente honestos. Se não souberem uma resposta, devem dizê-lo e se oferecer para descobri-la. Se a reposta à pergunta for considerada informação cuja propriedade é privada, eles devem declarar que ela não pode ser revelada em público. Cultive uma atitude agradável, cooperativa entre as pessoas que serão entrevistadas. Se elas tiverem receio ou sentimentos negativos em relação à mídia, isso ficará visível. Aconselhe-as a evitar "comentários em *off*".

Recentemente, o relações públicas Jan Harkness escreveu que os profissionais do setor devem usar as primeiras seções de treinamento como degrau. "A seguir, realize sessões mais profundas e individuais com quem vai ser porta-voz da empresa. Sempre que possível, incorpore entrevistas simuladas a essas sessões. Durante as entrevistas, pense como um repórter. Faça perguntas que cheguem ao coração das pessoas e a suas motivações. Descubra por que o presidente de sua empresa escolheu sua profissão. Converse com o vice-presidente sobre sua transferência dos recursos humanos para a tecnologia de informação."[16]

3. *Coordene a reunião com os profissionais de relações públicas ocupando a condição de diretores e diretores de produção.* Mantenha a reunião dinâmica e interessante, mas não assuma o papel do representante da mídia. Tente manter as relações cordiais e profissionais, mesmo no calor dos questionamentos. Nunca assuma o controle explícito da reunião a menos que as coisas saiam de controle.

USOS DO VÍDEO

O vídeo se tornou um importante método de transmissão das notícias sobre uma organização para a mídia em radiodifusão nos anos de 1980. Os cortes orçamentários nas operações noticiosas das emissoras de TV, acoplados às novas tecnologias de transmissão, contribuíram a um maior uso da tecnologia de vídeo por parte de profissionais de relações públicas. Apesar da internet, ainda há quatro usos comuns do vídeo:

1. O *video release* é um pacote de notícias curto que apresenta a notícia do ponto de vista da organização. O tipo mais usado tem cerca de 90 segundos de duração, mas é acompanhado de material **B-roll** (vídeo suplementar) com áudio em canais separados. É videoteipe com qualidade para transmissão.
2. Os *press kits eletrônicos* são semelhantes ao *press kit* convencional, exceto por incluírem os vídeos acima, talvez uma versão mais longa do que a normal e com mais material suplementar. Também incluem o típico material suplementar impresso, como fotografias, notas à imprensa, folhetos, artigos de apoio, folhas informativas ou outras informações pertinentes.
3. As *entrevistas coletivas via satélite* dão uma oportunidade para jornalistas de TV participarem de sessões de perguntas e respostas via satélite com os representantes de uma organização. Muitas vezes, a organização faz uma apresentação, seguida de uma entrevista coletiva. Alguns participantes podem estar em estúdios com sistemas interativos de *uplink*, mas alguns assistem à transmissão por satélite e fazem as perguntas por telefone.
4. As *tours de mídia via satélite* permitem entrevistas individuais com a personalidade convidada em um estúdio distante. Cada entrevista é exclusiva, e algumas são feitas ao vivo. Assim, os convidados podem aparecer em duas ou três dúzias de emissoras por dia.

Os *video releases* receberam críticas em março de 2005, quando uma matéria de capa do *The New York Times* criticou o governo por distribuir alguns deles que elogiavam as virtudes da administração Bush. Muitas das histórias foram transmitidas com pouca ou nenhuma edição e apareceram aos espectadores como se fossem matérias jornalísticas.[17]

Posteriormente, na primavera de 2005, o *The Wall Street Journal* relatou, em sua capa, outra prática comum de relações públicas, a visita via satélite. A matéria revelou que alguns especialistas da TV estavam sendo pagos para endossar determinados produtos sem o conhecimento dos espectadores.[18]

A crítica da imprensa levou os senadores Frank Lautenberg e John Kerry a apresentar um projeto no senado para rotular claramente os *video releases* patrocinados pelo governo. A presidente da PRSA, Judy Phair, testemunhou durante uma audiência de um comitê do senado sobre o projeto: "Devemos revelar os patrocinadores de causas e interesses representados e explicitar todos os interesses financeiros relacionados ao *video release*", mas ela disse que a legislação impediria o fluxo livre de informações ao público.[19] A Public Relations Society of America sustenta que os profissionais de relações públicas deveriam divulgar isso voluntariamente, como parte de sua conduta ética.[20]

PAPEL DA TECNOLOGIA NAS RELAÇÕES PÚBLICAS

Hoje em dia, o trabalho de relações com a mídia assume uma importância maior e um tanto distinta ao atingir públicos-alvo ou segmentos menores e mais definidos por meio de meios de comunicação de massa, especializados e controlados pelas organizações. Em grande parte, esse novo ambiente de relações com a mídia é resultado da internet, um número crescente de veículos de comunicação e as novas mídias sociais.

Internet

A internet transforma cada sala de redação do mundo em uma operação de 24 horas. Escrevendo na *PR Strategist*, Michael Lissauer descreve o novo mundo da mídia do ponto de vista da MSNBC e CNN. A página MSNBC.com recebe cinco vezes a audiência diária de sua originária, a emissora de notícias a cabo MSNBC. A CNN. com gera cerca de 2,7 milhões de visitantes únicos por dia, comparados com os 450 mil e 545 mil espectadores de seus telejornais das 17 horas e das 23 horas, respectivamente.[21]

Como mencionado no Capítulo 2, os repórteres obtêm as informações iniciais e gerais da internet, e muitas vezes verificam a página enquanto estão escrevendo suas matérias, principalmente matérias com temas amplos. Como resultado, as organizações se esforçam, antecipando as perguntas dos repórteres como um guia para o que acontece na página e seus *links* associados. Geralmente, isso inclui informações básicas sobre a imprensa, como histórico e antecedentes, informações de produto, declarações dos executivos e arquivos com notas à imprensa. A atualização constante das páginas é obrigatória.

Blogs, Podcasts e RSS Feeds

Os *blogs*, *podcasts* e *videocasts* são usos recentes da tecnologia que foram adotados pelos consumidores e obtiveram sucesso nas relações públicas, como ferramentas para se comunicar com públicos-alvo. Dos três, os *blogs* têm sido mais usados pelos públicos. Em pouco mais de um ano, o número de usuários de internet que leem *blogs* aumentou de 11% a mais de 27%, segundo o Pew Internet and American Life Project.[22]

Blogs Os *blogs* são simplesmente diários na internet, que as pessoas usam para dialogar sobre um determinado tema, ponto de vista ou ideia. (Ver Destaque 9.2.) Usar um ***blog*** pode ser uma forma excelente de chegar àqueles membros do público-alvo que são mais entusiasmados em relação ao assunto.

Embora possam ser eficazes, os *blogs* também têm seus problemas. Uma questão nas relações públicas com funcionários é como mantê-los alinhados com a posição da organização. Por exemplo, quando um funcionário deve se identificar com a empresa? Algumas organizações estão incluindo essas políticas em seus manuais de funcionários.[23]

Outra questão são as ramificações legais daquilo que se diz em um *blog*. Um colunista escreveu que "deixar solto, contudo, tem seus riscos e envolve mais do que divulgar inadvertidamente sua roupa suja". E acrescentou: "Às vezes, falar livremente e em público, sobre outras pessoas ou organizações, pode gerar uma ameaça de ação judicial, se você os criticar ou revelar informações que eles não querem ver reveladas. Em outras ocasiões, pode fazer com que você seja demitido".[24]

Podcasts Os *podcasts* oferecem um áudio e/ou vídeo de conteúdo para uso posterior. Esse meio teve início majoritariamente como forma de transferir música para dispositivos móveis chamados iPods. Contudo, os *podcasts* também podem ser transmitidos de outras maneiras pela internet. Por exemplo, as grandes redes de TV agora têm *podcasts* de suas notícias. A maioria arquiva os *podcasts* para uso posterior por parte de consumidores, o que permite que o usuário baixe o áudio e o escute quando puder. Um problema tem sido a impossibilidade de fazer marcações ou indexações em seu conteúdo, de modo que se deve ouvir totalmente quando se está procurando algo dentro deles. Já há empresas com produtos que vão permitir a indexação de *podcasts*.

Destaque 9.2

A blogosfera

A blogosfera explodiu na internet recentemente. A Technorati informa a existência de cerca de 70 milhões de *blogs* (abril de 2007) e o número continua a crescer rapidamente. Talvez seja mais importante o fato de que mais e mais pessoas estejam começando a lê-los. "Segundo o Pew Internet and American Life Project (2006), 57 milhões de norte-americanos leem *blogs* hoje em dia. Igualmente interessante para profissionais de relações públicas é o número crescente de jornalistas que leem *blogs*. Segundo uma pesquisa de mídia Euro RSCG Magnet e Columbia University (2005), 51% dos jornalistas leem *blogs* regularmente e 28% se baseiam neles para suas matérias cotidianas."

O papel dos blogueiros

Muitos blogueiros se consideram comentadores das notícias cotidianas. Muitos se veem no papel de oposição à grande mídia. Vários deles não são autores profissionais e não recebem para escrever seus *blogs*. Na verdade, os blogueiros provavelmente fazem parte do público para os quais escrevem. Por isso, como profissional das relações públicas, você precisa tratá-los como faria com qualquer pessoa em uma situação social: apresente-se e os conheça. Especialistas em *blogs* sugerem que

> os blogueiros estão em uma posição única, por várias razões. Em primeiro lugar, os *blogs* representam uma oportunidade sem precedentes de direcionar sua mensagem. No passado, as notas à imprensa que eram consideradas irrelevantes como notícia nunca vinham à tona. Com espaço praticamente ilimitado e sem restrições, os *blogs* abriram um novo caminho para o profissional de RP visar a seu público com um alto grau de precisão. Com tantos *blogs*, *podcasts* e outras mídias sociais dedicados unicamente a nichos de mercado, uma nota à imprensa ou a venda de uma ideia que sejam bem elaboradas certamente penetrará e começará sua disseminação na blogosfera.

Os blogueiros também influenciam as mídias tradicionais. Atingir jornalistas que estão lendo *blogs* – e mais da metade estão – resultará em cobertura na grande mídia. Repórteres e editores estão lendo *blogs* em busca de ideias para matérias. O blogueiro também influencia uma busca na internet. Muitos *links* estão envolvidos nos *blogs* e isso costuma influenciar as classificações de outras páginas nos mecanismos de busca, que sejam importantes para sua organização.

Cinco regras de ouro para relações eficazes com blogueiros

Você pode maximizar suas oportunidades de relações públicas e minimizar seus riscos seguindo essas cinco regras de ouro para relações eficazes com os blogueiros:

Regra 1: faça sua lição de casa. Nada irrita mais aos blogueiros do que lhes ser vendida uma matéria na qual eles claramente não têm interesse. Se o *blog* for voltado às notícias da empresa, talvez você já conheça seu conteúdo. Se não, familiarize-se com os tópicos a que ele se dedica e, mais importante, sua perspectiva. Não apenas você terá maior probabilidade de garantir uma resposta positiva do blogueiro, como também irá se proteger da possibilidade de ele escrever negativamente sobre sua organização.

Regra 2: entre para o clube. A blogosfera é uma comunidade, e para se envolver plenamente com ela, você tem que fazer parte dela. A participação na comunidade pode assumir várias formas. Comentar em postagens de *blogs* é um bom passo inicial para chegar aos blogueiros. Outra tática seria se comunicar diretamente com aqueles com os quais você tirou um tempo para se familiarizar, mas certifique-se de abordá-los adequadamente.

Regra 3: traga alguma coisa para a festa. Você só liga para seus amigos íntimos quando precisa de alguma coisa? Se você faz isso, é provável que não tenha muitos amigos íntimos que estejam dispostos a lhe fazer favores. Um problema comum entre os profissionais de RP é não desenvolver uma relação verdadeiramente bidirecional. Você deve tirar um tempo para conhecer os blogueiros e os temas em que eles estão interessados.

Quando você encontra algo de que eles podem gostar, comunique-lhes isso. Pode ser que não lhe publiquem imediatamente, mas ajudará a estabelecer uma relação com o blogueiro. Quando você consegue contatar os blogueiros, eles devem saber que você fez isso porque respeita o que escrevem e suas perspectivas o suficiente para querer que eles escrevam sobre sua empresa.

Regra 4: a honestidade é a melhor política. Um dos mais importantes alicerces de qualquer relação profissional ou pessoal é a honestidade. Muitos profissionais de relações públicas questionam se devem deixar que os blogueiros saibam para qual empresa trabalham ou se estão relacionados com as notícias que estão enviando. A resposta é simples: seja transparente. Lembre-se de que os blogueiros muitas vezes se veem em contraste com a mídia tradicional e são altamente críticos em relação a qualquer esforço de mídia que não seja aberto e honesto.

(continua)

> ### Destaque 9.2
> ### A blogosfera *(continuação)*
>
> **Regra 5: torne a relação duradoura.** Como em qualquer relacionamento, as boas relações com blogueiros envolvem um esforço constante e comprometido. Os mais bem-sucedidos profissionais de relações públicas pela internet têm relações com blogueiros que vêm sendo cultivadas há muito tempo. Se você fez bem seu trabalho e se envolve adequadamente com a blogosfera, pode esperar uma reposta positiva quando estiver tentando promover sua mensagem pela internet.
>
> **Conclusão**
>
> Embora possa parecer desconhecido e arriscado a muitos profissionais de relações públicas, no fundo, o novo mundo dos blogueiros envolve as mesmas coisas que as boas relações com a mídia sempre envolveram: construção de relações e confiança. Como profissionais de relações públicas, sempre que você lidar com qualquer autor, seja de material impresso, transmitido ou na internet – mostre-lhe a cortesia de lhe vender uma história consistente e bem pensada, que prove que você fez sua pesquisa.
>
> ---
>
> *Fonte*: Vocus, "Five Golden Rules for Blogger Relations," Vocus White Paper, 2008.

RSS O *Really Simple Syndication* (RSS) é uma tecnologia que permite às pessoas distribuir e apresentar conteúdo para a internet. Ela proporciona notícias e outras informações que os proprietários de páginas na internet podem acessar e colocar nelas. O conteúdo é controlado por aquilo que o proprietário decide distribuir. Esse conteúdo pode ser usado para comunicação interna ou externa, porque é uma boa forma de uma organização manter seus parceiros, clientes e funcionários informados sobre o que está acontecendo na organização.[25]

Wikis, *Intranets, Extranets e* Sites

Nenhuma aplicação tecnológica única mudou as relações com a mídia mais do que a internet e o uso de *wikis*, intranets e extranets. Um *wiki* é uma página interativa que permite a quem tem permissão de acesso postar e alterar conteúdo. Os *wikis* estão afetando intranets e extranets por serem interativos, o que estas não são. O termo **intranet** se refere a sistemas computadorizados para comunicação com funcionários e outras pessoas de dentro da organização, ao passo que uma **extranet** é o mesmo processo usado para atingir públicos externos como investidores, clientes, líderes de comunicação e de governo, e assim por diante. As páginas na internet para relações com a mídia oferecem um local especializado para todos os tipos de informações de possível interesse da mídia. Para as últimas notícias, incluem o encaminhamento de repórteres a fontes de informações, declarações de posicionamento, calendários de atividades, arquivos de notas à imprensa, discursos, arquivos do governo e material geral de empresas e executivos.

Quase todas as páginas de empresas, organizações e movimentos sociais têm um *link* para o departamento de relações com a mídia. As páginas de relações com a mídia se tornam a sala de redação na internet para o qual o especialista no programa Vocus, Kay Bransford, oferece dez usos e dicas:

1. Faça um *link* direto de sua página à página de relações com a mídia.
2. Poste as notas à imprensa ao mesmo tempo em que as distribui.
3. Mantenha um banco de dados com notas à imprensa onde seja possível fazer buscas.
4. Ofereça *press kits* pela internet.
5. Facilite aos repórteres encontrá-lo.
6. Inclua informações empresariais e executivas.
7. Ofereça um banco de dados sobre cobertura recente, onde seja possível fazer buscas.
8. Possibilite que os repórteres solicitem notícias.
9. Ofereça ferramentas e informações adicionais.
10. Liste premiações e reconhecimentos.[26]

Os especialistas aconselham que as organizações com orçamentos reduzidos para relações com a mídia usem porta-vozes com boa credibilidade, criem identidades visuais fortes, evitem as entrevistas coletivas, desenvolvam ângulos exclusivos sobre temas para cada meio de comunicação e, em termos gerais, produzam entusiasmo pela página voltada à mídia.

Uma razão pela qual as estratégias de mídia baseadas na internet passaram a ser tão usadas é a disponibilidade e a utilidade de serviços de inserção e acompanhamento em mídias na rede. A Media Link oferece a seus clientes uma versão eletrônica de serviços de relações públicas tradicionais, como transmissão de *video releases* e *tours* via *cibermeios*, enquanto a NetCurrents mede as tendências em tráfego para correlacionar iniciativas de relações públicas e o impacto que elas têm sobre o sucesso de uma página.

Além de usar a página na internet para ampliar programas tradicionais de relações com a mídia, os profissionais de relações públicas cultivam o boca a boca pela rede com postagens em grupos de discussão, um fórum de trabalho que encaminha intencionalmente as notícias a veículos e boletins pela internet. Especialistas em relações com a mídia sabem quando acessar grupos de discussão, responder a questionamentos pela internet e acompanhar o que está sendo dito sobre sua empresa e seus concorrentes.

A especialista em relações com a mídia Carole Howard diz aos profissionais de relações públicas que invistam tempo experimentando e inovando na internet. "Estabeleçam páginas. Postem as mensagens de suas organizações em fóruns. Promovam fóruns pela rede. Promovam seus produtos a críticos pela internet. Realizem concursos, criem centros de atualização em situações de crise. Coloquem os porta-vozes de suas organizações em salas de bate-papo para contar sua história em primeira mão e responder a perguntas ao vivo."[27]

A Cruz Vermelha oferece ajuda em desastres.

Estudo de caso

O Katrina revela o bom, o mau e o feio das relações com a mídia

Laurie Volkmann, Ph.D.
Dominican University

Não é comum que Jon Stewart elogie a mídia de notícias em seu programa de "notícias falsas", *The Daily Show with Jon Stewart,* mas quando o furacão Katrina atacou a Costa do Golfo em agosto de 2005, o conhecido âncora da Comedy Central não teve escolha. Foi, na verdade, a cobertura da imprensa sobre o período posterior ao Katrina que alertou o país – inclusive o governo federal – da magnitude da destruição da tempestade de categoria 5.

"Eu trabalhava em um bar e tinha um gordo que ficava só sentado lá, bebendo. Um dia dissemos que alguém estava roubando o carro dele, e ele saiu correndo do bar e bateu em duas pessoas com uma chave de roda. Eu pensei, 'puxa, esse cara corre'. É assim que eu vejo a imprensa e o Katrina."

O Katrina açoitou Nova Orleans no dia 29 de agosto, antes de devastar Biloxi, Mississippi, e outras cidades litorâneas próximas. Nova Orleans parecia ter escapado da devastação prevista, até que a enchente, em 30 de agosto, derrubou os diques que protegiam a precária posição da cidade do jazz, abaixo do nível do mar.

Dezenas de milhares de cidadãos de Nova Orleans ficaram presos em uma cidade com água pela cintura, sem energia, sem água e sem ter como sair da cidade. Muitos passaram dias no telhado de suas casas esperando para ser resgatados por funcionários locais, estaduais e federais. Mais de 20 mil cidadãos desalojados se aglomeraram no estádio New Orleans Superdome em busca de proteção das águas, apesar de o prédio não ter eletricidade, ar condicionado, nem água encanada.

Vídeos de notícias mostravam cidadãos moribundos e furiosos, esperando dias pelo resgate. O que começou como mais uma história de desastre se transformava em um clamor da mídia por ajuda do governo.

Voluntários de cidades do sul tentavam desesperadamente levar suprimentos para cidadãos de Louisiana e Mississipi, muitas vezes sendo mandados embora por funcionários que não tinham certeza do protocolo a ser seguido durante um desastre.

Em uma entrevista a Paula Zahn, da CNN, o então diretor da Agência Federal de Gestão de Emergências (Federal Emergency Management Agency), Michael Brown, admitiu que a FEMA não estava ciente da gravidade da situação em Nova Orleans e que acabava de saber que havia tantas pessoas presas no estádio.

A falta de resposta ao furacão por parte da Casa Branca rapidamente se tornou uma grande fonte de críticas, forçando o presidente George W. Bush, mais de uma semana após a tempestade, a assumir a culpa pela ajuda federal inadequada.

A internet forneceu uma válvula de escape em meio ao caos

O Katrina expôs a vulnerabilidade e a desorganização do país em vários níveis, mas também revelou uma carência geral de preparação em nível local. Linhas telefônicas e torres de celular destruídas impediram a comunicação básica durante semanas. As pessoas tinham se dispersado em pânico, e era impossível para amigos e parentes localizar uns aos outros por métodos tradicionais.

De repente, a comunicação via internet era não apenas útil, mas também fundamental. O *site* Craigslist.org, uma popular página de São Francisco, conhecida por dar às pessoas um espaço para comprar, vender, encontrar namoro ou apenas dizer o que quiser, transformou-se em um SOS eletrônico. Depois do furacão, o fundador Craig Newmark acrescentou "*Katrina relief*" às opções contidas na página. As pessoas podiam fazer buscas por desaparecidos, procurar opções de moradia, procurar emprego, doar para organizações que trabalhavam no socorro ou se oferecer como voluntárias para ajudar.

O *New Orleans Times-Picayune* publicou edições na internet durante dias, à medida que os repórteres trabalhavam de locais distantes para produzir conteúdo para a rede. Por vários dias depois do desastre, o *Times-Picayune* dedicou toda a sua cobertura ao furacão e suas consequências. Os repórteres chegaram a começar seu próprio *blog*, detalhando suas experiências nos momentos angustiantes durante e depois da enchente.

Na verdade, os *blogs* se tornaram o método preferido para postar mensagens com vistas a encontrar pessoas e localizar animais de estimação, pedir ajuda, transmitir localizações ou desabafar sobre a falta de ajuda e as repostas desorganizadas.

Organizações respondem à crise

Enquanto o presidente Bush e seu governo mobilizavam freneticamente funcionários locais, estaduais e federais para evacuar os moradores, organizações de resposta a emergências de Baton Rouge a Houston e de Memphis a Atlanta se preparavam para uma onda de vítimas do furacão em busca de abrigo.

A legislação federal diz que a Cruz Vermelha Norte-Americana é a primeira a responder a qualquer catástrofe nacional, mas os voluntários da organização em grandes cidades do sul foram sobrecarregados em pouco tempo, à medida que milhares de pessoas eram evacuadas e despejadas nessas cidades em busca de abrigo, roupas, alimentação e água.

Funcionários do governo de Houston trabalhavam com os de Louisiana para transportar moradores sem casa a seu Astrodome. Hospitais de Memphis e Atlanta aceitaram centenas de pacientes em estado grave e trabalharam para abrir instalações médicas temporárias. Faculdades e universidades em todo o sul dos Estados Unidos trabalharam com estudantes de Nova Orleans para matriculá-los para os períodos letivos de outono e primavera. Os sistemas públicos de ensino integraram milhares de alunos para ajudar a famílias em deslocamento a se ajustar em tempos incertos.

A United Way of Metropolitan Atlanta mobiliza uma resposta da cidade

Em meio à tentativa de atender a necessidades de curto prazo, a United Way of Metropolitan Atlanta (UWMA) reconheceu as implicações de longo prazo das vítimas de furacão na cidade. A organização sem fins lucrativos, responsável por fornecer verbas a dúzias de instituições beneficentes locais, chamou uma equipe de resposta a crises e imediatamente começou a trabalhar em soluções de moradia, emprego e transporte. "Essa crise avança, estejamos prontos ou não", disse o presidente da UWMA, Mark O'Connell, em uma nota à imprensa em 13 de setembro. "O público ainda está voltado à emergência, que é real e urgente, mas temos de nos concentrar na segunda fase, reacomodação."

A UWMA tomou a frente da mobilização de grupos interessados em ajudar a reacomodação. Seu primeiro passo no plano de crise foi indicar o ex-presidente da Bell South Georgia para coordenar a *Operation Helping Hand* (Operação mão amiga) – uma coalizão de organizações sem fins lucrativos, empresas, governo e líderes religiosos – para desenvolver uma resposta articulada. Posteriormente, a coalizão mudou de nome, passando a se chamar *Neighbors Helping Neighbors* (Vizinhos ajudando vizinhos), um nome que visava refletir a parceria com os afetados.

A UWMA também teve um papel de destaque em outras áreas importantes.

- Criou uma rede de compartilhamento de informações consolidada para todas as agências participantes por meio de uma página na internet.
- Acompanhou doações e colocações dentro da rede.
- Forneceu informações a veículos de comunicação locais e nacionais.

Usando a imprensa para informar

A Neighbors Helping Neighbors identificou cinco prioridades para reacomodar vítimas do furacão e definiu os seguintes objetivos:

- Moradia – ajudar 1.500 famílias a encontrar moradia permanente.
- Emprego – fornecer recursos para 4 mil evacuados encontrarem trabalho.
- Alimentação/necessidades imediatas – 500 mil para o Banco de Alimentos de Atlanta; atendimento de qualidade para 500 crianças e 900 jovens; apoio a 700 adultos de mais idade e portadores de deficiências.
- Educação da comunidade – formação de 500 ativistas em como ajudar os evacuados; encontrar famílias dispostas e receber outros 500 evacuados.
- Centro de atendimento telefônico, número 211 – aumentar os recursos do atendimento telefônico da UWMA, para encontrar oportunidades de moradia e emprego na cidade e atender a mais 600 a 800 ligações por dia, o dobro do que era comum.

Duas semanas depois da criação da coalizão, a United Way of Metropolitan Atlanta patrocinou uma feira de empregos que reuniu mais de 300 empresas da Georgia no World Congress Center, no centro da cidade. O evento atraiu cobertura de redes de TV nacionais, abertas e a cabo, com apenas uma nota à imprensa e um contato para vender a ideia. "O extraordinário foi que as solicitações de mais informações vinham da imprensa", disse Erin Steele, gerente de relações públicas da UWMA. "Durante as primeiras semanas, a imprensa veio a nós, o que é muito incomum quando se trata de organizações sem fins lucrativos."

A United Way capitalizou esse interesse da mídia, enviando dúzias de notas à imprensa em setembro e outubro, para veículos de comunicação nacionais e locais, para ajudar a informar a cidade de seus esforços e manter a comunidade conectada ao problema. As notas à imprensa incluíam notícias sobre grandes doações de empresas e informações sobre distribuição de verbas a organizações que estavam ajudando as vítimas do Katrina com assistência a crianças, reacomodação em residências, alimento e vestuário, atendimento médico, material escolar, transporte e outras necessidades. "Não há o que possamos fazer melhor do que você", disse O'Connell aos membros da imprensa na nota de 13 de setembro. "O fundamental é a comunicação."

Desafios das organizações sem fins lucrativos durante um desastre

Um dos maiores desafios da UWMA em relação ao esforço do Katrina foi simultaneamente captar verbas para o fundo do furacão e fazer sua campanha anual de arrecadação de verbas. Foram as verbas da campanha do ano anterior que permitiram que a United Way ajudasse grupos locais a dar assistência de emergência com a mesma velocidade que fizera após o Katrina. Mas a organização de Atlanta queria evitar a situação em que se encontrou depois de 11 de setembro de 2001 – as pessoas responderam tão generosamente com doações para os fundos do atentado que não davam contribuições para outras organizações.

A UWMA tinha anunciado um objetivo de campanha para 2005 de 76,5 milhões pouco depois do furacão. Diante das necessidades de emergência, a organização acrescentou um objetivo separado de 10 milhões, especificamente relacionado ao furacão em Atlanta. "Precisamos fazer com que as pessoas reconheçam que temos um desafio enorme", disse O'Connell.

Fontes: Mark O'Connell, presidente da United Way of Metropolitan Atlanta, entrevista pessoal, 13 de setembro de 2005; notas à imprensa da UWMA; *Atlanta-Journal Constitution*, 1º, 7, 15 de setembro de 2005; *The New York Times*, 14 setembro de 2005; National Public Radio, 13 de setembro de 2005; www.craigslist.com (Setembro de 2005); e www.nola.com (Setembro de 2005).

Drew Jubera and Mike Williams, "Guff Coast Walloped; Storm Leaves Trail of Death, Destruction", *Atlanta Journal-Constitution*, 30 de agosto de 2005, p. A1.

Patricia Guthrie, "Atlanta Hospitals Brace for Influx. Already Taxed Facilities Worry about Resources", *Atlanta Journal-Constitution*, 1º de setembro de 2005, p. A7.

Charles Yoo, "Red Cross Atlanta Swamped by Influx", Atlanta Journal Constitution, 7 de setembro de 2005, p. Al. "Warring Officials Turn Disaster to Anarchy," *The New York Times*, 11 de setembro de 2005.

Jon Stewart, *The Daily Show*, 12 de setembro de 2005.

Mark O'Connell, presidente da United Way of Metropolitan Atlanta, 13 de setembro de 2005.

Elisabeth Bumiller and Richard W. Stevenson, "President Says He's Responsible in Storm Lapses", *The New York Times*, 14 de setembro de 2005.

Barbara Bradley Hagerty, "Charities Concerned about Red Cross Dominance", National Public Radio *Morning Edition*, 13 de setembro de 2005.

"Key Areas of Focus for Resettlement of Katrina Evacuees", nota à imprensa do United Way of Metropolitan Atlanta, 13 de setembro de 2005.

M. A. J. McKenna, "Medical System Strains to Cope in Louisiana", *Atlanta Journal-Constitution*, 15 de setembro de 2005, p. Bl.

"United Way Giving Opportunities Following Hurricane Katrina", nota à imprensa do United Way of Metropolitan Atlanta, 19 de setembro de 2005.

"Neighbors Helping Neighbors: Find a Job Now", nota à imprensa do United Way of Metropolitan Atlanta, 19 de setembro de 2005.

"United Way Helps Georgians Come Together to Respond to Longer-Term Needs of Katrina Evacuees", nota à imprensa do United Way of Metropolitan Atlanta, 19 de setembro de 2005.

"United Way Announces First Round of Grants to Support Relief", nota à imprensa do United Way of Metropolitan Atlanta, 29 de setembro de 2005.

Perguntas

1. Por que a imprensa é fundamental para a articulação de esforços de socorro em desastres? O que ela pode fazer que outros não podem, nem mesmo o governo?
2. Por que uma boa relação com a imprensa local pode ser crucial para uma organização de resposta a emergências diante de um desastre?
3. Como grupos não tão conhecidos como a United Way ou a Cruz Vermelha Norte-Americana podem estabelecer boas relações com a imprensa?
4. Quais seriam grandes desafios a uma organização como a UWMA, que esteja tentando articular todos os esforços de resposta a um desastre?
5. O que seria necessário para uma organização conseguir articular um empreendimento tão imenso?
6. Pense em uma crise provável que poderia afetar sua cidade ou universidade. Como líder do esforço de resposta à crise: Quem você precisaria que estivesse envolvido? Quais seriam as cinco principais questões com que você precisaria lidar? Como a imprensa seria útil para seus esforços? Que tipo de preparação anterior à crise seria útil? Necessária?

Resumo

As relações com a mídia e o trabalho de assessoria de imprensa são ingredientes essenciais da prática de relações públicas: nos últimos anos, toda a estrutura do trabalho de relações com a mídia mudou com base no crescimento e nos múltiplos usos da internet, nas demandas de comunicação global e na proliferação de canais de comunicação. A mídia de massa costuma ser um método econômico para se comunicar com *stakeholders* grandes e dispersos, enquanto a imprensa especializada e as salas de redação na internet são mais úteis para atingir segmentos de público mais estreitamente definidos e *stakeholders*, incluindo clientes, investidores, funcionários, a imprensa, e assim por diante. As mídias sociais acrescentaram uma nova dimensão às relações com os meios de comunicação, com a tecnologia tornando possível a interação entre organizações e seus *stakeholders* sem passar pela mídia tradicional.

A relação entre jornalistas e profissionais de relações públicas é difícil. Se estes entenderem o papel da mídia e do repórter, contudo, podem ser desenvolvidas relações positivas que beneficiem a todos.

Técnicas específicas para se comunicar com a mídia incluem notas à imprensa, *press kits*, entrevistas coletivas, vídeos e notícias postadas em páginas da internet. Todas essas abordagens devem ser usadas com discernimento, já que a publicidade pode ter resultados inesperados. A assessoria de imprensa inadequada pode prejudicar relações construídas ao longo do tempo, com a mídia e o público. A mídia eletrônica se tornou particularmente importante, com os *video releases*, *press kit*s eletrônicos, entrevistas coletivas por satélite e *tours* via satélite à frente. Os anúncios de interesse público são uma forma de as organizações sem fins lucrativos se comunicarem por meio de rádio e televisão. As novas tecnologias introduziram as mídias sociais, como *blogs*, *wikis* e *iPods* no *mix* de relações com a mídia.

Termos fundamentais

agenda
B-roll
blog
endosso de terceiros
entrevista coletiva
extranet
internet
internet 2.0

intranet
mídia espontânea
mídias sociais
nota à imprensa
press kit
Really Simple Syndication (RSS)
relações com a mídia
wiki

Notas

1. Douglas Cater, *Press, Politics and Popular Government* (Washington, DC: American Enterprise Institute, 1972), p. 83-84.
2. Cliff Webb citado em Lucy Caldwell, "Maintaining Media Relations: One Perspective with Tips for Radio, Print and TV Personalities", *Government Communications* (Julho de 1995), p. 16.
3. James L. Fetig, APR, in 'Views on Media Relations from Both Sides of the Fence", Special Report, Public Relations, *PR Tactics* (Dezembro de 1999). Online-1.
4. Caldwell, p. 15-16.
5. "Future Perfect? Agency Leaders Reflect on the 1990s and Beyond", *Public Relations Strategist* (2001), p. 11.
6. *Editor & Publisher International Yearbook, Part I, Dailies* (New York: 2007), p. vi.
7. *Editor & Publisher International Yearbook, Part II, Weeklies* (New York: 2007), p. viii.
8. Baird Davis, "Why Consumer Magazine Circulation Levels Are Still Bloated", *Folio Magazine*, www.foliomag.com/2008, acessado em 05 de agosto de 2008.
9. Harry A. Jessell, ed., *Broadcasting & Cable Yearbook 2005* (New York: Reed Business Information, 2008), p. D-729-730.
10. Ibid., p. A-14.
11. Baran, p. 227.
12. Larry Maggett, "New Media: Evolution or Revolution", painel de discussão em Tech Museum of Innovation in San Jose, CA, convocado por Ketchum Public Relations em Abril de 2006.

13. B. J. Fogg, "New Media: Evolution or Revolution", painel de discussão em Tech Museum of Innovation in San Jose, CA, convocado por Ketchum Public Relations em abril de 2006.
14. Ibid.
15. 2008 Digital Media Future Project, University of Southern California.
16. Jan Sokoloff Harkness, "Media Relations Training: Make It Work for You", *PR Tactics*, dezembro de 1999. Online-1.
17. Katie Sweeney, "Fuzzy Picture for VNRs, SMTs", *Public Relations Tactics* 12, nº 6 (Junho de 2005), p. 18.
18. Ibid.
19. "Phair Testifies During Senate Committee Hearing on Pending VNR Legislation", *Public Relations Tactics* 12, nº 6 (Junho de 2005), p. 19.
20. Ibid.
21. Michael Lissauer, "Online Media Strategy: Reaching Dot-com Newsrooms", *Public Relations Strategist* (2000), p. 26.
22. Nick Galifianakis, "Blog Growth", Infomatic, *Public Relations Tactics* 12, nº 3 (Março de 2005), p. 1.
23. Diane P. Burley, "Get the Conversation Started with Blogs", *Public Relations Tactics* 12, nº. 8 (Agosto de 2005), p. 10.
24. Reid Goldsborough, "Blogging and the Law: Letting Loose Is Not Without Its Risks", *Public Relations Tactics* 12, nº 8 (Agosto de 2005), p. 11.
25. Elizabeth Albrycht, "Ten Ideas for Corporate RSS Feeds", *Public Relations Tactics* 12, nº 6 (Junho de 2005), p. 15.
26. Kay Bransford, *BetterAccess, Better Information, Better News: The Ten Essential Elements of an Online Newsroom* (Lanham, MD: Vocus, 2001).
27. Carole M. Howard, "Technology and Tabloids: How the New Media World Is Changing Our Jobs", *Public Relations Quarterly* (2000), p. 11.

10
Comunicação com Funcionários

INTRODUÇÃO

Michael H. Mescon, professor de administração e consultor, conta a história de uma experiência a bordo de um jato de Delta Air Lines:

Eu ainda me acomodava no assento quando comentei despreocupadamente com a pessoa sentada ao lado sobre o enorme aumento das passagens aéreas. Ele não recebeu minha observação muito despreocupadamente. "Você sabe por que essa passagem custa o que custa?", ele perguntou.

"Não", eu disse, "e não me interessa muito".

"Ah, mas deveria interessar", disse ele. "Porque o que a passagem paga é a sua segurança, conforto e conveniência."

A essas alturas, eu já tinha entendido no que me metera. O cara me disse o custo do carpete que estava no piso, e que tipo de carpete específico tinha de ser usado. Ele explicou a construção do assento em que eu estava sentado. Falou sobre o pessoal de apoio em terra para cada avião que estava no ar e, é claro, dos custos do combustível para aviões a jato.

Por fim, eu o interrompi: "Eu conheço o presidente da Delta e vários de seus vice-presidentes. Você deve ser um dos vice-presidentes que eu não conheço".

"Não, eu trabalho na estofaria."

"Mas então como é que você sabe tanto sobre as operações da Delta?"

"A companhia nos mantém bem informados."

Quando as organizações atingem uma comunicação eficaz com os funcionários, os resultados incluem empregados mais satisfeitos e produtivos, maior realização dos objetivos da organização e relações melhores com clientes, comunidade e investidores.

Os funcionários trabalham em organizações com culturas específicas. A comunicação eficaz com esses funcionários depende do estabelecimento de uma cultura organizacional positiva, por meio de políticas de comunicação claras, programas e ajuda com as mudanças organizacionais.

A comunicação com os funcionários os ajuda a estar bem informados sobre suas organizações e os incentiva a expressar suas visões à administração.

Funcionários bem informados geralmente são funcionários satisfeitos. São trabalhadores melhores, mais produtivos, que obtêm mais de seu trabalho e fazem mais pela organização. Sendo os primeiros porta-vozes de suas organizações fora do trabalho, funcionários bem informados interagindo com os *stakeholders* de uma organização têm uma influência positiva nas relações com clientes, a comunidade, os investidores e a mídia, só para citar alguns grupos importantes. Resumindo, quando se abrem linhas de comunicação entre empregadores e empregados, é mais provável que se consigam atingir os objetivos da organização.

Atingir uma comunicação bem-sucedida dentro de uma organização não é uma tarefa fácil. Entre as mudanças corporativas dos últimos anos, incluindo aquisições e fusões, *downsizing*, escândalos, corte de custos e transformações tecnológicas, as organizações enfrentam desafios para manter bons funcionários e contratar outros.

Ao contratar novos funcionários, dadas as seguintes projeções sobre a força de trabalho para 2010, os empregadores estão tendo de abrir mão de velhos pensamentos sobre o que os trabalhadores querem e precisam no emprego:

1. As mulheres serão 48% da força de trabalho.
2. O grupo de pessoas entre 46 e 62 anos apresentará um crescimento significativo.
3. A força de trabalho de origem asiática será maior do que a média.
4. A força de trabalho de origem hispânica será maior do que a força de trabalho negra.
5. A força de trabalho jovem (entre 16 e 24) crescerá mais rapidamente do que a força de trabalho como um todo.[1]

Cada um desses grupos demográficos trará expectativas muito diferentes a seus locais de trabalho e demandará um pensamento estratégico diferente em termos de relações públicas sobre suas necessidades de comunicação. Contratar e manter empregados produtivos significa criar políticas que sejam compatíveis com a família, horários de trabalho flexíveis, benefícios aos parceiros domésticos, licença para cuidado de saúde de dependentes, planos de saúde e horários livres para atividades voluntárias. Veja o Minicaso 10.1, como exemplo de como o perfil demográfico dos funcionários implica pensamentos distintos sobre retenção de empregados.

Profissionais de relações públicas examinam planos para a página na internet dirigida aos funcionários.

Minicaso 10.1

Retenção de empregados: o empregador é que está em contrato de experiência

Lembre-se da ARCNET, a empresa de engenharia de Nova Jersey que deu a cada um de seus funcionários um BMW novo como parte de seu pacote de benefícios (*pr reporter*, 9/20/99)? Presente bacana, e funcionou. Mas um novo estudo de O'Connor Kenny Partners (Memphis) diz que os empregadores não precisam ser tão drásticos em seus esforços para manter os funcionários. "Antes de distribuir bônus e carros, a organização deve estudar os perfis demográficos de sua força de trabalho para determinar o pouco que pode ser necessário para manter os funcionários 'no barco' da empresa", diz a diretora de comunicações Christine Luporter.

Luporter recomenda que os empregadores deem uma olhada em suas equipes e reflitam sobre suas verdadeiras necessidades. Ela aponta o exemplo de um estudo de caso com uma empresa varejista de porte médio, com 2 mil lojas. Sua força de trabalho é composta por 94% de funcionários na faixa dos 20 anos, trabalhando meio expediente. A taxa de rotatividade é de 1,17%, custando ao varejista 1,3 milhão de dólares por ano. A empresa estima que um funcionário leve 30 dias para decidir permanecer na empresa. "Os funcionários costumavam passar por um período de experiência; hoje em dia, são os funcionários que observam a empresa para decidir se ficam." Formulou-se a nova estratégia a seguir:

- Observar as características demográficas: "Para pessoas de 20 e poucos anos, o importante são as amizades e relações", conclui o vice-presidente de recursos humanos da rede. "Elas querem sentir que pertencem, que se enquadram e querem fazer amigos no trabalho."
- Durante esse período de 30 dias, os administradores foram instruídos a implementar "tratamento intensivo", essencialmente, um programa de acompanhamento individual. Cada novo funcionário tem indicado um acompanhante com uma lista de habilidades a serem aprendidas e objetivos a serem cumpridos nos primeiros 30 dias. Se o novo contratado permanece depois dos 30 dias e atinge os objetivos, o acompanhante recebe um incentivo financeiro.

Esse programa-piloto reduziu a taxa de rotatividade em 20% ao ano. "O custo dessa melhoria é muito menor do que uma nova frota de carros", observa Luporter. "Essencialmente, os empregadores devem olhar as causas fundamentais do programa de retenção. Aposto que descobrirão que podem apresentar uma solução de comunicação muito mais barata do que um carro novo ou um bônus enorme."

Perguntas

1. Por que o programa de acompanhamento teve tanto sucesso? Qual é o argumento por trás dele?
2. Que outros conselhos você daria aos empregadores que têm altas taxas de rotatividade para que mantenham seus funcionários?

Fonte: pr reporter, 31 de janeiro de 2000, p. 4.

PAPEL DA COMUNICAÇÃO COM FUNCIONÁRIOS

A **comunicação com funcionários** é uma especialização das relações públicas que trata de "como os profissionais de RP em empresas, consultorias e organizações sem fins lucrativos ajudam a promover a comunicação efetiva entre funcionários, e entre os funcionários de produção e gestores de alto nível".[2] Os esforços de comunicação com o funcionário começam antes de ele ser contratado e continuam após ele sair da organização. Sendo assim, desde o recrutamento até depois do desligamento, as relações públicas têm um importante papel a cumprir na experiência de trabalho de um funcionário.

A comunicação com funcionários, também chamada de **comunicação interna** ou **relações com funcionários**, cria e mantém sistemas internos de comunicação entre empregados e empregadores. As linhas de comunicação são bidirecionais, de modo que todos os funcionários participem livremente em um intercâmbio de informações.

"Os especialistas duvidam que jamais se volte à era anterior à explosão nesse campo, quando 'a empresa é que sabia'. Na verdade, enquanto uma empresa continua seus esforços, as relações sólidas com os funcionários cumprem um papel fundamental no sucesso geral", disse Bernard Charland, vice-presidente sênior da Golin Harris, uma empresa internacional de relações públicas.[3] Para entender o processo pelo qual se consegue isso e o papel das relações públicas nele, devemos antes discutir o conceito de cultura organizacional.

CONCEITO DE CULTURA ORGANIZACIONAL

A **cultura organizacional** se refere ao caráter de uma organização, "sua história, sua abordagem aos processos de decisão, sua forma de tratar funcionários e sua forma de lidar com o mundo fora dela".[4] Outra definição descreve a cultura organizacional como "a soma total dos valores, símbolos, sentidos, crenças, pressupostos e expectativas que organizam e integram um grupo de pessoas que trabalham juntas".[5]

O revolucionário estudo *Excellence in Public Relations and Communication Management* identificou dois tipos de cultura nas organizações: a autoritária e a participativa. As **culturas autoritárias** apresentam processos de decisão autoritários por parte do presidente e de alguns administradores de alto nível. Os departamentos têm agendas diferentes, às vezes em conflito entre si. Os funcionários não têm uma percepção de ser gratificados pela inovação, e sim por seguir ordens. Eles acreditam que seus supervisores estão interessados neles apenas como trabalhadores e não como pessoas. As culturas autoritárias são fechadas e resistentes a mudanças de fora da organização.[6]

As organizações com **culturas participativas** apresentam o valor comum do trabalho em equipe. Os funcionários se sentem com poder para tomar decisões, em vez de esperar por ordens dos que estão no poder. Os departamentos trabalham juntos "como uma máquina bem lubrificada",[7] e suas metas correspondem aos objetivos gerais da organização. Os trabalhadores se sentem valorizados como pessoas, e não apenas como funcionários. As culturas organizacionais participativas são abertas a novas ideias de dentro e de fora da organização.[8]

A principal responsabilidade pela cultura organizacional é da administração – quem toma as decisões na organização. Gestores exitosos buscam uma cultura no local de trabalho que sustente os objetivos da organização. Por exemplo, a administração da General Motors reconheceu a influência em sua produtividade das dificuldades da indústria automobilística nas últimas décadas ao tentar mudar sua cultura. A administração da GM está tentando passar da visão dos funcionários como peças para considerá-los "um recurso potencial".[9] Queremos que eles (os funcionários) desenvolvam um plano viável sobre o que eles próprios podem fazer para tornar a GM uma empresa mais bem-sucedida", disse o vice-presidente de comunicação da empresa.[10]

Os profissionais de relações públicas podem dar três contribuições para uma cultura produtiva no local de trabalho: (1) podem estabelecer políticas de comunicação para a organização baseadas em uma abordagem orientada por objetivos; (2) podem ajudar a formular e implementar programas de mudança organizacional; e, mais importante, (3) podem proporcionar conhecimento na condição de comunicadores-funcionários.

Estabelecendo uma política de comunicação

Um fator importante na melhoria da cultura organizacional é o estabelecimento de uma política de comunicação. Segundo o especialista em comunicação Norman Sigband, a administração superior geralmente reconhece as necessidades e sinceramente deseja a comunicação bidirecional.[11] O gargalo na comunicação corporativa costuma estar situado no meio da hierarquia. O rompimento do processo de comunicação acontece com mais frequência no primeiro nível de supervisão.

Os gerentes de relações públicas podem facilitar as mudanças culturais convencendo a administração superior de que a comunicação, assim como finanças, pessoal, *marketing*, promoção e quase todas as áreas da atividade organizacional devem ter políticas cuidadosamente enunciadas e estabelecidas. Políticas não enunciadas deixam vácuos perigosos que são preenchidos rapidamente por rumores, confusão e desinformação.

As **políticas de comunicação** devem ser orientadas por objetivos, em vez de eventos. Em outras palavras, em vez de abordar questões ou tópicos específicos, as políticas devem ajudar os funcionários a entender, contribuir e se identificar com os objetivos e problemas da organização. As políticas de comunicação bem-

-sucedidas devem refletir o desejo da administração de fazer o seguinte:

1. Manter os funcionários informados sobre metas, objetivos e planos da organização.
2. Informar os funcionários sobre atividades, problemas e realizações, ou qualquer tema que considerem importante.
3. Incentivar os funcionários a fornecer contribuições, informações e avaliações à administração, com base em suas experiências, visões, criatividade e reflexão.
4. Ser franco com funcionários em relação a questões negativas, delicadas ou polêmicas.
5. Estimular a comunicação frequente, relacionada ao trabalho, bidirecional entre administradores e seus subordinados.
6. Comunicar eventos e decisões importantes o mais rapidamente possível a todos os funcionários, principalmente antes que eles saiam na mídia. Eles devem ser informados em primeiro lugar.
7. Estabelecer uma cultura na qual a inovação e a criatividade sejam estimuladas.
8. Exigir que cada gerente ou supervisor discuta com cada subordinado os avanços e a posição deste na firma.

Os funcionários querem receber as informações primeiramente de seus supervisores imediatos, como mostrado na Tabela 10.1. O último lugar em que eles querem saber notícias sobre a empresa é na mídia.

Mudanças na organização

O especialista em comunicação com funcionários Gary Grates acredita que as organizações do futuro serão estruturadas para acomodar a mudança, e a comunicação com os funcionários será importante nisso. Seu papel deve incluir a previsão e o acompanhamento das relações com públicos centrais e o planejamento de estruturas flexíveis de comunicação, para que os funcionários entendam e apoiem novas situações e ambientes organizacionais. Grates compartilhou essas lições com os membros da PRSA:

1. O planejamento para a comunicação substitui um plano de comunicação.
2. Conduza as pessoas por meio do diálogo, discussão e diferenças de opinião.
3. Pense externamente para legitimar ações internas.
4. Torne-se informado e proficiente em relação aos objetivos e prioridades da organização.
5. Aceite o fato de que as mudanças verdadeiras estão relacionadas à incerteza.
6. Ajude a administração a transformar iniciativas empresariais complexas em conceitos

TABELA 10.1 Fontes de informação preferidas pelos trabalhadores

1. Supervisor imediato
2. Reuniões de pequenos grupos
3. Altos executivos
4. Relatórios anuais aos funcionários
5. Manual/outros folhetos dirigidos aos funcionários
6. Programa de orientação
7. Publicação local regular dirigida aos funcionários
8. Publicação geral regular dirigida aos funcionários
9. Quadro de avisos
10. Programas de comunicação de baixo para cima
11. Reuniões gerais
12. Programas audiovisuais
13. Sindicatos
14. Boca a boca
15. Meios de comunicação de massa

Fonte: IABC Study, citado em Allen Center and Patrick Jackson, *Public Relations Practices*, 5th ed. (Englewood Cliffs, NJ: Longman, 1995), p. 40.

simples e de fácil entendimento para que os funcionários possam compreender e contribuir à sua implementação bem-sucedida.
7. Entenda o que os administradores e funcionários entendem.
8. Não subestime o desejo das pessoas por informações relevantes.
9. A comunicação deve ser integrada à mudança pelos líderes da organização.
10. O importante é como se pensa, e não o que se faz.
11. Torne-se um professor.
12. Defina comunicação como informação intercambiada entre seres humanos e em meio a eles.[12]

Os valores dos funcionários mudaram. Se quiserem contar com uma força de trabalho produtiva em tempos de mudanças, os empregadores têm de entender por que os funcionários trabalham para uma organização e qual compromisso desejam.

IMPORTÂNCIA DA COMUNICAÇÃO COM OS FUNCIONÁRIOS

Quatro realidades da comunicação com funcionários estabelecem sua importância para o sucesso organizacional. Em primeiro lugar, os funcionários querem informações sobre sua empresa e têm sede de comunicação, principalmente de parte de seus líderes. Em segundo, há uma ligação entre comunicação aberta e satisfação dos administradores com seus papéis. Um estudo do Institute of Excellence in Employee Management Communications relatou que "mais de 90% dos administradores que consideravam ter capacidade de oferecer ideias e questionar decisões administrativas também estavam altamente satisfeitos e envolvidos com seu trabalho".[13] Terceiro, a comunicação bidirecional efetiva é fundamental para tratar de novos desafios empresariais, porque os funcionários ficam mais confiantes de que podem ajudar a fazer avançar a empresa.[14] Quarto, as comunicações com os funcionários podem ser fundamentais para manter a boa experiência dos clientes. Os funcionários transmitem a marca, segundo Bill Margaritis, vice-presidente sênior de comunicações cooperativas da FedEx:

> Gostamos que nossos funcionários saibam quais são os atributos de nossa marca, incluindo a visão e os valores da empresa. Portanto, quando fizemos algumas aquisições e os novos funcionários começaram a usar o uniforme da FedEx e vender os serviços da empresa, foi importante nos certificarmos de que eles entendessem o valor da cultura e o valor da marca. Não queríamos quaisquer lacunas entre o que prometemos e o serviço que prestamos.[15]

A comunicação com os funcionários se tornou uma especialização distintiva das relações públicas, envolvendo programas permanentes de comunicação, a comunicação com sindicatos em negociações coletivas e situações de greve e a explicação dos benefícios aos funcionários. A comunicação com funcionários tem suas próprias teorias e práticas, incluindo meios de comunicação especializados e controlados.

Situações especiais da comunicação com funcionários

Uma das situações especiais da comunicação com os funcionários envolve aqueles que são membros dos sindicatos.

Os sindicatos no ambiente da força de trabalho Os sindicatos são organizações poderosas. São ativos na arena política. Às vezes, em conjunto com empresas e às vezes em oposição a elas, exercem uma influência poderosa sobre o papel do governo na economia.

Os trabalhadores se filiam aos sindicatos querendo obter o poder necessário para melhor ir em busca de suas necessidades e objetivos. Maiores salários, jornadas de trabalho mais curtas e melhores condições de trabalho são razões comuns para se sindicalizar.

Muitas organizações tentam usar a comunicação efetiva com os funcionários no sentido de se proteger de esforços dos sindicatos para organizar sua força de trabalho. A ameaça da sindicalização, com efeito, assusta as administrações e as força a instituir políticas e programas de comunicação que já deveriam existir. Infelizmente, o momento e a motivação dos esforços para estabelecer um clima de comunicação adequado e

A comunicação com funcionários da FedEx é espalhada em todo o mundo e deve usar tecnologia para mantê-los informados e obter suas opiniões.

facilitar a comunicação de baixo para cima têm feito, às vezes, com que os empregadores sejam percebidos como antissindicato. A sindicalização da força de trabalho de uma organização situa a comunicação com funcionários e as relações públicas em uma condição um pouco diferente, mas as práticas básicas de comunicação eficaz com os funcionários ainda se mantêm.

Relações públicas na negociação coletiva

Quando a representação sindical se estabelece, a administração tem que negociar de boa fé com seus representantes. Todos os temas relacionados a um conjunto de questões estabelecidas de antemão são resolvidos por meio de um processo conhecido como **negociação coletiva**, que Harold Davey define da seguinte forma:

> Uma relação institucional continuada entre um empregador [...] e uma organização sindical [...] relacionada à negociação, administração, interpretação e aplicação de acordos escritos que tratam de entendimentos comuns, como salários, níveis de remuneração, jornada de trabalho e outras condições de emprego.[16]

A expressão de Davey "relação institucional continuada" é importante. O público em geral tem um mau entendimento da negociação coletiva, associando o processo a greves, agitação dos trabalhadores ou negociações proteladas. Na verdade, essas são circunstâncias excepcionais. Em 98% das negociações, chega-se a acordos sem recorrer a greves ou paralizações.

As negociações contratuais costumam chamar muita atenção pública. Nesses momentos, a função de relações públicas se torna muito importante e os profissionais realmente fazem jus a seu salário. Parte do desafio é a natureza delicada da negociação que está em andamento. Administrações e trabalhadores geralmente concordam que a abertura pública do processo de negociação resultaria em má comunicação, na melhor das hipóteses, e rompimento e intransigência, na pior.

Quando as negociações são concluídas com sucesso, os porta-vozes de relações públicas devem contar a história desse sucesso e explicar ao público os termos do acordo. O acordo e seu impacto sobre a economia local e nacional são questões de interesse e importância públicos. Mesmo depois de uma greve, quando o final do conflito parece ser a história principal, as informações com relação a esses fatores têm de ser enunciadas claramente nos meios de comunicação organizacionais e de massa.

Comunicando os benefícios aos funcionários
"Com muita frequência, desconsideramos funções como comunicações internas ou comunicação de benefícios, tratando-as como necessárias, mas não muito interessantes. Bom, prepare-se. Em função da Enron, a comunicação interna está para assumir um lugar central",[17] escreve a especialista Jody Buffington Aud.

Os **benefícios aos funcionários** são serviços que uma organização proporciona como parte de sua compensação. Entre os benefícios, podem estar programas de seguros de vida, licenças de saúde, férias, seguridade social paga pela empresa, programas de aposentadoria, como o plano 405(k), da Enron, e uma série de outros serviços que vão de creches e assessoria jurídica paga a programas de preparo físico. Os benefícios atraem e motivam os funcionários e promovem sua produtividade.

Em relação a benefícios aos funcionários, os administradores costumam dizer que esses funcionários "simplesmente não apreciam o que têm". Esse tipo de apreciação costuma ser resultado de má comunicação por parte da administração, como ilustra o seguinte episódio:

> Os trabalhadores de uma empresa acabavam de votar na eleição sindical, e um dos apelos mais fortes do sindicato era seu pacote de benefícios. A administração não conseguia entender o que tornava o pacote tão atrativo aos funcionários. "Esses benefícios não oferecem melhorias substanciais em relação ao que já tínhamos", reclamou o executivo. Um exame mais de perto, contudo, revelou que a empresa nunca havia preparado publicações para explicar seu pacote. As reuniões dos funcionários para discutir benefícios eram irregulares, quase inexistentes. Não havia sido publicado qualquer manual ou guia para os funcionários, não se estabelecera qualquer programa de orientação. Restam poucas dúvidas de que, quando os funcionários votaram no sindicato, estavam votando não por melhores benefícios, e sim por melhor comunicação e por um plano que entendessem.

Algumas organizações têm tido muita criatividade em termos de comunicação de benefícios. A United Technologies elaborou um filme/vídeo de 17 minutos que mostrava um conhecido comediante para discutir seis áreas de benefícios: aposentadoria, serviços de saúde, incapacitação, seguro de vida, serviços odontológicos e planos de poupança. A Bankers Land Company, de Palm Beach Gardens, Flórida, elaborou um jogo de tabuleiro para explicar os seus benefícios de saúde. A Exxon Coal USA montou seu *Guide to Your Employee Benefits*, de 81 páginas, no estilo de uma revista ou relatório anual. Golin Harris usou o tema "GH Lifeworks" para captar a ideia de seu pacote de benefícios aos funcionários.

O papel dos comunicadores corporativos ao lidar com benefícios aos funcionários pode ser de vital importância. Os profissionais de relações públicas que trabalham nessa área não simplesmente disseminam informações sobre programas existentes. Talvez mais importante seja que eles possam servir como condutos para a expressão das necessidades e desejos dos funcionários e assim cumprir um papel significativo na determinação e avaliação dos programas de benefícios. A Figura 10.1 é um modelo do processo de comunicação de benefícios, demonstrando os vários pontos em que os comunicadores empresariais podem ser úteis.

MEIOS DE COMUNICAÇÃO COM OS FUNCIONÁRIOS

Na primeira parte deste capítulo, assumimos uma postura geral diante da comunicação com funcionários. Discutimos uma cultura organizacional positiva sustentada por políticas de comunicação como pré-requisitos para a comunicação eficaz com os funcionários. Também discutimos a comunicação com os funcionários em circunstâncias especiais e para propósitos especiais.

Esta seção é dedicada aos aspectos técnicos dos meios de comunicação com os funcionários: como fazer chegar sua mensagem. As mídias in-

Monitoramento e avaliação permanentes

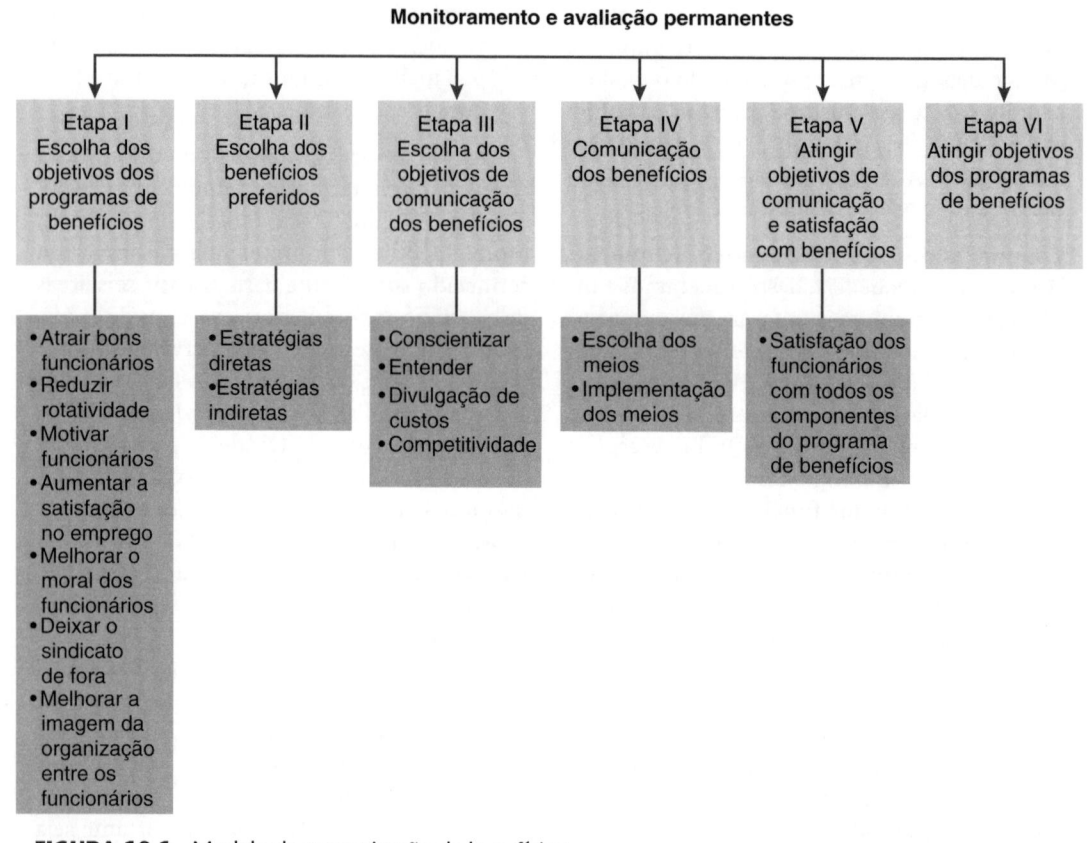

Etapa I Escolha dos objetivos dos programas de benefícios	Etapa II Escolha dos benefícios preferidos	Etapa III Escolha dos objetivos de comunicação dos benefícios	Etapa IV Comunicação dos benefícios	Etapa V Atingir objetivos de comunicação e satisfação com benefícios	Etapa VI Atingir objetivos dos programas de benefícios
• Atrair bons funcionários • Reduzir rotatividade • Motivar funcionários • Aumentar a satisfação no emprego • Melhorar o moral dos funcionários • Deixar o sindicato de fora • Melhorar a imagem da organização entre os funcionários	• Estratégias diretas • Estratégias indiretas	• Conscientizar • Entender • Divulgação de custos • Competitividade	• Escolha dos meios • Implementação dos meios	• Satisfação dos funcionários com todos os componentes do programa de benefícios	

FIGURA 10.1 Modelo de comunicação de benefícios.

ternas, vídeos e os novos meios são maneiras de atingir grandes quantidades de funcionários de forma permanente. O pessoal e os recursos dedicados a esses meios têm aumentado muito na última década. Esse é o aspecto que mais cresce do esforço geral de relações públicas. Também é o esforço sobre o qual temos mais controle. É por isso que as **mídias internas** costumam ser chamadas de "meios controlados".

Objetivos das mídias internas

Em um sentido amplo, o objetivo das mídias de comunicação internas é a melhoria das relações entre funcionários e administração. Estabelecer políticas e definir objetivos mais específicos para essas mídias internas é um empreendimento complicado. Sem diretrizes específicas, contudo, é difícil para um meio interno à própria empresa ter sucesso, e ainda mais difícil avaliar esse sucesso.

Como dissemos, os instrumentos internos devem atender a necessidades da organização e de seus funcionários. Os públicos formados por funcionários devem ver utilidade e sentido na informação desse veículo. A seguir, alguns tópicos amplos frequentemente escolhidos por mídias internas bem-sucedidas:

1. *O entendimento dos funcionários sobre seu papel na organização.* As mídias internas podem enfatizar a importância do trabalho de cada funcionário para atingir os objetivos da organização. Informações sobre o uso que se dá aos produtos ilustram a importância da parte que cada um cumpre no processo.
2. *Esclarecimento das políticas da administração.* Leve em consideração os pontos de vista da administração e dos funcionários. Estes devem ser informados com precisão sobre atividades da empresa se a administração quiser que apoiem seus programas. O en-

tendimento pode ser ajudado explicando-se políticas e regras, o que constrói confiança na administração e combatendo rumores e mal-entendidos.

3. *Bem-estar e segurança dos funcionários.* Isso se explica por meio de informações sobre práticas, regras e procedimentos de segurança. A segurança dos trabalhadores sempre é uma área apropriada de preocupação para a administração e os funcionários. Em algumas organizações, isso envolve pouco mais do que garantir que todos saibam onde está o extintor de incêndio, mas em outras, o sucesso da operação e, na verdade, ela própria podem depender do cumprimento dos procedimentos de segurança.

Há uma necessidade permanente de explicar políticas de benefícios, férias, folgas, impostos, remuneração dos trabalhadores, ação afirmativa e oportunidades de trabalho. Os funcionários querem saber sobre questões da comunidade e oportunidades de formação e treinamento.

4. *Reconhecimento das realizações dos funcionários.* Isso deve ocorrer no trabalho e na comunidade, para incentivar a cooperação interna ao ajudar a administração e os funcionários a ficarem mais conhecidos de outros membros da organização. Atividades sociais também podem ser reconhecidas, mas não devem assumir precedência sobre realizações no trabalho e em serviços comunitários.

Um instrumento interno pode atingir esses objetivos se atender às necessidades de funcionários, disser algo sobre o que eles querem pensar e falar e for atrativo e fácil de ler.

De que tipo de mídia sua organização precisa? Uma organização deve decidir que tipos de instrumentos de comunicação internos atendem melhor a suas necessidades: um boletim, um jornal em formato tabloide, uma revista, uma página na internet, notícias em vídeo, uma intranet ou algum outro formato. Às vezes, a comunicação precisa de mudanças. A frequência de publicações e métodos de distribuição também deve ser decidida com base em preferências do público de funcionários. A maioria das publicações internas tem edições mensais, mas algumas saem trimestral ou até semanalmente. O método mais fácil, rápido e simples de distribuição é colocá-las à disposição das pessoas perto das áreas de trabalho. Para obter uma distribuição mais ampla, algumas organizações entregam os materiais impressos diretamente aos funcionários, usam o correio interno ou os enviam às casas dos funcionários. Todas essas questões são interdependentes. O formato (tamanho e forma) pode limitar as possibilidades de distribuição.

Porém, é fácil demais optar pelos meios impressos. Eles são a forma mais tradicional usada nas organizações, mas você deve refletir sobre a melhor forma de transmitir informações de emergência. Pode ser mais fácil enviar mensagens eletronicamente a uma lista já estabelecida, mas e se não houver eletricidade? E uma rede de telefones celulares? Nossa tecnologia nos permite uma comunicação rápida, o que precisamos fazer quando ocorre uma crise, mas a transmissão de mensagens face a face ainda é a preferida e pode ser mais eficaz em situações de crise.

Outras considerações na determinação do número e dos tipos de mídias são o orçamento e a pesquisa daquilo que os funcionários querem saber. Uma vez estabelecido um orçamento para o meio, devem ser coletadas informações sobre necessidades de funcionários. Entrevistas e questionários podem dizer muito sobre necessidades de conteúdo, frequência e distribuição. Para ajudar a escolher um formato, muitas empresas pedem que painéis de funcionários ou grupos focais avaliem amostras dos meios de outras organizações. O painel também pode avaliar dados obtidos nas entrevistas e questionários. Os resultados desses esforços de planejamento ajudam a definir objetivos e medidas de avaliação para os quais os veículos de comunicação serão usados.

Dando início a mídias internas

A produção de um instrumento de comunicação interno exige organização e coordenação. Ele deve aparecer em intervalos regulares agendados. Essa constância requer orçamento e equipe. Editar uma mídia mal feita pode ser pior do que nada fazer. Um meio de comunicação, como uma página na internet, que não possa ser mantido adequadamente cria atitudes negativas ao construir expectativas que não pode cumprir.

Assim, a organização dos detalhes de produção é fundamental para sua eficácia.

O que é notícia? O conteúdo de uma mídia interna varia de uma organização a outra. Lembre-se: informações sobre a empresa devem atender às necessidades de seus funcionários, e não apenas às da administração. A Tabela 10.2 mostra tópicos de máxima importância para funcionários de um estudo do IABC, em ordem de importância. Há uma preocupação cada vez maior por parte deles com a segurança no emprego, que fica clara no primeiro item, "planos da organização para o futuro".

Os desejos dos trabalhadores são claros: eles querem saber para onde vai a organização, quais são seus planos para chegar lá e o que isso significa para eles.

Estabeleça e mantenha políticas rígidas sobre o que será publicado internamente. Os seguintes critérios podem ajudar a avaliar se um tópico tem valor de notícia:

1. *Atualidade.* O tópico é atual e oportuno o suficiente para interessar à maioria dos leitores?
2. *Abrangência.* Afeta as pessoas direta ou indiretamente?
3. *Relevância.* Tem algo ou alguém importante envolvido?
4. *Interesse humano.* Lida com as coisas que soam vitais aos interesses dos leitores ou dos envolvidos?

A objetividade é uma meta importante das mídias internas, mas elas devem ter um tom mais pessoal do que os jornais e as revistas públicos, devendo refletir um sentido de proximidade e interesse público que diz ao leitor: "Estamos todos juntos nessa".

Controlando as mídias internas

Todos os veículos devem avaliar periodicamente seu avanço em direção a seus objetivos. Propósito, conteúdo e frequência de publicação devem ser examinados em termos das necessidades do público-alvo. O painel que identificou originalmente o público-alvo pode ser usado mais uma vez para avaliar o avanço. *Surveys* também dão informações úteis sobre até onde um meio cumpre as expectativas. Revistas nacionais concluíram que até mesmo *surveys* simples podem oferecer visões excelentes dos interesses dos leitores. Para pré-testar os leitores potenciais de artigos planejados, por exemplo, pode-se preparar um questionário que liste várias manchetes e pergunte a uma amostra do público-alvo quais artigos eles leriam. A seguir,

TABELA 10.2 Temas de interesse dos funcionários

Classificação	Tema	Escala (1-10)
1	Planos da organização para o futuro	8
2	Oportunidades de avanço profissional	7
3	Informações sobre "como fazer" relacionadas ao trabalho	7
4	Melhoria de produtividade	6
5	Políticas e práticas de pessoal	6
6	Como estamos nos saindo em relação à concorrência	6
7	Como meu trabalho se enquadra na organização	6
8	Como os eventos externos afetam meu trabalho	5
9	Como os lucros são usados	5
10	Resultados financeiros	4
11	Planos de propaganda e promoção	4
12	Operações fora de meu departamento ou divisão	4
13	Posição da organização sobre questões atuais	4
14	Mudanças e promoções pessoais	4
15	Envolvimento da organização na comunidade	4
16	Histórias de interesse humano sobre outros funcionários	2
17	Notícias pessoais (aniversários, etc.)	2

Fonte: Allen Center, Patrick Jackson, Stacy Smith, and Frank R. Stansberry, *Public Relations Practices*, 7th ed. (Upper Saddle River, NJ: Pearson/Prentice-Hall, 2008), p. 26.

um editor pode ter uma avaliação sobre o provável sucesso de determinadas matérias.

Instrumentos ocasionais e especiais

A maioria das organizações prepara publicações sobre tópicos diversos em intervalos regulares. As formas vão desde os panfletos de uma folha mimeografados até livros de autores profissionais. A responsabilidade por eles geralmente está com o pessoal de recursos humanos em função de exigências legais, regulamentos do governo ou políticas da empresa. Mas, em organizações menores, o pessoal de relações públicas também pode se envolver. Essas publicações geralmente podem ser divididas em três categorias, segundo propósito:

1. A *literatura de orientação* explica as políticas da organização a novos membros. Pode ajudar um funcionário novo a começar bem ao definir as regras básicas. Costumam ser incluídos metas e objetivos da organização para dar uma ideia do rumo da empresa e o papel do funcionário em atingir esse objetivo.
2. O *material de referência* é elaborado para ser mantido para uso futuro. Em função da natureza dessas publicações, é improvável que qualquer pessoa jamais venha a lê-las integralmente, portanto, eles devem dar respostas rápidas e fáceis. Como essa informação às vezes muda, as publicações devem ser feitas de forma que se possam acrescentar suplementos e outros materiais mais tarde. Os materiais de referência lidam com temas como programas de benefícios, seguro e recreação.
3. *Publicações sobre posicionamento ou tópicos especiais têm só uma edição.* Estes lidam com um tema ou ocasião específico que a organização acha que deveria discutir. O sistema de livre empresa, compromissos beneficentes e sociais, história, premiações e desenvolvimento científicos ou tecnológicos estão entre os temas mais tratados. Publicações ocasionais têm mais impacto do que boletins regulares e dão à organização a chance de transmitir uma mensagem específica.

Os mesmos requisitos de credibilidade e interesses que se aplicam a boletins devem ser seguidos para que publicações sobre tópicos especiais enunciem sua mensagem de forma eficaz.

Folhetos, encartes e anexos Publicações de baixo custo, que podem ser lidas e jogadas fora, costumam ser impressas em uma folha única que pode ser dobrada para produzir vários formatos. Os panfletos ou folhetos reproduzidos em uma copiadora são baratos e fáceis de preparar. Com um pouco mais de esforço, publicações de folha única podem ser dobradas em *folders* para serem colocadas em estantes com informação, distribuídas internamente ou enviadas por mala direta. Muitas organizações as usam como anexo em envelopes de pagamento.

Brochuras e manuais Em função de seus custos, as brochuras e os manuais são feitos para serem lidos e guardados para consulta. Seu maior problema é que podem ser difíceis de ler se não forem diagramados adequadamente. Manuais de orientação de funcionários ou brochuras de planos de seguros precisam de índices, e sua informação pode ser mais acessível se forem fornecidos índices ou páginas com códigos de cor. As brochuras e os manuais podem ser usados com sucesso para fazer o seguinte:

1. Orientar novos funcionários.
2. Transmitir informações em linguagem livre de jargão, não técnica.
3. Explicar as normas de segurança segundo padrões da Administração de Saúde e Segurança Ocupacional.
4. Explicar o plano de benefícios e seu valor para o funcionário.
5. Explicar as políticas da empresa e seu cumprimento de normas do governo.
6. Explicar os custos e os benefícios do pacote de seguros da organização.
7. Explicar o plano de aposentadoria da empresa e seus requisitos.
8. Dar informações úteis ao funcionário em seu trabalho.
9. Dar informações sobre questões sociais ou da comunidade.
10. Explicar o cumprimento de normas ambientais por parte da organização.

Discursos impressos e reimpressões Os discursos e as reimpressões às vezes são distribuídos como publicações. Quando representantes da organização falam a grupos profissionais, da comunidade ou outros, sobre tópicos de interesse aos funcionários, pode ser útil imprimi-los para distribuição dentro da organização. Reimpressões de artigos de revistas que interessem à organização e seus funcionários podem ser compradas por baixo custo. As reimpressões de revistas têm a vantagem da credibilidade externa.

Mostradores de mensagens Um número crescente de leis e regulamentos exige que se coloquem avisos onde os funcionários possam vê-los, e muitas organizações consideram essa uma forma rápida e de baixo custo para chegar a grandes números de pessoas. Os mostradores de mensagens incluem cartazes, quiosques e quadros de aviso eletrônicos e tradicionais, estantes com informações e expositores.

Quadros de aviso O quadro de avisos mostra mensagens em locais regulares com esforço e custo mínimos. O quadro continua sendo um instrumento muito usado e eficaz de comunicação dentro de organizações. Avisos que tenham sido enviados por correio ou distribuídos a funcionários podem ser postados como lembretes. Detalhes de anúncios já feitos em reuniões ou na publicação da própria organização podem ser postados para quem quer mais informação. Além disso, os quadros de avisos são um local adequado para informações que a lei exige que sejam postadas.

Para garantir credibilidade e legibilidade, os quadros de avisos devem ser cuidadosamente planejados e mantidos atualizados. Em formas eletrônicas, por meio de intranets, listas de discussão e páginas especiais na internet, eles também podem fornecer informações para as quais o tempo é determinante.

Cartazes e painéis Assim como os quadros de avisos, os cartazes e os painéis oferecem comunicação rápida e eficaz. São mais bem usados para dar ênfase a uma ideia e oferecer mensagens que possam ser entendidas rapidamente. Os cartazes e os painéis devem ser colocados em áreas de grande circulação, onde possam ser vistos pela maioria dos funcionários.

Estantes de informações As estantes de informações são projetadas para convidar o leitor a pegar as brochuras ou folhetos que estão ali. As estantes devem oferecer informações que não possam ser transmitidas em mensagens curtas, como manuais, folhetos, discursos impressos e reimpressões. Como os materiais são selecionados pelos leitores sem pressão da administração, o interesse tende a ser alto. A vantagem econômica das estantes de informações é que apenas os funcionários interessados têm probabilidade de pegar o material.

As estantes de informações funcionam melhor onde os funcionários puderem examinar o material sem preocupação, como cafeterias e saguões. Estantes de informações vazias sugerem que a administração está desinteressada, de forma que é necessária uma manutenção regular.

Expositores, *banners* e mostradores Expositores, *banners* e mostradores usam basicamente mensagens visuais. Sua eficácia está em apresentar uma amostra ou modelo do que está sendo discutido. Muitas organizações reconhecem o valor dos expositores e mostradores em reuniões do setor ou em contextos de vendas, mas também são úteis na comunicação com funcionários. Expositores e mostradores podem descrever como funcionam as estruturas de produção, apresentar produtos, homenagear quem recebe premiações ou mostrar a história da organização. Os *banners* anunciam e celebram eventos e ocasiões especiais.

Mídias eletrônicas As novas tecnologias geraram pelo menos quatro importantes abordagens à comunicação com funcionários. A comunicação por correio eletrônico, por meio de intranets das organizações, páginas na internet e *blogs* ou por mídias sociais está se tornando rapidamente o meio preferido de funcionários e empregadores. A IBM oferece a seus funcionários ferramentas para uso de *blogs*, para que eles se mantenham informados sobre a organização, para assembleias e sessões de *brainstorming* e para receber contribuições de funcionários e incentivar o intercâmbio entre eles de preocupações e opiniões.[18]

E-mail. Em função de seu caráter imediato, facilidade de distribuição e praticamente ne-

Destaque 10.1

Blogs de leitura obrigatória para quem trabalha com comunicação com funcionários

Em breve, daremos início a uma matéria neste *blog* [ver fonte a seguir] que contém uma lista regularmente atualizada de *blogs* importantes cuja leitura eu recomendo a aqueles de nós que trabalhamos com envolvimento e comunicação com funcionários. Enquanto isso, aqui vão alguns para você começar. Há algum que seja seu favorito e não esteja na lista? Por favor, faça um comentários sobre ele e o acrescentaremos à nossa lista principal.

- **A Shel of My Former Self** (http://blog.holtz.com). Escrito por Shel Holtz, diretor da Holtz Communication and Technology, contém uma das melhores listas de *blogs* importantes para comunicadores, bem como um *podcast* semanal sobre questões de comunicação que ele coproduz com Neville Hobson, do *blog* Nev On, citado nesta lista.
- **BNET** (www.bnet.com). Uma lista consistente de *links* para *blogs*, artigos e perspectivas sobre questões empresariais. O conteúdo é organizado segundo o interesse em uma determinada função profissional ou setor da economia.
- **CorporatePR** (http://ringbiog.typepad.com/corporatepr). Cobre um amplo leque de questões relativas à comunicação pela visão de Elizabeth Albrycht, uma veterana com 15 anos de experiência em relações públicas de alta tecnologia.
- **Diva Marketing** (http://bloombergmarketing.blogs.com). Escrito por Toby Bloomberg, da Bloomberg Marketing, contém um rico *mix* de *links* para outros *blogs* e ideias sobre como foram criados e são mantidos *blogs* importantes.
- **Elanceur** (http://elanceur.weblogger.com). Escrito por Christophe Ducamp e voltado a wikis, cooperação, *e-talking*, *e-writing*, *marketing* tribal, *e-influence* e comunidades na internet. Ducamp é coautor do livro *Les Blog* e cofundador da CraoWiki, uma das mais influentes wikicomunidades francesas.
- **Micropersuasion** (www.micropersuasion.com). Elaborado por Steve Rubel, vice-presidente da Cooper Katz em Nova York, o *blog* oferece comentários sobre recursos práticos para profissionais do *marketing*, anunciantes e profissionais de comunicação.
- **Musings from POP! Public Relations** (http://pop-br-blosgpot.com). Um acervo de ideias, fotos e *links* interessantes de Jeremy Pepper, diretor de POP! Public Relations.
- **Nev On** (http://nevon.typepad.com/nevon/investor_relations). Neville Robson é um comunicador independente radicado na Holanda, que oferece ideias, *links* e comentários sobre uma série de questões de negócios e tem um interesse especial nas comunicações e tecnologias empresariais.

Fonte: www.edelman.com/speak-Up/empeng/archives/2005/06/mustread_blogs.html (21 de fevereiro de 2006).

---

nhum custo adicional, o correio eletrônico tem se tornado uma importante ferramenta de comunicação com os funcionários. É até mesmo relativamente barato para organizações que estejam dispersas pelo mundo manter suas próprias intranets controladas.

Páginas na internet. Uma mídia em rápido crescimento e controlada é a página na internet. Com recursos de imagem e som acoplados às vantagens do *e-mail*, esse meio pode substituir em pouco tempo o boletim da empresa como a principal ferramenta de comunicação com funcionários.

Vídeos internos. Nos últimos 20 anos, as grandes empresas, principalmente as que estão dispersas por vários locais distantes, têm recorrido a vídeos internos para manter seus funcionários informados sobre a organização.

Blogs. O pessoal de relações públicas pode agora saber até onde suas organizações estão se comunicando bem com os funcionários lendo os *blogs* destes. O Destaque 10.1 é o *blog* de um diretor de agência de relações públicas que fornece informações sobre envolvimento de funcionários.

Estudo de caso

Mantendo as relações com os funcionários durante uma tragédia

Empresa em crise

A West Pharmaceutical Services, Inc. (NYSE:WST) é uma empresa global de tecnologia de entrega de medicamentos. Quando uma explosão destruiu sua fábrica em Kinston, Carolina do Norte, deixando mortos e feridos pelo caminho, a West Pharmaceutical Services se tornou um para-raios imediato para a cobertura de polêmicas na mídia que tinham muito potencial de causar danos à empresa de capital aberto, de 500 milhões de dólares.

Objetivos de comunicação

A Schwartz Communications ajudou a West a atravessar a crise:

- Divulgando a ideia de que a preocupação com a vida humana sempre foi uma prioridade máxima da West e que as pessoas que ocupavam importantes cargos de decisão na empresa estavam integralmente envolvidas na crise. Dentro das primeiras 24 horas, a Schwartz imediatamente se estabeleceu diante da mídia como uma fonte confiável de informações e de alta capacidade de resposta e trabalhou com a West para implementar o processo de coleta de informações, tomada de decisões e resposta rápida.
- Dissipando as especulações na mídia que ligavam violações das normas de segurança da OSHA por parte da West à explosão. Era fundamental divulgar que a West estava

cooperando com as autoridades e garantir aos seus funcionários que as condições de trabalho em outros locais eram seguras.
- Dando conhecimento ao público do compromisso da West com os funcionários afetados e suas famílias e, no lado empresarial, da capacidade continuada da empresa de atender às necessidades de produto dos clientes.
- Comunicando o desejo e a intenção da West de reconstruir a fábrica. A Schwartz começou a implementar suas iniciativas de relações governamentais nesse momento, com vistas a estabelecer parcerias com autoridades para explorar as opções para ajuda à reconstrução.

Abordagem às relações públicas

- A Schwartz reuniu uma equipe de crise que representava RP, operações, finanças, recursos jurídicos e humanos.
- A Schwartz elaborou e emitiu uma declaração à imprensa, preparando o presidente da empresa para ser o porta-voz e o enviando à Carolina do Norte, bem como garantindo entrevistas na hora certa com Associated Press, CBS News, ABC News e veículos de comunicação locais.
- Com investigações das agências U.S. Chemical Safety Board, FBI e ATF em andamento, a Schwartz organizou uma entrevista coletiva em um aeroporto local, onde o presidente Don Morel confirmou que se haviam descartado atividades criminosas, que a causa da explosão permanecia desconhecida e que a West estava cooperando integralmente com os órgãos do governo, além de realizar sua própria investigação.
- Por meio do presidente Morel, a Schwartz emitiu notas à imprensa para comunicar as ações da West com relação a aconselhamento no luto e intenções futuras para atendimento em desastres. A Schwartz redigiu e publicou uma série de anúncios corporativos da West para agradecer aos trabalhadores do resgate e recuperação e aos médicos, por seus esforços.
- Para aliviar o luto na comunidade e na empresa, a Schwartz planejou, produziu e promoveu uma cerimônia em memória das vítimas e redigiu pronunciamentos escritos para todos os apresentadores. Também produziu o evento como uma transmissão ao vivo, fornecendo uma linha externa a emissoras regionais de televisão para que elas pudessem cobrir sem atrapalhar os procedimentos. A Schwartz garantiu a participação de autoridades fundamentais para dar o tom de importância.
- Quando a West pediu à Schwartz que anunciasse demissões oficiais, a ponto de que os benefícios salariais seriam encerrados para empregados da fábrica, a Schwartz usou a oportunidade para reafirmar que a West tinha oferecido emprego, por meio de recolocação, a quase 100 de todos os trabalhadores da fábrica de Kinston.
- Sensível aos interesses de ocupantes de cargos eletivos, a Schwartz deu início a reuniões para a West com o governador Mike Easley, a senadora Elizabeth Dole, o senador John Edwards e o congressista Frank Ballance. A Schwartz também organizou uma reunião sobre a recuperação econômica de Kinston em Washington, para o diretor-presidente da West e autoridades.

Resultados

Toda a cobertura da mídia transmitiu positivamente os passos que a West estava dando para tratar das necessidades financeiras, médicas e emocionais dos funcionários e suas famílias.

Haviam sido feitas propostas de ajuda à recuperação econômica em privado, incluindo terreno, 2 milhões de limpeza ambiental e verbas para equipamentos de serviços de emergência que haviam sido danificados nos esforços de recuperação. Em maio de 2003, a West recebeu um pacote de incentivos econômicos da câmara do distrito de Lenoir, que também aprovou a venda de um prédio da comunidade à West. Além disso, o governador da Carolina do Norte deu à West, por meio de fundos estaduais, 250.000 dólares para a reinstalação da fábrica de Kinston que fora destruída menos de quatro meses antes.

Dois meses depois do desastre, o preço das ações da West estava praticamente inalterado em relação ao momento do evento em Kinston e no período imediatamente posterior.

Fonte: Adaptado de http://schwartz-pr.com/case-studies-Pages.php?ind=9&id=39 (21 de fevereiro de 2006).

Perguntas

1. O que fez o RP da Schwartz para manter as relações da West com os funcionários?
2. Que tipos de mídias controladas são indicados nesses casos?
3. Você concorda ou discorda da estratégia de RP da Schwartz para a comunicação com funcionários? Por quê?

Resumo

A comunicação com funcionários é um aspecto grande e complexo da prática de relações públicas. Os profissionais dessa área se deparam com muitos tópicos e questões diferentes. Neste capítulo, discutimos a importância de manter os funcionários informados, criando a cultura organizacional adequada para facilitar a comunicação, estabelecendo políticas de comunicação e construindo programas de comunicação com funcionários. Também consideramos as questões especiais de comunicação com funcionários no caso de uma força de trabalho sindicalizada e a comunicação de benefícios. Por fim, detalhamos a produção de boletins aos funcionários e outros instrumentos de comunicação. Armados com esse conhecimento e essas ferramentas, os profissionais de relações públicas podem dar uma grande contribuição ao sucesso de sua organização.

Termos fundamentais

benefícios aos funcionários
comunicação com funcionários
comunicação interna
cultura organizacional
culturas autoritárias

culturas participativas
mídias internas
negociação coletiva
políticas de comunicação
relações com funcionários

Notas

1. www.diversityrescoures.com/nas/labor_force_proj.htm, acessado em 27 de março de 2008. Excerto de Howard N. Fullerton, Jr., e Mitra Toossi, "Labor Force Projections to 2010: Steady Growth and Changing Composition", *Monthly Labor Review* (Novembro de 2001).
2. Employee Communications. www.prsa.org/empcom.
3. Bernard Charland, "Commentary: Employee Relations-Back to the Future?" Acessado em www.golinharris.com.
4. David M. Dozier, Larissa A. Grunig, and James E. Grunig, *The Manager's Guide to Excellence in Public Relations and Communication Management* (Mahwah, NJ: Erlbaum, 1995), p. 17.
5. K. Sriramesh, James E. Grunig, and Jody Buffington, "Corporate Culture and Public Relations", in *Excellence in Public Relations and Communication Management*, ed. James E. Grunig (Hillsdale, NJ: Erlbaum, 1992), p. 591.
6. Larissa A. Grunig, James E. Grunig, and David M. Dozier, *Excellent Public Relations and Effective Organizations: A Study of Communication Management in Three Countries* (Mahwah, NJ: Erlbaum, 2002), p. 482-83.
7. Ibid.
8. Ibid., p. 482.
9. "Working with the Workers", *PR Week*, 1º de julho de 2002, p.15.
10. Ibid.
11. Esta discussão está baseada em Norman B. Sigband, "What's Happening to Employee Commitment?" *Personnel Journal* (Fevereiro de1974), p. 133-35.
12. Gary F. Grates, "Ten Tumultuous Years: Examining a Decade of Change (A Peek at the Future)". www.prsa_counselors.org, acessado em 10 de março de 2002.
13. "Managers Want to Be More Than a Channel of Communication", *Holmes Report*. www.holmesreport.com/holmestemp/story, acessado em 18 de julho de 2002.
14. Ibid.
15. "Working with the Workers", p. 15.
16. Citado em Donal P. Crane, *Personnel: The Management of Human Resources*, 2nd ed. (Belmont, CA: Wadsworth, 1979), p. 79.
17. Jody Buffington Aud, "What Internal Communicators Can Learn from Enron", *The Public Relations Strategist* 9 (2002), p. 12.
18. Gary F. Grates, "Why Don't I Know?" *Perspective* 1 (3), p. 5.

11

Relações com a Comunidade

INTRODUÇÃO

As empresas deveriam querer fazer parte das vidas de quem mora nas cidades e bairros nos quais elas operam. Um programa bem planejado de relações com a comunidade pode ter um efeito positivo em muitas áreas, incluindo recrutamento, relações com funcionários e sucesso econômico. Todas as empresas, independentemente do tamanho ou tipo, podem se beneficiar de um programa desses, como ilustra o exemplo a seguir.

Billie se via frequentemente explicando a seus amigos o que fazia em seu estágio de verão no jornal local. Não, ela não fazia reportagens nem vendia anúncios. Ela trabalhava em relações com a comunidade. Billie tinha que admitir que, até um mês antes, ela própria nem sabia que os jornais tinham relações com a comunidade e agora entende que jornais e outros veículos de comunicação são como qualquer outra empresa que quer retornar algo à sua comunidade local.

Seus dias eram muito ocupados. Uma das primeiras atividades no dia de Billie era repassar e organizar os eventos que as pessoas divulgavam na página do jornal na internet. Às vezes, a pessoa que apresentava o item tinha um pergunta, de modo que Billie enviava um *e-mail* ou telefonava. Ela também recebia solicitações de verbas. O jornal oferecia verbas entre 10.000 e 40.000 dólares a agências e organizações localizadas na área que atendia. A comunidade podia apontar muitos resultados maravilhosos desse investimento, já que o dinheiro muitas vezes atendia a áreas de alfabetização e educação, violência doméstica e artes e cultura. Infelizmente, havia mais solicitações do que dinheiro disponível, e Billie sabia que seu chefe e os cidadãos que participavam no comitê de seleção tinham que tomar decisões difíceis.

Billie tentava dedicar várias horas por dia para planejar a atividade anual de arrecadação de fundos. O jornal trabalhava com agências de serviços de saúde e humanos em toda a região para levantar fundos para projetos válidos e ela estava coletando informações sobre projetos e programas que seriam destacados na campanha integrada, incluindo propaganda, editoriais, internet e mala direta.

A página tinha de ser atualizada para refletir a campanha atual. Billie também precisava pensar sobre o número de voluntários que seriam necessários e quais seriam suas responsabilidades. Ela se sentia grata por todos os materiais que estavam disponíveis do ano anterior, ainda que a maior parte precisasse ser revista e atualizada. Cada centavo dos milhões arrecadados poderia ir para uma causa válida porque seu jornal absorvia os custos administrativos através do departamento em que ela trabalhava.

Billie esperava ser capaz de obter um cargo de relações com a comunidade depois de se formar, pois adorava fazer parte do que estava sendo desenvolvido e planejado para a região. Era gratificante ver as pessoas se beneficiando do que o departamento dela e outros líderes dos cidadãos haviam feito, mas, por agora, ela voltava sua atenção ao primeiro item em sua lista de coisas a fazer, que não parava de crescer.

A IMPORTÂNCIA DAS RELAÇÕES COM A COMUNIDADE

As manchetes falam de fusões e aquisições globais, *spin-offs**, ofertas públicas iniciais e lucros corporativos mais baixos ou mais altos do que o esperado. *Marketing*, tecnologia, aquisição de recursos e gestão são cada vez mais internacionais em seu alcance, e o governo federal é o aspecto mais presente nos ambientes de operação de muitas organizações.

Nesse ambiente de grande escala, a preocupação com a comunidade parece pequena e antiquada, mas as aparências enganam. Como ilustram os dois exemplos a seguir, os cidadãos têm muita preocupação com o que acontece em suas comunidades. É lá que eles moram e trabalham, formam famílias, criam os filhos e passam a maior parte de seu tempo.

Moradores próximos do Pier 40 no Hudson River Park de Manhattan, Nova York, disseram não a um complexo de entretenimento de 625 milhões de dólares que abrigaria o Cirque du Soleil e outras atrações. Como observou um cidadão preocupado: "É a vida de um bairro que está em jogo". Membros do conselho do parque lutam para saber como conciliar os desejos de quem mora nas redondezas com a necessidade de levantar fundos para manter a região.[1]

Representantes de organizações empresariais e turísticas britânicas e o secretário dos transportes do governo estão batendo de frente com ambientalistas e algumas autoridades em relação à necessidade de ampliar o aeroporto de Heathrow, o mais movimentado do mundo. Longas filas, congestionamento e tempos de viagem cada vez maiores ameaçam desviar viajantes para outras estruturas, colocando em risco empregos, exportações e a reputação que o aeroporto tem de ser o principal portão de entrada da Europa, dizem os apoiadores. Os oponentes temem mais ruído e poluição e danos ao meio ambiente, e até 700 casas podem ter de ser demolidas no processo. O público tem a perder e a ganhar.[2]

Inúmeros outros exemplos demonstram como os vizinhos estão se unindo para melhorar suas escolas, sua segurança e os serviços à comunidade e como as corporações e outras organizações estão tomando iniciativas de contato com suas comunidades. Movimentos de volta à cidade estão repopulando muitas regiões metropolitanas; empresas localizadas nos centros das cidades estão ressurgindo depois de anos de inatividade; a pessoas estão interessadas em raízes familiares e comunitárias. Como observou o prefeito de Detroit, Kwame F. Kilpatrick, "se você não tiver orgulho da comunidade, se não tiver uma cidade segura e limpa, não tem uma cidade de nível mundial".[3]

A lição para as organizações é simples: questões regionais, nacionais e internacionais podem

---

* N. de R. T.: De acordo com a Organization for Economic Cooperation – OCDE, *spin-offs* são organizações emergentes cuja característica é terem sustentação direta de fundos públicos, ou que foram criadas a partir de instituições públicas de pesquisa.

preocupá-lo, mas não se esqueça do pessoal da casa ao lado. No passado, os programas construtivos de relações com a comunidade eram caracterizados por expressões como "cidadania corporativa" ou "bom vizinho". Agora, o conceito é de escolha, com as comunidades e as empresas optando umas pelas outras por propósitos de benefícios mútuos.

Hoje as corporações também devem competir para ter sucesso. Uma organização se torna parte de uma comunidade, criando soluções que tragam ganhos para ambas e resultem em mais ganhos e em benefícios para os *stakeholders* e para a sociedade como um todo. A chave para qualquer programa eficaz de relações com a comunidade está em ação positiva e socialmente responsável de parte da organização, que ajude a sociedade.

As relações eficazes com a comunidade dependem de reconhecer a interdependência das instituições com suas comunidades. O ciclo começa com as pessoas querendo morar em boas comunidades e trazendo seus talentos e habilidades para o mercado de trabalho local. As corporações contratam aqueles funcionários que as ajudam a ter lucros. A seguir, usam seus recursos para atender às necessidades e fazer da comunidade um lugar ainda melhor para se viver.

A Ford Motor Company é apenas mais um exemplo dessa interdependência. O relatório sobre cidadania corporativa da empresa para 2001 observa que os mesmos funcionários que são a vida de sua organização também o são para suas comunidades. Eles moram nas mesmas comunidades em que a empresa opera, e muitos são investidores da Ford. Os clientes da empresa automobilística incluem funcionários, investidores, parceiros de negócios e membros das comunidades e sociedades locais em termos mais amplos. A Ford considera essa interdependência como uma vantagem: os passos que eles dão para construir relações mais profundas com um grupo de *stakeholders* podem resultar em mais conhecimento sobre outro grupo.[4]

Todos os tipos de organizações praticam relações com a comunidade. Escolas, igrejas, hospitais, museus e grupos como a Cruz Vermelha e os Escoteiros dependem de relações com a comunidade da mesma forma com que as empresas dependem de *marketing* – como forma básica de atrair "clientes". As prisões, as bases militares e as universidades devem lutar pela aceitação da comunidade. Exceto pela filantropia corporativa, contudo, o processo de relações com a comunidade é o mesmo, independentemente de a organização buscar lucro financeiro.

Todas as comunidades têm um interesse vital na saúde e prosperidade econômicas de suas instituições. Cada organização tem um vital interesse na saúde e na prosperidade da comunidade que habita. Portanto, é bastante natural que as organizações e suas comunidades desenvolvam um interesse mútuo na operação exitosa e eficaz uma da outra. O Destaque 11.1 descreve o alcance das operações da Kodak nas comunidades globais nas quais ela opera. Mais da metade das vendas da empresa vem de fora dos Estados Unidos, e suas práticas de relações com a comunidade apoiam iniciativas sobre qualidade de vida, diversidade e inclusão, acesso à tecnologia e educação nesses lugares.

No mínimo, as organizações esperam que a comunidade proporcione serviços municipais adequados, impostos justos, boas condições de vida aos funcionários, uma boa oferta de mão-de-obra e um grau razoável de apoio para a fábrica e seus produtos. Além de emprego, salários e impostos, as comunidades esperam de suas instituições uma aparência atrativa, apoio das instituições da comunidade, estabilidade econômica e um foco na autoestima dos moradores da cidade.

As boas relações com a comunidade contribuem para garantir a obtenção daquilo que a organização precisa receber da comunidade e o fornecimento do que a comunidade espera. Mais além, ajudam a proteger investimentos da organização, aumentam vendas de produtos e ações, melhoram o clima geral de operação e reduzem os custos de lidar com as agências governamentais. As atitudes favoráveis da comunidade também podem influenciar as atitudes dos trabalhadores em relação à organização. Os melhores programas de relações com a comunidade são os que fluem naturalmente dos recursos da organização.

O PROCESSO DE RELAÇÕES COM A COMUNIDADE

Ter clareza do interesse mútuo entre organizações e suas comunidades, contudo, não implica que as relações com a comunidade possam ser

Destaque 11.1

O compromisso da Kodak com a comunidade durante a transformação

Como líder em cidadania corporativa, a Kodak tem mantido um compromisso com as comunidades em que opera. A empresa prioriza quatro áreas:

- Qualidade de vida na comunidade
- Diversidade e inclusão
- Acesso à tecnologia
- Educação

No centro desse compromisso está uma melhoria contínua em tudo o que ela faz. Em 2007, a Kodak completou uma transformação de quatro anos, para se tornar líder no setor de imagens digitais. Isso englobava uma redução global em suas instalações físicas, bem como uma redução de cerca de 30 mil funcionários. Mesmo assim, a empresa honrou seus compromissos com a comunidade.

Meio ambiente

Durante essa transição, a Kodak continuou seu avanço para reduzir os impactos ambientais associados a seu negócio tradicional. Em 2003, aplicou um segundo conjunto de objetivos quinquenais de saúde, segurança e meio ambiente, para reduzir emissões, preservar recursos e melhorar a gestão responsável de produto (*product stewardship*) e a segurança de funcionários da empresa. Em 2005, a Kodak atingiu e superou todos os seus objetivos naquelas três áreas em termos de fabricação. Esses objetivos foram atingidos bem antes do planejado ao se implementarem práticas dinâmicas de fabricação e reduzir os recursos de fabricação antes do declínio dos produtos fotográficos tradicionais. Em função de seu foco ambiental permanente, a Kodak foi, mais uma vez, nomeada para o Dow Jones Sustainability Index, o FTSE-4Good Index e incluída na lista da "100 Corporações mais Sustentáveis do Mundo".

Reciclagem

Mesmo no mundo digital, as câmeras descartáveis de 35 mm continuam extremamente usadas. A Kodak reciclou mais de um milhão dessas câmeras, com os componentes sendo reciclados ou reutilizados na fabricação de novas câmeras ou produtos relacionados.

Trabalho com jovens

Os funcionários da Kodak trabalham como tutores e mentores voluntários nos programas de enriquecimento escolar na região de Rochester [Nova York].

Arte, cultura e educação

A Kodak faz importantes contribuições a museus e centros científicos em Rochester, bem como a galerias de arte e à Rochester Philharmonic Orchestra. Além disso, dá apoio a diversas universidades da região, incluindo o Rochester Institute of Technology e a University of Rochester.

Contribuições locais

A Kodak é a maior doadora individual para a campanha anual da United Way/Red Cross of Greater Rochester, com uma contribuição de um milhão de dólares, o que é um acréscimo a verbas doadas por milhares de funcionários da empresa. Outras doações sustentam mais organizações e iniciativas da região, como centros infantis, fundações para mulheres e instituições beneficentes que apoiam iniciativas educacionais em comunidades onde o pessoal da Kodak mora e trabalha.

Fonte: Kodak Community Affairs, fevereiro de 2008.

---

praticadas sem planejamento e execução cuidadosos. As relações eficazes com a comunidade não simplesmente acontecem, nem são um subproduto inevitável de uma organização bem dirigida e com visão cívica. Assim como todos os aspectos das relações públicas, os programas bem-sucedidos de relações com a comunidade não se baseiam em puro altruísmo, e sim no interesse próprio da organização. W. J. Peak apresenta a melhor definição de **relações com a comunidade** que já vimos:

> As relações com a comunidade, como função de relações públicas, são a participação planejada, ativa e continuada de uma instituição com uma comunidade e dentro dela, para manter e melhorar seu ambiente, em benefício de ambas.[5]

As boas relações com a comunidade são uma parceria de benefício mútuo, indo muito além, digamos, de um uma doação generosa para financiar um projeto cívico. Em termos ideais, uma instituição reúne seus recursos – os produtos e serviços que a empresa oferece, as relações com clientes, o projeto dos prédios e das instalações da empresa – e os usa para melhorar a comunidade e moldar o ambiente em que existe. Como observa o professor da Universidade de Stanford, David P. Baron,

> Para muitas empresas, o sucesso de mercado depende não apenas de seus produtos e serviços, da eficiência de suas organizações, de sua organização interna e da organização de suas cadeias de fornecimento, canais de distribuição e redes de

Funcionários da Expedia trabalham como voluntários para construir rapidamente a estrutura de uma casa da Habitat for Humanity que foi enviada à Costa do Golfo devastada pelo Katrina, para servir a uma família necessitada.

alianças. O sucesso também depende da eficácia com que elas lidam com governos, grupos de interesses, ativistas e o público. As forças que essas partes geram podem impedir a entrada em novos mercados, limitar aumentos de preços e elevar os preços da concorrência. Também podem destacar mercados, reduzir a regulamentação, conter rivais e gerar vantagem competitiva. Essas forças se expressam fora dos mercados, mas muitas vezes trabalham em conjunto com eles.[6]

Pode-se dizer que as relações com a comunidade são uma atitude ou estado mental da organização, em vez de um processo ou uma prática específicos. Rob Baskin, da Coca-Cola, observa que as relações em comunidades são "as melhores RPs" e que esse "é o tipo de trabalho que nunca pode ser subestimado".[7]

Estabelecendo objetivos

As empresas estão envolvendo seus funcionários quando planejam e implementam suas atividades de relações com a comunidade. As necessidades da comunidade local e as preocupações com seus funcionários são os dois critérios mais importantes para se determinarem as causas a apoiar. Esses funcionários participam das atividades selecionadas, dando vida a seus compromissos sociais e criando uma equipe de embaixadores da empresa na comunidade.[8]

Objetivos gerais, contudo, não são suficientes. As empresas devem ter um plano estratégico escrito para as relações com a comunidade que defina a visão da administração sobre sua obrigação para com a comunidade, de forma que os esforços sejam articulados e concentrados. Os objetivos específicos das relações com a comunidade devem ser enunciados, e não fazê-lo acaba com muitos programas nessa área antes que comecem.

Conhecendo a comunidade

As políticas e os objetivos de relações com a comunidade não são estabelecidos segundo princípios idealistas. Eles surgem ao se avaliarem necessidades, recursos e *expertise* da organização, por um lado, e as necessidades e expectativas da comunidade, por outro. Antes que se possam elaborar objetivos e políticas significativos, a organização deve conhecer sua comunidade.

Embora as relações com a comunidade geralmente enfatizem a comunicação que parte da organização em direção àquela, o sucesso desses esforços reside no conhecimento que o comunicador tem do público. Cada comunidade define seu público, e não há duas que sejam exatamente iguais. Por exemplo, a região da Grande Detroit, em Michigan, tem a maior população árabe-americana nos Estados Unidos,[9] muitos trabalhadores em tecnologia que moram em São Francisco são de origem asiática, e uma estimativa observa que mais de 50% de todos os alunos de 1ª série no sistema escolar público do Texas são hispânicos.

O conhecimento real da comunidade, contudo, vai além de dados demográficos étnicos, históricos, geográficos e econômicos tradicionais. "Para construir uma comunidade, deve-se participar de comunidades", observa Annie Heckenberger, da Greater Philadelphia Tourism Marketing Corporation (GPTMC). A GPTMC optou por usar um *blog* chamado "uwishunu" (*You wish you knew*, ou "bem que você gostaria de saber") em vez de uma página normal na internet para incentivar conversações locais sobre os restaurantes, a vida noturna, as artes plásticas, a música e outras atividades na cidade.[10]

Um programa sólido de relações com a comunidade deve ser construído sobre as respostas a perguntas como as seguintes:

1. *De que forma a comunidade se estrutura?*
   A população é homogênea ou heterogênea?
   Quais são suas estruturas formais e informais de liderança?
   Quais são as estruturas de valores predominantes?
   Como se estruturam os canais de comunicação?
2. *Quais são os pontos fortes e os fracos da comunidade?*
   Quais são os problemas específicos da comunidade?
   Qual é a situação econômica local?
   Qual é a situação política local?
   Quais são os recursos (humanos, culturais, naturais) que a comunidade possui?
3. *O que a comunidade sabe e sente sobre a organização?*
   Os moradores entendem os produtos, serviços, práticas e políticas da organização?
   Quais são os sentimentos da comunidade sobre a organização?
   Existem mal-entendidos sobre a organização?
   Quais são as expectativas da comunidade sobre as atividades da organização?

As respostas a essas perguntas não são necessariamente fáceis de se obter, e mudam com o tempo, demandando acompanhamento frequente. As boas informações podem ser adquiridas de várias formas. O relatório do Censo dos Estados Unidos contém muita informação sobre comunidades e as pessoas que moram nelas. Várias organizações fazem pesquisa para determinar os conhecimentos, as atitudes e as percepções da comunidade e organizações profissionais de pesquisa de opinião costumam ser empregadas para prestar esses serviços. O contato íntimo com líderes da comunidade é uma fonte extremamente importante de informações. Líderes profissionais, cívicos, religiosos ou fraternais, autoridades políticas e editores dos meios de comunicação podem ser atingidos, geralmente, participando em organizações locais ou em reuniões pessoais sobre vários temas. Algumas organizações formalizam essas contribuições incluindo os líderes da comunidade em suas forças-tarefa ou comitês que tratam de importantes questões relacionadas à comunidade.

Diretrizes para programas eficazes de relações com a comunidade

Tendo estabelecido os meios para receber contribuições permanentes da comunidade, as seguintes diretrizes devem ser usadas para definir um programa eficaz de relações com a comunidade:

1. Deve-se fazer um esforço cuidadoso para estabelecer os objetivos que a administração deseja atingir. A organização pode ter muitos objetivos – reputação, experiência com uma compensação potencial futura, estabilidade do meio e assim por diante – mas, o que quer que se busque, deve ser estabelecido em termos concretos e realistas.
2. Devem-se explorar estratégias alternativas e fazer escolhas. Se a organização quer melhorar as condições de moradia em uma cidade

em que opera, por exemplo, as possibilidades de ação devem ir desde a pesquisa parcialmente financiada até novas formas de construir moradia de baixo custo, até a construção de baixo custo propriamente dita.
3. Os impactos dos programas da organização para relações com a comunidade sobre ambas devem ser previstos. Oferecer treinamento para empregos que não existirão quando o treinamento terminar não ajuda.
4. Deve-se prestar atenção aos custos totais prováveis de uma ação sem fins lucrativos e ao volume de recursos da organização que podem ser legitimamente alocados às relações com a comunidade. Não será bom para a organização nem para a comunidade se a primeira descobrir de repente que um dado programa está custando demais e interromper abruptamente todos os serviços à comunidade.
5. Muitos gestores já descobriram que certos tipos de envolvimento em questões urbanas exigem conhecimento e entendimento que vão além dos talentos gerenciais e técnicos normais. As habilidades políticas, o profundo entendimento dos problemas da comunidade e a capacidade de resolver problemas em um determinado contexto cultural são requisitos para algumas atividades. Podem ser necessários conhecimentos especiais.[11]

Comunicando-se com comunidades

A comunicação com a comunidade não tem um público único. As corporações devem estar abertas a uma série de táticas de comunicação se quiserem atingir públicos importantes. Uma das formas mais significativas de atingir a comunidade é por meio da comunicação com os funcionários. Por exemplo, os funcionários da Home Depot costumam morar na comunidade local. Eles podem transmitir as mensagens da empresa a vizinhos e amigos no jogo de futebol da escola, enquanto fazem compras, quando vão buscar os filhos na escola, quando vão à igreja e em muitos outros lugares.[12]

Outros canais de comunicação importantes são os líderes de opinião da comunidade: professores, religiosos, autoridades, profissionais e executivos, banqueiros, líderes sindicais e líderes étnicos e de bairro.

As organizações locais também são importantes veículos de comunicação nas comunidades. Irmandades, clubes cívicos e sociais, organizações culturais, políticas, de veteranos de guerra e religiosas e grupos de jovens, todos proporcionam plataformas para mensagens institucionais e amplas oportunidades de comunicação informal. Os administradores das organizações devem ser incentivados a pertencer a esses grupos e também devem estar disponíveis para fazer discursos públicos.

Canais de comunicação

Os canais de comunicação pelos quais os públicos são atingidos podem ir desde uma conversa informal em uma reunião de um Rotary ou Kiwanis Club até anúncios nos meios de comunicação locais, como jornais, rádio e TV. Publicações internas, folhetos e relatórios anuais podem ser facilmente compartilhados com líderes da comunidade. Algumas organizações chegam a criar boletins direcionados especificamente a seus vizinhos.

Um método de comunicação organizacional voltado exclusivamente à comunidade é o *open house*. Quando bem-sucedidos, esses eventos promovem pequenas visitas às instalações da organização com guias bem informados, incluem filmes, apresentações e folhetos e geralmente oferecem amostras dos produtos ou lembranças para os participantes levarem para casa. A principal mensagem dessas atividades, é claro, é a interdependência entre a instituição e a comunidade.

Em alguns casos, visitas a indústrias ou empresas se tornam grandes atrações turísticas. A fábrica montadora do Corvette, da General Motors, em Bowling Green, Kentucky, e a fábrica de equipamentos para golfe da Callaway em Carlsbad, Califórnia, são dois exemplos disso. Mas as organizações podem precisar limitar, cancelar ou restringir visitas, em função de quantidade de funcionários, preocupações com espionagem industrial, problemas mundiais e muitas outras razões. Os visitantes da fábrica do Corvette não têm permissão para tirar fotografias. A cidade de San Jose, na Califórnia, cancelou visitas a sua planta de controle de poluição de água depois dos eventos de 11 de setembro de 2001, porque estava em estado de prontidão elevada para emergências. A gráfica do *Seattle Times* limita vistas a suas instalações em North Creek, e é necessário marcar com antecedência.[13]

FUNÇÕES ESPECÍFICAS DAS RELAÇÕES COM A COMUNIDADE

Os gerentes de relações com a comunidade gostariam de passar a maior parte de seu tempo identificando e construindo relações e redes com líderes dessa comunidade, organizações e autoridades (91%), desenvolvendo e administrando planos para atender a suas preocupações, necessidades e questões (85%) e desenvolvendo e administrando parcerias com organizações da comunidade (85%), segundo o Center for Corporate Citizenship.[14] Embora se gaste um tempo considerável nessas atividades, esses gerentes também participam de reuniões com colegas para tratar de relações com a comunidade, contribuem com os planos de outros departamentos, ajudam em homenagens, falam a grupos, avaliam solicitações de contribuições e realizam eventos e programas na comunidade.[15]

O número médio de funcionários em um departamento de relações com a comunidade é de cerca de cinco, e o número médio de funcionários por empresa é de em torno de 4 mil, segundo o Center for Corporate Citizenship.[16]

Quando uma organização se muda

As relações com a comunidade são particularmente importantes quando uma organização se muda para uma nova comunidade ou sai de uma em que estava. Atualmente, as comunidades fazem perguntas antes de aceitar novas empresas, indústrias e mesmo empreendimentos sem fins lucrativos. A resposta da comunidade a uma organização deve ser um fator importante na escolha do local.

Uma vez tendo se tomado a decisão de se mudar para uma comunidade, é essencial dar aos meios de comunicação locais informações sobre o calendário da mudança, a contratação de novos funcionários, a inauguração da fábrica e outras atividades semelhantes. O objetivo é familiarizar grupos importantes com a organização e seus produtos, atividades, políticas e pessoas, usando todos os meios e métodos disponíveis.

A dependência de uma comunidade em sua organização nunca fica mais clara do que quando uma fábrica ou instalação sai da cidade. A Winn-Dixie anunciou que 22 mil pessoas, mais ou menos 28% de sua força de trabalho, perderiam seus empregos em sua tentativa de sair da falência.[17] O fechamento da fábrica da Texas Instruments em Santa Cruz, Califórnia, deixou 600 trabalhadores com medo e incerteza, e autoridades municipais se perguntando como financiariam atividades de reforma urbana, como a revitalização do centro da cidade e ampliação de ruas.[18] Além das implicações econômicas, o fechamento de fábricas pode afetar as comunidades em muitos outros aspectos, como elevar níveis de depressão psicológica, alcoolismo, abuso de drogas, estresse conjugal, abuso infantil e mesmo suicídio entre ex-funcionários. O fechamento de uma fábrica pode ter efeitos amplos, e as empresas precisam se preparar adequadamente se for necessário sair da comunidade.

Critérios para atividades de relações com a comunidade

No livro de Philip Lesly, *Handbook of Public Relations*, sugerem-se vários critérios que as organizações devem aplicar às atividades de relações com a comunidade. Esses critérios são apresentados aqui com um exemplo de caso sobre como as organizações têm usado cada critério para estabelecer um programa de relações com a comunidade.[19]

1. *Criar algo necessário, que não existia antes.* A Intel usa a capacidade ociosa de processamento dos computadores pessoais para lutar contra o câncer. Com base na teoria que está por trás do Napster, o Philanthropic Peer-to-Peer Program possibilita que os pesquisadores recebam informações de até 6 milhões de pessoas, podendo reduzir o tempo para desenvolver novos medicamentos de 12 para até 5 anos.[20]

2. *Eliminar algo que seja um problema para a comunidade.* O Birmingham Summit, um fórum nacional com foco em relações raciais, foi patrocinado pela MSNBC e pela revista *Newsweek*. Com o subtítulo de "O desafio aos Estados Unidos no século XXI", o evento de dois dias promoveu uma conferência, que durou um dia inteiro, e um painel de discussão. Foi a primeira colaboração desse tipo entre dois gigantes da mídia.[21]
3. *Desenvolver um meio de autodeterminação.* A Kinko's usa suas filiais nas muitas comunidades em que opera como forma de aumentar o conhecimento sobre questões ambientas e identificar o que se pode fazer para melhorar e proteger a comunidade.
4. *Ampliar o uso de algo que já existe para incluir os despossuídos.* A rede de hotéis Marriott oferece creches para funcionários do setor em Washington e Atlanta.
5. *Compartilhar equipamentos, instalações e conhecimento profissional.* A McDonald's permite que grupos usem suas máquinas de suco para festas, muitos bancos oferecem suas salas de seminários para reuniões, e grupos profissionais como a American Bar Association prestam assessoria gratuita aos pobres ou idosos. Grupos locais de contabilistas certificados costumam dar assessoria fiscal gratuita aos idosos na hora de fazer suas declarações de impostos.
6. *Reconstituir, consertar e enfeitar.* A Lowe's estabeleceu um compromisso de 10 milhões de dólares para ser o financiador nacional do programa "Women Build", da Habitat for Humanity International.
7. *Tutorial, aconselhamento e treinamento.* Muitas corporações incentivam seus funcionários a dar aulas e palestras como convidados em turmas que vão do jardim de infância à universidade, e a assessorar empresas iniciantes em suas áreas de conhecimento.
8. *Ativar aos outros.* O St. Jude's Children's Research Hospital tem trabalhado com a FedEx em Memphis para sediar o campeonato de golfe FedEx-St. Jude PGA. Um total de mais de 14,7 milhões de dólares foi doado ao St. Jude nos últimos 30 anos, a maior parte arrecadada desde que a FedEx começou a patrocinar, em 1986.[22]

Atividades típicas das relações com a comunidade incluem *open houses*, agências de palestrantes, serviços prestados à comunidade por funcionários ou a diretorias de organizações sem fins lucrativos, e apoio financeiro ou voluntário a eventos da comunidade. As atividades de relações com a comunidade também incluem o empréstimo de instalações, o patrocínio em projetos sociais para combater grandes problemas da comunidade e a criação de programas de voluntariado para os funcionários. A publicidade e a promoção em todos esses programas de relações com a comunidade devem ser consideradas ferramentas de apoio aos programas propriamente ditos e não substitutos para eles.

Governo local e ação política

As relações com a comunidade vão além da mera comunicação, exigindo que as organizações ajam em saúde e bem-estar, educação, governo, cultura, recreação e outras áreas da comunidade.

As relações entre empresas e governo são discutidas muito mais profundamente em outro capítulo deste livro, mas as relações com a comunidade e as relações com governos têm visivelmente pontos em comum em termos de governo e política locais. Na verdade, a expressão "assuntos públicos" geralmente é definida nas relações públicas como duas atividades relacionadas: relações com governo e relações com a comunidade.

Como dito antes, as autoridades políticas locais podem dar contribuições de valor inestimável aos programas de relações com a comunidade. As corporações têm um grande interesse em governos locais eficazes porque são grandes contribuintes e usuários dos serviços municipais. Parte do esforço de relações com a comunidade, portanto, deve ser dedicada à construção de relações sólidas com autoridades municipais, comissões distritais e outros órgãos de governo local. Em parte, isso se consegue oferecendo a *expertise* da organização aos governos, por meio de empréstimo de pessoal administrativo ou pela participação em painéis, comissões ou comitês estabelecidos pelos governos locais ou para eles.

Todas as instituições devem mobilizar em nível local aqueles que reconhecem a importância da contribuição que elas dão à saúde e à prosperidade da comunidade e àqueles que defendem políticas que são do interesse de sua comunidade e suas instituições. O United Way Loaned Executive Program é um exemplo disso. As empresas emprestam executivos importantes à sua seção local da United Way durante sua campanha de outono para arrecadação de verbas. Por meio de apresentações e reuniões individuais com empresas sediadas na comunidade, esses executivos divulgam e defendem o apoio à United Way. Da mesma forma, especialistas políticos atualmente reconhecem que a força em Washington deriva do apoio de base organizado e localizado. Em uma área em que praticamente todos os membros do Congresso estão em contato com seus próprios distritos e carreiras, pessoas locais fazendo demandas locais e representando interesses locais são muitos mais eficazes do que lobistas trabalhando em Washington. Nesse sentido, as relações com a comunidade podem não ser apenas um fim em si, mas também parte integrante de esforços nacionais.

Responsabilidade social e filantropia corporativa

As corporações querem ser vistas como boas vizinhas, trabalhando em conjunto com órgãos de governo e outras organizações para enfrentar os problemas sociais. O apoio filantrópico geralmente é dado de três formas: doações em dinheiro, doações em espécie e voluntariado por parte dos funcionários.[23] Quase três quartos dos executivos de corporações dizem que a cidadania corporativa precisa ser uma prioridade, e quase a mesma quantidade diz que o público tem direito de esperar boa cidadania corporativa.[24]

Atender às necessidades, contudo, não é uma questão simples. Aqui estão alguns dos desafios que as corporações enfrentam para serem boas cidadãs:

1. *As questões não são estáticas.* Como ilustra a Figura 11.1, a educação pública é uma das questões que os norte-americanos acham que as empresas deveriam se esforçar para resolver. Esse gráfico também ilustra como as prioridades mudam com o passar do tempo, à medida que os norte-americanos se concentram em questões que têm impacto direto em seu próprio bem-estar em suas comunidades. Em 1993, a criminalidade e os moradores de rua estavam entre as questões principais; hoje, educação, saúde e meio ambiente estão à frente.[25]

2. *As prioridades variam com os públicos.* A Figura 11.2 mostra as diferenças de prioridade que grupos distintos de consumidores multiculturais dão às questões. Quase todas das 15 preocupações identificadas são únicas ou expressam gradações diferenciadas de interpretação. Em um estudo da AARP, adultos de 50 anos ou mais disseram que a competência do governo, a Previdência Social e os crescentes custos de saúde eram as questões nas quais o presidente deveria se concentrar.[26]

3. *Os problemas são complexos e não têm solução fácil.* O estado da economia era a principal preocupação expressa pelos respondentes em uma pesquisa do *The New York Times*/CBS News, de fevereiro de 2008.[27] Enquanto as empresas cumprem um papel óbvio e fundamental para manter a economia em boas condições, outros fatores influenciam a saúde financeira da nação, como os mercados mundiais, as políticas de regulamentação, o clima e a guerra.

4. *Pode ser difícil satisfazer as expectativas do público.* Existem diferenças de percepção com relação ao envolvimento das grandes empresas na solução dos problemas sociais. Em um estudo, 80% dos pesquisados disseram que as corporações devem ser responsabilizadas por garantir que todos os seus produtos tenham sido produzidos de forma social e ambientalmente responsável, e apenas 55% dos executivos pensam da mesma forma. Sessenta por cento do público achavam que as empresas devem melhorar a educação e as habilidades em comunidades onde operam, uma expectativa compartilhada por apenas 41% dos executivos.[28]

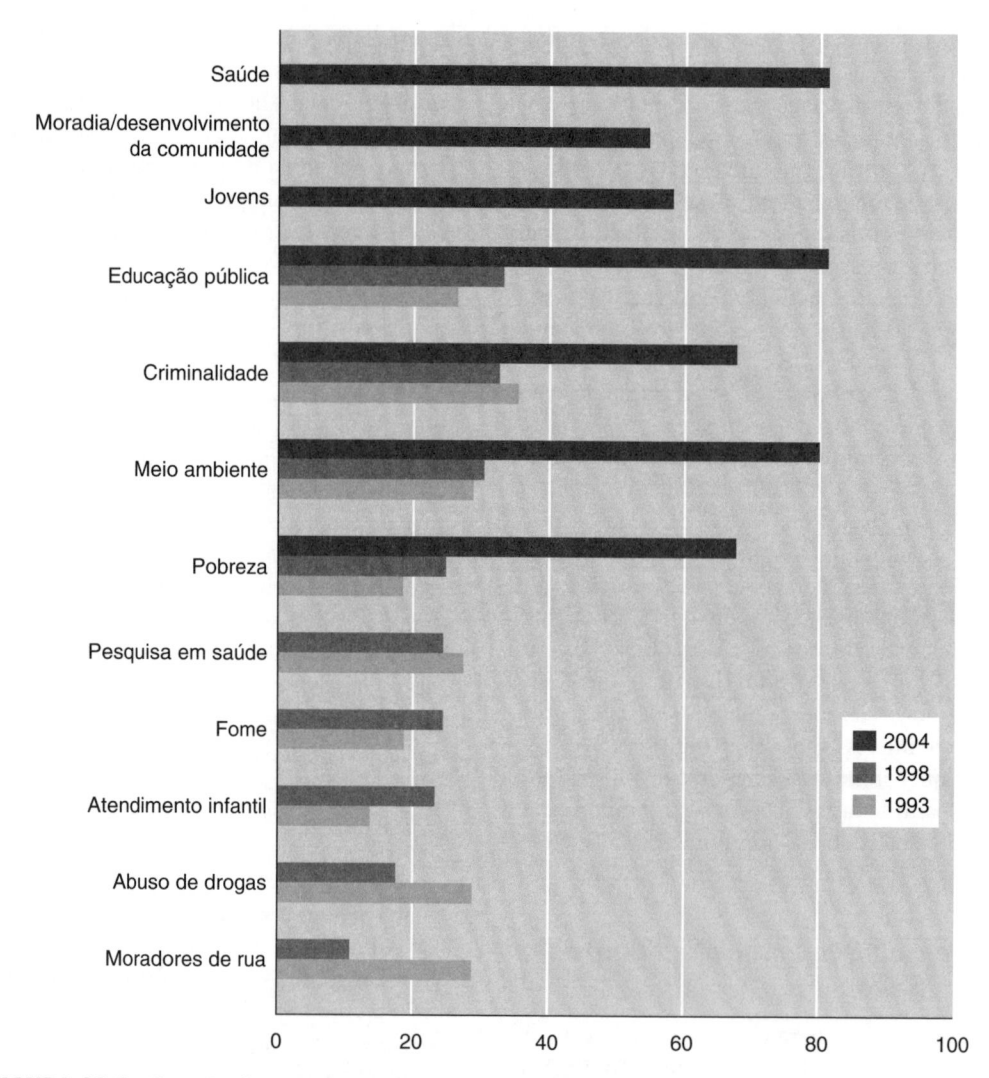

FIGURA 11.1 Questões importantes para os norte-americanos.

Fontes: "First Time Research Finds That Nonprofit and Corporate Partnerships Result in Reputation and Financial Gains for the Nonprofit", 2004 Cone Corporate Citizenship Study; e 1999 Cone, Inc., and Roper Starch Worldwide Cause--Related Trends Report.

As polêmicas com relação à **filantropia corporativa** e à responsabilidade social das corporações provavelmente não desaparecerão no futuro próximo. Apenas nos últimos 50 anos as atividades beneficentes corporativas foram reconhecidas como um uso legal dos fundos dos acionistas. Mesmo depois de estabelecer sua legalidade, ainda se questiona se a prática é adequada e útil, e até onde. Para além desses temas, questionam-se as motivações, objetivos e critérios adequados para as doações corporativas.

Os pequenos acionistas e outros indivíduos são responsáveis por 75 a 80% de todas as doações a organizações beneficentes nos Estados Unidos. Por lei, as corporações podem doar até 10% de sua receita a esse tipo de organização e os incentivos fiscais do governo podem servir como um poderoso motivador para que as empresas façam contribuições beneficentes. Na prática, contudo, muito poucas corporações doam até o limite, talvez por acreditar que fazer isso não é do seu interesse nem do de seus acionistas.

	Afro-americanos	Asiáticos	Hispânicos
1	Educação	Verde/sustentabilidade	Educação
2	Questões de saúde como HIV/AIDS, hipertensão, diabete e doenças cardíacas	Inclusão/diversidade	Serviços de saúde
3	Emprego	Qualidade de vida	Conhecimentos financeiros
4	Diversidade em termos de recrutamento e retenção	Afinidade	Economia
5	Desenvolvimento econômico (casa própria/conhecimentos financeiros)	Liderança	Empoderamento político

FIGURA 11.2 Cinco questões que têm eco em diferentes grupos de consumidores multiculturais.
Fonte: Michael Bush, "A Genuine Connection", *PRWeek*, 14 de maio de 2007, p. 29.

Em termos gerais, apenas cerca de 1% dos lucros das corporações realmente são doados. Em 2006, as contribuições totais das corporações totalizaram 12,72 bilhões, uma queda de 7,6% sobre o ano anterior. A redução é atribuída a doações extraordinárias para o socorro ao desastre de 2005 com o furacão Katrina e uma redução de ritmo da economia.[29] A Figura 11.3 identifica a fonte das contribuições.

Ao se desenvolver uma abordagem coerente às doações corporativas, vários fatores devem ser considerados:

1. *Não prejudique*. Não se deve contribuir com qualquer causa que possa ser contrária aos melhores interesses do doador ou do destinatário.
2. *Comunique-se com o destinatário*. A doação de verbas eficaz requer uma parceria próxima entre doador e destinatário.
3. *Dirija as contribuições a áreas específicas*. As doações devem ter um impacto máximo na comunidade e benefícios máximos para o doador. Nesse aspecto, as doações devem ir a áreas em que as corporações individuais tenham especialização única não disponível no setor voluntário, sem fins lucrativos.
4. *Faça contribuições segundo a declaração de política da corporação*. Políticas desse tipo integralmente desenvolvidas devem incluir as metas e crenças beneficentes da empresa, os critérios a serem usados para validar solicitações de verbas, os tipos de organizações e causas que serão apoiadas ou não, e os métodos com que as doações serão feitas.
5. *Planeje dentro do orçamento*. As doações corporativas devem estar relacionadas a porcentagens estabelecidas das receitas líquidas.

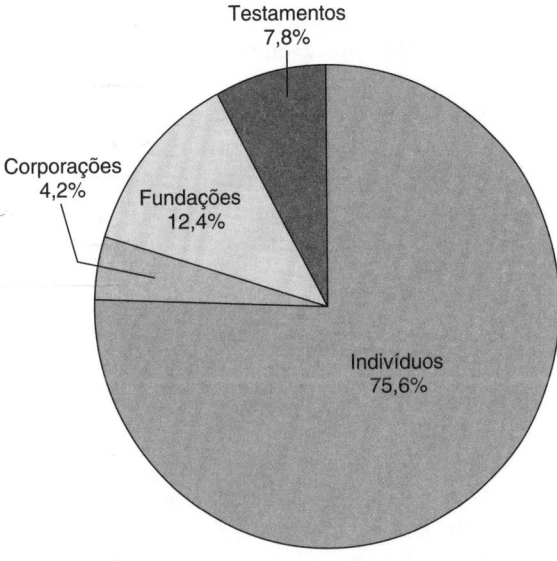

Testamentos 7,8%
Corporações 4,2%
Fundações 12,4%
Indivíduos 75,6%

FIGURA 11.3 Contribuições filantrópicas de 2006: 295,02 bilhões de dólares por fonte de contribuição.
Fonte: Giving USA, uma publicação da Giving USA Foundation™, pesquisada e redigida pelo Center on Philanthropy da Indiana University.

6. *Informe todas as pessoas relacionadas.* Funcionários e a comunidade como um todo devem estar totalmente cientes das atividades corporativas.
7. *Faça um seguimento posterior.* A corporação presta um serviço útil ao exigir que os receptores tenham altos níveis de desempenho e contabilidade financeira adequada.
8. *Lembre-se de que pode ser necessário mais dinheiro.* Uma contribuição corporativa eficaz requer mais do que clareza nos talões de cheque. Trabalhadores voluntários, conhecimento gerencial e liderança corporativa são elementos essenciais de um programa eficaz.

Duas tendências na doação corporativa prometem tornar mais eficazes esses programas filantrópicos e sociais. Em vez de reagir às questões e pressões públicas, mais firmas, principalmente as grandes, estão assumindo mais iniciativa para canalizar dólares e talento corporativo para áreas problemáticas que consideram importantes e nas quais querem causar um impacto. O Minicaso 11.1 destaca como os funcionários da Deloitte Touche Tohmatsu em todo o mundo contribuem para suas comunidades. Em outro exemplo, Larry Ellison, fundador e diretor-presidente da Oracle, doou à Ellison Medical Foundation, uma instituição filantrópica que fornece vacinas para combater doenças infecciosas no terceiro mundo. Esse centro também financia pesquisa para encontrar curas para doenças dos idosos. Ellison explica seu compromisso com o financiamento da pesquisa em um artigo na revista *Fortune*, observando "O que você acha que é mais legal: ser o cara mais rico do mundo ou ajudar a encontrar a cura do câncer?".[30]

Uma segunda tendência na doação corporativa é o que se pode chamar de "filantropia do empreendimento". Pierre Omidyar, fundador do eBay, dá dinheiro a instituições beneficentes que sigam planos de negócios sólidos e criem fluxos de renda para sustentar o trabalho sem fins lucrativos que fazem. Omidyar também incentiva uma rede de "empreendedores sociais", dos quais um exemplo é a New Profit Inc. Essa organização sem fins lucrativos de Boston financia causas como leitura precoce e eventos de saúde pública identificando os elementos eficazes de programas bem-sucedidos. Um exemplo é um programa de atividades extracurriculares que ocupa as crianças com atividades positivas ao associá-las a voluntários do mundo do trabalho.[31]

Muitas corporações associam a contribuição dos funcionários a instituições educativas, museus, orquestras, TVs públicas, hospitais e balés, possibilitando que suas contribuições reflitam as de seus funcionários. Fazendo isso, os funcionários podem ser a força motriz por trás das doações beneficentes de suas empresas. Além de contribuições em dinheiro, as doações corporativas também incluem o patrocínio de eventos, trabalho gratuito, contribuições em espécie e *marketing* relacionado a causas.

Não deve ser uma surpresa o fato de que a maior parte da filantropia corporativa apoia a educação. A Fundação Bill and Melinda Gates é a mais rica organização filantrópica do mundo e desembolsou 1,2 bilhões de dólares em 2004, dos quais 60% foram para a educação. A Coca-Cola financiou o Council for Corporate & School Partnerships em 2001, como forma de intercambiar informações, *expertise* e ideias para garantir que as parcerias entre escolas e empresas chegassem a seu potencial integral ao atender a objetivos educacionais importantes. Notas, resultados de testes, frequência, habilidades de leitura e áreas relacionadas melhoram como resultado disso.[32]

A educação, contudo, é uma área em que o apoio corporativo demanda mais do que dinheiro. Com os orçamentos escolares no limite, as doações de materiais pedagógicos e recreativos são extremamente importantes. Entre os exemplos de contribuições estão lápis e cadernos, impressão de jornais de escolas secundárias, carros para treinamento de motoristas e computadores e equipamentos para pesquisas avançadas. As empresas também podem oferecer visitas a fábricas para excursões estudantis, palestrantes para aulas e assembleias, estágios para alunos de ensino médio e superior e conhecimento gerencial e financeiro para administradores escolares. Os contatos entre a empresa e a sala de aula estão entre as mais importantes relações em qualquer comunidade.

Serviços de saúde e humanos O interesse próprio das corporações em seus esforços filan-

Minicaso 11.1

Milhares de profissionais da Deloitte no mundo todo participam do IMPACT Day

Para celebrar e renovar compromissos com atividades de investimento na comunidade, muitas empresas do grupo Deloitte optam por reservar um dia por ano chamado de IMPACT Day. Desde o início, a participação das empresas-membro no IMPACT Day se difundiu pelo mundo. Sua participação passou de seis países em 2004 para 43, três anos depois. Em 2007, 31% das cerca de 150 mil pessoas que trabalham nas empresas da Deloitte ofereceram seus tempos e serviços voluntários durante os eventos do IMPACT Day.

Objetivos

Estes são alguns dos principais objetivos do IMPACT Day:
- Elevar a visibilidade do compromisso geral das empresas-membro da Deloitte para com suas comunidades locais.
- Fortalecer a marca Deloitte.
- Reforçar a posição da Deloitte como líder em investimento comunitário.
- Reforçar os Valores Compartilhados Deloitte, principalmente o "compromisso mútuo", com seus funcionários.
- Receber reconhecimento das iniciativas de investimento comunitário da Deloitte por meio de cobertura da mídia.

Implementação

À medida que o envolvimento da comunidade assume diferentes formas no mundo, as atividades do IMPACT Day têm sido tão diversificadas quanto as empresas que participam. A seguir, uma recapitulação das atividades no IMPACT Day de 2007.

- **Brasil** Quase mil voluntários dos escritórios da Deloitte Brasil participaram das atividades do IMPACT Day em 1º de junho de 2007. Os funcionários da Deloitte Brasil dedicaram o dia a demonstrar compromisso com o desenvolvimento de uma sociedade melhor. As atividades do IMPACT Day incluíram doação de sangue, coleta de roupas de inverno e alimentos, bem como apresentações sobre o meio ambiente e a sustentabilidade. Os funcionários das empresas-membro também participaram de atividades lúdicas com associações comunitárias e escolas públicas, como concursos, oficinas e apresentações, proporcionando entretenimento a centenas de crianças e também aos voluntários das empresas-membro da Deloitte Brasil.
- **Peru** No IMPACT Day, a Deloitte Peru ajudou uma comunidade local a construir um novo centro de saúde e uma casa para crianças, além de doar brinquedos e fazer melhorias no jardim de infância da cidadezinha. Mais de 130 funcionários de empresas-membro participaram no IMPACT Day, com outros 200 fazendo doações para possibilitar que a empresa-membro da Deloitte Peru comprasse materiais de construção. A prefeitura de San Juan de Miraflores também apoiou a Deloitte Peru com veículos de construção. O compromisso foi além do IMPACT Day – todos participaram ativamente em todas as atividades de construção por quase três semanas, incluindo fins de semana.
- **Estados Unidos** De costa a costa, camisetas do IMPACT Day criaram um mar de azul nas cidades do país quando as pessoas participaram do IMPACT Day. Funcionários da Deloitte U.S. trabalharam juntos em mais de 500 projetos em todos os Estados Unidos e nas empresas Deloitte norte-americanas localizadas na Índia. Além de pintura, jardinagem e limpeza, as atividades incluíram projetos baseados em habilidades, como os da Junior Achievement, uma organização sem fins lucrativos dedicada a ensinar alunos sobre a importância dos negócios, da economia e do sistema de livre empresa. Os funcionários Deloitte U.S. que se ofereceram como voluntários às atividades da Junior Achievement trouxeram seus conhecimentos de negócios à sala de aula, ensinando aos alunos um conteúdo voltado à carreira.
- **Austrália** O "Red Nose Day" é o evento de arrecadação de fundos anual da Deloitte Austrália com fundos doados à pesquisa em síndrome da morte súbita infantil (SMSI). No IMPACT Day de 2007, foram arrecadados mais de 77.000 dólares australianos (cerca de 68.000 dólares norte-americanos). Todo o dinheiro das vendas de mercadorias durante a campanha do Red Nose Day é usado para apoiar famílias que perderam filhos durante o luto, para fornecer educação sobre sono seguro à comunidade e para financiar a pesquisa.
- **Cingapura** No dia 27 de julho de 2007, mais de 200 pessoas da Deloitte Cingapura foram à sede da organização Boys' Town Home, na estrada Upper Bukit Timah, onde passaram o dia melhorando as instalações, limpando, pintando e redecorando algumas partes da casa. Chaly Mah, diretor-presidente da Deloitte Cingapura, disse: "Esse foi um projeto importante para nosso IMPACT Day. Contribuindo com nosso tempo e nossos recursos, conseguimos causar um impacto direto nas vidas dos jovens que moram aqui. Ao mesmo tempo, essa reforma conscientiza os funcionários sobre essa casa e desencadeia a parceria na nossa comunidade com o Boys' Town Home pelos 12 meses seguintes". *(continua)*

Minicaso 11.1

Milhares de profissionais da Deloitte no mundo todo participam do IMPACT Day
(continuação)

- **Hungria** No IMPACT Day deste ano, os escritórios da Deloitte na Europa Central trabalharam em quatro locais. Os escritórios da Hungria têm apoiado a Fundação Camp of Courage por vários anos. A principal tarefa do IMPACT Day deste ano é organizar a colônia de férias da fundação em Hatvan, uma cidadezinha localizada fora de Budapeste. No escritório da Camp of Courage, uma organização beneficente, a equipe da Deloitte trabalhou no apoio administrativo (captação de dados, impressão, arquivamento e registro) e na preparação de colares e braceletes para as crianças. Pelo segundo ano, o Instituto dos Cegos recebeu a empresa para organizar o pátio do jardim de infância. A equipe da Deloitte limpou e renovou o *playground*; eles realizaram acabamentos, pintaram e também fizeram um pouco de jardinagem. Na Escola Fundamental Vörösmarty, este ano, mais uma vez, a equipe Deloitte fez algumas aulas divertidas, incluindo, entre outras, o "Troca dos chocolates", sempre a favorita das crianças.
- **Comunidade de Estados Independentes (CEI)** A Deloitte CEI marcou o IMPACT Day oficialmente pela primeira vez em 2007, com quatro eventos acontecendo na região durante junho e julho de 2007, incluindo uma corrida de aventura em maio, que arrecadou 2.000 dólares por meio de patrocínios pessoais para a recém-estabelecida Fundação Deloitte; participação em uma corrida urbana em São Petersburgo onde a renda foi doada para a Parent Bridge e a EveryChild, ajudando a financiar uma colônia de férias para crianças adotadas e seus pais, um centro de reabilitação para crianças portadoras de deficiências, uma oficina de formação para a EveryChild, um evento beneficente para dar uma chance a crianças vulneráveis de crescer em uma família que as ame, com um futuro seguro, onde as crianças de idades entre 12 e 14 anos receberam informações atualizadas sobre universidades e faculdades, provas, conteúdos das disciplinas e possíveis empregos; e um segundo evento Extra Mile Moscow, que aconteceu no último fim de semana de julho de 2007. Quase 150 pessoas correram, andaram de bicicleta, fizeram *rafting* e tentaram se achar em um caminho difícil, arrecadando mais de 25.000 dólares por meio de doações pessoais para a DownsideUp, uma instituição beneficente local para melhorar a qualidade de vida para crianças com Síndrome de Down.
- **Finlândia** A Deloitte Finlândia trabalhou com o ramo local da International Youth Foundation para criar uma brochura chamada "Edge", que melhora o entendimento, a apreciação e a aceitação da diversidade por parte dos jovens. A brochura foi enviada a todas as escolas das últimas séries do ensino fundamental e primeiras do médio da Finlândia, e preenche uma lacuna no material disponível para escolas finlandesas, lidando com questões como diversidade e multiculturalismo. No IMPACT Day, a Deloitte Finlândia convidou 50 crianças para ir a Kiasma, o Museu de Arte Contemporânea, para ouvir o porta-voz do Edge e apresentador do programa *Idols*, Jani Toivola, falando sobre diversidade. Mais tarde, elas aproveitaram a exposição Kiasma Landscape, que mostrava que se podem ver as coisas de muitas formas diferentes. "Queríamos buscar formas de apoiar uma atitude positiva em relação à diversidade na comunidade, principalmente entre os jovens. A brochura temática Edge e o IMPACT Day foram formas concretas para compartilharmos nosso valor relacionado a 'Força a partir da diversidade cultural' com a comunidade em que trabalhamos e estamos muito

---

trópicos talvez fique mais evidente na área de saúde e bem-estar da comunidade. Na verdade, as experiências pessoais dos executivos de empresas podem dar um impulso à doação. A então namorada de Sidney Kimmel, o bilionário presidente do Jones Apparel Group, teve uma suspeita de câncer, e mais tarde Kimmel assistiu à filha de um amigo de longa data morrer dessa doença. O resultado foi várias doações multimilionárias a centros de câncer que fazem pesquisas e tratamento sob o mesmo teto.[33]

A fabricante de equipamentos médicos Agilent doou um milhão em equipamentos com componentes fabricados por ela à Flying Hospital, uma organização sem fins lucrativos com sede em Virginia Beach, Virginia. A Flying Hospital é um hospital cirúrgico totalmente equipado construído dentro de um avião.[34] Um torneio de golfe entre celebridades arrecada fundos para o câncer de olhos pediátrico no Children's Center for Cancer and Blood Diseases, no Children's Hospital de Los Angeles.[35]

orgulhosos do resultado", diz Teppo Rantanen, sócio-gerente da Deloitte Finlândia.
- **Sul da África** No dia 15 de junho de 2007, os parceiros e a equipe dos escritórios da Deloitte no Sul da África, no Malaui, passaram o dia celebrando e renovando seu compromisso com as comunidades em torno das cidades de Blantyre e Lilongwe. O pessoal dos escritórios de Blantyre e Lilongwe se dividiu em cinco grupos e doou mais de 450 cobertores a órfãos e idosos nos seguintes lugares: Tabvi Association for the Blind; as aldeias de Stevens e Boyd, em Blantyre; e a equipe de Lilongwe visitou órfãos e idosos em Mitundu e Kauma. Os cobertores foram comprados usando fundos doados pelos escritórios de Malaui, junto com as generosas contribuições de sua equipe. O principal evento do dia aconteceu na aldeia de Stevens, Chileka, onde 140 cobertores foram distribuídos a órfãos, aos idosos e a outras pessoas vulneráveis do local.
- **Reino Unido** Em vez do IMPACT Day, a empresa do Reino Unido participa de Community Days, os "dias da comunidade", que dão uma oportunidade para as pessoas que trabalham na Deloitte U.K se envolverem em suas comunidades locais durante o horário de trabalho. Este ano, mais de 1.500 pessoas da Deloitte U. K. realizaram uma série de projetos gratificantes, ao ar livre e em locais fechados, como decorar e pintar um centro de jovens, limpar e plantar dentro de um bosque, realizar tarefas de jardinagem para uma instituição para idosos e pintar murais em uma sala de aula. O envolvimento da Deloitte U.K. com os Community Days beneficia uma série de instituições beneficentes e organizações comunitárias.

Cobertura da mídia

A cobertura da mídia sobre essas atividades pode incluir o seguinte:

- Definir o perfil de funcionários que atribuem parte de seu sucesso profissional ao voluntariado.
- Convidar um repórter para se juntar aos funcionários da Deloitte enquanto eles fazem suas atividades do IMPACT Day.
- Vender um artigo de opinião que mostra como o trabalho voluntário tem um efeito positivo sobre o moral do ambiente corporativo e sobre o desenvolvimento da liderança corporativa por parte dos indivíduos.
- Lançar um estudo sobre envolvimento comunitário em conjunto com as iniciativas de trabalho voluntário.

Avaliação

Desde a implementação do IMPACT Day, os esforços da Deloitte para investimento na comunidade foram apresentados de forma positiva em jornais em todos os Estados Unidos, incluindo o *Dallas Morning News* e o *San Francisco Chronicle*. A cobertura de TV e rádio incluiu menções e entrevistas no programa *CBS Morning Show*, bem como emissoras importantes em St. Louis, Los Angeles e Detroit. A mídia na internet, incluindo os veículos dedicados a atividades sem fins lucrativos, publicou matérias sobre o IMPACT Day, e resultados semelhantes foram realizados com os meios internacionais.

Perguntas

1. Por que é importante que uma organização receba crédito por seus esforços para investir na comunidade?
2. Cite alguns dos desafios públicos enfrentados pela organização Deloitte ao criar a marca IMPACT Day em nível internacional? Como isso se compara com os desafios enfrentados em níveis local e regional?
3. O que a pesquisa faria para medir a eficácia do IMPACT Day a partir de uma perspectiva de relações públicas?

Fonte: Karen Frankola, Deloitte Touche Tohmatsu, Agosto de 2005; atualizado em 2007 por Rachel Flanagan, Deloitte Touche Tohmatsu, fevereiro de 2008.

Revitalização urbana Graves problemas têm assombrado nossas cidades grandes desde a década de 1960, e a maior parte deles pode ser identificada com a pobreza de uma ou de outra forma. As minorias estão representadas desproporcionalmente. As áreas de periferia costumam ser centros de pobreza, desemprego, poluição e criminalidade. Além disso, as funções urbanas como saneamento, policiamento e proteção contra incêndios e transporte muitas vezes são inadequadas.

Vários dos esforços para melhorar as condições para quem mora nas periferias têm sido concebidos e desencadeados por líderes empresariais que acham que suas organizações têm algumas responsabilidades para com a sociedade na qual existem. Como observa o filantropo Ann Lurie, "meu foco está em organizações que tenham uma capacidade provada de se sair bem em seu campo – não de transformar o medíocre, e sim ajudar algumas agências a melhorar seus serviços". A partir disso, a fundação de Lurie deu dinheiro ao Greater Chicago Food Depository, que fornece refeições quentes aos moradores de rua.[36]

As empresas contribuem à revitalização urbana de várias formas, incluindo doações em dinheiro para reconstruir e fornecer especialização e talento para enfrentar demandas. Além de problemas imediatos, as corporações estão tentando equipar os moradores com conhecimento e habilidades de que eles precisam para melhorar suas vidas. Programas como a National Foundation for Teaching Entrepreneurship (NFTE) já ajudaram mais de 100 mil crianças de comunidades de baixa renda em 45 estados norte-americanos e 16 países a se tornar economicamente produtivos. A pesquisa indica que as pessoas que passam pelo programa NFTE têm maior probabilidade de permanecer na escola e dar início a seu próprio negócio do que as que não participaram. A Fundação Goldman Sachs trabalhou com alunos do NFTE por mais de 18 anos e contribuiu a seu orçamento anual de 8 milhões de dólares.[37]

Alguns programas pretendem atender a necessidades imediatas. Mort Meyerson acabava de assumir como diretor-presidente da Perot Systems quando se deu conta de que a festa de fim de ano da empresa custaria 360.000 dólares. Chocado com a quantia e não vendo retorno sobre o investimento, Meyerson cancelou a festa, e usou o dinheiro para comprar brinquedos, alimentos e roupas. Os funcionários se ofereceram como voluntários para entregar pessoalmente os objetos a pessoas necessitadas na periferia de Dallas.[38]

Artes Há uma clara conexão entre relações com a comunidade e patrocínio às artes. "Empresas bem-sucedidas fazem mais do que simplesmente passar por uma comunidade. Temos interesse em morar onde a qualidade de vida atraia os melhores funcionários, clientes, fornecedores e líderes de governo, acadêmicos e cívicos. É inconcebível que essa qualidade possa existir onde as artes estejam silenciadas", observa A. Thomas Young, ex-vice-presidente executivo da Lockheed Martin Corporation.[39] O ex-presidente da Philip Morris, George Weissman, fez de sua empresa um dos mais generosos patronos das artes dos Estados Unidos ao observar, "mais pessoas vão a museus do que a eventos esportivos".

Judith A. Jedlicka, presidente do Business Committee for the Arts, define as artes como "tudo de A a Z – desde viveiros de plantas até zoológicos".[40] Independentemente de como as artes forem definidas, as empresas continuam a aumentar seu compromisso com suas atividades. O apoio financeiro geral chegou a um recorde de 3,32 bilhões em 2003, comparados com 22 milhões em 1967.[41] As organizações artísticas sem fins lucrativos multiplicam anualmente esse apoio para gerar renda para as artes, criando, em nível nacional, 37 bilhões para comunidades e respondendo por 6% do produto interno bruto. Mais de 3,2 milhões de norte-americanos, ou 2,7%, estão empregados, de alguma forma, nas artes.[42]

Um engenheiro trabalha como voluntário ajudando alunos depois da escola.

Além dos benefícios financeiros, as parcerias entre empresas e artes geram histórias de sucesso de longo alcance em outras áreas, como o desenvolvimento econômico. Como muitas cidades, Greenville, no estado da Carolina do Sul, tinha de revitalizar sua área central. Tentar incentivar o desenvolvimento em uma área com prédios desocupados e poucas pessoas não era fácil. Durante um período de 30 a 35 anos, que teve início na década de 1970, Greenville desenvolveu e implementou um plano-mestre que transformou seu centro estagnado em uma comunidade vibrante. Além de parcerias público-privadas que construíram praças e parques, largos e espaços comerciais, a cidade criou um complexo para apresentações artísticas que incorporou prédios historicamente significativos e uma escola de artes, a Governor's School for the Arts.[43]

Os cidadãos que participam de atividades artísticas têm acima de duas vezes e meia maior probabilidade de serem voluntários em suas comunidades, 51% *versus* 19%, segundo um estudo do National Endowment for the Arts.[44]

O compromisso com as artes pode sustentar uma empresa em momentos difíceis. I. W. Marks, joalheiro de Houston, acredita que seu apoio à ópera e à orquestra sinfônica da cidade desenvolveu lealdade nos clientes. Foi essa lealdade que ajudou o joalheiro a passar pela recessão dos anos de 1990 quando muitos de seus concorrentes fecharam as portas.[45]

Conscientemente ou não, as corporações costumam agir como patronos, sempre que contratam os serviços de um arquiteto. Não se deve esquecer o aspecto de relações com a comunidade das decisões arquitetônicas. A Cummins Engine transformou Columbus, em Indiana, em um oásis de excelência arquitetônica ao pagar arquitetos de primeira linha para projetar novos prédios e restaurar antigos na cidade. Entre eles, 12 escolas, duas igrejas, um departamento de bombeiros, uma biblioteca, um campo de golfe com clube, escritórios de jornais e companhias telefônicas, uma clínica de saúde mental, a prefeitura e mais.

Para incentivar a participação de empresas nas artes, mais de 160 importantes líderes empresariais nos Estados Unidos fundaram o Business Committee for the Arts, um comitê que auxilia empresas de todos os portes em seus esforços para estabelecer programas de artes que possam melhorar a imagem da empresa, beneficiar os funcionários ou proporcionar isenções de impostos.

Geralmente, as organizações artísticas abordam corporações em busca de patrocínios, e as corporações têm de optar entre muitas possibilidades. Mas se pode trabalhar no sentido oposto, com uma corporação tendo em mente uma atividade específica de filantropia. Independentemente de como o projeto for iniciado, é importante que a doação sustente necessidades da comunidade. Por exemplo, um homem de Wisconsin doou 100 milhões para construir um centro de artes que somente ele queria. Outras pessoas achavam que essa verba seria mais bem gasta em outras coisas.[46] Ao examinar as propostas, as corporações estão em busca de compatibilidade entre seus objetivos e os da organização artística. Alguns pontos a ser considerado são:

1. Por que a empresa quer investir?
   - Trabalhar em rede com outros na comunidade local.
   - Divulgar a empresa, junto com seus produtos e serviços.
   - Atrair funcionários e aumentar a satisfação no emprego.
   - Melhorar as relações com clientes existentes e futuros.
   - Diferenciar a empresa dos concorrentes.
   - Aumentar os lucros.
2. Quais organizações artísticas alcançarão os funcionários atuais e futuros?
3. Que tipo de parceria se quer?
   - Doação de serviços e produtos.
   - Iniciativas voluntárias.
   - *Marketing*, propaganda e relações públicas articuladas.
   - Assistência financeira.[47]

A extensão das atividades artísticas corporativas às vezes exige orientação externa em termos de relações públicas. A Ruder Finn Public Relations estabeleceu um programa de consultoria inovador e revolucionário para negócios e artes, quando abriu sua agência em 1948. Hoje, Ruder Finn assessora corporações em programas de apoio cultural. A empresa desenvolve e implementa programações de relações públicas corporativas sintonizadas a atividades culturais. A organização auxilia na gestão de exibições em museus, festivais de *jazz*, livros de história corporativa, um jogo de *marketing* de entretenimento em CD-ROM, apresentações artísticas, turnês de orquestras sinfônicas e outras atividades relacionadas às artes, patrocinadas pelas corporações.

Todas as empresas podem dar uma contribuição importante à comunidade local investindo em artes.

Marketing relacionado a causas Esse tipo de *marketing* associa uma empresa e seus produtos a uma causa. É uma área que passou por um enorme crescimento nos últimos anos em função de sua capacidade de vender produtos, melhorar imagens e motivar os funcionários. Os consumidores de hoje esperam que as empresas usem seus recursos para tratar de preocupações da comunidade. Contribuindo para as comunidades a que servem, as empresas estabelecem uma conexão poderosa ao compartilhar os valores de seus clientes e funcionários. *Marketing* relacionado a causas não é filantropia.[48]

O *2001 Best Practices in Corporate Communication* identifica três benefícios básicos dos esforços de *marketing* relacionado a causas para patrocinadores e corporações.[49]

1. O marketing *relacionado a causas aumenta as vendas*. A cidadania corporativa é mais eficaz do que cupons, rebates e descontos quando se trata de atrair clientes. Varejistas de Nova York a Los Angeles atestam o poder que as parcerias com uma instituição beneficente têm de aumentar sua receita.[50] Segundo um estudo Cone de 2004, os norte-americanos compensam empresas que atendem a suas expectativas:
   - Setenta e dois por cento dizem que é aceitável que as empresas incluam uma causa ou um tema relevante em seu *marketing*.
   - Oitenta e seis por cento dizem que têm muita/alguma probabilidade de mudar de marca se uma delas estiver associada a uma causa.
   - Oitenta e cinco por cento dizem que querem ver quais questões sociais as empresas estão apoiando em suas comunidades locais.
   - Oitenta e um por cento dizem que o compromisso social de uma empresa influencia sua escolha de onde trabalhar.
   - Setenta e quatro por cento dizem que o compromisso social da empresa influencia os produtos e serviços que recomendariam a outras pessoas.
   - Setenta por cento dizem que o compromisso social da empresa influencia as ações ou fundos mútuos em que investiriam.
   - Oitenta por cento sabem dizer o nome de empresas que se destacam como fortes cidadãs corporativas.[51]

2. O marketing *relacionado a causas melhora a imagem*. Apoiar boas causas pode beneficiar corporações com uma imagem melhor de boas cidadãs corporativas, um sentido maior de integridade e confiabilidade para seus produtos e uma cobertura mais favorável dos meios de comunicação à medida que as necessidades da comunidade sejam atendidas.[52] A LensCrafters ajudou mais de 1,3 milhão de pessoas em todo o mundo com seu programa Give the Gift of Sight, que ajuda pessoas necessitadas a ver melhor.[53] Além disso, o programa também responde aos afetados por desastres. As Vision Vans do Gift of Sight, Seemore e Iris, foram a regiões que tinham grandes concentrações de pessoas evacuadas pelo furacão Katrina, fizeram milhares de exames e entregaram óculos a pessoas que necessitavam.[54] A Mervyn's California, uma divisão da Target Corporation, patrocina o ChildSpree, um esforço de compra de roupas e sapatos novos na volta às aulas, para 10 mil crianças desfavorecidas todos os anos. A Mervyn's e várias parceiras sem fins lucrativos contribuíram com mais de 17 milhões de dólares e atenderam a mais de 170 mil crianças desde 1992.[55]

3. O marketing *relacionado a causas beneficia propriedades e patrocinadores*. Instituições beneficentes e outras causas dignas de receber fundos geralmente desfrutam de mais visibilidade que pode levar a mais doações. A organização sem fins lucrativos que empresta seu nome a uma corporação pode receber um pagamento pelos direitos ou uma redução no preço de compra de um produto

de destaque sobre o pagamento pelos direitos, ou em vez dele. Apesar dos muitos benefícios, o *marketing* relacionado a causas tem alguns problemas:

- As organizações sem fins lucrativos e as corporações têm objetivos diferentes. As alianças fracassam se a corporação estiver tentando restabelecer sua imagem pública ou se a organização sem fins lucrativos sentir que está sendo usada como agência de promoção da empresa.
- O tamanho pode gerar problemas. Muitas organizações sem fins lucrativos são pequenas e empreendedoras – o oposto de uma corporação grande e bem estabelecida. Os processos de decisão e aprovação e os procedimentos contábeis de uma organização global podem parecer lentos e de difícil gestão quando comparados com o escritório de uma organização sem fins lucrativos que emprega um punhado de pessoas.
- O público está considerando cada vez mais difícil diferenciar o *marketing* relacionado a causas da filantropia tradicional. Os consumidores podem achar que já contribuíram comprando o produto e a organização sem fins lucrativos terá uma redução nas doações. E costuma ser difícil para os consumidores saber quanto dinheiro uma corporação está realmente dando a uma instituição beneficente.[56]

Assim como qualquer outra iniciativa estratégica, uma corporação deve avaliar seu *marketing* relacionado a causas de tempos em tempos, para garantir que as atividades estejam de acordo com sua missão e seus objetivos de negócios. Por exemplo, embora a Sprint sempre tenha apoiado iniciativas nas comunidades onde tem presença, houve pouca continuidade àquilo que estava sendo apoiado em diferentes cidades. Em uma delas, a Sprint apoiava uma caminhada ou corrida pela distrofia muscular; em outras, podia estar participando da United Way local, arrecadação de fundos para a pesquisa sobre câncer de mama ou construindo uma área de lazer. A empresa fez pesquisas para determinar se deveria dar continuidade a programas específicos em comunidades ou ser reconhecida por uma causa universal. O resultado é que a Sprint agora concentra seus esforços de relações com a comunidade para ajudar quem é portador de deficiências, parte dos quais corresponde a melhorar as vidas por meio da comunicação sem fio.

O DESAFIO EMERGENTE DO ATIVISMO COMUNITÁRIO

Circunstâncias específicas na sociedade e na comunidade geram desafios e oportunidades especiais para esforços de relações com a comunidade. O ativismo comunitário é um exemplo disso. O ativismo está se intensificando no século XXI. As organizações devem estar preparadas para ser objeto de controles, ter problemas potenciais em operações normais e lidar com o medo e constrangimento que podem ocorrer com a atividade dos ativistas. As corporações são vulneráveis a muitos tipos diferentes de ativistas, incluindo acionistas e funcionários ressentidos, sobre muitos tipos diferentes de questões, como direitos humanos, meio ambiente, saúde, biotecnologia e discriminação.

É claro que as organizações que estejam fazendo mau uso, desviando-se ou descumprindo leis e outras práticas comumente aceitas devem ser responsabilizadas publicamente por suas ações, mas o tipo de ativismo discutido nesta seção é mais uma luta de poder ou uma forte diferença de opinião com uma organização que esteja dentro das normas.

Podem surgir problemas com o ativismo apesar dos melhores esforços de uma organização para cooperar com sua comunidade. Os ativistas da comunidade podem exercer pressão indevida e influência não razoável ao tentar conscientizar o público sobre questões e preocupações que mais frequentemente estão baseadas em emoção do que em fatos científicos. Esses grupos não apenas criam oportunidades de compartilhar suas perspectivas, mas também usam atividades nacionais e locais e os problemas para ter oportunidade de se expressar.

No início de 2000, as empresas de telecomunicações em muitas cidades pequenas e grandes experimentaram a ira dos ativistas comunitários quando tentavam construir torres de apoio à crescente demanda por comunicações digitais e sem fio. O resultado foi que o zoneamento foi negado, houve surtos de pânico em relação à saúde e se promoveu a desconfiança em relação às entidades corporativas. Isso, por sua vez, desagradou aos clientes que queriam melhor recepção em seus telefones celulares ou que não podiam comprar outras linhas e outros serviços em função da falta de disponibilidade.

Os ativistas usam várias táticas, incluindo correio eletrônico, internet, sinais visuais, entrevistas nos meios de comunicação e piquetes, e já há casos em que recorreram à violência, destruição e terrorismo. Os ataques ao World Trade Center e ao Pentágono em setembro de 2001, que mataram milhares de pessoas inocentes e prejudicaram muitas comunidades, são os atos terroristas mais extremos que já aconteceram nos Estados Unidos. Muito menos grave, mas não menos assustador, foi quando um grupo ambiental oposto à expansão da área de esqui em Vail, no Colorado, assumiu a responsabilidade por incendiar o hotel Two Elk Lodge, que custara milhões de dólares.

Os ativistas tendem a usar as mesmas técnicas quando tentam obter atenção da mídia ou conquistar apoiadores para sua causa. A Figura 11.4 identifica alguns desses padrões previsíveis

Enfrentando padrões previsíveis de ataques de ativistas	
Ataque (eles vão...)	**Contra-ataque (você vai...)**
1. Polarizar a questão. Não importa o que aconteça, você está 120% errado.	1. Mostrar o exagero, admitir erros, explicar os passos de sua ação.
2. Construir uma base na internet, usar listas de correio eletrônico, colocar propaganda em quadros de aviso para gerar apoio à causa.	2. Avaliar o dano real; estimar o dano potencial; determinar a necessidade de ação preventiva.
3. Banalizar, apelar para as emoções, insultar e humilhar; escolher um endereço eletrônico como "empresasacana.com".	3. Criar uma página de resposta na internet, que seja clara, limpa, com aparência corporativa; comparar sua legitimidade com sua abordagem banal e juvenil.
4. Enraivecer-se, irritar, debilitar, violar marcas registradas e distorcer cada resposta; forçá-lo a reagir ao provocar intencionalmente uma resposta jurídica para divulgar a página deles.	4. Escolher suas batalhas cuidadosamente; responder de forma calma, deliberada, sucinta, competente, gradativa. Manter o foco; usar linguagem adequada ao meio e aos temas principais.
5. Usar ultimatos: bombardear a empresa com "últimas chances" para corrigir alegações, acusações e "testemunho" antes de "entrar em ação" e promover demonstrações.	5. Responder de forma cuidadosa, positiva, suave, educada. Se estiver errada, corrigir o problema. Apontar erros; mostrar a manipulação das emoções; insistir em provas independentes e não tendenciosas.
6. Registrar a página deles em mecanismos de busca – no setor de sua corporação, se for possível.	6. Registrar sua página da mesma forma; quando resolvido, remover as listagens.
7. Postar mensagens em fóruns eletrônicos para promover a causa; promover a página deles; encontrar outros que estejam sofrendo dos mesmos problemas; encontrar funcionários ressentidos que estejam dispostos a ajudar.	7. Acompanhar a internet; avaliar o impacto real. Desestimular funcionários locais a responder em seu nome; responder apenas se for necessário. Fazer com que postagens equivocadas sejam removidas de mecanismos de busca.
8. Trabalhar a mídia noticiosa; visar a jornalistas específicos que cobrem sua empresa ou setor. A mídia nunca se cansa de encontrar formas de atacar as empresas.	8. Mostrar o exagero, admitir erros, explicar os passos de sua ação. Evitar se lamentar.

FIGURA 11.4 Contrapondo-se padrões previsíveis de ataques de ativistas.

de ataque e como as organizações podem contra-atacar.

As empresas devem assumir uma postura proativa ao lidar com o ativismo comunitário e seguir o que o relações públicas David Schultz chama de abordagem dos "3 Ps": planejamento, prática e precisão.[57] A postura proativa da Phillips-Van Heusen Corporation ajuda a fabricante global de roupas a antecipar e evitar muitos problemas. Sendo uma das poucas empresas dos Estados Unidos que têm um vice-presidente de direitos humanos, trata de forma permanente questões como salários, condições das fábricas, horas trabalhadas e liberdade em relação ao assédio e associação de seus funcionários. Assim como os funcionários da Phillips-Van Heusen, seus fornecedores e revendedores devem participar de treinamento em direitos humanos e aderir ao código de conduta da empresa.[58]

Mesmo assim, até as empresas mais diligentes podem sofrer ataques. A seguir, algumas formas para as empresas lidarem com situações envolvendo ativistas comunitários:

- Identifique com que tipo de grupo de protesto está lidando. Alguns só querem prejudicar a companhia, ao passo que outros realmente desejam realizar mudanças que beneficiem a todos.
- Fale a verdade e seja aberto e acessível. Forneça informações.
- Mantenha a cabeça fria e não crie antagonismos desnecessários. Adote um tom amigável.
- Conheça os pontos fortes e fracos de seus grupos de ativistas. Determine se eles devem se tornar parceiros estratégicos.
- Cogite mudanças em suas políticas para neutralizar ou aplacar organizações hostis.
- Forneça dados concretos aos funcionários, para acalmar seus receios e torná-los embaixadores da organização.
- Não subestime o poder que o grupo ativista tem de prejudicar a organização.[59]

Estudo de caso

Liz Claiborne Inc. lança uma disciplina de ensino médio inovadora para a campanha "Amor não é abuso"

Antecedentes

Nos últimos 14 anos, a Liz Claiborne Inc. trabalhou para conscientizar sobre violência doméstica e em relacionamentos, por meio de seu programa "Amor não é abuso". Quando decidiu que precisava de uma perspectiva nova, a empresa se voltou ao grupo Global Issues Communications, da Ruder Finn/New York em fevereiro de 2005. A RF GlobeComm e a Liz Claiborne acertaram que o primeiro passo era encomendar um estudo sobre violência e abuso entre adolescentes (13 a 18 anos) no namoro.

Pesquisa

A Liz Claiborne Inc. contratou a Teenage Research Unlimited para realizar uma pesquisa com vistas a avaliar o abuso verbal, físico e sexual entre adolescentes em seus namoros. Os adolescentes pesquisados tinham entre 13 e 18 anos. Os relatos de abuso se estendiam por bairros, cidades, regiões e grupos étnicos. As conclusões transmitiam um clamor contundente por ajuda, de parte de uma arrasadora maioria de adolescentes que declararam que o abuso físico e verbal é uma questão séria para eles.

Conclusões centrais

- Um em cada três adolescentes informou ter amigos ou colegas que tenham sido vítimas de agressões, socos, chutes, tapas, estrangulamentos ou lesões físicas causadas por seus parceiros.
- Quase uma em cinco meninas que já namoraram disse que o namorado ameaçou usar de violência ou ferir a si próprio se elas falassem em romper.
- Treze por cento das adolescentes que disseram ter namorado relatam ter sido machucadas ou agredidas fisicamente.
- Uma em cada quatro meninas que haviam namorado revelou que foi pressionada para fazer sexo oral ou para penetração.
- Mais de uma em cada quatro adolescentes que namoram (26%) informou suportar abuso verbal repetido.
- Oitenta por cento das adolescentes consideram o abuso verbal uma "questão grave" para seu grupo etário.
- Em caso de se verem em um relacionamento abusivo, 73% delas recorreriam a um amigo para pedir ajuda, mas apenas 33% das que estiveram ou tomaram conhecimento de uma relação assim disseram ter contado isso a alguém.

Planejamento

Usando esses novos dados, a RF GlobeComm e a Liz Claiborne estabeleceram um conselho consultivo nacional sobre o namoro adolescente e organizaram a elaboração de uma disciplina de ensino médio voltada a alunos do 1º ano do ensino médio (entre 14 e 15 anos), para ajudar os adolescentes a impedir e lidar com as crescentes incidências de abuso verbal e físico e pressão sexual.

Os objetivos dessa disciplina, chamada "Amor não é abuso", são:

- Elevar a consciência e o conhecimento dos adolescentes sobre violência no namoro.
- Possibilitar que os estudantes questionem visões que sustentam a violência no namoro.
- Aumentar a procura de ajuda entre os estudantes envolvidos em namoros que incluam violência.

Assessorando o conselho consultivo da RF GlobeComm e da Liz Claiborne, o Education Development Center, Inc. (EDC), desenvolveu uma disciplina sobre violência adolescente no namoro, de três créditos. As aulas estavam voltadas à educação para a saúde e/ou aulas de inglês e outros idiomas, usando textos literários breves e envolventes (como poesia, contos) para conscientizar sobre como fazer escolhas saudáveis nas relações.

A disciplina contém informações gerais detalhadas para professores sobre o alcance do problema de violência no namoro adolescente, e estratégias para responder aos alunos que afirmam estar em uma relação abusiva. A Break the Cycle, uma organização sem fins lucrativos cuja missão é envolver, educar e fortalecer estudantes para construir vidas e comunidades livres de violência no namoro e doméstica, também trabalhou em conjunto com a EDC para ajudar a formular o currículo da disciplina e servir de recurso para estudantes e professores que estejam lidando, eles próprios, com uma situação abusiva ou precisem de orientação sobre como ajudar um amigo/estudante.

Implementação

Para anunciar os resultados da pesquisa e a disciplina, a RF GlobeComm montou uma entrevista coletiva em junho de 2005, no National Press Club em Washington. Os objetivos eram dois: conscientizar a grande imprensa sobre essa questão predominante e dar visibilidade à Liz Claiborne como líder do setor privado no desenvolvimento e patrocínio de programas relacionados ao abuso doméstico e nas relações. Para ajudar a gerar publicidade anterior à conferência, o grupo ofereceu uma exclusiva ao programa *Today*, da NBC. A tática funcionou: a entrevista de seis minutos foi ao ar na manhã do anúncio e ajudou a dar o tom nas notícias do dia.

A entrevista coletiva e a inserção na mídia tiveram amplo impacto, atingindo muito além das expectativas do cliente. Além do programa *Today*, destaques na cobertura televisiva incluíram matérias nos programas *NewsNight with Aaron Brown*, da CNN, e *American Morning, Live with Lester Holt*, da MSNBC, BET e Univision, além de 12 dos 15 principais mercados. Em termos gerais, houve mais de 135 inserções de televisão em todo o país e mais de 60 matérias impressas e na internet, incluindo jornais diários importantes como o *Dallas Morning News*, *Washington Times*, *Boston Herald* e *San Diego Union-Tribune*. A maior parte das grandes agências de notícias – AP, Reuters e Knight-Ridder/Tribune – publicou matérias, que foram reproduzidas por muitos jornais menores, de porte médio e pequeno.

A disciplina "Amor não é abuso" foi implantada como piloto em 16 escolas durante o outono de 2005. As escolas foram escolhidas com base em relações anteriores com a EDC e em experiências passadas com pilotos de programas educativos, enquanto outras escolas foram escolhidas pela RF GlobeComm com base no tamanho dos mercados de mídia.

- Forest Park High School, Ferdinand, Indiana
- Jasper High School, Jasper, Indiana
- Southridge High School, Huntingburg, Indiana
- West High School, Sioux City, Iowa
- Woodbury Central High School, Tacoma, Moville, Iowa
- West Hills High School, Santee, Califórnia
- Horace Howard Furness High School, Filadélfia, Pensilvânia
- Wilson High School, Tacoma, Washington
- Lakes High School, Lakewood, Washington
- Sentinel High School, Pueblo, Colorado
- Central High School, Pueblo, Colorado
- South High School, Pueblo, Colorado
- Newton North High School, Newton, Massachusetts
- Cambridge Rindge and Latin School, Cambridge, Massachusetts
- Sebring High School, Sebring, Flórida
- Lee High School, Huntsville, Alabama

Além da disciplina, Liz Claiborne complementou a campanha com manuais, anúncios de interesse público e outros materiais de comunicação desenvolvidos anteriormente para ajudar escolas e comunidades a lidar com a questão mais ampla da violência doméstica.

Avaliação

Como esse é um programa-piloto, a disciplina evoluirá basicamente a partir da avaliação por meio de uma pesquisa com professores, depois de eles terem implementado o programa. Até que a violência doméstica seja interrompida, a campanha "Amor não é abuso" continuará. A Liz Claiborne está comprometida com a conscientização e o fornecimento de ferramentas para educar os cidadãos sobre o problema. Nesse meio tempo, a esperança é que ninguém sofra nas mãos de outra pessoa.

Fonte: Christie Ly, Ruder Finn, agosto de 2005.

Perguntas

1. Como assessor de imprensa, como você convence um professor a trabalhar com você para falar com a imprensa sobre um tópico delicado, muitas vezes sigiloso?
2. Como você comunica ou conscientiza sobre um problema predominante quando é uma questão delicada, que lida com menores?
3. Que outras estratégias ou táticas poderiam ter sido implementadas para conscientizar sobre a questão e divulgar a disciplina?
4. Quais são algumas das ideias que você aplicaria para sustentar a visibilidade sobre a questão e o problema?

Resumo

Embora as relações com a comunidade, como atividade organizacional, sejam tão diversificadas quanto são as comunidades em que as organizações operam, a chave para as relações eficazes com a comunidade é a ação positiva e socialmente responsável para ajudar a comunidade por parte da organização. Dependendo da organização, as relações com a comunidade podem ser implementadas por uma equipe oficialmente designada para isso, por uma equipe geral de relações públicas ou por vários departamentos em toda a organização.

Muitas empresas estão direcionando seus programas filantrópicos a questões nas quais gostariam de ter um impacto. O *marketing* relacionado a causas liga uma empresa e seu produto a uma causa. Pode vender produtos, melhorar a imagem e motivar funcionários.

Os ativistas estão exigindo uma participação maior nas decisões tomadas por instituições, destacando uma necessidade crescente de esforços de relações com a comunidade.

Termos fundamentais

filantropia corporativa
relações com a comunidade

Notas

1. Karen Matthews, The Associated Press, "Cirque du Soleil on NYC Pier? Community Says No", newsday.com, 17 de fevereiro de 2008.
2. Dan Milmo, "Kelly launches fight for Heathrow expansion", *The Guardian*, 22 de novembro de 2007.
3. Kwame F. Kilpatrick, citado por Jodi Wlgoren, "Detroit Urban Renewal without the Renewal", *The New York Times on the Web*, 7 de julho de 2002.
4. "Connecting with Society", *Ford Motor Company Corporate Citizenship Report*, 2001, p. 28.
5. W. J. Peak, "Community Relations", in *Lesly's Handbook of Public Relations and Communications*, 4th ed., ed. Philip Lesly (New York: AMACOM, 1991), p. 117.
6. David P. Baron, "The Nonmarket Strategy System", *Sloan Management Review* (1995).
7. John Frank, "In-house PR Stretches Its Dollars in Slowdown", *PRWeek*, 19 de março de 2001, p. 13.
8. 2000 Cone/Roper Executive Study.
9. The Arab Population 2000, Census 2000 Brief, *U.S. Census Bureau*, p. 4.
10. Tanya Lewis, "Tourist Attraction", *PRWeek*, 17 de março de 2008, p. 12.

11. Adaptado de Jules Cohen, "Is Business Meeting the Challenge of Urban Affairs?" *Harvard Business Review* (Março-Abril de 1970), p. 81-82. Reimpresso com permissão de *Harvard Business Review*. Copyright 1970 by the President and Fellows of Harvard College. Todos os direitos reservados.
12. Gloria Smith, "Doing Community Relations When You're the New Kid on the Block", *PRWeek*, 16 de julho de 2000, p. 22.
13. "Printing Plant Tours", Seattle Times Co., www.seattletimes company.com/operations/tours.htm, 21 de junho de 2000.
14. Platon Coutsoukis, diretor-assistente de pesquisa, e Leslie Carbone, analista de pesquisa, "2001 Community Relations Index", *Center for Corporate Citizenship at Boston College*, p. 8-9.
15. Ibid.
16. Ibid., p. 2.
17. Associated Press, "Winn-Dixie to Close 35 Percent of Its Stores", *Jefferson City Post-Tribune*, 22 de junho de 2005, p. 31.
18. Ken McLaughlin, "TI's Santa Cruz Employees Ponder Life After Plant Closing", San Jose Mercury News, mercurynews.com, 15 de março de 2001.
19. Peak, "Community Relations", p. 130.
20. Associated Press, "Program Links Personal Computers to Fight Cancer", *Jefferson City News Tribune*, 12 de maio de 2001, p. 7.
21. Craig McGuire, "Even News Media Like to Make News", *PRWeek*, 11 de dezembro de 2000, p. 32.
22. Facts and Figures, *Site* do FedEx-St. Jude Classic, www.hushyall.com, 2005.
23. Boston College Center for Corporate Citizenship and The Hitachi Foundation, The State of Corporate Citizenship 2007, "Time to Get Real: Closing the Gap Between Rhetoric and Reality", p. 6-7.
24. Ibid.
25. Mindy Games-Casseres, "First-time Research Finds That Nonprofit and Corporate Partnerships Result in Reputation and Financial Gains for the Nonprofit", 2004 Cone Corporate Citizenship Study, www.coneinc.com, 25 de maio de 2005.
26. Important issues in choosing whom to vote for in the presidential election (percentage responding "very important"), *AARP Bulletin*, março de 2008, www.aarp.org/bulletin/youdife/the_bulletin_poll_top_voter_issues.html.
27. *The New York Times* and CBS News Poll, 20 a 24 de fevereiro de 2008, http://graphics8.nytimes.com/packages/pctf/politics/20090226poll.pdf#page=3.
28. Boston College Center for Corporate Citizenship, p. 7.
29. Nota à imprensa, "U.S. Charitable Giving Reaches $295.02 Billion in 2006", Giving USA Foundation, 25 de junho de 2007.
30. Brent Schlender, "The Playboy Philanthropist", *Fortune*, 3 de setembro de 2001, p. 163-66.
31. Quentin Hardy, "The Radical Philanthropist", *Forbes*, 1º de maio de 2000, p. 114-21.
32. Southard Davis, "Six School-Business Partnerships Set Standard for Improving Student Experience", The Council for Corporate & Social Partnerships, www. corpschoolpartners.org, 21 de junho de 2005.
33. William P. Barrett, "I Don't Like Making Mistakes", *Forbes*, 11 de outubro de 1999, p. 158-60.
34. www.forbes.com, 9 de setembro de 2001.
35. Heather Lindsey, "Golf Event Covered Despite No-Shows", *PRWeek*, 2 de abril de 2001, p. 22.
36. Ann Lurie citada em Susan Adams, "Life After Death", *Forbes*, 20 de setembro de 1999, p. 166.
37. Tom Phillips, "100,000 Students Served! NFTE Program Turns Hardship into Triumph", nota à imprensa do NFTE, www.nfte.cam, 26 de outubro de 2004.
38. Geoffrey Calvin, "Think About This as You Don Your Tuxedo", *Fortune*, 18 de dezembro de 2000, p. 74.
39. A. Thomas Young, ex-vice-presidente-executivo da Lockheed Martin Corporation, citado em Best Practices in Event Marketing and Corporate Sponsorships, *2001 Best Practices in Corporate Communications*, p. 79.
40. Judith A. Jedlicka, Business-Arts Partnerships That Achieve Real Results, discurso disponível em www.bcainc.org, 22 de outubro de 2001.
41. 1998 National Survey of Business Support to the Arts, www.bcainc.org, 22 de outubro de 2001 e agosto de 2005.
42. "Why Business Invests in the Arts", Business Committee for the Arts, Inc., www.bcainc.org, 25 de outubro de 2001.
43. The official Web director of Greenville, SC, USA, www.greatergreenVille.com, 2005.
44. 2002 Survey of Public Participation in the Arts, National Endowment for the Arts, março de 2004.

45. Judith A. Jedlicka, Business-Arts Partnerships.
46. Dale DeGroff, Bill Downes, Rebecca Ascher-Walsh, Joan Hoffman, et al., "Reward Yourself", *Fortune*, 18 de setembro de 2000, p. 376.
47. "8 Easy Steps", Business Committee for the Arts, Inc., www.bcainc.org/company.asp.html.
48. "Cause-Related Marketing", Event Marketing and Sponsorship Report, *2001 Best Practices in Corporate Communication*, p. 93.
49. "Cause-Related Marketing", p. 97.
50. Ann Zimmerman, "Promotional Ties to Charitable Causes Help Stores Lure Customers", *The Wall Street Journal*, 4 de dezembro de 2000.
51. "Multi-Year Study Finds 21 Percent Increase in Americans Who Say Corporate Support of Social Issues Is Important in Building Trust", Cone, Inc., www.coneinc.com, 8 de dezembro de 2004.
52. Joseph J. Ptacek and Gina Salazar, "Enlightened Self-interest: Selling Business on the Benefits of Cause-Related Marketing", *Non-Profit World*, 7 de julho de 1997.
53. "Doing Their Part", *Chain Store Age: The Newsmagazine for Retail Executives*, agosto de 2000, p. 44.
54. "Gift of Sight Supports the Victims of Hurricane Katrina", *site* do LensCrafters, www.lenscrafters.com, 2005.
55. "Mervyn's 13th Annual ChildSpree Provides $1 Million in Clothes to 10,000 Deserving Children Nationwide", *site* do Mervyn, www. mervyns.com, 26 de julho de 2005.
56. "Cause-Related Marketing", p. 100-101.
57. David L. Schultz, "Strategic Survival in the Face of Community Activism", *Public Relations Strategist 7*, nº 2 (2001), p. 37-38.
58. Elizabeth Howard, "Vice President for Human Rights", *Public Relations Strategist 2*, nº 7 (2001), p. 23-26.
59. Douglas Quenqua, "When Activists Attack", *PRWeek*, 11 de junho de 2001, p. 15.

12
Relações com os Consumidores e *Marketing*

INTRODUÇÃO

As relações com os consumidores e o *marketing* estão cumprindo um papel mais destacado do que nunca na prática de relações públicas. Devem-se aplicar técnicas sofisticadas para entender as necessidades dos consumidores, pedir seus comentários e atrair sua atenção, como ilustra o exemplo a seguir.

Robyn mastiga ruidosamente seu sanduíche matinal enquanto seu táxi zune pelo tráfego de início da manhã em Nova York. Hoje é o dia em que ela e outros membros da equipe de projeto da Lay saberão se seus meses de planejamento gerarão o nível desejado de cobertura de mídia e aumentarão as vendas do novo produto da marca, Lay's STAX, batatas fritas crocantes, empilhadas umas em cima das outras, em um recipiente portátil, à prova de esmagamentos e que pode ser fechado novamente. A Frito-Lay deu o trabalho à divisão de *Marketing* de Entretenimento da Ketchum, uma das mais importantes agências de relações públicas no mundo, na esperança de garantir que o produto ficasse "acima das outras" da concorrência.

A tarefa não veio sem pressão. Só as relações públicas fariam o papel de incentivo de vendas básico para a marca. A sequência nacional de propagandas só começaria duas semanas depois.

O táxi chega em Times Square, e Robyn examina a cena enquanto paga o motorista e sai do carro. A embalagem de Lay's STAX, de 35 metros de altura por 25 de largura, colocada a uns sete metros do chão, perto da NASDAQ Tower, está definitivamente chamando a atenção dos passantes. Ela olha a área e pensa que o *banner* "O desafio Lay's STAX" vai aparecer bem nas fotografias. Uma das primeiras tarefas de Robyn foi garantir as licenças e a autorização da prefeitura que eram necessárias para usar uma área específica no meio de Times Square. Robyn acena para outros colegas da Ketchum que estão visitando representantes de seu parceiro de lançamento, a Speed Stacks. O esporte de empilhar copos foi considerado perfeito para o lanche "empilhado", porque envolvia o público-alvo jovem da marca, ao mesmo tempo em que levava o amplo apelo da Lay's a um público mais abrangente de consumidores.

Robyn toma seu lugar à mesa de imprensa e passa as duas horas seguintes entregando *press kits* para representantes da mídia enquanto eles vão chegando. Começa a se juntar uma enorme multidão até que, por fim, chega o grande momento. A recordista mundial de empilhamento em velocidade, Emily Post, sobe ao palco e, enquanto centenas de nova-iorquinos a aplaudem, quebra o recorde mundial em 8 minutos e 42 segundos. A multidão que saía recebe amostras de produtos de equipes de rua dos embaixadores da Lay's STAX.

Mas o dia de Robyn não terminou. Ela acompanhará Emily em entrevistas, encaminhará outras solicitações da mídia e dará assistência geral à equipe de projetos segundo a necessidade, para ajudar a garantir os resultados desejados. Várias semanas passariam até que Robyn soubesse que o evento gerou mais de 33 milhões de impressões na mídia, com um equivalente a mais de 4,4 milhões de dólares e que as projeções de vendas para as atividades de relações públicas foram atingidas.

ASSOCIANDO AS RELAÇÕES PÚBLICAS AO *MARKETING*

Embora seja equivocado considerar as relações públicas como apenas mais um método de promoção de produtos ou serviços, a promoção é um dos ingredientes mais poderosos no *mix* de *marketing* de qualquer organização. As funções de relações públicas e *marketing* têm algumas diferenças fundamentais, mas compartilham um objetivo importante: ambas tentam ajudar a organização a responder a um público muito relevante: os consumidores de seus produtos e serviços. A Figura 12.1 compara antigas práticas de *marketing* com as novas abordagens de hoje.

Para os que desejarem trabalhar na arena das relações públicas e *marketing*, os seguintes exemplos de como as relações públicas estão envolvidas no processo de *marketing* deixam claras certas coisas: preveja um ritmo acelerado, rotatividade constante de produtos e uma busca permanente de "a próxima coisa importante" – ah, e é um trabalho que nunca lhe deixa entediado.

Revigorando a marca antiga

As marcas antigas enfrentam a tarefa de se manterem renovadas e atuais diante de uma concorrência crescente. (Ver Minicaso 12.1.) A marca Tide, da Procter & Gamble, introduzida em 1946 e que é o detergente de maior vendagem no mundo, enfrentou esse desafio. Para se reposicionar, a empresa desenvolveu o Tide Coldwater, com melhor aproveitamento de energia. A P&G se juntou à Alliance to Save Energy e as duas parceiras desafiaram os participantes da Conferência de Prefeitos dos Estados Unidos a incentivar seus cidadãos a lavar as roupas em água fria – e a economizar uma média de 63 dólares por ano nesse processo.[1] A Tide Coldwater também doou 100.000 dólares à rede National Fuel Funds Network, um programa beneficente de assistência energética. O fabricante de alimentos kosher Manischewitz vendeu às revistas *Cooking Light* e *Gourmet* a ideia de considerar a cozinha judaica como mais uma culinária interessante, e não apenas uma opção para as festas.[2]

Exportando uma marca estabelecida para novos mercados

Martinica, uma ilha no Caribe francês, não é muito conhecida dos viajantes norte-americanos. Para incentivar o turismo, a agência turística do governo francês convidou pessoas, principalmente blogueiros influentes que escrevem sobre viagens, a contar suas histórias e concorrer a uma viagem de uma semana à ilha, para duas pessoas. A campanha boca a boca foi apoiada com campanhas direcionadas aos meios de comunicação tradicionais e viagens para jornalistas de turismo.[3] A Kia Motors tem uma história de 61 anos de inovação na fabricação de automóveis na Coreia. A empresa foi pioneira em vários aspectos no país: primeiro motor a gasolina, primeiro carro de passageiros e primeiro motor a diesel.[4] Mas, nos Estados Unidos, a marca foi quase esquecida entre os importados. Para estabelecê-la no país, a Kia está recorrendo a seus públicos mais importantes por meio de relações públicas. Entre os esforços, estão um claro posicionamento de "jovem

	Marketing antigo	**Novo marketing**
Disposição mental em relação ao *marketing*	Comunicações unidirecionais e unilaterais para contar uma história.	Incentivar conversas/relações mais francas e confiança; construir credibilidade.
Valor de marca	A lembrança da marca é fundamental.	A valorização da marca pelos consumidores. Até onde os consumidores têm probabilidade de recomendar um produto ou serviço.
Direcionamento	Baseado em características demográficas.	Baseado em comportamento.
Segmentação	Baseado em características demográficas.	Grupos segundo atitudes, interesses, padrões de comportamento.
Conteúdo	Criado e distribuído profissionalmente.	Combinação entre o criado pelo consumidor e o desenvolvido profissionalmente.
Análises	Fornecidas por especialistas.	Fornecidas por especialistas e usuários.
Comunicação	Mensagens são levadas aos consumidores, que as absorvem.	Interação, busca e interrogações pessoais, análises, comentários, diálogo.
Hierarquia	Conteúdo estruturado por canais, categorias para profissionais de *marketing*.	Conteúdo é customizado e disponível a partir de demanda.
Pagamento	Custo por milhar, ênfase na fatia publicitária baseada em custo/uso e fatia de mercado segundo medidas quantitativas.	Ênfase no retorno sobre o investimento e responsabilização.

FIGURA 12.1 Velhas práticas de *marketing versus* as novas práticas.
Fonte: Horizon Media.

de espírito" da marca, um programa agressivo de relações com a mídia, melhores relações com revendedores e funcionários, uma nova função de relações com a comunidade e uma melhora nas comunicações corporativas. Outro desafio para o escritório de relações públicas sediado nos Estados Unidos é ensinar a seus colegas coreanos que as notícias norte-americanas sobre a empresa e seus produtos podem nem sempre ser completamente positivas.[5]

Reforçando o posicionamento da marca

A Subway estava bem posicionada em termos de cardápio quando recebeu uma carta da mãe de Jared Fogle. Ela escreveu que seu filho tinha perdido 110 quilos em um ano a partir de uma dieta constante de comida da Subway. Esse testemunho deu uma cara ao desejo da empresa de se posicionar como *fast food* saudável. Usando Fogle como porta-voz, a empresa lançou uma campanha de alimentação saudável que incluiu suas aparições em programas de entrevista na TV, o lançamento do programa de emagrecimento por passos "Sinta-se responsável, energizado, satisfeito e feliz" (Feel Responsible, Energized, Satisfied, and Happy, FRESH) e o patrocínio do programa da American Heart Association, Pule corda pelo coração (Jump Rope for Heart), e visitas a escolas em nível nacional, chamadas de "Jared and Friends", para promover um estilo de vida saudável para crianças pequenas.[6]

Minicaso 12.1 — Momentos Kleenex™

Análise de situação e pesquisa

Os norte-americanos conhecem o lenço de papel Kleenex.® Na verdade, a marca é conhecida de 98% dos consumidores. Entretanto, uma marca bem-sucedida encontra permanentemente novas formas de se manter relevante e influenciar o comportamento de compra ao se conectar emocionalmente com seu público-alvo. Para os lenços de papel Kleenex,® as Olimpíadas de 2004 em Atenas ofereceram esse tipo de oportunidade através do papel da marca como fornecedora oficial da equipe olímpica dos Estados Unidos. A marca encarregou a Ketchum Public Relations de desenvolver uma campanha de alto nível que atraísse atenção nacional da mídia e seduzisse o público da Kleenex,® ou seja, mães entre 25 e 54 nos.

Dados de pesquisas determinaram várias conclusões importantes:

- Os casais tendem a assistir às Olimpíadas juntos, de forma que a mensagem deveria ter apelo a públicos masculinos e femininos.
- Mães entre 25 e 54 anos preferem matérias de interesse humano a estatísticas esportivas, de modo que a programação deve estar direcionada a momentos e não a medalhas.
- O público-alvo gosta de rever momentos emocionantes, e a execução deve mostrar uma inspiração à ação envolvente e interativa.

Em resposta, a Kleenex® e a Ketchum PR desenvolveram uma ideia de marca chamada de Momentos Kleenex™, que celebrava momentos inesquecíveis das Olimpíadas – no passado e no presente.

O lançamento da campanha enfrentou várias considerações importantes. Em primeiro lugar, a mídia inicialmente se concentrou em questões de terrorismo e segurança. Em segundo, o Comitê Olímpico dos Estados Unidos (U.S. Olympic Committee, USOC) tinha de aprovar todas as atividades do programa para garantir que elas coincidissem com o valor da equipe olímpica e não violassem as regras para seleção de atletas. Terceiro, as Olimpíadas e atividades Kleenex Moments™ *in loco* ocorriam horas antes do horário padrão da Costa Leste norte-americana, e a NBC instituiu um retardo de 48 horas das gravações para várias competições atléticas que ocorriam em Atenas.

Estratégia e execução

A campanha Kleenex Moments™ foi executada em três fases. A fase 1 incluiu a participação no encontro U.S. Olympic Media Summit, um "quem é quem" virtual de jornalistas credenciados. A presença nesse evento deu à marca Kleenex® Facial Tissue uma chance de se alinhar com patrocinadores mundiais de maior porte e também serviu como primeiro passo para semear o termo "Kleenex Moments™" para públicos fundamentais, como atletas, membros do comitê olímpico e jornalistas credenciados.

A fase 2 envolveu a cerimônia de indicação ao *Hall of Fame* de 2004 para atletas olímpicos. Devido à falta de verbas, foi a primeira dessas cerimônias realizada em 12 anos, e a marca Kleenex® foi um dos patrocinadores. O evento forneceu o ambiente ideal para homenagear Momentos Kleenex™ de Olimpíadas anteriores. Para celebrá-los, a marca produziu vinhetas para cada um dos indicados, durante os quais eles discutiam seus Momentos Kleenex™ mais emocionantes. Essas vinhetas foram tocadas durante a transmissão. Também foi realizada uma entrevistas via satélite com os dois novos indicados ao *Hall of Fame*.

A fase 3 serviu como clímax do programa na própria Atenas. A cada dia, a marca Kleenex® e a NBCOlympics.com escolhiam três Momentos Kleenex™ inesquecíveis e convidavam os consumidores a votar em seus favoritos pela internet. Esses momentos também foram editados em vinhe-

Fazendo uma melhora geral na imagem

Vodka e rap geralmente não estão associados, uma situação que a Smirnoff queria mudar. A marca associou três rappers da velha guarda com músicos contemporâneos para criar três novas versões de canções icônicas de hip-hop e bebidas associadas. As canções e os vídeos correspondentes, mais produção de vídeo de bastidores, foram disponibilizados em uma página especial criada na internet pela Smirnoff.[7]

Prevendo o que vem pela frente

Um subtítulo do *The Wall Street Journal* diz: "É necessário muito *marketing* para convencer os consumidores de suas necessidades".[8] Os fabricantes pagam muito para descobrir e criar o que o artigo chama de "necessidades não atendidas". Esse tipo de pesquisa levou a Procter & Gamble a criar um aparelho de CD que espalha fragrância nos ambientes. Uma cobertura de bolo Betty Crocker, que basta despejar, foi um dos 92 novos produtos lançados pela General

tas e executados diariamente na USA House, a base de operações do comitê olímpico dos Estados Unidos. Foram feitas matérias ao vivo de Atenas para rádio e TV, mostrando os atletas conectados à internet, todas incluindo mensagens dos Momentos Kleenex™ e um convite para que os consumidores votassem pela internet em seus Momentos favoritos do dia.

Medição e avaliação

Depois das Olimpíadas de 2004, a Ketchum PR fez uma ampla pesquisa com mais de mil norte-americanos (33% eram público-alvo da marca Kleenex®) para avaliar o conhecimento, entendimento, atitudes e comportamentos deles em relação ao programa Kleenex Moments™.

Conhecimento: Vinte e um por cento dos pesquisados conheciam o programa. Essa quantidade aumentava muito se o público também visitasse NBCOlympics.com para votar em seus Momentos Kleenex™ favoritos naquele dia (33 a 19%, respectivamente).

Entendimento: Cinquenta e dois por cento se lembravam de momentos emocionantes em Atenas, indicando que o público-alvo entendia o papel da emoção nas Olimpíadas. Essa quantidade aumentou quando o público visitava NBCOlympics.com (80%) ou tinha conhecimento do patrocínio (64%).

Atitude: Sessenta e três por cento acreditavam que era natural que a marca Kleenex® estivesse vinculada aos momentos emocionantes das Olimpíadas. Trinta e sete por cento via a marca de forma mais favorável em função disso. Esses números aumentaram quando o público visitava NBCOlympics.com (80 e 61%, respectivamente).

Comportamento: Setenta e nove por cento dos que tinham conhecimento do patrocínio e dos que haviam ouvido falar dos Momentos Kleenex™ tinham probabilidade muito maior de comprar lenços de papel Kleenex® na próxima vez. Entre os que planejavam comprar esse produto no futuro, 7% compram outras marcas de lenços de papel.

Outras medidas

- As iniciativas em relação à mídia geraram 1.716 matérias (o objetivo era de 850) para um total de 134.981.869 de pessoas atingidas pela campanha (*media impressions*) (o objetivo era de 100.525.000). Entre as inserções estavam *Fortune, BRANDWEEK, USA TODAY, Reuters, Chicago Tribune, Pittsburgh Post-Gazette, Rocky Mountain News, Philadelphia Daily News,* WGN-TV, FOX News (nacional), FOX & Friends (nacional), Good Day Live, MSNBC, CNBC, ABC Radio Network (três vezes no programa de rádio "Satellite Sisters"), Westwood One (vendido em todo o país) e USA Radio Network (vendido a todo o país).
- A NBCOlympics.com relatou um total de 70.923 votos para os Kleenex Moments™ of the Day. A página dos Kleenex Moments™ na internet recebeu o segundo maior tráfego e quase um quarto de todos os acessos a páginas patrocinadas (373.435 acessos).

Perguntas

1. Quais elementos da campanha Kleenex Moments™ contribuíram para seu sucesso?
2. De que forma a campanha garantiu que sua mensagem atrairia homens e mulheres no público que assiste aos Jogos Olímpicos?
3. Quais estratégias nessa campanha poderiam efetivamente ser usadas por outros profissionais de *marketing*?

Fonte: Kimberly-Clark Corporation e Courtney Leddy, Ketchum Public Relations, setembro de 2005.

Mills em 2004. Alguns concorrentes deixam outros fazerem pesquisa e desenvolvimento (P&D) e rapidamente replicam o sucesso com seus próprios produtos. "Pode-se manter uma inovação por seis meses, talvez 12, se você for realmente forte", diz Bart Becht, diretor executivo da Reckitt Benckiser PLC. O Listerine PocketPaks, da Pfizer, é um desses exemplos. Uma fita fina de enxágue bucal ganhou rapidamente a preferência dos adolescentes quando introduzida em 2001, mas a fábrica onde eram feitas fechou em 2004 devido a queda na demanda.[9]

Estabelecendo sua empresa como uma boa cidadã corporativa

As iniciativas de responsabilidade social corporativa mais eficazes são aquelas totalmente integradas a cada aspecto de uma empresa, incluindo a plataforma de *marketing*. Quando fundou a H. J. Heinz em 1869, Henry Heinz defendia alimentos puros e transparência corporativa. Hoje em dia, a Heinz apoia quatro iniciativas de responsabilidade social corporativa: um programa de micronutrientes que fornece suplementos nutricionais a crianças subnutridas em países onde a empresa tem negócios, iniciativas de saúde e bem-estar, agricultura sustentável e embalagens que não prejudicam o meio ambiente. Embora costumasse comunicar suas atualizações em atividades de responsabilidade social corporativa a seus públicos internos, a Heinz publicou seu primeiro relatório anual em 2006, e usará outros métodos para compartilhar a história com públicos externos. Espera-se que o relatório incentive outros *stakeholders* e empresas a se envolver com responsabilidade social corporativa.[10]

Cada um dos conceitos a seguir descreve uma faceta de como as relações públicas e o *marketing* podem trabalhar juntos para construir confiança e lealdade dos clientes ao vender o produto:

- As **relações públicas** têm objetivos de longo prazo, para a construção de relações positivas com consumidores, fornecedores, concorrentes e outros públicos. Seu objetivo principal é "construir e manter um ambiente receptivo para uma organização".[11] Os clientes querem que alguém os atenda, e não que lhes venda. As relações públicas podem ajudar o clima corporativo de uma organização a gerar serviços aos clientes.
- O *marketing* **de relacionamento** é um processo de longo prazo, já que o objetivo é construir confiança que melhore a venda de produtos ou serviços. "Você pode ganhar confiança no decorrer de vários anos, mas deve trabalhar cada hora, cada dia para mantê-la", diz um executivo da Heinz.[12] *Marketing* de relacionamento em ação acontece quando um cliente compra o mesmo sabão em pó ano após ano. O consumidor aprende que esse produto cumpre a tarefa de lavar roupas de forma satisfatória e, como resultado, não sente necessidade de experimentar outros produtos.
- A **comunicação de** *marketing* diz respeito a todas as atividades – pesquisa, estratégias ou táticas – que dão sustentação às vendas de produtos ou serviços.
- **Comunicação integrada** representa uma forma genérica de se referir à **comunicação integrada de** *marketing*. Os profissionais de *marketing* usam uma série de táticas como propaganda, relações públicas, patrocínios e coisas semelhantes para chegar aos consumidores.
- A **responsabilidade social corporativa** é uma demonstração do compromisso social de uma empresa para com seus vizinhos, consumidores e outros, de ser uma boa cidadã.

As relações públicas e o *marketing* são semelhantes no sentido de que fazem amplas pesquisas, identificam públicos-alvo e desenvolvem planos de ação para comunicação. Como as relações públicas são completamente integradas ao processo de *marketing*, é fácil entender por que muitas pessoas têm dificuldades de compreender a distinção entre as duas funções.

As relações públicas tratam dos seguintes elementos associados ao *marketing*:

- Públicos internos como funcionários, acionistas e administração
- Reputação ou construção de imagem
- Públicos externos (que não os consumidores), como governos e fornecedores
- Gestão de crises
- Mudança na opinião pública e questões sociais
- Gestão de temas controversos

A crise dos pneus da Ford/Firestone em 2000 é um exemplo fundamental do quão rapidamente os consumidores respondem à informação negativa sobre um produto. A banda de rodagem se separou em alguns modelos de pneus Firestone que eram montados como equipamento-padrão em alguns veículos da Ford, o que causou muitas lesões e mortes. Nessas situações, é necessário mais do que propaganda e outras ferramentas tradicionais de *marketing* para restaurar a confiança dos clientes e as vendas. A Firestone substituiu milhões de pneus, e a Ford deu o passo ousado de encerrar seu relacionamento de mais de um século com ela. Essa decisão não teve apenas consequências nos negócios, mas também pessoais. Da mesma forma, a publicidade de produto pode aumentar os esforços de propaganda e tornar outras ferramentas de *marketing* mais eficazes.

As relações positivas que uma empresa desenvolve por meio de relações públicas com seus clientes e outros públicos são um meio que visa um fim: vendas e lucros que possam ser fortalecidos trimestre após trimestre, ano após ano. Em muitas organizações, a estrutura dos departamentos e divisões confunde as relações entre relações públicas e *marketing* a ponto de as duas áreas estarem quase sempre ligadas. Fusões de agências de relações públicas e agências de propaganda nublaram ainda mais a questão nas mentes de muitos administradores e outras pessoas.

O PONTO DE PARTIDA

É importante apontar que relações com os consumidores e *marketing* devem ser integrados no processo geral de planejamento de comunicação. Uma razão óbvia para isso é garantir que os problemas possam realmente ser tratados comunicando-se. Nenhuma quantidade de atividade de relações públicas compensa um sistema de distribuição inadequado, um alimento que não tem um sabor bom ou um produto mal projetado.

Em uma coluna no *The New York Times*, David Pogue fala de sua pesquisa para um livro que está escrevendo sobre a história de bastidores da Palm, Handspring e a mania dos *palmtops*. Ele observou que, no início, o vice-presidente de *marketing* da Palm tinha uma fala favorita: "Deleitar o cliente". Pogue achava que a frase soava não apenas óbvia, mas banal. Nenhuma empresa se dispõe a decepcionar o cliente, ele achava. O coautor de Pogue, que era um dos primeiros funcionários da Palm, respondeu dizendo que a questão não era essa:

> Na indústria de tecnologia, você se surpreenderia com o quanto "Deleitar o cliente" NÃO É o ponto central. A alternativa não é "decepcionar o cliente", e sim "o que podemos fazer com essa tecnologia bacana?". O cliente nem ao menos surge nas ideias dos projetistas de produto [...] Quando se considera deleitar o cliente como uma luz que orienta as decisões, isso explica muito de por que o Pilot acabou sendo um produto que as pessoas adoravam, e com o qual têm tanta conexão emocional.[13]

É provável que todas as empresas, em algum nível, já tenham deixado de lado, desconsiderado ou ignorado as necessidades de seus clientes. O foco da McDonald's em si mesma pode ter sido parte da razão para anos de quedas nas vendas. Frases como "fazemos tudo por você", "adoramos quando você adora" e "adoramos ver o seu sorriso" eram indicativas do problema, diz o chefe de *marketing* da empresa. "Tiramos nossos olhos do consumidor e perdemos importância para ele", acrescentou.[14] A diferença é que empresas inteligentes e crescentes *ouvem* constantemente seus clientes e agem a partir do que escutam.

APLICANDO TÉCNICAS DE RELAÇÕES PÚBLICAS AO *MARKETING*

A imaginação é o limite quando se trata de aplicar as técnicas de relações públicas ao *marketing*. Quando a Hewlett-Packard queria mandar uma mensagem de que é um "provedor de soluções totais" e um "líder em tecnologia inovadora", a empresa viu na corrida de Fórmula 1, o Grande Prêmio de Indianápolis, o tipo certo de ambiente para essa mensagem.[15] A Hasbro, fabricante do jogo Banco Imobiliário, ofereceu ao público a primeira versão nova do jogo em 40 anos e criou um campeonato mundial como forma de manter o interesse no jogo.[16] Usando uma série de vacas animadas, a Chick-fil-A formou um partido político chamado de Partido de Preservação das Vacas, com uma plataforma de defesa do consumo de frango.[17] Uma campanha de mídia social ajudou a Chick-fil-A a encontrar seus fãs mais apaixonados durante a celebração de seus 40 anos. A rede de restaurantes alavancou a cobertura da mídia e sua página corporativa na internet para incentivar os fãs a apresentar vídeos criativos, de até um minuto, mostrando por que eles eram os maiores fãs da marca. O público avaliava seus favoritos, ajudando uma dupla de gêmeos a ganhar 40 meses de lanches combinados de graça, uma viagem a Atlanta para visitar a sede da empresa e outras mercadorias da Chick-fil-A.

Projeto de produtos e serviços

Como se mantêm em constante contato com os vários públicos de uma organização, os profissionais de relações públicas podem fornecer visões úteis sobre as questões relacionadas ao comportamento do consumidor. Esse tipo de pesquisa informal pode ser uma forma impor-

Promoção de aniversário dá voz aos maiores devotos da marca pela internet.

tante de conferir outros dados usados no projeto de produtos ou serviços. O monitoramento frequente dos meios de comunicação de massa, o uso de serviços de previsão social (*social forecasting*) e outras formas de vigilância ambiental discutidas no Capítulo 6 fazem dos profissionais de relações públicas fontes importantes de informação no processo de *marketing*.

Todos os produtos e serviços têm ciclos de vida que devem fazer parte do plano de *marketing*. O ciclo de vida começa com o desenvolvimento de novos produtos e serviços, que depois são introduzidos em um mercado. À medida que as vendas da indústria aumentam durante a etapa de crescimento do mercado, o mesmo acontece com a concorrência, muitas vezes resultando em maiores custos promocionais e lucros mais baixos. O ambiente competitivo intenso da terceira etapa, o da maturidade do mercado, geralmente se caracteriza por uma redução em vendas e lucros. O ciclo de vida do produto começa a se repetir durante a etapa final de declínio das vendas, quando novos produtos e serviços substituem os anteriores.

As relações públicas podem ajudar a aumentar o ciclo de vida de um produto ou serviço em várias etapas ao desenvolver eventos para apoiar a introdução do produto e as vendas e gerar cobertura positiva na mídia sobre os produtos e serviços. Quando se lança um novo produto, eventos especiais e publicidade podem ajudar a desenvolver uma recepção positiva. A Schick Shave Shack, uma competição móvel de karaokê que nasceu da ideia de as pessoas cantarem e fazerem a barba no chuveiro, promoveu toda a linha de produtos da empresa e atraiu mais de 100 milhões de impressões de mídia.[18] A publicidade pode ajudar a aumentar o conhecimento durante a etapa de crescimento de um produto. Tiger Woods não apenas atraiu mais pessoas de todas as idades e origens étnicas ao golfe, mas também gerou mais cobertura dos produtos de que faz propaganda.[19] Quando um produto maduro atingiu um reconhecimento quase universal de seu nome, muitas vezes passa a ser considerado algo natural e precisa de ajuda para manter a visibilidade. Por exemplo, apesar do elevado conhecimento de marca que a Cruz Vermelha desenvolveu em seus mais de 100 anos, são necessárias permanentes atividades de relações públicas e outras para manter o suprimento de sangue do país.[20]

A base de informações das relações públicas sobre uma ampla gama de públicos, incluindo os consumidores, mas não exclusivamente, pode ser útil para dar nome, estilo e embalagem. Os textos de *marketing* estão cheios de exemplos de nomes mal escolhidos que prejudicaram ou retardaram o sucesso de um produto perfeitamente bom. O Chevrolet Nova ("não anda", em espanhol) é uma das mais famosas entre essas histórias. Os nomes precisam refletir a missão e os valores fundamentais da organização, ser fáceis de pronunciar e de encontrar na internet e ser facilmente representados com uma logomarca ou outros elementos de identidade de marca.[21] Para além do nome, os consumidores veem produtos e serviços como um conjunto de recursos ou um grupo de atributos que contêm valor. A embalagem e o estilo devem aumentar a percepção, e a habilidade em comunicação e entendimento dos públicos que os profissionais de relações públicas têm podem contribuir para escolhas adequadas aos produtos e serviços.

Responsabilidade social corporativa

As marcas de sucesso hoje precisam representar algo mais do que o produto ou serviço propriamente dito, e a internet possibilita que se façam esses esforços em grande escala. "Teens for Jeans", uma iniciativa da empresa Aéropostale e do grupo Do Something, pretendia coletar 100 mil calças jeans para doar a adolescentes sem-teto. Para chegar a seus consumidores, a campanha usou uma estratégia multifacetada de comunicações, que incluiu um página na internet, a teensforjeans.com, apoio de celebridades, um anúncio de interesse público que foi mostrado em várias páginas de redes sociais, como Facebook e MySpace, eventos e iniciativas de mídia de interesse dos adolescentes.[22]

Distribuição

Os profissionais de relações públicas, assim como as informações que oferecem, podem ajudar o *marketing* a tomar decisões sobre como e onde um produto ou serviço será oferecido ao consumidor. Questões de logística relacionadas a disponibilidade de tempo e lugar devem ser analisadas minuciosamente em busca de mercados-alvo antes de se lançar um produto ou serviço.

A Johnson & Johnson tomou a decisão de *marketing* de fundir as equipes de venda de seus setores de farmácia e varejo na Alemanha. As farmácias alemãs não vendiam produtos de higiene feminina antes da fusão, mas agora vendem os produtos femininos da J&J, os absorventes o.b. e Carefree, bem como produtos Penaten de cuidados infantis. As lojas de varejo que não são farmácias estão vendendo pela primeira vez o creme para as mãos Neutrogena, um produto anteriormente só disponível em farmácias. A integração economiza dinheiro dos clientes, já que os produtos são mais baratos em lojas que não sejam farmácias. A J&J promoveu a nova distribuição de produtos com uma combinação de propaganda e atividades de relações públicas, incluindo comerciais de TV e cinema, anúncios impressos e *marketing* de eventos.[23]

Os bancos aprenderam que os caixas eletrônicos devem ser seguros de usar e estar próximos às casas e locais de trabalho dos clientes. Hoje, essas máquinas são encontradas na maioria dos supermercados e lojas de conveniência, bem como nos bancos depois do expediente. A tecnologia sem fio atende ao desejo dos consumidores de receber *e-mails*, acessar a internet e realizar várias outras tarefas de comunicação de qualquer parte do mundo. Mais uma vez, a comunicação e a promoção sobre a disponibilidade de produtos e serviços são importantes para o sucesso.

Comunicação

Os profissionais de *marketing* de hoje sabem que não conseguem viver somente da propaganda. Lois Raimondo, vice-presidente de *marketing* da Times Square Alliance, que coordena a queda da bola à meia-noite do Ano Novo, diz, "Nossa propaganda era de pequeno porte. Foram nossas iniciativas de relações públicas que nos renderam a cobertura que conseguimos".[24]

Como parte de uma campanha integrada de *marketing*, a 1-800-Flowers estabeleceu uma parceria com a Google e o YouTube para encontrar as "Melhores histórias de amor do mundo". O concurso do dia dos namorados (*Valentine's Day*) convidava os usuários a apresentar vídeos contando como se apaixonaram por seus parceiros ou sua proposta de casamento. O *The New York Times* publicou um furo sobre a promoção e os profissionais de *marketing* também usaram *blogs* e divulgação boca a boca pela internet para gerar apresentações de vídeo.[25]

A revista *Allure*, a empresa de cosméticos Sephora e a associação profissional Cosmetic Executive Women convidam leitores, clientes e membros a votar em seus produtos de beleza favoritos. As marcas vencedoras usam essas preferências em campanhas publicitárias, promoções nas lojas, páginas na internet e embalagens. Os patrocinadores do concurso também se beneficiam com mais exposição, propaganda e vendas.[26]

Na estreia do filme *Pearl Harbor*, sobre o ataque japonês de 1941 que levou os Estados Unidos à Segunda Guerra Mundial, a Walt Disney Corporation e a marinha norte-americana teriam gastado 5 milhões de dólares em eventos, em um esforço de criar publicidade para a bilheteria, obtendo a capa e uma ampla cobertura sobre entretenimento na revista *Newsweek*, e também nas principais agências de notícias e nos programas de TV. A marinha enviou quase 40 oficiais da informação da reserva ao Havaí para lidar com atividades pré-lançamento. A projeção para jornalistas foi realizada ao ar livre, no convés do USS Stennis, um porta-aviões em atividade. Os empreendimentos de relações públicas se pagaram com endossos muito valiosos e com pesquisas classificando o filme como o mais esperado do verão.[27]

Como você pode ver, as relações públicas cumprem um papel natural no apoio a várias atividades de *marketing*, o que torna fácil descuidar do papel fundamental que elas podem ter no ambiente mais amplo da gestão de imagem e reputação de uma empresa e ao lidar com quaisquer crises que possam ocorrer.

Seu diretor-presidente como porta-voz de marketing

O diretor-presidente geralmente é o porta-voz ideal durante uma crise. O mesmo se aplica a atividades de *marketing*? Quando o finado Victor Kiam adquiriu os barbeadores da Remington Product, a companhia estava em má situação. O resultado financeiro positivo um ano depois foi consequência de cortes de pessoal, mudanças na linha de produtos e do uso de Kiam como estrela da agressiva campanha publicitária da Remington na TV. "Eu gostei tanto que comprei a empresa", confirmava o compromisso de Kiam para com a marca nos anúncios.[28] David Oreck promove as virtudes do aspirador de pó Oreck XL, de 3 quilos e meio. O finado Dave Thomas apareceu em comerciais do Wendy's, o restaurante que leva o nome de sua filha. O duo de porta-vozes dos Bush's Baked Beans, Jay Bush e seu cachorro, Duke, creditam o ótimo sabor da marca a uma receita secreta de família.

Bill Gates usou comerciais de TV e aparições pessoais em programas de entrevistas para apresentar a versão da Microsoft sobre a história em sua batalha antitruste com o Departamento de Justiça dos Estados Unidos. Lee Iacocca, ex-diretor-presidente da Chrysler, falou ao público norte-americano sobre seu compromisso pessoal com a qualidade quando a empresa passava por problemas de credibilidade.

Merrie Spaeth, presidente da Spaeth Communications, Inc., Dallas, Texas, apresenta as seguintes orientações para usar o diretor-presidente da empresa em seus próprios anúncios:

1. O diretor-presidente que for proprietário ou parte da família que foi dona da empresa por várias gerações pode transmitir um compromisso pessoal com a marca.
2. O texto deve soar como o diretor-presidente fala realmente na vida real.
3. As habilidades discursivas são importantes, mas não devem ser o único critério para determinar se seu diretor-presidente é adequado à tarefa. A mensagem e o público também devem ser considerados.
4. O carisma conta, já que empresta credibilidade à mensagem. O ouvinte ou expectador precisa crer que quem fala acredita no que está dizendo.
5. Entre as razões para não usar seu diretor-presidente, estão problemas de dicção que provavelmente não podem ser superados ou um executivo sênior que não é adequado ao papel.[29]

Embora alguns diretores-presidentes gostem de estar no palco, e não tendo que pagar por profissionais, economiza-se dinheiro, os profissionais de relações públicas devem entender a estratégia antes de escolher um porta-voz diretor em detrimento do apoio de uma celebridade. Por exemplo, as realizações de grandes figuras do esporte podem influenciar as decisões de comprar de marcas esportivas como Nike, Reebok e L. A. Gear de uma maneira que seria difícil para um presidente. Da mesma forma, modelos glamorosas e atrizes famosas constroem e renovam marcas de cosméticos. Astros de cinema, televisão e *rock* podem captar a atenção de seus fãs ao tentar divulgar um produto ou serviço. Britney Spears, por exemplo, apareceu em comerciais da Pepsi.

O que importa quando se opta por um porta-voz, diretor-presidente ou celebridade é a capacidade desse indivíduo de agregar valor à marca. A percepção dos consumidores sobre as qualidades de um porta-voz deve corresponder às mensagens que precisam ser transmitidas aos públicos-alvo. Os porta-vozes devem ser capazes de transferir seus valores.

Integrando disciplinas e tecnologia

Ainda que possa parecer inacreditável, termos como **podcasting**, **blogs**, **DVR/TiVo**, **rádio por satélite**, **advergaming**, **Really Simple Syndication** (**RSS**), sem-fio, **advertainment** e **video on demand** (**VOD**) não faziam parte de nosso vocabulário até o início da década de 2000. Embora a tecnologia esteja ampliando a oportunidade para o contato com os consumidores, os elementos impressos e eletrônicos tradicionais ainda cumprem um papel no *mix* de comunicação de hoje.

"O modelo tradicional de *marketing* com o qual todos crescemos está obsoleto," diz James R. Stengel, diretor de *marketing* global da Procter & Gamble, o maior anunciante do mundo.[30] Ele alertou os profissionais de *marketing* que estão usando apenas TV, jornais e revistas de que eles "devem se tornar mais responsáveis, inovadores e criativos ou estarão fadados ao fracasso".[31] Segundo Marian Salzman, da J. Walter Thompson: "Agora é tudo com sua intuição. A internet mudou tudo".[32]

Os consumidores fugidios de hoje são alvos móveis e não estão limitados aos canais de *marketing* tradicionais. As Figuras 12.2 e 12.3 comparam os panoramas de mídia de 1980 e 2007. Embora as redes de televisão ainda desfrutem do maior alcance, o número de canais de comunicação pelos menos triplicou, o que cria mais oportunidades e métodos com os quais alcançar os públicos.

Para além da tecnologia, aqui vão quatro outras razões pelas quais as organizações avançaram para uma abordagem integrada. Uma delas é que a preocupação cada vez maior com os lucros finais fez com que a administração pensasse em formas de reduzir despesas. Um segundo fator é que as formas de relações públicas e agências de propaganda estão se fundindo e adquirindo umas às outras. Isso criou uma tendência natural a consolidar funções que se sobrepõem entre propaganda, *marketing* e relações públicas. Uma terceira razão para integração é a ênfase cada vez maior no *marketing* de relacionamento e no *marketing* individual, ambos requerem o desenvolvimento de uma boa reputação, ou construção de imagem, que é uma atividade de relações públicas. Uma quarta motivação para a integração é a importância das boas relações públicas governamentais. Influenciar leis e regulamentações em níveis local, estadual e federal muitas vezes afeta as vendas e aspectos de *marketing* de uma empresa.

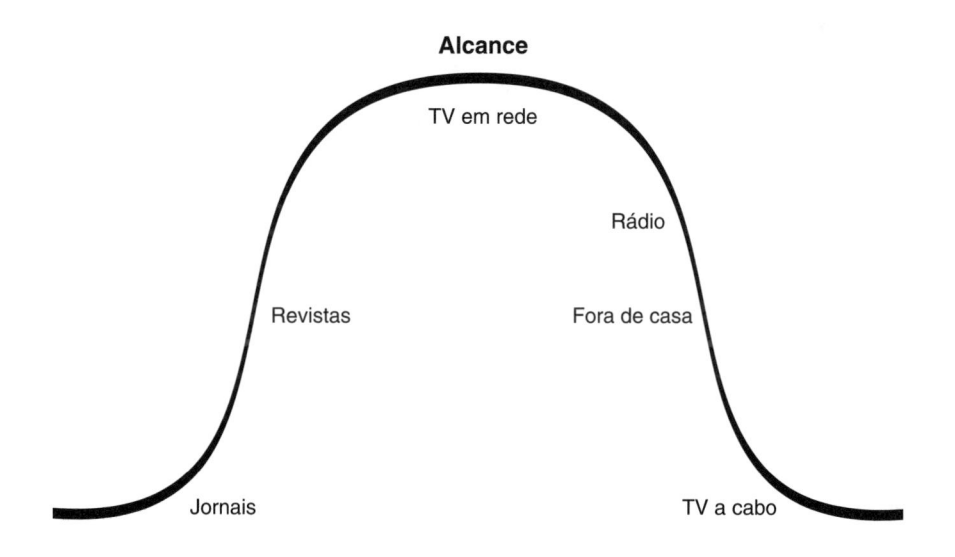

FIGURA 12.2 Panorama de mídia em 1980.
Fonte: Horizon Media.

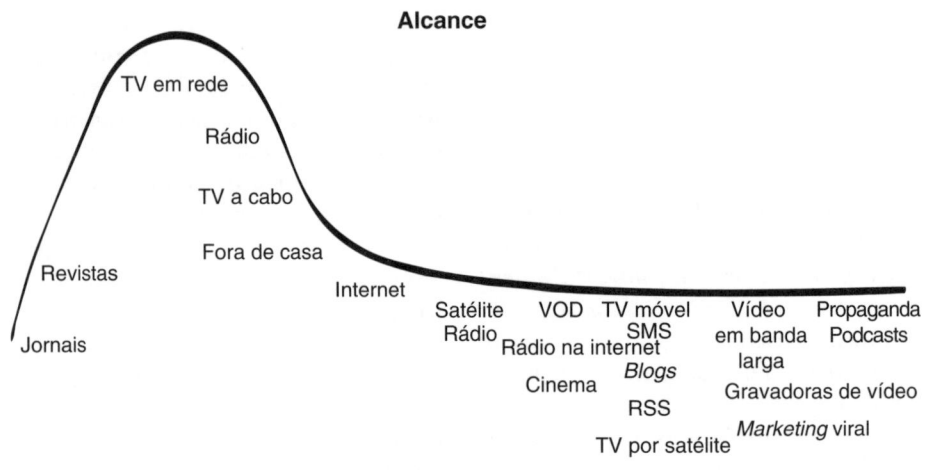

Alcance

TV em rede
Rádio
TV a cabo
Fora de casa
Revistas
Internet
Jornais
Satélite   VOD TV móvel   Vídeo   Propaganda
Rádio   SMS   em banda Podcasts
      Rádio na internet   larga
         Blogs
  Cinema
         RSS   Gravadoras de vídeo
      TV por satélite   *Marketing* viral

Canais de comunicação

FIGURA 12.3 Panorama de mídia em 2007.
Fonte: Horizon Media.

Dada a alta velocidade com que as novas técnicas se desenvolvem e se mesclam com a prática atual, a lista a seguir visa apenas servir como visão geral das técnicas integradas de *marketing*.

Dispositivos portáteis com múltiplos usos Telefones celulares, *Blackberrys*, *iPods*, DVDs, computadores portáteis com capacidade para banda larga sem fio e outros aparelhos portáteis com várias utilidades apontam para uma grande mudança na produção de massa, no *marketing* de massa e *merchandising* de massa, passando a uma era de produtos e serviços customizados.[33] Estima-se que mais de 250 milhões de norte-americanos sejam assinantes de um serviço de telefonia móvel, situando a taxa de penetração em cerca de 81%.[34] Em termos mundiais, a taxa está em cerca de 50%, um número que promete continuar a crescer, já que as redes agora cobrem 90% da população do planeta.[35] Os usuários podem usar seus telefones celulares para ter uma agenda, baixar toques a seus aparelhos, jogos, mensagens instantâneas, tirar fotos, mandar e receber *e-mails*, acessar a internet e dar telefonemas. Os aparelhos possibilitam aos clientes ir direto ao ponto e são uma "forma de medição tecnológica", segundo Mark Weiner, da Ketchum Research.[36] Por exemplo, a agência da Ketchum no exterior, a Mobile One2One, criou rotas de ônibus individualizadas para uma empresa espanhola com problemas de recrutamento. Os mapas trouxeram benefícios a todos, já que a contratação aumentou e o cliente conseguiu saber quais áreas geográficas renderam os melhores resultados.[37]

Inserção de produtos Gravadores de vídeo pessoais, como o TiVo, permitem que os clientes saltem totalmente os comerciais. Fabricantes de refrigerantes, computadores, telefones celulares e outros estão usando a inserção de produto para aumentar a visibilidade de seus produtos em *videogames* e outras opções de programação eletrônica, bem como canais tradicionais, por exemplo:

- A CBS inseriu digitalmente o logo do novo Chevrolet Impala em cinco dos programas do horário nobre da rede durante a semana de estreia de sua nova grade de outono em 2005, e sorteou um carro a cada noite da promoção.[38]
- No *reality show Meet Mister Mom*, o papai dirige Nissans, usa Clorox para limpar e faz compras para a família na JCPenney.[39]

A indústria continua a debater quanto deve custar a **inserção de produto** e se é realmente eficaz. Por exemplo, a pasta de dentes Crest, da Procter & Gamble, apareceu no *The Apprentice show*. O *tracking* indicou que a inserção equivalia a 10,8 comerciais de 30 segundos, que deveriam custar 4,2 bilhões. Mas, diz o vice-presidente sênior da Mitsubishi Motors, "Não farei isso [inserção de produto] a não ser que haja alguma medida quantificável sobre o que vamos ganhar com isso".[40]

A inserção de produto pode ter implicações para as relações públicas que vão além das relacionadas aos propósitos de *marketing*. A Associação de Linux da Alemanha protestou contra "inserção de produtos em transmissões de informações e notícias" quando a ARD, a emissora pública do Channel One, mostrou o logo da Microsoft em matérias sobre as eleições. O diretor-executivo da associação explica: "As notícias na televisão pública perdem credibilidade e autenticidade quando são misturadas com propaganda".[41]

Páginas na internet As páginas na internet fazem parte de quase qualquer plano integrado de comunicações. Marcas de alimentos oferecem receitas, brochuras promocionais, protetores de tela, planejadores de refeições e dúzias de outros recursos para fortalecer seus vínculos com o consumidor. Lanchonetes de *fast food* oferecem informações nutricionais sobre o que consta em seus cardápios, seduzem os usuários a participar de seus sorteios e identificam os locais de suas lojas. Elas também podem criar, como fez a Burger King, uma página *Subservient Chicken* onde se podia dar ordens a uma galinha de cinta-liga, em um quarto de hotel sombrio.[42] A campanha da Tide, da Procter & Gamble, incluiu uma página onde os consumidores podiam ver quantas pessoas em sua área experimentaram o produto.[43]

Notícias de marca (***branded news***) são noticiários ao vivo, baseados na internet, direcionados especificamente às notícias sobre uma categoria de produto ou serviço daquela organização que está oferecendo a transmissão. Um exemplo de página com esse tipo de notícia é NRANews.com (ver fim do Capítulo 15).

As páginas na internet, contudo, são mais do que uma ferramenta tática para os profissionais de *marketing*, elas também são produtos. Quando lançou a versão beta do Brilliant Shopper, uma página que ajuda os consumidores a fazer pesquisa de preços, o diretor-presidente da empresa usou *blogs* para atingir o mercado-alvo. As pesquisas indicaram que uma abordagem radial ajudaria a minimizar seu orçamento de relações públicas de 25.000 dólares. O objetivo era enfocar os blogueiros mais destacados (centros), cujo trabalho costumava ser seguido por outros (raios). A campanha também permitia aos blogueiros dar as notícias antes da mídia tradicional. Como resultado, os acessos à página aumentaram cerca de 250%.

***Marketing* em mecanismo de busca** Com tantos consumidores usando a internet para informações sobre produtos e comparações de custos, a capacidade de uma empresa de aparecer no topo de uma busca é fundamental. O *marketing* em mecanismos de busca é uma ferramenta que as empresas podem usar para aumentar a possibilidade de que seus verbetes e marcas apareçam quando se busca um determinado item.[44] A pesquisa é importante para identificar os termos e a linguagem usada pelos consumidores para buscar bens e serviços. Ainda assim, mesmo as melhores palavras-chave são inúteis a menos que o texto esteja bem escrito e tenha apelo para seus usuários.[45]

Táticas de guerrilha Quando os orçamentos são pequenos, o tempo é curto e o produto não é líder em sua categoria, os profissionais muitas vezes recorrem a **táticas de guerrilha**. Esses veículos de comunicação não tradicionais tentam dar destaque a uma marca de forma inesperada.

Entretanto, deve-se ter cautela ao usar esse tipo de tática. A busca por uma moeda de 10.000 dólares em uma promoção da Dr. Pepper levou caçadores de tesouros a um cemitério de Boston. Felizmente, os portões do Granary Burying Ground estavam trancados em função do tempo gelado, e os participantes não puderam entrar. A Dr. Pepper pediu desculpas por potencialmente profanar um lugar sagrado e doou 10.000 dólares ao cemitério.[46]

Ninguém achou graça quando a Cartoon Network colocou anúncios luminosos em Boston e em outras nove cidades para promover o desenho "Aqua Teen Hunger Force", que faz parte da programação noturna. Os dispositivos foram considerados potencialmente perigosos, e os esforços para aplicar a lei prejudicaram os serviços na cidade por horas.

A tática foi chamada de "irresponsável" e "ofensiva".[47] O prefeito de Boston estimou que o incidente custou à cidade 500.000 dólares.[48] O presidente da Cartoon Network renunciou pouco depois e o fiasco custou milhões de dólares à empresa da qual ela faz parte, a Turner Broadcasting System.[49]

Marketing viral O *marketing* viral é um fenômeno de mídia social no qual os cidadãos compartilham experiências, conhecimento e sentimentos sobre uma marca. Críticas de livros, recomendações de restaurantes, avaliações de produtos, péssimas experiências com serviços ao consumidor e mais estão disponíveis nas páginas de YouTube, Facebook, MySpace, diversos *blogs*, fóruns de discussão e *sites*. O *marketing* viral cria enormes oportunidades para ampliar os esforços além do que poderia ter sido considerado possível originalmente.

Quando Sarah Jessica Parker lançou a marca Bitten, nas lojas Steve & Barry's, sua agência o fez usando videodocumentários de tipo viral e outras táticas de relações públicas. Clipes escolhidos foram colocados no YouTube e complementados com matérias nas revistas *Glamour* e *O, The Oprah Magazine* e com aparições de Sarah no programa de televisão *The Oprah Winfrey Show*. A agência incorporou um ponto de vista das notícias locais através do programa "First in Line". A atriz telefonou às primeiras dez pessoas que entraram na fila em dez cidades escolhidas, gerando publicidade sobre quem recebeu os telefonemas. Mais importante, as iniciativas de relações públicas aumentaram em muito as vendas em locais em todo o país.[50]

Concursos e sorteios Os concursos e os sorteios podem ser uma maneira rápida para as empresas terem contato direto com seus consumidores atuais e potenciais. Muitos competiram pela oportunidade de um almoço rápido com a Duquesa de York, Sarah Ferguson, quando a maionese GourMayo Flavored Light, da French's, promoveu um concurso.[51] Os concursos e sorteios para ganhar móveis novos, reformas de casas, encontros de bastidores com astros de *rock*, viagens à Disney, Bangcoc e outras cidades, aparelhos de *home theater* e toneladas de outros produtos e serviços são oferecidos pela internet, de forma impressa, em pontos de venda, em eventos e coisas do tipo. Os ganhadores são anunciados diariamente, semanalmente, mensalmente. Para o profissional de *marketing*, os concursos e sorteios podem ser uma forma barata de obter informações valiosas sobre seus clientes e chegar a eles com notícias e informações de interesse.

No entanto, alguns truísmos se aplicam independentemente de tudo o que a tecnologia tem para oferecer: nunca expresse coisa alguma por escrito que não queira que outras pessoas vejam; e nada substitui a velha comunicação face a face. O chefe de relações públicas da Sears aprendeu isso quando enviou sem querer um *e-mail* pouco elogioso em relação a um colunista – ao próprio jornalista. Embora não tenha se surpreendido, dado o que havia escrito sobre a Sears, o colunista preferia que o executivo tivesse falado com ele diretamente: "Eu gostaria de ver o pessoal de RP, se tem problemas, que os colocasse na mesa".[52] Veja o Destaque 12.1 para dicas úteis sobre apoio a relações com o consumidor.

AS RELAÇÕES COM OS CONSUMIDORES ESTABELECEM A PONTE ENTRE ESTES E A CORPORAÇÃO

As **relações com consumidores** são a ponte entre o consumidor e o fabricante. Quando uma compra por correio chega com cobranças por envio inesperadas, quando a qualidade é baixa, quando não se honra uma garantia, quando as filiais locais não respondem a pedidos de ajuda, quando os produtos não são seguros, quando a propaganda é enganosa, quando o pessoal de manutenção não resolve o problema, quando faltam informações, quando muitas coisas podem dar e dão errado, as relações com os consumidores estão lá para responder, e por uma boa razão. Aquilo que as empresas fazem e como o fazem está sendo avaliado como nunca antes. As relações com os consumidores ajudam uma corporação a enfrentar essa análise e crescer nela.

> **Destaque 12.1**
>
> ## Táticas de relações públicas para apoiar as iniciativas de relações com os consumidores e *marketing*
>
> Como profissional de relações públicas, você pode mesclar táticas tradicionais e não tradicionais que usa para atingir seus objetivos. A lista abaixo mostra algumas das maneiras com que você poderia usar essas ferramentas, mas certamente não todas.
>
> - **Relações com a mídia:** Notas à imprensa, dados gerais, biografias, documentos de informação, visitas diretas, comunicações de eventos, séries de reuniões com a imprensa, entrevistas coletivas, fotografias.
> - **Assessoria de imprensa:** Entrevistas coletivas, resultados de pesquisas, reuniões com a imprensa via satélite, sessões de autógrafos, anúncios, discursos, aparições em programas de entrevistas, vídeos de divulgação.
> - **Material colateral:** Brochuras, folhetos em formato PDF que se podem baixar da internet, documentos de informação, especificações de produtos, fotografias e outras imagens gráficas.
> - **Eventos especiais:** Aniversários e outras atividades comemorativas, celebrações, conferências, cápsulas do tempo.
> - **Relações corporativas:** Programas de identidade, documento de posicionamento, cartas ao editor, *advertorials*, treinamento de porta-vozes, declarações de políticas, *vodcasts*.
> - **Responsabilidade social corporativa:** Iniciativas e programas que demonstrem um compromisso com melhorar o mundo por meio de atividades relevantes.
> - **Comunicação integrada de *marketing*:** *Podcasts*, *sites*, guias, patrocínios, brochuras, campanhas de base, manuais de instruções, panfletos, reproduções de artigos, mala direta, demonstrações, promoções de vendas (POP, cupons), propaganda de massa (rádio, TV, mídia impressa, propaganda ao ar livre), *marketing* direto direcionado (internet, quiosques), sorteios.
> - **Premiações/reconhecimentos:** Premiações por desempenho, eventos comemorativos, certificados.
> - **Relações com a comunidade:** Conselhos consultivos, *open houses*, agências de palestrantes, apresentações, vídeos, exposições.
> - **Relações com funcionários/revendedores:** Intranet, correio eletrônico, conferências, memorandos, recursos para treinamento, concursos, brindes.
> - **Boca a boca pela internet:** E-mails de consumidor a consumidor, postagens em grupos e fóruns de discussão púbicos na internet, páginas de avaliação por consumidores, *blogs*, *moblogs* onde são postadas imagens, fotos e filmes digitais.

Os desafios das relações com os consumidores

Nada é perfeito, claro. As pessoas têm dias ruins, os produtos podem dar defeitos apesar de rigorosamente testados. Como observado anteriormente neste capítulo, as organizações inteligentes *escutam* constantemente a seus clientes e agem a partir do que ouvem. Ao receber relatos de que os assentos em seus balanços estavam se desprendendo, fazendo com que as crianças caíssem no chão, a Hedstrom Corporation, de Bedford, Pensilvânia, pediu que os consumidores parassem imediatamente de usar os balanços e os desinstalassem do conjunto de aparelhos. A empresa fabricou um *kit* de conserto gratuito que podia ser obtido por meio de um número telefônico grátis.[53] A forma como a Hedstrom resolveu esse problema funciona bem com o processo de queixa dos consumidores discutido posteriormente neste capítulo.

Ao mesmo tempo, alguns consumidores não têm mostrado bom senso ao usar certos produtos. Uma mulher processou uma empresa de *fast food* quando se queimou depois de colocar um copo de café quente entre as pernas enquanto dirigia. Embora os pais não devessem deixar seus bebês sozinhos em um assento dentro de uma banheira cheia, alguns querem que o produto seja proibido porque alguns bebês morreram depois de serem deixados sentados sozinhos. Os consumidores muitas vezes são rápidos para culpar outros por sua própria falta de discernimento ou por não seguir instruções. Infelizmente, um fabricante pouco pode fazer quando os consumidores optam por ignorar orientações de segurança, avisos impressos e outras medidas que descrevem o uso seguro de um produto ou serviço.

A confiança está no centro dessas questões e não há respostas fáceis. O certo, porém, é que essas questões não são novas e não vão desaparecer. Acusar e não assumir responsabilidade pelas próprias ações não são fenômenos exclusivos do século XXI. A história oferece exemplos em abundância. O ambiente empresarial de hoje requer que corporações e consumidores sejam mais diligentes e proativos do que jamais foram. Os consumidores demandam uma ênfase maior do que nunca sobre o desempenho, a qualidade e a segurança dos produtos. Eles estão mais conscientes de seus direitos e respondem melhor a iniciativas políticas e jurídicas no sentido de proteger esses direitos.

As relações com os consumidores são um reflexo direto dos valores que uma corporação tem sobre seus negócios em geral. O exemplo da Palm apresentado antes neste capítulo discutiu como o desejo da empresa de "deleitar o cliente" fez o produto avançar de sua etapa de desenvolvimento. August A. Busch III, presidente da Anheuser-Busch, disse: "Fazer amigos é o nosso negócio". A A-B faz amigos ao incentivar o consumo responsável de seus produtos por adultos com idade legal para beber e ao investir em comunidades, por meio de educação, socorro a desastres e em áreas ambientais e muitas outras.[54] Esse ponto de vista das relações com os consumidores não é nada novo. Thomas Carlyle é apenas um entre os muitos filósofos que durante séculos observaram que "o pensamento é o pai da ação".

Resumindo, as relações com os consumidores devem ser mais do que uma linha telefônica gratuita para falar com a empresa. Elas têm a ver com a forma como a organização cumpre sua promessa de servir a seus públicos fundamentais.

Conheça seu consumidor

Boas relações com consumidores começam com o conhecimento da organização sobre seus públicos fundamentais. É difícil de identificar uma área que não seja afetada por esse conhecimento de alguma forma, desde o próprio produto e sua embalagem até a maneira como ele é descrito e a escolha das táticas de comunicação. Entretanto, nem sempre é tão fácil conhecer seus consumidores como pode parecer à primeira vista. Por exemplo,

- *Seu consumidor pode alterar padrões de consumo tradicionais.* As redes de *fast food* costumavam ignorar as pessoas que comem tarde da noite, os que querem um hambúrguer ou uma pizza ou alguma outra coisa para mastigar entre 22 horas e cinco da manhã. Não mais. As redes Denny's e Taco Bell dizem que esses segmentos respondem por cerca de um quarto de suas vendas anuais. A Wendy's teve um aumento significativo de 30% nas compras, depois das 22 horas em 1999.[55]

- *Mudanças econômicas e sociais podem abrir novos públicos.* Muitos estados norte-americanos estão registrando um aumento nos consumidores de origens hispânica, asiática e outras. Chegar a eles pode demandar mais pesquisas sobre consumidores, *marketing* em idiomas que não o inglês, adaptação de produtos e o uso de veículos de comunicação não tradicionais. Essa tendência também afeta os mercados globais. Visando distintos grupos étnicos no Brasil, os fabricantes descobriram 160 milhões de novos consumidores que queriam comprar roupas, cosméticos, refrigerantes, brinquedos e uma série de outros produtos e serviços para a casa.[56]

- *Sua marca pode não ter mais eco junto ao consumidor.* Os consumidores da Nike começaram a passar dos tênis para os calçados de couro em 1997, e a empresa não produzia esse tipo de calçado. Os concorrentes atraíram os clientes da Nike com novos produtos e campanhas de *marketing* agressivas. A Nike espera que a tecnologia inovadora no recém-lançado Shox lhe permita se restabelecer como líder de mercado.[57]

Os exemplos anteriores destacam que mudanças no perfil demográfico, tecnologias convergentes e transformações nas expectativas dos clientes reforçam, todos, o argumento de que seu grupo de consumidores não é estático e muitas vezes não está satisfeito. Sendo assim, os programas de relações com os consumidores devem ser proativos para garantir que atendam a suas necessidades. Isso pode significar a ampliação dos horários de atendimento telefônico gratuito ao consumidor, o início de novos projetos de pesquisa, a exploração de veículos de comunicação alternativos, o reposicionamento de uma marca, a criação de novas embalagens e várias outras considerações.

RELAÇÕES PÚBLICAS E ASSUNTOS RELACIONADOS AO CONSUMIDOR

Nas três últimas décadas, as unidades de assuntos do consumidor têm se tornado permanentes na maioria das organizações que têm ligações diretas com os consumidores. Uma série de nomes descreve essa função: assuntos públicos, relações com os consumidores, defesa do consumidor ou relações públicas. Seja qual for o título, os membros dessas equipes geralmente trabalham dentro e fora da organização. A quantidade de funcionários das unidades de assuntos do consumidor varia muito, com as organizações pequenas tendo apenas um especialista no tema e as maiores, mais de cem. As organizações costumam colocar em suas unidades de assuntos do consumidor funcionários que tenham experiência anterior na empresa em lidar com queixas e investigar problemas com eficácia.[58] Frequentemente, os funcionários são divididos em grupos responsáveis por determinadas funções, como lidar com queixas, publicações, educação do consumidor e coisas do tipo.

O objetivo das unidades de assuntos do consumidor é melhorar a relação e a comunicação das empresas com os consumidores investigando suas questões e transmitindo os resultados à administração. A responsabilidade dessas unidades pode incluir resolver queixas, disseminar informações, assessorar a administração com relação a opiniões dos consumidores e lidar com grupos externos de defesa do consumidor.

Muitas vezes, a unidade de relações com os consumidores está ligada ao departamento de relações públicas de uma organização. Essa conexão é natural, já que os consumidores são um dos públicos a quem os profissionais de relações públicas têm tradicionalmente servido. O lugar e o formato exatos das unidades e relações com os consumidores variam, dependendo do porte e da natureza da organização e da diversidade de seus produtos ou serviços, mas uma característica comum aparece entre as diferentes abordagens: a maioria das unidades de relações com os consumidores responde diretamente à administração superior, o que lhes dá a necessária autonomia para investigar questões e identificar problemas com acesso fácil àqueles que tomam as decisões sobre políticas.

Informação e educação de consumidores

O maior preceito da defesa de consumidores é que eles carecem de informações adequadas para tomar decisões de compra. A complexidade do sistema de negócios e a proliferação de produtos contribuem para essa dificuldade, mas muitos problemas dos consumidores resultam do mau uso de produtos ou manutenção inadequada. Um cliente satisfeito pode falar do produto a outras 5 a 8 pessoas, mas clientes insatisfeitos e irritados estão levando suas reclamações a fóruns públicos como páginas na internet, programas de entrevistas e outros veículos da mídia, além de falar disso para 10 a 16 de seus amigos e conhecidos. As unidades de relações com os consumidores têm respondido à necessidade de informação mais completa e mais clara fornecendo garantias simplificadas, esclarecendo instruções de uso dos produtos e programas educativos para ajudar os consumidores a escolher os produtos certos para suas necessidades e usá-los adequadamente.

Números de telefone gratuitos, correio eletrônico e páginas na internet estão entre as formas pelas quais os consumidores podem chegar às empresas com suas queixas, perguntas e sugestões, e é importante que elas realmente deem seguimento e respondam às reclamações e questionamentos dos consumidores. Algumas pesquisas sugerem que as corporações estão falhando muito em responder às avaliações que receberam ou não estão comunicando aos consumidores as ações que foram tomadas para retificar os problemas. Como observado anteriormente, os tipos de organizações que mais obtêm resultados de suas atividades de *marketing* e relações com os consumidores são os que ouvem constantemente seus clientes e agem a partir do que escutam.

Os consumidores costumam dar mais valor a uma mensagem se ela vier da mídia do que de representantes das empresas. Reconhecendo isso, as administrações trabalham com suas equipes de relações com os consumidores e relações públicas para marcar lançamentos de novos produtos e grandes anúncios para momentos em que venham a ter a maior publicidade. A General Nutrition Centers lançou seu novo suplemento alimentar, a multivitamina para crianças NASCAR® Kids, oficialmente licenciada, por exemplo, no autódromo de Milwaukee Mile. As vitaminas mascáveis vêm em formato de carros de corrida tridimensionais, e a empresa incluiu uma miniatura do carro de corrida 36 GNC Live Well com a compra.[59]

Quando os públicos são difíceis de atingir por meios tradicionais, as organizações têm de ser mais criativas.

Geralmente satisfeitos, mas nem sempre atendidos

Uma pesquisa interativa Harris de 1999 concluiu que a maioria das pessoas acredita que as empresas de informática que fabricam equipamentos e programas de informática, companhias aéreas, hospitais, fabricantes de automóveis, bancos, companhias telefônicas e empresas farmacêuticas atendem bem aos seus clientes em termos gerais e fariam a coisa certa se tivessem um problema grave com um de seus produtos ou serviços. Embora essa notícia seja estimulante, há dois outros lados dessa história. Um é que esse grau geral de satisfação vem decaindo desde 1997, de 67 a 55%.[60] O outro é que formar uma filosofia de estilo de vida dos consumidores para o desenvolvimento de um novo produto pode ser arriscado para os negócios. Segundo Gerard Kleisterlee, diretor-presidente da gigante de eletrônicos Philips, "é uma decisão muito importante. Organize-se como achar melhor: em torno de linhas de produtos, fabricação, mercados, geografia, clientes, etc. Mas cometa um erro, e sua empresa vai vagar na órbita equivocada por anos".[61]

Assim, o potencial para problemas muitas vezes começa com os próprios produtos e serviços. Produtos feitos em massa não funcionam nem se comportam como os que são feitos sob medida, o que pode ser um campo fértil para frustração e decepção dos consumidores.

Práticas injustas e enganadoras

O prejuízo à relação comprador-vendedor ocorre quando produtos e serviços são promovidos usando meios injustos e enganadores. Embora apenas uma pequena porcentagem das mercadorias não corresponda à sua propaganda, um número suficiente de consumidores já teve más experiências com produtos em geral para acreditar no pior e desconfiar de afirmações e promessas.

A autorregulamentação voluntária é a principal razão pela qual as afirmações sem base não conseguem proliferar na propaganda. A National Advertising Division (NAD) e a Children's Advertising Review Unit, ambas parte do Council of Better Business Bureaus, são os braços investigativos do programa do setor. Os questionamentos competitivos vêm de outros anunciantes e também de consumidores e meios tradicionais e novos de automonitoramento.

Por exemplo, um comitê de ética determinou que a AT&T tinha base razoável para afirmar que seus serviços de chamadas a cobrar "sempre custam menos do que o 1-800-COLLECT, da MCI."[62] Um consumidor preocupado questionou se a "nova" barra Twix com sabor de creme de amendoim da M&M Mars poderia ser descrita como "nova" já que tinha estado no mercado antes de sua comercialização ser interrompida em 1997. O painel concluiu que a "nova" versão da Peanut Butter Twix era materialmente diferente de sua versão anterior e que a afirmação de "nova" era verdadeira e não enganosa.[63] A Unilever recebeu pedidos para modificar certas afirmações em sua propaganda da linha Thermasilk de xampus e condicionadores. Embora concluísse que os produtos Thermasilk ajudam a proteger o cabelo dos danos causados pelo calor, havia evidências inadequadas para sustentar a afirmação de que o tratamento a quente com a marca tornaria o cabelo mais saudável.[64] O sistema de autorregulamentação voluntária funciona. Há uma taxa de cerca de 96% de obediência em mais de 3.750 casos analisados desde a fundação da NAD em 1971, com apenas algo em torno de 4% encaminhados a agências do governo para mais ações.

Os profissionais de relações públicas precisam tomar cuidado para não enganar nem lograr os guardiões dos consumidores: os meios de comunicação. Quando as empresas da onda ponto.com estavam fechando e as agências, distribuindo demissões, a *PRWeek* recebeu uma nota à imprensa dizendo que uma "empresa de Seattle se expande". No final, revelou-se que a empresa em questão tinha contratado um diretor de arte. Futuras notas à imprensa vindas dessa empresa provavelmente não receberão muita atenção.[65]

Lidando com reclamações dos consumidores

Embora sejam difíceis de quantificar, provavelmente a maioria das perguntas e queixas dos consumidores é tratada de forma rotineira. O item é substituído ou consertado, o valor da compra é reembolsado, são dadas instruções e se toma alguma outra atitude cabível. As empresas de todos os tamanhos entendem a importância fundamental das relações com os consumidores e querem ter capacidade de resposta. Algumas delas, como L. L. Bean, Lands' End e Nordstrom, têm reputações que são legendárias no setor de varejo.

O Council of Better Business Bureaus ampliou sua pesquisa anual de queixas de 2003 para incluir o Canadá, porque o comércio eletrônico e as compras interfronteiras facilitam aos compradores fazer negócios com comerciantes em qualquer parte do mundo. Os revendedores de automóveis estão no topo da lista das indústrias que receberam mais reclamações. As empresas de cartões de crédito e telefonia celular vêm em segundo e terceiro. As seguintes da lista foram os serviços de internet, agências de cobrança, empresas hipotecárias e fiduciárias, vendedores de computadores, lojas de móveis e bancos.[66]

Quanto mais cara for a compra, maior será a probabilidade de que o consumidor reclame, segundo a Consumer Reports. É por isso que os bens de uso doméstico, como computadores, eletrônicos, eletrodomésticos e móveis, recebem tantas queixas. Os consumidores se incomodam com produtos defeituosos, propaganda enganosa e fabricantes que não honram garantias e direitos de devolução.[67]

É claro que nem todas as reclamações são de rotina. Azza Basarudin encontrou ofensas religiosas e raciais escritas na cópia usada do Corão que pediu de Bellwether Books, pela seção "Marketplace" da Amazon.com. Tanto a Amazon quanto a Bellwether pediram desculpas e emitiram cheques-presente à estudante de pós-graduação de Los Angeles, reconhecendo que o livro era usado, e não novo, e que esses livros contêm comentários escritos pelo proprietário anterior. O incidente ganhou as manchetes de todo o país.[68]

Tecnologia e reclamações

Muitas opiniões e reclamações nunca são enviadas diretamente ao fabricante ou à empresa. Em vez disso, a tecnologia possibilitou que os consumidores compartilhem entre si sua avaliação honesta sobre qualquer ou todos os aspectos de um produto ou serviço. O tão decantado livro 6 da série *Harry Potter* recebeu mais de 2.600 comentários – e quatro ou cinco estrelas – de leitores em Amazon.com. Compradores do eBay classificam os vendedores em todos os aspectos, da apresentação honesta do produto ao serviço prestado ao consumidor.

Poucas coisas escapam à atenção dos blogueiros de hoje ou dos que usam a mídia gerada por consumidores. Eles verificam informações, oferecem informações internas inéditas sobre o que está acontecendo nas empresas e compartilham experiências pessoais. Elogios com objetivos promocionais, desonestidade, declarações enganosas e esse tipo de coisa são expostos pelo que são. Não há espaço para esconder. O blogueiro B. L. Ochman chamou a DaimlerChrysler de "sem noção" por limitar seu *blog* "só de jornalismo" àqueles que trabalham para uma organização de comunicação conhecida ou estabelecida, o que aparentemente não inclui *blogs*.[69]

Marketing *e reclamações*

Uma forma com que as empresas tratam de reclamações dos consumidores é por meio de propaganda. No debate sobre quem é responsável pelo problema de obesidade nos Estados Unidos, principalmente das crianças, a General Mills lançou uma campanha de propaganda que promovia os benefícios à saúde de se comerem cereais açucarados de manhã. A ideia é que o desjejum é um hábito saudável e, embora possam reagir ao elevado conteúdo de açúcar dos produtos, os nutricionistas concordam que é melhor do que não tomar nenhum tipo de café da manhã.[70]

A ligação corporativa

As unidades de assuntos do consumidor dentro das corporações têm passado a assumir um papel de porta-vozes dos consumidores diante da administração. A maioria dos especialistas nesse tema considera como parte de seu trabalho assumir um papel ativo nas decisões, falando pelo consumidor. Eles solicitam ativamente as opiniões de consumidores e tornam a administração ciente dos efeitos que várias decisões terão sobre eles. O *ombudsman* interno deve equilibrar as necessidades dos clientes reais, as demandas dos ativistas em defesa dos consumidores e os objetivos da organização. Esse papel de ligação sempre foi a maior vocação dos profissionais de relações públicas.

Quem entende o propósito das relações públicas se dá conta de que o profissional deve fazer mais do que ecoar a linha da empresa. Os profissionais de relações públicas devem ajudar os administradores seniores a se manter sintonizados com seus vários públicos. Isso é especialmente importante em emergências, quando os profissionais de relações públicas devem servir como ponte entre a administração e a mídia ou o público. Como diz Mark Rockefeller, fundador e diretor-presidente da Sponsor Direct, "em um ambiente cada vez mais competitivo e maduro, onde a qualidade dos produtos e serviços aumenta constantemente e as diferenças são menos reconhecíveis, será cada vez menos uma questão de dizer e mais de mostrar aos clientes-alvo quem você é (associações) e com que se preocupa (ações)".[71]

Estudo de caso

Operação Geek Squad

Panorama

Quando se trata de computadores, a maioria dos usuários quer nada mais do que uma máquina que funcione dia e noite. Configuração, instalação de programas e equipamentos, consertos, segurança antivírus e anti-spyware, e o que mais for necessário para manter a saúde do computador – e a sanidade do proprietário – funcionam melhor se deixados para um especialista. É aqui que triunfa a força-tarefa da Geek Squad, formada por agentes de suporte técnico altamente habilidosos.

Ao comprar a Geek Squad, com sede em Minneapolis, em 2002, a loja de eletrônicos Best Buy teve a oportunidade de se diferenciar ampliando esse serviço técnico de pequeno porte, local e de elite para um nível nacional. Nenhum outro varejista de eletrônicos/computadores podia oferecer aos consumidores configuração de computadores, conserto e formatação em todo o país e em vários canais (em domicílio, na loja, na internet e por um telefone gratuito).

Em 2004, a Best Buy estava pronta para lançar o Geek Squad em todas as suas lojas e recorreu à Ketchum para que lhe ajudasse a desenvolver uma campanha de relações públicas. Essa campanha não teria apoio de propaganda, baseando-se somente nas relações públicas para conseguir atingir o objetivo de negócios da Best Buy: aumentar o número de consumidores com acesso ao serviço Geek Squad em domicílio e nas lojas nos 45 mercados de lançamento em todo o país. Para conseguir isso, a Ketchum e a Best Buy identificaram três objetivos de comunicação:

- Aumentar o conhecimento sobre o Geek Squad.
- Proteger a identidade de marca estabelecida do Geek Squad, ao mesmo tempo em que ele era introduzido como uma nova unidade de serviços aos clientes da Best Buy.
- Diferenciar o Geek Squad de seus concorrentes em serviços de suporte técnico.

Pesquisa e planejamento

Uma pesquisa encomendada pela Best Buy sobre os moradores de Minneapolis estabeleceu níveis de divulgação para futuros mercados do Geek Squad. A Ketchum realizou análises competitivas nacionais e locais para verificar fatores de diferenciação do Geek Squad e a disponibilidade existente do serviço. Por fim, uma pesquisa nacional ajudou a determinar o atual estado dos medos e frustrações dos consumidores em relação à tecnologia. As conclusões básicas mostraram que, em termos gerais, os consumidores estavam prontos para que alguém ou alguma empresa os ajudasse a entender a tecnologia em seu próprio ritmo.

Os seguintes elementos táticos do plano inicialmente enfocaram qualquer um que tivesse ou usasse um computador, executado por meio de nove ondas de lançamento, infiltrando cada um dos 45 mercados:

- Vender a ideia a executivos da mídia impressa onde a identidade de marca e a história do Geek Squad pudessem ser mais bem apresentadas.
- Executar táticas de *marketing* de guerrilha que refletissem a peculiaridade da marca ao mesmo tempo em que desencadeariam a curiosidade dos clientes.
- Encontrar potenciais usuários influentes e recomendadores dos serviços Geek Squad em todos os mercados para incentivar as pessoas a experimentarem e gerar divulgação boca a boca.

Depois de a história do Geek Squad ter sido lançada em sete das nove ondas, a equipe mudou seu foco do nível local ao nacional, aproveitando a onda das inserções na mídia local.

Execução

Uma abordagem tripla para incentivar as pessoas a experimentar de forma calculada incluiu uma estratégia de mídia local/nacional, eventos locais/nacionais e iniciativas de contato com "influenciadores".

Entre os eventos não convencionais em nível nacional e local para provocar a curiosidade dos consumidores estavam o uso de um agente trabalhando ao vivo em um computador portátil dentro de uma caixa de vidro gigante que dizia: "Em caso de catástrofe técnica, rompa o vidro", e enxames de 8 a 12 carros típicos do Geek Squad, chamados Geekmóveis, viajando por vias de tráfego pesado e distritos empresariais no centro de cidades. O toque do sino de fechamento da Bolsa de Valores de Nova York e uma festa com celebridades no Cineramadome, em Los Angeles, deram mais visibilidade ao lançamento do Geek Squad.

Para semear os mercados com defensores dos serviços do Geek Squad antes do lançamento, foram ofertados *kits* para influenciadores, contendo "Ofertas de reconhecimento antecipado" de serviços gratuitos do Geek Squad, a indivíduos considerados "influentes" em cada mercado.

Avaliação

A campanha nacional de lançamento do Geek Squad ultrapassou os resultados desejados pela Best Buy em termos de negócios e objetivos de conhecimento espontâneo. Uma matéria sobre o Geek Squad foi garantida em todos os 45 mercados de lançamento. Uma análise de conteúdo da mídia revelou que, em três de cada cinco matérias, os agentes do Geek Squad eram descritos como especialistas em tecnologia, 89% da cobertura do Geek Squad incluía mensagens importantes e, em quase toda a cobertura, o Geek Squad foi mencionado mais do que os concorrentes ou estes nem foram mencionados, claramente diferenciando a marca de seus concorrentes em serviços de suporte técnico.

Fonte: Robyn Massey e Sara Wingert, Ketchum, fevereiro de 2008.

Perguntas

1. Quais são os benefícios de um plano multifacetado de relações públicas, e não apenas de mídia?
2. De que forma um *mix* de *marketing* poderia ter contribuído para os resultados?
3. Por que é importante tomar iniciativas de contatos com influenciadores?
4. Por que é importante se manter dentro ou proteger a imagem de marca de um varejista de massa?
5. Por que foi importante passar ao nível nacional no momento dessa campanha em que a Ketchum o fez?
6. Que outros tipos de mídias não tradicionais a Ketchum poderia ter considerado?
7. Qual foi a importância da educação da mídia (media training)?
8. Quais diretrizes devem ser consideradas quando se pensar em uma estratégia de *marketing* de guerrilha?
9. Quais perguntas poderiam ter sido feitas na pesquisa para determinar os níveis de conhecimento, o posicionamento competitivo e os estados de espírito dos consumidores com relação ao Geek Squad?

Resumo

Relações públicas e *marketing* podem trabalhar juntos para construir confiança e lealdade dos consumidores enquanto vendem o produto ou serviço. Os tipos de organizações que ganham mais com suas atividades de *marketing* e relações com os consumidores são as que constantemente escutam seus clientes e agem a partir do que ouvem.

Uma série de ferramentas de comunicação está disponível para atividades de *marketing* e relações com os consumidores, a serem usadas de forma única ou em um esforço multifacetado, ou para sintetizar em novos veículos interdisciplinares.

Uma organização cumpre sua promessa de servir seus públicos fundamentais por meio de confiança. A unidade de assuntos do consumidor melhora a relação e a comunicação de uma organização com os consumidores investigando e resolvendo questões e preocupações que possam ter.

Termos fundamentais

advergaming
advertainment
blogs
comunicação de *marketing*
comunicação integrada
comunicação integrada de *marketing*
DVR/TiVo
inserção de produto
marketing de relacionamento
marketing viral

notícias de marca (*branded news*)
podcasting
rádio por satélite
Really Simple Syndication (RSS)
relações com consumidores
relações públicas
responsabilidade social corporativa
táticas de guerrilha
video on demand (VOD)

Notas

1. Procter & Gamble, "Take the Plunge! Alliance to Save Energy and Tide Coldwater Issue Joint Challenge: Switch to Cold Water Washing to Save Money and Reduce Energy Usage", www.pg.com, 18 de janeiro de 2005.
2. David Ward, "Teaching an Old Brand New Tricks", *PRWeek*, 15 de agosto de 2005, p. 15.
3. Adrian Brune, "Martinique Focuses on Blogs in Tourism Drive," *PRWeek*, 25 de fevereiro de 2008, p. 4.
4. *Site* da Kia Motors, "Company at a Glance", www.kia.com, agosto de 2005.
5. John N. Frank, "Custer Helps Kia Stake Out a 'Young at Heart' Image", *PRWeek*, 8 de agosto de 2005, p. 11.
6. Erica Iacono, "Subway Positions Itself as Healthy Fast-Food Option", *PRWeek*, 24 de janeiro de 2005, p. 10.
7. Adrian Brune, "Smirnoff Adds HipHop Flavor to New Initiative", *PRWeek*, 25 de fevereiro de 2008, p. 5.
8. Deborah Ball, Sarah Ellison, and Janet Adamy, "Just What You Need!" *The Wall Street Journal*, 28 de outubro de 2004, p. B1.
9. Ibid.
10. Tanya Lewis, "A Clear Mission," *PRWeek*, 16 de julho de 2007, p. 12.
11. Glen M. Broom and Kerry Tucker, "An Essential Double Helix", *Public Relations Journal* (Novembro de 1989), p. 40-41.
12. Douglas Quenqua, "The Trust Timeline," *PRWeek*, 13 de junho de 2005, p. 11.
13. David Pogue, "From the Desk of David Pogue: The Dumb and the Delightful", *The New York Times Online*, www.nytimes.com, 7 de junho de 2001.
14. Stuart Elliott, "Consumer Advice for Advertisers", *The New York Times Online*, www.nytimes.com, 11 de outubro de 2004.
15. David Rovella, "WSW Finds Formula to Tout PR Products", *PRWeek*, 9 de abril de 2001, p. 22.
16. Thom Weidlich, "Monopoly: Entire World Is on Board", *PRWeek*, 2 de abril de 2001, p. 22.
17. Kris Oser, "Cows Campaign in DC", *PRWeek*, 23 de outubro de 2000, p. 38.
18. Colin Nash, "A Shave and a Song", *PRWeek*, 16 de outubro de 2000, p. 24.
19. David Ward, "Woods Appeal Taking Golf Mainstream", *PRWeek*, 11 de fevereiro de 2008, p. 11.
20. "The Red Cross Faces Disaster Undaunted", *PRWeek*, 13 de novembro de 2000, p. 10.
21. Ted McKenna, "New Name Must Be More Than Just a Moniker", *PRWeek*, 14 de janeiro de 2008, p. 9.
22. Irene Chang, "Campaigns with Style", *PRWeek*, 11 de fevereiro de 2008, p. 13.
23. Dagmar Mussey, "J&J Increases German Ad Spending behind Key Brands", www.AdAge.com, 5 de junho de 2001.
24. Matthew McGevna, "TSA's Raimondo Helps World Ring in New Year", *PRWeek*, 24 de janeiro de 2008, p. 8.
25. Aarti Shah, "1-800-Flowers Hooks Up with YouTube, Google in New Effort", *PRWeek*, 14 de janeiro de 2008, p. 3.
26. Ellen Byron, "Awards Promote Beauty Contest", *The Wall Street Journal*, 4 de março de 2008, p. B4.
27. Robin Londner, "Film PR Blitz Leaves Nothing in Reserve", *PRWeek*, 21 de maio de 2001, p. 2.
28. Laura Q. Hughes, "Never to Shave Again: Remington's Victor Kiam Dies", www.AdAge.com, 4 de junho de 2001.
29. Merrie Spaeth, *Marketplace Communication* (New York: Mastermedia Limited, 1996), p. 77-78.
30. Stuart Elliott, "Consumer Advice for Advertisers", *The New York Times Online*, www.nytimes.com, 11 de outubro de 2004.
31. Ibid.
32. Andrew Gordon, "The Futures Market", *PRWeek*, 15 de agosto de 2005, p. 11.
33. Devin Leonard, "Nightmare on Madison Avenue", *Fortune*, 28 de junho de 2004, p. 94.
34. Industry information, wireless quick facts, CTIA The Wireless Association, www.ctia.org, 24 de fevereiro de 2008.
35. Patrick S. Campbell, "Global Mobile Penetration Rate Reaches 50% Mark", *Lexology*, www.lexology.com, 30 de novembro de 2007.
36. Tonya Garcia, "Mobile Campaigns Offer Innovative Avenue for Outreach", *PRWeek*, 14 de janeiro de 2008, p. 15.

37. Ibid.
38. Jeff Greenfield, "Impala Product Placement", *Hollywood Product Placement News*, www.productplacement.biz, 14 de setembro de 2005.
39. Ibid.
40. Brian Steinberg, "Product Placement Pricing Debated", *The Wall Street Journal*, 19 de novembro de 2004, p. B3.
41. "Linux Association Protests against 'Product Placement' for Microsoft on German TV", heise online, www.heise.de.english, 9 de setembro de 2005.
42. Devin Leonard, "Nightmare on Madison Avenue".
43. John N. Frank and Beth Herskovits, "P&G, Bristol-Myers Squibb Swap Ads for Subtler Tactics", *PRWeek*, 20 de junho de 2005, p. 1.
44. Ed Schipul, "Search Engine Marketing Allows Targeted Outreach", *PRWeek*, 8 de agosto de 2005, p. 6.
45. Chris Sherman, "An Experts' Guide to Keyword Research", *SearchEngineWatch*, searchenginewatch.com, 20 de setembro de 2005.
46. Katie Zezima, "Soda Promotion Backfires in Boston", *The New York Times*, 24 de fevereiro de 2007, p. A13.
47. Dan Lothian e Deborah Feyerick, "Two Held after Ad Campaign Triggers Boston Bomb Scare", cnn.com, 1º de fevereiro de 2007.
48. Mark Starr e Nick Summers, "A Viral TV Blunder", *Newsweek*, 12 de fevereiro de 2007, p. 12.
49. Katy Byron e Rob Kelley, "Cartoon Network Boss Quits Over Bomb Scare", cnnmoney.com, 9 de fevereiro de 2007.
50. Michael Bush, "Steve & Barry's Caters to Expanded Audience", *PRWeek*, 18 de junho de 2007, p. 9.
51. David Ward, "Designing a Contest to Win Media Attention", *PRWeek*, 6 de junho de 2005, p. 20.
52. John N. Frank, "E-mail Negligence Turns into Bad Press for Sears", *PRWeek*, 29 de agosto de 2005, p. 5.
53. Associated Press, "Backyard Gym Swings Recalled", *Jefferson City Post-Tribune*, 6 de junho de 2001, p. 11.
54. "Making Friends. Making a Difference", brochura corporativa da Anheuser-Busch, 2001.
55. Suzanne Vranica, "Wendy's Feeds Off of Nighttime Cravings with Launch of New TV Ad Campaign", *The Wall Street Journal Online*, www.wsj.com, 13 de junho de 2001.
56. Miriam Jordan, "Marketers Are Beginning to Target Blacks in Brazil as Consumer Group", *The Wall Street Journal Online*, www.wsj.com, 24 de novembro de 2000.
57. Judith Berck, "Has Nike Found the Springs Missing from Its Step?" *The New York Times Online*, www.nytimes.com, 12 de novembro de 2000.
58. E. P. McGuire, *The Consumer Affairs Department: Organization and Functions*, Report Nº 609 (New York: The Conference Board, 1973).
59 "GNC Launches New Children's Multiple Vitamin; NASCAR Kids Multi Rolls Out During GNC Live Well Milwaukee Mile", www.individual.com, 29 de junho de 2001.
60. Humphrey Taylor, "Public Sees Huge Difference Between Industries on 'Serving Their Consumers' and 'Doing the Right Thing'", www.harrisinteractive.com, 28 de abril de 1999.
61. Adam Smith, "The Complex Task of Simplicity," *Time*, www.time.com, 21 de fevereiro de 2008.
62. "National Advertising Review Board Panel Finds Advertising for 1-800-CALLATT Substantiated", The Better Business Bureau, www.bbb.org, 2 de julho de 2001.
63. "M&M Mars, Inc. Substantiates Claims for 'New' Peanut Butter Twix", www.nadreview.org, 2 de julho de 2001.
64. "Unilever & P&G Participates in Advertising Self-Regulatory Process", www.nadreview.org, 2 de julho de 2001.
65. "Firm's Growth Nearly Slips by Undetected," *PRWeek*, 19 de fevereiro de 2001, p. 32.
66. Sheila Adkins, "BBB Services Nationwide Surged in 2003; Businesses Ranked by Inquiries and Complaints", The Better Business Bureau, www.bbb.org, 4 de maio de 2004.
67. "Your Top Gripes", *Consumer Reports*, www.consumerreports.org, fevereiro de 2001.
68. Associated Press, "Mail-order Quran Arrives with Slurs", MSNBC, www.msnbc.com, 18 de maio de 2005.
69. B. L. Ochman, "DaimlerChrysler Launches Media Only Blog and Locks Out Bloggers", www.whatsnextblog.com, 15 de setembro de 2005.
70. Janet Adamy, "General Mills Touts Sugary Cereal as Healthy Kids Breakfast", *The Wall Street Journal*, 22 de junho de 2005, p. B1.
71. Mark F. Rockefeller, fundador e chefe-executivo, Sponsor Direct, em relação aos profissionais de *marketing* de esportes, 24 de setembro de 2007.

Relações com Investidores

INTRODUÇÃO

As relações eficazes com os investidores criam e mantêm sua confiança, construindo relacionamentos positivos com a comunidade financeira ao oferecer informação corporativa. Um interesse crescente nas relações com investidores depois do caso *Texas Gulf Sulphur Co.* aumentou muito o envolvimento dessas relações nos relatórios financeiros feitos sobre a informação corporativa. Com a falência da Enron em meio a acusações criminais contra sua firma de contabilidade e assessoramento financeiro, a Arthur Andersen, as atenções se voltaram mais uma vez à necessidade de relatórios financeiros precisos e atualizados.

Programas fortes de relações financeiras, caracterizados por capacidade de resposta, abertura e comunicações regulares, ajudam a rebaixar o custo de capital para as empresas. Uma função central das relações financeiras é revelar prontamente notícias corporativas que sejam significativas à comunidade financeira.

Tentativas de aquisição hostil por meio de ofertas públicas ou de gestão por meio de disputas por procurações são duas crises fundamentais das relações públicas financeiras que a administração de uma corporação pode enfrentar. Os profissionais de relações públicas devem se envolver intimamente na batalha pelo controle quando essas crises acontecem.

Os públicos das relações financeiras incluem acionistas individuais, analistas financeiros e a mídia de finanças. Entre as grandes ferramentas das relações financeiras para atingir esses públicos fundamentais estão os relatórios anuais e as reuniões anuais de acionistas. Mas, com muitas tecnologias novas, os relatórios financeiros da empresa também incluem o uso de TV a cabo ou satélite, informações na internet ou discussões com importantes *stakeholders* por meio de videoconferências.

Relações financeiras eficazes dão a uma empresa maior apoio para sua gestão, preços de ações mais altos e mais facilidade de atrair novos capitais.

Considere o cenário a seguir. Você acaba de ser contratado por uma empresa de capital aberto para trabalhar em sua área de relações com investidores. Como funcionário em nível inicial, recebe a tarefa de trabalhar com o relatório anual impresso para transformá-lo em um relatório eletrônico. O material não substituirá o impresso este ano, mas oferecerá uma versão acessível aos acionistas e públicos relacionados que preferirem receber seus relatórios em forma eletrônica. Sua primeira tarefa é encontrar as regulamentações para relatórios eletrônicos exigidos pela Securities and Exchange Commission.

O que mais é importante em sua tarefa, e que armadilhas você deve evitar?

EVENTOS DEFINIDORES

Dois eventos definidores destacam a função essencial das relações financeiras nas corporações dos Estados Unidos: um caso julgado pela Suprema Corte em 1968 e o caso Enron, que ganhou destaque em outubro de 2001. O caso 1968 de referência *SEC versus Texas Gulf Sulphur Co.* (1968) destacou a natureza essencial da divulgação oportuna e integral de informações para evitar acusações de *insider trading*, ou uso de informações privilegiadas, contra uma empresa de capital aberto. A situação da Enron, com ações na justiça e recursos que podem não ser julgados por anos, enfatizou para os investidores e a comunidade de negócios a necessidade de contabilidade financeira precisa, relatada através de materiais da empresa para relações com investidores.

Em última análise, o sucesso de qualquer organização depende de sua capacidade de atrair recursos de seu ambiente. Entre os mais importantes desses recursos está o capital – o dinheiro com o qual outros recursos podem ser comprados. As corporações levantam dinheiro de várias formas, como a venda de ações, a emissão de títulos e empréstimos de instituições financeiras. Em todos os casos, a empresa pode atrair capital se os investidores tiverem confiança no negócio e em sua gestão. Sem relatórios financeiros precisos e honestos, o público investidor não consegue ter essa confiança. As relações com investidores evoluíram nos últimos 30 anos como uma função especializada das relações públicas para "construir e manter relações com públicos financeiros, principalmente investidores institucionais, analistas e acionistas individuais".[1]

Classificação de títulos, taxas de juros e preços de ações não são apenas uma questão de negociação entre os representantes financeiros de uma corporação e seus banqueiros ou corretores. Essas negociações são precedidas pelo desempenho atual e pelas perspectivas futuras da empresa, e baseadas neles. Esses fatos devem ser comunicados de forma convincente, e é aí que as relações públicas são essenciais.

INTERESSE CRESCENTE NAS RELAÇÕES COM INVESTIDORES

Desde 1968, quando a Suprema Corte tomou sua decisão sobre o caso *Texas Gulf Sulphur*, as empresas têm tido um interesse cada vez maior nas relações com investidores. Executivos foram multados e alguns até cumpriram pena de prisão no primeiro grande caso de uso de informações privilegiadas desde que a **Securities and Exchange Commission (SEC)** fora formada em 1934. Essa decisão-marco foi o alerta às corporações dos Estados Unidos de que a SEC estava falando sério com suas regras sobre tráfico de informações privilegiadas e a divulgação de informações nessa área.

A Enron, junto com sua conexão com a Arthur Andersen como sua firma de contabilidade e relatórios, deu notoriedade a essa atividade de elaboração de relatórios financeiros. Com uma grande empresa de capital aberto entrando em falência e com relatórios incorretos que enganaram os investidores, os analistas e todo mundo, as informações financeiras passaram subitamente a ser intensamente verificadas pela imprensa, o governo e os investidores (ver, no Destaque 13.1, lições aprendidas com a Enron).

Em 2002, a WorldCom seguiu o escândalo da Enron com o seu próprio, quando entrou com o maior pedido de falência na história dos Estados Unidos (ver Estudo de Caso no final deste capítulo). Desde então, seis ex-representantes da WorldCom foram considerados culpados e sentenciados a diferentes penas de prisão por sua participação no caso de fraude corporativa, incluindo o ex-diretor-presidente Bernard Ebbers, condenado a 25 anos de prisão. Ebbers renunciou a seu cargo dois meses antes do escândalo de falência. Os investidores da WorldCom, contudo, devem recuperar mais de 6 bilhões de dólares dos 11 bilhões citados no caso de fraude contábil.[2]

Outros catalisadores elevaram as relações com investidores a uma operação de vários bilhões de dólares por ano. Entre esses fatores, o grande número de empresas abrindo seu capi-

Destaque 13.1

Lições sobre relações públicas internas aprendidas com a Enron Inc.

O colapso da Enron, uma importante empresa de energia sediada em Houston, Texas, gerou ondas de choque no mercado financeiro no final de 2001 e no início de 2002. As audiências no Congresso, casos nos tribunais e outras investigações podem se arrastar por anos, mas o impacto imediato sobre a forma de fazer relatórios financeiros certamente terá muito alcance. Como parte disso, provavelmente haverá um impacto sobre os profissionais de relações públicas financeiras.

A seguir, algumas das lições de relações públicas internas aprendidas a partir desse caso:

1. *Divulgue as más notícias, além das boas.* Embora não seja um conceito novo nas relações públicas, dar más notícias além de boas ganha importância nesse caso porque os funcionários investiram muito na empresa por meio de seu plano de aposentadoria. O momento mais difícil de convencer um diretor-presidente a dar más notícias aos funcionários é quando as coisas parecem ir bem e o moral está alto. Mas, para manter o moral elevado, a administração precisa construir uma credibilidade de longo prazo, dando boas e más notícias aos funcionários antes que elas sejam conhecidas fora da empresa, e principalmente antes de saírem na mídia.

2. *Trate todos os investidores da mesma forma.* Muitas vezes, o maior número de investidores vem dos funcionários (embora não costume ser a maior quantidade de dólares). No caso da Enron, isso era especialmente verdadeiro porque os fundos de previdência começaram a investir em ações da empresa. As diretrizes da SEC exigem a divulgação de qualquer informação que venha a fazer diferença importante nos resultados financeiros de uma empresa de capital aberto. Dessa forma, os funcionários que são acionistas deveriam receber a mesma informação. Os investidores devem ser informados do lado negativo potencial, bem como do lado positivo, do desempenho de uma empresa, sejam eles investidores externos ou funcionários-investidores.

3. *Dê lugar de destaque à comunicação interna.* Alguns dos problemas da Enron poderiam ter sido suavizados com melhor comunicação, e outros demandam novas leis. A quantidade de informações sobre investimentos que deve chegar aos funcionários se tornará uma questão central nos próximos anos. O Congresso está estudando uma possibilidade de legislação para requerer a divulgação de determinadas informações aos funcionários com relação a suas ações. Outra questão semelhante é que os funcionários da Enron foram impedidos de vender suas ações por um período de tempo quando elas estavam perdendo valor rapidamente. Hoje em dia, esses *lockdowns* são legais. O Congresso deve mudar isso, ou, pelo menos, pode exigir certos avisos aos funcionários com relação a eles. As empresas devem ter bons canais internos de comunicação para lidar com essas questões.

4. *Saiba a diferença entre motivar e enganar.* A comunicação da Enron, a partir de seu diretor-presidente, era exageradamente otimista. Uma empresa não deve ser enganadora em seu otimismo. Se você tem conhecimento de que algo está errado, dizer que tudo vai bem é enganar.

Fonte: Judy Buffington Aud, APR, "What Internal Communicators Can Learn from Enron", *Public Relations Strategist* 8, nº 2 (2002), p. 11-12.

---

tal nas últimas três décadas, a alta visibilidade de fusões e aquisições corporativas, esforços para interromper aquisições hostis de empresas e regulamentações muito mais rígidas sobre divulgação de informações por parte da SEC e das bolsas de valores.

Além disso, a crescente importância dos mercados financeiros globais e o entendimento cada vez maior da necessidade de condução especializada das relações públicas em vista dos casos legais como o *Texas Gulf Sulphur* aumentaram o interesse das administrações nas relações públicas financeiras.[3]

Nas próximas seções deste capítulo, examinamos as tarefas das relações públicas financeiras, e depois observamos a divulgação de informações e as grandes questões enfrentadas pelos profissionais de relações públicas financeiras. Também discutimos o papel desses profissionais, seus públicos e as estratégias de comunicação, incluindo a reunião anual e o relatório anual.

MANTENDO A CONFIANÇA DOS INVESTIDORES

A primeira tarefa das **relações públicas financeiras** é criar e manter a confiança dos investidores, construindo relações positivas com a comunidade financeira por meio da disseminação de informações corporativas. Executivos que não conseguem fazer isso podem ser incapazes de atrair investimento de capitais, e perder controle de suas organizações e mesmo seus empregos. As relações públicas financeiras são muito mais fáceis de relacionar aos proverbiais resultados finais do que outros tipos de relações públicas. Preços relativos de ações, classificação de títulos e taxas de juros cobradas por empréstimos são medidas diretas da confiança em uma empresa. Quando a confiança é alta, as ações valem mais e os títulos e empréstimos custam menos. Quando a confiança é baixa, as ações valem menos e quem empresta dinheiro às empresas exige juros elevados. A maioria das corporações considera seus programas de relações financeiras eficazes se conseguirem reduzir os custos do dinheiro e obter o melhor custo de capital (ver Minicaso 13.1).

"O ritmo das comunicações e das transformações no mercado atual, junto com milhares de instituições e milhões de indivíduos no mundo que investem em ações, tornou-se cada vez mais complexo, com milhares e milhares de alternativas de investimento", segundo Mark Begor, vice-presidente executivo e diretor-presidente da NBC. Ele também observou que "é fundamental transmitir uma mensagem clara, concisa e significativa para esses investidores".[4]

Características de uma estratégia de comunicação corporativa

O analista financeiro Peter Anastas sugere que uma estratégia de comunicações corporativa tem três características especiais: constância, credibilidade e clareza. Deve haver constância, não apenas no estilo e na cultura do relatório anual, mas também no que a empresa diz que vai fazer, em comparação com o que realmente faz. A credibilidade é aumentada quando a empresa usa uma abordagem sincera e direta para descrever suas operações com um mínimo de excitação e um máximo de informação. A clareza deve ser o foco da comunicação – ser compreensível, e não obtusa.[5]

Objetivos específicos para os profissionais

A prática das relações públicas financeiras toca em diversas áreas como finanças, contabilidade, direito, assuntos públicos, relações com a comunidade, *marketing* e relações com funcionários. Consequentemente, sua lista de objetivos é longa. Os profissionais são encarregados de fazer o seguinte:

Construir interesse na empresa

Criar entendimento da empresa

Vender os produtos da empresa

Ampliar a base de acionistas ao atrair novos investidores.

Estabilizar os preços das ações.

Ganhar a aprovação dos acionistas para a administração.

Aumentar o prestígio da empresa.

Criar atitudes favoráveis na comunidade financeira.

Desenvolver sensibilidade política dos acionistas para questões relacionadas à empresa.

Melhorar as relações com os funcionários.

Construir lealdade dos acionistas.

Arthur Roalman resume o propósito e a justificação para as relações públicas financeiras:

> É improvável que uma pessoa invista dinheiro [...] em ações, títulos, notas promissórias ou outros papéis de uma empresa a menos que entenda bem o que provavelmente acontecerá àquela corporação no futuro [...] a disposição da maioria dos investidores é influenciada por sua confiança na administração, e a confiança não se constroi do dia para a noite. Ela é resultado de ações de longo prazo por parte da corporação para oferecer informações financeiras factuais na perspectiva adequada.[6]

As relações com os investidores mudaram consideravelmente na última década do século

Minicaso 13.1

Reputação e valor aos acionistas da TurboBoosting Scios Inc.

Panorama

Uma matéria da revista *Forbes* sobre a Scios Inc., uma empresa de biotecnologia, não era o que a administração da empresa queria ler. Mostrava a empresa de 18 anos como "a mais antiga empresa de biotecnologia no mundo sem um produto aprovado". Isso surgiu pouco antes de um relatório da FDA, que rejeitou o medicamento Natrecor, um produto para combater o ataque cardíaco, dizer que era necessário fazer mais pesquisas para mostrar que o medicamento era tão bom quanto nitroglicerina intravenosa. Com o anúncio, as ações da Scios caíram de 6 para 3,84 dólares.

Entretanto, em um ano e meio, a empresa foi descrita pelo *San Jose Mercury News* como "semelhante a uma fênix que se levantou das cinzas", à medida que a ação subia a 20 dólares. A Scios tinha sido beneficiada por um programa de comunicações cuidadosamente executado e integrado, que se concentrou em todas a pessoas influentes nos setores de saúde, finanças e biotecnologia.

A Edelman Public Relations Worldwide, prestando assistência à Scios com uma campanha intitulada "Project TurboBoost", usou notícias escolhidas na imprensa, sessões com analistas e encontros médicos como táticas de comunicação para chegar a públicos-alvo com informações estratégicas sobre a reestruturação da Scios e testes clínicos altamente convincentes com o Natrecor, que a Scios achava que teriam resultados positivos.

Objetivos

Três objetivos foram estabelecidos:

1. Destravar o valor dos ativos da Scios.
2. Posicionar a empresa como agente capaz dentro da indústria de biotecnologia.
3. Estreitar a lacuna de percepção entre o que a empresa desejava e o que seus públicos-alvo percebiam.

Estratégias

Foram usadas cinco estratégias de comunicação básicas:

1. Relançar a Scios como empresa completamente nova, para novos públicos.
2. Explorar vigorosamente importantes realizações nos negócios.
3. Plantar as primeiras sementes de realizações importantes com meios de comunicação relevantes nacionais e estimular o apoio amplo de outros.
4. Usar terceiros como analistas e investigadores médicos para validar a história da Scios.
5. Alavancar o valor de todas as atividades de comunicação da Scios e avançar para além do Natrecor.

Perguntas

1. Qual é o valor de sua ação na NASDAQ hoje (NASDAQ: Scio)?
2. O que esse valor sugeriria sobre a sustentabilidade de longo prazo do esforço de relações públicas da Edelman Worldwide?
3. Verifique a página da Scios Inc. na internet, www.scio-sinc.com, para saber mais sobre a empresa. Que efeito você acha que o Project TurboBoost teve sobre a FDA?
4. Quais técnicas de avaliação você sugeriria para essa campanha que foi medida somente em termos do preço das ações?
5. Quais objetivos de relações públicas você sugeriria nesse momento?

Fonte: PRSA Silver Anvil competition, 2001, Investor Relations.

XX e na entrada do século XXI. Inicialmente, tinham sido um portador passivo de informações, transmitidas principalmente à comunidade financeira.

Hoje elas se tornaram muito mais proativas. "As relações com investidores deixaram de ter um papel basicamente passivo e passaram a cumprir uma função de *marketing* ativo, na verdade, interativo. Nesse papel de *marketing* em evolução, as relações com investidores servem de ligação entre a empresa e a comunidade de investimentos, respondendo às necessidades de ambas".[7]

PROPORCIONANDO INFORMAÇÕES PÚBLICAS

Os investidores apostam fortunas no que acreditam ser verdadeiro sobre uma determinada empresa, e a fraude e o engano podem afastar investidores desinformados de seus fundos. Esses riscos foram reduzidos por leis e regulamentos governamentais, políticas das bolsas de valores e a divulgação voluntária de informações pelas administrações das empresas. Mas os casos recentes da Enron e Tyco ilustraram os problemas que podem ocorrer quando essas leis e regulamentações são ignoradas. Por exemplo, em setembro de 2005, o ex-diretor-presidente e o diretor de finanças da Tyco foram condenados, cada um, a oito anos e meio de prisão, multados em 134 milhões de dólares e terão que pagar 105 milhões por sua participação no uso fraudulento de fundos e manipulação de ações.[8] A importância da informação corporativa para as decisões dos investidores, contudo, indica a segunda maior função das relações públicas financeiras: o pronto fornecimento de informações públicas exigidas pela lei, pelas regulamentações e pelas políticas.

Regulamentações da SEC*

Muitos aspectos das relações públicas financeiras são afetados por leis e regulamentações. A Lei de Ações, conhecida como Securities Act of 1933, foi aprovada "para proporcionar divulgação integral e justa do caráter das ações... e impedir fraudes em suas vendas". A Lei de ações Securities Exchange Act de 1934 complementou a do ano anterior e visava "garantir, para títulos em oferta pública, divulgação adequada dos fatos necessários a uma avaliação inteligente de seu valor". Essas e outras regulamentações da SEC se aplicam a todas as empresas listadas em qualquer uma das 13 maiores bolsas de valores dos Estados Unidos, ou com ativos de 1 milhão e pelo menos 500 acionistas. Outras regulamentações requerem que as corporações "ajam prontamente para dissipar rumores infundados que resultem em atividades de mercado ou variações de preços infundadas".

As regulamentações da SEC são abundantes e sujeitas a mudanças frequentes. De modo que não é prático apresentar todas elas aqui. A comissão exige constantemente a apresentação de três tipos de relatórios: relatórios anuais (**Formulário 10-K**), relatórios trimestrais (**Formulários 10-Q**) e relatórios correntes (**Formulário 8-K**). O Formulário 10-K pede as descrições dos principais produtos e serviços de uma empresa, avaliação de condições competitivas em seu setor, a quantidade, em dólares, de pedidos acumulados, fonte e disponibilidade de matérias-primas, todas as patentes de materiais, licenças, franquias e concessões, e a quantidade de dólares estimada gasta em pesquisa.

Todas as informações exigidas no Formulário 10-K devem ser acompanhadas de balanços financeiros da empresa elaborados segundo as regras contábeis da SEC e certificadas por um contador público independente. Mais além, o formulário como um todo deve ser submetido a uma comissão no máximo 90 dias depois do fechamento do ano fiscal. Deve ser entregue eletronicamente, por meio do EDGAR (Electronic Data Gathering, Analysis, and Retrieval). O EDGAR é o sistema de informática da SEC para coletar, validar, indexar, aceitar e disseminar documentos submetidos à SEC em formato eletrônico. Por fim, o 10-K deve estar disponível sem custos a qualquer um que o solicite.[9]

O relatório trimestral 10-Q é muito menos detalhado, pedindo basicamente que a empresa resuma um balanço de perdas e lucros, capitalização, patrimônio líquido no final do trimestre e a venda de qualquer ação não registrada.

Em seu esforço para coletar todas as informações relevantes relacionadas a investimentos de forma contínua, a SEC também requer o preenchimento do Formulário 8-K, o relatório corrente. Esse documento é necessário quando um evento incomum de interesse imediato aos investidores ocorre, como a aquisição ou venda de ativos importantes ou mudanças na quantidade de títulos em circulação.

---

* N. de R. T.: No Brasil, as relações públicas financeiras são afetadas pela Comissão de Valores Mobiliários – CVM (6385/76) e pela Lei das Sociedades por Ações (6404/76), que disciplinam o funcionamento do mercado de valores mobiliários e a atuação de seus protagonistas, assim classificados, as companhias abertas, os intermediários financeiros e os investidores, além de outros cuja atividade gira em torno desse universo principal. De acordo com a lei que criou a CVM, seus objetivos giram em torno de: assegurar o funcionamento eficiente e regular dos mercados de bolsa e de balcão; proteger os titulares de valores mobiliários contra emissões irregulares e atos ilegais de administradores e acionistas controladores de companhias ou de administradores de carteira de valores mobiliários; evitar ou coibir modalidades de fraude ou manipulação destinadas a criar condições artificiais de demanda, oferta ou preço de valores mobiliários negociados no mercado; assegurar o acesso do público a informações sobre valores mobiliários negociados e as companhias que os tenham emitido; assegurar a observância de práticas comerciais equitativas no mercado de valores mobiliários; estimular a formação de poupança e sua aplicação em valores mobiliários e promover a expansão e o funcionamento eficiente e regular do mercado de ações; e estimular as aplicações permanentes em ações do capital social das companhias abertas. Fonte: www.cvm.gov.br.

Em sua maioria, esses documentos são preparados por consultores e advogados, mas são descritos aqui porque os profissionais de relações públicas devem (1) reconhecer até onde as corporações reguladas pela SEC devem compartilhar informações, (2) entender os tipos de informações consideradas importantes pelos investidores, (3) entender o grau de regulamentação federal nesse aspecto do negócio e (4) dotar-se das informações contidas nesses formulários.

Em um esforço para ajudar a restaurar a confiança dos investidores, o National Investor Relations Institute (NIRI) aprovou um programa de 10 pontos voltado a divulgar ações que ajudariam os investidores a melhor entender o que consta desses relatórios. O primeiro dos 10 pontos sugere que as empresas devem usar um sistema de dois níveis na divulgação de informações. O primeiro nível seria um resumo ou resumo executivo, em inglês, das informações contidas nesses vários relatórios obrigatórios para ajudar o investidor a entender melhor as tendências importantes que tenham probabilidade de afetar o desempenho da empresa. Esse resumo, sugere o NIRI, deve ser colocado na página da empresa na internet, bem como no relatório anual. O segundo nível seria a informação exigida pela SEC e os requisitos contábeis.[10]

As relações públicas devem se envolver na preparação do resumo executivo, bem como das outras partes dos relatórios. Uma regulamentação da SEC de 1998 exige que certas partes dos documentos de divulgação sejam escritas em inglês claro: "A página de rosto, o resumo e as seções sobre fatores de risco dos prospectos devem ser claras, concisas e compreensíveis, segundo as novas regulamentações da SEC."[11] A SEC preparou um manual intitulado *A Plain English Handbook: How to Create Clear SEC Disclosure Documents*, que está disponível na internet, na página da comissão ou pode ser obtido em cópia impressa no mesmo órgão.[12]

A Lei Sarbanes-Oxley

Na onda dos escândalos corporativos envolvendo empresas como a Enron e a WorldCom, Paul Sarbanes (Democrata de Maryland) e Michael Oxley (Republicano de Ohio) apresentaram a lei conhecida como Lei Sarbanes-Oxley, de 2002, que muitos consideraram uma da mais importantes mudanças nas leis federais sobre ações desde a legislação do *New Deal* do presidente Roosevelt na década de 1930. A lei, que foi sancionada pelo presidente George W. Bush em 30 de julho de 2002, visa às empresas de capital aberto e estabelece um padrão mais rigoroso para práticas contábeis. A intenção dos legisladores era aumentar a confiança do público na arena corporativa e atribuir deveres e responsabilidades não apenas à empresa, mas também a executivos, contadores, advogados e auditores que as administram. Embora o clamor público por reformas federais na gestão corporativa tenha levado à sua criação, a Lei Sarbanes-Oxley caiu como uma bomba sobre as pequenas empresas e criou fardos financeiros importantes para grandes empresas, que estão tentando cumprir os novos padrões.

A Lei Sarbanes-Oxley, oficialmente conhecida como Public Company Accounting Reform and Investor Protection Act of 2002, tem algumas disposições fundamentais:

- relatórios de negociações de ações por pessoas de dentro da empresa;
- criação de uma comissão independente de supervisão de contabilidade, supervisionada pela SEC;
- relatórios públicos de pacotes de compensações concedidos a diretores executivos e diretores financeiros;
- multas maiores, bem como punições criminais, por crimes contra as leis de ações;
- diretores-executivos sendo responsabilizados por medidas de segurança internas em termos de tecnologia da informação.

Junto com a definição de novos padrões de práticas contábeis, a Lei Sarbanes-Oxley trabalha no sentido da responsabilidade corporativa, exigindo contabilidade detalhada, maior controle independente de auditagem, responsabilidade por fraudes corporativas e maior divulgação de informações financeiras, todos os quais podem drenar recursos e finanças da empresa. O custo de cumprir essa lei varia segundo o tamanho da empresa, e de acordo com relatórios de auditoria de 2004, feitos por pesquisadores da Universidade de Nebraska, em Omaha, e pelos professores de contabilidade Susan Eldridge e Burch Kealey, os custos de auditoria das mil maiores empresas segundo a revista *Fortune* aumentaram em 1,4 bilhão de dólares.[13] A mesma pesquisa mostra aumentos diferentes para esse tipo de custo em setores distintos, todos variando entre o aumento dos preços de auditorias no setor bancário, de 65% ao aumento do setor varejista, de 180%. Os altos custos de implementação da Lei Sarbanes-Oxley deixaram algumas pessoas se perguntando se a cura é melhor do que a doença.

Embora seja benéfica para o público em geral que investe nessas empresas de capital aberto, essa lei representa uma tarefa formidável para todas as empresas garantirem o cumprimento desses novos padrões. Seja uma empresa pequena, seja uma corporação de vários bilhões de dólares, a implementação dessa lei significa que a administração será forçada e realocar ativos fundamentais e dedicar tempo e recursos para isso.

Políticas das bolsas de valores

As políticas de várias bolsas de valores também influenciam a tarefa das relações públicas financeiras. A Bolsa de Nova York declara, por exemplo, que notícias sobre questões de importância corporativa devem ser distribuídas em nível nacional.[14] O que é importante é questão discutível. A American Stock Exchange considera que os seguintes tipos de notícias têm probabilidade de gerar divulgação e anúncios:

(a) *joint venture*, fusão e aquisição,
(b) declaração ou omissão de dividendos, ou determinação de rendimentos,
(c) um desdobramento de ações ou dividendo em ações,
(d) aquisição ou perda de contrato significativo,
(e) um novo produto ou descoberta importante,
(f) mudança de controle ou mudança importante na administração,
(g) uma chamada para resgate de títulos,
(h) tomada de empréstimo em quantidade significativa de dinheiro,
(i) a venda pública ou privada de quantidade significativa de títulos adicionais,
(j) litígio importante,
(k) compra ou venda de um ativo importante,
(l) mudança significativa em planos de investimento de capitais,
(m) disputa trabalhista importante ou disputas com empreiteiros ou fornecedores,
(n) evento que requeira a elaboração de um relatório corrente nos termos da lei conhecida como Securities Exchange Act,
(o) estabelecimento de um programa para fazer compras das próprias ações da empresa,
(p) uma oferta de aquisição dos títulos de outra empresa e
(q) um evento de inadimplemento técnico ou inadimplemento em pagamentos de juros e/ou principal.[15]

Para facilitar uma divulgação nacional *no momento certo*, os profissionais de relações financeiras usam várias agências de notícias e a internet. A Associated Press (AP) é a principal agência de notícias.

A Dow Jones e o Serviço Econômico da Reuters são especializados em notícias empresariais e financeiras. PR News Wire e Business Wire cobram uma taxa por seus serviços, mas garantem que as notícias corporativas são transmitidas de forma adequada. A questão fundamental é a de que a divulgação de informações deve ser feita ao mesmo tempo para todos os públicos.

A questão da divulgação

Outra regulamentação da SEC, de interesse particular para o profissional de relações públicas, é a Regra 10B-5, que torna ilegal "fazer qualquer declaração inverídica de fato material ou deixar de declarar um fato desse tipo... em conexão com a compra ou venda de qualquer título". No importante caso *Texas Gulf Sulphur Co.*, essa regulamentação foi aplicada a notas à imprensa.[16] Em ações judiciais posteriores, a assessoria de relações públicas foi nomeada como ré por notas à imprensa e outros materiais que "continham declarações falsas ou enganosas e deixavam de declarar fatos materiais".[17]

Dois casos posteriores enfocaram de perto a questão da divulgação, embora os responsáveis por relações financeiras tenham ficado confusos com seus resultados. Uma delas envolvia uma fusão, em 1984, entre os gigantes dos alimentos Nestlé e Carnation. A outra envolvia a luta da Chrysler Corporation para sobreviver no início dos anos de 1980.

A Nestlé estava fazendo ofertas sigilosas pela Carnation. Corriam os rumores, e as ações da Carnation aumentaram quase 50% antes que a Nestlé anunciasse a compra, por 83 dólares a ação. Durante as negociações, o porta-voz da Carnation se recusou a comentar. Um ano após a fusão, a SEC decidiu que, ao não fazer comentários durante as negociações, a Carnation tinha sido "materialmente falsa e enganosa". Como a empresa não existia mais, a SEC não tomou qualquer atitude para fazer cumprir sua decisão.

A Chrysler foi salva por uma nota à imprensa não divulgada. Um dia, no início de 1981, a empresa tinha caído a 8 milhões de dólares em ativos líquidos. Seus advogados sustentavam que a Chrysler deveria publicar uma nota para divulgar sua quase insolvência, mas dirigentes da empresa prefeririam correr o risco de serem punidos pela SEC a destruir a pouca confiança que restava a credores e clientes. A nota ficou sem ser divulgada e a empresa sobreviveu, com sua potencial insolvência se tornando irrelevante em função de sua saúde financeira renovada.

Não há fórmula simples para situações de divulgação. Embora seja incomum, o exemplo da Chrysler mostra que se deve usar o discernimento. Em geral, contudo, a divulgação é obrigatória e necessária. "Resumindo: no momento em que tiver informações que façam diferença nos seus resultados financeiros, você deve elaborar uma declaração para divulgá-las."[18]

QUESTÕES DE CRISE NAS RELAÇÕES COM INVESTIDORES

Na vida de uma corporação, surgem várias questões que representam crises em seus esforços para sobreviver. Na última década, testemunhamos fusões e aquisições que muitas vezes foram hostis. Em um esforço para frustrar tentativas de aquisição hostil, seguiram-se acirradas disputas por procurações. Perdendo ou ganhando, a empresa costuma ficar com uma dívida considerável e, se conseguir sobreviver, pode ter de abrir mão de alguns de seus ativos.

Eugene Miller, vice-presidente executivo da United States Gypsum Company, diz que "o elemento mais estressante e crucial das relações com investidores está em se antecipar e se defender contra esforços de interesses externos de assumir o controle da empresa".[19]

As tentativas de assumir o controle acontecem em duas formas fundamentais: a disputa por procurações e a oferta de aquisição de ações. Ambas tentam convencer os acionistas, mas de formas diferentes e, talvez, por razões distintas.

Oferta de aquisição de ações acima do valor

O dinheiro é o fator central em uma **oferta pública**, que é uma oferta que está suficientemente acima do preço de mercado da ação a ponto de seduzir o acionista a vender, apesar de sua lealdade à empresa e seu desejo de manter a ação. Por exemplo, se o acionista tivesse comprado a ação por 20 dólares e agora estivesse vendendo por 25 na bolsa de valores, poderia receber uma oferta de aquisição de 35 dólares por ação para vender a quem quer que quisesse obter o controle da empresa. Em função do ganho financeiro que o acionista teria, essa é uma luta em que a administração terá dificuldades de manter controle da empresa.

Disputa por procurações

Em uma disputa por **procurações**, os dois concorrentes (ou mais) que estejam lutando pelo controle da administração (ou de alguma questão) buscam conseguir que os acionistas os deixem votar por eles. Assim, pedem que esses acionistas concedam seu direito de voto, a um lado ou outro. Nesse caso, porém, o acionista não vende sua ação.

As relações públicas da administração da empresa que está sob cerco em uma disputa desse tipo podem fazer muitas coisas para defendê-la. O principal, é claro, é se concentrar no fornecimento de informações aos acionistas, à imprensa de finanças e aos investidores sobre a atual operação da administração e seus planos estratégicos para o futuro, em comparação com os que estão sendo sugeridos pelo grupo concorrente.[20]

Laura Johnston, especialista em relações com investidores da Citigate Communications, sugere que os profissionais de relações públicas na área financeira precisam estar preparados o mais rápido possível. Se você sabe que terá uma luta difícil pela frente no ano que vem, comece a se preparar agora. Ela sugere estas quatro estratégias na etapa de preparação:

1. *Não deixe para depois.* Comece a preparar sua estratégia de relações com investidores cedo.
2. *Comece administrando as expectativas de seus acionistas.* Prepare o caminho para a proposta informando os acionistas sobre a linha geral de pensamento da administração sobre essa questão específica bem antes de se produzir uma *proxy statement* (declaração que acompanha solicitação de procuração).
3. *Envolva o pessoal de relações com investidores na elaboração da declaração.*
4. *Contrate* uma empresa que irá para as trincheiras e lutará por cada voto.[21]

Uma vez que a disputa esteja em andamento, você pode assumir uma série de táticas para lhe ajudar a vencer. Você deve usar todos os meios que estiverem ao seu dispor para chegar aos seus acionistas. Você pode ter de trabalhar pela internet ou montar uma página específica. Use todas as ferramentas de comunicação disponíveis. Um elemento fundamental também é concentrar sua mensagem em algumas ideias e repeti-las durante a campanha pela obtenção das procurações. Seu tema deve ser reconhecido rapidamente por seus acionistas. Mobilize seus antigos apoiadores e não tenha medo de usar endossos da mídia ou de terceiras fontes com credibilidade para seu benefício.[22]

PROFISSIONAIS DE RELAÇÕES FINANCEIRAS

Os profissionais de relações financeiras devem ter uma ampla base de conhecimentos e habilidades para lidar efetivamente com suas responsabilidades multifacetadas. Uma pesquisa com 300 dirigentes de relações financeiras em empresas importantes mostrou que uma formação financeira ampla, combinada com habilidades de comunicação em *marketing*, é considerado o melhor preparo para o campo.[23] A pesquisa indicou que, embora os analistas de finanças e títulos possam tratar das relações financeiras, a falta de formação em *marketing* e comunicação muitas vezes impede seu sucesso. O conhecimento de finanças, *marketing*, direito e as habilidades de relações públicas são importantes para quem cogita carreiras em relações financeiras.

PÚBLICOS PARA RELAÇÕES COM INVESTIDORES

Além da SEC, os interessados em informações financeiras sobre uma corporação são empresas listadas na bolsa de valores, assessores de investimento, colunistas financeiros, corretores, negociantes, empresas de fundos de investimentos, bancos de investimento, bancos comerciais, compradores institucionais, funcionários e acionistas atuais e futuros. Para efeitos de discussão, contudo, essas categorias podem ser acumuladas em três públicos amplos: corretores de ações individuais, analistas financeiros e a imprensa de finanças. A seguir, apresentamos um exame de cada grupo, suas necessidades de informação, os meios pelos quais eles podem ser atingidos e as melhores formas de garantir relações positivas com eles.

Acionistas individuais

Algumas corporações consideram seus acionistas uma ampla fonte inexplorada de potenciais clientes e apoio de base para questões políticas e financeiras. Harrison T. Beardsley recomenda que os esforços de relações financeiras, principalmente das empresas menores, se concentrem em acionistas em vez de analistas financeiros.[24]

Como discutido anteriormente, a SEC exige que as empresas mantenham seus investidores totalmente informados. As administrações têm aprendido da maneira mais difícil que acionistas desinteressados podem vender suas ações rapidamente até mesmo para a menos amistosa entidade que esteja tentando assumir o controle. Além disso, os próprios acionistas têm se expressado mais e se tornado mais ativos – iniciando disputas por procurações ou levantando questionamentos financeiros, sociais ou éticos em relação a temas ambientais, discriminação sexual, atividades políticas das corporações no país e no exterior, relações trabalhistas e muitas outras questões.

A maioria das corporações agora reconhece que "a principal responsabilidade de uma empresa é comunicar integralmente qualquer coisa que possa ter influência no investimento do proprietário",[25] mas a amplitude e a qualidade de seus esforços variam muito. Relatórios informativos anuais e trimestrais, páginas dinâmicas na internet e reuniões anuais bem organizadas com relatórios de seguimento são as ferramentas básicas das relações com acionistas.

Relações sólidas com os acionistas se constroem com base em três princípios: (1) aprender o máximo possível sobre seus acionistas, (2) tratá-los como se faria com clientes importantes e (3) incentivar interesses de investimento em pessoas que tenham uma boa predisposição em relação à sua empresa. Um princípio básico da comunicação é como conhecer seu público. Consequentemente, aprender o máximo possível sobre os acionistas tem muito sentido na perspectiva da comunicação. Uma pesquisa com acionistas, que solicite informações demográficas e de atitude, é uma ferramenta prontamente disponível, mas poucos a utilizam.

Tratar os acionistas como clientes importantes tem uma série de implicações para os responsáveis de relações financeiras. É indispensável se comunicar em linguagem legível e não técnica. Dar as boas-vindas a novos acionistas e escrever lamentando quando alguns são perdidos é uma boa prática nos negócios. A resposta imediata e adequada a correspondências ou *e-mails* de acionistas também ajuda a manter relações positivas.

A Sun Company segue um plano amplo de relações com acionistas. A empresa acredita que "os acionistas são [seus] parceiros nos negócios. É útil para [ela] se a administração souber o que eles pensam [dela]". Cada novo acionista da Sun recebe uma nota de boas-vindas do presidente da empresa. Um boletim de leitura bastante acessível vai junto com cada cheque de dividendos. Cerca de 100 acionistas são selecionados aleatoriamente seis ou oito vezes ao ano e convidados para um jantar no qual fala um alto executivo da empresa. A Sun também tem uma linha telefônica gratuita para divulgar notícias corporativas aos acionistas e os incentiva a ligar a cobrar para o departamento de relações com acionistas e fazer suas perguntas ou reclamações.

Por fim, assim como uma empresa deve buscar novos clientes entre os segmentos mais prováveis da população, ela deve buscar acionistas nos que estão predispostos a comprar ações.

Funcionários, fornecedores, revendedores e membros das comunidades onde a corporação está localizada são os mais prováveis candidatos, e devem receber relatórios anuais e outros materiais que estimulem o investimento.

Analistas financeiros

Os **analistas financeiros** incluem os assessores de investimentos, gestores de fundos, corretores, negociantes e compradores institucionais – em outras palavras, são os profissionais do negócio de investimentos. Sua função básica é coletar informações relacionadas a várias empresas, desenvolver expectativas em termos de vendas, lucros e uma gama de outros resultados operacionais e financeiros, e fazer avaliações sobre como os mercados de títulos avaliarão esses fatores. Eles coletam informações quantitativas e qualitativas sobre empresas, comparam seus resultados com estatísticas de outras empresas, avaliam oportunidades e riscos e depois orientam seus clientes. Os profissionais de relações financeiras das empresas ajudam os analistas ao fornecer informações e, fazendo isso, podem influenciar positivamente expectativas e julgamentos.

Para manter relações com analistas financeiros, o método básico é identificar os clientes potenciais, se reunir com eles, estabelecer interesse e entendimento e depois manter a relação. Todas as tratativas com analistas profissionais devem ser caracterizadas por capacidade de resposta, abertura e comunicação regular, mas deve-se tomar cuidado para não exagerar nesta última.

A soberba prejudicará, em pouco tempo, a visão do analista sobre a corporação. Quando os analistas se tornam exageradamente entusiasmados com base no que a equipe de relações financeiras da empresa lhes disse e o desempenho da empresa não corresponde a suas expectativas, os resultados podem ser desastrosos. Quando a Toys "R" Us Inc. anunciou que suas vendas de natal haviam aumentado 17%, suas ações caíram 20%. Com base em discussões com a empresa, os analistas tinham esperado um ganho de vendas de 30% e ficaram decepcionados. A fabricante de calçados Nike Inc. perdeu metade de seu valor quando ganhou 88 centavos por ação em vez dos

O canal Bloomberg faz cobertura de negócios e finanças 24 horas. A página da Bloomberg está entre as cinco principais nos Estados Unidos para notícias e informações financeiras.

2 dólares previstos. Em vez de informar a comunidade financeira quando se deu conta de que seus lucros realizados seriam menores do que o esperado, a administração da Nike se esforçou mais para corresponder às cifras infladas. No ano seguinte, a empresa reservou mais tempo para se comunicar com os analistas financeiros.[26]

Os analistas querem conhecer o panorama geral da empresa, ou seja, a natureza de seu negócio, os fatores básicos que o afetam, condições atuais de operação e estimativas de futuro. Os analistas também têm interesse vital em previsões da administração, dados de precificação, despesas de capital, dados financeiros, relações trabalhistas, pesquisa e desenvolvimento e qualquer outra informação que possa influenciar materialmente a qualidade de um investimento. Os relatórios anuais proporcionam grande parte da informação necessária. Uma pesquisa com investidores institucionais mostrou que os relatórios anuais são a mais útil e informativa fonte de informações dentro do programa de relações financeiras de uma empresa.[27] Esses relatórios serão discutidos mais detalhadamente em um momento posterior deste capítulo.

Uma maneira importante para chegar aos analistas financeiros é por meio de **conferências de investimentos**, que são reuniões de que os profissionais de investimento participam especificamente para ouvir apresentações da empresa ou discutir questões corporativas. Esses programas contêm informações sobre o desempenho de uma empresa e oferecem argumentos convincentes para a compra de suas ações. Embora estejam centradas em falas de executivos da empresa, essas apresentações geralmente oferecem publicações de alta qualidade e material audiovisual de apoio.

Uma forma mais comum de conferência nos últimos anos tem sido a **teleconferência**, em lugar de uma reunião real. Em alguns casos, é uma videoconferência e em outros casos, acontece por telefone. A teleconferência se tornou um ritual trimestral para muitas empresas, e é realizada no dia seguinte à publicação do lançamento do relatório trimestral. O diretor-presidente e o diretor financeiro se sentam em frente a um microfone ou uma câmera de vídeo e falam a analistas, repórteres financeiros e outros membros da comunidade de investimentos sobre o significado por trás dos números.

Essas conferências apresentam a mesma história e a mesma interpretação a todos os públicos interessados ao mesmo tempo. Uma recente pesquisa NIRI informou que 73% das empresas que responderam realizavam teleconferências trimestrais.[28]

As relações com os analistas financeiros nem sempre são unidirecionais, pois eles também podem fornecer informações valiosas às empresas. Ao se comunicar com esses analistas, esteja preparado para ouvir. Eles podem dar um retorno significativo sobre adequação, credibilidade e suficiência de informações de um programa de relações financeiras. Talvez ainda mais importante, esta é uma oportunidade para a empresa entender como o mercado percebe suas qualidades e defeitos e o comportamento do negócio como um todo.

A imprensa de finanças

O terceiro maior público para as relações financeiras é a **imprensa de finanças**. "A imprensa financeira proporciona um alicerce e um pano de fundo para o programa de comunicações financeiras de qualquer empresa", diz o executivo da Hill and Knowlton, Stan Sauerhaft. "Ela desenvolve credibilidade e pode funcionar como um excelente endosso de terceiros".[29]

Os profissionais de relações públicas financeiras lidam com a mídia tanto quanto qualquer outro especialista em RP. A principal diferença reside na natureza especializada da mídia financeira. Importantes jornais diários publicam matérias de interesse local, regional ou nacional. Jornais semanais geralmente publicam itens de interesse local. A imprensa de negócios inclui o *The Wall Street Journal*, *Forbes*, *Barron's*, *BusinessWeek*, *Fortune* e outras publicações nacionais, bem como várias outras locais, orientadas para esse tema (por exemplo, o *Business Chronicle* em Houston, Atlanta, Los Angeles, San Francisco e outras cidades). Esses são veículos básicos para as notícias financeiras, mas são inundados com informações, de modo que seus canais de comunicação não devem ser entupidos com banalidades ou irrelevâncias.

Não descuide dos colunistas financeiros, pois eles têm uma influência considerável e podem oferecer perspectivas singulares sobre determinadas empresas. Revistas especializadas, geralmente dedicadas a determinados setores, ocupações e profissões, também são veículos importantes. Elas podem chegar a clientes potenciais, como fornecedores e produtores.

A TV a cabo é atualmente um importante veículo para notícias financeiras. Vários canais a cabo ou satélite são dedicados exclusivamente às notícias de negócios. Com a possibilidade de mais emissoras decorrente de transmissões diretas via satélite aos domicílios ou por meio de sistemas de fibra óptica, a tendência é esse número aumentar. Certos programas locais e de redes nacionais são dedicados especificamente aos negócios. O canal Bloomberg, o programa *Wall Street Week*, da Public Broadcasting, os programas financeiros da CNN e o *Business Barometer*, da Associated Press Radio, são exemplos desse tipo de programa. Em geral, só se devem abordar operações noticiosas nacionais ou locais importantes se a informação tiver relevância como notícia que afete a comunidade como um todo.

Por fim, a mídia financeira especializada tem muito interesse em notícias de empresas. Boletins do mercado (muitas vezes publicados por corretoras), serviços de assessoria em investimentos e serviços estatísticos (como os da Standard and Poor, Value Line ou Moody) geralmente têm mais influência com investidores potenciais.

ESTRATÉGIAS DE COMUNICAÇÃO NAS RELAÇÕES COM INVESTIDORES

Estratégias para comunicar informações financeiras, como as direcionadas a implementar outros planos (ver Capítulo 6), devem resultar da visão de longo prazo da administração da empresa. A estratégia de comunicação é um plano para ir de onde você está até onde você quer chegar. Sendo assim, a percepção que os públicos relevantes têm sobre a empresa deve ser comparada com como ela espera ser percebida no futuro.

Os métodos disponíveis para implementar a estratégia incluem reuniões pessoais, literatura financeira (correspondência, relatórios trimestrais e anuais, anexos com dividendos), notas à imprensa sobre finanças, e o modo de comunicar essas estratégias também muda rapidamente. Videoconferências, correio eletrônico, programas de notícias empresariais a cabo e a internet proporcionam todo o potencial para informações mais atualizadas e específicas. Essas novas tecnologias também aumentam a possibilidade de comunicação interativa com *stakeholders* fundamentais, como analistas financeiros, investidores e funcionários da empresa.[30]

Seja qual for a situação atual ou os objetivos de uma empresa, sua estratégia de comunicação de relações financeiras deve ser caracterizada por capacidade de resposta, regularidade e abertura. A comunicação nunca deve ser evasiva e tem de incluir as más notícias, assim como as boas. "Dar más notícias aos funcionários parece ser o mais difícil para a administração sênior",[31] mas é essencial para construir credibilidade com seus funcionários. A credibilidade é a chave para um programa forte de relações financeiras.

Reuniões anuais

As **reuniões anuais** são uma espécie de ritual obrigatório, no qual os verdadeiros proprietários de uma empresa examinam e deliberam sobre a eficácia da gestão. Em teoria, os acionistas têm poder de fazer o que quiserem (dentro da lei) com sua empresa. Mas, na prática, as questões raramente são discutidas e menos ainda votadas, porque a administração coleta procurações antecipadamente para apoiar suas posições, indicações e decisões.

As visões sobre o ritual da reunião anual são muito divergentes. Seja qual for o caso, a reunião anual apresenta certas oportunidades e implica riscos reais, de modo que é essencial fazer um planejamento e uma organização cuidadosos. A maioria das firmas de contabilidade publica guias para que os executivos de corporações enfrentem as reuniões anuais.

Além de tentar atrair, informar e envolver o público de acionistas, a reunião anual tem outras funções. Ela permite que a administração corporativa chegue a todos eles por meio de comunicação anterior e posterior a ela. Ela oferece uma vitrine e um foco para a comunicação corporativa, permite o contato pessoal entre executivos e acionistas pelo qual podem-se explicar as ações, reconhecer as realizações e dar opiniões. É uma ferramenta de *marketing* na qual os produtos são mostrados em sua melhor situação.

A reunião anual também é uma válvula pela qual os acionistas podem liberar sua pressão. A natureza democrática dessa reunião torna a empresa vulnerável, e pode acontecer o dissenso organizado de parte de acionistas que tenham comprado algumas ações apenas para obter uma plataforma. Esses indivíduos podem intervir ou causar problemas – confrontando a administração com perguntas constrangedoras e chamando a atenção da imprensa. Por exemplo, a Chrysler Corporation, a terceira maior fabricante de automóveis dos Estados Unidos, deparou-se com a possibilidade de hostilidades em sua reunião anual de 1995 quando Kirk Kerkorian, que tinha um bloco grande de ações da empresa, mostrou-se insatisfeito com o desempenho das ações. Sua preocupação levou a ações por parte da diretoria da Chrysler para melhorar o preço das ações. G. A. Marken sugere o seguinte para melhorar as chances de uma reunião eficaz e bem-sucedida:

- Garantir que o diretor-presidente esteja preparado para a apresentação.
- Oferecer estantes destacando produtos, serviços e resultados financeiros da empresa.
- Convidar os meios de comunicação e representantes da comunidade financeira.
- Preparar uma nota à imprensa antecipada para destacar a apresentação do diretor-presidente na reunião.
- Ter material para distribuir, como relatórios anuais, literatura sobre produtos, CD-ROMs e vídeos.
- Refletir cuidadosamente sobre o ambiente e a estrutura da reunião (convites, crachás, lanches, visitas, conveniências ou brindes especiais de publicidade, etc.).
- Elaborar um resumo executivo ou uma compilação da reunião, se ela for particularmente incomum ou polêmica.[32]

Comentando sobre essas reuniões anuais, o ex-editor de jornal de negócios de Atlanta, Tom Walker, observou ironicamente que as corporações deveriam manter consultores sociólogos, "principalmente durante a temporada de reuniões anuais, quando as administrações são forçadas a se perfilar diante dos acionistas e prestar contas de si mesmas."[33] As relações financeiras cumprem, na verdade, o papel que Walker atribuiria aos sociólogos. Ao antecipar as preocupações, temas controversos e mesmo o humor dos acionistas – com base em interação contínua – as relações públicas financeiras devem ser capazes de preparar a administração para a maioria das situações que podem surgir. Com planejamento cuidadoso, os potenciais positivos das reuniões anuais podem até ser concretizados.

Relatórios anuais

Os **relatórios anuais** são preparados não apenas para divulgar a informação requerida pela SEC, mas também para cumprir uma função de relações públicas e *marketing*. Os relatórios geralmente são lançados em março, cerca de seis semanas antes da reunião anual da empresa, que geralmente é realizada em abril ou maio. A tendência na preparação de relatórios anuais é mais para os diretores-executivos escreverem suas próprias cartas aos acionistas para incluir as más notícias em primeira mão e contratar a produção do relatório anual com firmas de consultoria.

Os relatórios anuais vêm em diversos formatos e estilos. Em média, têm 44 páginas, segundo Sid Cato, cujo escritório, que publica um boletim sobre relatórios anuais, está sediado em Kalamazoo, Michigan. Alguns relatórios, diz ele, "são espetaculares, com capas brilhantes, desenho gráfico criativo, fotografias coloridas e grafismos impressionantes, papel de alta qualidade e explicações fáceis de entender sobre o desempenho da empresa".[34] Alguns são produzidos em CD-ROM e outros, em vídeo; a maioria está disponível em páginas na internet, ao passo que outros podem ser feitos como suplementos de jornais. Entretanto, algumas empresas só produzem o relatório 10-K em preto e branco que é exigido pela SEC.

Oscar Beveridge diz que o relatório anual é, "inquestionavelmente, o mais importante documento público isolado emitido por uma empresa de capital aberto".[35] Escrevendo na *Fortune*, Herbert Meyer declara: "De todos os documentos publicados por uma corporação que está na lista *Fortune 500*, nenhum envolve tanto espalhafato, tanta angústia e, muitas vezes, tanto orgulho da autoria, quanto o relatório anual aos acionistas".[36] Em resumo, o relatório anual pode ser considerado o elemento fundamental do programa de relações públicas de uma empresa.

O propósito dos relatórios anuais Fundamentalmente, o relatório anual cumpre os requisitos legais de informar os acionistas da empresa, tornando-se a fonte principal de informações sobre ela para acionistas atuais e potenciais e fornecendo informações abrangentes sobre as condições da empresa e seu avanço (ou falta dele) durante o ano anterior.

Algumas empresas param aí. Mas quase todas as grandes companhias levam seu relatório anual consideravelmente mais longe, aprovei-

A rede de restaurantes O'Charley's, de Nashville, Tennessee, produz relatórios anuais eficazes, com programação gráfica, fotos e conteúdos excelentes.

tando a oportunidade para reforçar sua credibilidade, estabelecer uma identidade distinta e construir confiança, apoio e lealdade entre os investidores. Nesse sentido, o relatório anual se torna o cartão de visitas da empresa, um resumo do que ela tem feito e o que representa. Por acidente ou por decisão, o relatório geralmente transmite muito da personalidade e da qualidade da administração de uma corporação.

Algumas empresas obtêm mais de seu relatório anual usando-o para propósitos de *marketing*, relações públicas e para recrutamento e orientação de funcionários. A maioria está na internet para todos os públicos, de investidores a repórteres, que queiram examiná-la. O relatório também pode servir como recurso informativo para assessores financeiros, um apoio para editores de negócios, ou mesmo uma ferramenta educacional para professores, bibliotecários e estudantes. A General Motors usa seu relatório para divulgar seus produtos. A Goodyear produz uma edição especial para uso em sala de aula. Um número cada vez maior de empresas produz edições especiais para funcionários, com intenção de conquistar sua lealdade e seu apoio, elevar o moral ao enfatizar suas contribuições e melhorar seu entendimento das operações da empresa.

Embora os contabilistas possam criticar os enfeites verbais e pictóricos que se fazem em suas cifras, a oportunidade de comunicação apresentada pelos relatórios anuais é demasiado importante para passar em branco. Algumas empresas baixaram o tom de seus documentos, mas é improvável que os relatórios anuais retornem ao nível mínimo de informação requerido pelo governo.

Conteúdos dos relatórios anuais O típico relatório anual consiste em uma capa, uma carta do presidente, destaques financeiros e não

FIGURA 13.1 Os relatórios anuais são confeccionados em vários estilos.

financeiros, um balancete e uma demonstração de resultados econômicos, uma descrição do negócio (produtos e serviços), nomes e títulos de dirigentes da corporação, nomes e ligações dos diretores externos, localização de plantas, escritórios e representantes, endereço e número de telefone das sedes centrais da empresa e referência às bolsas de valores onde as ações da empresa são negociadas. O relatório também pode incluir o histórico da empresa (particularmente em edições de aniversário), discussão de suas políticas, solicitação de apoio à posição da empresa em alguma questão política, resultados de pesquisas com acionistas e outros relatórios ou artigos. A Figura 13.1 apresenta alguns relatórios anuais.

Os relatórios anuais sempre colocam as receitas corporativas em perspectiva e descrevem o panorama para o ano seguinte. Eles devem responder às seguintes perguntas:

Qual é o grande ímpeto de nossa empresa?

Onde temos desempenho excelente?

Quais são os nossos pontos fracos?

Por que a empresa tem o desempenho que tem?

O que estamos fazendo em relação ao futuro?

Os destaques financeiros são um aspecto muito lido dos relatórios anuais. Geralmente, incluem cifras representando vendas líquidas, receitas antes dos descontos de impostos, receitas depois dos impostos, receitas líquidas, dividendos por ação ordinária, patrimônio líquido por ação ordinária, capital de giro líquido, relação entre ativo circulante e passivo circulante, número de ações ordinárias em circulação e número de acionistas ordinários. Outros destaques são: margem de lucro, porcentagem de retorno sobre o patrimônio líquido, dívida de longo prazo e número de funcionários. Quem elabora os relatórios está preocupado não apenas com os números, mas também com a forma que eles assumem. Os dados financeiros costumam estar integrados ao relatório como um todo e são apresentados de maneiras interessantes e incomuns.

Herbert Rosenthal e Frank Pagani listam oito elementos do que chamam "relatórios anuais da primeira divisão":

1. Uma capa com imagens, significativa ou provocativa.
2. Um formato bem elaborado.
3. Recursos visuais completos e compreensíveis.
4. Fotografias e planejamento gráfico leves.
5. Texto compreensível.
6. Números comparativos.
7. Apresentação de produtos com bom gosto.
8. Impressão com estilo.[37]

Relatórios anuais eletrônicos O Formulário 10-K é o relatório da SEC que deve ser preenchido eletronicamente, mas a maioria das empresas prepara um relatório anual para acionistas, além dele. A SEC permite que se usem informações de um relatório em outro. Assim, as principais informações do 10-K costumam ser incluídas no relatório anual aos acionistas. Uma pesquisa NIRI de 2002 concluiu que 89% das empresas postam seus relatórios anuais na internet, comparadas com 31% que o faziam em 1996.[38] Algumas não produzem cópias impressas, usando apenas os relatórios eletrônicos. A pesquisa NIRI, contudo, concluiu que apenas 6% de suas empresas planejavam extinguir o relatório impresso. Das 500 empresas pesquisadas, 473 (95%) incluíam o relatório anual aos acionistas por pelo menos um ano em sua página na internet.[39]

Estudo de caso

O escândalo da WorldCom

Panorama

Em 2002, a WorldCom entrou com a maior ação de falência na história dos Estados Unidos. Bernard Ebbers renunciou ao cargo de diretor-presidente em abril daquele ano, dois meses antes do escândalo de falência. Desde então, seis ex-dirigentes da empresa foram sentenciados a distintas penas de prisão por sua participação no caso de fraude corporativa e Ebbers foi condenado a 25 anos. Os funcionários ficaram arrasados, muitos investidores foram arruinados, a história correu a mídia do mundo inteiro e o futuro da empresa era incerto.

Porém, diferentemente da Enron, a WorldCom se recuperou. A empresa contratou como novo diretor-presidente um "viciado em crises" experiente em batalhas, em novembro de 2002. Michael Capellas deixou seu cargo de presidente da Hewlett-Packard e veio a WorldCom. A seguir, alguns dos muitos desafios empresariais que Capellas enfrentou na WorldCom:

1. Preservar funcionários e clientes importantes.
2. Estabelecer uma nova diretoria.
3. Reconstruir uma equipe de administração.
4. Trabalhar com o *corporate monitor* da SEC.
5. Encerrar as investigações do governo.
6. Criar uma cultura de ética de boa governança corporativa.
7. Reconstruir o departamento de finanças.
8. Realizar a maior republicação dos demonstrativos contábeis da história.
9. Sair da falência segundo o Código de Falências dos Estados Unidos.
10. Recolocar a empresa na NASDAQ.

Além disso, os desafios de comunicação enfrentados pela empresa eram imensos.

Estratégia

A estratégia de Capellas para reconstruir a empresa se baseava em uma abordagem em quatro níveis:

1. Reconhecer um imenso sentido de urgência.
2. Enfatizar o compromisso com a ética.
3. Usar o diretor-presidente como principal comunicador.
4. Enfocar as três principais prioridades: clientes, clientes, clientes.

Com um aguçado sentido de urgência, a empresa deu posse a uma nova diretoria e uma equipe de administração. Capellas reconstruiu essa equipe trazendo vários atores importantes do Vale do Silício, incluindo a vice-presidente de comunicações e chefe de estado-maior, Grace Chen Trent. A empresa lançou um *Plano de 100 dias* a ser aprovado pelos credores e mobilizou os funcionários em torno dele, por meio de uma supercomunicação. No 110º dia, refez sua marca mudando seu nome para MCI e construindo um plano de reorganização com o tribunal de falências.

Para enfatizar a ética, a empresa introduziu os Princípios Orientadores da MCI, que foram escritos pelo diretor-presidente. Também revitalizou o escritório de ética corporativa e instituiu formação em ética para todos os 50 mil funcionários.

A MCI usou seu diretor-presidente como principal comunicador ao fazê-lo falar a 25 reuniões locais de funcionários, além de 7 *webcasts* mundiais, 8 teleconferências, 26 e-mails e 4 correios de voz para todos os funcionários naqueles primeiros 100 dias.

Para se comunicar com os funcionários, a empresa fez um esforço de retenção de alto nível, que incluiu conselhos consultivos de clientes, um programa de iniciativas de contato de executivos com as 100 principais contas, comunicações diretas com os clientes, e também enfatizou a qualidade dos serviços prestados aos clientes para todos os seus funcionários.

Resultados

A MCI saiu da situação de falência, segundo o Capítulo 11, em abril de 2004 e voltou à NASDAQ em julho de 2004. O juiz distrital Jed Rakoff, de Nova York, disse: "Este tribunal não conhece outra empresa de grande porte acusada de fraude que tenha se desligado tão completamente dos delitos de seu passado recente e dado passos tão extraordinários para impedir esses delitos no futuro". O diretor-presidente Michael Capellas deu crédito a seus funcionários: "O surgimento a MCI realmente está relacionado ao triunfo do espírito humano e é um testemunho a nossos 50 mil funcionários".

Após sair da falência, a MCI se fundiu com a Verizon, depois de uma guerra de ofertas com a Qwest Communications. A Verizon pagou 8,44 bilhões de dólares em dinheiro e ações, em um negócio acertado em 14 de fevereiro de 2005 e aprovado pelo governo para fechamento em 6 de janeiro de 2006.

Fontes: Grace Trent and Brad Burns, "The Role of Communications in Restoring Trust and Credibility at MCI", apresentação na convenção nacional da Public Relations Society of America, Nova York, outubro de 2004; Marguerite Reardon, "Verizon closes book on MCI merger", 6 de janeiro de 2006. http/News.zdnet.com/2100-1035_22-146119.html, acessado em 17 de agosto de 2008.

Perguntas

1. Qual deve ser o papel de um diretor-executivo em termos de comunicações em uma crise financeira como essa?
2. Quais são as lições que podem ser aprendidas da comunicação nessa crise?
3. Encontre a nota da empresa à imprensa, de 1º setembro de 2005, sobre a decisão do procurador federal em Nova York. O que ele decidiu sobre a empresa em relação ao escândalo da era WorldCom?
4. A MCI se fundiu agora com a Verizon. Como a fusão foi comunicada aos investidores? A MCI buscou obter procurações dos acionistas?
5. Verifique a página na internet para ver quais mudanças resultaram da fusão. Os relatórios financeiros nunca foram mais importantes do que hoje. Isso foi destacado pelo colapso da Enron e a falta de informações financeiras precisas ao público investidor e seus funcionários.

Resumo

As relações públicas eficazes são necessárias para desenvolver e manter a confiança dos investidores. As relações com a comunidade financeira são desenvolvidas por relações com investidores estrategicamente planejadas.

Os programas bem planejados de relações financeiras ajudam a reduzir o custo de capital para as empresas. Para atender às diretrizes da SEC, a empresa deve divulgar imediatamente notícias corporativas que sejam importantes para a comunidade financeira. Mas a corporação deve ir muito além dos requisitos mínimos. Boas relações com investidores podem ajudar uma empresa a lidar com tentativas de aquisição hostil por meio de ofertas de compra ou de uma disputa por procurações.

As novas tecnologias forneceram um conjunto cada vez maior de ferramentas para os profissionais de relações públicas se comunicarem com públicos fundamentais, como acionistas, analistas financeiros e a mídia de finanças. Os relatórios anuais e reuniões anuais de acionistas continuam sendo importantes funções de relações com investidores, mas outras ferramentas, incluindo TV a cabo, internet, entrevistas via satélite e correio eletrônico estão se tornando cada vez mais essenciais para que um esforço de relações financeiras seja eficaz. Esse esforço dá à empresa maior apoio à sua administração, preços mais altos das ações e maior facilidade de atrair novos capitais.

Termos fundamentais

analistas financeiros
conferências de investimento
Formulário 8-K
Formulário 10-K
Formulário 10-Q
imprensa de finanças
oferta pública

procurações
relações públicas financeiras
relatórios anuais
reuniões anuais
Securities and Exchange Commission (SEC)
teleconferência

Notas

1. Madeline Turnock, APR, "IR and PR Come Together", *Public Relations Strategist* 8, nº 2 (2002), p. 13–14.
2. "WorldCom Investors to get $6.13 Billion", *Commercial Appeal,* 22 de setembro de 2005, p. C2.
3. Eugene Miller, "Investor Relations", in *Lesly's Handbook of Public Relations and Communications,* 4th ed., ed. Philip Lesly (New York: AMACOM, 1991), p. 164–65.
4. Richard Higgins, *Best Practices in Global Investor Relations* (Westport, CT: Quorum Books, 2000), p. xii.
5. Ibid., p. 15.
6. Arthur R. Roalman, ed., *Investor Relations Handbook* (New York: AMACOM, 1974), p. iii.
7. Higgins, p. 26.
8. Samuel Maull, "Jail Time for 2 Former Tyco Execs", *Commercial Appeal,* 20 de setembro de 2005, p. A4.
9. Luke Hill, entrevista com Jacob FienHelman, SEC, setembro de 2005.
10. National Investor Relations Institute, "NIRI Ten Point Program to Help Restore Investor Confidence", *nota à imprensa* da NIRI, 9 de abril de 2002, p. 1.
11. James B. Strenski, "The New SEC Regulations: Write in Plain English", *PR Tactics,* abril de 1998, p. 4.
12. Securities and Exchange Commission, *A Plain English Handbook: How to Create Clear SEC Disclosure Documents,* www.sec.gov/pdf/handbook.pdf, 9 de junho de 2002.
13. Higgins, p. xii.
14. NYSE Company Manual, 1º de agosto de 1977.
15. American Stock Exchange, "Part 4. Disclosure Policies" (última atualização em novembro de 2000), www.amex.com, 9 de junho de 2002.
16. Henry Rockwell, "A Press Release Goes to Court", *Public Relations Journal* (Outubro de 1968).
17. G. Christman Hill, "Financial Public Relations Men Are Warned They're Liable for Clients' Puffery", *The Wall Street Journal,* 16 de março de 1972, p. 30.
18. Jody Buffington Aud, "What Internal Communicators Can Learn from Enron", *Public Relations Strategist* 8, nº 2 (2002), p. 11.
19. Miller, p. 196.
20. Ibid.
21. Laura Johnston, "How to Succeed in a Close Proxy Vote", *Public Relations Quarterly* (1994), p. 35–36.
22. Ibid.
23. "Investor Relations Pros Downplay PR Skills", *Communication World,* maio de 1983, p. 15.

24. Harrison T. Beardsley, "Problem-Solving in Corporate Financial Relations", *Public Relations Journal* (Abril de 1978), p. 23.
25. Oscar M. Beveridge, *Financial Public Relations* (New York: McGraw-Hill, 1963), p. 68.
26. Stuart Weiss, "Hell Hath No Fury Like a Surprised Stock Analyst", *BusinessWeek,* 21 de janeiro de 1985, p. 98.
27. Holly Hutchins, "Annual Reports: Earning Surprising Respect from Institutional Investors", *Public Relations Review* (1994), p. 311.
28. Charles Nekvasil, "Getting the Most Out of Your Investor Relations Conference Calls", *PR Tactics,* agosto de 1999, p. 10.
29. Stan Sauerhaft, "Won't Anybody Listen?" in Hill and Knowlton Executives, *Critical Issues in Public Relations* (Englewood Cliffs, NJ: Prentice-Hall, 1975), p. 37.
30. Higgins, p. 47.
31. Aud, p. 11.
32. G. A. Marken, "There's More to Being Public Than Being Listed", *Public Relations Quarterly* (1993), p. 44–45.
33. Tom Walker, "J. P. Stevens Fights Catholics' Proposal", *Atlanta Journal and Constitution,* 2 de março de 1980, p. 10.
34. Ibid.
35. Beveridge, p. 137.
36. Herbert E. Meyer, "Annual Reports Get an Editor in Washington", *Fortune,* 7 de maio de 1979, p. 219.
37. Herbert C. Rosenthal e Frank Pagani, "Rating Your Annual Report", *Public Relations Journal* (Agosto de 1978), p. 12.
38. *Journal of Business and Finance Leadership,* www.haworthpressinc.com, 9 de setembro de 2005.
39. Ibid.

PARTE IV
Prática

As relações públicas servem a todos os tipos de organizações. Órgãos e agências de governo, organizações sem fins lucrativos e corporações assumiram as relações públicas e as puseram a trabalhar, reconhecendo-as como uma forma de aumentar a eficácia organizacional em um ambiente de complexidade e transformação.

Para operar de forma eficaz dentro dessas organizações, os profissionais de relações públicas devem estar muito cientes de tudo o que discutimos até aqui: o processo de comunicação, o papel das relações públicas em um processo de decisão organizacional, o processo de relações públicas em quatro passos e seus públicos fundamentais. Os profissionais também devem reconhecer os problemas e os públicos que são específicos das relações públicas em cada tipo de organização.

Nesta ação, examinamos inicialmente a prática das relações públicas em três tipos distintos de organização: no Capítulo 14, governo; no Capítulo 15, organizações sem fins lucrativos; e no Capítulo 16, corporações. Concluímos no Capítulo 17, com um exame realista das tendências que surgem nas relações públicas.

14

Assuntos Públicos: Relações com Governos

INTRODUÇÃO

O Nickelodeon, a rede de TV a cabo para crianças, quer que elas saiam à rua e brinquem, que, como parte de seu "Dia Mundial de Brincar" (*Worldwide Day of Play*) de outono, a rede sai do ar por três horas, deixando a tela escura, só com uma logomarca que diz: "Vamos brincar".

O departamento de assuntos públicos do Nickelodeon desenvolveu um sofisticado programa de apoio ao Dia de Brincar, incluindo propaganda na mídia, anúncios de interesse público, mensagens de saúde e bem-estar mostradas durante as transmissões do dia, aparições especiais dos astros de seus programas, além da doação, durante todo o ano, de mais de 1 milhão de dólares para ajudar crianças a ter estilos de vida mais saudáveis ao melhorar estruturas lúdicas em suas comunidades.

O objetivo do Nickelodeon é combater a tendência, tantas vezes documentada, que as crianças têm de se encherem de atividades obrigatórias e se tornarem sedentárias. A mensagem final da campanha é: levante-se, mexa-se, seja ativo, seja saudável e brinque.

As unidades de assuntos públicos como a do Nickelodeon ajudam as organizações a prever os problemas que afetam seus públicos e seus ambientes e responder a eles. As funções dos assuntos públicos também incluem responder à atividade do governo, por exemplo, fazendo *lobby* junto a seus representantes, construindo campanhas de base e ajudando a definir políticas públicas.

O próprio governo cumpre um papel de relações públicas, ao manter o público informado sobre temas, problemas e ações realizadas ou cogitadas em todos os seus níveis. Os responsáveis por informações públicas do governo buscam aprovação dos cidadãos para os programas governamentais, ajudam a explicar o que os cidadãos querem do governo e se esforçam para que este tenha capacidade de responder aos desejos dos cidadãos, além de entender e afetar a opinião pública. As relações públicas também cumprem um papel central em campanhas políticas. Este capítulo introduz os assuntos públicos, tratando de todas essas funções.

ASSUNTOS PÚBLICOS

As receitas do Estado se reduzem e as universidades sofrem. Aprova-se um orçamento distrital que dá um impulso a bibliotecas e centros culturais. Uma audiência sobre zoneamento abre caminho para um novo projeto imobiliário de grande porte. Institui-se um imposto, ajudando um setor da economia a prosperar. Mudanças no código fiscal federal transferem 100 milhões de dólares de assalariados a corporações. Uma regulamentação local proíbe o fumo em locais de trabalho. A falta de disposição de um governo local para promover uma emissão de títulos faz com que um museu procure outra cidade na qual se instalar. Muda-se uma regulamentação, e um fabricante fecha as portas.

A lista é grande. Quando as organizações examinam as forças externas que afetam suas operações, os órgãos de governo devem estar no topo da lista. Na verdade, as relações com a opinião pública e a mídia, funcionários e comunidade são consideradas importantes em parte por causa de sua influência potencial sobre a ação ou inação do governo.

Neste capítulo, examinamos primeiramente a função do trabalho com assuntos públicos das empresas e outras organizações em suas relações com governos locais, estaduais e federal em todos os níveis. A seguir, examinamos a função desse trabalho do ponto de vista dos órgãos de governo que têm obrigação de oferecer informação pública a muitas clientelas.

O QUE SÃO ASSUNTOS PÚBLICOS?

Assuntos públicos, uma expressão usada como sinônimo de todas as relações públicas, descreve com mais frequência o aspecto dessas relações que lida com o ambiente político das organizações. Às vezes, é chamado de *relações governamentais*. Os assuntos públicos estão relacionados à gestão de temas controversos porque, por meio da construção de relações que implementam, ajudam as organizações a antecipar ou responder a temas que afetem suas atividades. As iniciativas no campo dos assuntos públicos incluem a busca de influir na opinião pública e na legislação, desenvolver respostas eficazes a questões de interesse público e ajudar a organização a se adaptar às expectativas do público. Especificamente, os profissionais de assuntos públicos podem estar envolvidos no monitoramento de políticas públicas, no fornecimento de educação política para funcionários e outras clientelas, na manutenção de ligações com várias unidades de governo e no incentivo à participação. "O acesso aos legisladores e suas equipes é, sem dúvida, o aspecto mais importante do trabalho com assuntos públicos em Washington. Sem acesso, sua mensagem não será ouvida".[1] Como mostrado na Figura 14.1, os profissionais de assuntos públicos facilitam o fluxo bidirecional de informações entre a organização e seu ambiente político.

Os assuntos públicos constituem uma especialização das relações públicas relacionada à construção de relações em políticas públicas entre organizações. Para ter êxito, todas as organizações – empresas, organizações sem fins lucrativos e governos – devem construir relações e colaborar ativamente com os contatos no governo, para influenciar as políticas públicas. Segundo a mais destacada associação de profissionais de assuntos públicos, Public Affairs Council, os assuntos públicos são "usados de formas variadas como sinônimo de assuntos externos, relações com governos e comunicações corporativas. A maioria dos profissionais usa a expressão *assuntos públicos* como nome do departamento integrado que combina todas, ou praticamente todas, as atividades não comerciais do mundo dos negócios".[2]

As definições de assuntos públicos estão direcionadas a essa especialização na construção de relações na arena das políticas públicas. John Paluszek, ex-presidente da agência Ketchum de relações públicas, define assuntos públicos como algo que trata de políticas públicas:

> Os assuntos públicos ajudam a organização a desenvolver e manter relações de qualidade com os vários grupos de pessoas ("públicos") que influenciam o futuro. Assuntos públicos são a prática de relações públicas que aborda as políticas públicas e os públicos que influenciam essa política.[3]

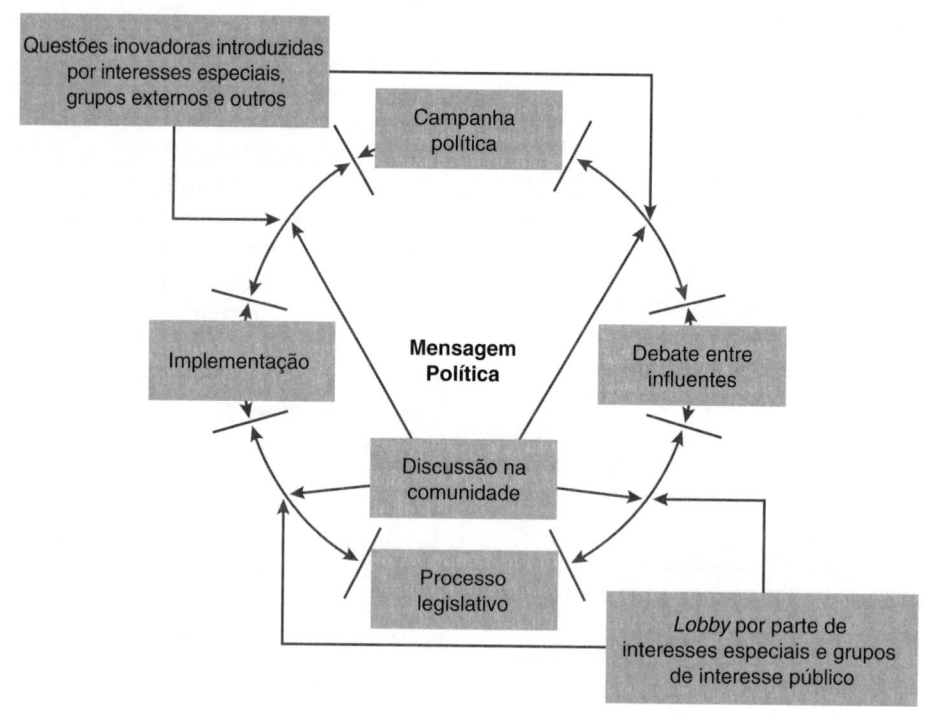

FIGURA 14.1 Fluxo de mensagens de campanha.
Fonte: L. Powell and J. Cowart, *Political Campaign Communication: Inside and Out* (Boston: Pearson Education, Inc., 2003).

ASSUNTOS PÚBLICOS PARA ORGANIZAÇÕES SEM FINS LUCRATIVOS

Sindicatos, escolas, hospitais, bibliotecas, organizações culturais, fundações, empresas e outras organizações têm o problema e a oportunidade de lidar com o governo. Todos querem melhorar a comunicação com os órgãos de governo e seus funcionários, monitorar e influenciar as ações legislativas e regulatórias, incentivar a participação do público e ampliar a consciência e o entendimento das pessoas que estão no poder.

Essas organizações entendem que não podem mais nem fingir estar acima da disputa política. Fundamentalmente, nossa sociedade é pluralista no sentido de que vários interesses competem na arena política. Nessas circunstâncias, as organizações sem fins lucrativos reconhecem que seus interesses e, às vezes, inclusive sua sobrevivência, requerem capacidade de discernimento e esforço político.

ASSUNTOS PÚBLICOS NOS NEGÓCIOS

Considerando-se que as empresas praticam os assuntos públicos de forma intensa e ampla, um entendimento mais abrangente dessa função dará uma visão de como eles se aplicam a todas as organizações: estimulante, juiz, formulador de regras, engenheiro, adepto de objetivos sociais, defensor, provedor, cliente e controlador. Para ter êxito, as empresas devem estar preparadas para lidar com o governo em qualquer um desses papéis. Essa é a importância fundamental das relações com governo e a razão pela qual os assuntos públicos se tornaram, nos últimos 20 anos, uma dimensão crucial das relações públicas.

O poder e a capacidade enormes que o governo tem de assumir uma posição ativa na administração dos negócios representam mais pressões para o envolvimento das empresas. Há mudanças no poder, do governo para as empresas, das empresas para grupos ativistas, e de volta ao governo. Os especialistas em assuntos públi-

Minicaso 14.1

Novas visões da diplomacia pública

Embora a diplomacia pública tradicionalmente tenha significado comunicação formal do governo com governos de outros países, o mundo pós-11 de setembro, dilacerado pela guerra, está agora voltado a outros meios de resolver as diferenças entre os países. Seong-HunYun, da Kansas State University, e Elizabeth L.Toth, da University of Maryland, em um artigo a ser publicado na *American Behavioral Scientist*, afirmam que estão em jogo diferentes visões de diplomacia pública: realismo, liberalismo internacional e globalismo sociológico.

- O *realismo* é uma forma de diplomacia pública baseada no "poder firme", voltada à política de força e à segurança nacional. A guerra é a forma mais purista de política de força. A diplomacia pública realista nos Estados Unidos tem buscado interesses políticos, militares e no campo da ajuda econômica e do comércio.

A diplomacia pública realista usava mensagens persuasivas para "conquistar os corações e mentes" das pessoas em nações adversárias, de modo que elas influenciassem seus governos.

- O *liberalismo internacional* é uma visão do mundo para além do Estado, na interconexão de muitos parceiros, como cidadãos estrangeiros, organizações não governamentais (ONGs), bem como os estados. Os liberalistas usam o poder "suave", como a atração à cultura, às ideias e às políticas de um país – por exemplo, enviar a New York Symphony para tocar na Coreia do Norte. Os países estão se transformando em "marcas" para atrair o turismo, exportações e investimentos. Os países buscam construir credibilidade e legitimidade trabalhando a comunicação de suas políticas voltadas a questões tão globais como a sustentabilidade e os direitos humanos.

- O *globalismo sociológico* é uma visão do mundo pela perspectiva do fluxo de pessoas por meio da migração. Atualmente, os migrantes são mediadores entre as culturas nas quais vivem e em seus países de origem, pela facilidade da internet e dos telefones celulares. Milhões de pessoas estão se movimentando, seja por uma vida econômica melhor, seja por que condições de guerra as levaram a cruzar fronteiras. As experiências de vida dos migrantes lhes dão a maior credibilidade para falar da reputação do país de destino. Eles representam redes boca a boca, interpessoais, e seu poder é muito mais forte do que a comunicação administrada com base em "poder suave". No globalismo sociológico, a construção de relações terá de se basear em canais substanciais de comunicação, mas pode dar o maior benefício ao entendimento global.

Perguntas

1. Você consegue dar um exemplo de diplomacia pública realista, liberalista e de globalismo sociológico que tenha acontecido no Brasil?
2. Qual seria o papel dos assuntos públicos em cada uma dessas perspectivas de diplomacia pública?
3. De que tipo de habilidades e conhecimentos um profissional dos assuntos públicos precisaria para realizar diplomacia pública de globalismo sociológico?

---

cos avaliam e antecipam os possíveis interesses que o governo terá nas atividades corporativas. Sheila Tate, ex-secretária de imprensa do governo George H. W. Bush, disse:

> Reconheço a alteração de poder que houve 10 ou 15 anos atrás, em situações em que estava por acontecer uma fusão. As duas companhias só se preocupavam com Wall Street. Depois, no final da década de 1980 e no início da de 1990, o que aconteceu foi que o Congresso e os Departamentos de Comércio, Justiça e de Estado se tornaram muito importantes e capazes de prejudicar um negócio mais rapidamente do que Wall Street.[4]

Às empresas não basta detectar mudanças na opinião pública e na política; elas têm de agir depressa. Algum tempo atrás, elas simplesmente reagiam à ameaça de ação do governo, fosse ela na forma de taxação, regulamentação, legislação ou de esforços opostos de trabalhadores organizados ou grupos de interesse. Entretanto, os assuntos públicos corporativos são agora chamados a "correr mais rápido e pular mais alto", segundo Doug Pinkham, presidente do Public Affairs Council. Pinkham cita tendências, como o surgimento da internet e outras ferramentas sofisticadas de comunicação que tornam as atividades empresariais cada vez mais transparentes. Ele menciona a globalização dos negócios, apresentando questões novas relacionadas aos assuntos públicos, como diferenças nacionais em leis, costumes e estruturas políticas. Os assuntos públicos também devem lidar com o ceticismo do público e a desconfiança da comunidade empresarial.[5]

As empresas entenderam o valor de desenvolver relações continuadas com o governo em todos os níveis, que permitam o envolvimento em questões, políticas, regulamentações e legislação. Joseph Gleason, diretor-administrativo da Manning Selvage & Lee, em Washington, diz: "Também é importante desenvolver relações com formuladores de políticas, muitos dos quais sabem pouco sobre seus clientes ou organizações antes de uma comunicação inicial".[6] Os avisos antecipados podem ser um fator fundamental na eficácia política e o envolvimento precoce torna menos necessárias as medidas de crise quando um projeto importante vier a ser votado mais tarde.

A importância crescente dos assuntos públicos e das atividades políticas das empresas tem tido um impacto substancial na administração como um todo e nas relações públicas em particular. Como a questão é de controle corporativo, importantes líderes de corporações assumem um papel ativo nos esforços de relações públicas. O ex-parlamentar Donald G. Brotzman, ex-presidente da Rubber Manufacturers Association, com sede em Washington, explica: "O envolvimento da administração superior das empresas é um princípio dos mais importantes. O diretor-executivo e todos os altos membros da administração devem ser participantes ativos. A influência direta e indireta da ação do governo nas transformações empresariais muda os tipos e o *mix* de habilidades que são necessárias para se ter sucesso como gestor".[7] O efeito disso sobre a administração das empresas, ele acha, é ainda mais forte: "Os administradores agora devem estar tão preocupados com as políticas públicas quando com qualquer outra coisa que fazem".[8]

TAREFAS DOS ASSUNTOS PÚBLICOS

Hoje, nenhum programa de relações públicas está completo se não incluir disposições para lidar com o governo. Em parte, esse trabalho é uma sequência complexa de aquisição, processamento e disseminação de informações. Coletar informações e servir como antena podem ser os aspectos mais importantes das relações com o governo.

Depois de coletar informações, os especialistas em relações com o governo pesam e avaliam seu impacto potencial sobre a empresa ou o setor. A seguir, as informações são disseminadas para pessoas que ocupam cargos de decisão na empresa, funcionários, acionistas e o público. Na verdade, os assuntos públicos têm seu maior impacto sobre uma organização quando contribuem com o planejamento corporativo. Ao mesmo tempo, os encarregados de relações com o governo nas empresas transmitem informações para legisladores, reguladores, assessores parlamentares, aliados políticos potenciais e o público.

Os assuntos públicos também são chamados, às vezes, para combater o fogo com fogo, na frente de relações com o governo. A investigação e a publicidade não têm força de lei, mas estão visivelmente entre as armas que o governo usa para influenciar empresas. Vazamentos para a mídia por parte de "fontes de alto nível", visitas aos lugares das supostas infrações, audiências públicas arranjadas e coisas do tipo podem ser usados contra as empresas por representantes do governo. As iniciativas no campo dos assuntos públicos por parte das empresas respondem na mesma moeda. Seus especialistas nessa área devem competir com os fóruns públicos do governo e operações semelhantes de vários interesses especiais. A honestidade e a comunicação intensa com o público são um aspecto crucial do processo de relações com o governo.

ENTENDENDO O SISTEMA POLÍTICO

Para operar de forma eficaz, os profissionais de assuntos públicos devem entender minuciosamente o processo político dos Estados Unidos. Em sentido geral, as atividades políticas entram em três categorias amplas: eleitoral, legislativa e regulatória. As atividades eleitorais envolvem a eleição de candidatos favoráveis aos interesses de uma organização e o desenvolvimento de planos para sustentar financeiramente determinadas campanhas políticas.

Os comitês de ação política são os principais veículos para esforços de arrecadação de verbas. As atividades legislativas funcionam para criar ou obter apoio para legislação favorável e construir oposição contra atividades desfavoráveis. O *lobby* é um importante caminho para as atividades legislativas.

Manifestantes contrários à Organização Mundial do Comércio no centro de Seattle.

Os profissionais de assuntos públicos buscam influenciar reguladores do governo que devem interpretar as novas leis redigindo políticas e regulamentações com as quais implementá-las. Por exemplo, se uma lei nova diz que "não pode haver prédios a menos de 35 metros do mar", os reguladores devem decidir como os incorporadores vão solicitar licenças para construções próximas ao mar e provar que seus planos atendem à nova lei. É mais difícil fazer *lobby* com reguladores governamentais porque eles raramente são eleitos. Mesmo assim, muitos esforços de assuntos públicos relacionados à atividade reguladora assumem uma forma muito semelhante ao *lobby*.

Atividades eleitorais

Alguns pecuaristas ricos, madeireiras e mineradoras têm usado terras federais para obter lucros imensos enquanto pagam pouco ao governo. Os críticos afirmam que esse uso tem danificado o meio ambiente e custado bilhões de dólares aos contribuintes. No início de 1993, quando o presidente Bill Clinton enviou um projeto ao Congresso para aumentar o aluguel pelo uso de terras federais, muitas pessoas acharam que seria facilmente aprovado. Nem tanto. A derrota foi retumbante, e os críticos disseram que era diretamente atribuível aos 7 milhões de contribuição dados a congressistas fundamentais por **comitês de ação política**.[9]

Um comitê de ação política é um grupo de pessoas que levanta ou gasta pelo menos 1.000 dólares em conexão com uma eleição federal nos Estados Unidos. As pessoas que pertencem a um comitê de ação política geralmente têm alguma preocupação, interesse ou causa política. Para somar recursos em apoio a candidatos que favorecem, esses comitês têm sido formados por sindicatos, empresas, grupos econômicos, religiosos, profissionais e muitos outros.

Em 1974, a Lei das Campanhas Eleitorais Federais legitimou o papel dos grupos relacionados a empresas e negócios nas eleições federais, melhorando muito sua posição em relação a interesses trabalhistas e outros.[10]

O objetivo da legislação permitindo os comitês era reformar o financiamento de campanha, pois os limites legais e a divulgação integral das contribuições devem garantir justiça no processo eleitoral, mas existem muitos furos que causaram a preocupação de que os comitês pudessem promover a corrupção ou inclinar as balanças políticas em favor de interesses. Alguns

TABELA 14.1 Os 20 principais comitês de ação política segundo despesas totais em 2007*	
Nome do comitê	Despesas totais (milhões de dólares)
Service Employees International Union	18,4
EMILY's List	18,4
ActBlue	15,8
Moveon.org	9,7
American Federation of State/County/Municipal Employees	8,7
International Brotherhood of Electrical Workers	7,6
American Federation of Teachers	6,7
Laborers Union	6,4
Teamsters Union	5,9
Operating Engineers Union	4,7
Plumbers/Pipefitters Union	4,1
National Association of Realtors	4,1
AT&T Inc	4,0
American Postal Union	3,5
American Bankers Association	3,5
National Rifle Association	3,5
Lyndon LaRouche PAC	3,5
American Association for Justice	3,3
United Food & Commercial Workers Union	3,2
Communications Workers of America	2,9

* Os totais incluem comitês de ação política subsidiários e afiliados, se houver. Dados publicados pela FEC, 25 de março de 2008.
Fonte: www.opensecrets.org/pacs/topacs.asp?cycle=2008&Type=E, acessado em 28 de março de 2008.

críticos sustentam que esses comitês são caros, demorados e aviltantes aos candidatos; outros dizem que, como se multiplicaram e, portanto, tendem a neutralizar uns aos outros, eles devem ser abolidos.*

Os apoiadores afirmam que os comitês de ação política são um exemplo de direitos dos cidadãos e liberdade de expressão, promovem a consciência e o envolvimento políticos e dão transparência ao financiamento de campanha às claras. A Tabela 14.1 mostra os comitês que fizeram as maiores contribuições em 2007.

Os comitês de ação política corporativos recebem seu dinheiro de seus funcionários e acionistas. Outros recebem fundos de seus membros e seus públicos. Dessa forma, para que um comitê de ação política seja eficaz, "deve primeiro educar seu pessoal e motivá-lo a participar".[11]

Algumas pessoas acusaram os comitês de ação política de tentar "comprar" políticos ou influenciar indevidamente os legisladores em relação a questões de seu interesse. O senador Edward Kennedy (Democrata de Massachusetts) afirmou que os comitês "estão fazendo o que podem para comprar cada senador, cada parlamentar e cada tema em vista".[12] Geralmente, os comitês contribuem para candidatos cuja filosofia seja coerente com a sua própria. Um representante de

---

* N. de R. T.: No Brasil, as regras legais que definem o financiamento e gastos de campanha eleitoral são regidas a partir da Lei das Eleições (Lei 9.504/97 – LE), que disciplina sobre o financiamento (arrecadação) e os gastos (aplicação de recursos financeiros). Com relação aos limites de financiamento privado, para as pessoas físicas, o limite é de até 10% dos rendimentos auferidos no ano anterior ao da eleição. Quanto às pessoas jurídicas, o limite é de até 2% de seu faturamento bruto no ano anterior ao da eleição. No caso de utilização de recursos próprios dos candidatos, o limite é o valor máximo de gastos estabelecido pela lei ou, na ausência desta, pelo seu próprio partido. Fonte: Boletim Informativo da Escola Judiciária Eleitoral do TSE (BIEJE). Eleições 2010, n. 13, 6 set. 2010. Disponível em: http://www.tse.gov.br.

comitê de ação política explicou que seu grupo tem dois testes para contribuições de campanha: o candidato é alguém com quem concordamos, e é alguém em uma área de governo que está relacionada com a forma como fazemos nosso trabalho? Consequentemente, um senador no comitê que trata da atividade bancária recebe contribuições dos comitês ligados aos bancos, e alguém que esteja na comissão de agricultura recebe fundos da Associated Milk Producers.

O que os comitês geralmente buscam é o acesso. É por isso que os fundos costumam ir para os candidatos à reeleição. Os comitês são ávidos para apoiar vencedores e costumam fazer isso retroativamente ao dar contribuições depois que a eleição acabou. Os fundos doados depois da eleição são chamados de "dinheiro 100%", ou seja, nenhuma parte é desperdiçada em derrotados. Muitos comitês mudam de lado depois da contagem dos votos. Quando o senador Charles Hecht (Republicano de Nevada) derrotou o candidato à reeleição Howard Cannon, as contribuições posteriores ao pleito vieram de antigos oponentes, incluindo American Dental Association, American Bankers Association e McDonald's Corporation.

A National Association of Realtors entrou no cofre de campanha de Hecht depois de lhe fazer oposição nas primárias e nas eleições gerais. Em muitos casos, verbas de comitês são usadas para não se fazerem inimigos.

Como uma contribuição de um comitê de ação política pode ser de até 10.000 dólares por eleição, o presente geralmente ajuda a abrir a porta do gabinete do parlamentar. Na verdade, a consequência mais importante das contribuições eleitorais é conseguir acesso a parlamentares e conquistar influência sobre atividades legislativas.

Atividades legislativas

A maioria das decisões importantes para as organizações é tomada muito depois das eleições terminarem. Consequentemente, empresas e outras organizações concentram seus esforços em influenciar a legislação e a regulamentação em áreas relevantes. Essas atividades são conhecidas como **lobby**.

Lobby já foi definido como "a tentativa de influenciar decisões governamentais principalmente votações legislativas, por parte de agentes que servem a grupos de interesse".[13] É uma atividade ampla e cara. Embora o termo tenha adquirido uma conotação desagradável de suborno e tráfico de influência, há muito é reconhecido como prática legítima. James Madison escreveu, em 1788, que uma característica essencial de uma democracia representativa é que vários grupos de interesse na sociedade tenham permissão para competir pela atenção dos representantes do governo.

Hoje, os *lobistas* provavelmente serão profissionais selecionados com muito cuidado, que têm perspicácia para os negócios, domínio profundo de informações que por vezes são altamente técnicas e muita visão política. Henry Ford II resume a nova atitude: "O problema das atividades de *lobby* não é ocultar sua existência nem pedir desculpas por elas, e sim a certeza de que são adequadas, eficazes e impecavelmente corretas em sua conduta".[14]

O que fazem os lobistas? Eles informam executivos de empresas sobre os desdobramentos na legislação, fazem relatórios sobre a apresentação e a evolução no Congresso de projetos específicos, oferecem ou providenciam testemunho a comitês parlamentares, registram declarações, se comunicam com legisladores, analisam políticas e legislação, informam aos legisladores sobre o efeito potencial da legislação e os educam em relação aos negócios e à economia, ajudam a elaborar documentos, divulgam testemunhos e desenvolvem estratégias para apoiar ou se opor a leis específicas.

Os lobistas coletam informações de estudos, pesquisas, especialistas e registros, e depois preparam posições para executivos de corporações, convencem representantes de governos, promovem ou se opõem a legislação ou outras ações do governo e buscam a sua cooperação.

Os lobistas dedicam muito tempo para estabelecer contatos e programas que melhorem a comunicação com membros do governo e para monitorar as atividades dos legisladores com relação a regras e leis. Eles se envolvem nas primeiras etapas do processo legislativo. Reconhecendo que o *lobby* só pode funcionar enquanto o legislador ainda estiver em processo de tomar decisões, preferem fornecer informações antes que os projetos sejam elaborados. Sua ênfase está na informação e na defesa de suas posições, e não na pressão. Os lobistas buscam definir as questões em termos do eleitorado dos legisladores e do interesse público, fornecendo dados concretos expressos de forma breve, bem organizados, que respondam a perguntas. Muitas vezes, eles devem se comunicar por meio de funcionários ou assistentes dos legisladores.

Os dados devem ser apresentados de forma verdadeira, direta e útil. A honestidade é essencial, já que a credibilidade é o bem mais importante dos lobistas. Os que adquiriram credibilidade têm a confiança dos senadores, deputados e suas equipes. Quando essas relações se estabelecem, o lobista está em posição de sugerir legislação, preparar discursos, apresentar testemunhas para audiências no congresso e fornecer artigos de pesquisa e posicionamento. Nessas circunstâncias, é difícil saber onde termina o trabalho do legislador e começa o do lobista.

Talvez um papel ainda mais importante dos lobistas seja fornecer assessoria especializada sobre quais questões abordar. As batalhas legislativas devem ser cuidadosamente escolhidas e relacionadas ao objetivo geral da corporação.

Fazendo política a partir das bases

Em uma democracia, a tentativa de influenciar o governo ocorre no contexto da opinião pública e requer que se lide com um público muito mais amplo do que os políticos. Esse público mais amplo é atingido por meio de **lobby de base** e propaganda de temas. Como mencionamos em outros capítulos, as empresas cada vez mais buscam organizar funcionários, acionistas, líderes das comunidades e outros como armas potenciais na arena política. Os lobistas de Washington devem demonstrar que suas posições correspondem às do eleitorado do parlamentar. Para isso, os eleitores devem estar organizados para fazer com que suas vozes sejam ouvidas.

Segundo a *BusinessWeek*, "o casamento entre *lobby* e RP tem sentido [...] em função da necessidade cada vez maior de conquistar o apoio público para suas causas".[15] O importante lobista Charles E. Walker afirma que "o *lobby* passou a requerer fortes iniciativas de base. [...] eu vou falar com um parlamentar e ele me diz: 'Você consegue me vender isso se conseguir vender aos meus eleitores'".[16]

Diferentes eleitorados podem ser mobilizados para se comunicar de várias formas. A abordagem de base pode consistir em pedir a grupos locais que estabeleçam parcerias em uma questão corporativa enviando mensagens aos legisladores, inundando o Congresso com correspondência ou fazendo com que as pessoas certas telefonem para seus deputados. O *lobby* de base significa estabelecer uma organização em nível local pela qual se possa mobilizar o apoio quando for necessário. A Associated General Contractors, por exemplo, mantém uma rede legislativa entre suas 113 seções em todo o país. Pelo menos uma pessoa em cada seção conhece pessoalmente seu senador ou deputado. Em uma ocasião, essa rede foi de muito valor para derrotar um projeto de reforma trabalhista.

A American Bankers Association (ABA) pergunta aos legisladores de quais banqueiros eles querem saber notícias. A seguir, pede a esses banqueiros que transmitam a posição da associação sobre leis específicas. Ela tem 1.200 banqueiros de contato, muitos dos quais conhecem Congressistas, já foram tesoureiros de campanha e trabalharam em campanhas.

A **propaganda de temas (propaganda para a defesa**) é uma forma de alavancar a posição de uma organização diretamente às pessoas, prevendo o seu apoio político. Esse tipo de publicidade não é novo. Os trabalhadores organizados, grupos voluntários privados, órgãos de governo e outros há muito usam a propaganda para sustentar suas posições sobre questões públicas. A Mobil Corporation talvez seja a maior usuária da publicidade de temas dos Estados Unidos. Sob a direção de seu ex-vice-presidente de assuntos públicos, Herbert Schmertz, a Mobil foi pioneira da defesa corporativa.

Atividades regulatórias

Em uma era de crescimento dos governos, a regulamentação governamental é a área em que ocorreu a expansão mais drástica. Durante os anos de 1970, os de maior crescimento em regulamentações de governo, foram criadas 22 novas agências regulatórias, incluindo a poderosa Environmental Protection Agency (EPA), a Consumer Product Safety Commission (CPSC) e a Occupational Safety and Health Administration (OSHA). Um total de 120 importantes leis regulatórias foi aprovado durante aquela década.

"Tornamo-nos um governo, e não leis aprovadas por políticos eleitos [...] mas um governo de regulamentação", afirmou o ex-congressista Elliott H. Levitas (Democrata da Geórgia). "Um congressista [...] aprova 500 leis durante seu mandato de dois anos. Durante esse [...] tempo, as burocracias emitirão 10 mil regras e regulamentações."[17]

Quase todas as facetas da atividade empresarial estão sujeitas a regras, padrões e outros controles de um ou mais órgãos federais que têm poder de examinar, inspecionar, modificar ou até rejeitar o trabalho das empresas privadas.

Assuntos públicos estaduais e locais

Tradicionalmente, tem se prestado maior atenção à interação com o governo em nível federal, mas a importância relativa dos governos locais e estaduais tem aumentado recentemente para muitos tipos de organizações. Embora construtoras e incorporadoras há muito busquem influenciar decisões sobre zoneamento local, por exemplo, os atores nos assuntos de governo locais e estaduais são agora mais numerosos e mais intensos.

A desregulamentação, os cortes nos orçamentos federais e a determinação da administração Reagan de devolver o governo ao povo forçaram governos estaduais e locais a enfrentar o problema. Como resultado, representantes estaduais estão agora lidando mais amplamente com questões de sustentabilidade ambiental, serviços sociais, legislação trabalhista, desregulamentação bancária e comércio internacional. Mais além, o financiamento em nível estadual e local se tornou mais importante em áreas das artes, programas de transporte, saúde, educação e outras. Naturalmente, organizações com e sem fins lucrativos estão cada vez mais concentradas nas 50 capitais de estados, além de Washington.

Cobrir 50 cidades é mais difícil, complexo e caro do que simplesmente se concentrar em Washington. "Em um período de dois anos, quase 250 mil projetos são apresentados nos vários legislativos estaduais. Para uma empresa com interesses nacionais, esse volume parece criar um obstáculo insuperável."[18] Para lidar com vários governos ao mesmo tempo, algumas empresas estabeleceram suas próprias redes de informação legislativa privada em todas as 50 capitais estaduais. Outras monitoraram apenas os estados onde têm um interesse importante. Outra abordagem tem sido se basear na associação do setor para fazer sua triagem política e seu *lobby*. Muitas vezes as empresas usam uma combinação desses esforços.

Ao buscar influenciar assuntos locais, as organizações nacionais devem entender a política e a cultura do local. Uma grande corporação de Nova York, lidando com um problema fiscal em um estado do sul, conseguiu uma audiência com o presidente do comitê encarregado de questões fiscais no senado estadual. Depois de uma apresentação informativa e persuasiva de 30 minutos, o senador perguntou: "Vocês não são daqui, né?".[19]

Há várias formas de se manter atualizado com os assuntos, acompanhar os projetos, conhecer as pessoas, saber a quais comitês contribuir, cultivar os contatos certos na mídia e todas as atividades de *lobby* necessárias. Geralmente, devem-se identificar as metas e os objetivos, o alcance da iniciativa e os estados fundamentais. A seguir, a corporação ou associação pode estabelecer sua própria operação, empregar lobistas ou consultores externos remunerados ou contar com associações empresariais do setor ou do estado. Os interesses nacionais, que predominaram, usaram uma combinação de lobistas próprios e a associação do setor.

Comunicação política interna

Já discutimos os comitês de ação política como forma de promover a consciência e o envolvimento dos funcionários e acionistas. Além das atividades dos comitês, contudo, um profissional dos assuntos públicos, cujo cargo demande monitorar as relações do governo, também pode usar publicações internas e outros meios de comunicação para proporcionar educação política, aumentar a consciência dos funcionários sobre questões políticas e incentivar seu envolvimento político.

As organizações podem estimular a consciência política dos funcionários de várias formas. A Bliss and Laughlin Industries, de Oak Brook, Illinois, fornece planilhas com os formulários W-2 dos funcionários, para que possam calcular quanto de seus salários foram gastos em impostos, qual porcentagem da renda vai para os impostos e quanto cada um deve trabalhar para sustentar o custo do governo. Os funcionários aprenderam que sua maior despesa não é casa e comida, e sim os impostos.

A Dow Chemical mantém um amplo programa de assuntos públicos para seus funcionários. O programa está baseado em quatro objetivos:

1. Informá-los sobre temas nacionais e locais que possam afetar a empresa.
2. Conscientizá-los sobre os processos governamentais e os procedimentos legislativos.
3. Incentivá-los a tomar parte no processo político e dar exemplos específicos de abordagens que eles podem usar.
4. Aconselhá-los sobre o valor das contribuições políticas e dar a oportunidade para que o façam por meio de comitês de ação política.

A Budd Company dá aos administradores um "bônus discricionário" de até vários milhares de dólares com base em uma avaliação em 11 categorias, incluindo "envolvimento em assuntos governamentais". Os administradores são julgados por sua capacidade de fazer com que as pessoas se envolvam em campanhas políticas, sua disposição de escrever a representantes do governo sobre questões que afetem a empresa e sua capacidade de organizar comitês de educação política dentro das instalações. Todas essas empresas reconhecem que, se pretendem continuar sendo uma parte viável da sociedade, seus líderes devem incentivar a participação dos funcionários no processo político.

No outro lado das iniciativas de assuntos públicos por parte de organizações sem fins lucrativos e empresas está a função de informação pública do próprio governo. Enquanto os profissionais que lidam com assuntos públicos ou relações públicas governamentais têm maior probabilidade de serem chamados de especialistas em assuntos públicos, o pessoal de assuntos públicos ou relações públicas de governo será mais provavelmente chamado de *public information officers*, ou responsáveis por informações públicas. No restante do capítulo, examinamos a tarefa do profissional de relações públicas para o próprio governo.

ASSUNTOS PÚBLICOS GOVERNAMENTAIS

Os formuladores da constituição dos Estados Unidos acreditavam que o povo do país era capaz de se governar, mas para isso os cidadãos precisam estar integralmente informados sobre questões e problemas que enfrentam e as ações realizadas por seu governo. Apesar de sua crença, os pais-fundadores não proporcionaram qualquer forma de disseminar informações nem garantias de que os cidadãos seriam mantidos informados. Supunha-se que o governo manteria canais abertos de comunicação com o público e forneceria informações suficientes para possibilitar que os cidadãos tomassem decisões inteligentes sobre suas políticas e atividades.

Até certo ponto, essas ideias se concretizaram por meio de um sistema que evoluiu em resposta às necessidades públicas. A mídia de massa se esforça para atender a nosso direito de saber. Ao fornecer informações ao público sobre assuntos governamentais, os meios de comunicação se baseiam no braço do governo ligado às relações públicas – local, estadual e federal – que oferece à mídia um fluxo constante de informações.

Os profissionais de relações públicas governamentais costumam ser chamados de **responsáveis por informações públicas**, sugerindo que simplesmente transmitem informações de forma neutra e objetiva. Na verdade, eles não são mais neutros nem objetivos do que profissionais de relações públicas que trabalham no setor privado.

Como o sucesso e a estabilidade de governos democráticos são determinados, em última análise, pela contínua aprovação dos cidadãos, esses funcionários buscam garantir essa aprovação. O sistema democrático implica que o governo responda aos desejos dos governados, de modo que eles trabalham para determinar esses desejos, e depois lutam para que o governo tenha capacidade de responder a eles. Como a opinião pública oferece o clima no qual ocupantes de cargos públicos, órgãos de governo e instituições têm êxito ou não, os responsáveis por informações públicas tentam entender e afetar a opinião pública. Muitos interesses institucionais coexistem em qualquer sociedade, de forma que os profissionais de relações públicas, tanto dentro quanto fora do governo, representam uma variedade semelhante de perspectivas. Como consequência, grande parte do diálogo importante necessário para garantir o funcionamento adequado da democracia é gerado, moldado e enunciado pelos profissionais de relações públicas.

Resumindo, no governo, assim como em qualquer outra organização, as relações públicas são uma função de gestão, que ajuda a definir objetivos e filosofias ao mesmo tempo em que colabora para que a organização se adapte às demandas de suas clientelas e seus ambientes. Os profissionais de relações públicas, responsáveis por assuntos públicos, secretários de imprensa ou simplesmente auxiliares administrativos, ainda se comunicam com todos os públicos relevantes internos e externos para harmonizar os objetivos da organização e da sociedade. Os responsáveis por informações públicas do governo, como seus colegas das empresas e na indústria, desenvolvem, executam e avaliam programas que promovem o intercâmbio de influência e entendimento entre as partes integrantes da organização e seus públicos.

É claro que, como trabalham em um contexto distinto, com limitações e problemas diferentes, os especialistas em relações públicas do governo operam de forma um pouco diferente de seus colegas do setor privado. Os responsáveis por informações públicas enfrentam problemas únicos. Sua missão e legitimidade são mais questionadas. Seus públicos são forçados a dar apoio financeiro por meio de taxação. A burocracia, as situações burocráticas internas e as pressões políticas prejudicam seus esforços, e as oportunidades de avanço na carreira são limitadas.

Histórico das relações públicas no governo dos Estados Unidos

Em 1913, a Comissão de Serviço Público dos Estados Unidos (U.S. Civil Service Commission) anunciou um concurso para "Especialista em informação pública". Em 22 de outubro daquele ano, o Congresso aprovou a Emenda Gillett (*United States Code, Title 38, section 3107*), que declarava: "Nenhum dinheiro decorrente de qualquer lei deve ser usado como remuneração de especialistas em informação pública, a menos que gerado especificamente com esse propósito".

Apesar da lei, a função de relações públicas de governo teve continuidade. Muito destacado entre os primeiros empreendimentos de relações públicas do governo foi o Comitê de Informações Públicas de George Creel, na Primeira Guerra Mundial.

As relações públicas no governo federal amadureceram durante o *New Deal*, quando a criação das chamadas agências do alfabeto "precipitaram uma inundação de assessores nos canais do governo".[20] O Office of War Information, criado durante a Segunda Guerra Mundial, deu mais apoio federal à profissão. Quando a guerra terminou, ele se transformou na United States Information Agency. No final da década de 1940, a atividade de relações públicas estava cada vez mais em evidência nos governos estaduais e locais. Em 1949, quase todos os governos estaduais tinham estabelecido um programa de relações públicas para atrair turismo e indústria. Desde 1970, foram criadas pelo menos 20 novas agências reguladoras federais, todas com amplos programas de informações públicas.

A importância e o alcance das relações públicas governamentais

Apesar dos limites impostos à atividade de relações públicas pelo Congresso, a comunicação do governo sempre foi necessária, ainda que para dizer aos cidadãos quais serviços estão disponíveis e como usá-los. Com a crescente complexidade do governo, veio um aumento correspondente em relações públicas governamentais.[21]

Ron Levy, assessor de comunicações governamentais, afirma que o governo precisa fazer um trabalho melhor para dar ao público mais informação sobre qual literatura o governo oferece, quais serviços e para onde escrever em busca de materiais de informação específicos. Ele diz que os comunicadores do governo também devem dar mais divulgação aos discursos de seus líderes.[22]

É impossível estimar o número de pessoas envolvidas ou o dinheiro gasto em relações públicas governamentais. Como diz William Gilbert, "se você está no governo, está em relações públicas.

[Há] um elemento de relações públicas em tudo o que [...] o governo [...] faz".²³

As informações ou relações públicas governamentais se tornaram cada vez mais importantes depois dos atentados terroristas de 11 de setembro de 2001. Victoria Clarke, ex-secretária de defesa assistente para assuntos públicos, liderou a transformação de um serviço de informações públicas em um trabalho estratégico para a construção de alianças e relações, buscando envolver não apenas a mídia, mas também líderes religiosos, líderes educacionais e comunidades – um leque mais amplo de públicos. Ela diz:

> Se você for trabalhar com assuntos públicos no século XXI, terá de fazer mais do que reagir às 10 mil inserções de mídia todos os dias. Em grande parte, foi isso que eu fiz. [...] Então, em si, isso já é um desafio enorme. Mas meu desafio é transformar o departamento de assuntos públicos como um todo. [...] Se você quer servir de apoio para uma defesa forte ou uma defesa diferente, a longo prazo, terá de envolver uma gama maior de públicos.²⁴

A Secretária de Estado norte-americana, Condoleezza Rice, é acompanhada por representantes do governo em uma visita à província de Sichuan, no sudeste da China, atingida por um terremoto. Ela elogiou os esforços de recuperação do país depois do desastre.

A função das relações públicas governamentais

Os responsáveis por informações públicas do governo, como quaisquer outros profissionais da área, devem chegar a um entendimento mútuo entre suas agências e os públicos, seguindo um processo estratégico de relações públicas. Eles devem avaliar a opinião pública, planejar e organizar a eficácia das relações públicas, construir mensagens para públicos internos e externos e medir a eficácia do processo como um todo.

Assim como todos os facilitadores de informações organizacionais, os responsáveis por informações públicas servem a dois senhores ao mesmo tempo: seus públicos e seus empregadores. Por um lado, oferecem ao público relatos completos, sinceros e contínuos das informações de governo e canais acessíveis para contribuições dos cidadãos. Por outro, o finado educador das relações públicas Scott Cutlip afirmava que os gestores de governo acreditavam que o propósito principal da função de informação pública é promover as políticas da administração que está governando.²⁵

Os responsáveis por informações públicas não servem a qualquer dos senhores muito bem, como mostrado por milhões de norte-americanos que consideram seu "governo distante e indiferente, quando não hostil".[26] O público e os políticos poderiam ser mais bem servidos se os responsáveis por informações públicas conseguissem dar contribuições mais ativas a quem toma decisões. Em seu relatório seminal, *Government and Mass Communication*, Zachariah Chafee Jr. sustentou que:

> A informação de governo pode cumprir um papel vital na causa da boa administração, explorando o impacto das novas forças sociais, descobrindo pressões e tensões antes que se tornem agudas e incentivando um sentido positivo de unidade e direção nacional.[27]

As funções mais básicas das relações públicas governamentais são ajudar a definir e atingir objetivos de programas do governo, aumentar a capacidade de resposta e os serviços que ele presta e dar ao público informações suficientes para permitir o autogoverno. O objetivo dos responsáveis por informações públicas é promover a cooperação e a confiança entre cidadãos e seu governo. Isso, por sua vez, requer acessibilidade, responsabilização, constância e integridade.

A prática de relações públicas governamentais

A prática das relações públicas no governo é muito semelhante à de outras instituições, mas os responsáveis por informações públicas enfrentam algumas dificuldades que são específicas de sua área. Como são pagos com fundos públicos, sua missão e sua legitimidade são mais questionadas do que nas organizações privadas. Gilbert diz que "os cidadãos [...] consideram as atividades de informação pública do governo um desperdício do dinheiro do contribuinte e essencialmente propagandísticas".[28] É por isso que a Emenda Gillett nunca foi rejeitada e os profissionais de relações públicas governamentais exercem sua função sob eufemismos como "responsáveis por informações", "responsáveis por assuntos públicos" ou "responsáveis por educação".

Diferentemente dos clientes de corporações, os públicos das entidades de governo são forçados a apoiá-las financeiramente por meio de impostos. Dessa forma, embora possa responder a forças políticas, o governo não responde a forças de mercado. Falar em burocracia do governo se tornou um clichê infelizmente preciso e um sério problema de relações públicas.

David Brown aponta outros problemas dos responsáveis por informações públicas: situações burocráticas internas que prejudicam os esforços do profissional, baixos padrões de emprego, pressão política e pouco desenvolvimento ou reconhecimento profissionais. Mais do que isso, ele diz, os especialistas de relações públicas do governo são considerados "operadores que chegam depois do fato, de quem se espera que apaguem incêndios começados por outros ou implementem informações sobre programas que realmente achamos que não aguentarão o escrutínio da mídia".[29] Outras dificuldades enfrentadas pelos responsáveis por informações públicas são os aumentos na complexidade das políticas, regras e práticas de governo, a crescente distância entre cidadãos e seu governo, e a demanda cada vez maior feita pelos cidadãos sem entender as limitações políticas, legais e financeiras impostas ao governo.

Para lidar com esses problemas, eles podem adotar várias estratégias. Primeiro, devem se esforçar para serem generalistas em habilidades de relações públicas e gestão, ao mesmo tempo em que se tornam especialistas na linguagem e na disciplina de campos específicos dentro do governo (saúde, educação, transporte, bem-estar, defesa, etc.). Segundo, os responsáveis por informações públicas devem praticar manutenção preventiva, proporcionando orientação em termos de políticas antes da aprovação dos programas. Isso exige que eles entrem na gestão principal do governo. Terceiro, os responsáveis por informações públicas que trabalham nos governos devem desenvolver uma orientação para o serviço – respondendo a um público composto por consumidores dos serviços do governo. Além disso, as relações públicas devem estimular essa perspectiva em todos os funcionários do governo, usando canais estabelecidos de comunicação interna. Quarto, devem se concentrar nas contribuições que recebem, tanto quanto nas que dão. Isso exige obter a opinião direta sobre seu trabalho por meio de participação dos cidadãos, pesquisas e questionários, e reuniões da comunidade que serão usadas para ajustar programas, mensagens e meios. Por fim, como demonstrou tão bem a queda do governo Nixon, as tentativas dos governos de esconder fracassos, incompetência ou erros se deparam com grandes riscos. A abertura é essencial para as relações públicas eficazes de governo.

Usando a internet

O uso de tecnologia para se comunicar com o público se tornou comum nas relações públicas de governos por ser uma ferramenta relativamente barata de comunicação bidirecional, que pode ser usada nos orçamentos operacionais reduzidos que predominam nas relações públicas de governo.

As páginas dos órgãos de governo na internet muitas vezes contêm fotografias coloridas e textos que podem ser formatados como folhetos ou boletins. Elas também representam uma alternativa à impressão de documentos longos. Por exemplo, dados do censo podem ser baixados da página do U.S. Census Bureau imediatamente, sem ter que encomendar uma publicação, pagar por ela e esperar semanas para que chegue. As páginas do governo vão desde a Casa Branca a páginas locais de cidades ou distritos, como a de Hennepin County, em Minnesota. Quase todos os governos municipais de cidades grandes e pequenas têm páginas na internet que cumprem a função de informação pública.

As páginas podem atingir os seguintes objetivos:

1. *Comunicar-se com o público.* Com a internet, você pode desviar da mídia. A página pode complementar seus esforços de relação com a mídia e acabar substituindo grande parte deles.
2. *Comunicar-se com pesquisadores, ativistas, especialistas e jornalistas.* As pessoas usarão sua página para obter as informações de que precisam.
3. *Distribuir grandes volumes de informações.* O usuário da internet pode identificar e escolher o que quer da informação oferecida. Mas uma boa página encaminha os usuários à informação que lhes interessa.
4. *Divulgar qualquer coisa, de novas políticas a um evento próximo.* Uma página na internet está acessível em todo o mundo e pode ser atualizada com facilidade. Também se podem usar outras formas para convidar seu público a entrar na página.
5. *Solicitar comentários do público.* A internet proporciona um meio de comunicação bidirecional. Você pode construir uma opção de correio eletrônico com um clique do *mouse*.[30]

Relações públicas e campanhas políticas

Realmente não se pode discutir o governo sem reconhecer seu contexto político. Embora ofereçam serviços numerosos e diversos a seus públicos, as políticas do governo são orientadas pela política. A campanha eleitoral é a expressão mais aberta da política, e a atividade de relações públicas em nome de candidatos é praticamente sinônimo da própria campanha.

As campanhas políticas são uma indústria permanente, levantando centenas de milhões de dólares a partir de comitês de ação política e gastando esse dinheiro para atrair votos, e as relações públicas cumprem um papel fundamental para arrecadar e gastar esses fundos.

O profissional de relações públicas na campanha política não é apenas um porta-voz diante da mídia; ele costuma ser um assessor com credibilidade, que ajuda a formular estratégias de campanha e posicionamento com relação a temas. Ganhar votos requer primeiramente obter fundos, exposição na mídia e voluntários. Os profissionais de relações públicas trabalham muito para atrair todos os três. A seguir, esses recursos devem ser convertidos em apoio político. Toda essa atividade é voltada a fazer com que o candidato seja eleito, para que possa se tornar parte do processo de governar. Os assessores de imprensa de campanhas bem-sucedidas muitas vezes se tornam responsáveis por informações públicas do candidato eleito.

Estudo de caso

A campanha Go Direct®

Departamento do Tesouro dos Estados Unidos, com Weber Shandwick

Problema

Os norte-americanos dizem que os depósitos em conta superam os caixas eletrônicos e os talões de cheque como sua ferramenta mais importante para administrar as finanças pessoais. Mesmo assim, cerca de um em cada três norte-americanos ainda não usa o depósito direto, incluindo quase 10,5 milhões de beneficiários da previdência social, apesar de ampla opinião de que esse meio é confiável e seguro.

Uma pesquisa nacional foi patrocinada pela campanha Go Direct, do Departamento do Tesouro, o qual incentiva as pessoas que recebem da previdência e outros benefícios federais por cheque de papel a depositar diretamente. As conclusões da pesquisa foram divulgadas em fevereiro de 2008.

Panorama geral

Go Direct é um programa permanente de relações públicas que teve início em 2005, quando o Departamento do Tesouro dos Estados Unidos contratou Weber Shandwick para criar uma campanha pelo depósito em conta, com o objetivo de incentivar os norte-americanos que recebem benefícios da previdência social e outros a usar a conveniência e segurança do depósito.

Embora a maior parte dos beneficiários use o depósito em conta, os que não o fazem custam aos contribuintes cerca de 120 milhões em gastos de impressão e postagem. A pesquisa indica que os que ainda recebem cheques são um público diversificado e disperso de "pessoas a quem é difícil atingir e persuadir". A Go Direct começou nacionalmente em setembro de 2005, depois de um bem-sucedido programa-piloto de seis meses. O objetivo da campanha era reduzir significativamente o número de cheques de papel emitidos pelo governo federal a cada mês.

Pesquisa

A WirthlinWorldwide, atualmente Harris Interactive, foi contratada em 2003 pelo Tesouro e pelos Federal Reserve Banks para estudar as atitudes do grupos de *stakeholders* diante do depósito em conta. O estudo concluiu que o conhecimento do sistema já era elevado, de forma que uma campanha de divulgação pouco faria para levar esse grupo a fazer depósito direto.

Outro estudo foi realizado em 2004 por KRC Research "para testar mensagens importantes que Weber Shandwick desenvolveu com base em pesquisas anteriores, incluindo pesquisas telefônicas e grupos focais com indivíduos falantes de inglês e espanhol. Pesquisas posteriores da KRC incluíram a testagem da eficácia de anúncios para TV e encartes nos cheques da previdência".

Planejando estratégias

Weber Shandwick desenvolveu a campanha Go Direct visando a dar informação, apoio e reforço para que o grupo-alvo optasse pelo depósito em conta. A repetição com mensagens críveis, pessoalmente relevantes e de fontes confiáveis foi um elemento importante da campanha. Entre os elementos centrais, estavam:

- Desenvolver um esforço agressivo para mudar o comportamento dos membros do público-alvo, construindo parcerias com organizações confiáveis da comunidade, órgãos da previdência social e grupos religiosos.
- Trabalhar com bancos e cooperativas de crédito nacionais, regionais e locais para ajudá-los "com a formação e o material necessários para incentivar quem recebe cheques a optar pelo depósito direto e ajudá-los a se inscrever".
- Criar informações multiculturais e trabalhar com grupos confiáveis dentro da comunidade hispânica. Houve uma "campanha paralela voltada aos hispânicos, chamada Directo a su cuenta, com uma página na internet e materiais de campanha em espanhol".
- Usar mensagens que o público-alvo entendesse e relacionasse com porta-vozes críveis, não apenas para transmitir a mensagem, mas também para ajudar a criar interação pessoal entre o público, com a disseminação dessas informações.
- Dar sustentação aos esforços de base com iniciativas de relações com a mídia, propaganda nacional e mala direta, para explicar os benefícios do depósito em conta, um número telefônico gratuito e as páginas da Go Direct.

Táticas

- *Campanhas de base.* Foram desenvolvidas parcerias com bancos e cooperativas de crédito, organizações da comunidade e religiosas, órgãos de serviços humanos e grupos de defesa de direitos em nível nacional. (Forneceram-se mensagens e materiais.)
- *Materiais prontos para uso.* Foram criados folhetos, cartazes, vídeos e materiais do programa.
- *Relações com a mídia.* Notas à imprensa, visitas da mídia via satélite, visitas de mídia pelo rádio e vídeos *B-roll* deram início à Go Direct em 27 de setembro de 2005. Também houve grupos parceiros que escreveram colunas de opinião, cartas ao editor e outros materiais de imprensa promovendo a campanha.
- *Propaganda.* Propaganda de TV em nível nacional, com uma chamada para membros do público-alvo se inscreverem por meio de um número gratuito específico.
- *Números telefônicos gratuitos.* A Go Direct criou linhas telefônicas de ajuda, tanto em inglês quanto em espanhol, para facilitar a inscrição no depósito em conta.
- *Mala direta.* Foram enviados encartes junto com os cheques do governo federal, para os beneficiários.
- *Páginas na internet.* Foram criadas páginas em inglês e espanhol (www.GoDirect.org e www.DirectoASuCuenta.org).

Resultados

- *Inscrições para depósito em conta.* Em junho de 2006, 600 mil norte-americanos tinham passado ao depósito em conta por meio do centro de atendimento telefônico da campanha Go Direct. Havia outros caminhos disponíveis, de modo que esse não é o número total de inscrições.
- *Cobertura na imprensa.* A mídia superou as expectativas. A audiência para esse tipo de mídia excedeu os 250 milhões de inserções possíveis.
- *Parcerias.* A campanha teve mais de 450 organizações parceiras ativas.
- *Outros.* Os acessos a www.GoDirect.org passaram de 18 milhões e a campanha "distribuiu mais de 18 milhões de folhetos, 28 mil cartazes, 44 mil prismas de mesa e 42 mil broches 'Pergunte-me sobre Go Direct'".

Fontes: Council of Public Relations Firms, "U.S. Treasury's Go Direct Program with Weber Shandwick". Retirado de www.prfirms.org/index.cfm?fuseaction=page.viewpage&pageid=635 e www.godirect.org/ em 31 de março de 2008.

Perguntas

1. Por que se deveriam fazer outras pesquisas de avaliação?
2. Por que não é mais possível para o governo federal "pressupor" que seus públicos buscarão as informações, mesmo quando parece ser de seu interesse fazê-lo?
3. Pensando a partir do contexto brasileiro, quais são os maiores desafios de se comunicar com públicos multiculturais enfrentados pelo governo?

Resumo

A função de assuntos públicos em organizações empresariais e sem fins lucrativos ganhou mais importância no início do novo século. Sejam corporações listadas na Bolsa de Valores de Nova York ou a Cruz Vermelha dos Estados Unidos, seus funcionários, voluntários e comunidades estão exigindo intervenção e liderança do governo. Empresas e organizações sem fins lucrativos buscam atingir mercados e apoiadores globais, exigindo conhecimento de como se constroem relações com diferentes leis, costumes e regulamentações de governo.

As relações públicas se tornaram tão importantes às organizações governamentais quanto a outras instituições. As atividades de governo dependem da opinião pública que está informada e envolvida nas políticas públicas. Os cidadãos ainda têm de entender o papel estratégico dos assuntos públicos e da informação governamentais. Os especialistas em relações públicas no governo podem ajudar a construir apoio para esse papel estabelecendo suas próprias práticas e padrões profissionais.

Termos fundamentais

assuntos públicos
comitês de ação política
lobby
lobby de base

propaganda de temas
(propaganda para a defesa)
responsáveis por informações públicas

Notas

1. "Winning in Washington Takes Luck as Well as Skill", *Public Relations Journal* (Fevereiro de 1994), p. 6.
2. "Public Affairs: Its Origin, Its Present, and Its Trends", Public Affairs Council, www.pac.org/whatis/index.htm, 2001.
3. John L. Paluszek, "Editorial Note: Defining Terms", in *Practical Public Affairs in an Era of Change: A Communications Guide for Business, Government, and College,* ed. Lloyd B. Dennis (Lanham, MD: University Press of America), p. xvii.
4. Sheila Tate, citada em Elizabeth Howard, "Capital Gains: Public Relations Inside the Beltway", *The Strategist* (2002), p. 7.
5. Douglas G. Pinkham, "Corporate Public Affairs: Running Faster, Jumping Higher", *Public Affairs Quarterly* 43, nº 2 (1998), p. 33.
6. "Winning in Washington Takes Luck as Well as Skill".
7. Grover Starling, *Changing Environment of Business,* 2nd ed. (Boston: Kent, 1984), p. 96.
8. Ibid., p. 516.

9. Herbert Buchsbaum, "Money Talks, Lobbying in Congress", *Scholastic Update,* 5 de novembro de 1993, p. 10.
10. Edward M. Epstein, "An Irony of Electoral Reform", *Regulation,* maio/junho de 1979.
11. Edie Fraser, *PACs: The Political Awakening of Business* (Washington, DC: Fraser & Associates, 1980), p. 2.
12. Ibid., p. 15.
13. Starling, p. 531.
14. "The Swarming Lobbyists", *Time,* 7 de agosto de 1978, p. 17.
15. Christine Dugas, "Now, Madison Avenue Runs Straight to Capitol Hill", *BusinessWeek,* 4 de agosto de 1986, p. 27-28.
16. Ibid., p. 28.
17. Elliot H. Levitas, "Bureaucracy Stifling America's Right to Self-Govern", *Atlanta Business Chronicle,* 9 de junho de 1980, p. 4.
18. Richard A. Armstrong, "Working with State Government", in *Lesly's Handbook of Public Relations and Communication,* 4th ed., ed. Philip Lesly (New York: AMACOM, 1991), p. 99.
19. Revista *Parade,* 9 de novembro de 1986, p. 8.
20. Wlliam H. Gilbert, ed., *Public Relations in Local Government* (Washington, DC: International City Management Association, 1975), p. 9.
21. Ibid., p. 8.
22. Ronald Levy, "New Realities in Government Communications", *Government Communication,* novembro de 1995, p. 8-9.
23. Ibid., p. 5.
24. Victoria Clarke, "Life at the Pentagon", *The Strategist* 8, nº 3 (2002), p. 23.
25. Scott Cutlip, Allen Center, and Glen Broom, *Effective Public Relations,* 8th ed. (Upper Saddle River, NJ: Prentice-Hall, 2000), p. 488-502.
26. Relatório final da 32ª Assembleia Americana, Columbia University. www.americanassembly.org.
27. Zachariah Chafee, Jr., *Government and Mass Communication,* 2 vols. (Chicago: University of Chicago Press, 1947), chap. 2, p. 736.
28. Gilbert, p. 11.
29. D. H. Brown, "Information Officers and Reporters: Friends or Foes?" *Public Relations Review* (1976), p. 33.
30. Cliff Majersik, "Deciding Whether to Build a World Wide Web Site", *Government Communications,* setembro de 1995, p. 7-8.

15
Relações Públicas em Organizações Sem Fins Lucrativos

INTRODUÇÃO

O alcance das organizações sem fins lucrativos vai muito além de pequenos programas comunitários bem-intencionados. Esse tipo de organização hoje em dia tem uma orientação bastante prática e espera que as relações públicas contribuam para os resultados. As linhas divisórias entre empresas, organizações sem fins lucrativos e as instituições governamentais estão cada vez menos definidas.

Os fatores de sucesso entre as relações públicas sem fins lucrativos são semelhantes aos das que visam ao lucro. Eles incluem um foco na missão, forte comunicação interna e externa, participação ativa da diretoria e mensagens simples. O exemplo a seguir ilustra como alguns desses fatores são implementados no dia a dia.

Mindy fez algumas anotações ao concluir sua entrevista telefônica com um repórter de jornal. O museu infantil no qual trabalhava estava abrindo uma nova exposição e ela estava vendendo ideias de matérias para a seção principal do jornal. De seus estudos universitários, Mindy sabia que as relações com a mídia eram um componente fundamental da maior parte dos esforços de relações públicas, mas ficou um pouco surpresa de saber o quanto as impressões da mídia eram importantes para os arrecadadores de verbas de sua organização sem fins lucrativos. A comunicação positiva, principalmente quando acompanhada de aumento no número de membros, da frequência e do interesse da comunidade, dizia aos doadores que seu investimento no museu era apreciado e valorizado. Sem problemas, pensou ela. Eles estavam atendendo duas vezes mais pessoas do que a estrutura pretendia.

Mindy também ficou impressionada com o nível competitivo do trabalho. Quando participava das atividades filantrópicas de sua irmandade durante seus anos de graduação, ela não tinha realmente pensado sobre o lado das organizações sem fins lucrativos que estava relacionado aos negócios. O foco em ajudar as pessoas tinha feito com que essas organizações parecessem menos cruéis do que as empresas que têm de apresentar resultados financeiros aos acionistas. Mesmo assim, aqui estava ela, um ano depois, tentando superar em reflexão e desempenho o aquário local, o centro de ciências e outros, na tentativa de obter cobertura da imprensa e apoio financeiro para os programas infantis. Diferentemente do museu onde ela trabalhava, algumas dessas organizações tinham grandes orçamentos de propaganda, permitindo que pagassem por *outdoors* que chamavam a atenção em áreas de tráfego intenso, assim como anúncios caros na TV e em veículos impressos.

Não era apenas a concorrência que mantinha o funcionamento do departamento de Mindy, onde trabalhavam duas pessoas. O público em geral parecia ter um apetite insaciável por mais programação e mais formas de conhecê-la. O museu tinha respondido recentemente, introduzindo ofertas bilíngues, exposições em outros lugares e concursos. Mindy sempre quis ter mais tempo para criar iscas melhores que atraíssem a atenção da mídia, e desenvolver suas atividades promocionais. Quem sabe no ano que vem, ela pensava.

De repente, uma ideia surgiu na sua mente: e se um repórter de TV local fizesse uma matéria vespertina sobre nutrição no café do museu? Mindy fez algumas anotações, pegou o telefone e discou o número da emissora.[1]

ORGANIZAÇÕES COM FINS LUCRATIVOS *VERSUS* SEM FINS LUCRATIVOS

Não é tarefa simples definir o que é uma organização sem fins lucrativos dos tempos modernos. Organizações com fins lucrativos estão operando outras, que não os têm, e vice-versa. Para tornar as coisas ainda mais confusas, o governo não apenas compra serviços de uma e de outras, mas também presta alguns desses mesmos serviços. Consideremos os exemplos a seguir.

Ao lançar seu sabão em pó Tide Coldwater, a Procter & Gamble fez uma parceria com a Alliance to Save Energy e doou 100.000 dólares à National Fuel Funds Network (NFFN), um grupo que trabalha com programas de assistência em combustíveis em todos os Estados Unidos. Ao manter o tema da economia de energia, o Tide lançou um desafio aos consumidores para que experimentassem o novo produto com água fria, e tanto a Alliance quanto a NFFN o promoveram em suas páginas na internet.[2]

O National Crime Prevention Council, mais conhecido por seus anúncios de interesse público sobre *McGruff, the Crime Dog*, trabalha com a empresa de serviços de comunicação Global-Fluency para estabelecer parcerias público-privadas que apoiem campanhas contra a criminalidade. Os esforços de base se concentram em comunidades de alto risco, dando às corporações a oportunidade de demonstrar seu compromisso com a responsabilidade social.[3]

Os blocos de notas adesivos Post-It, da 3M, fizeram uma parceria com o City of Hope, um centro de pesquisa e tratamento de câncer na região de Los Angeles. As notas Post-It, impressas com uma faixa rosa para celebrar o Mês da Consciência sobre o Câncer de Mama, relembravam as mulheres de fazer exames. A página do Post-It na internet atraiu mais de três milhões de pessoas, e as expectativas de vendas passaram de 80%, permitindo que a 3M doasse 300.000 dólares ao City of Hope.[4]

"As alianças entre empresas que visam ao lucro e grupos sem fins lucrativos que fazem pesquisa são o 'novo modelo econômico'", diz o ex-governador da Pensilvânia Mark Schweiker.[5]

Além da economia, alguns diretores-presidentes de empresas acreditam que têm responsabilidade de fazer parcerias com as organizações sociais. "As corporações podem e *devem* mudar o mundo para melhor", diz John Paul DeJoria, que chefia a empresa de produtos para cabelo John Paul Mitchell Systems.[6] Ao abrir o capital de sua empresa, o diretor-presidente da Salesforce.com, Marc Benioff, colocou 1% dele em uma instituição beneficente e disse que 1% dos lucros futuros iriam para organizações sem fins lucrativos.

Ele também designou 1% do tempo de trabalho de cada funcionário a esforços voluntários pagos. Quando a empresa abriu seu capital, a fundação estava dotada de mais de 15 milhões e 12 mil horas de trabalho voluntário por parte dos funcionários.[7]

As relações entre organizações que visam ao lucro e que não visam são quase sempre positivas e produtivas, mas há exceções. Representantes do projeto One Laptop Per Child expressaram publicamente sua decepção quando a Intel cortou seus vínculos com o grupo. Como apontou a observadora externa Kathy Rogers, da American Heart Association, "todo mundo tem de entender que se entra [nessas relações] com um compromisso, mas as metas e os objetivos podem mudar".[8]

Talvez uma das maneiras mais fáceis para diferenciar uma **organização que visa ao lucro** de uma **sem fins lucrativos** é determinar o que acontece com qualquer quantia que não seja gasta em despesas gerais ou operacionais. Em uma empresa, esse dinheiro é chamado de "lucro" e distribuído proporcionalmente aos seus donos. Portanto, alguém que possua 20% da empresa receberá uma parcela maior do lucro do que alguém que tenha 1%. Entre os exemplos de empresas com fins lucrativos estão algumas das grandes, como Microsoft, Starbucks e McDonald's, bem como muitos restaurantes de propriedade local, lojas de pneus ou de eletrodomésticos. Em uma organização sem fins lucrativos, as quantias que sobram são chamadas de "excedente". Os fundos excedentes são reinvestidos na organização, para fortalecer e ampliar o trabalho.

Os objetivos destas últimas vão além do dinheiro. Uma empresa desenvolve produtos e serviços que farão com que seus proprietários ganhem dinheiro, como forma de recompensá-los financeiramente por seu investimento na empresa. Uma organização sem fins lucrativos se concentra em cumprir uma missão educativa e beneficente, reconhecendo que todas as organizações devem ter resultados positivos para poder existir.

Algumas organizações sem fins lucrativos gostariam de pensar que suas agendas voltadas à missão permitem alguma flexibilidade para avaliar programas e eficácia geral, possibilitando que elas meçam o sucesso de formas subjetivas e intangíveis. Mesmo assim, as que visam a lucros, como Body Shop e Patagonia, têm conseguido mesclar missão e lucro. A realidade é que as organizações sem fins lucrativos de hoje devem ir além de histórias agradáveis e bonitinhas para cumprir sua missão. As que esperam crescer devem realizar operações bem administradas e sólidas em termos fiscais, prestar serviços de qualidade e responder aos públicos a que servem. Michael Ertel, gerente de relações públicas da Quest, uma organização sem fins lucrativos que atende a portadores de deficiência na Flórida, sugere que a implicação para os comunicadores é que "a expressão 'sem fins lucrativos' é um código fiscal, e não uma forma de fazer relações públicas".[9]

O AMBIENTE DAS ORGANIZAÇÕES SEM FINS LUCRATIVOS

Como nem todas as organizações sem fins lucrativos devem prestar contas à Receita dos Estados Unidos, é difícil saber o tamanho e o alcance reais do setor, mas, segundo qualquer medida, ele é imenso. Em 2006, havia aproximadamente 1,48 milhão dessas organizações no país.[10] A maior delas, a ACM norte-americana – é uma rede de 5,1 bilhões de dólares, o que a colocaria na lista *Fortune 500*, ao lado da empresa de equipamentos para redes e comunicações Avaya e o banco comercial Marshall & Illsley Corp., se ela visasse a lucros.[11] A Figura 15.1 apresenta uma lista das 10 maiores organizações sem fins lucrativos que geram receita.

Esse tipo de organização inclui hospitais, museus, centros de pesquisa, abrigos para moradores de rua, orquestras sinfônicas e muitas outras organizações em todas as comunidades do país. As organizações de serviços humanos compreendem 35% da categoria, seguida de educação (18%), saúde (13%), benefício público e social (12%) e artes, cultura e humanidades (11%).[12]

As organizações sem fins lucrativos têm passado por uma curva de aprendizagem rápida nas relações públicas nos últimos anos, contratando profissionais e integrando a função de comunicação a seus planos estratégicos. A importância das questões relativas a emprego entre os setores que visam a lucros e que não visam é bastante semelhante, com os profissionais citando acesso à tecnologia, oportunidades criativas e oportu-

As 10 maiores organizações sem fins lucrativos geradoras de receita

1	ACM dos Estados Unidos
2	Exército da Salvação
3	Cruz Vermelha dos Estados Unidos
4	Catholic Charities USA
5	Goodwill Industries International
6	United Jewish Communities
7	Memorial Sloan Kettering Cancer Center
8	Boys & Girls Clubs of America
9	AmeriCares Foundation
10	Habitat for Humanity International

Renda em 2005 (em bilhões de dólares)

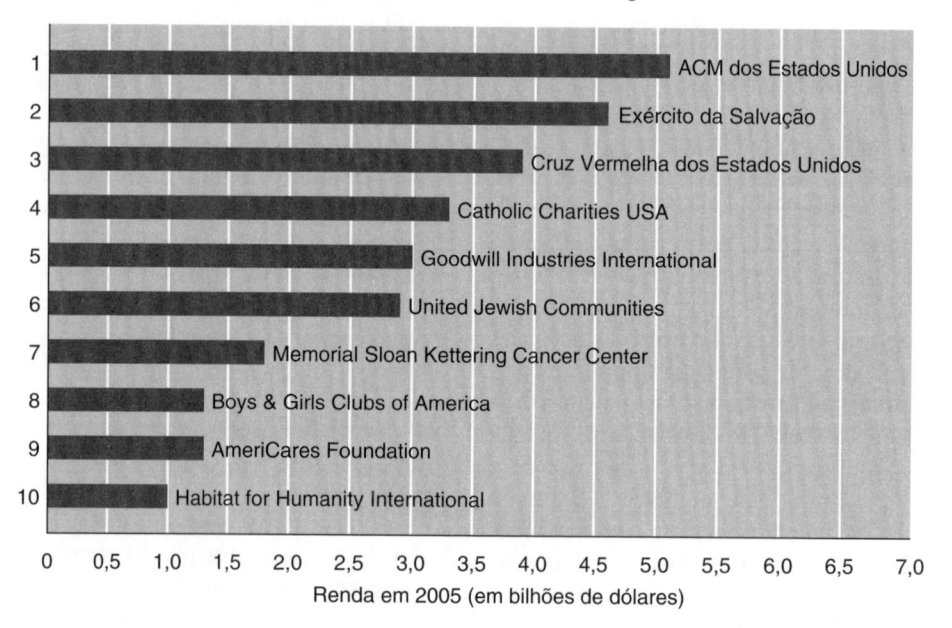

FIGURA 15.1 Organizações sem fins lucrativos geradoras de receita.

Fonte: Paul Clolery e Mark Hrywna, "Special Report: The NPT Top 100. An In-Depth Study of America's Nonprofits", *Nonprofit Times,* www.nptimes.com, 1º de novembro de 2006.

Grupo multiétnico de voluntários da Paramount Pictures lê para crianças hispânicas em idade escolar durante o Viacommunity Day, na Santa Monica Boulevard Community Charter School, Santa Monica, Califórnia.

nidades de desenvolvimento profissional como as mais essenciais. Muitos fatores afetam os salários, incluindo o tamanho e a cultura da organização, sua localização geográfica, a área de atividade da organização e as qualidades e nível de experiência do candidato.

Segundo a página Salary.com, a faixa salarial para profissionais iniciantes era de 32.000 a 52.000 dólares.[13] A pesquisa salarial de 2008 da *PRWeek* informou que quem trabalha no setor sem fins lucrativos tinha um salário anual médio de 71.200 dólares. Embora seja mais baixa do que em algumas outras áreas, essa cifra está na mesma faixa de quem trabalha em entretenimento, educação, turismo, associações profissionais e empresariais, serviços governamentais/públicos e varejo.[14] Como regra geral, organizações menores, locais, tendem a ter menos recursos e assim, pagar menos, dar menos acesso a oportunidades de desenvolvimento profissional e ter menor probabilidade de contribuir para planos de aposentadoria. Os que escolhem trabalhar em organizações sem fins lucrativos, contudo, estão dispostos a sacrificar alguns benefícios para trabalhar em uma causa na qual acreditam. "Há um imenso desejo nas pessoas de fazer [trabalhos] que as façam sentir bem", disse Shonali Burke, da American Society for the Prevention of Cruelty to Animals.[15]

A PRÁTICA DAS RELAÇÕES PÚBLICAS EM ORGANIZAÇÕES SEM FINS LUCRATIVOS

Esta seção apresenta um panorama das relações públicas nos setores sem fins lucrativos predominantes, incluindo os relacionados aos serviços de saúde e humanos, associações, estruturas educativas, organizações religiosas, e outras de tipos variados.

Serviços de saúde e humanos

Os serviços de saúde e humanos são os tipos mais comuns de organizações sem fins lucrativos. Em nível nacional, mais de uma em cada três instituições beneficentes públicas (*public charities*) é uma organização de serviços humanos. A saúde constitui 18% de todas elas, e essas instituições sem fins lucrativos gastam cerca de 63% de suas receitas em atividades de saúde.[16] Compreensivelmente, as regiões com populações densas têm mais desse tipo de organização do que as áreas menos povoadas. Por exemplo, o estado de Nova York tem duas a três vezes mais organizações desse tipo do que Idaho. O setor de serviços de saúde e humanos é muito amplo, englobando centenas de áreas, como a ajuda a portadores de deficiências, alimentação, abrigos temporários e habitação permanente, resposta a desastres, atendimento a gestantes, serviços de saúde, serviços de adoção, assistência para emprego e atendimento a crianças e adultos.

Vários são os desafios diante do setor de serviços de saúde e humanos, incluindo demanda elevada, altos custos, acesso, bem como a ética dos critérios usados para selecionar quem recebe os serviços. As relações públicas muitas vezes são chamadas para oferecer declarações de posicionamento e para responder a críticas. Muitas pessoas procuram as organizações sem fins lucrativos para preencher lacunas e complementar serviços prestados por órgãos de governo e outros. Por exemplo, uma manchete do *Wall Street Journal* observava: "O aumento do número de pessoas dependentes da previdência leva os estados a fazer cortes nos programas de incentivo ao emprego". O artigo aponta que "os serviços que ajudam as pessoas a fazer a transição da previdência social ao trabalho – desde fornecer carros a tratamentos para o abuso de drogas – estão perdendo financiamento".[17] É em épocas como esta que as organizações sem fins lucrativos costumam ter um aumento no número de pessoas que buscam seus serviços, criando muitas oportunidades de relações públicas. Como observa Steven Rabin, ex-profissional de relações públicas e atual assistente do presidente da Kaiser Family Foundation, "saúde e família recebem boa cobertura". E acrescenta: "questões como pobreza, relações étnicas e algumas das mais espinhosas questões têm mais dificuldade de obter espaço".[18]

Em geral, os tópicos de interesse da mídia em serviços de saúde e humanos tendem a ser episódicos e sazonais, um reflexo do que acontece em um determinado momento. Quando o furacão Katrina forçou milhares de habitantes da região de Nova Orleans a sair de suas casas em 2005, a Cruz Vermelha dos Estados Unidos, junto com milhares de parceiros de longa data, forneceu ajuda.

As relações públicas cumpriram um papel importante para ajudar a transmitir as formas de receber ajuda, bem como doar dinheiro, tempo e outros recursos.

O Departamento de Saúde Pública e Meio Ambiente do Colorado queria promover a prevenção à gripe e a prontidão para emergências. Aproveitando a onda dos *reality shows*, divulgou um concurso de vídeo pela internet por meio do YouTube.com, que possibilitava que pessoas reais contassem suas ações por meio da nova mídia social. A campanha integrada também incluía uma ferramenta na internet para ajudar os cidadãos a calcular os elementos essenciais de que necessitariam em caso de desastre, técnicas de *marketing* social pela rede, iniciativas voltadas aos hispânicos e *blogs* gerados por consumidores.[19]

Os públicos de relações públicas para as organizações sem fins lucrativos de serviços de saúde e humanos costumam ser os que conseguem fazer alguma coisa para resolver e minimizar o problema. Isso colocaria os legisladores e outros membros do governo no topo da lista, já que eles conseguem alocar verbas ou patrocinar leis e políticas públicas. E esse grupo é particularmente sensível ao sofrimento de sua clientela, que pode ser expresso por histórias de interesse humano. Famílias pobres que não podem pagar por contas de luz no inverno, gente doente que não tem dinheiro para comprar os remédios que podem salvar sua vida, crianças sem lar, que foram colocadas em casas onde sofrem abusos – todos podem servir como dramas contundentes para a mídia.

Associações de indivíduos

As associações abertas a membros são organizações que possibilitam que pessoas com interesses e objetivos em comum se unam e tratem das necessidades comuns, muitas vezes em áreas de legislação, direito, educação e formação. Há milhares de associações de tipos diferentes, incluindo advogados, professores, profissionais de saúde, produtores de alimentos, pessoal de segurança do consumidor e outros. Algumas muito conhecidas são a American Medical Association, Chambers of Commerce e a AARP, antigamente conhecida como American Association for Retired Persons. Também existem as associações das associações. A American Society of Association Executives representa os mais de 25 mil membros que lideram associações setoriais, profissionais e filantrópicas. O National Council of Nonprofit Associations é uma rede de 37 associações de organizações sem fins lucrativos estabelecidas em nível estadual e regional, que servem a mais de 22 mil dessas organizações nos Estados Unidos.[20]

No centro de qualquer associação bem-sucedida estão as relações e é aí que muitas vezes se concentram os esforços de relações públicas. Os profissionais estão sempre em busca de formas novas e eficazes de construir e manter um sentido de comunidade, uma tarefa dificultada pela ampla gama de características demográficas dos membros e as pressões do tempo, compromissos, tecnologia e proximidade. Para conseguir isso, os grupos costumam usar uma combinação de "antigas" tecnologias, como boletins, revistas e folhetos, tecnologias "novas", como correio eletrônico, páginas e salas de bate-papo na internet, e comunicação face a face em reuniões estaduais e regionais. Além dos veículos de comunicação, as decisões operacionais podem afetar as relações. A Missouri State Teachers Association, por exemplo, tomou uma decisão consciente de não ter um atendimento automático de voz. A recepcionista, que é considerada um "administrador de primeiras impressões", cumprimenta e conecta pessoalmente quem telefona à melhor pessoa ou departamento para atender a suas necessidades.

As associações podem ser chamadas para comentar eventos atuais dentro do setor. Por exemplo, a Magazine Publishers of America foi surpreendida ao saber que o correio dos Estados Unidos, o U.S. Postal Service (USPS), planejava elevar a tarifa para envio de revistas em uma média de 15%, depois de ser informada que deveria esperar um aumento de um dígito. Em nome de seus membros, a MPA trabalhou para convencer o USPS a manter sua promessa original, criando uma campanha de relações públicas que incluiu contatos com repórteres que cobrem política e governo, propaganda, um almoço com pessoas influentes e *lobby*. O aumento foi reduzido a 9,9%.[21]

As associações podem responder publicamente em nome de todos os seus membros a notícias pessoais envolvendo um de seus membros importantes. Quando faleceu Dave Thomas, fundador da rede de lanchonetes Wendy's, a National Restaurant Association expressou seus sentimentos e observou que a morte de Thomas era uma perda que seria sentida em todo o setor de serviços de alimentação.

As associações recebem uma espécie de avaliação anual na época de renovar sua participação, quando os membros decidem se vale a pena ser membro por mais um ano. As relações públicas devem comunicar como a organização atendeu e continuará a atender às necessidades de seus membros.

Instituições educativas

As escolas públicas, assim como as instituições de educação superior, concluíram que as relações públicas são cada vez mais importantes em sua busca de verbas, ao lidar com crises ou enfrentar muitas das situações especiais que giram em torno da educação.

Escolas públicas de ensino fundamental e médio Uma rápida olhada nas manchetes destaca a necessidade de relações públicas em escolas públicas de ensino fundamental e médio. São verbas especiais para escolas que não são aprovadas em plebiscitos, professores e motoristas de ônibus escolares que estão em greve, alunos e professores que são baleados e mortos, há preocupações com o currículo e provas padronizadas, faltam professores e sua competência é questionada. Os distritos escolares entendem que parte de sua responsabilidade como órgãos financiados pelo estado é manter os contribuintes e outros públicos informados sobre suas operações.

Qualquer questão que afete as escolas públicas provavelmente afetará amplos segmentos da comunidade. Mesmo as pessoas sem filhos em idade escolar terão interesse no sistema escolar, porque seus impostos o sustentam, e as escolas são foco de orgulho e preocupação cidadã. A maioria das pessoas em nossa sociedade acredita que está em seu direito de saber e opinar sobre o que acontece nas escolas públicas.

As escolas de nível fundamental têm vários públicos que se sobrepõem. Por exemplo, um professor pode ser formado na escola, ser contribuinte e ter filhos estudando nela. Isso significa, de uma perspectiva de relações públicas, que os públicos formam opiniões com base em informações de uma série de perspectivas diferentes. Os públicos internos mais importantes para as escolas de nível médio e fundamental são professores, alunos, pais e moradores do distrito. Outros públicos internos e externos importantes para as escolas públicas incluem os administradores e funcionários das escolas locais, ex-alunos e membros das diretorias das escolas, líderes empresariais e industriais locais, clubes de serviços e cívicos, igrejas e organizações religiosas, incentivadores dos esportes, legisladores, órgãos de governo locais, estaduais e federais, bem como organizações e sindicatos de professores.

Além da educação, as escolas estão dando passos positivos para tratar de questões enfrentadas pelos jovens de hoje. Por exemplo, o programa Drug Abuse Resistance Education (D.A.R.E.) atinge mais de 36 milhões de crianças em 80% de todos os distritos escolares dos Estados Unidos e trabalha com educadores para apresentar seu conteúdo em 54 países. As escolas fazem parcerias com órgãos locais da lei para oferecer o programa. A pesquisa confirma a eficácia do programa. Na verdade, quem passou pelo D.A.R.E. tem cinco vezes menor probabilidade do que outros de começar a fumar.[22] Quando representantes da Escola de Ensino Médio Timken, em Canton, Ohio, souberam que 64 de suas 490 alunas, ou 13%, estavam grávidas, a escola aplicou um programa em três níveis sobre gravidez, prevenção e sobre ser pai e mãe.[23]

Quando as políticas de escolas de nível fundamental e médio são questionadas, as relações públicas devem responder. Quase todos os distritos escolares do Arizona seguem a regra de tolerância zero da Arizona School Boards Association para qualquer tipo de substância, incluindo vitaminas e suplementos nutricionais, exceto quando houver determinações especiais.[24]

Quando pais de alunos com infrações relacionadas a drogas questionam a política publicamente, as relações públicas devem transmitir a fundamentação e sustentar um apoio continuado.

Educação superior Da perspectiva das relações públicas, a cultura de uma instituição de educação superior é uma benção e uma maldição ao mesmo tempo. No lado positivo, é um ótimo ambiente para profissionais da criação, porque os estudiosos estão desenvolvendo novos conhecimentos e processos, os estudantes estão criando tendências e há uma abertura para explorar novos conceitos e ideias. No lado negativo, a hierarquia de poder não é clara, e sim difusa entre uma série de grupos internos, como a administração, os professores e os alunos. Os comunicadores muitas vezes andam na corda bamba, na tentativa de equilibrar os desejos, vontades e necessidades de públicos internos e das clientelas nos departamentos dos *campi*.

Os profissionais de relações públicas bem-sucedidos em faculdades e universidades envolvem representantes de áreas que serão afetadas pela questão ou atividade. A lista a seguir dá exemplos daquilo em que os departamentos de faculdades e universidades podem se envolver ao planejar um evento no *campus* e a contribuição de cada um.

- *Relações públicas:* Identificar objetivos e propósitos do evento, garantir que a administração adequada da universidade esteja presente no evento, garantir um mestre de cerimônias e sugerir um conteúdo do programa (incluindo supervisionar protocolo), elaborar um calendário de atividades relacionadas, redigir discursos/escrever roteiros.
- *News bureau:* Promover o evento, responder a perguntas da mídia.
- *Assuntos de governo:* Identificar legisladores ou outros membros do governo que podem ter de estar presentes, determinar quais informações devem ser enviadas a eles antes do evento, localizá-los no evento porque provavelmente terão que ser apresentados.
- *Equipe do evento:* Reservar salas, planejar menus, gerenciar alimentação e decoração, cuidar das confirmações de comparecimento, atender às necessidades de visitantes, desde instruções e estacionamento até convidados importantes e distribuição de materiais.
- *Editor de internet:* Postar o evento na página principal da instituição ou criar uma página especial para um grande evento.
- *Desenvolvimento e relações com ex-alunos:* Identificar quais segmentos do público de ex-alunos/amigos devem ser incluídos, como devem ser contatados e o papel dos ex-alunos no evento; responder perguntas.
- *Interesses especiais:* Dependendo da amplitude do evento, vários representantes de interesses especiais ou outros grupos do *campus* podem ter de ser envolvidos para garantir que o evento seja tratado adequadamente e verificar se qualquer representante dessas áreas precisa se envolver para dar conta da produção.
- *Polícia do campus:* Garantir a segurança de todos os participantes e acomodar qualquer necessidade de aplicação da lei.

Faculdades e universidades enfrentam riscos cada vez maiores em termos de segurança, que implicam desafios no campo das relações públicas. A morte de 32 estudantes em abril de 2007 por um colega, na universidade Virginia Tech, redefiniu os sistemas de segurança e comunicação para faculdades e universidades e deu início a um debate sobre várias questões, incluindo a violência com armas, leis sobre armas e privacidade, responsabilidade de administrações das faculdades, ética no jornalismo e tratamento de doentes mentais. A Northern Illinois University tinha um sistema multifacetado que incluía uma página na internet, correio eletrônico, correio de voz, linha telefônica para atender a crises, meios de comunicação e sistemas de alarme para avisar aos alunos sobre ameaças potenciais, mas depois de um pistoleiro matar cinco alunos naquela universidade em fevereiro de 2008, seu reitor observou: "Eu não sei se há algum plano que possa impedir esse tipo de tragédia".[25]

O público pode entender mal a pesquisa feita nas universidades. Quando o *The Times* de Londres publicou uma matéria que dizia que um pesquisador da Oregon Health & Science University buscava "curar" algumas ovelhas de sua atração por outras ovelhas do mesmo gênero, as imprecisões e mal-entendidos sobre os

Jovens trabalhando com a World Changers ajudam a construir igrejas como atividade da missão para aprender a doar seus talentos e seu tempo, bem como seu dinheiro, à igreja.

dados entraram em uma espiral de descontrole na blogosfera. O coordenador de comunicações da unidade agiu imediatamente, divulgando dados científicos com dois dos principais blogueiros, os quais rapidamente corrigiram as informações. Ele também corrigiu os erros em uma carta ao editor do *The Times*, e depois telefonou pessoalmente. O cientista também participou de entrevistas na mídia para esclarecer um pouco sua pesquisa. A polêmica fez tanto ruído público que uma matéria do *New York Times* documentou a agitação pública, e a universidade teve oportunidade de explicar como funciona a pesquisa científica e como as solicitações de verbas são redigidas para conter linguagem que mencione implicações humanas.[26]

Além dos eventos, faculdades e universidades estão preocupadas com suas imagens. Em um jogo de futebol americano contra a University of Yale no início da década de 2000, estudantes de Cornell ficaram com um pouco de inveja dos chapéus bacanas e outros aparatos usados pelos torcedores rivais. Os itens com a marca simbolizavam um sentimento geral de que Cornell era pouco apreciada como membro da Ivy League, o grupo das principais universidades dos Estados Unidos. Os estudantes formaram um comitê de imagem para tratar de formas para que a universidade, que estava em 13º lugar, pudesse subir nas classificações nacionais, e têm trabalhado com os administradores na identidade visual de Cornell, no tamanho das turmas, no recrutamento de alunos, diversidade e outras áreas relacionadas à posição no *U.S. News & World Report*.[27]

Relações públicas religiosas

Em geral, as organizações religiosas devem se basear nas relações públicas para promover seu trabalho, já que as verbas não costumam estar disponíveis para iniciativas de propaganda de grande escala. Em nível local, as relações públicas ajudam as congregações a promover serviços religiosos, estudos bíblicos em domingos e férias, programas musicais e outras atividades. Iniciativas estaduais, nacionais e internacionais muitas vezes são dirigidas a questões relacionadas a denominações, evangélicas e sociais mais amplas. Judeus, presbiterianos, unitários e pessoas de outras denominações e sistemas de crença estão envolvidos em programas de alfabetização, programas de atividades extracurriculares e abrigos para mulheres agredidas, entre outros. As melhores intenções, contudo, podem não ser suficientes para superar problemas legais e políticos e outras questões relacionadas a políticas. Quando um *tsunami* atingiu a Tailândia, em dezembro de 2004, milhares de socorristas e governos de outros países responderam com compromissos de ajudar a proporcionar bilhões de dólares para a recuperação. Nove meses depois, cerca de 150 mil sobreviventes ainda moravam em barracas e abrigos de emergência. Disputas por terra, má coordenação e políticas confusas foram mencionados como razões para as ineficiências.[28] Espera-se que se possa desenvolver um plano de relações públicas sólido nessa situação e em outras semelhantes, para ajudar a comunicar muito depois que a tragédia tenha sido substituída por desastres mais recentes.

Em função de sua natureza, as organizações religiosas muitas vezes são mais cobradas do que outras. Brigas internas, malfeitos de líderes e membros e outros escândalos do tipo podem ameaçar as crenças e destruir os alicerces dos princípios e valores das denominações – exatamente o oposto do que elas querem conquistar. Por exemplo, alguns padres católicos foram acusados de pedofilia e reconheceram sua culpa. Alguns ministros casados cometeram adultério e buscaram se divorciar de seus cônjuges. O desafio das relações públicas nas religiões é separar o mau discernimento e os erros de seus líderes humanos e membros do sentido e propósito divinos da fé.

Na época em que este livro estava sendo escrito, as faculdades católicas esperavam uma forte repreensão de parte do papa Bento XVI por não ensinarem e sustentarem os valores da igreja. Desde fazer uma conferência sobre gravidez na adolescência e ter organizações de professores e estudantes que apoiam o aborto e os direitos relacionados às células-tronco embrionárias até centros explícitos de recursos voltados aos homossexuais e a apresentação de peças de teatro questionáveis, os reitores têm dificuldade de ser autênticos e atender às necessidades de um corpo discente diversificado.[29]

As denominações maiores têm funções de comunicação mais bem definidas e organizadas. Por exemplo, a Igreja de Jesus Cristo dos Santos dos Últimos Dias (Mórmons) oferece pacotes com matérias, videoclipes e material de TV, programas de rádio, matérias para difusão, fotos, notas à imprensa, dados e informação gerais de contato à mídia.

Outros setores sem fins lucrativos

A quantidade de outros setores sem fins lucrativos que realizam relações públicas é muito grande para que se possa dar detalhes de cada um neste capítulo. Por exemplo, algumas organizações desse tipo promovem desenvolvimento econômico e turismo. A Irish Tourist Board desenvolveu uma campanha de relações públicas chamada *Ireland is open for business* para assegurar aos visitantes que o país estava livre da febre aftosa.[30] Historicamente, organizações sem fins lucrativos como a Colonial Williamsburg Foundation atraem a atenção de turistas gerando um diálogo nacional sobre educação e história.[31] Outras, como a Montgomery [Alabama] Improvement Association, se concentram em igualdade étnica.

Os ativistas desse tipo de organização sem fins lucrativos e ambientais também usam as relações públicas. O "ativismo da sala da diretoria" (*boardroom activism*) é uma técnica de guerrilha em relações públicas na qual os ativistas se tornam acionistas, se infiltram em reuniões anuais e apresentam suas reivindicações na forma de propostas de acionistas.[32] Uma organização de ativistas, Mothers Against Drunk Driving (MADD), usou apoio de base para pressionar por leis e controles mais rígidos para o álcool e outras questões legislativas relacionadas. Como resultado, as mortes no tráfego relacionadas ao álcool caíram 40% desde o início dos anos de 1980, e a MADD ampliou seus esforços de relações públicas para incluir uma proposta de emenda constitucional sobre os direitos das vítimas de crimes e uma campanha de propaganda contra o consumo de álcool por jovens, com financiamento federal.[33] A Volvo fez uma parceria com a Caribbean Conservation Corporation para iniciar uma grande campanha educacional e ambiental para preservar as tartarugas marinhas.[34]

DESAFIOS DE RELAÇÕES PÚBLICAS ENFRENTADOS POR ORGANIZAÇÕES SEM FINS LUCRATIVOS

Assim como as empresas, as organizações sem fins lucrativos enfrentam uma imensidão de desafios de relações públicas, todos podendo afetar sua capacidade de sobreviver e prosperar. Entre eles, os que estão a seguir.

Obter reconhecimento em um ambiente saturado

O grande número de organizações sem fins lucrativos torna o ambiente extremamente competitivo. O relatório *Independent Sector*, de 2001, o mais recente no momento da escrita deste livro, observou que o número de organizações beneficentes cresceu 74% entre 1987 e 1998, chegando a 1,6 milhão.[35] Um estudo feito pela Universidade Johns Hopkins estima que as organizações sem fins lucrativos (por exemplo, hospitais universitários, atendimento domiciliar, universidades, instituições culturais) criaram um em cada quatro novos empregos na Pensilvânia. Organizações de todos os tamanhos são desafiadas a conquistar uma parcela significativa de participação e receber apoio e reconhecimento por seu trabalho em um mercado tão saturado.

Uma ferramenta útil que essas organizações usam para se comunicar é a tecnologia da informação. As páginas na internet, o correio eletrônico e o acesso à rede permitem fazer pesquisas, compartilhar informações com públicos importantes, arrecadar fundos, estabelecer redes com afiliadas, atrair funcionários e voluntários, oferecer formação, patrocinar serviços de informação 24 horas e melhorar sua capacidade geral de desenvolver seus programas e sua missão.

As páginas de internet eficazes são voltadas às necessidades do público. O mecanismo de busca da Habitat for Humanity International permite que os visitantes acessem informações em 11 idiomas. A página inclui um calendário de eventos especiais, a oportunidade de se inscrever em viagens em todo o mundo para a construção de casas, histórias sobre trabalho realizado ou em andamento e muito mais.[36] A Cystic Fibrosis Foundation reconhece que muitos de seus visitantes usam a página para obter informações gerais. Ela fornece dados sobre a doença genética que afeta um em cada 31 norte-americanos, informações sobre pesquisas e testes clínicos e histórias de interesse humano sobre pessoas afetadas pela fibrose cística. Quem quer fazer uma doação a essa causa pode fazê-la pela internet, e são apresentadas informações sobre outros eventos e atividades de arrecadação de fundos.[37]

Competir por recursos

As organizações sem fins lucrativos competem com outras da mesma natureza e com empresas que visam a lucros por uma série de necessidades e recursos, incluindo bons funcionários, voluntários conscientes, contribuições permanentes e reconhecimento adequado. Catherine Palmquist, diretora-executiva da Associação Cristã de Moças de Chester County, Pensilvânia, observa que um de seus maiores desafios é encontrar pessoas para contratar. "As corporações estão tentando contratar pessoas e estão pagando esses salários absurdos, com os quais não temos como competir", ela explica.[38] A concorrência em todas essas áreas pode ser intensificada de outras formas, como demissões, suspensões, queda no valor de ações e fechamento de fábricas. Por exemplo, quando um dos maiores empregadores de Rochester, Nova York, fechou e estavam ocorrendo demissões em outras empresas locais, a United Way da região ficou 1,8 milhão de dólares aquém de seu objetivo de 38 milhões.[39] A base de voluntários também foi afetada, porque algumas pessoas precisaram ir embora da comunidade para encontrar emprego.

As emergências nacionais também podem afetar os recursos locais. Em 2005, o governo federal desviou 80% dos produtos alimentares da Second Harvest para dar assistência a quem morava em áreas afetadas por furacões. Essa ação afetou a capacidade de bancos de alimentos locais, como o de Central Missouri, de atender a seus cidadãos. Uma verba de emergência de 10.000 dólares da United Way possibilitou que o banco de alimentos continuasse seus serviços de fornecimento para 68 mil pessoas.[40]

As organizações sem fins lucrativos sempre precisam de voluntários para realizar várias tarefas, desde ser membros de diretorias e arrecadar fundos até trabalhar em um escritório e prestar serviços diretos a outros.[41]

Embora Stan Hutton, da nonprofit.com, observe que "uma pessoa não está realmente iniciada no trabalho sem fins lucrativos até ter feito pelo menos duas malas-diretas de grande porte".[42] A maioria dos mais de 110 milhões de pessoas que fazem trabalhos voluntários[43] não gosta de fechar envelopes. Elas querem ajudar idosos, animar crianças assustadas, trabalhar em abrigos para sem-teto, ajudar a apagar incêndios, limpar estradas, ler histórias na biblioteca, guiar visitas em museus, servir no Peace Corps e ajudar de tantas outras formas.

Comunicar a necessidade, os benefícios e o valor do trabalho voluntário é uma das muitas tarefas dos profissionais de relações públicas nas organizações sem fins lucrativos. Embora se possam fazer apelos diretamente a indivíduos, muitas dessas organizações estão trabalhando com corporações que dão atenção à comunidade e apoiam eventos de trabalho voluntário.

Uma dessas empresas, a Turner Broadcasting System, Inc., de Atlanta, promoveu o Turner Volunteer Day em 2000, escolhendo projetos voluntários que fossem mais atrativos a seus funcionários. Um total de 1.600 voluntários da Turner, de executivos de alto nível a funcionários administrativos, usou camisetas especiais ao se oferecer para trabalhar em mais de 30 locais em cinco cidades. As iniciativas de relações públicas, com assessoria da Ketchum Public Relations, incluíram uma campanha interna para ganhar força, relações com a mídia antes e depois do dia, com vistas a contar a história e tornar os funcionários orgulhosos, patrocínios e parcerias com outros membros da comunidade para fornecer transporte, alimentação e bebidas, além de transmissões ao vivo gratuitas e anúncios de interesse público. Todos ganharam muito com o evento. Mais de 50 mil pessoas das organizações sem fins lucrativos beneficiadas foram afetadas, a participação dos funcionários excedeu as participações e líderes da comunidade e de organizações elogiaram os esforços da TBS. Além disso, a empresa encontrou uma nova maneira de reter uma base de funcionários leais ao se ligar a algo que encontrou dentro de sua comunidade de funcionários: uma paixão pelo trabalho voluntário.[44]

A implicação geral das relações públicas é clara: a comunicação permanente é essencial para que uma organização sem fins lucrativos atraia sua parcela dos escassos recursos disponíveis.

Vencer crises e escândalos

As organizações sem fins lucrativos são tratadas como qualquer outra quando enfrentam uma crise ou um escândalo: atraem a atenção da mídia. Mas quando uma organização sem fins lucrativos se encontra nesse tipo de situação, toda a missão e a existência futura dela podem estar ameaçadas.

A Smithsonian Institution, o maior complexo de museus e instituições de pesquisa do mundo, foi criticada por seus pacotes de remuneração aos executivos e suas práticas de negócios questionáveis, como políticas de viagens. A direção buscou novas lideranças para reorientar o foco da organização e fortalecer relações com seus funcionários.[45]

A Cruz Vermelha dos Estados Unidos continuou coletando sangue do qual sabia não precisar depois dos atentados de 2001 ao World Trade Center, e acabou destruindo 25 mil litros. Um porta-voz tentou defender a ação ao resmungar: "Fizemos o melhor que pudemos, e faltaram 5% para usarmos tudo".[46] Essas ações podem prejudicar a reputação de uma organização que depende da boa vontade e do apoio dos cidadãos do país.

A falência da gigante de energia Enron no início de 2002 teve graves ramificações para o setor de contabilidade. Em resposta, o American Institute of Certified Public Accountants, com 330 mil membros, iniciou uma campanha de relações públicas para ajudar a restaurar a confiança do público no sistema de auditoria e contabilidade.[47]

Organizações sem fins lucrativos de todos os tamanhos precisam pensar sobre como lidariam com uma emergência potencial, um constrangimento, e algumas outras situações urgentes *antes* que ocorram. Existem várias organizações que podem dar formação para ajudar às que não têm fins lucrativos a formular um plano estratégico, que incluiria uma avaliação de seus riscos e vulnerabilidades, quando e como chamar a mídia, como desenvolver os temas centrais da mensagem, como se preparar para alternativas de financiamento e como ser específico sobre o que pedir.

Administrar múltiplos públicos

As organizações sem fins lucrativos respondem a vários públicos, incluindo doadores empresariais e individuais, membros de diretorias, funcionários, voluntários, formadores de opinião, legisladores, clientes, membros, financiados e reguladores do governo, vizinhos e cidadãos, fundações e beneficiários de verbas. Esses públicos complexos têm diferentes necessidades de relações públicas, e não é fácil satisfazê-las todas.

Por exemplo, membros de diretorias de grandes organizações desse tipo muitas vezes são executivos de empresas ricos e influentes. Como grupo, usam seu conhecimento de alto nível em gestão para ajudar a abordar as questões relacionadas aos resultados financeiros da organização e ajudam a apoiar sua missão por meio de doações substanciais. Pode ser difícil chegar à composição certa dos membros de uma diretoria e satisfazer suas necessidades de informação sobre operações e finanças.

Bill Lowman, diretor-executivo da Idyllwild School of Music and the Arts, em Idyllwild, Califórnia, teve um problema desse tipo. A escola, uma das três únicas escolas em regime de internato no país para as artes de espetáculo, teve graves problemas financeiros em 1983, quase a ponto de fechar. Lowman buscou orientação de ricos residentes de fim de semana, que frequentavam esse retiro na serra há muitos anos. E o fez de forma não tradicional: Lowman nomeou ambos os cônjuges para a diretoria, em vez da prática comum de indicar apenas um, resultando em contribuições novas e francas e reuniões de diretoria que lembravam atividades sociais, com jantares e apresentações dos músicos da escola. Hoje, a Idyllwild é um complexo de 70 prédios, com 250 alunos de 33 estados e 23 países.[48]

Outros públicos representam desafios iguais. Podem surgir discordâncias com relação a prioridades, lugar e forma de alocação de recursos, questões de propriedade, diferentes interpretações da missão e como os resultados devem ser interpretados e avaliados, para citar apenas alguns. Os profissionais devem tentar equilibrar essas diversas perspectivas.

Equilibrar múltiplos resultados

As organizações sem fins lucrativos usam um axioma para descrever seus resultados financeiros: sem margem, sem missão. Se não tiver verbas suficientes para operar a atividade, a organização terá vida curta. Os esforços das relações públicas sem fins lucrativos vão muito além das preocupações financeiras. Por exemplo, seus públicos esperam que elas atendam a necessidades apropriadas à organização, sejam uma voz persuasiva e unificadora em questões fundamentais, mantenham uma prontidão permanente em sua capacidade de oferecer apoio e serviços e proporcionem conforto em tempos de crise. A National Association of Broadcasters, por exemplo, queria ajudar o público em geral, formuladores de políticas e executivos de TV a entender melhor as implicações da mudança de seu sistema analógico atual a um formato digital. Sua campanha de relações públicas fez divulgação por meio de eventos especiais, relações com a mídia, propaganda e outras táticas adequadas.[49] Para organizações como a Christopher Reeve Paralysis Foundation (CRPF), a única medida verdadeira do sucesso será tratamentos eficazes e uma cura para a paralisia causada por lesão na coluna vertebral.[50] As relações públicas para a CRPF podem aumentar o conhecimento do público sobre o tema, mantê-lo em evidência e ajudar a elevar o financiamento para a pesquisa.

Construir uma marca e uma identidade

Quando se considera a paixão que a maioria das pessoas que trabalham em organizações sem fins lucrativos tem por sua causa específica, fica claro por que a maior parte dos recursos é alocada em projetos relacionados a missões e não a relações públicas. Mesmo assim, muitas dessas organizações já entenderam que um baixo reconhecimento do nome, uma imagem obscura, conhecimento limitado sobre o trabalho e um mercado competitivo nesse campo podem afetar em muito a quantidade de apoio e financiamento que elas recebem. As relações públicas estratégicas são uma necessidade, e não um luxo.

As organizações da United Way entenderam isso em primeira mão quando as pessoas que faziam contribuições puderam identificar o destino que queriam para seu dinheiro. Os grupos cujas marcas eram pouco conhecidas começaram a perder verbas, enquanto os que tinham investido em suas marcas mantiveram apoio dos doadores.[51]

Embora as organizações sem fins lucrativos que tomam iniciativas de construção de marca e identidade costumem ser criticadas por gastar dinheiro nessas atividades, os ótimos resultados acalmam os críticos. Um esforço nacional de construção de marca por parte da Volunteers of America permitiu que a organização dobrasse o número de pessoas atendidas e aumentasse a quantidade de voluntários idosos e jovens.[52]

As questões relativas à construção de marca assumem uma nova perspectiva à medida que as organizações sem fins lucrativos entram para redes ao mesmo tempo em que preservam suas próprias identidades. A Lutheran Services in America (LSA) é uma das maiores organizações sem fins lucrativos em termos de receita. O Minicaso 15.1 mostra as vantagens e as desvantagens de a LSA desenvolver uma identidade de marca.

FATORES DE SUCESSO PARA AS RELAÇÕES PÚBLICAS SEM FINS LUCRATIVOS

Não é mistério a razão pela qual algumas dessas organizações têm mais êxito em incorporar relações públicas do que outras. As que veem resultados mensuráveis geralmente incorporam os seguintes fatores em suas estratégias e planos de comunicação.

Foco na missão

Assim como qualquer outra organização, as que não têm fins lucrativos precisam revisitar suas declarações de missão de tempos em tempos para garantir que estejam cumprindo seus propósitos. É fácil aproveitar novas oportunidades para crescer e diluir o foco do propósito e do papel originais. As organizações sem fins lucrativos de todos os tamanhos são vulneráveis ao desgaste da missão, e isso pode acontecer mesmo sob os olhos cuidadosos de membros da diretoria e do público.

Estudiosos e ativistas exigiram a renúncia do principal gestor da Smithsonian Institution por comercializar o que foi chamado de "o depósito do país", um acervo de mais de 140 milhões de artefatos. Os críticos dizem que o patrocínio empresarial e privado de exposições e animais do zoológico permitiu que interesses externos ditassem a missão da Smithsonian, sacrificando sua integridade e independência. A Smithsonian inclui 16 museus e galerias, o National Zoo em Washington e estrutura de pesquisa nos Estados Unidos e em outros países.[53]

Relações públicas internas fortes

O executivo da Fleishman-Hillard, Dan Barber, defende uma filosofia que diz que todas as grandes relações públicas externas começam com grandes relações públicas internas.[54] Realizar esse trabalho com uma equipe pequena é uma tarefa totalmente diferente do que para uma organização com milhares de funcionários e voluntários em seções e afiliadas e todo o país. Mesmo assim, é importante conquistar o apoio dos que estão junto da organização, para acrescentar força às iniciativas externas.

Além de boletins, intranets e outras táticas semelhantes, as relações públicas internas podem envolver os funcionários em iniciativas de planejamento de comunicação. Alguns testam sua prontidão para emergências, permitindo que o departamento de relações públicas teste e avalie a precisão e a eficácia da lista de contatos na mídia, páginas especiais para crises na internet e outros sistemas de *backup*, e mesmo garanta que as baterias das lanternas funcionem. Participando nesses cenários, funcionários de todos os níveis têm um melhor entendimento de quais sistemas de comunicações estão em funcionamento.

Relações públicas externas que unificam

A resposta das relações públicas a temas controversos geralmente é realizada em termos de cada organização sem fins lucrativos, ou seja, cada uma delas gera comunicação a partir de sua perspectiva. Com frequência, mais de uma dessas organizações está tratando do mesmo tema, aumentando a possibilidade de mensagens conflitantes serem recebidas por vários públicos.

Durante a crise nacional do antraz, no final de 2001, os norte-americanos expressaram decepção com a forma como o susto foi tratado. Houve confusão com relação ao porte real da ameaça, como poderia ocorrer a contaminação, como proteger empresas e domicílios, e coisas do tipo. Considerando-se a organização do Departamento de Saúde e Serviços Humanos (HHS) dos Estados Unidos, fica fácil entender como foram criadas mensagens conflitantes. Há uma dúzia de agências sob o guarda-chuva do HHS, a maioria delas com suas próprias funções independentes de comunicação. Mais de 200 pessoas estão empregadas nesses departamentos, e o HHS tem milhões de dólares em contratos com empresas privadas de relações públicas. É um sistema em que há poucos mecanismos de controle e adequação para garantir que seja transmitida uma mensagem coerente e única.[55]

Quando o público escuta mensagens conflitantes, as organizações podem perder a credibilidade e a confiança. Os profissionais devem enxergar além de suas próprias agendas ao desenvolver estratégias de formulação de mensagens, para melhor atender às necessidades de informação do público.

Participação ativa dos membros da diretoria

Participar na direção de uma organização geralmente tem um preço, já que se espera que as pessoas façam uma doação financeira substancial, mas suas contribuições podem ir além do dinheiro, como ilustra o exemplo a seguir. A Camp Fire USA e a Fleishman-Hillard criaram uma campanha anual especial de divulgação, de um dia, chamada de o "Absolutely Incredible Kid Day". Pede-se que os adultos escrevam pelo menos uma carta cheia de apreço e amor por uma criança, criando memórias muito estimadas que possam durar a vida toda. Os membros da direção nacional ajudam a garantir a participação de celebridades, e eles próprios se envolveram ativamente na convicção nacional. Muitas celebridades, como Oprah Winfrey, Bill Cosby e Donald Trump, escreveram cartas.

As empresas da lista *Fortune 500* geralmente incentivam seus funcionários a participar de diretorias de organizações sem fins lucrativos, e algumas ajudam a treiná-los para exercer a liderança nesses órgãos. A American Express dá aos seus administradores um *kit* de ferramentas criado pelo National Center for Nonprofit Boards. Os materiais incluem informações sobre o papel da direção, um panorama geral de atividades de arrecadação de fundos, seu papel no planejamento estratégico e um livro com perguntas e respostas.

Os membros das direções de muitas organizações sem fins lucrativos se sentiram pressionados para fortalecer as práticas de governança e os códigos de ética à sombra da lei de reforma corporativa conhecida como Sarbanes-Oxley. Embora ela não se aplique às organizações sem fins lucrativos, muitas destas estão querendo os mesmos controles financeiros que estão em vigor para as empresas. Os membros das diretorias veem isso como uma forma de proteger suas reputações em caso de problemas.[56]

Mensagens simples

As organizações sem fins lucrativos que se sobressaem são as que se concentram em uma ideia e as melhores mensagens são as que sus-

Minicaso 15.1

Uma organização sem fins lucrativos avalia os desafios da criação de uma identidade nacional reconhecida

A Lutheran Services in America (LSA) é um segredo bem guardado. O que começou, em alguns casos, 150 anos atrás, na forma de encontros de igreja locais para tratar das necessidades de suas comunidades, cresceu e chegou a mais de 300 organizações relacionadas a duas grandes denominações luteranas nos Estados Unidos. Essas organizações, juntamente com as duas denominações, formam a rede Lutheran Services in America. A LSA presta toda uma gama de serviços de saúde e humanos, atendendo milhares de comunidades com orçamentos operacionais coletivos de mais de 9 bilhões de dólares, tornando-a uma das maiores organizações sem fins lucrativos do país em termos de receita. As organizações que fazem parte da LSA chegam a mais de 6 milhões de pessoas todos os anos – 1 em cada 50 norte-americanos.

O desafio da LSA é que poucos reconhecem o que ela é e o que faz. Suas organizações e os membros de suas diretorias acreditam que a rede deve se concentrar em desenvolver uma identidade nacional de marca como forma de fortalecer sua capacidade de atender às necessidades baseadas nas comunidades. Em 2003, a LSA criou um sistema de identidade visual e uma nova logomarca e *slogan – Together we can*. Em 2005, começou a trabalhar em um evento para arrecadação de fundos e divulgação que seria sua marca, chamado de *Trading Graces*. Esse leilão luterano anual no eBay ajudou a aumentar o conhecimento do público sobre as organizações da LSA e elevar as contribuições para organizações-membro locais. Recebeu atenção especial da mídia em seu primeiro ano, mas teve que se esforçar para recebê-la nos anos seguintes. Em 2008, a LSA começou uma estratégia de mídia para criar uma relação com repórteres nacionais que cobrem questões nas quais a LSA é uma fonte especializada, principalmente políticas públicas como moradia para pessoas de baixa renda, serviços de saúde e serviços aos idosos. Em 2008, a LSA também reformulou sua página na internet para estabelecer relações mais interativas. A LSA também vai oferecer recursos a seus membros, em uma página restrita.

Aqui, alguns dos desafios que a LSA enfrenta ao trabalhar para criar uma identidade nacional reconhecida:

- **Enorme diversidade.** As organizações individuais da LSA são entidades separadas, têm identidades locais diferentes, usam muitos nomes distintos, oferecem uma variedade de serviços e variam muito de tamanho. Além disso, para quem não conhece a rede da LSA, pode ser confuso tentar descrever uma entidade que envolve várias denominações luteranas.
- **Custo.** Desenvolver uma identidade nacional sai caro. Alguns membros podem criticar os gastos em estratégias e atividades de comunicação. A LSA contratou uma diretora de comunicações experiente, mas ela tem muitas demandas de comunicações internas, além das externas.

tentam os objetivos do programa. Quando uma quantidade constante de dietas de alta proteína, altamente propagandeadas, mostra alimentos como pão, cereais e massa como "demônios de alto teor de carboidratos", as vendas e o consumo de trigo e produtos de cereais caem. O Wheat Foods Council, uma organização sem fins lucrativos dedicada a aumentar a consciência sobre os cereais como componente essencial de uma alimentação saudável, desenvolveu um selo simples: "Cereais: colha a energia". O selo foi colocado em pacotes de produtos alimentícios feitos com cereais nas mercearias e resultou em fortes vendas, com margens mais elevadas para os varejistas.[57]

O Destaque 15.1, sobre a FAMILY MATTERS, é um exemplo de como são os elementos de mensagem. Eles organizam os pontos fundamentais para os porta-vozes e apresentam uma fundamentação em defesa da causa.

AVALIANDO AS RELAÇÕES PÚBLICAS DAS ORGANIZAÇÕES SEM FINS LUCRATIVOS

As organizações sem fins lucrativos respondem de forma semelhante às que visam ao lucro pelos resultados financeiros. Como discutido anteriormente neste capítulo, as organizações sem fins lucrativos administram orçamentos de milhões e mesmo bilhões de dólares. Seus patrocinadores corporativos, financiadores governamentais e doadores esperam resultados mensuráveis, que vão muito além de se sentir bem por ter feito uma boa ação. Devem ser usadas pesquisas qualitativas e quantitativas para avaliar os resultados das relações públicas.

A organização sem fins lucrativos Habitat for Humanity International trabalhou com a Delahaye Medialink para desenvolver um processo de medição abrangente. Para definir

- **Participação opcional em esforços de construção de marca.** A LSA não tem autoridade formal sobre organizações-membro, de modo que não pode exigir participação em um projeto de identidade de marca. As organizações terão que ser convencidas de que agregam valor a seu trabalho se associando a essa identidade e ficando conhecidas como parte do sistema LSA. Uma ação positiva foi o desenvolvimento de uma Rede de Comunicadores da LSA, formada por Relações Públicas, *Marketing* e o pessoal de comunicação de todas as organizações-membro. Essa rede provavelmente apoiará a construção de marca em nível nacional, que transferirá as vantagens a suas iniciativas locais.
- **Incompreensões sobre mensagens.** A LSA precisa considerar a forma como seus clientes podem receber a identidade nacional de marca. A filiação religiosa, por exemplo, confunde alguns, fazendo com que achem que não são elegíveis para receber os serviços.
- **Impacto negativo potencial sobre doações beneficentes.** Quando um sistema como a LSA é considerado grande, os que não entendem sua natureza federativa podem supor que não é necessário apoio, resultando em um efeito negativo sobre a filantropia.
- **Sem controle corporativo.** A LSA pode fornecer diretrizes, mas não tem controle sobre como a identidade pode ser expressa em nível local, de comunidade. Mesmo assim, é necessário haver algum nível de coerência da marca para que ela tenha qualquer valor para as organizações-membro.

Por mais que esses desafios possam ser assustadores, a LSA acha que é hora de as organizações-membro destacarem seu forte testemunho de fé em ação e cada vez mais afirmar sua identidade luterana, à medida que ela ganha mais valor. Uma identidade nacional de marca reconhecida pode permitir que a LSA amplie seus serviços e suas missões. Pode aumentar a sensação de orgulho entre funcionários, voluntários, luteranos praticantes e clientes nos milhares de bairros onde as organizações-membro da LSA estão presentes.

Perguntas

1. Quais são as vantagens e as desvantagens da abordagem da LSA de introduzir novas estratégias para seu programa de identidade em um período de alguns anos?
2. Quem são os públicos centrais para esse tipo de iniciativa?
3. Identifique outras organizações, com e sem fins lucrativos, que enfrentem ou tenham enfrentado problemas semelhantes de identidade. Que lições a LSA pode aprender com elas?

Fonte: Jeanean Merkel, Lutheran Services in America, fevereiro de 2008.

---

a forma de elaborar o plano, foi formada uma equipe de participantes, incluindo chefes de departamentos de comunicação, representantes seniores de arrecadação de fundos e desenvolvimento, bem como indivíduos de outras áreas importantes. Uma das primeiras questões a serem tratadas com a equipe foi o medo da avaliação e como os maus resultados poderiam refletir sobre indivíduos ou unidades. Relacionado a isso, havia um pressuposto de que grande parte do trabalho não pode ser avaliada concretamente. Foi importante para a equipe entender como os próprios membros valorizavam seu trabalho e como seu trabalho era valorizado, bem como avaliar como e se fatores intangíveis, como sentimentos e emoções, poderiam ser indicadores de eficácia de comunicação.

O passo seguinte identificava oito indicadores principais, incluindo uma alta porcentagem de renovações e um elevado grau de satisfação com as comunicações e com o programa em termos gerais, bem como o número de mensagens por mês, o tom dessas mensagens e seu conteúdo. Por fim, determinou-se como a informação de avaliação poderia ser coletada de forma oportuna e eficiente. Isso incluiria a atribuição de um responsável para cada uma das oito prioridades, estabelecimento de padrões de referência, identificação do que está sendo medido e determinação do formato de apresentação, público e frequência.

O resultado final desse planejamento é um sistema de medição de mídia chamado Media-Scope. Os primeiros resultados são animadores. O sistema possibilita que os funcionários da Habitat avaliem toda a cobertura impressa mensalmente e a TV diariamente, disponibilizando uma fonte valiosa de história e testemunhos de proprietários de casas para o trabalho dos departamentos da Habitat.[58]

Destaque 15.1

A FAMILY MATTERS, uma iniciativa da Points of Light Foundation em 1999, estava pronta para divulgar os benefícios do trabalho voluntário por parte das famílias e se posicionar como sendo o recurso para esse tipo de atividade. Os seguintes elementos de mensagem para porta-vozes nacionais proporcionam a argumentação para o tópico do voluntariado familiar, explicando por que a FAMILY MATTERS está qualificada para servir como vínculo entre famílias e suas comunidades, e incluem uma convocação para a ação.

Elementos da mensagem

- *O voluntariado familiar funciona*
  - Fortalece a família.
  - Fortalece a comunidade.
  - Fortalece as empresas locais.

Elementos centrais da mensagem para a FAMILY MATTERS 1999

- Fortalece as organizações sem fins lucrativos.
- *A FAMILY MATTERS conecta famílias e comunidades.*
  - A FAMILY MATTERS, uma iniciativa da Points of Light Foundation, estabeleceu parcerias com a Kellogg Foundation para pesquisar os usos que agências sem fins lucrativos de todo o país estão fazendo do trabalho voluntário. Identificamos uma oportunidade de atender a uma necessidade – conectar famílias com suas comunidades.
  - Depois de implementar e avaliar os programas de voluntariado familiar em mercados experimentais, a FAMILY MATTERS estabeleceu modelos bem-sucedidos em 20 cidades.
- Os locais onde funciona a FAMILY MATTERS facilitam o trabalho dos voluntários familiares por meio de ligações entre bairros, empresas, organizações sem fins lucrativos e órgãos estaduais e locais. A organização também pode ajudar indivíduos a começar seus clubes FAMILY MATTERS.
- O objetivo da FAMILY MATTERS é transformar o voluntariado familiar na norma nos Estados Unidos.
- *Experimente, você vai gostar.*
  - Tem uma função para todo mundo durante o National Family Volunteer Day.

Fonte: Points of Light Foundation e Fleishman-Hillard.

Para todas as organizações sem fins lucrativos, a importância de medir como a comunicação contribui para os resultados finais aumentará. A concorrência no mercado demanda uma gestão cuidadosa de recursos e resultados que indicam eficácia real.

Estudo de caso

NRANews.com: um estudo de caso sobre "notícias de marca" (*branded news*)

De Angus McQueen,
Diretor-executivo da Ackerman McQueen, Oklahoma City

O que você faz quando uma lei federal corta o acesso de sua organização à liberdade de expressão política, restringindo as atividades apenas a políticos e à imprensa?

A National Rifle Association (NRA) enfrentou esse problema depois da aprovação da Lei Bipartidária de Reforma de Campanhas (Bipartisan Campaign Reform Act, BCRA) de 2002. Muitos questionaram sua constitucionalidade, pois proibia a transmissão de propaganda política por grupos como a NRA 30 dias antes de uma eleição primária e 60 dias antes de uma eleição geral.

A lei foi aprovada tendo em mente especificamente a NRA, em grande parte como resposta à sua influência na corrida presidencial de 2000. Segundo quase todas as avaliações, a NRA é uma das mais influentes organizações de base dos Estados Unidos. Sua potência deriva de uma ampla base de opinião em comum entre norte-americanos de todas as características demográficas.

Sendo assim, comunicar-se com essa base, principalmente durante as eleições, é um serviço fundamental a seus membros. Silenciar a organização precisamente quando seus membros precisam falar representa uma ameaça real ao papel permanente que a NRA tem no discurso político nacional.

Se a liberdade de expressão política for restrita à imprensa, por que não entrar, você mesmo, mais profundamente no mundo da mídia? Imagine uma rede de notícias ao vivo, na qual a principal reportagem, a reportagem especial, quase qualquer matéria, está relacionada com o direito de portar armas garantido pela Segunda Emenda. Essa rede em tempo real existe em www.NRANews.com, uma programação diária, ao vivo, que mostra notícias (baseadas em fatos, conferidas e editadas) e opiniões sobre liberdades relacionadas a armas de fogo e liberdades individuais em geral.

Esse é o princípio por trás das "notícias de marca", um conceito ousado cuja pioneira foi a agência Ackerman McQueen, de Oklahoma.

O que são notícias de marca?

A ideia de notícias de marca sustenta que uma marca estabelecida está mais bem equipada do que a mídia tradicional para coletar e transmitir notícias sobre sua categoria de produto. Quem sabe mais sobre ela do que as pessoas que a vivenciam e a respiram todos os dias? Mais do que isso, as notícias de marca oferecem mais uma conexão com clientes, reguladores, profissionais da notícia e outros influentes importantes no valor da marca. Nesse caso, os clientes são defensores da Segunda Emenda, a marca é a NRA e o produto é um determinado ponto de vista.

As notícias de marca também sustentam que todos os veículos de notícias transmitem alguma informação com inevitável viés. Mesmo assim, os jornalistas da NRANews.com são defensores da Segunda Emenda. Assim como a mídia isentada pela BCRA, eles têm um viés. Mas, diferentemente daquela mídia, a NRANews.com expõe claramente esse viés e acolhe pontos de vista opostos, com livre acesso à sua audiência.

Por que agora?

Com o surgimento do acesso generalizado à banda larga, marcas tradicionais, como CNN, MSNBC, Fox e outros canais de notícias não têm mais o monopólio da transmissão de notícias. Nem a lei federal o proíbe – pelo menos não ainda. Além disso, a confiança de que um dia desfrutaram as grandes marcas de notícias está sofrendo de uma diferenciação entre notícia e comentário. Há uma percepção crescente do viés da mídia, e uma lacuna cada vez maior entre os valores dela e os do público em geral.

A maioria dos veículos de comunicação tampouco tem editores e repórteres que sejam especializados em categorias de produtos restritas ou questões específicas. Portanto, por que os líderes de marcas não deveriam preencher esse vazio, principalmente quando nenhum veículo de notícias existente tem recursos ou incentivo financeiro para fazê-lo?

Por fim, a mídia de notícias tradicional é limitada por uma motivação de lucro, com o sucesso medido pelo enriquecimento das receitas. As notícias de marca não dependem desse retorno, pois seu sucesso é medido em enriquecimento da marca.

Uma nova marca de liberdade de expressão

As publicações e o jornalismo têm sido funções centrais nos negócios da NRA durante quase toda a sua história de 135 anos. Desde 1871, a NRA tem publicado revistas que chegaram a seis títulos, atendendo a quatro milhões de membros, mas a aprovação da BCRA atraiu um canal de comunicação ampliado e igualmente poderoso.

Lançada ao vivo na convenção anual da organização em Pittsburgh, em abril de 2004, a NRANews.com se tornou a primeira rede no mundo e a única em tempo real dedicada à Segunda Emenda Constitucional dos Estados Unidos. Dois meses mais tarde, a programação era captada para transmissão nacional pela rede SIRIUS de rádio por satélite.

A NRANews.com transmite todas as notícias do dia relacionadas à liberdade para armas de fogo, com cobertura ao vivo, aprofundada e atualizada, que não está disponível em outro lugar:

- Transmissões de vídeo em *streaming* ao vivo de três horas, todos os dias, de "Cam & Company", com o apresentador Cam Edwards.
- *Simulcast* em nível nacional na rede de radio por satélite SIRIUS, Patriot Channel 144.
- Os convidados aos estúdios vão de legisladores e líderes da NRA a autores, especialistas jurídicos, celebridades e adversários políticos.
- Telefonemas em tempo real, correio eletrônico e mensagens instantâneas permitem que os espectadores interajam com o apresentador e com os convidados.
- Cobertura ao vivo à distância, de feiras comerciais, convenções políticas, competições de tiro e eventos que sejam notícia.
- Acesso a *links* de notícias de interesse local, por estado, além de arquivos de programas e notícias disponíveis 24 horas.

Os céticos que criticaram no início já se acalmaram, posto que muitos veículos de notícias tradicionais agora acompanham e citam a NRANews como fonte de suas reportagens.

Outro aspecto que valida a ideia de que as notícias de marca são jornalismo legítimo é que, começando em 2008, SIRIUS pediu à NRANews para oferecer cobertura das eleições primárias e gerais do país.

Um padrão elevado

Como uma marca pode fazer a cobertura objetiva de seu próprio setor?

Dito de forma simples, uma marca não pode ser favorecida por notícias desonestas e os públicos sabem o que é notícia legítima e o que não é. Propaganda ou distorções retóricas na forma de notícia prejudicariam a marca. É por isso que as notícias com marca, por definição, devem não apenas cumprir, mas superar, os padrões tradicionais do jornalismo objetivo.

Com uma fração do custo do investimento tradicional de construção de marca, a NRA tem agora uma presença diária junto a públicos que nunca poderia adquirir por meio de canais tradicionais de relações públicas e propaganda.

À medida que as empresas dos Estados Unidos dominam o potencial de transmissão de notícias da internet, também podem cobrir as notícias de seu setor para seus públicos com mais autoridade, especialização e precisão do que qualquer um antes.

Ao fazê-lo, acrescentam profundidade, dimensão e humanidade a suas marcas, porque as pessoas importantes para elas podem tomar a iniciativa e ter contato com elas todos os dias.

Essa é uma oportunidade de ouro para bons profissionais de RP e para bons jornalistas.

Perguntas

1. Quais são as características distintivas das notícias tradicionais e das notícias de marca? Quais são as vantagens e desvantagens de cada uma delas?
2. Escolha uma empresa ou um tema em que tenha interesse. Se você fosse criar uma página na internet para ela com notícias de marca, quais recursos incluiria?
3. Suponha que você seja o diretor de uma página de notícias de marca patrocinada pela Mercedes. O diretor-presidente da empresa pede que você não publique uma reportagem sobre um *recall* de seus veículos. O que você faria?
4. Como classificaria o viés da mídia de hoje em rádio e TV nos Estados Unidos? Você espera que as notícias de marca sejam geralmente mais ou menos tendenciosas? Por quê?

Resumo

As relações públicas cumprem um papel essencial para ajudar uma organização sem fins lucrativos a conquistar apoio para sua missão e se comunicar com seu público. Essas organizações enfrentam desafios únicos desse setor. As relações públicas as ajudam a equilibrar vários públicos inconstantes e resultados finais quantitativos e qualitativos.

As táticas de relações públicas nas organizações sem fins lucrativos incluem atividades de relações com a mídia, comunicação com funcionários e voluntários, eventos especiais e a internet. As relações públicas devem gerar resultados finais reais para empreendimentos sem fins lucrativos.

Termos fundamentais

organização que visa ao lucro   organização sem fins lucrativos

Notas

1. Adaptado de Christie Casalino, "Children's Museum Puts Its PR Creativity on Display", *PRWeek*, 8 de agosto de 2005, p. 8.
2. John N. Frank, "Tide Launches Grassroots Drive for Its New Detergent", *PRWeek*, 7 de fevereiro de 2005, p. 5.
3. Ted McKenna, "NCPC, GlobalFluency Team in Anti-Crime Push", *PRWeek*, 30 de julho de 2007, p. 3.
4. Beth Herskovits, "Post-It Adheres to Its Breast Cancer Awareness Effort", *PRWeek*, 13 de junho de 2005, p. 15.

5. Bob Fernandez and Patricia Horn, "Nonprofits' Job Engine Transforms Pa. Economy", *The Philadelphia Inquirer,* www.philly.com, 28 de agosto de 2005.
6. Mary Rose Almasi, "A Champion for the Planet", *Shape magazine,* 15 de agosto de 2005.
7. Steven Levy, "Die, Software!" *Newsweek,* 18 de abril de 2005, p. E6.
8. Tonya Garcia, "Intel-OLPL Split, A Cause for Concern?" *PRWeek,* 14 de janeiro de 2008, p. 8.
9. Citado no artigo de Ana Vargas, "Doing PR for Fun and Nonprofit," *PRWeek,* 21 de agosto de 2000, p. 17.
10. The Urban Institute, National Center for Charitable Statistics, Business Master File, janeiro de 2006.
11. Fortune 500 annual ranking of America's largest companies, *Fortune magazine,* http://money.cnn.com/magazines/fortune, 30 de abril de 2007.
12. The Urban Institute.
13. Salary.com, "Salary Wizard: Know Your Worth", http://swz.salary.com, março de 2008.
14. Aarti Shah, Salary Survey 2008, *PRWeek,* 28 de fevereiro de 2008, p. 24.
15. Shah, Salary Survey 2008, p. 24.
16. Carol J. DeVita, "Viewing Nonprofits Across the States", Charting Civil Society: A Series by the Center on Nonprofits and Philanthropy, Urban Institute (Agosto de 1997), nº 1.
17. Russell Gold, "Rising Welfare Rolls Prompt States to Make Cuts to Job-Aid Programs", *The Wall Street Journal,* www.interactive.wsj.com, 16 de janeiro de 2002.
18. Citado no artigo de David Ward, "When It Comes to Social Injustice, Drama Sells," *PRWeek,* 11 de junho de 2001, p. 12.
19. Craig McGuire, "Reality Edges Ads for CDPHE", *PRWeek,* 28 de janeiro de 2008, p. 15.
20. Site da National Council of Nonprofit Associations, www.ncna.org, 24 de setembro de 2005.
21. Thom Weidlich, "MPA Gets USPS to Deliver Lower Rate", *PRWeek,* 4 de dezembro de 2000, p. 38.
22. Site da D.A.R.E., www.dare.com, 24 de setembro de 2005.
23. Rick Senften, "Mustard Seeds: The 'Irresponsible' Should Get the Blame", *The Repository,* www.cantonrep.com, 21 de agosto de 2005.
24. Kristen Go, "No Drugs, Vitamins", *The Arizona Republic,* 12 de dezembro de 2001.
25. Elia Powers e Elizabeth Redden, "6 Killed in Northern Illinois Shooting", www.insidehighered.com, 15 de fevereiro de 2008.
26. Marc Longpre, "OHSU's Newman Clears Up Coverage of Sheep Study", *PRWeek,* 14 de maio de 2007, p. 10.
27. Alan Finder, "Cornell's Worried Image Makers Wrap Themselves in Ivy", www.nytimes.com, *The New York Times,* 2 de abril de 2006.
28. "Conditions for Homeless Tsunami Survivors Unacceptable: UN", *The China Post,* www.chinapost.com, 23 de setembro de 2005.
29. Jacqueline L. Salmon e Michelle Boorstein, "Catholic College Leaders Expect Pope to Deliver Stern Message", washpost.com, 14 de março de 2008, p. A01.
30. David Rovella, "Irish Tourist Board Springs into Action", *PRWeek,* 23 de julho de 2001, p. 19.
31. Larry Dobrow, "History Revisited for Future's Sake", *PRWeek,* 15 de outubro de 2001, p. 19.
32. Douglas Quenqua, "When Activists Attack", *PRWeek,* 11 de junho de 2001, p. 15.
33. Sherri Deatherage Green, "MADD's Efforts Continue to Drive into New Territory", *PRWeek,* 21 de janeiro de 2002, p. 8.
34. Eric Arnold, "Volvo Races to Aid the Environment", *PRWeek,* 21 de janeiro de 2002, p. 19.
35. "Number of Charities Grows 74% in Just Over Decade", Independent Sector, www.independentsector.org, 18 de julho de 2001.
36. Site da Habitat for Humanity International, www.habitat.org, acesso em 5 de janeiro de 2002.
37. Site da Cystic Fibrosis Foundation, www.cff.org, acesso em 5 de janeiro de 2002.
38. Citado em Gina Bernacci, "Nonprofits Weathering Economic Storm, Recession", *NonProfit Times,* www.nptimes.com, 15 de dezembro de 2001.
39. David Cay Johnston, "United Way Is Reporting a 3.8% Increase in Donations", *The New York Times,* 8 de agosto de 2001, p. C2.
40. Michelle Brooks, "United Way's $10,000 Grant Puts Food Back on Bare Shelves at Food Bank", *Jefferson City News Tribune,* www.newstribune.com, 23 de setembro de 2005.
41. Stan Hutton, "Volunteers: The Heart of Nonprofit Work, Typical Board Positions", www.nonprofit.about.com, 19 de abril de 2001.

42. Stan Hutton, "Volunteers: The Heart of Nonprofit Work, Part 1: How Many Americans Volunteer Each Year?" *NonProfit Times,* www.nonprofit.about.com, 19 de abril de 2001.
43. "The Nonprofit Almanac IN BRIEF."
44. Ketchum Public Relations; e Yusuf Davis, "1,100 TBS Volunteers Tackle Tasks; Employees, Families, Pals Devote Saturday to Projects Citywide; Turner: Volunteers Span the City", *Atlanta Journal and Constitution,* 14 de setembro de 2000, p. 1JD.
45. Associated Press, "Troubled Smithsonian Institution Picks Ga. Tech President Clough as Its New Leader", *Jefferson City News Tribune,* 16 de março de 2008, p. A9.
46. Gilbert M. Gaul and Mary Pat Flaherty, "Red Cross Kept Asking for More; 5% of Blood Given After Attacks Was Discarded; Donor Backlash Feared", *Washington Post,* 16 de dezembro de 2001, p. A34.
47. Julia Hood, "Accountancy Body Hopes to Rebuild Post-Enron Confidence with PR", *PRWeek,* 21 de janeiro de 2002, p. 1.
48. Jaye Scholl, "In the Boardroom: No Fistfights, So Far: An Unconventional Board of Trustees Produces Surprising Results at Idyllwild Arts Academy", *The Wall Street Journal,* www.interactive.wsj.com, 14 de dezembro de 2001.
49. Douglas Quenqua, "NAB Seeks PR Firm to Educate Everyone about Switch to DTV", *PRWeek,* 23 de julho de 2001, p. 2.
50. Nota à imprensa do CRPF, "Quality of Life Programs Expands to Offer International Assistance", www.apacure.org, 16 de janeiro de 2002.
51. Ana Vargas, "Doing PR for Fun and Nonprofit", *PRWeek,* 21 de agosto de 2000, p. 17.
52. Ibid.
53. Associated Press, "Scholars, Activists Want Top Administrator Fired for Commercialism of Smithsonian Institution", *Jefferson City News Tribune,* 17 de janeiro de 2002, p. 10.
54. Conversa telefônica com Dan Barber, sócio e vice-presidente, Fleishman-Hillard, Kansas City, 11 de janeiro de 2002.
55. Douglas Quenqua, "HHS Makes Strides Toward Consolidated Messaging", *PRWeek,* 21 de janeiro de 2002, p. 1.
56. Carol Hymowitz, "In Sarbanes-Oxley Era, Running a Nonprofit Is Only Getting Harder", *The Wall Street Journal,* 21 de junho de 2005, p. B1.
57. Agência de relações públicas Fleishman-Hillard.
58. Institute for Public Relations.

16

Relações Públicas Corporativas

INTRODUÇÃO

O ambiente corporativo de hoje é complexo. As empresas que têm êxito são proativas, têm estratégias de comunicação bem definidas relacionadas a objetivos empresariais e praticam comunicação aberta e honesta. A experiência de um universitário fazendo estágio oferece uma fotografia das relações públicas corporativas.

Warren distribuiu os materiais aos diretores de relações públicas, *marketing* e propaganda da corporação, que tinham chegado para sua reunião semanal das terças-feiras à tarde. Como estagiário de verão no gabinete de comunicação corporativa dessa empresa, uma das da lista *Fortune 500*, ele costumava auxiliar seu chefe durante essas seções. As reuniões estavam se revelando oportunidades para muito aprendizado, já que Warren podia escutar o pensamento e o planejamento estratégico que estava por trás de grandes iniciativas de construção de marca. Ele viu em primeira mão como a pesquisa levou à formulação de mensagens. Ouviu discussões espirituosas sobre as vantagens e as desvantagens de se desenvolver um *slogan*. Sua equipe de campanha em relações públicas tivera discussões semelhantes enquanto fazia seu trabalho no semestre passado, mas ele considerava a comparação inquietante, já que os estudantes aceitavam a primeira ideia da qual todos gostassem. Essa postura nunca teria funcionado aqui.

Os pensamentos de Warren foram interrompidos quando os representantes de conta da agência de relações públicas entraram na sala. Foi quase como se o pessoal da agência trabalhasse para a corporação, porque conheciam as marcas, as pessoas, os números – resumindo, sabiam realmente tudo. O grupo trabalhava bem em conjunto. Seu chefe valorizava as ideias estratégicas da agência e como os talentos de seus profissionais complementavam os dos funcionários da empresa. Warren não tinha certeza de qual direção – corporativa ou de agência – gostaria de seguir quando se formasse no ano seguinte, já que tivera boas experiências em ambas.

A reunião durou três horas. Ao voltar à sua mesa, Warren escreveu um relatório detalhado, desde o informe sobre a pesquisa, os pontos discutidos e novas tarefas, até atribuição de responsabilidades, calendários e questões orçamentárias. Inicialmente, ele ficou impressionado com quanto se produz nessas reuniões, mas em pouco tempo passou a apreciar a minuciosa preparação por parte da equipe. Ainda assim, o progresso geral parecia muitas vezes se arrastar, à medida que necessidades tradicionais de pesquisa e informação, o tempo necessário para fazer mudanças, o processo de aprovação e outros fatores como esses tornavam as coisas lentas.

Warren fez uma revisão final na ortografia e na gramática do texto de 10 páginas, anexou a um *e-mail* e o enviou às equipes da empresa e da agência. O documento estaria esperando quando eles chegassem a suas salas pela manhã, embora ele soubesse que a maioria das pessoas o leria à noite. Warren teria *e-mails* esperando em sua caixa de entrada, apontando as alterações que os vários membros da equipe gostariam que fossem incorporadas. Ele deu encaminhamento a algumas das mensagens recebidas no início do dia, antes de desligar o computador e terminar o dia de trabalho. No dia seguinte, Warren atualizaria o resumo e finalizaria seu trabalho nas matérias que estava escrevendo para o boletim dos funcionários. Havia muito o que fazer.

PANORAMA DAS RELAÇÕES PÚBLICAS CORPORATIVAS

As empresas tiveram de se adaptar a ambientes cada vez mais complexos e dinâmicos, como a introdução de novos produtos, fusões e aquisições, demissões, ações judiciais e novas tecnologias. Os líderes empresariais têm de administrar relações com públicos diversos e equilibrar suas respostas a muitas demandas conflitantes desses públicos.

As relações públicas ajudam as empresas a lidar com esse ambiente complexo, e é importante que essas iniciativas sustentem a missão empresarial e os objetivos da organização como um todo. Isso se faz de várias formas, incluindo ajudar a empresa a rever e se ajustar a demandas e tendências da sociedade, tendo um impacto positivo na imagem e na reputação da empresa, resultando em um melhor ambiente de operação e agilizando e melhorando as operações, o que pode levar a um aumento das vendas.

Os públicos de uma empresa

Os grupos e os indivíduos com os quais as empresas se comunicam variam de setor a setor. Empresas de tecnologia de ponta, por exemplo, se concentram em meios diferentes, preveem crises diferentes e lidam com questões distintas das de uma organização cujo negócio está nos serviços de saúde. Embora os termos *audiências*, *públicos* e *mercados* sejam usados às vezes de forma intercambiável para identificar aqueles que devem ser atingidos em uma campanha, devem-se fazer distinções entre essas palavras.

Audiências-alvo é uma expressão usada quando o objetivo é atingir pessoas pelos meios de comunicação. Quando o objetivo é falar sobre questões gerais, usa-se a expressão **públicos-alvo**. Quando a comunicação está dando sustentação a uma função de *marketing* e se dirige aos que tomam decisões de compra e venda, usa-se o termo **mercados-alvo**.

Por exemplo, as seguintes organizações debateram a segurança dos níveis de mercúrio nos frutos do mar, tentando estabelecer que peixes se podiam comer com segurança e em que quantidade:[1]

- grandes veículos de comunicação, um dos quais o *The New York Times*, que encomendou dois testes com *sushi*;[2]
- órgãos de governo, como a Environmental Protection Agency, a National Marine Fisheries Service e a Food and Drug Administration;
- o National Fisheries Institute, uma associação da indústria de frutos do mar;
- grupos de defesa do meio ambiente, como Oceana;
- associações relacionadas à saúde, como a American Heart Association;
- quem ganha a vida com a pesca;
- cientistas;
- trabalhadores da saúde;
- restaurantes;
- supermercados;
- consumidores;
- agências com clientes que trabalham com frutos do mar.

O papel do diretor-presidente nas relações públicas corporativas

Não se deve subestimar o valor de um bom diretor-presidente, e os consumidores têm expectativas elevadas acerca disso. Um estudo da Ketchum concluiu que a confiança dos consumidores nas corporações e nos diretores-presidentes está em um recorde de baixa. Em três áreas – meio ambiente, ética e funcionários – o público observou uma lacuna entre o comportamento real e o percebido. Os diretores-presidentes podem melhorar a credibilidade sendo transparentes, desenvolvendo comunicações proativas e apoiando iniciativas de responsabilidade social corporativa.[3]

Os respondentes de um estudo nacional Burson-Marsteller disseram que a reputação do diretor-presidente influencia as decisões de investir em uma empresa (95%), acreditam que a empresa sofra pressão da mídia, recomendam a empresa como boa parceira para aliança/fusão (93%) e mantêm a confiança na empresa quando o preço de suas ações está em baixa (92%). Além disso, pessoas influentes no campo dos negócios têm maior probabilidade de recomendar uma empresa como um bom lugar para se trabalhar (88%) se a reputação do diretor-presidente for boa.[4]

Escândalos desgastaram a confiança que o público já teve nas empresas e em seus líderes. Nesses casos, as ações falaram mais alto do que as palavras. A Mattel Inc., famosa por produzir os brinquedos Barbie e Hot Wheels, fez um *recall* de mais de 21 milhões de produtos fabricados na China em função de seus perigos potenciais para as crianças pequenas. Ao explicar o novo plano de três pontos que a empresa adotou para testar tinta e outros elementos da fabricação, o diretor-presidente Bob Eckert disse: "A confiança é uma parte poderosa de nosso mundo; acredito que seja um fator muito relevante nos negócios hoje".[5]

Milhares de funcionários da Enron perderam as economias de suas vidas em planos de aposentadoria com investimento na empresa porque executivos de alto nível realizaram fraude, conspiração e outras irregularidades contábeis, causando a maior falência da história dos Estados Unidos. Outras empresas que já tiveram excelente imagem – WorldCom, Xerox, KPMG, Arthur Andersen, Halliburton – estão entre as acusadas e condenadas em manchetes chocantes sobre engano e abuso do cargo por parte de seus executivos. Para ajudar a impedir escândalos de contabilidade fraudulenta no futuro, o Congresso aprovou a Lei Sarbanes-Oxley em 2002, que exige que as empresas contratem auditores separados para partes de seus negócios que possam estar concorrendo entre si.

Com o tempo, a maioria das pessoas não conseguirá associar o nome do mau executivo à empresa, mas quando um e outra são a mesma coisa, um escândalo pode tornar a empresa mais vulnerável ao colapso. Daria para escrever volumes sobre Martha Stewart, seu julgamento e sua posterior sentença de prisão por mentir durante uma investigação sobre uso de informações privilegiadas e o futuro de sua empresa. As opiniões públicas estão divididas entre considerá-la uma heroína, uma vítima ou um bode expiatório. A chave, contudo, é encontrar uma forma na qual a empresa se beneficie de uma personalidade pública com apelo ao mesmo tempo em que constrói uma identidade forte que não dependa de um indivíduo. Donald Trump, Michael Dell, Mary Kay Ash, Michael Bloomberg e Calvin Klein são outros que tiveram que estabelecer as melhores estratégias para se associar a suas empresas.[6]

Um resultado da divulgação ilegal de informações corporativas é que os diretores-presidentes éticos e cumpridores da lei podem ter cada vez mais visibilidade. Infelizmente, eles podem não estar preparados para lidar com as crescentes responsabilidades de relações públicas porque sua educação não os preparou para esse papel. Cerca de 60% dos diretores-presidentes da lista *Fortune 700* trabalharam em uma de quatro funções em algum momento de sua carreira: finanças, 22%, operações, 14%, *marketing*, 12%, e vendas, 11%,[7] de modo que podem não ter muita familiaridade com as comunicações como ferramenta estratégica e podem não entender como ela agrega valor às operações cotidianas. O principal líder da organização deve acreditar no valor da comunicação e fazer dessa função uma prioridade ao direcionar porções importantes de suas energias e seus esforços a questões relacionadas às relações públicas.

Em um artigo no *Wall Street Journal*, Michael Sands, presidente da orbitz.com, diz que gostaria que tivesse havido um curso de reputação corporativa e estratégia de comunicação. "Afirmo que as relações públicas e as mensagens boca a boca são mais importantes do que nunca", diz ele. O mesmo artigo segue observando que "é rara a faculdade de administração que fornece aos mestrandos uma base sólida em comunicações corporativas".[8]

Tampouco se enfatiza a formação em comunicação durante alguns programas de desenvolvimento de lideranças. Os tópicos de currículo nesses cursos costumam tratar de finanças, operações, *marketing* e negociações, excluindo as relações públicas. Isso significa que o departamento de comunicação corporativa costuma ser o principal motor da gestão da reputação.

Uma forte liderança em comunicação é especialmente importante quando a empresa precisa assumir uma posição. Jon Friedman, que escreve sobre mídia e é colunista da MarketWatch, recomenda que os gerentes de relações públicas "façam com que seu diretor-presidente esteja o mais disponível possível, para declarações oficiais, pelo tempo que precisar para que as pessoas entendam sua posição".[9]

O benefício de ter um diretor-presidente que valorize a comunicação e as relações tem um efeito cascata em toda a organização. Os funcionários têm a informação de que precisam para tomar decisões melhores, as quais levam a uma organização com desempenho superior, o que, por sua vez, ajuda a atrair os melhores e mais inteligentes funcionários que têm as habilidades e a motivação para ter sucesso no mercado. As pessoas informadas têm melhor desempenho do que as não informadas, quando os outros fatores são os mesmos.

Por fim, recomenda-se que os que fazem entrevistas para empregos em relações públicas corporativas verifiquem o valor que a organização dá a essa função antes de assumir o cargo. Se o comunicador sênior responde ao mais elevado nível na organização, isso é um forte indicador de que as relações públicas são consideradas como uma função vital e estratégica. O aspecto de relações públicas de tudo o que a empresa faz, desde sua reputação, imagem e gestão de temas, até venda de produtos e comunicação com funcionários, vai se beneficiar desse ponto de vista.

Especialidades das relações públicas

As demandas apresentadas a grandes corporações são grandes e diversificadas. As organizações empresariais devem cumprir uma longa lista de responsabilidades e ainda competir efetivamente em mercados domésticos e internacionais.

O trabalho de relações públicas nas grandes corporações é, em última análise, garantir que se mantenha o poder corporativo por meio do uso responsável e ajudar a desenvolver relações de cooperação entre corporações e outras instituições da sociedade. Para conseguir promover esses objetivos, os profissionais de relações públicas usam uma série de especialidades. Discutimos essas especialidades em termos de sua relação com os públicos específicos na Parte III, "Os públicos".

- As *relações com a mídia* são usadas para obter apoio e simpatia de veículos impressos e de radiodifusão, gerar comunicação positiva e contar seu lado da história.
- As *relações com funcionários* contribuem para as relações trabalhistas harmoniosas e ajudam a atrair e manter os bons funcionários. A comunicação eficaz com os funcionários pode estimular a criatividade e a contribuição por parte dos funcionários, fortalecer as atitudes e o moral, melhorar a qualidade de produtos e serviços ao cliente e aumentar a produtividade.
- As *relações com a comunidade* sustentam as vendas, atraem funcionários, melhoram a qualidade dos serviços ao público, dão sustentação a iniciativas empresariais e melhoram a qualidade de vida de funcionários e executivos.
- As *relações com consumidores* constroem relações positivas com clientes, respondem de forma eficaz a suas reclamações e seus problemas e sustentam vendas e iniciativas de *marketing*.
- As *relações financeiras* proporcionam comunicação financeira sólida, permitindo que as empresas atraiam capital com o custo mais reduzido possível. Outros objetivos financeiros são garantir que as ações de empresas de capital aberto sejam valorizadas adequadamente, construindo a confiança em fontes de verbas e respondendo às perguntas e necessidades dos investidores.

Mark Davis levanta seu troféu de primeiro lugar depois de vencer a divisão profissional em um torneio Bassmaster em Missouri. Corporações como a Citgo costumam patrocinar eventos esportivos para promover sua imagem e seus produtos.

- As *comunicações de marketing* estão direcionadas a atividades que apoiem a venda de produtos e serviços. Geralmente, usa-se uma série de táticas, incluindo propaganda, relações públicas, patrocínios, internet e eventos especiais.
- Os *assuntos públicos* lidam com a interação de uma empresa com o governo em vários níveis. As relações de governo têm um impacto direto na flexibilidade e gerenciabilidade de uma empresa.

Regulamentação, taxação, leis trabalhistas e políticas comerciais internacionais são apenas algumas das maneiras com que as ações de governo restringem as decisões das empresas e seu sucesso.

Resumindo, as **relações públicas corporativas** são uma forma pela qual as empresas buscam melhorar sua capacidade de fazer negócios. As relações públicas corporativas eficazes agilizam e melhoram as operações de uma empresa, além de aumentar suas vendas. Elas possibilitam à empresa fazer previsões melhores e se ajustar às demandas e tendências da sociedade. É assim que as empresas melhoram seu ambiente de operações.

Atividades de relações públicas

As relações públicas corporativas lidam com uma variedade de atividades, questões e eventos. O Generally Accepted Practices Study[10] identifica as seguintes responsabilidades como sendo centrais aos profissionais pesquisados:

- Comunicação corporativa (não propaganda) – 85%
- Gestão de crises – 73%
- Comunicação interna – 73%
- Relações públicas em *marketing* – 73%
- Comunicações executivas – 69%
- Relações públicas de produto – 62%
- Comunicação pela internet – 61%
- Relações na comunidade – 61%

As atividades que tendem a ser abordadas por menos de metade dos pesquisados incluem gestão de temas, propaganda para a corporação e seus produtos e temas, assuntos públicos e do consumidor, filantropia, relações com governos e investidores e *ombudsman*.

A seguir, uma breve olhada nas atividades e temas com os quais um departamento de relações públicas corporativo pode ter de lidar a qualquer momento:

- Para estabelecer sua rede hoteleira como um importante ator no mercado de planejamento de casamentos, a Marriott International criou um programa de certificação em casamentos para seus funcionários.[11]
- Com objetivo de ser líder nacional em geração de hipotecas, o Bank of America lançou seu programa *No Fee Mortgage Plus*, com eventos de bairro itinerantes, exposições de casas, eventos para a família e patrocínio de provas da NASCAR.[12]
- Como a divisão oeste do Comerica Bank está estabelecendo uma presença mais forte na Costa Oeste, estão sendo forjadas novas relações com a mídia, ao mesmo tempo em que se introduz a marca na região.[13]
- A Atkins Nutritionals selecionou uma nova **agência principal**. A empresa utilizará abordagens não tradicionais, incluindo *marketing* viral, inserção de produto e jogos interativos.[14]
- A *Newsweek* quer ser conhecida como a revista que impulsiona as conversas nos EUA. Seu conteúdo editorial é promovido aos repórteres em uma tentativa de manter o título de veículos de mídia mais lembrado.[15] Da mesma forma, a rede de TV a cabo HBO usa *blogs*, propaganda em cinemas, dispositivos móveis, *outdoors* e anúncios impressos para manter essa posição nos assuntos da cultura pop.[16]

Empresas cuja reputação foi prejudicada devido a crises corporativas mudaram de nome. A ValuJet passou a ser AirTran, a Philip Morris Cos. adotou o nome de Altria Group Inc. A Andersen Consulting se transformou em Accenture. Os comunicadores supervisionam a transição de nome de todos os aspectos da existência da corporação, de propaganda e placas a papel timbrado, página na internet e materiais promocionais.[17]

Essa é uma mera fotografia do mundo das relações públicas corporativas. As empresas lidam com situações, problemas e ambientes cada vez mais complexos e dinâmicos, e se adaptam a eles. Elas gerenciam relações com uma série de públicos e equilibram muitas questões complicadas e prementes, incluindo a ética empresarial, oportunidades iguais, qualidade de vida e trabalho, consumismo, ambientalismo, comércio global e outros.

O papel do comunicador corporativo

Enquanto o alcance das responsabilidades será ajustado à estrutura de cada organização, os comunicadores seniores geralmente supervisionam, gerenciam e dirigem programas e atividades que tratam da reputação e da imagem da organização. Uma equipe bem montada de comunicadores especializados e habilidosos é fundamental para o sucesso.

A maioria das corporações (85%) usará orientação externa por razões estratégicas.[18] Marci Maule, diretora de relações públicas da Coinstar, explica a razão pela qual a empresa selecionou uma agência: "Certamente, pensadores empresariais estratégicos – uma agência que realmente conseguiria penetrar e entender nosso negócio".[19] Além dessa estratégia, as agências externas podem equilibrar pontos fortes e fracos, proporcionar um ponto de vista objetivo, controlar custos e ajudar na avaliação.

A responsabilidade de gerenciar a especialização e o talento de outros funcionários da empresa e da agência recai sobre o principal comunicador. O primeiro passo é encontrar uma agência que atenda às necessidades da corporação. Uma empresa internacional pode necessitar de uma agência de nível mundial, com uma ampla rede para atender a suas necessidades. Uma organização regional pode usar melhor os talentos de uma agência pequena. Também há a qualidade intangível chamada de *química*. Um executivo da Kraft chama isso de "qualidade de provocador", ou seja, a capacidade de cada lado de trazer à tona o melhor na relação.[20] Um grupo que estabelece uma sintonia será mais eficiente e produtivo.

O comunicador principal também estará trabalhando em conjunto com outras funções organizacionais, como *marketing*, recursos humanos e assuntos jurídicos. Por exemplo, a comunicação de *marketing* ajudará a apoiar as vendas dos produtos e serviços da empresa. A Ruder Finn Marketing Practice, de Nova York, ajudou a Keurig a lançar seu novo produto para fazer uma única xícara de café estabelecendo uma parceria com uma revista sobre casamentos, relações com a mídia e pesquisa com degustações.[21] A equipe de relações públicas pode administrar a intranet da corporação, uma rede eletrônica interna que permite aos funcionários se comunicar entre si, bem como produzir um boletim e planejar eventos para os funcionários.

O papel das relações públicas nas corporações multinacionais

Na última década, as empresas dos Estados Unidos se expandiram rapidamente para mercados globais. O comércio internacional, todavia, é muito mais complicado do que o comércio com os Estados Unidos, porque diferentes leis e normas culturais muitas vezes causam uma confusão considerável. As condições de concorrência costumam ser também muito diferentes. Nos negócios internacionais, existem muitas barreiras que não são encontradas nos mercados dos Estados Unidos.

A revista *Fortune* categoriza as corporações em quase 50 setores, desde empresas de ponta no setor de telecomunicações, informática e medicamentos até os setores maduros do aço, produtos químicos e carros. Na Figura 16.1, você observará que apenas duas das corporações nas 10 maiores da lista *Fortune Global 500* de 2009 são norte-americanas. As outras são da Grã-Bretanha, Holanda, China, Japão e França.

O desafio das relações públicas globais é eliminar o máximo de barreiras à comunicação efetiva. Sendo assim, essa comunicação deve ser capaz de transcender barreiras culturais e geográficas. Três grandes barreiras com que as empresas e as relações públicas muitas vezes se deparam são as diferenças linguísticas, jurídicas e culturais. Outras barreiras existentes em muitos países são governos extremamente burocráticos, multiplicidade de idiomas e uma mídia de massa subdesenvolvida.

As relações públicas para as corporações multinacionais são uma área complexa da prática, que requer todas as habilidades discutidas em outras partes desse livro, além de sensibilidades interculturais extraordinárias.

A função de relações públicas nas corporações multinacionais tem três aspectos distintos. Em um deles, os profissionais de relações públicas representam as corporações multinacionais em seus países, lidando com a opinião pública e com as atividades de governo relacionadas a corporações específicas e a empreendimentos multinacionais como um todo. O segundo papel das relações públicas multinacionais é ajudar a preencher a lacuna de comunicação que existe inevitavelmente entre operações estrangeiras e a administração superior nas sedes mundiais. Por fim, as relações públicas devem ser conduzidas nos vários países anfitriões da corporação. O Destaque 16.1 apresenta as melhores práticas em comunicação global.

John M. Reed conclui que as relações públicas no país anfitrião "têm de ser construídas sobre um tripé: perspicácia cultural, perspicácia linguística e uso perspicaz das ferramentas da profissão. Esqueça de um dos três pés e o edifício cai. Use-os em equilíbrio e o sucesso estará garantido".[22]

As corporações costumam usar agências de relações públicas para lidar com a longa lista de responsabilidades de comunicação necessárias para competir de forma eficaz em mercados domésticos e internacionais. Escritórios de agên-

As maiores corporações globais de 2009

1. Wal-Mart Stores (EUA) – Mercadorias gerais
2. Royal Dutch Shell (Holanda) – Refino de petróleo
3. Exxon Mobil (EUA) – Refino de petróleo
4. BP (Grã Bretanha) – Refino de petróleo
5. Toyota Motor (Japão) – Automóveis e peças
6. Japan Post Holdings (Japão) – Correios
7. Sinopec (China) – Refino de petróleo
8. State Grid (China) – Transmissão de energia
9. AXA (França) – Seguros
10. China National Petroleum (China) – Refino de petróleo

FIGURA 16.1 As 10 maiores corporações globais.
Ranking Fortune 2010.
Fonte: http://money.cnn.com/magazines/fortune/global500/2010/full_list/.

Destaque 16.1

As 10 melhores práticas para as comunicações globais

Forças dinâmicas que vão dando novo formato aos negócios estão redefinindo as comunicações corporativas em escala global. Movidas por inovações em tecnologia e telecomunicações, essas forças estão ampliando a quantidade, a qualidade e a velocidade da comunicação no mundo todo. À medida que as comunicações enfrentam um mundo que é muito influenciado pela tecnologia, começamos a olhar o desenvolvimento de novas estratégias, habilidades e ferramentas. Dez das melhores práticas para a comunicação global são identificadas abaixo.

1. As iniciativas de comunicação correspondem ao plano de negócios.
2. A estratégia é integrada à abordagem mais adequada a cada país específico.
3. Os planos de comunicações das empresas com as melhores práticas integram *marketing*, mídia, propaganda, relações com governo, relações com a comunidade, eventos, relações comerciais, relações com clientes e programas gerais de avaliação.
4. As empresas com as melhores práticas reconhecem a natureza sensível das comunicações com um equilíbrio tênue entre a estratégia geral comunicada a partir da sede corporativa e uma adaptação que seja sensível à cultura local.
5. Os profissionais de relações públicas são perspicazes para os negócios e entendem que seu trabalho deve contribuir para os resultados financeiros da empresa.
6. Há um foco nítido no cliente – empresa, consumidor, parceiros e outras alianças são relacionadas à orientação de comunicação.
7. A avaliação é um forte componente da comunicação de marca.
8. Um corpo funcional baseado no sentido de equipe é fundamental para um *mix* global. A seleção de pessoal equilibra a equipe que trabalha em um país com o conjunto dos funcionários da empresa em outros lugares.
9. As iniciativas de comunicação interna são inovadoras porque devem conectar uma série de linguagens, cultura e práticas empresariais.
10. As relações com investidores são reconhecidas como uma prioridade de comunicações globais.

---

cias globais estrategicamente situados garantem que a corporação tenha acesso a especialistas conhecedores da cultura, do idioma, do governo, da mídia e outros aspectos importantes do país em que estão tentando operar. Duas grandes vantagens que as agências de fora trazem a uma corporação são sua perspectiva não tendenciosa e sua profundidade de experiência, para lidar com questões organizacionais.

A equipe de relações públicas da empresa administra as agências e outros consultores externos. Muitas vezes, isso se dá segundo a função, como nas relações com a mídia, relações com funcionários e relações com governos.

O papel das relações públicas em empresas menores

O desafio à maioria dos proprietários e administradores de pequenas empresas é encontrar tempo para dedicar às relações públicas. Eles não apenas têm de satisfazer seus clientes, contratar funcionários confiáveis e pagar suas contas; também têm de ser bons cidadãos para a comunidade, trabalhar com fornecedores e encontrar formas de fazer a empresa crescer. Como são responsáveis por todos os aspectos do negócio, os proprietários e administradores dessas pequenas empresas devem se concentrar na atividade principal, a parte que traz lucros. Clientes e vendas vêm antes das relações públicas. Essa abordagem menos do que sistemática faz com que as pequenas empresas talvez não se deem conta dos benefícios constantes que um programa planejado de relações públicas pode gerar.

A maioria das pequenas empresas tem equipes pequenas de relações públicas, o que demanda que seus profissionais sejam generalistas. Por exemplo, o comunicador corporativo pode realizar tarefas em nível sênior, como elaborar um plano estratégico para a inauguração de uma nova planta e supervisionar funcionários e consultores externos, bem como controlar tarefas de nível inferior, como o boletim de funcionários e vender ideias de matérias a repórteres. Uma análise de prática realizada pela Universal Accreditation Board da Public Relations Society of America (PRSA) e a Gary Siegel Organization concluiu que os comunicadores corporativos passam a maior parte do seu tempo em planejamento estratégico, supervisão e fazendo o trabalho.[23]

Habilidades necessárias para o sucesso nas relações públicas corporativas

Para ter sucesso nas relações públicas corporativas, o profissional deve possuir uma ampla gama de habilidades e capacidades e ser capaz de aplicá-las à medida que a situação exigir. Os que são novos nas relações públicas, como os recém-formados, muitas vezes começam como técnicos. Os **técnicos** desenvolvem e aperfeiçoam sua escrita, sua pesquisa e outras habilidades básicas de relações públicas, encontrando informações sobre o setor da economia em que a empresa opera, escrevendo notas à imprensa, coordenando calendários de produção, desenvolvendo materiais para comunicação de *marketing* e ajudando em eventos especiais.

Os técnicos também começam a entender como os profissionais mais experientes diagnosticam os problemas de comunicação e elaboram planos estratégicos.

À medida que os técnicos assumem maiores responsabilidades administrativas, outras qualidades ganham importância. Gerald C. Meyers, ex-presidente e diretor-executivo da American Motors identifica cinco atributos fundamentais para profissionais seniores de relações públicas. Primeiramente, essa pessoa deve manter o chefe informado e oferecer orientação sobre ações apropriadas. Estar no topo da pirâmide organizacional muitas vezes isola os diretores-presidentes dos outros, observa alguém que ocupa esse cargo. "É muito solitário ser diretor-presidente, porque todos com quem você tem contato diário estão trabalhando para você", disse Frank Newman, ex-presidente e diretor-executivo da Eckerd, a rede de farmácias da JC Penney.[24] Outras qualidades fundamentais para os profissionais de relações públicas são ser caixa de ressonância do diretor-presidente, dar alertas precoces com relação a problemas potenciais, repensar o valor das ideias de senso comum e ser objetivo e confiável.[25]

Esses argumentos são reforçados por John C. Knapp, presidente da Knapp Inc.: "As RPs ser- vem melhor aos clientes quando levantam questões desconfortáveis, introduzem pontos de vista conflitantes e oferecem uma interpretação isenta de ações e implicações".[26]

Orçamentos de relações públicas corporativas

O orçamento de comunicação corporativa geralmente é uma mera fração do que a empresa pode gastar em propaganda. Ainda assim, uma série de fatores afeta o custo da comunicação, fazendo com que os orçamentos das empresas para essa área tenham aumentado uma média de 3% em 2004, em relação a 2003.[27] Entre eles, a contratação de funcionários para novos escritórios, penetração em novos mercados, aumento de concorrência, investimentos em tecnologia e enfrentamento das ineficiências nos sistemas de elaboração de relatório.

Diferentemente de empresas que trabalham com consumidores, as companhias que trabalham empresa a empresa muitas vezes combinam suas iniciativas de *marketing* com relações públicas. Uma inserção na principal publicação especializada do setor, por exemplo, pode melhorar a imagem da empresa, bem como as vendas em geral.

Táticas usadas pelas relações públicas corporativas

Os departamentos de relações públicas corporativas trabalham com as agências de relações públicas para elaborar planos de comunicação abrangentes. Profissionais *freelance* costumam complementar a equipe de funcionários para executar os aspectos táticos do plano. A Spaeth Communications, com sede em Dallas, recomenda que os comunicadores avaliem as rotas de comunicação controladas e as não controladas ao desenvolver táticas adequadas. Como observa a presidente Merrie Spaeth, "o primeiro passo para alavancar a comunicação é entender como uma clientela-alvo pode receber mensagens conflitantes".[28] As rotas controladas são aquelas sobre as quais a corporação tem liberdade editorial, como seu relatório anual, boletins, propaganda, página na internet e materiais de comunicação em *marketing*. A rota não controlada, a que o profissional não consegue controlar, representa os veículos com mais poder e credibilidade para a comunicação – ou seja, a mídia e grupos que influenciam os públicos-alvo.

Sendo assim, os comunicadores devem considerar a **integração interdisciplinar** e a **integração de ferramentas** ao determinar o *mix* adequado de táticas controladas e não controladas para os públicos fundamentais da empresa. A integração interdisciplinar permite que todas as mensagens comunicadas por meio de propaganda, canais de mídia ou qualquer outro método sejam coerentes e constantes. Por exemplo, o comunicador pode usar as disciplinas de propaganda e comunicação em *marketing* além das relações públicas. A integração de ferramentas significa que o comunicador usará quaisquer meios disponíveis e apropriados para mandar uma mensagem a públicos externos e internos. Notas à imprensa, anúncios, correio eletrônico, cartazes em quadros de aviso, reuniões pessoais, boletins, folhetos, internet e a intranet da empresa são possibilidades. Na Figura 12.1, no Capítulo 12, veja uma lista maior de táticas.

Um estudo realizado pela primeira vez sobre financiamento corporativo de publicações concluiu que a quantidade média que as empresas de todos os tipos gastam anualmente em suas publicações se aproxima de 800.000 dólares. Cerca de 81% dessa cifra, ou 631.865 dólares, são reservados para publicações impressas, com 19%, ou 168.135 dólares, destinados a publicações eletrônicas. O estudo descobriu que o salário médio de um profissional que trabalha em publicações empresariais é de 51.500 dólares por ano.[29]

CREDIBILIDADE E REPUTAÇÃO CORPORATIVAS

Para que exerçam influência positiva sobre as atitudes do público diante dos negócios, as empresas e a iniciativa privada devem ser percebidas como honestas e responsáveis.

O mercado de hoje se caracteriza por uma pressão intensa – para crescer, para recompensar os acionistas, para criar novos empregos, para ser empolgante – a cada trimestre, a cada ano. Essas expectativas demandam que empresas estabelecidas desenvolvam constantemente novos modelos de negócios para sobreviver. O resultado é que velhas noções sobre o valor de uma reputação, de uma marca e da confiabilidade são questionadas e muitas vezes sacrificadas por ganhos de curto prazo. "A coisa mais importante é educá-lo (o público), não apenas sobre a direção que o setor está tomando, mas sobre qual vai ser o papel da empresa", diz Lynn Kettleson, da Clarke & Company, uma agência de relações públicas.[30]

Uma verdade atemporal é reforçada nesse ambiente de negócios inquietante: a melhor ferramenta de uma empresa para atingir seus objetivos nos negócios e estabelecer e reforçar a credibilidade é uma reputação excelente. (Ver Minicaso 16.1.) A Fleishman-Hillard, uma das principais agências de relações públicas do mundo, observa que "todos os objetivos que uma empresa pode estabelecer – uma relação mais elevada entre o valor total de suas ações e o valor contábil da empresa (*stock multiple*), mais capacidade de atrair e manter bons funcionários, melhores margens, parceiros mais atrativos para fusões e aquisições, mais clientes – se beneficiam de uma reputação forte e bem administrada".[31]

As relações públicas ajudam uma corporação a construir uma reputação de nível mundial. As relações positivas com públicos importantes e o consequente entendimento mútuo sobre políticas e questões podem melhorar a imagem de uma empresa dentro de sua própria comunidade e seu setor da economia. Há uma correlação entre uma boa reputação e resultados financeiros positivos. Entretanto, como disse Ivy Lee, o "pai das relações públicas", nos primeiros anos do desenvolvimento da disciplina: são as ações que contam e não as palavras. As reputações se adquirem dando encaminhamento às questões, sendo digno de confiança e tomando as atitudes certas. As relações públicas ajudam a orientar as administrações para que levem em conta seus públicos ao determinar o rumo certo a tomar.

Um estudo que ilustra esse argumento é o relatório anual da revista *Fortune*, "as empresas

O ex-diretor financeiro da WorldCom, Scott Sullivan (no centro), é escoltado a uma audiência no tribunal. Ele foi condenado a cinco anos de prisão por seu papel no escândalo contábil da WorldCom.

globais mais admiradas de 2009" (ver Figura 16.2). Executivos de empresas e analistas que estudam as corporações classificam as empresas segundo nove atributos multifacetados:

- Inovação
- Gestão de pessoas
- Uso de recursos corporativos
- Comunidade/ambiente
- Qualidade de gestão
- Solidez financeira
- Investimento de longo prazo
- Qualidade de produtos e serviços
- Caráter global

O desafio de conquistar uma boa reputação

Os níveis de confiança vêm caindo para a maior parte das empresas dos Estados Unidos desde o início dos anos de 1970, segundo pesquisas Gallup.[32] Há uma série de razões para isso. As grandes empresas podem ter uma imagem de quem evade os problemas, não assume responsabilidades, exagera fatos ou exagera em suas promessas de resultados. É fácil para o público em geral achar que as corporações só estão pensando em si próprias, sustentando pesquisas de persuasão que dizem que partes não interessadas são consideradas mais dignas de confiança do que as interessadas.

Pode-se argumentar que os problemas das grandes empresas começaram no início da década de 1930, quando o presidente Hoover e as empresas norte-americanas prometeram que "a prosperidade estava ali, dobrando a esquina". Quando as promessas se mostraram falsas, o público do país convidou Franklin Roosevelt e o *New Deal* para mudar a cara das empresas, do governo e da sociedade nos Estados Unidos. Nos anos que se seguiram, as empresas fizeram promessas que não poderiam cumprir, aceitaram crédito por realizações que não eram delas, empurraram os custos e os problemas para um futuro que agora chegava, venderam demais e entregaram de menos e mediram com uma régua viciada.

Minicaso 16.1

Nova visão de marca para a Greyhound aposta alto com campanha "elevada"

De Erin Braxton
The Richards Group

A Greyhound é uma venerável marca norte-americana com uma longa história e uma identidade rica e icônica, como nenhuma outra. Durante gerações, os passageiros acreditaram na empresa de ônibus para fornecer transporte seguro, acessível e agradável a mais de 3.100 lugares na parte continental dos Estados Unidos. As vendas chegaram a seu pico em 2000, depois de sete anos de crescimento consecutivo.

Em 2004, depois de três anos de queda nas vendas e na base de clientes, a Greyhound soube que era hora de mudar. A empresa buscou a ajuda da The Richards Group, uma agência sediada em Dallas, com 30 anos de experiência, dedicada a criar e construir marcas fortes. Essa parceria trabalharia para melhorar a posição da Greyhound diante de seus atuais e potenciais passageiros, melhorando percepções de marca e, em última análise, os negócios da empresa como um todo.

Pesquisa

A Greyhound realizou pesquisas para direcionar suas iniciativas de revitalização da marca em problemas específicos. Em termos gerais, o estudo identificou que a satisfação geral dos passageiros e suas percepções sobre a marca sofriam em função da falta de renovação em produtos, serviços e imagem da empresa.

Especificamente, a Greyhound fez uma pesquisa quantitativa em seis mercados: Chicago, Dallas, Nova York, Orlando, Phoenix e Portland. O propósito da pesquisa era triplo:

- conhecer as percepções de marca existentes entre usuários e não usuários nos Estados Unidos;
- obter um nível de entendimento em torno dos principais fatores que motivam essas percepções;
- identificar segmentos de usuários e usuários potenciais para futuras iniciativas de *marketing* direcionado e comunicação.

A pesquisa revelou resultados fundamentais acerca da Greyhound:

- entre usuários atuais e não usuários, uma melhoria em sua experiência geral com a Greyhound, que proporcionasse uma experiência mais agradável, resultaria em percepções de marca mais agradáveis;
- entre não usuários, tornar o serviço mais "bacana" e a experiência, mais rápida e agradável, melhoraria sua percepção geral da marca;
- a Greyhound identificou seis segmentos que definiam sua base de usuários: usuários pragmáticos, viajantes estudantes, entusiastas étnicos (usuários hispânicos e afro-americanos), usuários que não têm escolha, viajantes idosos e rejeitadores. Seu foco principal estaria nos pragmáticos, estudantes e entusiastas étnicos.

Planejamento

Depois de identificar seu público-alvo e reconhecer algumas das principais preocupações de seus consumidores, a Greyhound desenvolveu uma nova visão de marca: "Possibilitar a todos uma viagem agradável". O novo foco serviria como catalisador para aprimorar a experiência geral do cliente.

Implementação

Começando como um teste de três mercados principais para o transporte com ônibus (Minneapolis, Milwaukee e Chicago), a execução da nova visão de marca da Greyhound incluía:

- fazer mudanças que melhorassem e aperfeiçoassem os terminais existentes, para criar uma experiência mais agradável para seus clientes;
- reformar os ônibus, interna e externamente;
- treinar pessoal para criar uma experiência mais agradável de serviço aos clientes;
- desenvolver *marketing* e propaganda para apoiar todas as melhorias e novas experiências dos clientes.

A Greyhound se afastou de seu anterior diretor de criação para propaganda ao assumir uma abordagem mais leve com o lançamento de sua nova campanha "Elevada". A campanha produziu o *slogan*, "Elevamos tudo". A empresa usou a famosa comediante Wanda Sykes no rádio e na televisão para empolgar os clientes em relação às novas mudanças que acontecem na Greyhound. Sykes usou seu estilo sarcástico de comédia para ironizar situações cotidianas, como os altos preços da gasolina e tendências atuais da moda. Os anúncios escritos com inteligência enriqueceram essas observações do dia a dia e as relacionavam com a nova Greyhound descomplicada. Propagandas em jornais e ao ar livre também identificavam partes importantes do plano de mídia.

Durante o lançamento da nova campanha múltipla, a Greyhound elevou um de seus ônibus reformados em seu terminal de Chicago para comunicar seu forte compromisso com "reformar" o negócio. A cobertura da imprensa, a partir desses eventos de relações públicas, produziu várias matérias transmitidas e impressas e atingiu mais de 40 milhões de pessoas.

Avaliação

Embora seja cedo demais para medir a eficácia da campanha "Elevada" da Greyhound, a equipe de *marketing* está otimista de que seu esforço terá sucesso geral, não apenas ao aumentar o número de usuários e melhorar as percepções de marca, mas também elevando a probabilidade desses consumidores de continuar usan-

(Continua)

> ## Minicaso 16.1
>
> ### Nova visão de marca para a Greyhound aposta alto com campanha "elevada" (*continuação*)
>
> a Greyhound depois de uma experiência de cliente tão positiva e agradável.
>
> **Perguntas**
>
> 1. Quais perguntas você acha que o The Richards Group pode ter feito à Greyhound quando foi contatada inicialmente sobre a campanha?
> 2. Quais eram as vantagens e desvantagens de usar a metodologia quantitativa para a pesquisa?
> 3. A pesquisa identificou seis categorias de usuários de ônibus. Desenvolva um perfil demográfico e o estilo de vida de cada um.
> 4. Por que a Greyhound concentra seus esforços de comunicação em apenas três dos segmentos de clientes identificados?
> 5. Identifique outras táticas que a empresa pode usar para transmitir sua nova visão de marca.
> 6. Quais são as vantagens e desvantagens de usar uma comediante famosa como porta-voz?

Não importa se esses erros e delitos são involuntários e se as empresas são culpadas ou vítimas dessas circunstâncias. O que importa é que as expectativas do público e dos consumidores foram infladas em milhares de pequenas maneiras – por meio de declarações das empresas, propaganda, técnicas de *marketing* e relações públicas – e que essas expectativas não foram atendidas. Tal é o poder de promessas consideradas não cumpridas.

Como comentou o executivo da Hill & Knowlton, William A. Durbin, "o problema individual mais importante que enfrentamos hoje é [...] credibilidade perdida".[33]

Restauração da credibilidade

É difícil recuperar a credibilidade que se perde. Mesmo assim, diversas políticas, se implementadas e praticadas por empresas individual e coletivamente, podem contribuir substancialmente para o restabelecimento da confiança do público.

A Dra. Leslie Gaines-Ross, principal estrategista de reputação da Weber-Shandwick, uma agência global de relações públicas, lista 12 passos que uma empresa pode dar para recuperar sua reputação e restaurar a credibilidade:

1. **Ir à luta com o líder à frente**. Um único líder empresarial, quase sempre o diretor-presidente, deve servir como porta-voz durante épocas problemáticas. Agindo prontamente, com uma voz única, de forma transparente e decisiva, os diretores-presidentes podem estabilizar uma situação instável e estabelecer o tom correto que, em muitos casos, acaba definindo a crise.

2. **Comunicar-se incansavelmente**. Comunicar-se de forma eficaz e frequente durante uma crise é essencial. O resgate da reputação e os primeiros passos no caminho da recuperação de longo prazo demandam um nível mais elevado de comunicações do que costuma haver em épocas menos estressantes.

3. **Não subestimar seus críticos e concorrentes**. Uma empresa não deve ignorar nem diminuir o que seus críticos ou inimigos têm a

---

As empresas globais mais admiradas de 2009

1. Apple (EUA) – Computadores
2. Google (EUA) – Serviços da *web*
3. Berkshire Hathaway (EUA) – Seguros
4. Johnson & Johnson (EUA) – Farmacêuticos
5. Amazon.com (EUA) – Comércio eletrônico
6. Procter & Gamble (EUA) – Produtos domésticos e pessoais
7. Toyota Motor (Japão) – Veículos automotores
8. Goldman Sachs (EUA) – Investimentos bancários
9. Wal-Mart Stores (EUA) – Mercadorias gerais
10. Coca-Cola (China) – Produtos alimentícios

FIGURA 16.2 As empresas mais admiradas do mundo.
Ranking Fortune 2010
Fonte: http://money.cnn.com/magazines/fortune/mostadmired/2010/index.html.

dizer. Os críticos não vão e vêm por si sós, e podem resistir durante anos.

4. **Acertar o relógio da empresa.** Transmitir um sentido de urgência muitas vezes exige que a equipe sênior se concentre mais no que teme que aconteça e menos no que deu errado.
5. **Analisar o que deu certo e errado.** Estudando os próprios erros e os dos outros, as empresas podem evitar a repetição e o encontro de problemas ainda maiores que possam lhe estar aguardando.
6. **Medir, medir e medir de novo.** Para acompanhar os avanços quando houve a perda de reputação, são necessários padrões de referência. As empresas e seus líderes precisam de evidências concretas e em tempo real de que a empresa está indo na direção certa.
7. **Corrigir a cultura.** A maioria dos analistas dos fracassos corporativos admitirá imediatamente que a cultura foi o que falhou à empresa em primeiro lugar, e que a única forma de garantir recuperação é alterar essa cultura.
8. **Aproveitar a mudança.** Os modelos e as práticas empresariais muitas vezes precisam de mudanças. Um número surpreendente de crises pode ter suas origens identificadas no clima empresarial que os líderes não veem ou não levam suficientemente a sério.
9. **Desafiar a mídia.** Atualmente, as empresas têm inúmeros canais para que suas mensagens sejam ouvidas sem depender exclusivamente dos grandes meios de comunicação, como acontecia no passado.
10. **Construir uma caixa de ressonância para boas notícias.** A recuperação da reputação geralmente não vem de um grande anúncio ou evento, e sim de uma série de pequenos passos gradativos, que geram um lento acúmulo de forças positivas.
11. **Comprometer-se em correr uma maratona, e não uma corrida de curta distância.** Recuperar uma reputação é um processo de longo prazo que não termina depois de um pequeno surto de sucesso.
12. **Minimizar os riscos à reputação.** À medida que o processo de recuperação dobra a última esquina e a empresa finalmente se sente saudável, o risco à reputação deve ser monitorado constantemente. Minimizar o risco à reputação agora passa a ser responsabilidade de todos.[34]

Relações com os consumidores

As relações com os consumidores são um componente essencial da comunicação corporativa. A qualidade das experiências diárias do indivíduo médio com os produtos, serviços, funcionários e outros aspectos de uma empresa deve ser ótima, mas nem sempre é assim. O papel das relações públicas nesse esforço é orientar a administração sobre respostas adequadas a consumidores que foram afastados e trabalhar com ela para garantir que os problemas não se repitam. As relações com os consumidores são discutidas em detalhe no Capítulo 12.

Promoção do entendimento público

Se quisermos que o público entenda o lucro ou a iniciativa privada, devemos garantir que os comunicadores apresentem informações em termos que o público entenda. As estatísticas devem esclarecer, e não exagerar. Neste caso, novamente, os profissionais de relações públicas devem seguir os preceitos básicos de sua crença: levar em consideração o público, formular cuidadosamente o texto da comunicação e ser coerente. Não se pode obter entendimento econômico do público bloqueando-o com estatísticas, generalidades, linguagem técnica e coisas do tipo. Com frequência, esse tipo de comunicação causa mais danos do que benefícios.

Um exemplo é uma manchete de jornal que informava que uma grande empresa tivera "lucros de 273%". Durante os dias que se seguiram, os ganhos de outras corporações no segundo trimestre foram informados nos mesmos termos: os de um fabricante de automóveis tinham crescido 313% e os de três empresas químicas tinham aumentado 109%, 430% e 947%, respectivamente. Várias fontes informaram que todos os setores da economia tiveram aumentos médios nos lucros entre 31% e 36%. As pessoas que têm experiência em negócios entendem essas cifras e podem imediatamente colocá-las em perspectiva. Na verdade, essas estatísticas são voltadas a impressionar acionistas e investidores instruídos, mas esses números astronomicamente altos também chegam ao público em geral, que os interpreta como lucros grandes, inclusive "obscenos".

Uma companhia de seguros ofereceu outro exemplo de retórica inflamatória, informando "ganhos operacionais [...] quase quatro vezes maiores do que [...] um ano antes". Os consumidores que não entendem as estatísticas que acompanham essa afirmação consideram o preço mais alto de seus seguros e acham que estão sendo roubados. Com a ajuda de uma calculadora, porém, pode-se ver que as margens da empresa aumentaram de 0,92% a 2,57%. Uma resposta informada emocional muda de hostilidade a simpatia. Mas a empresa não pode pressupor que o consumidor comum entenderá esses números. Como disse Disraeli, existem as mentiras, as grandes mentiras e as estatísticas.

Outras questões importantes com que se deparam as relações públicas corporativas na primeira parte do século XXI incluem a globalização das operações das empresas, com globalização resultante das relações públicas, transformações tecnológicas sem precedentes, crescente ênfase em questões de diversidade e crises e desastres intensificados.

Tecnologia e relações públicas corporativas

As novas tecnologias estão revolucionando a forma como os profissionais de relações públicas trabalham e se comunicam com seus públicos fundamentais. A internet, salas de bate-papo, intranet, páginas, correio eletrônico, *blogs* e outras ferramentas de informática, bem como a tecnologia de comunicações sem fio, oferecem muitas oportunidades para disseminar informações, dar e receber opiniões, comprar bens e serviços, conhecer o que estão pensando os consumidores, ter acesso a materiais corporativos, atualizar consumidores e funcionários e mais.

Dois desses canais são discutidos aqui.

Blogs corporativos Os *blogs* corporativos são "as novas páginas de opinião".[35] Abreviação de *web logs*, os *blogs* são diários que possibilitam aos autores postar pensamentos, filosofias e opiniões em uma página da internet para consumo público. Empresas como GM, Boeing e Microsoft criaram *blogs* como forma de alimentar relações com seus *stakeholders* e obter opiniões dos consumidores sobre a empresa com baixo custo. Mas funcionários, ativistas, clientes e outras pessoas que possam estar ressentidas também criam *blogs* para expressar seus sentimentos sobre tópicos que envolvam atividades corporativas. Duas empresas que medem e indexam *blogs*, a Technocrati[36] e a Blogpulse, contavam, cada uma, mais de 15 milhões de *blogs* quando este livro era escrito.

Mesmo assim, o número de *blogs* corporativos é baixo. Uma pesquisa da eMarketer situa a estimativa em 4%.[37] A *PRWeek*/Weber Shandwick Corporate Survey de 2005 indica que apenas 7,9% das empresas pesquisadas têm *blogs* e que quase metade delas está no terceiro setor. Das que patrocinam um *blog*, dois terços consideram que os públicos mais importantes são os clientes existentes e potenciais. Cerca de 75% dos comunicadores corporativos não fazem qualquer tipo de acompanhamento da blogosfera (45,6%) ou fazem muito pouco (32%). Mais ou menos a mesma porcentagem não tem uma estratégia para responder a postagens feitas em *blogs*.[38]

A empresa de iogurte orgânico Stonyfield Farm Inc. contratou um blogueiro para produzir dois *blogs*: um sobre a empresa, chamado de Daily Scoop, e o outro sobre alimentação saudável nas escolas, o Healthy Kids. Entre as responsabilidades do cargo estão pesquisa, *links* com notícias e apresentação de ideias pessoais. Um dos mais de 1.500 blogueiros da Microsoft ajuda a recrutar funcionários contando como é trabalhar na empresa, os cargos que ela está tentando preencher e tendências de contratação. As estimativas salariais para blogueiros corporativos vão desde níveis baixos até 40.000 dólares por ano, podendo chegar aos 70.000. Os salários mais altos geralmente implicam outras responsabilidades de comunicação.[39]

Aqui, algumas diretrizes a serem levadas em conta para *blogs* corporativos:

- *Comprometa recursos adequados a seu desenvolvimento e manutenção.* Um *blog* é um investimento de longo prazo. Uma vez feito, "é uma grande responsabilidade", diz Richard

Cline, diretor-executivo da Voce Communications. "Não é como montar uma página na internet. Você está criando um meio transparente para os clientes."[40]
- *Monitore* blogs *para revelar novas tendências em seu setor*. Serviços de acompanhamento (*tracking*), como Bacon's, PR Newswire e outros têm programas que podem acompanhar termos de busca e palavras-chave em *blogs*, fóruns de discussão e outras **mídias geradas pelos consumidores**. "Essas informações permitem às empresas identificar questões importantes antes dos concorrentes", diz Andrew Bernstein, diretor-executivo da Cymphony.[41]
- *Seja aberto e honesto*. "Você pode escutar o que está sendo dito extraoficialmente", diz um blogueiro com alto conhecimento tecnológico. "Você pode assistir ao burburinho acontecendo."[42] Nesse ambiente, não há lugar para se esconder. Acobertamentos, insinceridade, uma atitude de interesse próprio, erros factuais e outras discrepâncias podem ser rapidamente reconhecidos por usuários. Um *blog* pode ser uma ferramenta poderosa para desenvolver um diálogo significativo com os *stakeholders*.[43]
- *Mantenha o foco em seus públicos fundamentais*. "Você precisa saber o que está influenciando seus públicos para que se comportem como você deseja", diz K. D. Paine.[44] Quem deve orientar sua agenda de comunicação são seus públicos fundamentais, e não o *blog*.
- *Não tenha receio de responder a blogueiros que postarem informações incorretas*. Algumas empresas de turismo têm funcionários monitorando o FlyerTalk.com, uma página sobre o tema na internet, onde viajantes discutem suas experiências. Os blogueiros corporativos respondem ao comentário como representantes autorizados, esclarecendo informações incorretas e informando questões importantes à administração.[45]
- *Não trate os* blogs *como entidades separadas*. Eles são mais uma fonte da mídia.
- *Estabeleça a cobertura dos* blogs *em relação a sua empresa com a cobertura da imprensa tradicional*.

RSS feeds **corporativos** O Really Simple Syndication (RSS) pode ser uma ferramenta útil para o departamento de relações públicas das empresas, possibilitando a editores e repórteres, funcionários, consumidores e outros usar a internet para acessar, mostrar e distribuir manchetes, artigos, listagens e informações que a empresa forneça. Embora a taxa de adoção seja ainda pequena no momento em que este livro é escrito, o uso de RSS promete crescer nos anos vindouros.

Os problemas atual dos *RSS feeds* são típicos dos encontrados por recém-chegados ao ambiente tecnológico, como não ser tradicional o suficiente, os usuários não terem os programas certos para usar e ver os RSS, dificuldades de uso por pessoas com pouco conhecimento de tecnologia, e mesmo sua baixa capacidade para encontrar os *feeds*.

À medida que esses desafios vão sendo superados, mais empresas usarão o RSS para se comunicar com seus públicos externos e internos. Os benefícios incluirão os seguintes:
- Informações organizadas (a informação que entra pode ser classificada).
- Sala de imprensa na internet. Os jornalistas podem acessar informações 24 horas.
- Informações aos clientes, principalmente as de suporte a produtos, como especificações, solução de problemas e atualizações de segurança.
- Informações especializadas para quem estiver interessado apenas em algumas marcas e tópicos.
- Material que seja sensível ao tempo, como promoções matinais, descontos em produtos por tempo limitado e semelhantes.
- Burburinho em tempo real. Um *RSS feed* consegue capturar o que está sendo dito sobre uma empresa à medida que isso acontece.[46]

Responsabilidade social corporativa

A responsabilidade social corporativa (RSC) não é um ato de gentileza aleatório. "Para ser verdadeiramente significativa, a RSC tem que ser inserida em tudo, das relações de trabalho à operações de plantas. Não se trata de fazer o bem, e sim de negócios."[47]

A RSC está surgindo como um importante preceito dos negócios. Oito em cada 10 norte-americanos dizem que o apoio empresarial a causas conquista sua confiança na empresa em questão – um aumento de 21% desde 1997.[48]

A RSC tem suas raízes na filantropia corporativa. As empresas costumavam apoiar programas ou doar dinheiro a uma iniciativa válida. Hoje, o número de corporações multinacionais que definem suas iniciativas de RSC dessa maneira está diminuindo. De uma perspectiva global, há muitos desafios e questões, incluindo uma rede de mídia sem fronteiras, as maneiras de estruturar equipes de comunicação no mundo todo, implicações políticas, integração de disciplinas de *marketing* e preocupações com a reputação das corporações.[49] "A velocidade com que as questões viajam hoje [exige] articulação global", diz Rob Flaherty.[50]

Segundo o diretor de RSC da Edelman, Chris Deri, "a questão é que estamos tendo de fazer isso não apenas para ter uma licença social para operar, mas também ter uma licença legal."[51]

Corporações inteligentes devem seguir o conselho de um executivo da Cone: "Fica claro, em nossas pesquisas, que o público quer saber, através de uma série de canais, o que a companhia está fazendo na comunidade – de bom e de ruim. Estabelecer um compromisso forte e direcionado com uma questão social relevante é uma estratégia de negócios inteligente, que encontrará ressonância em uma série de *stakeholders*, já que injeta emoção e confiança na marca."[52]

Diversidade

A diversidade, ou inclusão, como às vezes é chamada, engloba a mistura de etnia, idade, gênero, orientação sexual, crenças religiosas, origem nacional e deficiência. J. Donald Turk, APR, gerente de relações públicas da ExxonMobil Corporation, expressa sua crença no futuro: "Haverá maior diversidade de funcionários, clientes e públicos". Turk foi chefe da Seção Corporativa da PRSA e prevê que a economia global será um lugar onde "a diversidade caracterizará a força de trabalho e o *mix* de clientes, e será valorizada e mesmo exigida para uma empresa ter sucesso."[53]

Diversidade significa coisas diferentes em países diferentes. Por exemplo, quase um quarto da força de trabalho da Lucent Technologies está empregada fora dos Estados Unidos. Enquanto as questões hispânicas, africanas e nativo-americanas recebem muita atenção no país, a maioria dos funcionários não holandeses da Lucent Holanda vem do Norte da África, do Oriente Médio ou da Europa. As leis e as práticas trabalhistas locais criam dificuldades de transferir programas de treinamento de um país a outro.[54] Em função de seu compromisso com a diversidade global, a Lucent desenvolveu uma campanha chamada New Realities Diversity Campaign.

As empresas globais, como a Hilton Hotels Corporation (HHC), operam em todo o mundo. A declaração de missão para a diversidade da HHC enfatiza a importância de "desenvolver e manter uma cultura no local de trabalho que reflita a consciência e a sensibilidade às capacidades individuais e a valorização das diferenças de gênero, étnicas, raciais, religiosas e culturais".[55]

O compromisso com a diversidade afeta a forma como as corporações fazem negócios. O Bank of America, por exemplo, compromete 15% de seu orçamento total de compras com empresas de propriedade de minorias, mulheres e indivíduos portadores de deficiências. O programa, iniciado em 1999, já levou a um aumento de receita e fluxo de caixa, e a posições de mercado mais fortes.

As empresas talvez possam tomar emprestados do ex-secretário de comércio dos Estados Unidos, Ron Brown, os sete preceitos para planejar como atingir a diversidade. O U.S. Census Bureau usa as seguintes diretrizes para chegar a uma força de trabalho diversa:

1. *Inclusão.* Valorizar todos os funcionários, independentemente de gênero, cor, crença religiosa, origem nacional, idade, presença ou não de deficiência ou orientação sexual.
2. *Oportunidade.* Recrutar agressivamente e desenvolver programas de avanço profissional para garantir um conjunto diverso de candidatos qualificados ao emprego.
3. *Abrangência.* Considerar a diversidade nos assuntos empresariais, como treinamento, elaboração de seminários, processos de concessão de verbas, missões comerciais,

questões regulatórias, contatos de negócios e todos os programas do departamento.
4. *Acessibilidade*. Fortalecer os procedimentos de reclamação sobre oportunidades iguais de emprego para garantir o processamento justo e ágil das reclamações.
5. *Treinamento*. Incentivar a participação de administradores seniores no treinamento em políticas para a diversidade e técnicas de solução de conflitos.
6. *Gestão*. Acrescentar iniciativas para a diversidade como fator de avaliações de desempenho no emprego na gestão de pessoal.
7. *Avaliação e comunicação*. Estabelecer um conselho de diversidade para monitorar, avaliar e facilitar programas de implementação de diversidade.[56]

Estudo de caso

O Projeto Math, da MasterCard

Resumo

O atual estado do desempenho em matemática nos Estados Unidos tem graves implicações para a força de trabalho de amanhã, principalmente em empresas de tecnologia como MasterCard Worldwide. Em St. Louis, onde está a sede de tecnologia global e operações da MasterCard, a equipe de comunicações da empresa, com seus colegas da agência Weber Shandwick, examinou o desempenho em matemática e decidiu concentrar seu patrocínio local à educação em uma causa – melhorar o ensino de matemática – o que não apenas ajuda à comunidade, mas também é bom para os negócios. O resultado foi o Projeto Math, um programa comunitário para maximizar a visibilidade e o impacto das verbas locais concedidas pela empresa ao mesmo tempo em que ajuda o avanço do desempenho regional em matemática e aumenta a empregabilidade da força de trabalho.

Pesquisa

A pesquisa foi fundamental para o sucesso do programa, já que a MasterCard não se considerou em posição de ditar uma solução para melhorar o ensino de matemática, e sim de servir como meio para ativar uma solução definida por especialistas no assunto. A equipe fez pesquisa primária e secundária para garantir que o programa fosse relevante, significativo e bem-sucedido.

Pesquisa secundária

A equipe pesquisou o estado do desempenho em matemática em Missouri e St. Louis, e recorreu à iniciativa Math, Engineering, Technology and Science (METS), do governador do Missouri, Matt Blunt, para ilustrar a necessidade de melhorias.

A equipe também fez uma auditoria informal de outras empresas de tecnologia que apoiam a educação em matemática e ciências e descobriu que seu foco no ensino de matemática não era compartilhado por outras empresas locais.

Pesquisa primária

Ao realizar o Projeto Math, a equipe de planejamento entrevistou lideranças da área da educação, incluindo professores universitários, professores e administradores do ensino fundamental e médio, organizações sem fins lucrativos e membros da organização Math

Educators of Greater St. Louis, que confirmaram a necessidade de desenvolvimento profissional e apoio corporativo aos professores de matemática da região. A equipe realizou mais pesquisas primárias para completar uma importante estratégica de programa: compartilhar especialização nacional e internacional. Para planejar um encontro de educação em matemática que fosse relevante e gerasse ações concretas, foi fundamental obter a opinião dos professores, administradores escolares e especialistas no assunto. Como tal, a equipe reuniu um grupo consultivo do Projeto Math, formado por líderes da comunidade, professores, organizações de educação, administradores distritais e líderes de opinião. O grupo consultivo forneceu orientações que ajudaram a concentrar o foco do evento e contribuíram com ideias sobre convidados, palestrantes, tópicos e formato do evento.

Planejamento

Estratégia

Ao canalizar seu apoio à educação em St. Louis a um programa estratégico que está alinhado com seus negócios, a MasterCard ajudou a maximizar o impacto do dinheiro que concede, ao mesmo tempo em que posiciona a empresa como líder ao abordar de forma eficaz uma questão premente da educação e elevar a visibilidade de suas iniciativas na comunidade.

Objetivos

O objetivo do Project Math é claro: ampliar os recursos e as oportunidades de desenvolvimento de educadores de matemática para avançar o ensino da disciplina com vistas a fortalecer o desempenho dos alunos. A excelência no ensino estimula o interesse dos alunos pela matemática, melhora a compreensão sobre o tema e prepara melhor os estudantes para administrar suas finanças, orientar-se na vida cotidiana e se qualificar para oportunidades profissionais no atual ambiente de globalização. Os objetivos de comunicação eram os seguintes:

- Construir apoio da comunidade e dos funcionários para o Projeto Math.
- Incentivar empresas locais a se concentrar no ensino de matemática.
- Divulgar em nível local o compromisso da MasterCard com a questão do desempenho em matemática.

Público

- Professores de matemática, *coaches* de matemática, coordenadores de currículo e membros das comissões de educação;
- funcionários da MasterCard;
- legisladores, líderes da comunidade e empresariais, incluindo clientes e vendedores da MasterCard;
- meios de comunicação locais;
- os estudantes não foram o foco da campanha, já que a MasterCard cuida para não promover sua marca a menores.

Execução

No final de 2006, a MasterCard anunciou o Projeto Math, comprometendo 1 milhão de dólares em um período de três anos, com vistas a melhorar a qualificação dos professores da região de St. Louis para o ensino de matemática. A equipe definiu as cinco estratégias a seguir para o programa:

Compartilhar *expertise* nacional e internacional. A presença global da MasterCard posiciona a empresa de forma única para conectar a *expertise* internacional com os educadores locais, visando compartilhar melhores práticas. Em 2007, a MasterCard convocou um Encontro de Educação em Matemática (Math Education Summit), reunindo apresentações do mundo todo para compartilhar a *expertise* e ajudar St. Louis a identificar possibilidades locais para fazer avançar o desempenho na disciplina.

Facilitar parcerias regionais. Por meio de parcerias com universidades e organizações de ciências matemáticas, a MasterCard apoia oportunidades de *coaching* e desenvolvimento profissional para professores de matemática locais. Em 2007, a empresa concedeu essas verbas à Washington University em St. Louis, University of Missouri-St. Louis e ao Saint Louis Science Center.

Auxiliar distritos locais. A MasterCard apoia soluções para tratar de necessidades prementes dos distritos escolares locais relacionadas à matemática. Em 2007, a empresa concedeu verbas para acrescentar mais professores de matemática à organização Teach For America St. Louis em escolas urbanas e para proporcionar formação de professores e implementação de um programa extracurricular inovador de matemática no distrito escolar no qual a estrutura da MasterCard está localizada.

Compartilhar recursos intelectuais por meio de oportunidades de voluntariado aos funcionários. Seja oferecendo-se como voluntários para dar aulas de conhecimentos financeiros ou orientar alunos em uma competição de robótica, os funcionários da MasterCard se envolveram no apoio aos objetivos do Projeto Math ao ajudar os alunos a relacionar os conteúdo escolares à carreira. Em 2007, mais de 265 funcionários da MasterCard deram aulas sobre empreendimentos jovens (Junior Achievement) e ajudaram a planejar, conduzir e avaliar competições de robótica FIRST (For Inspiration and Recognition of Science and Technology).

Doar tecnologia. A MasterCard distribuiu computadores a escolas locais quando substituiu os computadores de sua sede de tecnologia em St. Louis. A empresa doou mais de 1.100 computadores desde 2001, incluindo 260 em 2007.

Resumo de táticas

Anúncio aos funcionários (15 de dezembro de 2006): A MasterCard anunciou o Projeto Math em uma reunião de todos os funcionários, alavancando o 40º aniversário da empresa como uma oportunidade de celebrar seu compromisso com a comunidade e causar um impacto mais profundo por meio de uma dedicação concentrada a uma causa que não apenas é boa para a comunidade, mas também representa um interesse próprio esclarecido. O apoio incluiu trabalhar em conjunto com lideranças das áreas de tecnologia e comunicação para planejar e produzir um *webcast* global com os funcionários para introduzir o programa, identificando oportunidades para que os voluntários participassem da iniciativa, publicando um artigo sobre o tema na intranet, incluindo informações para os funcionários ajudarem seus próprios filhos e gerenciando as avaliações pós-evento para melhorar o programa.

Almoço de lançamento do Projeto Math (15 de dezembro de 2006): A MasterCard lançou o Projeto Math com um almoço em sua sede de tecnologia em St. Louis. Mais de 80 líderes em educação, comunidade, empresas e poder legislativo participaram do evento, no qual executivos da empresa anunciaram o compromisso de 1 milhão de dólares que a empresa assumia com a causa e promoveram um painel de discussão sobre a necessidade de maior apoio ao desempenho local em matemática. O painel incluía o analista de políticas educacionais do governador, um professor de ensino de matemática e o superintendente de um distrito escolar local. A equipe envolveu representação de executivos, construiu relações estratégicas com diversos *stakeholders* da comunidade, escolheu beneficiários de verbas, preparou palestrantes do evento, planejou a logística, convidou participantes e fez contatos com a mídia, bem como produziu um folheto do Projeto Math, uma apresentação breve e um vídeo para ser usado como material de apoio ao se divulgarem informações sobre o programa a públicos externos.

Math Education Summit (24 de outubro de 2007): Para implementar a primeira estratégia do programa, a equipe planejou um Encontro de Educação em Matemática para reunir líderes da educação, das empresas e da comunidade na região de St. Louis, e aprender com apresentações de professores e especialistas em currículo internacionalmente reconhecidos. O ponto alto do evento envolveu a exposição da experiência de um especialista de Cingapura, país que é líder no mundo em termos de desempenho em matemática. O evento consistiu em uma palestra principal do Dr. Lianghuo Fan, do Singapore National Institute of Education, sobre a abordagem à educação em matemática em seu país, bem como apresentações de dois professores de matemática internacionalmente reconhecidos: de Jason Kamras, assistente especial do responsável por desempenho de professores nas escolas públicas do Distrito de Columbia (Distrito Federal) e Professor Nacional do Ano em 2005, e de Frank Corcoran, professor-fundador da KIPP Academy em Nova York. Outros palestrantes e sessões específicas trataram de currículo bem-sucedido de matemática, recursos para estudantes e professores da disciplina, colaboração entre empresas e educação e aplicações para a matemática no mundo real. O apoio incluía um grupo consultivo para definir abrangência e agenda, pesquisar especialistas no tema, trabalhar com os palestrantes, produzir um vídeo mostrando vários especialistas locais, coordenar toda a logística, administrar a avaliação pós-evento e avaliar as oportunidades resultantes.

Evento para a Família dos Funcionários no Projeto Math (27 de outubro de 2007): A MasterCard patrocinou um evento de um dia para que seus funcionários e os filhos deles realizassem atividades voltadas à matemática no Saint Louis Science Center. Houve oficinas, quebra-cabeças e jogos de matemática. Mais de 700 funcionários e parentes participaram. Cerca de 20 funcionários se ofereceram voluntariamente para ajudar a planejar a agenda do evento, coordenar a logística, gerenciar as inscrições, produzir um vídeo de destaques e aplicar pesquisas para obter a avaliação dos participantes.

Avaliação

A MasterCard continua a promover seu compromisso com o investimento na educação em nível global. Como resultado do primeiro ano do Projeto Math, a empresa o está avaliando como modelo para cogitar a ampliação de iniciativas de cidadania em outros locais.

A equipe mediu o sucesso do primeiro ano do Projeto Math analisando as reações dos funcionários, os desdobramentos na comunidade, a participação em eventos e a cobertura que a mídia fez do programa. A avaliação do sucesso dos beneficiados individuais das verbas incluiu critérios de curto prazo definidos pelo beneficiário individualmente e, a longo prazo, melhoria nas notas regionais de matemática. A equipe chegou a cada um de seus objetivos de comunicação de curto prazo:

1. **Obter apoio da comunidade e dos funcionários para o Projeto Math.** Uma estratégia cuidadosa ajudou os funcionários a se sentirem envolvidos no programa desde o primeiro dia. Como a empresa estava deixando de apoiar várias causas não relacionadas à matemática, a equipe se preparou para tratar das preocupações dos funcionários e, mesmo assim, eles expressaram muito apoio. Na verdade, mais de 265 funcionários participaram das oportunidades de voluntariado do Projeto Math em 2007, e mais de 700 deles e seus parentes participaram no Project Math Family Day. A resposta da comunidade incluiu o endosso de líderes da educação e da comunidade, estabelecimento de parcerias entre empresas e educação e a participação entusiástica de professores e estudantes em projetos específicos. Além disso, o Projeto Math da MasterCard recebeu o prêmio Education Progress da Partners for Progress, uma organização regional de associações empresariais e líderes da cidadania.

2. **Incentivar outras empresas a enfocar o ensino de matemática.** Os eventos do Projeto Math serviram como fórum eficaz para o diálogo com vistas a aumentar a colaboração empresa-educação, com forte representação de uma gama de setores da economia como participantes e painelistas. Líderes de empresas e da comunidade, bem como consórcios representando lideranças empresariais regionais, elogiaram muito o papel de liderança que a MasterCard assumiu ao destacar importância do desempenho em matemática para o sucesso dos negócios e das comunidades. Enquanto o Projeto Math teve muita participação de líderes empresariais e cidadãos no evento de lançamento e no Encontro de Educação em Matemática, a MasterCard também ficou satisfeita com a prontidão de líderes empresariais do Regional Business Council, Citi, Boeing e AT&T/METS para participar como palestrantes no encontro e no grupo consultivo do Projeto Math. Além isso, como a MasterCard conseguiu criar um fórum eficaz para o diálogo com vistas a aumentar a colaboração empresa-educação e divulgou a questão a outras empresas, os representantes da MasterCard foram convidados para integrar o comitê de planejamento do governador do Encontro Regional Empresas-Educação do governador do Missouri, Matt Blunt, que lançou a METS St. Louis Network.

3. **Divulgar o compromisso da MasterCard com a questão do desempenho em matemática.** Era fundamental fazer com que a cobertura da mídia comunicasse o compromisso da MasterCard com a questão do desempenho em matemática. A cobertura do evento de lançamento incluiu artigos no *St. Louis Post-Dispatch*, *St. Louis Business Journal* e *St. Charles Journal*. A equipe também garantiu a cobertura do Math Education Summit no boletim da Câmara de Comércio do Missouri, MissouriBusiness, bem como importantes emissoras de regionais rádio especializadas em programas de entrevistas, KTRS-AM e KMOX-AM, e duas emissoras locais de televisão, KSDK-NBC e KTVI-FOX.

Outra forma importante de divulgar informações em nível local foi aumentar a participação no almoço de lançamento, no evento das famílias dos funcionários e no encontro de educação em matemática. A equipe executou três eventos relacionados ao Projeto Math, com boa participação. Mais de 80 líderes da educação, da comunidade, de empresas e legislativos participaram do almoço de lançamento. O evento dirigido às famílias atraiu mais de 700 funcionários e parentes. E o Math Education Summit reuniu 84 professores, administradores escolares e líderes da comunidade.

Fonte: Weber Shandwick.

Perguntas

1. De que forma o Projeto Math sustenta os objetivos estratégicos da MasterCard?
2. Identifique possíveis obstáculos que a MasterCard poderia ter enfrentado ao lançar o Projeto Math.
3. Se você fosse implementar o Projeto Math na comunidade local, que desafios enfrentaria ao escolher os participantes dos grupos consultivos?
4. Identifique os aspectos relacionados à responsabilidade social corporativa do Projeto Math.

Resumo

Este capítulo explora os aspectos da prática de relações públicas que se aplicam às corporações. As relações públicas eficazes devem começar com o diretor-presidente. O diretor-presidente que valoriza a comunicação tem um efeito cascata, possibilitando que os funcionários tomem decisões melhores, o que, por sua vez, ajuda a atrair os melhores entre eles, que aplicam suas habilidades e talentos em um ambiente competitivo.

As relações públicas corporativas têm um impacto positivo no resultado final. Os clientes querem fazer negócios com empresas que tenham boa reputação.

As relações públicas globais, a diversidade, as mudanças tecnológicas e a gestão de crises são questões importantes com que se deparam os profissionais de relações públicas. O modo como eles se preparam para lidar com essas questões pode ser a margem de sucesso ou fracasso na próxima década.

Termos fundamentais

agência principal
audiências-alvo
blog
integração de ferramentas
integração interdisciplinar
mercados-alvo

mídia gerada pelos consumidores
públicos-alvo
Really Simple Syndication (RSS)
relações públicas corporativas
técnicos

Notas

1. Ted McKenna, "Mercury Level Discussion Fires Up Seafood Sector Marketers", *PRWeek,* 11 de fevereiro de 2008, p. 9.
2. Marian Burros, "More Testing of Seafood to Address Mercury Concerns", *The New York Times,* www.nytimes.com, 30 de janeiro de 2008.
3. John Weckenmann, "Op-ed: CEO Efforts Key to Consumer Trust", *PRWeek,* 14 de janeiro de 2008, p. 10.
4. Peter Himler and Melanie Driscoll, "CEOs Have Only Five Quarters to Prove Themselves According to National Study of Business Influentials", Burson-Marsteller proprietary research, Building CEO Capital, www.CEOgo.com, 2001.

5. Jaquelin Ryberg, "Mattel CEO Talks Trust, Meets Business Leaders" *The Badger* (Wisc.) *Herald*, http://badgerherald.com/, 26 de outubro de 2007.
6. "When the CEO Is the Brand, But Falls from Grace, What's Next?" Knowledge @ Wharton, http://knowledge.wharton.upenn.edu, 7 de abril de 2004.
7. Tom Neff and Dayton Ogden, "Sixth Annual Route to the Top: Anatomy of a CEO", Chief Executive/Spencer Stuart, fevereiro de 2001.
8. Ronald J. Alsop, "Communication Skills Are Critical to M.B.A.s", *The Wall Street Journal Online*, 8 de fevereiro de 2005.
9. "Journalist Q & A," *PRWeek*, 6 de junho de 2005, p. 14.
10. Third Annual Public Relations Generally Accepted Practices Study, realizado por USC Annenberg Strategic Public Relations Center e patrocinado pelo Council of Public Relations Firms, 2003, p. 7.
11. Alex Garinger, "Marriott Certifies Its Staff's Savvy at Wedding Planning", *PRWeek*, 6 de junho de 2005.
12. Craig McGuire, "BoA Drives Big Rigs to Gain Hype", *PRWeek*, 25 de fevereiro de 2008, p. 27.
13. Anita Chabria, "Comerica's Padilla Takes Pride in His Passion for PR", *PRWeek*, 1º de agosto de 2005, p. 13.
14. John N. Frank, "Atkins Nutritionals Taps Magnet AOR as Comms Chief Ponders Exit", *PRWeek*, 29 de agosto de 2005, p. 1.
15. Erica Iacono, "Weine Positions *Newsweek* as Driver of US Discussion", *PRWeek*, 10 de janeiro de 2005, p. 11.
16. Brian Steinberg, "Questions for... Courteney Monroe", *The Wall Street Journal Online*, www.wsj.com, 7 de setembro de 2005, p. B15B.
17. Ronald J. Alsop, "Reputation Renewal", *The Wall Street Journal Online*, www.wsj.com, 30 de março de 2004.
18. Third Annual Public Relations Generally Accepted Practices Study, p. 11.
19. Hamilton Nolan, "The Top of the List," *PRWeek*, 1º de agosto de 2005, p. 15.
20. Stuart Elliott, "Consumer Advice for Advertisers," *The New York Times Online*, www.nytimes.com, 11 de outubro de 2004.
21. Jen Adams, "Keurig Gives Media Taste of Its Coffee-Brewer Superiority", *PRWeek*, 1º de agosto de 2005, p. 19.
22. John M. Reed, "International Media Relations: Avoid Self-Binding", *Public Relations Quarterly* (1989), p. 12–15.
23. Universal Accreditation Report, www.prsa.org, outubro de 2000.
24. Joann S. Lublin,"Pros Give Advice to Managers Making the Leap to Top Spot", *The Wall Street Journal Online*, www.wsj.com, 6 de fevereiro 2001.
25. Mike Davis, "Most Desirable PR Traits Told at PRSA", *PRWeek*, 13 de novembro de 2000, p. 7.
26. John C. Knapp, "Thinkpiece: Public Relations Will Never Be Considered a True Profession Unless Pros Give Objective Advice", *PRWeek*, 26 de junho de 2000, p. 15.
27. Council of Public Relations Firms, PR on the Upswing After a "Bounce-Back" 2004, Says USC G.A.P. III Study, Los Angeles, 23 de maio de 2005.
28. Merrie Spaeth, Spaeth Communications, Inc. www.spaethcommunications.com, 6 de março de 2001.
29. McMurry Publications Management *survey report*, www.pubmgmt.com, 6 de março de 2001.
30. Lynn Kettleson, citado em Craig McGuire, "Switching on to PR", *PRWeek*, 16 de outubro de 2000, p. 21.
31. *Site* do Fleishman-Hillard: www.fleishmanhillard.com, 25 de novembro de 2000.
32. The Gallup Organization, www.gallup.com.
33. Hill & Knowlton Executives, *Critical Issues*, p. 223.
34. Leslie Gaines-Ross, *Corporate Reputation: 12 Steps to Safeguarding and Recovering Reputation*, New Jersey: John Wiley & Sons, Inc., 2008. Usado com permissão.
35. Erica Iacono, "Keeping Both Eyes on the Blogosphere", *PRWeek*, 20 de junho de 2005, p. 16.
36. *Site* do Technocrati, www.technocrati.com, 5 de setembro de 2005.
37. Sarah E. Needleman, "Blogging Becomes a Corporate Job; Digital 'Handshake'?" *The Wall Street Journal*, 31 de maio de 2005, p. B1.
38. Hamilton Nolan, "Broadening Communications", *PRWeek*, 27 de junho de 2005, p. 16-22.
39. Needleman.
40. Citado no editorial de Julia Hood, "If Your Only Goal Is Instant Gratification for the Company, Stay off the Blog Bandwagon", *PRWeek*, 13 de junho de 2005, p. 6.
41. Iacono.

42. Vauhini Vara, "New Search Engines Help Users Find Blogs", *The Wall Street Journal*, 7 de setembro de 2005, p. D1
43. Julia Hood, "Citizens of the World", *PRWeek*, 18 de julho de 2005, p. 14.
44. K. D. Paine, "It Just Doesn't Matter. Don't Bother Measuring Blogs". The Measurement Standard, www.themeasurementstandard.com, 29 de agosto de 2005.
45. Susan Stellin, "On Board the Message Board", *The New York Times Online*, www.nytimes.com, 14 de junho de 2005.
46. Elizabeth Albrycht, "Ten Ideas for Corporate RSS Feeds", *Public Relations TACTICS*, junho de 2005, p. 15.
47. Hood.
48. Alison DaSilva, "The 2004 Cone Corporate Citizenship Study", Cone, www.coneinc.com, 8 de dezembro de 2004.
49. Hood.
50. Citado em Hood, "Citizens of the World", p. 16.
51. Ibid., p. 14.
52. DaSilva.
53. J. Donald Turk, citado em Susan Bovet, "Forecast 2001", *Public Relations Journal*, outubro de 1995, p. 13.
54. Jan Neuteboom, "Reliving Diversity in a Multi-Local Company", *Profiles in Diversity Journal*, fevereiro de 2001.
55. Dorothy Hayden-Watkins, "Diversity – The Right Thing", *Profiles in Diversity Journal*, fevereiro de 2001.
56. Carol Shaw, "Achieving Diversity After Work Force Downsizing", *Government Communications*, novembro de 1995, p. 18.

17

Questões em Relações Públicas: Comunicação para Crises, Mídias Sociais e Avanços Globais

INTRODUÇÃO

O que você quer saber? Seja os resultados das eleições, a classificação do campeonato nacional, as últimas negociações no Oriente Médio ou simplesmente a previsão do tempo, todo mundo quer descobrir alguma coisa a cada dia. Onde você obtém suas notícias? Escuta rádio, vê televisão ou compra um jornal ou revista?

Um número cada vez maior de pessoas está recebendo as notícias e opiniões, todos os dias, pela internet. À medida que o acesso à rede se torna mais difundido e mais portátil, graças a dispositivos de mão e mesmo a telefones celulares, aproximamo-nos cada vez mais de um futuro irreconhecível.

Alguns autores acreditam que estamos apenas a alguns anos de distância de uma nova definição do trabalho de relações públicas, à medida que não apenas a tecnologia da internet, mas também a **globalização** e a reestruturação organizacional continuam em ritmo acelerado. Qualquer um desses fatores tem força para mudar a tarefa de construção das relações que conhecemos hoje como relações públicas.

As novas tecnologias de comunicação, das quais a internet é apenas uma, oferecem velocidade, direcionamento e repetição de mensagens quase sem custos. A globalização inclui não apenas a redução de barreiras comerciais, mas também um lembrete das poderosas transformações sociais, econômicas, políticas e culturais que estão em curso nas economias de mercado em todo o mundo. E a ampla reestruturação dentro das organizações, em resposta à onda recente de fusões e aquisições, bem como à explosão da bolha ponto.com, apenas aumentou nossa dependência da estratégia de comunicações.

A Grupp/PR Strategist prevê que em alguns anos 85% de todas as informações serão geradas por máquinas e apenas 5%, em comunicação face a face. Se isso for verdade, não mudará o fato de que as relações públicas eficazes se baseiam em uma comunicação bidirecional. Mas pode mudar todo o resto.

DESAFIOS DAS RELAÇÕES PÚBLICAS

As relações públicas no século XXI enfrentam desafios contínuos, incluindo:

1. Maior necessidade de estratégias eficazes para comunicação em crises.
2. Acompanhar as crescentes vias de interação com *stakeholders* por meio de novas mídias sociais.
3. A evolução da comunidade e da prática de relações públicas.
4. A estrutura organizacional diferente que é necessária para atender a esses desafios.

COMUNICAÇÃO PARA CRISES

A comunicação para **crises** envolve o uso de todas as ferramentas de relações públicas disponíveis para preservar e fortalecer a reputação de longo prazo de uma organização, sempre que ela estiver ameaçada. As organizações lidam com problemas todos os dias. Cargas atrasadas, clientes insatisfeitos, cargos não preenchidos, preços em alta e serviços que não funcionam são alguns dos desafios de fazer negócios. Mas eles não necessariamente constituem uma **crise** – estas são diferentes dos problemas cotidianos por atraírem a avaliação pública através da cobertura dos meios de comunicação. Isso pode prejudicar as operações normais da organização e ter impactos políticos, financeiros e governamentais sobre seus negócios.[1]

O Institute for Crisis Management, com sede em Nashville, Tennessee, identifica quatro causas básicas de uma crise empresarial:

1. **Fenômenos naturais**. Tempestades, terremotos, ação vulcânica, enchentes e coisas desse tipo estão nessa categoria.
2. **Problemas mecânicos**. Entre os exemplos está um cano que se rompe ou uma passarela que desaba.
3. **Erros humanos**. Um funcionário abre a válvula errada e causa um vazamento de óleo ou um erro de comunicação sobre como realizar uma tarefa resulta em lesões graves.
4. **Decisões/indecisões da administração**. Executivos de nível sênior às vezes não levam o problema suficientemente a sério nem acham que ninguém vai descobrir.[2]

A Tabela 17.1 mostra as crises empresariais tratadas pela mídia em 2006, em comparação com as mesmas categorias em 1990. Os crimes de colarinho branco continuam sendo a principal categoria de crises em empresas, com a má administração em segundo lugar. A violência no local de trabalho quase triplicou nesse período, e as catástrofes e os acidentes com fatalidades também aumentaram bastante.

Costuma haver considerável sobreposição de categorias. Por exemplo, o ICM observa que as ações judiciais coletivas estudadas por ele costumam ser resultado de decisões/indecisões gerenciais, já que a administração não agiu quando foi informada de um problema.

As crises podem ser previstas ou, até mesmo, prevenidas, quando as organizações constroem e mantêm relações permanentes com *stakeholders* fundamentais, incluindo funcionários, clientes, governo e a mídia geral e do setor. A comunicação regular bidirecional com esses grupos é a junção que se traduz em credibilidade e expectativas positivas para o caso de uma crise imprevisível. Sendo assim, quanto maior a coerência com que uma organização faz aquilo que diz a seus *stakeholders* que vai fazer, melhor será sua reputação.

Por exemplo, a Coca-Cola teve de avaliar o peso da construção de relações com a comunidade diante do custo de uma estratégia de *marketing* envolvendo mecanismos exclusivos em escolas para garantir que somente seus produtos fossem vendidos nelas. A empresa optou por preservar sua antiga reputação e seus direitos concluindo que precisava apoiar acordos não excludentes nas escolas, permitindo a oferta de várias bebidas e marcas aos alunos. Como resultado, não houve crise com associações nacionais de educação nem grupos de pais e professores, porque a empresa de refrigerantes ouviu, avaliou os fatos e tomou uma decisão.

Depois da colisão de um navio petroleiro na baía de São Francisco nos anos de 1960, a Standard Oil gastou imediatamente todos os recur-

TABELA 17.1 Categorias de crise comparadas, 1990-2006 (% do total de crises por ano)		
	1990	2006
Catástrofes	5,5	9,0
Acidentes com fatalidades	4,8	7,0
Ambientais	7,8	2,0
Ações coletivas na justiça	2,2	7,0
Ativismo de consumidores	2,8	4,0
Defeitos e *recalls*	5,4	4,0
Discriminação	3,3	4,0
Demissão de executivos	1,3	2,0
Prejuízos financeiros	4,2	4,0
Aquisição hostil	2,6	1,0
Disputas trabalhistas	10,3	10,0
Má administração	24,1	14,0
Assédio sexual	0,4	2,0
Denunciantes	1,1	1,0
Crimes de colarinho branco	20,4	21,0
Violência no local de trabalho	3,8	9,0

Fonte: Institute for Crisis Management, "Annual ICM Crisis Report", junho de 2007. Retirado de www.crisisexperts.com, em 10 de março de 2008.

sos necessários para resolver o problema. A ação decisiva e rápida levou os editoriais de jornais a dizer coisas como: "As praias nunca estiveram tão limpas". No outro extremo, a Exxon pagou um preço elevado em termos de relações públicas por não lidar imediatamente com a crise gerada pelo vazamento de seu petroleiro *Valdez* na costa do Alasca. As crises de credibilidade das organizações muitas vezes são questões de longo prazo, mais do que respostas a emergências.

Duas chaves para as crises ou desastres em relações públicas são ter um plano de crise atualizado e viável e tomar atitudes determinadas que façam sua corporação sair da defensiva e passar à ofensiva.

Os profissionais de relações públicas lidam com a comunicação para crises começando com um **plano de crise** que descreva como a organização responderá no seu conjunto. Quando ocorre uma crise, um plano de comunicação escrito e ensaiado acelerará o tempo de resposta ao oferecer todas as informações gerais e distribuir de antemão todas as tarefas de resposta a crises. Por exemplo, é provável que quase toda a equipe de relações públicas esteja trabalhando com a mídia, e muito desse trabalho será fornecer respostas atualizadas pela internet à mídia em geral, à imprensa especializada e aos colunistas financeiros. Pelo menos um especialista em relações públicas ou recursos humanos estará fornecendo aos funcionários relatórios minuto a minuto, por correio eletrônico ou intranet. Com pessoal suficiente, outros terão a tarefa de fazer atualizações nas páginas da internet para clientes e investidores, mas isso provavelmente envolverá o apoio de pessoal de outros departamentos.

A Cohn & Wolfe, uma agência internacional de relações públicas, recomenda a seus clientes que comecem seu planejamento de crise com uma auditoria de possíveis problemas internos e externos, como a identificação de públicos fundamentais que possam ser afetados pela crise. Veja na Tabela 17.2 uma amostra dessa lista.

A seguir, a agência desenvolve um plano sob medida que trata de:

- como aumentar o apoio dos aliados;
- criar um manual de resposta a crises para usar quando e se elas ocorrerem;
- formar um comitê de crise;

TABELA 17.2 Públicos-alvo que podem ser afetados por uma crise

Funcionários	Licenciados	Líderes da comunidade
Investidores	Vendedores	Agentes da lei
Banqueiros	Sindicalistas	Revendedores e distribuidores
Fornecedores	Vizinhos	Concorrentes
Grupos conflitantes	Aposentados	Advogados com demandas
Franqueados	Acionistas	Reguladores
Clientes	Analistas de segurança	Educadores
Grupos empresariais	Políticos	Setores da economia

Fonte: www.crisisexperts.com, Institute for Crisis Management.

- desenvolver exercício de simulação e treinamento;
- elaborar um plano de contingência;
- determinar como a posição da corporação pode ser fortalecida durante a crise.[3]

Outros elementos do plano, mais específicos, incluem o seguinte:

1. Colocar em primeiro lugar o interesse público e, principalmente, as necessidades de todas as pessoas diretamente envolvidas, incluindo vítimas de acidentes e suas famílias, bem como os funcionários e as suas. Isso significa resolver a emergência e proteger as pessoas afetadas até que esteja completamente resolvido.
2. Assumir responsabilidades pela correção da situação. Raramente, ou nunca, a resposta de uma organização à mídia ou aos afetados deve ser "sem comentários".
3. Ser o mais aberta possível com todos os grupos de *stakeholders*, incluindo órgãos de governo, investidores, funcionários e suas famílias, vítimas e suas famílias, clientes, empresas vizinhas, residências e comunidades afetadas pela crise.
4. Ter um porta-voz designado cujo trabalho seja administrar a precisão e a coerência das mensagens emitidas pela organização.
5. Estabelecer um centro de mídia ou informação, embora as circunstâncias possam requerer vários centros que incluiriam a sede da empresa, o local da crise e a região metropolitana mais próxima.
6. Responder a todas as indagações da mídia segundo diretrizes pré-determinadas. Responda a todas essas perguntas, mas, se não souber a resposta, diga que não sabe e prometa entrar em contato assim que possível com a resposta. Não divulgue os nomes de mortos ou feridos até que os parentes tenham sido notificados pelos representantes adequados na polícia ou na segurança pública.
7. Não especule.

Assim como as crises reais, os **rumores** podem ter impactos graves sobre as organizações. Diante de um rumor, o comunicador de uma empresa raramente tem qualquer dado estatístico para orientar as decisões. Há poucas evidências concretas para orientar o profissional na tentativa de entender quem está dizendo o quê, quem está escutando, a dureza dos comentários, por quanto tempo os rumores tendem a persistir e, em última análise, se algo deve ser feito para se contrapor ao que está sendo disseminado. Embora os profissionais de relações públicas de empresas já devam esperar a circulação de rumores, é importante tratar deles. As corporações podem enfrentar ações da Securities and Exchange Commission caso se permita que os rumores persistam. Isso porque esses rumores podem afetar o preço das ações da empresa e, em alguns casos, o mercado em geral.

A melhor defesa é um bom ataque. Aqui vão algumas formas práticas de administrar rumores:

1. Esforce-se para aumentar e manter a confiança e a credibilidade.
2. Mantenha os públicos regularmente informados por meio de uma série de canais de comunicação.

Minicaso 17.1

Gestão de crises: brinquedos chineses são considerados fatais para crianças

De Laurie Lattimore-Volkmann, Ph.D.
Dominican University

A China fabricou cada um dos 24 tipos de brinquedos para os quais houve *recall* por razões de segurança nos Estados Unidos em 2007, um recorde que vem causando alarme entre os defensores do consumidor, pais e reguladores.

Um *recall* envolveu 1,5 milhão de trens e componentes de ferrovias da Thomas & Friends, porque os brinquedos foram pintados em uma fábrica na China com tinta a base de chumbo, que pode prejudicar as células do cérebro, principalmente em crianças.

Como um todo, o número de produtos fabricados na China que são alvo de *recall* nos Estados Unidos pela Consumer Product Safety Commission do governo federal dobrou nos últimos cinco anos, elevando o total de *recalls* no país a um recorde de 467 no ano passado. Também significa que a China é atualmente responsável por 60% de todos os *recalls*, comparados com 36% em 2000.

Os brinquedos feitos na China constituem 70 a 80% de todos os brinquedos vendidos nos Estados Unidos, segundo a Toy Industry Association. Essa sequência de *recalls* de brinquedos está inspirando novas demandas para aplicar mais segurança por parte dos reguladores e importadores norte-americanos, bem como o governo e a indústria chineses.

Como vice-presidente de relações públicas de uma grande empresa de brinquedos dos Estados Unidos, que envia mais da metade de sua fabricação à China (e que teve que fazer um *recall* no ano passado), como você lida com essa crise com os seguintes públicos:

- *Acionistas:* Quais mudanças você faz para garantir o avanço dos produtos seguros? Como evita outra perda multimilionária em função de um *recall*?
- *Consumidores:* O que você faz para (1) que eles sintam segurança em relação a novos produtos e para (2) tratar do *marketing* de futuros produtos?
- *Governo:* Como você aborda reguladores para convencê-los de que está cuidando do problema e garantir que ele não continuará em sua fábrica chinesa?
- *Funcionários:* Que tipo de mudanças precisam ser feitas para se ter certeza absoluta de que os brinquedos são seguros? Elas são realistas do ponto de vista dos negócios? Que desafios você enfrentará ao implementá-las?
- Sabendo que futuros *recalls* paralisarão a empresa, mas que as mudanças provavelmente custarão milhões de dólares e que esses custos maiores reduzirão lucros, qual seria seu argumento para convencer seu diretor-presidente de que é importante incorrer nessas despesas em relação ao custo potencial de nada fazer?

Fonte: Eric S. Lipton and David Barboza, "As More Toys Are Recalled, Trail Ends in China", www.nytimes.com, 19 de junho de 2007.

---

3. Ajuste cada mensagem ao público que a recebe, para que haja menor probabilidade de ela ser mal entendida.
4. Estabeleça uma linha telefônica permanente para responder a rumores e outros canais de comunicação bidirecionais para receber perguntas e preocupações de públicos importantes. Use a comunicação escrita para responder às perguntas que forem feitas.
5. Monitore possíveis efeitos dos rumores para que se possa fazer intervenção precoce se for necessário.

O Minicaso 17.1 apresenta uma aplicação dos princípios de crise.

MÍDIAS SOCIAIS

As novas tecnologias de comunicação sempre influenciaram a prática das relações públicas, mas, talvez, nenhuma tão profundamente quanto a **internet**, o correio eletrônico e as novas mídias sociais. Os orçamentos foram realocados para melhor usar a tecnologia digital. Um conjunto de novas práticas capitaliza a velocidade e a atualidade da internet para manter seus públicos informados dos desdobramentos em curso. Entre elas estão os programas de gestão de crises, campanhas multimídia, programas de relações com a mídia 24 horas e as parcerias e alianças com grupos novos e existentes. Os resultados aparecem em vendas a novos clientes, vendas repetidas aos já existentes e em menores interrupções operacionais, porque a tecnologia ajudou a criar diálogo entre organizações e grupos ativistas.

Em primeiro lugar, examinemos a internet, sua taxa de adoção, a forma como ela intensificou a natureza da construção de relações com novos públicos e como modificou áreas específicas da prática de relações públicas, incluindo as relações com a mídia e a comunicação em crises, comunicação interna com funcionários, relações com investidores, comunicação de *marketing* e comunicação com grupos ativistas na comunidade e em todo o mundo. Previsões conservadoras sugerem que mais de um bilhão de usuários estão navegando na internet atualmente,[4] o que se aproxima de 15% da população mundial. Aprofundando-se nos números, sete pessoas se conectam na rede pela primeira vez a cada segundo. Um perfil de usuários da internet sugere que o usuário médio é um homem branco que fala inglês. Cerca de dois terços de todos os usuários são homens. Eles tendem a estar nas classes média a alta, com a maior porcentagem de usuários na faixa etária dos 35 aos 44 anos, e passam aproximadamente 5 horas e meia conectados por semana.[5] O crescimento mais acelerado do uso de internet acontece atualmente fora dos Estados Unidos. Porém, os Estados Unidos ainda lideram o uso da rede, com 68,5% de toda a população conectada. A China vem em segundo lugar em número total de usuários, com a Austrália e a Holanda logo atrás na penetração total da internet em suas populações.

Nos Estados Unidos, o número de horas que os usuários de internet passam conectados continua a aumentar. Em 2007, passou de uma hora por semana para uma média de 15,3 horas, segundo o Digital Media Project da University of Southern California*.[6] Do total de usuários de internet nos Estados Unidos, 96% usam o correio eletrônico semanalmente, 71% navegam na rede sem uma destinação especificada, 60% procuram notícias e 43% está atrás de informações sobre produtos.[7]

O que essas estatísticas não mostram é as formas como a internet mudou fundamentalmente o modo de operação de jornalistas e empresas. Para entender isso, é necessário conhecer alguns fatos. Em primeiro lugar, a internet altera o modo como as pessoas obtêm informações das organizações. Comunicar-se por meio da internet significa que o público em geral ou membros dos públicos de uma organização estão obtendo informações sobre a empresa na rede, em vez de a empresa estar impondo informações, como é o caso da disseminação de notícias normal, por meio de notas à imprensa.

Em segundo lugar, a comunicação não se dá apenas de cima para baixo nem de um lado a outro. Oferecer todas as informações apropriadas na internet, junto com os *links* que as acompanham, faz com que clientes, repórteres da mídia, investidores, analistas do setor, funcionários, reguladores do governo, ativistas e outros possam obter todas as informações que quiserem e reuni-las em qualquer ordem que desejarem, sem ter de recorrer a um profissional de relações públicas. Nesse sentido, a internet visivelmente assumiu as funções de "guardião" que antes eram cumpridas por editores e profissionais de relações públicas.

Resumindo, a internet oferece canais sem igual em outras mídias. Alguns acreditam que a capacidade de obter informações na rede dá a pessoas ocupadas mais controle de seu tempo – elas obtêm suas notícias quando e onde quiserem, e estão usando mais a internet como fontes de notícias em vez de veículos tradicionais impressos ou transmitidos.

A internet é considerada um meio rico porque suas qualidades interativas lhe conferem muitas das características da comunicação interpessoal ou o sentido de realmente estar em uma conversação face a face. Dessa forma, as **mídias ricas** tocam mais nos sentidos, e suas mensagens podem ser personalizadas o suficiente para transmitir uma sensação de estar conversando com alguém, como se estivesse construindo uma relação de longo prazo.

Em função do contato rápido, direto e coerente com públicos importantes, a tecnologia da internet faz avançar quase todas as facetas da prática das relações públicas. Vistas assim, as áreas da prática discutidas nesta seção, embora não representem todo o espectro do trabalho de relações públicas, destacam usos comuns da tecnologia de internet nesse campo. Mas uma discussão desses usos em relações públicas estaria incompleta sem uma menção aos usos equivocados que são comuns. Infelizmente, a internet em termos gerais, e o correio eletrônico, em particular, são usados com muita frequência para inundar com *spams* ou atacar seus contatos com informações exageradamente unilaterais ou quase inúteis.

---

* N. de R. T.: Um estudo realizado pela comScore, empresa mundial especializada em pesquisas, mostrou que o número de internautas na América Latina cresceu 15% no início de 2011. A pesquisa também mostrou que o Brasil figura como líder no tempo de usuários conectados, com uma média de 25 horas por semana.

Além do uso da internet, o correio eletrônico se tornou um suporte fundamental para a prática de relações públicas, principalmente nas relações com a mídia. Uma maioria de repórteres e editores prefere receber notas à imprensa por *e-mail* e mesmo contatar suas próprias fontes, pelo menos inicialmente, dessa forma. Na verdade, o *e-mail* substituiu o fax como principal fonte usada pelas empresas para enviar notas à imprensa. Os vídeos editados digitalmente são transmitidos por satélite ou por cabos de fibra ótica instalados pelas empresas de telefonia, telecomunicações ou cabo. Como outros profissionais, os RPs fazem muito uso de *blogs*, embora seja cedo demais para prever todos os usos que esse veículo pode ter nas relações públicas.

Implicações para as relações com a mídia

O trabalho de relações com a mídia, mais do que outras áreas da prática, beneficiou-se da tecnologia da internet e da **rede mundial de computadores**. Isso porque os jornalistas e outros no meio passaram a esperar anúncios de notícias e informações sete dias por semana, 24 horas por dia. Que mudança em relação aos tempos em que as notas à imprensa eram formuladas completamente e depois enviadas por correio, fax ou entregador! Sendo assim, a internet representa uma dura concorrência para todos os meios tradicionais, em função de sua capacidade de transmitir notícias de forma praticamente instantânea. O antigo "ciclo da notícia" está obsoleto. O dia da mídia se transformou na hora da mídia e agora, no minuto ou segundo, diz Carole Howard.[8] A tecnologia da internet criou acesso e demanda por informação imediatas e atualizações frequentes. O resultado é que a mesma quantidade de pessoas atualmente obtém suas notícias atualizadas pela rede e as leem nos jornais. Hoje, metade de todos os veículos impressos ou transmitidos permite que suas páginas na internet furem suas publicações-mães, redes ou emissoras.

Pelo menos três padrões de referências nas relações com a mídia se estabeleceram no início do século XXI.[9] Em 2000, pela primeira vez, os jornalistas que estão cobrindo as últimas notícias disseram que é mais provável que recorram à página de uma organização na internet do que a uma fonte viva da empresa ou da comunidade. Além disso, pela primeira vez, o correio eletrônico se tornou a fonte preferida pelos jornalistas para trabalhar com fontes novas ou desconhecidas. Os jornalistas muitas vezes têm recorrido a informações de salas de bate-papo e *blogs* como fontes secundárias.

Talvez os usos mais comuns da internet por profissionais de relações públicas envolvam a venda de ideias para matérias e a construção das matérias. O processo típico seria um profissional de relações públicas vender a ideia da matéria por correio eletrônico a um editor de uma revista especializada em Nova York. Se eles se conhecessem, poderiam se falar por telefone. O repórter da revista que está encarregado desse segmento ou tema buscaria as informações ou possibilidades de matéria olhando a página da organização na internet. A isso, segue-se outra troca de *e-mails* ou um telefonema ao profissional, pedindo os nomes de outras fontes, incluindo analistas do setor e talvez, analistas financeiros. A partir desse ponto, o profissional de relações públicas provavelmente responderia a solicitações de informações específicas do repórter.

Outra prática comum é que os consultores de relações públicas vendam determinadas matérias para meios específicos por conhecer seus calendários ou agendas editoriais de matérias ou temas para questões futuras. Atrás apenas da venda de construção de matérias vem o uso, por parte dos especialistas em mídia, da internet para acompanhar sua cobertura da mídia e a dos concorrentes. Da mesma forma, os serviços de acompanhamento percorrem salas de bate-papo e grupos de discussão para poder relatar o que a mídia e outros grupos influentes de cidadãos estão dizendo sobre a organização e suas concorrentes.

Implicações para as relações com investidores

A necessidade de levantar o capital necessário para desenvolver mercados no mundo todo, assim como os mercados financeiros que funcionam 24 horas, transformou as relações com investidores em uma função de relações públicas bem mais integral no decorrer da última década.

Os músicos Slash, à esquerda, e Steven Tyler, com o microfone, se apresentam durante o concerto beneficente anual MusiCares, em Hollywood, para dar acesso ao tratamento para adicção a membros da comunidade musical.

A mídia na internet está se revelando especialmente útil nas relações com investidores porque conecta a organização à imprensa de negócios e finanças, acionistas e investidores institucionais.

Os profissionais de relações públicas, principalmente os que estão em departamentos de relações com investidores, se concentram em públicos da internet mais importantes para construir credibilidade e fazer divulgação – a mídia, analistas da indústria, investidores de risco, investidores individuais e a comunidade financeira, escreve o especialista em relações públicas pela internet Don Middleberg.[10] Ele acredita que a internet ajuda a explicar por que as organizações colocavam dinheiro em programas de relações públicas e comunicações antes da explosão das empresas ponto.com e sua subsequente recessão.

Implicações para a comunicação em marketing

A internet, sem dúvida alguma, fez mais do que qualquer outra tecnologia de comunicação para fortalecer as relações com clientes por meio do *marketing* de relacionamento. Na verdade, Middleberg sustenta que as relações públicas cumprem constantemente um papel maior em construção da marca de produtos ou empresas do que qualquer outra ferramenta de comunicação, incluindo a propaganda.[11] Ou seja, as relações públicas são usadas para demonstrar a demanda de mercado basicamente por meio de apoio de terceiros, como analistas do setor e outros especialistas. Além disso, os profissionais de relações públicas desenvolveram a habilidade de construir a aceitação de marcas atraindo clientes à página da empresa na internet por meio de concursos e atualizações constantes de informações. A criação desse "burburinho" na internet também pode passar por um trabalho com fóruns de discussão e postagens em grupos de notícias.

Diferentemente de outros elementos no processo de comunicação em *marketing* (propaganda, promoção de vendas, patrocínios corporativos, venda direta), a atualização de páginas na internet não demanda meses de planejamento e produção e, portanto, torna-se uma ferramenta importante para aumentar a fatia de mercado. Tudo isso promove a lealdade de clientes que se traduz em compras repetidas por clientes já existentes, reduzindo assim o número de dólares de propaganda que precisam ser gastos para atrair clientes novos, para substituição. Fica claro porque as empresas constroem fatias de mercado estando na internet, primeiramente com uma página voltada a atrair novos clientes e a manter os antigos.

As tecnologias de internet e correio eletrônico são cada vez mais usadas para manter contato com clientes existentes por meio de um processo chamado **marketing de relacionamento**, que se baseia na premissa de que manter um cliente é mais barato e mais lucrativo do que encontrar um cliente novo. Infelizmente, o processo costuma se romper quando as empresas deixam de responder aos *e-mails* de seus clientes com agilidade.

Implicações para a comunicação interna

Embora menos aparente, o uso da internet para melhorar a produtividade e a lealdade dos funcionários está dando uma importante contribuição para o resultado financeiro das organizações. Na verdade, oferecer informações úteis no local de trabalho se tornou a fonte de cerca de três quartos do valor agregado à fabricação de produtos, segundo James Brian Quinn, da Amos Tuck School of Business Administration, de Dartmouth.[12]

Escrevendo na *Communication World*, Richard Nemec descreve esse trabalho como *gestão de conhecimento*, um conjunto de procedimentos que organiza o conhecimento e o torna fácil de usar, distribuir e compartilhar, seja a partir da mesa de trabalho de uma pessoa, por uma "equipe virtual" de funcionários conectados por uma *listserv*, ou com subsidiários da agência e filiais distantes.[13] Voltaremos ao tema de práticas de gestão de conhecimentos posteriormente neste capítulo.

Implicações para ativistas e novos stakeholders

Em função de sua capacidade de personalizar mensagens, a internet oferece oportunidades para a construção de relações ou para conectar pessoas e organizações de maneiras que não são possíveis com meios de comunicação tradicionais. Listas e fóruns de discussão eletrônicos ou *blogs* estão ajudando grupos e líderes da comunidade e de organizações a entender as preocupações uns dos outros e o que têm em comum.

O estudioso das relações públicas Timothy Coombs identificou a internet como potencial fator equalizador para organizações ativistas, porque agora elas podem se comunicar diretamente com as organizações a cujas práticas elas se opõem.[14] Isso porque a internet é um canal de comunicação acessível, que está aberto a todos, incluindo grupos e movimentos sociais que não podem pagar por serviços caros de relações públicas. Ao responder a consultas e comentários de grupos ativistas, as organizações começam a estabelecer diálogo, entender melhor o ponto de vista umas das outras e a interagir mais em áreas de preocupações mútua – e tudo isso pode levar à interdependência de mais longo prazo, escreve a estudiosa Maureen Taylor.[15]

Mudança de paradigma entre os profissionais

Todas essas novas oportunidades de comunicação baseadas na internet levaram o Dr. Donald Wright a afirmar que a rede representa uma mudança de paradigma na comunicação corporativa, abrindo a porta para a comunicação bidirecional integral entre uma corporação e seus públicos.

Sendo assim, é obrigação dos executivos, ele diz, desenvolver políticas e realizar uma comunicação mais interativa. Para sustentar essa afirmação, Wright informa os seguintes resultados de um estudo com profissionais de relações públicas de nível sênior realizado pelo Institute of Public Relations:

- Setenta e nove por cento dos respondentes disseram que a internet já melhorou a comunicação bidirecional entre sua empresa e os públicos.
- Oitenta e nove por cento acreditam que a internet (incluindo intranets e extranets) mudará a forma como os recursos de comunicação/relações públicas são empregados em suas empresas, de agora até um futuro próximo.

- Setenta e dois por cento dos formuladores de políticas de comunicação pesquisados acreditam que a internet tenha forçado suas empresas a refletir sobre questões mais amplas de políticas sociais, incluindo privacidade eletrônica, segurança, comércio e direitos civis no ciberespaço.
- Noventa e dois por cento disseram que suas empresas tinham desenvolvido diretrizes para administrar o desenvolvimento de suas páginas na internet.[16]

Não devemos fechar essa discussão sobre as implicações da internet sem antes destacar a necessidade de alguma unidade organizacional não apenas para gerenciar a página, mas também para melhorar a reputação de longo prazo da organização entre seus públicos ao garantir que suas mensagens principais se destaquem entre todas as outras informações da página. Em função de seu interesse central na gestão de reputação, os profissionais de relações públicas podem estar mais bem posicionados para assumir essas responsabilidades.

E, finalmente, futuros profissionais de relações públicas devem ser alertados para o fato de que um estudo conjunto IABC-PRSA sobre a situação e o futuro da profissão realizado em 2000 apontou que conhecer os usos da tecnologia oferece oportunidades de avanço profissional nas relações públicas nos próximos anos.[17] Veja, no Minicaso 17.2, um exemplo de uma empresa que usou a internet estrategicamente para chegar a seus objetivos.

RELAÇÕES PÚBLICAS E MERCADOS GLOBAIS

A abertura de mercados mundiais durante a segunda parte do século XX foi uma explosão financeira que redirecionou a prática de relações públicas e a estrutura do setor. Considere, por exemplo, que grande parte das maiores agências de relações públicas do mundo é agora de propriedade de agências de publicidade. Por sua vez, algumas dessas agências de propaganda/relações públicas, já grandes, pertencem ou são ligadas a outros conglomerados multinacionais. O resultado é que essas empresas têm recursos suficientes para montar amplas iniciativas de relações públicas quase em qualquer lugar e a qualquer momento. E é isso exatamente que está acontecendo, com 40 a 50% da receita anual de importantes empresas de propaganda/relações públicas dos Estados Unidos vindo de fora do país.

Escrevendo na *Communication World*, Brian Heiss e Edie Fraser informaram que, nas empresas de nível mundial, a função de comunicação está à frente no apoio ao esforço de globalização: "Na atual era da globalização, as corporações enfrentam a pressão para conquistar fatias de mercados internacionais, e os acionistas tornaram cada vez mais importante manter as vendas globais e os preços das ações elevados. Essas afirmações parecem se refletir na prática".[18]

Ray Kotcher, diretor-presidente da Ketchum, observou que, em meados dos anos de 1990, a fatia de negócios da empresa em termos mundiais era de menos de 25%. Em 2001, os negócios divididos segundo duas ou mais geografias e/ou práticas eram quase 50%.[19]

Para responder a esses desafios e elevar a reputação global das corporações, suas equipes de comunicação precisam fazer parte do processo de formulação e implementação da estratégia global da forma descrita no estudo de caso sobre a Starbucks, no final do capítulo. Fazer relações públicas internacionalmente envolve infinitamente mais coordenação e sincronização com parceiros de negócios estrangeiros, firmas de relações públicas estrangeiras e uma série de normas culturais e regulamentações que não valem nos Estados Unidos.

Heiss e Fraser observaram algumas das formas pelas quais os esforços de relações públicas são coordenados entre as matrizes e as principais subsidiárias em escala global: "A globalização aumentou a necessidade de mensagens corporativas claras, coerentes e centrais, com adaptações em nível local. As empresas devem chegar aos consumidores potenciais, às alianças, aos parceiros, aos funcionários, aos *stakeholders*, à comunidade de investimentos, aos distribuidores, aos meios de comunicação, ao governo, ao setor e aos públicos profissionais.[20] O truque parece ser as corporações multinacionais melhorarem suas reputações gerais e identidades de marca de maneiras que aproveitem as culturas locais, a disponibilidade de mídia e os climas políticos.

Em nível corporativo, a função de relações públicas tem três aspectos distintos. Em um papel, os profissionais de relações públicas representam corporações multinacionais em seu próprio país, lidando com a opinião pública e atividades do governo que estão relacionadas a corporações específicas e empreendimentos multinacionais como um todo. O segundo papel das relações públicas multinacionais é ajudar a preencher a lacuna de comunicação que inevitavelmente existe entre operações estrangeiras e a administração superior nas sedes mundiais. Por fim, as relações públicas devem ser conduzidas nos vários países em que a corporação opera. Tudo isso aponta para uma melhor comunicação interna.

Embora as relações públicas tenham sido um componente fundamental no desdobramento da economia global, muitos profissionais são céticos em relação ao futuro. Por exemplo, os grandes conglomerados de *marketing*/propaganda/relações públicas darão ênfase desproporcional a clientes, à custa de outros públicos importantes como funcionários, governos locais e nacionais e grupos comunitários e ativistas em comunidades no exterior onde essas empresas estão fazendo negócios para seus clientes corporativos? Preocupações de importância pelo menos igual surgem em nível social, em que observadores perspicazes em outros países temem que a globalização econômica rebaixe a viabilidade de seus países e seus cidadãos ao promover nos consumidores expectativas que não podem ser cumpridas em função de salários abaixo do padrão, diferenças culturais e infraestruturas que não dão conta da economia global.

MUDANÇAS NA INSTITUIÇÃO DE RELAÇÕES PÚBLICAS

No início deste capítulo, afirmamos ser muito provável que a prática das relações públicas no futuro não mais seja o que foi. Já vimos que as novas tecnologias da comunicação aceleram cada dimensão da prática, bem como incentivam a construção de relações novas e inexploradas com públicos estabelecidos e emergentes.

O capital que tem sido necessário para financiar e formatar a economia global em um sistema de mercado mais ou menos único coloca pressões enormes sobre os lucros de curto prazo, ao cortar os ciclos de planejamento, que passam de anos para meses ou semanas, sem falar na pressa de adaptar os procedimentos e práticas de relações públicas para que se ajustem aos pré-requisitos culturais dos países e regiões do mundo em que as empresas entram.

Como um todo, as transformações em nível de sociedade sinalizam formulações completamente novas para o trabalho de relações públicas. Hoje, as relações públicas e as comunicações corporativas estão sendo unificadas em um processo de comunicação mais amplo para integrar as operações das organizações como nunca. Ao se redefinir como especialistas e consultores de comunicação – em vez de especialistas técnicos mais estreitamente definidos em relações públicas – os cursos universitários de comunicação e relações públicas de hoje se verão trabalhando dentro de uma prática gerencial de relações públicas e comunicação mais abrangente.

Tente imaginar o tamanho das tarefas de longo prazo para gerenciamento de reputação com que se deparam organizações diante da ascensão e queda do setor ponto.com, bem como de recentes práticas contábeis inescrupulosas para inflar preços de ações. Enquanto tudo isso acontece, a maioria dos profissionais de relações públicas – tecnicamente competentes e altamente motivados como são – não conseguiu entender e comunicar os efeitos adversos do lucro de curto prazo sobre a proteção e a melhoria da reputação de longo prazo, as marcas e o *status* das corporações.

Pelo menos parte da culpa fica com as mensagens confusas que as pessoas recebem das organizações, por elas acrescentarem conteúdo às intranets e extranets de forma tão aleatória. Raramente uma unidade específica recebeu responsabilidade por coordenar conteúdo corporativo da internet para que os temas e mensagens centrais dominassem ou, pelo menos, estivessem presentes na maior parte do tempo. Em vez disso, as páginas de intranet e extranet foram abarrotadas com material vindo diretamente do gabinete do diretor-presidente, dos gabinetes financeiro e jurídico, do *marketing*, dos recursos humanos, de várias unidades operacionais e de produção, das relações públicas –

Minicaso 17.2 — MusicCity: de zero a Napster em 30 dias

Depois de a empresa de compartilhamento de arquivos pela internet Napster anunciar sua transição a um serviço de assinaturas pagas, usuários frustrados testaram outras redes gratuitas como Lime Wire, Gnutella, AIMster e MusicCity. A onda de novos usuários forçou a MusicCity a desenvolver um programa chamado Morpheus, que permitia que os usuários trocassem arquivos digitais livremente.

A MusicCity pediu à KVO Public Relations (agora Fleischman-Hillard) para ajudar a transferir pelo menos mil usuários atuais ao Morpheus em 30 dias, antes que eles pudessem mudar para serviços concorrentes. A ideia da agência era trabalhar diretamente com compartilhadores de arquivos para pedir que eles incluíssem seus amigos. Mais de um milhão de pessoas foram incentivadas a baixar e usar o Morpheus em menos de um mês.

Mas a história mais importante foi o tipo de abordagem de relações com a mídia baseada na internet que tornou isso possível. A MusicCity não poderia pagar por um plano de grande escala para contatos com a mídia, e sua própria equipe de dez funcionários estaria ocupada com questões de desenvolvimento e operação. O enorme desafio era como desenvolver uma campanha de mídia "baratinha".

Pesquisa e planejamento

Pesquisas iniciais indicaram que as relações agressivas com a mídia, como intensa venda de ideias para matérias, distribuição de notas à imprensa e exposição de executivos/fundadores muitas vezes resultava em uma cobertura concentrada na empresa em vez das características de seus produtos. Ao estudar salas de bate-papo na internet, fóruns, artigos relevantes e as reações de especialistas em compartilhamento de arquivos, os profissionais da KVO descobriram que o Morpheus não era muito diferente e certamente não era melhor do que os serviços concorrentes. A KVO decidiu que a abordagem mais viável não seria desenvolver intensas relações com a mídia, e sim abordar os usuários em nível básico, como aconteceu no começo da Napster. Essa abordagem também ajudaria a preservar a reputação independente ou *indie* da MusicCity, diferenciando-a de seus concorrentes superexpostos.

Objetivos

Com um orçamento total de apenas 20.000 dólares e dois meses para executar o programa, a KVO estabeleceu três objetivos de campanha para o Morpheus:

1. Incentivar pelo menos mil usuários da MusicCity a baixar o aplicativo Morpheus. (Medida de avaliação: quantidades de *downloads*)
2. Preservar a credibilidade *indie* da MusicCity e sua marca que a caracterizava como sendo de uso fácil. (Medida de avaliação: taxas de aprovação de usuários)
3. Comunicar-se com a mídia de forma econômica. (Medida de avaliação: substancial cobertura do produto usando uma iniciativa proativa ágil)

Estratégia

Considerando os objetivos e o orçamento limitado, a agência aconselhou a MusicCity a buscar os usuários pela internet: páginas, correio eletrônico, mensagens instantâneas e fóruns. O plano era garantir cobertura nas publicações sobre tecnologia ao consumidor e compartilhamento de arquivos enquanto mantinha um perfil discreto na mídia tradicional para chamar sua atenção e captar sua curiosidade, que teria ouvido falar do alto interesse dos usuários no Morpheus. As consultas da mídia foram respondidas com uma combinação de correio eletrônico, telefone e fóruns na internet.

Quando o Morpheus foi lançado, a KVO foi inundada com telefonemas e *e-mails* dos usuários. Eles apreciaram as respostas rápidas e consistentes do suporte aos consumidores, enviadas por

---

para não falar dos milhares de muitas e variadas contribuições individuais.

Sob essas condições, não surpreende que os usuários tenham considerado difícil enxergar o panorama geral da organização. Para ir além da saturação e ver as mensagens principais, Jack Bergen, primeiro presidente do Council of Public Relations Firms, acredita que o controle de conteúdo de intranets e extranets deveria estar situado nas relações públicas e comunicação corporativa, e não nos departamentos de tecnologia da informação (TI) ou recursos humanos (RH).

> Nossa página na internet é a empresa no ciberespaço. Deve-se controlá-la. Isso ajuda a gerenciar coalizões e é a forma mais barata de chegar a muita gente ao mesmo tempo. Use páginas internas e externas para desenvolver comunidades de interesse, construindo coalizões e estabelecendo relações com funcionários, clientes e outros *stakeholders*.[21]

Repensando a comunicação interna

A perda do valor aos acionistas e a queda na confiança dos consumidores e no apoio à organização têm levado muitas corporações, organizações sem fins lucrativos e órgãos governamentais

e-mail e reconheceram que o Morpheus era uma ótima alternativa ao Napster. A seguir, esses "convertidos" foram convencidos a espalhar isso a amigos e se pediu que dessem uma classificação alta ao Morpheus na página Downloads.com, onde o aplicativo estava disponível. Pouco depois, os antigos usuários responderam com contagens de novos convertidos ao Morpheus, o que, por sua vez, levou a classificações favoráveis em Downloads.com.

Os funcionários da agência contataram dedicadamente publicações de tecnologia ao consumidor e compartilhamento de arquivos para falar sobre o lançamento e o rápido crescimento do Morpheus. A essa altura, jornalistas importantes notaram o rumor subterrâneo sobre o Morpheus que acontecia na internet e entraram em contato com a KVO em busca de informações. O que se seguiu foi uma grande quantidade de artigos anunciando o lançamento. Dessa forma, destacando as características e a popularidade do produto inicialmente para publicações de nicho, a mídia tradicional foi atraída. E os artigos centrados no produto preservaram a credibilidade *indie* da MusicCity. Como resultado, a MusicCity pareceu não apenas exótica, mas também um tema atrativo entre lançamentos de produtos exageradamente promocionais, clamando por atenção na mídia tradicional.

Considere os seguintes resultados à luz dos objetivos de campanha:

1. Cerca de um mês depois de começada a campanha de base, a CNET's Downloads.com informou que haviam sido feitos um milhão de *downloads* do Morpheus.
2. As taxas de aprovação do Morpheus saltaram de 50% no lançamento para 74% em 30 dias. Em 25 de janeiro de 2002, a taxa de aprovação era de 92%.
3. O Morpheus apareceu em centenas de artigos, incluindo cobertura em publicações tradicionais e voltadas a tecnologia ao consumidor.

Lições

As relações públicas podem ajudar as organizações a fazer grandes mudanças, mesmo com orçamentos reduzidos. A chave foi a estratégia pela qual a KVO recebeu uma cobertura tão substancial da mídia ao direcionar a história inicialmente a publicações de nichos de tecnologia ao consumidor e compartilhamento de arquivos. Por sua vez, os repórteres da mídia tradicional identificaram a história quando suas fontes indicaram a existência de um público significativo para os serviços de compartilhamento de arquivos musicais. Os canais de páginas na internet, correio eletrônico, salas de bate-papo e fóruns também foram muito úteis. Além disso, jornalistas dos veículos tradicionais tiveram sucesso com suas matérias ao ilustrar a magnitude dos rumores subterrâneos entre compartilhadores de arquivos e até onde essas pessoas usam meios da internet que são muito desconhecidos do público geral. E, finalmente, os profissionais da KVO incorporaram um plano de resposta aos consumidores que dava seguimento aos contatos por correio eletrônico com os usuários que se transferiam ao Morpheus. Os *e-mails* reconheciam a importância desses usuários e certamente contribuíam com sua disposição de transmitir a mensagem a seus amigos.

Perguntas

1. Sugira um grupo ambiental que possa usar táticas semelhantes para atingir seus públicos-alvo.
2. Existem outras táticas que usem tecnologia para atingir diretamente os públicos-alvo que você sugeriria?

Fonte: Entrevista com Jeffrey Hardison, Fleischman-Hillard (ex-KVO Public Relations), Portland, Oregon.

---

a reexaminar seus principais processos de comunicação e as formas de fazer as coisas. Nesse processo, não há como elas não notarem que os maiores ganhos de produtividade dos funcionários melhoraram os resultados financeiros. Usar a comunicação para aumentar a produtividade introduz rumos totalmente novos para o trabalho de comunicação interna assumido por profissionais de relações públicas.

Uma dessas direções, como observado antes, chama-se gestão de conhecimento. A **gestão de conhecimento** é uma série de práticas para fazer com que os produtos saiam mais rapidamente ao garantir que todos os funcionários tenham a informação de que precisam, na hora certa. A gestão de conhecimento responde pelas formas com que a organização capta, armazena, compartilha e entrega informações usando programas de computador adequados. Sendo assim, como observou Kate Vitale, a gestão de conhecimento melhora os resultados financeiros ao criar funcionários mais espertos.[22]

As práticas de gestão de conhecimento dão acesso a todos os que dele necessitam ao mesmo tempo em que cortam a sobrecarga de trabalho para os que não necessitam. Por trás desses processos, portanto, estão as crenças de que os funcionários passam a se sentir mais fortalecidos e satisfeitos quanto mais rapidamente receberem a informação de que precisam.

Porém, até o momento, os comunicadores corporativos não assumiram o trabalho de gestão de conhecimento, ainda que um recente relatório do IABC[23] o tenha apontado como uma das três principais áreas para a pesquisa em comunicação organizacional. Ironicamente, os comunicadores corporativos talvez estejam mais bem treinados e qualificados para fazer as capacidades de diferentes tecnologias de comunicação corresponderem a tipos de mensagens e resultados desejados.

Tornar-se consultor de gestão de conhecimento é apenas uma dessas novas funções de comunicação interna para os profissionais de relações públicas e gestores de comunicação. Outra é se tornar **especialista em gestão de mudanças**, alguém que usa uma ampla gama de habilidades de comunicação para ajudar a mudar culturas organizacionais, aumentar a lealdade dos funcionários e ajudar a organização a se adaptar a condições interculturais. Por exemplo, os períodos de dificuldades econômicas dos últimos anos levaram as empresas a se fundir. Quando duas ou mais organizações anteriormente separadas precisam trabalhar juntas para chegar aos mesmo objetivos, as habilidades dos consultores de comunicação passam a ter demanda real para construir a nova cultura compartilhada ou os valores e temas dominantes que devem ser comunicados em todas as direções dentro da organização.

Os profissionais de relações públicas com alguma formação em comunicação organizacional são agentes fundamentais da transformação corporativa. Eles costumam começar com auditorias de comunicação ou ferramentas de diagnóstico voltadas a avaliar a eficácia de vários processos internos de comunicação. As auditorias revelam inadequações entre informações buscadas e informações recebidas, entre canais usados e canais preferidos, satisfação com o clima de comunicação e as redes de comunicação mais apropriadas para diferentes tipos de informação.

Os resultados das auditorias de comunicação ajudam os profissionais de relações públicas e os gestores de comunicação a melhorar a eficácia organizacional ao incorporar novas ideias mais rapidamente e ao melhor responder às mudanças no(s) ambiente(s) geral(is) nos quais a organização opera. A necessidade desse tipo de *expertise* em relações públicas parece ser sustentada nas conclusões de uma pesquisa Middleberg/Ross de 2002, que mostrou que 81% dos respondentes concordam com a afirmação de que a capacidade de administrar as mudanças seria o componente mais importante do sucesso empresarial nos próximos anos.[24]

Estruturas e contextos organizacionais em transformação

O trabalho e a estrutura das agências de relações públicas e dos departamentos corporativos ou organizacionais também estão mudando com relativa rapidez, em grande parte em resposta à tecnologia, globalização e aos novos públicos, cujos interesses vinham sendo subestimados ou desconsiderados.

Uma razão para as mudanças é que não está muito claro que o trabalho existente de relações públicas capte uma quantidade significativa da atividade de comunicação nas organizações. Nos últimos anos, por exemplo, as corporações têm dividido de bom grado as funções tradicionais de relações públicas a tal ponto que (1) os componentes que dizem respeito a relações com investidores ou financeiras respondem ao departamento financeiro ou jurídico, (2) o trabalho com funcionários ou boletins responde ao departamento de RH, que também assume todo tipo de formação para a comunicação, (3) o trabalho de propaganda de produto ou relações com consumidores é atribuído à divisão de *marketing* e (4) o trabalho de assuntos públicos e relações com governos é direcionado ao departamento jurídico. Alguns acreditam que esses relacionamentos hierárquicos variados representam usurpação da função de relações públicas, enquanto outros afirmam que essa inserção reflete a natureza descentralizada do trabalho de comunicação nas organizações.

Outra tendência persistente e crescente é a de configurações alternativas de trabalho fora de agências ou departamentos tradicionais. Isso pode incluir especialistas em relações públicas trabalhando como parte de equipes virtuais em algum tipo de projeto global onde o único contato com membros da equipe se dá pela internet. Esse trabalho costuma demandar relações hierárquicas duplas, com o supervisor de projeto encarregado até que o trabalho seja finalizado, quando, então, o profissional de relações públicas mais uma vez passa a responder mais diretamente aos gestores em seu departamento específico.

Os anos de 1980 e 1990 assistiram à ascensão de milhares de firmas e consultores de relações públicas independentes, que trabalham totalmente por conta própria ou distribuem parte de seu trabalho extra como empreitada a outros consultores independentes. Dentro do campo das relações públicas, consultores independentes são agora considerados como a maior categoria ou classificação de função.

Dentro de agências, uma tendência clara é avançar para a especialização por setor e por áreas gerais da prática, como serviços de saúde ou tecnologia. Hoje, coordenadores de contas e gerentes de contas são designados a menos clientes e muitas vezes dentro do mesmo setor, como serviços de saúde, tecnologia, bens de consumo ou serviços financeiros.

Além disso, a abertura dos mercados globais gerou uma intensa consolidação de agências de relações públicas por parte de agências de propaganda. Quando as primeiras se fundem com as segundas, a tendência é uma parte relativamente maior do trabalho ser direcionada a publicidade de produto ou desenvolvimento de práticas de relações públicas dentro de uma estrutura geral de *marketing*.

Apesar das fusões e dos impactos da globalização, muito poucas agências de relações públicas, mesmo entre as maiores, têm ou querem ter capacidade de atender às necessidades de seus clientes em cada uma das cidades e regiões do mundo onde o cliente opera. Isso porque muitos clientes preferem combinar o planejamento geral de relações públicas feito por uma única agência multinacional com uma divisão de grande parte do trabalho de implementação entre agências locais que, sem dúvida alguma, entendem melhor as tradições culturais de suas cidades, as formas com que se costuma trabalhar com a imprensa e os líderes locais, cujo apoio costuma ser útil para montar iniciativas de relações com a comunidade e governo, bem como na organização de eventos especiais. As maiores agências de relações públicas independentes respondem à necessidade de localização ao se tornarem parceiras ou membros de redes de profissionais independentes situados em todo o mundo. As maiores são PRIO (Public Relations International Organization), Pinnacle Worldwide, IPREX (International Public Relations Exchange) e World Communication Group. Participar de redes com outras agências de propriedade independente dá oportunidades de competir com mais eficácia com conglomerados multinacionais de relações públicas e propaganda.

No que diz respeito à organização e ao cliente, há um exame permanente sobre o *mix* de programas de comunicação e atividades realizadas internamente em relação às que são atribuídas a agências ou consultores e vendedores independentes. Geralmente, os departamentos de comunicações ou relações públicas tratam das principais funções estratégicas de planejamento internamente, enquanto subcontratam serviços de planejamento, execução e apoio de comunicação para programas específicos de agências e profissionais independentes. Na verdade, durante períodos de recessão econômica, os comunicadores corporativos provavelmente trarão maior quantidade de trabalho de planejamento de volta à agência, dando a ela funções de maior apoio e implementação.

Em períodos econômicos mais saudáveis, contudo, o que sobra para os departamentos de comunicação das corporações são as relações com a mídia, a gestão de temas e crises e as consultas com a administração superior sobre questões de longo prazo relativas à gestão de reputação. O trabalho que costuma ser terceirizado inclui relações de rotina com a mídia, alguma publicidade de produtos, gestão de eventos e funções específicas de relações com a comunidade. Algumas corporações adotaram um modelo interno de serviços de criação, no qual especialistas em comunicação são atribuídos a várias divisões ou marcas, onde atuam como executivos de conta para uma agência.

EVOLUÇÃO DO PAPEL DOS PROFISSIONAIS

Contra esse pano de fundo de novas tecnologias, mercados globais e questões de responsabilidade empresarial, não surpreende que as funções dos profissionais estejam mudando. Finalizamos este capítulo considerando 10 aspectos dessa mudança.

Das assessorias externas ao consultor de comunicação interno

O campo das relações públicas foi estabelecido como ocupação legítima e campo válido de estudos por um punhado de ex-jornalistas e agentes de imprensa nas primeiras décadas do século XX. Em sua maioria, esses pioneiros estabeleceram suas próprias agências e em muitos casos conseguiram construir reputações para si e para seus clientes que duraram mais do que eles próprios. Em pouco tempo, esse modelo de consultor externo, independente, tornou-se o ideal para a prática de relações públicas.

A prática real evoluiu muito além desse modelo original. Embora as empresas de consultoria tenham florescido, surgiu uma nova estirpe de profissional, principalmente dentro das estruturas de organizações grandes e complexas. Esses profissionais estão preocupados com a comunicação interna, assim como com a comunicação externa.

Os especialistas em relações públicas nas organizações devem entender as preocupações e atitudes de clientes, funcionários, investidores, grupos de interesses especiais e um amplo leque de públicos. O trabalho não pode parar no entendimento dessas questões complexas; os profissionais de relações públicas devem ser capazes de integrar suas habilidades de planejamento estratégico ao processo de decisão gerencial da organização. Os profissionais de relações públicas de hoje e de amanhã devem continuar a exibir habilidades de comunicação de alta qualidade para fazer o trabalho para o qual foram contratados. Também devem entender seu papel como gestores, que afeta as ações da organização, e a importância da contribuição das relações públicas para o processo.

As relações públicas são cada vez mais responsabilidade de diretores-presidentes e altos executivos, de modo que parte do trabalho do profissional é treinar e orientar os líderes da organização sobre os usos adequados da comunicação e sobre como falar com a mídia (ver Destaque 17.1).

Da comunicação unidirecional à comunicação bidirecional e à interação

Com suas raízes na retórica e na persuasão, não surpreende que a teoria e os conceitos de campanha tenham sido formulados inicialmente como intensivos de publicidade unidirecionais para gerar divulgação e mudanças de atitude que pudessem, por sua vez, influenciar comportamento. Porém, o desenvolvimento e a conceituação da teoria de relações públicas no último quarto de século se encaminhou a uma comunicação bidirecional mais ou menos equilibrada entre a organização e seus públicos e clientelas fundamentais.

A formulação da comunicação bidirecional simétrica ou equilibrada foi desenvolvida e testada no último quarto de século por James Grunig e seus colegas na University of Maryland.[25] Os processos de comunicação bidirecional envolvem papéis infinitamente mais amplos e mais abrangentes para a prática de relações públicas do que os modelos unidirecionais de persuasão jamais representaram. Usando a comunicação bidirecional, os profissionais agora esperam que suas iniciativas de comunicação resultem em ganhos de conhecimento, entendimento e outros efeitos cognitivos de ordem superior que tenham maior probabilidade de servir de base para relações de longo prazo. Como os princípios de comunicação bidirecionais implicam que cada grupo ou lado entenda o ponto de vista do outro, o processo tem maior probabilidade de levar à negociação, ao compromisso e a uma série de resultados em que todos tenham a ganhar.

Os princípios da comunicação bidirecional, diferentemente dos unidirecionais, são melhores para maximizar as capacidades do correio eletrônico e da internet, incluindo listas, salas de bate-papo, fóruns eletrônicos e grupos de discussão. Ao promover o diálogo e a conversação – em vez de um fluxo de informações unidirecional – essas novas tecnologias ajudam as organizações a criar laços com seus públicos fundamentais e a mantê-los continuamente.

Novas dimensões na responsabilidade social corporativa
Robert L. Dilenschneider

Destaque 17.1

Não é preciso ser futurista para saber que enormes mudanças na sociedade e no mundo, a começar pelos atentados de 11 de setembro de 2001 ao World Trade Center e ao Pentágono, têm impacto imenso na prática de relações públicas. Nos próximos 10 anos, teremos de continuar acompanhando o ritmo dos aparentemente intermináveis avanços na tecnologia de comunicação que já aceleraram a transmissão de mensagens. Mas o maior desafio será reunir a coragem para insistir em que todas as empresas adotem uma visão mais ampla e socialmente consciente de suas responsabilidades diante de funcionários, clientes e das comunidades em que operam.

Prestou-se pouca atenção à responsabilidade corporativa durante os últimos 20 anos, à medida que a revolução nas tecnologias de informação e comunicação e a criação de imensos conglomerados nos setores bancário, de investimentos, de seguros, industriais, de energia, de entretenimento, de mídia e de informação literalmente transformaram o mundo em um mercado global. Felizmente, esses eventos tecnológicos, econômicos e políticos revitalizaram a democracia, revigoraram o capitalismo e geraram um enorme crescimento econômico global, principalmente nos Estados Unidos. Ainda assim, esses avanços também sugerem que as grandes corporações se tornaram tão poderosas que não mais se sentem compelidas a levar em conta os interesses públicos enquanto buscam seus objetivos de maximizar lucros.

Alguns dos elementos de descontentamento público podem ser vistos facilmente.

1. A prosperidade geral não está sendo compartilhada de forma igual. Há uma ampla percepção de que, enquanto os ricos estão ficando mais ricos, a classe média está trabalhando mais do que nunca para manter sua posição, enquanto os pobres ficam mais pobres.
2. A dificuldade da recuperação econômica não foi compartilhada de modo equilibrado. A maior parte do *downsizing* inescrupuloso recaiu sobre a cabeça dos trabalhadores de linha ou de gerentes de nível intermediário, e não sobre os níveis superiores de administração.
3. Os diretores-executivos estão recebendo salários extraordinários (como evidenciado pela queda da Enron), enquanto se pede que os trabalhadores apertem os cintos e sofram cortes em seus benefícios. Os diretores-executivos geralmente estão esbanjando quantias extraordinárias de dinheiro em termos de salários, bônus, opções de ações e presentes.
4. O livre comércio já está sob fogo cerrado por parte de trabalhadores e sindicatos nas nações industriais. As corporações multinacionais são mais uma vez vistas com crescente suspeição nos países em desenvolvimento por incentivar salários de fome e péssimas condições de trabalho, por degradar o meio ambiente e por enviar seus lucros de volta a matrizes, em vez de investi-los nos países anfitriões.

A menos que os profissionais de relações públicas e líderes tratem desses problemas nos próximos anos, podemos esperar imensos problemas na sociedade. Esse esforço demandará muita coragem, porque a mensagem está relacionada ao crescente descontentamento com empresas – e, na maioria dos casos, a administração superior não quer ouvir falar no assunto e não concordará prontamente, ou quer evitar. Os diretores-executivos são pressionados por Wall Street, e os que querem ocupar um desses cargos não podem se dar ao luxo de romper fileiras.

Estou convencido de que nosso maior desafio nos próximos 20 anos será convencer líderes corporativos de que, para preservar esses ganhos econômicos, eles precisam restringir sua busca de lucros ainda maiores assumindo mais responsabilidade pelas vidas que o negócio afeta.

Portanto, cabe a nós a tarefa de ajudar a quem está encarregado de nossas organizações a se tornar líder. Fazer isso demanda mais do que retórica, sendo necessários pensamento e ideias originais que respondam às seguintes perguntas:

O que se pode fazer, por exemplo, para demonstrar como as corporações são leais às nações em que operam? Como os diretores-executivos podem sair do isolamento de sua torre de marfim e demonstrar compaixão por trabalhadores comuns?

Como se reúnem as melhores cabeças em nosso país e em todos os lugares com vistas a desenvolver ideias para a paz e enfrentar a carga das classes desfavorecidas nos Estados Unidos e em todo o mundo?

Como se faz com que as pessoas que enriqueceram em excesso nos últimos 20 anos reconheçam que não podem apenas receber durante toda a vida e têm de começar a retribuir e ajudar a resolver alguns dos problemas da sociedade?

Como se retira um pouco da motivação que a ciência tem no lucro e se incentivam aqueles que têm capacidade de desenvolver produtos que possam resolver problemas graves?

Como se ajudam os diretores-executivos a abordar a diversidade no local de trabalho?

Como se ajudam os executivos que têm medo de dar passos para superar suas ansiedades?

Como se ajudam aos grandes egos – os grandes "eu sou" – a colocar seu poder pessoal para trabalhar pelo bem e não pela intimidação ou autoengrandecimento?

A lista poderia continuar, e essas tarefas não são fáceis – para você ou para quem espera ser líder, mas elas têm de ser tratadas, e a hora é agora.

Fonte: Robert L. Dilenschneider é diretor-executivo do The Dilenschneider Group, firma que ele fundou em 1991. Foi presidente e diretor-executivo da Hill & Knowlton, Inc., de 1986 a 1991.

Do apoio ao marketing à comunicação integrada

Não muito tempo atrás, a principal justificativa para as relações públicas era seus esforços para vender produtos. Elas eram consideradas um adjunto do esforço de vendas, relacionado basicamente a publicidade de eventos, coordenação de eventos especiais e obtenção de propaganda gratuita.

Já há algum tempo, contudo, a tendência tem sido de deslocar o trabalho de relações públicas de um papel de adjunto de *marketing* para o principal da comunicação de *marketing*. As relações públicas cumprem diferentes papéis de comunicação de *marketing* no decorrer do ciclo de vida de um produto. Antes do lançamento, os profissionais trabalham com a imprensa especializada no setor e em páginas na internet para gerar matérias na imprensa e avaliações favoráveis ao produto, que serão vistas por importantes clientes, distribuidores, atacadistas e varejistas. Próximo ao lançamento, escrevem artigos de publicidade de produto para publicações e programas voltados a públicos-alvo. Toda essa movimentação de antecipação de produto acontece antes de se lançar a propaganda.

Do programa ao processo

Tradicionalmente, as relações públicas deram muita ênfase a programas e campanhas e outros resultados tangíveis de suas iniciativas, incluindo clipagem de notícias. Nesse sentido, o trabalho do profissional de relações públicas consistiu em uma progressão de tarefas distintas – notas à mídia, publicações, anúncios de interesse público, campanhas publicitárias e coisas do tipo. Esses produtos e programas ainda são uma responsabilidade que toma muito tempo dos departamentos de RP, e são o centro do trabalho crescente das agências. Uma das tendências mais claras e observáveis na área, contudo, é a visão cada vez maior de que a comunicação organizacional é um processo contínuo, e não apenas uma sucessão de programas.

Embora ainda desenvolvam e implementem produtos e programas específicos, os profissionais de relações públicas cada vez mais se envolverão em responsabilidades mais amplas e menos específicas, e também mais concentradas em programas múltiplos voltados a melhorar e preservar a reputação de longo prazo. Eles gastarão mais tempo e esforço desenvolvendo objetivos de comunicação que sejam coerentes com os objetivos gerais da organização. Atuarão como consultores da administração e farão parte de equipes com gerentes e outros especialistas da organização, trabalhando próximos e necessariamente em uma série de programas organizacionais. Adotarão uma perspectiva de longo prazo e geral em vez das específicas e de curto prazo.

Do artesão da mídia ao planejador de comunicação

Devido à tradicional ênfase na produção de produtos e programas específicos, tem-se considerado que os profissionais de relações públicas possuem um conjunto específico de habilidades. A da escrita tem sempre estado no topo da lista, seguida da fala, habilidades interpessoais e uma variedade de outras, incluindo fotografia, planejamento gráfico, etc. Com o tempo, a base de habilidades se amplia e o trabalho fica mais variado. Reflita sobre quanto há para se conhecer atualmente com relação à elaboração de páginas na internet, usos ampliados do correio eletrônico, incluindo a intranet, e comunicação visual. Mesmo assim, quanto maior o número de meios e veículos de comunicação, maior a necessidade de os futuros profissionais saberem como usar cada um de forma mais eficaz e criativa. Saber como melhor usar cada um desses conjuntos de habilidades ou táticas é o que torna as relações públicas um processo tanto de reflexão quanto de "fazer".

Dos itens de curto prazo ao desenvolvimento de relações de longo prazo

Em épocas passadas, os profissionais de relações públicas buscavam inserir itens na mídia e mediam sua eficácia avaliando até onde conseguiam fazer isso. A tendência atual afasta as relações públicas dessa etapa, ao se defender contra a comunicação negativa e avançar para a gestão de temas.

A **gestão de temas controversos** é a identificação de questões fundamentais enfrentadas pelas organizações e a gestão das respostas destas a elas. Esse processo envolve identificação precoce de polêmicas potenciais, desenvolvimento de política organizacional relacionada a essas questões, criação de programas para aplicar políticas, implementação desses programas e comunicação com os públicos adequados sobre essas políticas e programas, bem como avaliação dos resultados.

O processo de gestão de temas é uma área em que as relações públicas têm seu maior potencial em termos de contribuição à tomada de decisões administrativas. As organizações podem evitar a comunicação negativa e obter atenção pública positiva adaptando-se de antemão a demandas do meio. Dessa forma, elas conseguem colher os benefícios ao serem percebidas como líderes responsáveis. Os profissionais de relações públicas devem estar preparados para identificar e lidar com os temas controversos com que suas organizações se deparam.

De bombeiros a gestores de crises

Entre as tendências mais estabelecidas que afetam os profissionais de relações públicas está a evolução de seu papel, que passou do de "apagar fogo" ao de "prevenir incêndios". As relações públicas eficazes não existem simplesmente para resolver os problemas quando eles já existem, e sim buscam evitar essas situações. As relações públicas preventivas são o ideal de muitos profissionais da área. Os profissionais estão avançando para posições que lhes permitam reconhecer mais integralmente áreas de risco potencial, estarem equipados para lidar com esses riscos e possuirem poder e influência suficientes para realizar mudanças antes que os potenciais se tornem realidade. Atualmente é prática padrão dos profissionais de relações públicas preparar por escrito e ensaiar contingências de comunicação para crises. Na verdade, o processo de planejamento de crises ganhou força nos últimos anos, depois dos ataques terroristas de 11 de setembro de 2001 contra o World Trade Center em Nova York e o Pentágono, em Washington, e foi mais uma vez enfatizado na crise do furacão Katrina, em setembro de 2005.

Da manipulação ao entendimento, negociação e compromisso

As relações públicas nasceram como arte de manipulação. Sua intenção era conseguir resultados específicos em termos de resposta do consumidor, resultados eleitorais, cobertura da mídia ou atitudes públicas. O propósito das relações públicas era comunicar de tal forma a garantir a adequação de comportamentos e atitudes aos planos da pessoa ou organização. Os meios, métodos e meios de comunicação eram determinados pelo que fosse necessário para cumprir a tarefa e pouco mais do que isso. Malabarismos, sensacionalismo e verdades enfeitadas altamente seletivas eram as marcas da atividade.

Esse tipo de manipulação crassa causava impactos de curto prazo, e não de longo prazo, limitando assim a eficácia das relações públicas. O fato é que as relações públicas ainda têm a ver com persuasão e influência social. O que mudou foi as várias formas sofisticadas com que as técnicas de persuasão são usadas hoje.

De uma profissão dominada por homens a uma dominada por mulheres

Em 1983, quando este livro foi publicado pela primeira vez, ainda existiam mais profissionais de relações públicas homens do que mulheres. Hoje, as profissionais superam seus colegas homens na proporção de 71% para 29%. Nos últimos anos, homens mais velhos continuam a deter um número desproporcional das posições em nível sênior e de administração, que recebem salários mais altos. Há pesquisas em andamento que tentam entender as diferenças de salário baseadas em gênero, as taxas de promoção e a liderança nos papéis superiores de relações públicas ou comunicação corporativa.

De uma profissão concentrada nos Estados Unidos a uma profissão global

A última década testemunhou uma expansão mundial das relações públicas como função global. Diferenças culturais, de linguagem e jurídicas tornam as relações públicas globais mais difíceis, mas as tecnologias de comunicação em rápida evolução fizeram dessas barreiras um fator menos importante. A "aldeia global" que Marshall McLuhan previu há quase 40 anos finalmente chegou. O futuro das relações públicas deve levar em conta a comunidade global em todos os seus esforços.

Estudo de caso

A Starbucks entra nos mercados globais

A empresa de cafés especiais Starbucks está se tornando rapidamente muito conhecida fora dos Estados Unidos, tanto quanto dentro do país. Com mais de 3 mil lojas no exterior, os negócios internacionais da Starbucks constituem cerca de 40% de todas as unidades. A empresa abriu suas primeiras lojas internacionais em 1996, no Japão, e hoje, esse país tem o maior número delas fora dos Estados Unidos, seguido pelo Reino Unido. Ao todo, a Starbucks opera em 36 países da Ásia, Europa, Oriente Médio e América Latina.

Embora tenha todo o espaço para crescer nos Estados Unidos, a julgar por sua fatia do mercado de café de 7%, a empresa está claramente estabelecendo as bases para crescimento futuro quando os negócios nos Estados Unidos perderem o ritmo.

Em vez de abrir lojas de propriedade da própria empresa ou operações subsidiárias fora dos Estados Unidos, a Starbucks identifica parceiros de negócios no mundo, cujas filosofias de gestão e sensibilidades culturais a apoiem. E o diretor internacional de relações públicas, Soon Beng Yeap, participa diretamente da relação de seus parceiros estrangeiros:

> Queremos saber cedo se os parceiros ajudam a elevar nossa reputação ou terão problemas. Ao participar de todas as discussões, tenho condições de fazer perguntas e apresentar alternativas a nossos principais executivos. Em termos de relações públicas, estou especialmente preocupado com os problemas, a credibilidade, a força das marcas atuais e as finanças do parceiro potencial. Precisamos saber se sua imagem é coerente com a nossa e com aquilo que queremos que ela se torne. Ao mesmo tempo em que avaliamos esse parceiro potencial, estamos aprendendo mais sobre todas as influências culturais que influenciam nosso negócio.

Uma vez selecionado o parceiro, as relações públicas avançam para planos gerais de lançamento, incluindo relações com a mídia, relações com funcionários internas e externas, relações com a comunidade, filantropia corporativa e lidar com organizações ativistas. Junto com o parceiro de negócios e, talvez, com uma agência local, a administração da Starbucks analisa todas as ramificações culturais do lançamento e busca contribuições para construir apoio na comunidade e na mídia e atrair os funcionários locais mais desejáveis.

A Starbucks não faz propaganda. Em vez disso, constrói sua imagem de marca por meio de relações eficazes com a mídia para ganhar credibilidade que vem com o apoio de terceiros. A credibilidade da empresa cresce no mercado quando a cobertura de mídia escrita por repórteres a apresenta de forma favorável. Tudo isso acontece porque a Starbucks faz sessões sofisticadas de informação à imprensa meses antes de uma inauguração. Com meses de antecedência em relação à data marcada, convida editores de revistas e publicações de negócios daquela região do mundo a se reunir à custa da empresa, para uma exposição dos planos das novas lojas.

Quando os repórteres voltam para casa e escrevem seus artigos, as clipagens do que foi publicado vão para os cadernos de imprensa que a Starbucks distribui aos meios de comunicação locais antes da data da inauguração. Esse processo também funciona como forma de endosso de terceiros, pois a mídia local é induzida a divulgar os tópicos que foram tratados por meios maiores em nível metropolitano, nacional e global.

Empresas ou agências locais de relações públicas são escolhidas para sustentar relações com a mídia *in loco*, principalmente, solicitações posteriores de repórteres, implementação de planos de eventos em inaugurações e ajuda a iniciar parte das atividades de envolvimento da comunidade. O importante, porém, é que o planejamento estratégico geral continua na sede corporativa em Seattle ou em escritórios da divisão internacional em Amsterdã, Hong Kong e Miami. Ao manter centralizado o planejamento das relações públicas, a Starbucks espera construir a imagem de marca com coerência de mensagens e se posicionar para lidar com as questões gerais de reputação corporativa.

Como diretor de relações públicas corporativas, Soon Beng Yeap também contribui para questões de emprego, já que as normas de trabalho variam de cultura para cultura. Na Ásia, por exemplo, os funcionários da Starbucks usam crachás, pois, junto com os uniformes, eles são muito respeitados por funcionários e suas famílias. Em outros lugares, crachás de funcionários podem ser considerados como invasão de privacidade e uma tentação para potenciais agressores. As estratégias de relações públicas também são empregadas para posicionar a Starbucks como o empregador de preferência ao (1) gerar um ótimo ambiente de trabalho, (2) creches, (3) opções de ações, (4) oportunidades de se vestir de forma mais casual, (5) acesso aberto aos executivos e (6) envolvimento em projetos de serviço à comunidade patrocinados pela corporação.

Os programas de relações com a comunidade da Starbucks visam refletir um sentido corporativo de responsabilidade social ajustado a leis e a questões culturais e étnicas que variam. Por exemplo, o programa de relações com a comunidade começa com uma pré-inauguração para a comunidade, para mostrar a ela que a Starbucks quer sua benção e permissão para operar nela. As pré-inaugurações são montadas como eventos para amigos e parentes, com uma lista de convidados formada por líderes da comunidade, vizinhos e pais de funcionários.

Na Ásia, todas as vendas do primeiro dia vão para instituições beneficentes escolhidas pelos funcionários. Esse gesto simples destaca a retribuição à comunidade. Como o principal programa de relações com a comunidade da Starbucks são os livros para a campanha de alfabetização infantil, a empresa pergunta a seus parceiros de negócios internacionais se esse programa daria sustentação às iniciativas de relações com a comunidade em questão. O fato é que vários programas de relações com a comunidade nos Estados Unidos não funcionam no exterior, incluindo reciclagem, uma prática que não é respeitada ou apreciada em muitas partes do mundo.

Esse estudo de caso destaca vários princípios para a condução do trabalho de relações públicas internacionalmente. Em primeiro lugar, não há um padrão único que comande a forma como as empresas se expandem globalmente; consequentemente, não há receita única para preparar programas internacionais de relações públicas. Em segundo, o caso da Starbucks destaca a importância de entender as diferenças culturais e os padrões de comunicação intercultural, e depois ajustar a eles o plano de relações públicas. E, por fim, o uso habilidoso dos princípios de relações com a mídia e do endosso de terceiros dá à Starbucks suficiente cobertura de mídia de alto nível e gratuita para que a empresa ainda não tenha que usar propaganda ao consumidor para implementar seu modelo de negócios ou chegar aos níveis de lucro desejados.

Fonte: Entrevistas com Soon Beng Yeap, diretor de relações públicas corporativas da Starbucks, feitas por Jim Van Leuwan, 2003.

Clientes navegam na internet no Banco Shinsei, em Tóquio, onde uma loja da Starbucks serve uma variedade de cafés. A Starbucks construiu sua imagem de marca sem propagandas caras.

Perguntas

1. Seguindo o típico plano de relações públicas implementado pela Starbucks quando abre uma nova loja em um país que não os Estados Unidos, o que você faria, na condição de diretor de RP, se fosse abrir uma nova loja na Cidade do Panamá, dentro de seis meses?
2. Quais lições da Starbucks você poderia aplicar se fosse abrir uma lanchonete que vendesse sanduíches em São Paulo?

Resumo

As relações públicas de hoje enfrentam desafios permanentes, incluindo uma maior necessidade de estratégias eficazes de comunicação em crises, acompanhamento dos crescentes caminhos de interação com *stakeholders* por meio das novas mídias sociais, evolução da comunidade e das práticas globais de relações públicas e mudanças na estrutura organizacional necessárias para atender a esses desafios.

As crises são diferentes dos problemas cotidianos por atraírem o exame público por meio da cobertura da imprensa. Aprender como planejar e lidar com crises está se tornando essencial para a organização do século XXI.

A profissão das relações públicas também tem de lidar com as novas mídias sociais emergentes. As relações públicas estão se tornando mais estratégicas em sua natureza e a base de seus serviços de comunicação está se tornando mais ampla. Além disso, o futuro do trabalho de relações públicas parece depender do planejamento de programas de comunicação que servem aos objetivos de negócios de uma organização ou ao seu plano estratégico geral.

Termos fundamentais

crise
especialista em gestão de mudanças
gestão de conhecimento
gestão de temas controversos
globalização
internet

marketing de relacionamento
mídias ricas
plano de crise
rede mundial de computadores
rumor

Notas

1. *Site* do Institute for Crisis Management, www.crisisexperts.com, 25 de fevereiro de 2001.
2. Ibid.
3. *Site* da Cohn & Wolfe, www.cohnwolfe.com, 25 de fevereiro de 2001.
4. Carole Howard, "Technology and Tabloids: How the New Media World Is Changing Our Jobs", *Public Relations Quarterly* 45, nº 1 (2000), p. 9.
5. O'Reilly & Associates and Nielson NetRatings, dados retirados de www.Internetworldstats.com, 23 de julho de 2005.
6. University of Southern California's Digital Media Project, "Digital Futures Project: 7th Annual Internet Survey," retirado de www.digitalmediaproject.com, 8 de março de 2008.
7. Ibid.
8. Howard, p. 9.
9. Don Middleberg and Steven Ross, "The Middleberg/Ross Media Survey: Change and Its Impact on Communications", Eighth Annual National Survey, 2002.
10. Don Middleberg, *Winning PR in the Wired World: Powerful Communications Strategies for the Noisy Digital Space* (New York: McGraw-Hill, 2001).
11. Ibid.
12. James B. Quinn, "Strategic Outsourcing: Leveraging Knowledge Capabilities", *Sloan Management Review* 40, nº 4 (1999), p. 9.
13. Richard Nemec, "What's New? Everything", *Communication World* 16, nº 7 (Agosto/Setembro de 1999), p. 21-24.
14. Timothy Coombs, *Ongoing Crisis Communication: Planning, Managing, and Responding* (Thousand Oaks, CA: Sage, 1999).
15. Maureen Taylor, Michael L. Kent, and William J. White, "How Activist Organizations Are Using the Internet to Build Relationships," *Public Relations Review* 27 (2001), p. 264.
16. Donald Wright, "Corporate Communications Policy Concerning the Internet: A Survey of the Nation's Senior-Level Corporate Public Relations Officers", *Institute for Public Relations*, 1998.
17. An IABC/PRSA Joint Survey of the Profession, "Profile 2000", *Communication World* (Junho/Julho de 2000).
18. Brian Heiss and Edie Fraser, "Is Your Company Ready to Go Global?" *Communication World* 17, nº 6 (Agosto/Setembro de 2000), p. 29.

19. Ray Kotcher, "Roundtable: Future Perfect? Agency Leaders Reflect on the 1990s and Beyond", *Public Relations Strategist* 8, nº 3 (2001), p. 11.
20. Heiss e Fraser, p. 29-30.
21. Entrevista com Jack Bergen.
22. Kate Vitale, "Knowledge Management: An Executive Summary for Busy Practitioners", *Journal of Communication Management* 3, nº 2 (Novembro/Dezembro de 1998), p. 44-51.
23. IABC, "Think Tank Report", www.iabc.com, acesso em novembro de 2002.
24. Middleberg/Ross *survey*.
25. James Grunig and Todd Hunt, *Managing Public Relations* (New York: Holt, Rinehart & Winston, 1984).

ANEXO 1
Escrita

A boa redação começa com pensamentos claros. Em primeiro lugar, você deve refletir logicamente sobre a mensagem que quer transmitir a seu público. A escrita em relações públicas é intencional. Saiba quem são seus públicos-alvo e como se relacionar com eles. A seguir, decida qual canal é melhor usar, pois diferentes estilos de escrita são adequados a diferentes meios. Por fim, use vocabulário e gramática apropriados para refletir seu propósito de comunicação.

A escrita forma a base da maior parte do trabalho de relações públicas. Neste anexo, examinamos os *dez mandamentos da escrita em relações públicas* e algumas regras simples associadas a cada um deles. Na conclusão, listamos regras para formatar e redigir uma nota à imprensa.

Os *dez mandamentos da escrita em relações públicas* são os seguintes:

1. Honrarás a verdade e a precisão acima de tudo.
2. Não cometerás literatura.
3. Não aviltarás o idioma.
4. Sempre escreverás visando à compreensão do público.
5. Envolverás o interesse do público.
6. Expressarás teus pensamentos de forma concisa.
7. Respeitarás as regras da gramática.
8. Escreverás corretamente.
9. Respeitarás as regras da pontuação.
10. Cumprirás os padrões da mídia escolhida.[1]

1. VERDADE E PRECISÃO

Nada é mais importante na escrita de relações públicas do que verdade e precisão; reputações individuais e organizacionais são postas em jogo com tudo o que se escreve. Os conceitos de verdade e precisão são separados. Você pode ser verdadeiro, mas impreciso, ou preciso, mas ainda assim não dizer a verdade. Mas as duas qualidades devem estar presentes para lhe dar a credibilidade que o público requer de você e de sua organização.

Caso se cometa um erro, pedir desculpas pode ajudar principalmente no caso de organizações, mas, como profissional individual, você terá dificuldades de recuperar a credibilidade se um repórter for pego em um erro que teve origem em você.

2. LITERATURA

A prosa poética não tem lugar na prática de relações públicas. Tampouco o elitismo intelectual. A linguagem do profissional de relações públicas deve ser a do jornalista, que é a linguagem das massa.

As relações públicas demandam capacidade de trabalhar com vários estilos de escrita – o dos jornais, das revisas especializadas, dos meios eletrônicos, da internet e muitos outros – mas o principal propósito ainda é fazer com que seu público aja a partir de sua mensagem. Sendo assim, essa mensagem deve ser sempre fácil de entender e reter e deve gerar ação.

3. USO DA LINGUAGEM

A escrita das relações públicas deve usar a linguagem adequadamente. "A escrita das relações públicas trabalha com frases curtas, declaratórias, aplica palavras escolhidas para serem entendidas [...] transmite informação sem distração."[2] Aqui vão algumas regras e exemplos básicos de uso de linguagem:[3]

a. Escreva com brevidade.
   1. Elimine clichês, expressões muito usadas e generalidades óbvias.
      Exemplo: Ele viajou uma distância de 12 quilômetros.
      Melhor: Ele viajou 12 quilômetros.
   2. Encurte as expressões, transformando-as em verbos simples.
      Exemplo: Ele fez menção ao novo contrato no discurso de hoje.
      Melhor: Ele mencionou o novo contrato no discurso de hoje.
   3. Elimine palavras e expressões desnecessárias.
      Exemplo: Roger W. Murray pagou algo na faixa dos 80 mil dólares por sua casa.
      Melhor: Roger W. Murray pagou cerca de 80 mil dólares por sua casa.
   4. Elimine repetição e redundância.
      Exemplo: O clube se reunirá para sua reunião mensal regular amanhã, às 3 da tarde, no auditório.
      Melhor: O clube se reunirá amanhã, às 3 da tarde, no auditório.
   5. Use palavras simples para obter clareza.
      Exemplo: Ele substanciou os fatos.
      Melhor: Ele conferiu os fatos.

b. Use os tempos verbais adequados.
   O presente do indicativo faz com que a escrita pareça mais positiva, vívida e atualizada e também ajuda a manter as frases mais curtas, menos desajeitadas e menos artificiais, mas há momentos para usar o passado. Você deve decidir o que é mais adequado ao material.

c. Escolha a voz ativa em detrimento da passiva.
   A voz passiva costuma ser um sinal de escrita preguiçosa. A ativa, por sua vez, resulta em um texto mais compreensível, frases mais curtas e expressão dinâmica. As diferenças são fáceis de notar.
   Se o sujeito do verbo sofre a ação, o verbo está na voz passiva.
      Exemplo: O ladrão foi baleado três vezes pela polícia.
   Se o sujeito do verbo é quem faz a ação, o verbo está na voz ativa.
      Exemplo: A polícia atirou três vezes no ladrão.

d. Use o vocabulário adequado.
   O redator de relações públicas usa um vocabulário integral e variado, rico em palavras específicas que transmitem sentido e conotação exatos. Por exemplo, "governo" pode ser mais neutro para um leitor do que "regime". Escolha a palavra simples em detrimento da complexa e a concreta em vez da abstrata. Evite gírias, palavras estrangeiras, palavras altamente técnicas e clichês.

4. ENTENDIMENTO DO LEITOR

Para escrever claramente, escreva para um público específico. A seguir, escreva para que seu leitor possa lhe entender. Rudolph Flesch sugere que o número médio de palavras em uma frase deve ser de 20.[4]

Em *Say what you mean*, Flesch cita pesquisa mostrando que, acima dessa média, sua capacidade de atingir a massa cai muito. Ele também sugere usar menos prefixos e sufixos para aumentar a compreensão do público.

5. INTERESSE DO PÚBLICO

Graças ao controle remoto da televisão, podemos passar rapidamente por mensagens de propaganda que não queremos ver, mas se desligar de outros tipos de mensagens é quase tão fácil quanto isso. O desafio fundamental do redator de relações públicas, portanto, é envolver o público com a mensagem. Uma forma muito eficaz é evocar o princípio do interesse próprio. A pergunta que o público vai fazer e que o redator deve responder é: "O que eu ganho com isso?".

6. EXPRESSÃO CONCISA

A concisão é a capacidade de se comunicar claramente com o menor número possível de poucas palavras. Vá aparando seus rascunhos e corte palavras e expressões desnecessárias.

7. GRAMÁTICA

Embora um conhecimento detalhado de gramática seja útil para qualquer pessoa que escreva, é essencial ter ao menos um conhecimento instrumental dos aspectos fundamentais. As regras básicas de gramática a seguir oferecem uma boa revisão ao redator de relações públicas.[5]

- **Regra 1: Os verbos devem concordar com seus sujeitos em número (singular ou plural) e pessoa (eu, tu, ele).**
    Exemplo: Nós somos; você é; ela é.
- **Regra 2: Palavras que intervenham entre sujeito e verbo não afetam o número.**
    Exemplo: Melhorias no *shopping center* não aumentaram os custos.
- **Regra 3: Quando o sujeito é uma das palavras/expressões a seguir, o verbo tem que ficar no singular: *qualquer um, cada, nenhum, todo mundo, ninguém, qualquer.***
    Exemplos: Cada um dos membros *apresentou* um relatório.
    Nenhum dos editores *irá*.
- **Regra 4: Os tempos verbais devem indicar a sequência correta da ação, de modo que um verbo em oração subordinada deve ser coerente com o tempo verbal da oração principal.**
    Exemplo: Quando terminou seu discurso, o Governador Ramos se deu conta de que tinha se esquecido de mencionar o projeto de lei de redução de impostos.
- **Regra 5: A voz ativa é preferencial para a maioria dos verbos.**
    Exemplo: Minha equipe tomou a decisão. [Em vez de: A decisão foi tomada pela minha equipe.]
- **Regra 6: Modificadores devem estar situados próximo o suficiente da palavra ou expressão que querem modificar para que o leitor consiga distinguir claramente o que eles modificam.**
    Incorreto: O presidente disse que estava cansado e retornaria a Washington depois da entrevista coletiva.
    Correto: Após a entrevista coletiva, o presidente disse que estava casado e retornaria a Washington.
- **Regra 7: Os pronomes devem se referir a seus antecedentes.**
    Incorreto: O assessor do prefeito disse ao xerife que seu depoimento estava incorreto. [Depoimento de quem?]
    Correto: O depoimento do xerife estava incorreto, disse-lhe o assessor do prefeito.

8. ORTOGRAFIA

Você pode pensar que não precisa saber ortografia porque o corretor ortográfico do computador vai lhe proteger. E vai, na maioria das vezes, mas não quando houver várias maneiras diferentes de escrever palavras parecidas. O corretor, por exemplo, não vai saber a diferença entre "tem" e "têm", "prático" e "pratico", nem entre "seção" e "sessão". Palavras mal grafadas fazem com que você pareça incompetente. Revise com muito cuidado.

9. PONTUAÇÃO

A maioria dos programas de processamento de texto já tem um corretor gramatical que identifica grandes erros de pontuação, mas esses aplicativos estão longe de ser perfeitos. Aqui estão algumas orientações fundamentais sobre pontuação, a ser lembradas.
a. Use aspas para citações exatas.
    Exemplo: Paul Evans disse: "Devemos demitir o vice-presidente financeiro antes do fim do dia."
b. Use vírgulas para separar um aposto.
    Exemplo: Tom Wilson, o cineasta, receberá o mais alto prêmio dado pela Tennessee Film Commission.
c. Use vírgula para separar uma oração dependente de uma oração independente.

Exemplo: Se o estado aprovar o orçamento esperado, os professores das escolas públicas receberão um aumento de salário de 3% a partir de 1º de janeiro.

10. PADRÕES DE MÍDIA

Os redatores têm estilos pessoais, mas as organizações muitas vezes elaboram manuais de estilo para garantir que todos os materiais escritos sigam os mesmos padrões. Os meios de comunicação geralmente usam o *Associated press stylebook* como guia, embora algumas organizações de comunicação possam acrescentar suas próprias regras aos padrões da AP. A mídia de radiodifusão tem algumas regras de estilo que são diferentes daquelas dos jornais e revistas. A escrita para a internet ainda está em evolução e, embora as organizações possam impor seu estilo sobre o texto para a sua página e seus materiais a serem publicados na rede, não existe estilo padronizado para a rede.

O Destaque 7.2 apresenta diretrizes para a escrita na internet desenvolvidas a partir de pesquisas de um estudante de pós-graduação que investigou o que funciona melhor na rede. Sua própria escrita deve estar de acordo com o estilo da organização para a qual estiver escrevendo.

Preparando notas à imprensa

A forma mais simples e mais barata de atingir a mídia é a nota à imprensa, que é o coração de qualquer iniciativa de assessoria de imprensa. Os profissionais de relações públicas podem duplicar ou enviar por correio eletrônico essas notas a dúzias, até mesmo a milhares de veículos de comunicação. As notas podem transmitir notícias de rotina, oferecer material para potencial publicação de um artigo ou conter informações gerais, ou ainda fornecer informações complementares.

As notas à imprensa assumem muitas formas, dependendo do público e do meio aos quais se dirigem. Ainda assim, algumas regras gerais se aplicam. Uma nota à imprensa deve se concentrar em apenas um tópico, seguir o estilo jornalístico aceito e começar com um parágrafo de abertura (lide) que possa se sustentar por si só.

Aqui vão algumas dicas para escrever uma nota à imprensa (ver, também, Capítulo 8):

1. Use o estilo de redação da pirâmide invertida, enfatizando os fatos importantes ou interessantes no início da matéria.
2. Responda ao maior número possível de perguntas básicas de uma matéria jornalística – quem, o quê, onde, quando, por que e como – no início da nota à imprensa. (Observe que o "quando" é um lide mais fraco do que os outros, se for usado sozinho.)
3. Limite o lide a, no máximo, 25 palavras.
4. Trate informações que não sejam as últimas notícias como material para um artigo.
5. Seja conciso; as notas à imprensa raramente devem passar de duas páginas. Forneça mais informações (se houver) em uma folha separada.
6. Inclua apenas as informações adequadas ao meio de comunicação específico.
7. Seja estritamente preciso. Escreva todos os nomes corretamente, exponha os fatos com precisão e as citações corretas.
8. Seja específico, não generalista. Use exemplos, mostre seu argumento.
9. Não editorialize nem defenda um ponto de vista.
10. Varie o tamanho de seus parágrafos. Um parágrafo pode ter até mesmo uma única frase, mas não mais do que cinco linhas digitadas. As frases também devem variar em tamanho, mas não devem ter, em média, mais de 20 palavras cada uma.

Algumas histórias podem perder seu impacto se forçarmos fatos demais no lide. Nesses casos, escolha um ou dois fatos mais importantes que atraiam o interesse do leitor (e do editor). Se a pessoa sobre a qual se escreve não for proeminente, você pode escolher não mencionar seu nome na abertura. Essa técnica é conhecida como lide cego. Quando tiver organizado os fatos essenciais em um parágrafo de abertura, prossiga com detalhes e aprofundamento em ordem descendente de importância, para possibilitar que os editores cortem a história para encaixá-la no espaço disponível.

A atenção a algumas outras orientações tornará sua comunicação mais eficaz.

1. Use papel em formato A4, branco liso, de 219 × 297 mm, digitado com espaçamento duplo, impresso apenas de um lado.
2. Forneça nome, endereço, página na internet e número de telefone de sua organização. O nome da pessoa de contato nas relações públicas, seu telefone e endereço eletrônico devem aparecer na parte superior da nota.
3. Forneça um tempo para divulgação. A maior parte das notas à imprensa deve conter: "Para divulgação imediata". Se houver uma razão forte para conter data e hora futuras para divulgação, escreva: "Para divulgação ao meio-dia de 21 de setembro". Certifique-se de incluir a data em que a nota foi elaborada, seja na parte superior ou na data (ver item 6, a seguir).
4. Para que o editor possa identificar do que se trata a história com um passar de olhos (e não para sugerir uma manchete), acrescente um título resumido ou manchete acima do texto.
5. Comece seu texto aproximadamente um terço depois do início da página.
6. Comece com a data. Atualmente, as agências de notícias usam apenas o nome da cidade e, às vezes, o estado onde a história se originou, mas você também pode incluir a data, se preferir. O estado é necessário se a cidade de origem tiver menos de um milhão de habitantes. Uma cidade maior, como Chicago, não precisa ter incluído o nome do estado.
7. Complete uma frase antes de passar à página seguinte. Escreva "continua" ao final de cada página que tenha continuação. Numere as páginas sucessivas e acrescente uma sequência de duas a três palavras que identifique a história, geralmente no canto superior esquerdo da página.
8. Quando for o caso, inclua fotografias de alta qualidade junto com sua nota à imprensa. Insira uma legenda na parte inferior da foto e marque o verso a caneta, fornecendo nome, endereço e número de telefone da pessoa de contato. Ao enviar fotos eletronicamente, certifique-se de que a definição seja de pelo menos 300 dpi (*dots per inch*, ou pontos por polegada). Para internet, costumam-se usar 75 dpi, o que não é suficiente para reprodução impressa.

Notas

1. E. W. Brody and Dan Lattimore, *Public Relations Writing* (New York: Praeger, 1990), p. 69.
2. Ibid., p. 72.
3. Dan Lattimore and John Windhauser, *The Editorial Process*, 2nd ed. (Englewood, CO: Morton Publishing Co., 1984), p. 33-39.
4. Rudolph Flesch, *Say What You Mean* (New York: Harper and Row, 1972), p. 59-96.
5. James Redmond, Frederick Shook, Dan Lattimore, and Laurie Lattimore-Volkmann, *The Broadcast News Process*, 7th ed. (Englewood, CO: Morton Publishing Co., 2005), p. 35-36.

ANEXO 2
Oratória

Dan Reines

Falar em público não é fácil. Para a maioria das pessoas, simplesmente estar de pé em frente a dúzias de outras pode causar ataque dos nervos. Ficar de pé e falar é ainda pior. E ficar de pé, falar e ser interessante, perspicaz e ainda ser lembrado posteriormente [...] tudo ao mesmo tempo? Quem não for profissional nem precisa se candidatar – ou assim pode parecer.

Se você se sente confortável falando em público, já tem uma grande vantagem. Mas mesmo que sofra só de pensar em fazer uma apresentação pública, não se preocupe, pois não está nem um pouco sozinho, não vai ser preciso muito para que você se destaque na multidão. Como diz o especialista em comunicações Tony Carlson, em *The how of wow*, "em uma tela vazia, até mesmo um risco de cor causa impacto e fica na lembrança". É claro que você quer fazer discursos que ofereçam mais do que um risco de cor; você quer pintar obras-primas e isso não acontece do dia para a noite. Mas pode acontecer. Para começar, você vai seguir algumas técnicas básicas e testadas ao longo do tempo, para preparar sua fala e apresentá-la.

PREPARANDO SEU DISCURSO

Escolha um tema

Antes de escrever uma palavra, você vai precisar saber sobre o que vai falar. Isso parece óbvio, mas não é uma consideração pequena. Sempre que possível, escolha um tema que o fascine. Como diz o *coach* de apresentações Ron Hoff, autor de *Do not go naked into your next presentation,* você tem o tema certo quando pode dizer que "leria sobre ele em alguma praia se não tivesse que fazer um discurso". Quanto mais você estiver interessado em um tópico, mais você o conhecerá e mais envolvido estará como palestrante. Nada entedia um público mais rapidamente do que um palestrante entediado.

Aqui vão algumas considerações para escolher um tópico de seu discurso. É apropriado à ocasião? É um tema adequado a você? Pense sobre o público. Quantas pessoas haverá? Quem são elas? Provavelmente será interessante ter um tópico completamente diferente se estiver falando a um público de profissionais de *marketing* ou se estiver falando a um grupo de professores de ensino fundamental, e ainda que o tópico fosse o mesmo para ambos, o ângulo pode diferir. Pergunte a si mesmo o que seus ouvintes sabem sobre o tema? O que você quer que eles saibam? E o que *eles* querem de *você*? Lembre-se: o público está lhe dando um investimento de seu tempo e atenção. Os ouvintes vão pensar sobre o que *eles* têm a ganhar com isso. Você também deve fazer o mesmo.

Até mesmo seu entorno físico é importante na escolha de um tema. Escolha um tópico que se ajuste à sala. "Se você for fazer uma palestra de instrução sobre como realizar um seminário sobre segurança", Hoff explica, "deve estar em uma sala não muito grande. Você parecerá um idiota falando de seminários sobre segurança em um salão de baile cheio de candelabros, pouco antes de comer um jantar sofisticado. Na mesma linha, não é interessante fazer um discurso bombástico sobre aquecimento global na sala de um comitê onde cabem 12 pessoas".

Escreva o discurso

Quase todos os manuais escritos sobre discursos dizem a mesma coisa sobre a estruturação de uma apresentação: "Diga a eles sobre o que vai falar [...] fale [...] e depois diga sobre o que falou". É um método que já se provou eficiente, mas não é muito interessante. Tony Carlson propõe uma abordagem diferente. Ele pergunta: "Realmente achamos que os membros do público são tão burros que precisam ouvir as coisas três vezes? Essa estrutura convencional de discursos está ultrapassada". Carlson sugere que seria melhor começar no fim e trabalhar no sentido inverso: "Comece com aquilo em que deseja que o público acredite ou faça no final do discurso, depois descubra como chegar lá", ele escreve. "Somente quando souber o que quer que o público faça depois que você falar é que conseguirá construir um discurso do qual ele se lembrará, que vai construir sua marca."

As seguintes orientações lhe ajudarão a escrever um discurso mais envolvente:

- *Certifique-se de ter uma mensagem central clara.* Você sabe *sobre* o que quer falar. Mas sabe o que quer *dizer*? A Faculdade de Agricultura da Iowa State University tem uma página útil na internet, em www.ag.iastate.edu/aginfo/speechindex.html. O conselho? "Não complique! Se você não for capaz de declarar sua mensagem central em uma ou duas frases, provavelmente não definiu suficientemente o tópico." Quando tiver essa mensagem, comece desenvolvendo alguns argumentos centrais – mais de cinco complicam. Esses argumentos fundamentais funcionarão como os ganchos em que você vai pendurar toda a sua apresentação.
- *Encontre uma porta de entrada com a qual iniciar sua apresentação.* Você vai estar nervoso, e seu público estará cheio de ansiedade. Não conte piadas a menos que tenha certeza de que são relevantes e você é um contador de piadas dinâmico. E resista à tentação de abrir com uma citação de uma pessoa famosa. Como diz Tony Carlson, "citar alguém famoso não mostra que a pessoa concordaria com você, só que você concorda com essa pessoa".
- *Conte uma história.* Torne a coisa simples ou intensa, ou ainda engraçada se você for bom em contar histórias engraçadas. A chave é: deve ser algo pessoal que lhe permita se conectar com seu público imediatamente. Como escreve Caryl Rae Krannich em *101 secrets of highly effective speakers*: "As histórias descrevem eventos que aconteceram às pessoas. As histórias personalizam uma mensagem à medida que os ouvintes conseguem se identificar com as pessoas e as situações relatadas".

Ao escrever o corpo principal de seu discurso, tenha em mente as regras básicas de redação mencionadas no Anexo 1. Suas palavras devem ser simples e diretas, sem ornamentações desnecessárias. Fique longe de clichês, evite a voz passiva e use a gramática correta. Minimize o jargão e, se usá-lo, certifique-se de que é adequado e que seu público entende aquilo de que você está falando. Use linguagem convencional, incluindo contrações e mesmo fragmentos de frases. Em outras palavras, escreva como fala, porque você *vai* falar.

Por fim, não se limite a dizer as coisas, *mostre-as*. Conte histórias, use exemplos ou números para ilustrar e sustentar seus argumentos. Certifique-se de que aquilo que está dizendo a seus ouvintes é interessante e útil a eles e garanta que eles saibam disso.

Desenvolva um fechamento forte, talvez algo que remeta de alguma forma a sua introdução. E, mais importante, mantenha a fala breve. Na maioria dos casos, se falar mais de meia hora, estará pedindo que seu público se desconecte.

Prepare-se

A primeira regra de preparação para uma apresentação é a seguinte: conheça seu material e o conheça bem. Quanto melhor você conhecer seu material, melhor será sua situação. Em *Do not go naked into your next presentation*, Hoff recomenda que você tenha pelo menos sete vezes mais informações do que realmente vai usar. "Quando você diz a si mesmo: 'Eu sei mais sobre esse tema do que qualquer um nesta sala', isso deve ser verdade, e não apenas o que se *espera* que seja verdade", escreve o autor. "Quando estiver convencido de que é verdade, você não ficará nervoso."

É claro que isso não significa que você deve memorizar cada palavra de sua exposição. É uma palestra, não um recital. Mas significa que você deve conhecer o que vai dizer bem o suficiente para encontrar o caminho de volta se o *laptop* falhar, se faltar luz por um segundo ou se o cara que está sentado na terceira fila tem uma tosse cortante que não para. Se alguém vendasse seus olhos e o conduzisse a um lugar aleatório em sua casa, você saberia onde está quando a venda fosse removida e saberia como chegar à porta da frente. Conheça o que vai dizer tanto quanto conhece sua própria casa.

Sendo assim, como se chega a esse ponto de familiaridade? Praticando, praticando, praticando. E praticando de forma inteligente. Aqui vão algumas dicas com que quase todos os especialistas em oratória concordam:

- *Pratique em voz alta.* Faça-o com toda a voz, no volume que usará quando fizer a apresentação. Identifique travalínguas e palavras difíceis de pronunciar que possa notar em seu texto escrito. Se for falar em um púlpito, pratique em um púlpito.
- *Assista-se.* Pratique em frente de um espelho de corpo inteiro, para poder enxergar sua linguagem corporal. Está brincando com seu relógio de pulso? Mexendo nas moedas que leva no bolso? Batendo o pé no ritmo de algum tambor que não se escuta? Melhor ainda, grave-se em vídeo. Assim poderá se concentrar na apresentação agora e nessas atitudes mais tarde.
- *Obtenha avaliações.* Se assistir a si mesmo é bom, fazer com que outra pessoa lhe assista é ainda melhor. Encontre um amigo ou conselheiro em quem confie, de preferência alguém que conheça seu tema tanto quanto seu público. Peça que avalie suas palavras e sua apresentação. E, se possível, garanta a presença dessa pessoa no público quando for falar, para que possa encontrá-la quando precisar de um rosto conhecido para se conectar.

Mesmo depois de ter preparado sua fala, há espaço para mais preparação. Onde está fazendo a apresentação? Se possível, repasse a fala no lugar onde ela acontecerá, para ter certeza de que conhece a geografia da sala, incluindo alguma surpresa. Há um púlpito? Se houver, que altura tem? Haverá uma tela gigante atrás do palco ou duas telas menores de cada lado? Quanto tempo levará para que você vá de sua cadeira até o palco quando for apresentado? Mesmo que esteja falando em outra cidade, obtenha uma descrição completa da sala. "Descubra se é alegre ou escura", diz Ron Hoff. "Veja se pode estabelecer sua personalidade, sem ver o local, depois confirme cuidadosamente quando chegar."

No dia de sua apresentação, encontre um momento para se colocar à porta, à medida que as pessoas vão chegando, para cumprimentar alguns dos membros de seu público. Essa recomendação vem da Toastmasters, uma organização internacional que vem ajudando as pessoas a superar seus medos de falar em público desde a década de 1920. Afinal de contas, dizem, sempre é mais fácil falar a um grupo de amigos do que a um grupo de estranhos.

FAZENDO SUA APRESENTAÇÃO

Esteja apresentável

No dia de sua apresentação, você vai querer que ela seja tão forte quanto suas palavras. Vista-se adequadamente. Fique em postura ereta e leia seu texto com segurança e clareza. Melhor ainda, não o leia.

Quando tiver escrito e praticado sua apresentação, não seria má ideia jogar fora o roteiro. Coloque-o em um resumo ampliado com frases e pontos centrais a serem ditos, em vez de uma ladainha, palavra por palavra. Isso vai forçá-lo a se concentrar em suas ideias e não em palavras específicas. Também vai lhe impedir de enterrar a cabeça no apoio do papel e se estender monotonamente por meia hora de texto, e manterá as coisas renovadas se você tiver de fazer a mesma apresentação mais de uma vez.

Faça o melhor uso dos recursos visuais

Segundo a página de comunicações da Iowa State University, as pesquisas atualmente mostram que as pessoas se lembram de 65% das informações que lhes são apresentadas depois de cinco dias – se essas informações forem apresentadas com recursos visuais. Sem esses recursos, elas retêm apenas 5% dessas informações. Está claro que as apresentações em PowerPoint e outros métodos visuais cumprem um papel.

Na verdade, se usados corretamente, os recursos visuais podem potencializar muito sua apresentação. Apenas se certifique de mantê-las simples e limpas, com um mínimo de números e informações. Segundo Tony Carlson, cada *slide* não pode conter mais de 40 palavras úteis.

No entanto, um *slide* só pode conter uma imagem muito boa. "Se houver um *substantivo* em sua apresentação, pense em nos mostrar o que ele representa", escreve Ron Hoff. "Se estiver falando sobre um livro, *mostre* o livro. Se estiver falando sobre um consumidor típico, *mostre* um vídeo de um minuto desse consumidor. Se estiver falando sobre um produto, *mostre* o produto."

Mas não exagere

Muita gente usa o PowerPoint porque todo mundo está usando, e não porque realmente acrescente alguma coisa a sua apresentação. Se for o seu caso, economize seu esforço. E, definitivamente, nem se dê o trabalho de fazer *slides* que sejam simplesmente marcapáginas que nos ajudem a saber em que ponto do discurso você está. Como diz Tony Carlson, "só o que você vai conseguir é ajudar o público a entender quanto mais tempo eles vão ter que contar os dentes com a língua até você terminar".

O que quer que faça, certifique-se de que conhece seu equipamento e sabe como consertá-lo se algo der errado. Se não conseguir, certifique-se de poder continuar sem ele. Porque alguma coisa *vai* acabar dando errado, e se você não souber consertar ou prosseguir sem isso, estará no palco sozinho, exposto e vulnerável.

Por fim, espere para distribuir material quando tiver terminado de falar. Se não, diz Ron Hoff, "está convidando [seu público] a prestar *zero* atenção a sua fala".

Por fim: simplesmente relaxe

Esse é o conselho mais importante sobre falar em público que qualquer pessoa jamais vai lhe dar, e o mais difícil de seguir. Para a maioria das pessoas, a coisa mais difícil, de longe, em termos de falar em público, é superar o nervosismo, e você deve esperar sentir frio na barriga, não importa há quanto tempo fale. Ainda assim, há algumas coisas que você pode fazer para minimizar sua agitação nervosa e o impacto dela em sua fala.

- *Movimente-se.* Antes de continuar, caminhe, mexa os braços para a frente e para trás, faça alguns polichinelos. Simplesmente dê uma válvula de escape a sua energia nervosa.
- *Respire fundo.* "Quando ficamos nervosos, respiramos de forma ofegante", diz Ethel M. Cook, consultora de gestão e ex-presidente da New England Speakers Association. "Se você se concentrar e respirar fundo, obterá ar suficiente para falar e relaxar seu pânico."
- *Entenda que as pessoas querem que você se saia bem.* Você não está sozinho lá em cima. As pessoas querem que você tenha um bom desempenho porque querem receber entretenimento e esclarecimento. Todo mundo está torcendo por você.
- *Não peça desculpas.* Você pode se sentir como se tivesse uma bola de tênis entalada na garganta, mas talvez o público não tenha notado. Não chame a atenção para seu nervosismo.
- *Concentre-se em sua mensagem.* Pense no que está tentando dizer, e não em como está tentando dizê-lo.
- *Estabeleça contato visual.* "Você vai ficar impressionado com o efeito calmante de *um* rosto simpático quando está tentando se conectar com um mar de estranhos", diz Hoff.
- *Adquira um pouco de experiência.* Quanto mais falar, melhor você ficará. Pratique o máximo que puder.
- *Simplesmente não se preocupe.* Você não será perfeito lá em cima. Não se dê tarefas indevidamente pesadas.

Referências

Carlson, Tony. (2005). *The how of wow.* New York: AMACOM.

Cook, Ethel M. *Making business presentations work.* Retirado em 19 de setembro de 2005, de www.businessknowhow.com/manage/presentation101.htm.

Hoff, Ron. (1997). *Do not go naked into your next presentation.* Kansas City, MO: Andrews and McMeel.

Krannich, Caryl Rae. (1998). *101 secrets of highly effective speakers.* Manassas Park, VA: Impact Publications.

Mayer, Lyle U. (2004). *Fundamentals of voice and articulation.* New York: McGraw-Hill.

Osborn, Michael, and Suzanne Osborn. (2005). *Public speaking,* 7th ed. Boston: Houghton Mifflin Co.

Steps to Giving an Effective Speech. Retirado em 19 de setembro de 2005, de www.ag.iastate.edu/aginfo/speechindex.html.

10 Tips for Successful Public Speaking. Retirado em 19 de setembro de 2005, de www.toastmasters.org/pdfs/top10.pdf.

ANEXO 3
Código de Ética dos Profissionais de Relações Públicas

PRINCÍPIOS FUNDAMENTAIS

1. Somente pode intitular-se profissional de Relações Públicas e, nesta qualidade, exercer a profissão no Brasil, a pessoa física ou jurídica legalmente credenciada nos termos da Lei em vigor;
2. o profissional de Relações Públicas baseia seu trabalho no respeito aos princípios da "Declaração Universal dos Direitos do Homem";
3. profissional de Relações Públicas, em seu trabalho individual ou em sua equipe, procurará sempre desenvolver o sentido de sua responsabilidade profissional, por meio do aperfeiçoamento de seus conhecimentos e procedimentos éticos, pela melhoria constante de sua competência científica e técnica e no efetivo compromisso com a sociedade brasileira;
4. o profissional de Relações Públicas deve empenhar-se para criar estruturas e canais de comunicação que favoreçam o diálogo e a livre circulação de informações.

SEÇÃO I – DAS RESPONSABILIDADES GERAIS

Artigo 1º – São deveres fundamentais do profissional de Relações Públicas:
a) Esforçar-se para obter eficiência máxima em seus serviços, procurando sempre se atualizar nos estudos da Comunicação Social e de outras áreas de conhecimento.
b) Assumir responsabilidade somente por tarefas para as quais esteja capacitado, reconhecendo suas limitações e renunciando a trabalho que possa ser por elas prejudicado.
c) Colaborar com os cursos de formação de profissionais em Relações Públicas, notadamente ao aconselhamento e orientação aos futuros profissionais.

Artigo 2º – Ao profissional de Relações Públicas é vedado:
a) Utilizar qualquer método, meio ou técnica para criar motivações inconscientes que, privando a pessoa do seu livre arbítrio, lhe tirem a responsabilidade de seus atos.
b) Desviar para atendimento particular próprio, com finalidade lucrativa, clientes que tenha atendido em virtude de sua função técnica em organizações diversas.
c) Acumpliciar-se com pessoas que exerçam ilegalmente a profissão de Relações Públicas.
d) Disseminar informações falsas ou enganosas ou permitir a difusão de notícias que não possam ser comprovadas por meio de fatos conhecidos e demonstráveis.
e) Admitir práticas que possam levar a corromper ou a comprometer a integridade dos canais de comunicação ou o exercício da profissão.
f) Divulgar informações inverídicas da organização que representa.

SEÇÃO II – DAS RELAÇÕES COM O EMPREGADOR

Artigo 3º – O profissional de Relações Públicas, ao ingressar em uma organização como empregado, deve considerar os objetivos, a filosofia e os padrões gerais desta, tornando-se interdito o contrato de trabalho sempre que normas, políticas e costumes até vigentes contrariem sua consciência profissional, bem como os princípios e regras deste código.

SEÇÃO III – DAS RELAÇÕES COM O CLIENTE

Artigo 4º – Define-se como cliente a pessoa, entidade ou organização a quem o profissional de Relações Públicas – como profissional liberal ou empresa de Relações Públicas – presta serviços profissionais.

Artigo 5º – São deveres do profissional de Relações Públicas, nas suas relações como clientes:

a) Dar ao cliente informações concernentes ao trabalho a ser realizado, definindo bem seus compromissos e responsabilidades profissionais, a fim de que ele possa decidir-se pela aceitação ou recusa da proposta dos serviços profissionais.

b) Esclarecer ao cliente, no caso de atendimento em equipe, a definição e qualificação profissional dos demais membros desta, seus papéis e suas responsabilidades.

c) Limitar o número de seus clientes às condições de trabalho eficiente.

d) Sugerir ao cliente serviços de outros colegas sempre que se impuser à necessidade de prosseguimento dos serviços prestados, e estes, por motivos ponderáveis, não puderam ser continuados por quem as assumiu inicialmente.

e) Entrar em entendimentos com seu substituto comunicando-lhe as informações necessárias à boa continuidade dos trabalhos, quando se caracterizar a situação mencionada no item anterior.

Artigo 6º – É vedado ao profissional de Relações Públicas atender clientes concorrentes, sem prévia autorização das partes atendidas.

Artigo 7º – Não deve o profissional de Relações Públicas aceitar contrato em circunstâncias que atinjam a dignidade da profissão e os princípios e normas do presente Código.

SEÇÃO IV – DOS HONORÁRIOS PROFISSIONAIS

Artigo 8º – Os honorários e salários devem ser fixados por escrito, antes do início do trabalho a ser realizado, levando-se em consideração, entre outros:

a) Vulto, dificuldade, complexidade, pressão de tempo e relevância dos trabalhos a executar.

b) Necessidade de ficar impedido ou proibido de realizar outros trabalhos paralelos.

c) As vantagens que, do trabalho, se beneficiará o cliente.

d) A forma e as condições de reajuste.

e) fato de se tratar de um cliente eventual, temporário ou permanente.

f) A necessidade de locomoção na própria cidade ou para outras cidades do Estado ou do País.

Artigo 9º – O profissional de Relações Públicas só poderá promover publicamente a divulgação de seus serviços com exatidão e dignidade, limitando-se a informar, objetivamente, suas habilidades, qualificações e condições de atendimento.

Artigo 10 – Na fixação dos valores deve se levar em conta o caráter social da profissão. Em casos de entidades filantrópicas ou representativas de movimentos comunitários, o profissional deve contribuir sem visar ao lucro pessoal, com as atribuições específicas de Relações Públicas, comunicando ao Conrerp de sua Região as ações por ele praticadas.

SEÇÃO V – DAS RELAÇÕES COM OS COLEGAS

Artigo 11 – O profissional de Relações Públicas deve ter para com seus colegas a consideração e a solidariedade que fortaleçam a harmonia e o bom conceito da classe.

Artigo 12 – O profissional de Relações Públicas não atenderá cliente que esteja sendo assistido por outro colega, salvo nas seguintes condições:
a) a pedido desse colega;
b) quando informado, seguramente, da interrupção definitiva do atendimento prestado pelo colega.

Artigo 13 – O profissional de Relações Públicas não pleiteará para si emprego, cargo ou função que esteja sendo exercido por outro profissional de Relações Públicas.

Artigo 14 – O profissional de Relações Públicas não deverá, em função do espírito de solidariedade, ser conivente com erro, contravenção penal ou infração a este Código de Ética praticado por outro colega.

Artigo 15 – A crítica a trabalhos desenvolvidos por colegas deverá ser sempre objetiva, construtiva, comprovável e de inteira responsabilidade de seu autor, respeitando sua honra e dignidade.

SEÇÃO VI – DAS RELAÇÕES COM ENTIDADES DE CLASSE

Artigo 16 – O profissional de Relações Públicas deverá prestigiar as entidades profissionais e científicas que tenham por finalidade a defesa da dignidade e dos direitos profissionais, a difusão e o aprimoramento das Relações Públicas e da Comunicação Social, a harmonia e a coesão de sua categoria social.

Artigo 17 – O profissional de Relações Públicas deverá apoiar as iniciativas e os movimentos legítimos de defesa dos interesses da classe, tendo participação efetiva por meio de seus órgãos representativos.

Artigo 18 – O profissional de Relações Públicas deverá cumprir com as suas obrigações junto às entidades de classe, às quais se associar espontaneamente ou por força de Lei, inclusive no que se refere ao pagamento de anuidades, taxas e emolumentos legalmente estabelecidos.

SEÇÃO VII – DAS RELAÇÕES COM A JUSTIÇA

Artigo 19 – O profissional de Relações Públicas, no exercício legal da profissão, pode ser nomeado perito para esclarecer a Justiça em matéria de sua competência. Parágrafo Único: O profissional de Relações Públicas deve escusar-se de funcionar em perícia que escape à sua competência ou por motivos de força maior, desde que dê a devida consideração à autoridade que o nomeou.

Artigo 20 – O profissional de Relações Públicas tem por obrigação servir imparcialmente à Justiça, mesmo quando um colega for parte envolvida na questão.

Artigo 21 – O profissional de Relações Públicas deverá agir com absoluta isenção, limitando-se à exposição do que tiver conhecimento por meio da análise e observação do material apresentado e não ultrapassando, no parecer, a esfera de suas atribuições.

Artigo 22 – O profissional de Relações Públicas deverá levar ao conhecimento da autoridade que o nomeou a impossibilidade de formular parecer conclusivo, face à recusa do profissional em julgamento, em fornecer-lhe dados necessários à análise.

Artigo 23 – É vedado ao profissional de Relações Públicas:
a) Ser perito do cliente seu.
b) Funcionar em perícia em que sejam parte parente até o segundo grau, ou afim, amigo ou inimigo e concorrente de cliente seu.
c) Valer-se do cargo que exerce ou dos laços de parentesco ou amizade para pleitear ser nomeado perito.

SEÇÃO VIII – DO SIGILO PROFISSIONAL

Artigo 24 – O profissional de Relações Públicas guardará sigilo das ações que lhe forem confiadas em razão de seu ofício e não poderá ser obrigado à revelação de seus assuntos que possam ser lesivos a seus clientes, empregadores ou ferir a sua lealdade para com eles em funções que venham a exercer posteriormente.

Artigo 25 – Quando o profissional de Relações Públicas faz parte de uma equipe, o cliente deverá ser informado de que seus membros poderão ter acesso a material referente aos projetos e ações.

Artigo 26 – Nos casos de perícia, o profissional de Relações Públicas deverá tomar todas as precauções para que, servindo à autoridade que o designou, não venha a expor indevida e desnecessariamente ações do caso em análise.

Artigo 27 – A quebra de sigilo é necessária quando se tratar de fato delituoso, previsto em lei, e a gravidade de suas consequências, para os públicos envolvidos de consequência de denunciar o fato.

SEÇÃO IX – DAS RELAÇÕES POLÍTICAS E DO EXERCÍCIO DO *LOBBY*

Artigo 28 – Defender a livre manifestação do pensamento, a democratização e a popularização das informações e o aprimoramento de novas técnicas de debates é função obrigatória do profissional de Relações Públicas.

Artigo 29 – No exercício de *lobby* o profissional de Relações Públicas deve se ater às áreas de sua competência, obedecendo às normas que regem as matérias emanadas pelo Congresso Nacional, pelas Assembleias Legislativas Estaduais e pelas Câmaras Municipais.

Artigo 30 – É vedado ao profissional de Relações Públicas utilizar-se de métodos ou processos escusos, para forçar quem quer que seja a aprovar matéria controversa ou projetos, ações e planejamentos, que favoreçam os seus propósitos.

SEÇÃO X – DA OBSERVÂNCIA, APLICAÇÃO E VIGÊNCIA DO CÓDIGO DE ÉTICA

Artigo 31 – Cumprir e fazer cumprir este código é dever de todos os profissionais de Relações Públicas.

Artigo 32 – O Conselho Federal e os Regionais de profissionais de Relações Públicas manterão Comissão de Ética para:
a) assessorar na aplicação do Código;
b) julgar as infrações cometidas e casos omissos, *ad referendum* de seus respectivos plenários.

Artigo 33 – As normas deste Código são aplicadas às pessoas físicas e jurídicas, que exerçam a atividade profissional de Relações Públicas.

Artigo 34 – As infrações a este Código de Ética profissional poderão acarretar penalidades várias, desde multa até cassação de Registro Profissional.

Artigo 35 – Cabe ao profissional de Relações Públicas denunciar aos seus Conselhos Regionais qualquer pessoa que esteja exercendo a profissão sem respectivo registro, infringindo a legislação ou os artigos deste Código.

Artigo 36 – Cabe ao profissional de Relações Públicas docentes, supervisores, esclarecer, informar e orientar os estudantes quanto aos princípios e normas contidas neste Código.

Artigo 37 – Compete ao Conselho Federal formar jurisprudência quanto aos casos omissos, ouvindo os Regionais, e fazê-la incorporar a este Código.

Artigo 38 – O presente Código entrará em vigor em todo o território nacional a partir de sua publicação no Diário Oficial da União.

"O Código de Ética dos Profissionais de Relações Públicas continua em vigor nos termos do Art. 80 da RN 14/87, de 14 de dezembro de 1987, com alterações introduzidas pelo art. 108 da RN 49/03 de 22 de março de 2003".

Fonte: www.conferp.org.br

Glossário

A

advergaming (*advertising + gaming*) Entretenimento de marca e interativo pela internet, usado em conjunto com uma campanha de *marketing*. Muitas vezes é transmitido por meio de propagandas em *pop-up* ou páginas de terceiros.

advertainment (*advertising + entertainment*) Uma experiência de entretenimento de marca na internet.

agência assessora Empresa de relações públicas ou *marketing* contratada por outra organização para ajudar em campanhas ou coordenar toda uma função de relações públicas.

agência principal Ser designado a uma "agência principal" geralmente significa que a empresa tem um acordo exclusivo com uma agência para trabalhar um determinado produto ou serviço.

agenda Itens ou ideias que o profissional de relações públicas quer transmitir em uma entrevista com a mídia.

agenda da mídia Os tópicos escolhidos pela mídia para serem abordados.

agentes de imprensa Aqueles que usam a informação como ferramenta de manipulação, empregando quaisquer meios disponíveis para atingir a opinião e ação públicas desejadas.

ambiente A atividade social, política e econômica na qual uma organização existe.

amostra Subconjunto de uma população ou público.

amostragem aleatória estratificada Amostragem aleatória dentro de cada estrato ou subgrupo de uma população mais ampla.

amostragem aleatória simples Técnica que dá a cada membro de um público uma chance igual de ser selecionado.

amostragem sistemática Técnica que usa uma lista para selecionar uma amostra aleatoriamente.

análise de conteúdo Codificação sistemática de respostas a questionários ou outras mensagens escritas em categorias que possam ser analisadas estatisticamente.

análise de impacto Medir os resultados de uma iniciativa de relações públicas para determinar seu efeito sobre o programa de uma organização.

análise de rede Pesquisa comparando diagramas e políticas de comunicação dentro da organização.

análise de *stakeholders* Método para caracterizar públicos segundo seu interesse em uma questão.

analistas financeiros Assessores de investimentos, gestores de fundos e outros cuja função é coletar informações sobre várias companhias, desenvolver expectativas sobre os desempenhos das empresas e fazer julgamentos em relação a como os mercados de títulos avaliarão esses fatores.

API (*Application Programming Interface*) Facilidade de criar conteúdo e inseri-lo em uma série de páginas na internet, muitas vezes resulta do uso de *open API* oferecida por essas páginas.

apropriação Uso comercial da imagem ou do nome de uma entidade, sem permissão.

aquisição hostil Tomada de controle de empresas por meio de uma aquisição não amigável, usando uma oferta de compra de ações ou mudança de administração através de uma disputa por procurações.

assessor de relações públicas Alguém que assessora públicos e organizações com vistas a criar relações de benefício e apoio mútuo.

assuntos públicos Aspecto das relações públicas que lida com o ambiente político e governamental das organizações.

atenção seletiva Atenção dada apenas a algumas mensagens.

audiência-alvo Grupo principal que uma organização está tentando influenciar.

auditoria Avaliação de um sistema organizacional.

auditoria de comunicação Pesquisa para determinar o fluxo de comunicação dentro de uma organização.

auditoria de relações públicas Processo de pesquisa para determinar qual é a imagem de uma organização interna e externamente.

auditoria social Pesquisa para determinar os programas sociais de uma organização, com vistas a definir sua capacidade de ser socialmente responsável.

avaliação Exame da eficácia de uma iniciativa de relações públicas.

avaliação em sistema aberto Avaliação contínua da eficácia das ações de relações públicas, considerando-se o impacto de elementos não controlados.

avaliação em sistema fechado Uma avaliação pré/pós-evento que leva em conta apenas os elementos da mensagem controlada.

avaliação formativa Monitoramento de um programa ou campanha em vários intervalos, à medida que avança para determinar o que está funcionando e o que não está, bem como quais mudanças precisam ser feitas.

avaliação somativa Medida para determinar o sucesso ou fracasso de um programa ou campanha em atingir seus objetivos, que se faz quando o programa é completado.

B

B-roll Material com texto, imagens e entrevistas na íntegra, para edição, enviado com frequência junto com um *video release* para ser usado por emissoras de TV para prepararem suas próprias matérias em vídeo sobre o tema.

benefícios aos funcionários Aspectos da compensação aos funcionários, muitas vezes incluindo seguros de vida e saúde, férias e licença de saúde, programas de aposentadoria e outras considerações de valor.

blog Contração de *web log*, os *blogs* são diários que possibilitam que os autores postem pensamentos, filosofias e opiniões em uma página na internet, para consumo público.

blogosfera O universo coletivo dos blogueiros.

boundary spanning Observar dentro e fora da organização para prever questões, problemas e oportunidades.

brainstorming Técnica de discussão em grupo usada para gerar alternativas criativas ou novas ideias.

brandstanding Patrocínio corporativo de eventos especiais como forma de obter publicidade e conquistar boa vontade.

C

carga de comunicação Quantidade total de comunicação recebida e iniciada em um dado canal.

ciberespaço Termo usado para se referir ao lugar onde acontecem as conversações e intercâmbios de informações na internet.

cibernética Estudo de como os sistemas usam a comunicação para direção e controle.

clima de comunicação Grau de confiança e abertura que existe nos processos de comunicação de uma organização.

clima organizacional Percepções subjetivas coletivas dos funcionários de uma organização com relação às políticas, à estrutura, à liderança, aos padrões, aos valores e às regras desta.

clubes de imprensa Organizações estabelecidas por corporações no Japão e em outros lugares, onde repórteres se reúnem com profissionais de relações públicas de empresas.

coalizão dominante Pessoas que têm poder de direcionar suas organizações.

cobertura de mídia Se, e com que qualidade, os públicos-alvo foram atingidos e quais mensagens os atingiram.

código aberto Expressão aplicada mais comumente ao código-fonte que é disponibilizado ao público em geral, com restrições permissivas ou inexistentes à propriedade intelectual. Permite que os usuários criem conteúdo de programas por meio de iniciativas individuais complementares ou trabalho conjunto. O código aberto faz parte de todo o movimento da internet 2.0, e agora significa mais do que apenas *software*, tendo evoluído para significar um grupo de pessoas que se reúne, independentemente de estruturas organizacionais tradicionais, para criar algo que beneficie a todos, mas que ninguém pode fazer sozinho.

código de ética Conjunto de regras formais que comandam o comportamento adequado de determinado grupo ou profissão.

coerência entre posicionamento e ação Conjunto de teorias e modelos que explicam as discrepâncias entre posicionamentos expressos e o comportamento real.

comitês de ação política Grupos de pessoas que levantam ou gastam pelo menos 1.000 dólares em uma eleição federal nos Estados Unidos.

comunicação com funcionários Público especial dentro de uma organização, com o qual a administração deve se comunicar para ter boas relações públicas internas.

comunicação de *marketing* Todas as atividades, sejam elas de pesquisa, estratégicas, táticas, que sustentem a venda de produtos e serviços.

comunicação integrada Coordenar relações públicas, *marketing* e propaganda para criar e fortalecer a relação que a organização tem com um consumidor enquanto vende o produto ou serviço.

comunicação integrada de *marketing* Processo de uso de uma série de aplicações táticas para chegar aos consumidores. As opções podem incluir propaganda, relações públicas, endossos, patrocínios, páginas na internet, videogames, *podcasts* e mais.

comunicação interna Comunicação que acontece dentro de uma organização.

comunicação interorganizacional Comunicação estruturada entre organizações, ligando-as a seus ambientes.

comunicação interpessoal Troca de mensagens entre indivíduos pela qual necessidades, percepções e valores são compartilhados e se desenvolvem sentidos e expectativas.

comunicação interpessoal e relacional Processos de relacionamento desenvolvidos entre indivíduos da forma como se aplicam ao estudo de relações entre organizações e seus públicos.

comunicação organizacional Intercâmbio e interação de mensagens informais e formais dentro de redes de relações interdependentes.

comunicação para a defesa de causas Técnicas de comunicação usadas por defensores de uma causa política ou mudança em políticas públicas.

comunicação pública Processo em vários passos e várias direções, no qual as mensagens são disseminadas a um público amplo e, às vezes, não diferenciado, por meio de redes complexas de transmissores ativos.

conferência de imprensa Oportunidade estruturada para uma organização divulgar notícias a organizações noticiosas simultaneamente. Apenas a informação ou os eventos mais importantes como notícia devem ser apresentados em uma conferência de imprensa.

conferências de investimentos Reuniões com a participação de profissionais de investimento, especialmente com finalidade de ouvir apresentações feitas pela empresa.

consentimento por escrito Defesa contra a invasão de privacidade de violação de direitos autorais quando se dá permissão por escrito.

construção de cenários Ferramenta de previsão que explora as prováveis consequências da ação em uma situação futura lógica e hipotética.

contatos fundamentais Pessoas que podem influenciar os públicos que uma organização está tentando atingir ou que têm poder direto para ajudar a organização.

contatos Indivíduos que servem como ligações, conectando dois ou mais grupos dentro de redes de comunicação organizacionais. Às vezes, chamados de observadores de fronteiras (*boundary spanners*) internos.

contrato Instrumento que protege os direitos de duas ou mais partes.

crise Situação, problema ou evento que atrai a atenção pública através dos meios de comunicação de massa e prejudica o ambiente de trabalho de uma organização.

cultura organizacional Valores, símbolos, sentidos, crenças e formas de fazer as coisas integrando um grupo de pessoas que trabalham juntas.

culturas autoritárias Decisões centralizadas tomadas em organizações pela administração superior.

culturas participativas Ambiente organizacional no qual os funcionários participam do processo de tomada de decisões na organização.

D

dados descritivos Dados usados para descrever algo, como um determinado grupo de pessoas (ou seja, um público).

dados inferenciais Informações que não apenas caracterizam um determinado grupo ou situação, mas também permitem que os pesquisadores tirem conclusões sobre outros grupos ou situações.

declaração de missão Declaração verbal ou escrita que define a direção geral de uma organização.

denunciantes Membros de uma organização que dizem à mídia que sabem de práticas impróprias de outros, geralmente na mesma empresa, com a esperança de melhorar a situação.

Diagrama de Gantt Ilustração do tempo necessário para realizar várias tarefas de um projeto.

difamação Qualquer comunicação que torne uma pessoa vítima de depreciação, ódio, ridículo ou escárnio.

difusão de informações A forma com que a informação se dissemina entre um público.

difusão de inovações Processos pelos quais as transformações sociais (tecnologias, novos comportamentos sociais) são introduzidas nos sistemas sociais.

direitos autorais Proteção legal contra o uso não autorizado da propriedade intelectual fixado em qualquer meio tangível de expressão.

direitos de privacidade Proteção contra invasão da vida privada de uma pessoa.

DVR/TiVo Disco digital de vídeo que tem uma grande capacidade de armazenamento, suficiente para um filme de longa metragem em alta resolução.

E

ecossistema Sistema que serve como ambiente para vários sistemas menores.

educação econômica Amplos esforços para superar a falta de conhecimentos econômicos.

em *off* Forma de fornecer informações ao entrevistador mediante acordo para que a informação fornecida não seja publicada.

endosso de terceiros Testemunhos ou outro apoio a uma organização, pessoa ou produto de fora da organização para dar validade à mensagem.

entrevistas Coleta de informações de um respondente. Elas podem ser obtidas pessoalmente, pelo telefone, por correio ou pela internet.

entrevista coletiva Oportunidade de divulgar notícias a vários meios de comunicação simultaneamente, com oportunidade para que os jornalistas desses veículos façam perguntas.

esgotamento (*burnout*) A ideia de que a mensagem perde seu ímpeto se os consumidores a escutam com muita frequência.

especialista em gestão de mudanças Alguém que assessora uma organização em sua adaptação a várias transformações, principalmente em relação a mudanças de cultura.

estudo de legibilidade Avaliação da dificuldade que um público terá lendo e entendendo um texto.

ética Critérios para determinar o que é certo e o que é errado com base nos padrões de conduta e moralidade.

expectativas mútuas Respostas semelhantes compartilhadas a mensagens e eventos.

extranet Sistema de comunicação externa baseado na internet, que as organizações usam como ligação com a mídia e outros grupos de *stakeholder* de fora.

F

falta de conhecimentos econômicos Falta de entendimento, por parte de indivíduos ou do público em geral, sobre relações, questões e conceitos econômicos.

Federal Communications Commission (FCC) Estabelecida em 1934 para regular as transmissões em rádio e televisão nos Estados Unidos.

Federal Trade Commission (FTC) Órgão regulador encarregado de garantir o tratamento justo de bens e serviços com relação a fatores como a verdade na propaganda; comanda toda a propaganda comercial.

filantropia corporativa Reconhecimento das obrigações e responsabilidades corporativas diante de comunidades, representado por contribuições monetárias e de outros tipos feitas a organizações beneficentes.

filtros perceptivos Filtros compostos de necessidades, valores, atitudes, expectativas e experiências por meio das quais os indivíduos processam mensagens para derivar sentido.

***flack* (ou *flak*)** Termo inglês pejorativo aplicado a profissionais de relações públicas, principalmente por repórteres e editores.

fluxo de comunicação A direção (para cima, para baixo ou horizontal) em que as mensagens viajam através das redes em uma organização.

fonte O iniciador da mensagem.

Food and Drug Administration (FDA) A agência que regula a rotulagem, embalagem e a venda de alimentos, medicamentos e cosméticos.

Formulários 10-K, 10-Q e 8-K Tipos de relatório exigidos de empresas de capital aberto pela Securities and Exchange Commission.

fórum *online* Lugar de reunião em um serviço na internet, como America Online, onde as pessoas "se reúnem" para tratar de um tópico ou tema. Deixam-se mensagens, outras pessoas contribuem para a discussão e às vezes as pessoas "batem papo" pela rede.

FTP *File transfer protocol*, o principal protocolo pelo qual se acessam arquivos da internet.

G

gestão de conhecimento Sistema de informática voltado a aumentar a produtividade ao fazer com que a informação correta chegue às pessoas adequadas na hora certa.

gestão de temas controversos Processo de identificação de temas que podem ter impacto sobre as organizações e a gestão de atividades organizacionais relacionadas a essas questões.

gestão por objetivos (MBO) Processo especificando que supervisores e funcionários definirão conjuntamente objetivos para os funcionários; geralmente seguido de uma avaliação conjunta dos avanços dos funcionários depois de um período definido de tempo.

globalização Processo de desenvolvimento de mercados mundiais e interdependência econômica geral entre os países do mundo.

grupo focal Grupo de pessoas representativas dos vários públicos de uma organização que são reunidos, geralmente uma vez, para fornecer uma reação antecipada a um plano.

H

hierarquia Proposição subjacente à teoria de sistemas que sustenta que eles são organizados em um padrão sucessivamente mais includente e complexo, e que, para se entenderem os sistemas de comportamento, é necessário analisar vários níveis adequados.

home page, site, **página** Página na internet ou rede mundial de computadores onde se pode inserir dados, incluindo palavras, som e imagens, a ser acessados pelos usuários

I

implementação de ações Qualquer tentativa de divulgar informações para um público-alvo como parte de um plano de relações públicas.

imprensa de finanças Veículos de comunicação dedicados à cobertura de informações de negócios ou finanças.

informações diretas Visita feita por um profissional de relações públicas diretamente a um membro da mídia para vender a ideia de uma matéria, fornecer informações gerais e atualizar o repórter sobre atividades em andamento.

inserção de produto Processo pelo qual os profissionais de *marketing* pagam para que seus produtos sejam inseridos em propagandas, filmes e outras iniciativas desse tipo, para atingir e influenciar as decisões de compra dos consumidores.

integração de ferramentas O comunicador escolhe, entre um *mix* de meios, aquele ou aqueles necessários para atingir públicos-alvo internos e externos de uma determinada campanha.

integração interdisciplinar Coerência entre mensagens de mídias diversas.

interdependência Proposição subjacente à teoria dos sistemas que sustenta que os elementos desses sistemas não podem agir de forma unilateral e que todos se influenciam entre si. O comportamento é o produto de sistemas, e não de seus elementos individuais.

internet Rede vasta e interconectada que permite que computadores em qualquer lugar do mundo se comuniquem instantaneamente com computadores em qualquer outro lugar do mundo.

internet 2.0 Uso da internet que facilita a criatividade e a colaboração entre usuários. Geralmente, envolve as novas mídias sociais, como *wikis*, *blogs* e páginas de redes sociais. Em vez de se referir a qualquer mudança técnica, indica as formas como os desenvolvedores de *softwares* e outras pessoas fazem uso da tecnologia da internet.

intranet Sistema de comunicações baseado na internet que as organizações usam como ligação com funcionários e membros da diretoria.

intrusão Gravação ou observação subreptícia dos documentos, posses, atividades ou comunicações privadas de uma pessoa.

invasão de privacidade Quatro áreas em que uma entidade pode violar a privacidade de outra: apropriação, publicação de informações privadas, invasão ou divulgação de informações falsas.

L

Lei de Liberdade de Informação (Freedom of Information Act, FOIA) Lei aprovada em 1966 e emendada em 1974 que exige a divulgação de determinadas categorias de informações governamentais nos Estados Unidos.

Lei de Valores Mobiliários de 1934 Lei federal que exige publicidade adequada para a venda de ações e a total divulgação de qualquer informação pertinente, quando estiver disponível; estabelece a *Securities and Exchange Commission* para regulamentar os mercados financeiros.

lei Regras de conduta estabelecidas e aplicadas por uma autoridade na sociedade.

Lei Sarbanes-Oxley Lei federal dos Estados Unidos, de 2002, que exige que as corporações sejam abertas em termos de informações em relação a suas instituições financeiras.

Lei USA Patriot Lei federal de 2001 que dá ao governo dos Estados Unidos poderes mais amplos para acessar registros individuais.

libel Difamação publicada por palavras escritas ou impressas, ou alguma outra forma física que seja comunicada a terceiros.

líderes de opinião Pessoas que influenciam as atitudes e ações de outras.

lobby Prática de tentar influenciar as decisões de governo, geralmente por parte de agentes que servem a grupos de interesse.

lobby de base Organizar públicos locais para influenciar quem toma as decisões no governo.

M

malícia Uma ação de *civil libel* em casos envolvendo figuras públicas em que o demandante deve demonstrar o conhecimento do réu sobre a falsidade do material publicado ou uma indiferença negligente em relação à verdade.

marca registrada Nome, logo ou *design* legalmente protegido para restringir seu uso ao proprietário.

marketing Disciplina de negócios relacionada a construção e manutenção de um mercado para os produtos ou serviços de uma organização. Externamente, está voltada às vendas e à forma como a qualidade e a disponibilidade de um produto ou serviço afetam sua capacidade de ser vendido no mercado.

marketing de relacionamento Outra expressão relacionada ao *marketing* integrado. Trata da construção de relações com consumidores por meio de *marketing*, propaganda e relações públicas.

marketing social Forma especial de relações públicas que tenta alterar atitudes e comportamentos do público em nome de uma causa social cujo trabalho beneficie a sociedade como um todo, em vez de a organização patrocinadora.

marketing viral Fenômeno no qual os consumidores compartilham experiências, conhecimento e sentimentos sobre uma marca através de mídias sociais como *blogs*, fóruns de discussão, páginas pessoais na internet, MySpace e YouTube.

mediação ambiental Influências que afetam uma campanha, situadas fora do controle do profissional de relações públicas.

mediador Indivíduo em posição, na rede de comunicação, de controlar as mensagens que fluem por meio de canais de comunicação.

meios controlados Meios de comunicação sobre os quais o profissional de relações públicas tem controle real, como o boletim de uma empresa.

meios não controlados Os meios cujas ações não estão sob o controle do profissional de relações públicas, como jornais e estações de rádio da comunidade.

mensagem Palavras, imagens e ações às quais se associa significado.

mercado-alvo Comunicação com públicos fundamentais para dar sustentação à função de *marketing*.

metas Direção básica de uma organização ou outra entidade. As metas são geralmente consideradas as prioridades máximas de uma organização porque proporcionam um sentido de direção.

mídia espontânea Publicação de notícias sobre uma organização ou pessoa para a qual não se comprou tempo nem espaço.

mídia gerada pelos consumidores Informações pela internet, criadas, desenvolvidas, iniciadas, distribuídas e usadas pelos consumidores. Essas informações costumam ser consideradas desprovidas de vieses, com credibilidade e objetivas, pois a percepção é que seus fornecedores só querem ajudar e contam experiências pessoais que tiveram com produtos, marcas e questões.

mídia social Expressão abrangente que se refere a meios noticiosos que usam a tecnologia para criar interação social por meio de palavras e/ou material visual. Às vezes, a expressão é identificada com a internet 2.0.

mídias internas Canais de comunicação controlados pela organização e direcionados a públicos dentro dela.

mídias ricas Canais de mídia que se parecem mais com a comunicação face a face, porque permitem o *feedback* contínuo e abrangem mais sentidos ao incorporar palavras, imagens e sons.

missão Direção geral de uma organização.

modelo de influência pessoal Modelo de relações públicas baseado em amizades.

modelo de probabilidade elaborada Modelo de processamento cognitivo que explica se as pessoas percorrem superficialmente as mensagens em busca das relevantes (processamento periférico) ou leem e refletem sobre o material (processamento central).

Modelo Delphi Técnica para se chegar ao consenso por meio de múltiplos conjuntos de questionários e entrevistas.

modelo do intérprete cultural Modelo de relações públicas direcionado a explicar a cultura dos públicos e *stakeholders* de uma organização.

modelo Forma de ver algo.

monitoramento ambiental Sistemas formais para observar tendências e mudanças na opinião pública que são usados uma vez, periodicamente ou de forma contínua.

N

National Labor Relations Board (NLRB) Órgão regulador do governo federal encarregado de supervisionar atividades sindicais e relações entre sindicatos e administrações das empresas. Comanda a comunicação entre sindicatos e empregadores.

negociação coletiva Relação institucional continuada entre um empregador e uma organização trabalhista relacionada a negociação, administração, interpretação e aplicação de contratos sobre salários, condições de trabalho e outras questões que dizem respeito à relação de emprego.

nível de análise Na abordagem de sistemas, a magnitude do sistema escolhido para exame.

nota à imprensa Matéria noticiosa preparada pela organização.

notícias de marca Veículo de notícias eletrônico independente que usa uma página na internet patrocinada pela empresa para relatar notícias em profundidade sobre um determinado setor.

O

observações Dados ou informações obtidos por observação; evidências qualitativas comparadas com evidências experimentais ou científicas.

oferta pública Oferta acima do preço do mercado das ações da empresa, que é elevada o suficiente para seduzir acionistas a vender, apesar de sua lealdade à empresa.

online Situação na qual dois ou mais computadores estão conectados um ao outro.

opinião Informações recebidas em resposta a ações ou mensagens relacionadas a essas ações e mensagens.

opinião de massa Consenso do público.

opinião pública Medida, em termos de atitude, da imagem que um público tem de uma pessoa, um objeto ou conceito, a partir de opiniões coletadas dentro da sociedade.

orçamento de operação Estimativa da quantidade e custos de bens e serviços que uma organização espera consumir.

orçamento de projeto Componente de uma campanha de relações públicas que descreve os custos de cada atividade ou tática dentro dela.

orçamento financeiro Estimativa detalhada de como uma organização espera gastar em um determinado período e de onde virá o dinheiro.

orçamento de campanha Orçamento que parte do zero, em que cada tática recebe um custo para produzir um orçamento para a campanha de relações públicas.

organização em linha Método de estruturar organizações na forma de sequência, em níveis ascendentes de responsabilidade pela produção de bens e serviços.

organização que visa ao lucro Organização na qual quantias extras não gastas em despesas gerais e operacionais são distribuídas proporcionalmente aos proprietários da empresa.

organização sem fins lucrativos Grupo ou empresa cujo propósito principal não é ter lucro, não importando se o tem ou não em um determinado ano.

organizações com sistemas abertos Tidas como modernas, com tomada de decisão pautada em processo decisório, buscam novas informações e avaliações de seus ambientes.

organizações com sistemas fechados Tidas como tradicionais, com tomada de decisão centralizada, não buscam novas informações de seus ambientes.

P

papéis O conjunto das atividades cotidianas de uma pessoa.

papel de gestor Refere-se aos papéis de relações públicas assumidos por gerentes de relações públicas para identificar e resolver problemas.

percepção Processo de entender estímulos recebidos.

percepção seletiva Filtros compostos de necessidades, valores, atitudes, expectativas e experiências por meio dos quais os indivíduos processam seletivamente mensagens para derivar sentido.

persuasão Processo de comunicação que pretende alterar consciência, atitudes ou comportamento.

pesquisa com leitores Estudo para determinar as características, preferências e hábitos de leitura de um público.

pesquisa de opinião pública Pesquisa para medir atitudes e opiniões de públicos específicos.

pesquisa experimental Testagem científica que geralmente inclui um grupo-controle não testado. Os resultados dos testes do grupo ou grupos testados podem ser medidos em relação ao grupo-controle não testado para determinar a amplitude ou diferença.

pesquisa formal Pesquisa científica sobre coleta de informações.

pesquisa informal Pesquisa ou coleta de informações não científicas.

pesquisa primária Coleta de informações que não estão prontamente disponíveis.

pesquisa qualitativa Método de investigar a opinião do público sem usar pesquisas formais, rigorosas e baseadas em números.

pesquisa secundária Coleta de informações disponíveis em fontes publicadas.

pesquisa sobre clima de comunicação Estudo científico, geralmente feito por meio de questionário, para medir o grau de confiança e abertura que existe internamente em uma organização.

plano de crise Ação permanente de relações públicas para definir a forma de reagir a situações de crise. É instituído no momento em que esta ocorre.

planos de uso único Planos desenvolvidos para uso em uma situação específica.

planos estratégicos Planos de longo prazo relacionados aos objetivos que um grupo tem e às formas de atingi-los. Esses planos geralmente são formulados pela administração superior.

planos permanentes Planos para lidar com certos tipos de situações, principalmente as comuns e as emergenciais.

planos táticos Planos de curto prazo para realizar os passos que levam uma organização a atingir seus objetivos. Esses planos são implementados em todos os níveis da organização e cotidianamente.

podcast Arquivos digitais que podem ser de áudio e/ou vídeo, distribuídos pela internet para reprodução em aparelhos portáteis ou computadores. O termo se originou com o lançamento do iPod, da Apple, combinado com o termo *broadcast,* mas tem aplicação muito mais ampla atualmente. Os *podcasts* podem ser baixados da internet, por *stream,* ou enviados por formatos, como RSS. O *podcaster* é o produtor ou autor do *podcast.*

políticas Tipos de planos permanentes que servem como guias para tomar decisões e que geralmente são definidos pela administração superior.

políticas de comunicação Declarações finais sobre posicionamentos da organização, relacionadas a atividades, comportamentos de comunicação e compartilhamento de informações.

ponto de vista falso Parte de uma lei de privacidade que indica que esta foi invadida, se informações verdadeiras forem usadas de forma exagerada ou fora de contexto.

portal Uma porta de entrada. Um *portal de internet* é uma página que funciona como ponto de acesso a mais informações em outras páginas que têm *link* para aquela. Um *enterprise portal* é uma porta de entrada para *softwares* para oferecer um ponto de acesso único a várias informações ou ferramentas que ela quer que você tenha em um mesmo lugar.

press kit Conjunto de informações à imprensa reunidas para obter a atenção da mídia.

Primeira Emenda Seção inicial da Carta de Direitos dos Estados Unidos (U.S. Bill of Rights) que garante as liberdades de imprensa, expressão, reunião e religião.

priorizar Pôr em ordem, do mais importante ao menos importante.

pro bono Serviços profissionais prestados sem remuneração.

proativo Tomar uma atitude para estar na ofensiva.

procedimentos Tipos de planos permanentes que consistem em instruções padronizadas para a realização de tarefas comuns; procedimentos que implementam as políticas de uma organização.

procuração Direitos de voto ausente. Nas empresas de capital aberto, os acionistas podem dar suas procurações a alguém para que vote, com base nas ações que detém.

program evaluation and review technique **(PERT)** Rede que representa um plano para realizar um projeto que mostre a sequência, o calendário e os custos das várias tarefas.

programas de participação pública ou programas de envolvimento cidadão Programas impulsionados pelo governo para avaliar o impacto social de mudanças propostas sobre indivíduos, grupos e organizações afetados.

propaganda comercial Comunicação pública feita por uma empresa, usando propaganda ou relações públicas para atingir objetivos de vendas ou outros.

propaganda de temas (propaganda para defesa) Propaganda voltada a comunicar a posição de uma organização sobre uma determinada questão e buscar gerar apoio para essa posição.

propaganda pelo ato Ações provocativas voltadas unicamente a obter atenção para ideias ou reclamações.

público interveniente Pessoas que podem dificultar que uma organização atinja os públicos que ela pretende influenciar ou cuja aprovação quer obter.

publicação de informação privada Parte das leis de privacidade que diz que, mesmo sendo verdadeiras, como registros de saúde, algumas informações não podem ser publicadas sem consentimento prévio.

público ativo Pessoas que têm consciência de um problema e se organizam para fazer algo a respeito.

público consciente Pessoas que conhecem um problema, mas não agem em relação a ele.

público latente Pessoas que não estão cientes de um problema existente.

público moderador Pessoas que podem ajudar uma organização a fazer com que sua mensagem chegue ao público que ela realmente quer atingir.

público principal Grupo de pessoas que uma organização espera influenciar ou cuja aprovação quer conquistar.

públicos Grupos de indivíduos conectados por um sentido de características ou reações comuns.

públicos-alvo Públicos fundamentais relacionados a questões comuns.

Q

questionários Listas de perguntas usadas para coletar informações ou obter uma amostra de opinião.

R

rádio por satélite Serviço de rádio por assinatura, sem comerciais.

Really Simple Syndication (RSS) é uma forma de distribuir informações na internet. Os dados são enviados aos usuários sempre que forem novos e chegam sem que o receptor tenha de fazer qualquer coisa para recebê-los. O formato de arquivos XML pode ser usado para *web feeds*, páginas na internet e *blogs*.

receptor Quem recebe a mensagem.

rede Dois ou mais computadores conectados.

rede mundial de computadores Outra expressão para a internet, ou sistema interconectado de computadores.

redes de comunicação Os padrões de fluxos de comunicação entre indivíduos e organizações.

regras Enunciados que especificam a maneira de agir em uma determinada situação.

regras de comunicação Padrões de comportamento de comunicação aceitos mutuamente, que fornecem a base para interação interpessoal coordenada.

regulamentação Proposta subjacente à teoria de sistemas que sustenta que o comportamento dos sistemas é limitado e definido pela interação com outros.

relações com a comunidade Função de relações públicas que consiste na participação planejada, ativa e continuada de uma organização com uma comunidade e dentro dela, para manter e melhorar seu ambiente, em benefício de ambas.

relações com a mídia Atividades voltadas a construir canais abertos de comunicação entre a organização e a mídia, como forma de compartilhar notícias e artigos de interesse potencial aos públicos de mídia.

relações com consumidores O aspecto das relações públicas que melhora as relações e a comunicação de uma organização com os consumidores. Isso inclui resolver as reclamações dos consumidores, transmitir-lhes informações, lidar com grupos externos de defesa do consumidor e assessorar as decisões da administração sobre opiniões dos consumidores.

relações com fornecedores Aspecto das relações públicas de importância fundamental para empresas de pequeno, médio ou grande porte. As relações com fornecedores permitem a garantia de boas relações comerciais e também sociais, à medida que as empresas, em seus papéis socialmente responsáveis, recrutam seus fornecedores para ações conjuntas em benefício de públicos específicos.

relações com investidores Iniciativas de relações públicas com os acionistas de uma empresa.

relações com funcionários Atividades de relações públicas voltadas a construir uma relação sólida entre as organizações e seus funcionários.

relações públicas Função de gestão que ajuda a definir a filosofia e o rumo de uma organização ao manter a comunicação interna e externa, bem como manter e ajudar a empresa a se adaptar à opinião pública relevante.

relações públicas corporativas Atividades de relações públicas que visam construir uma relação sólida entre a organização e seus funcionários.

relações públicas financeiras Processo de criação e manutenção da confiança dos investidores e construção de relações positivas com a comunidade financeira por meio de disseminação de informações corporativas.

relatório anual Relatório apresentado a cada ano aos acionistas de corporações de capital aberto, contendo informações obrigatórias sobre desempenho financeiro e outros materiais voltados a promover a organização.

remix/mashups Abordagem aberta ao conteúdo. A sociedade do *remix* pega o conteúdo e o personaliza, alterando-o ou *mashing*, ou seja, mesclando-o com outros conteúdos, para fazer algo totalmente novo.

responsabilidade pelo produto Princípio de que as empresas são responsáveis por qualquer dano ou doença que possa ser causada pelo uso de seus produtos.

responsabilidade social corporativa Demonstração do compromisso de uma empresa para com seus vizinhos, consumidores e outros, de ser uma empresa cidadã.

responsáveis por informações públicas (assuntos públicos) Profissionais de relações públicas que trabalham para o governo dos Estados Unidos ou outras instituições que usem esses títulos.

retóricos Mestres da escrita clara e persuasiva e das técnicas de fala.

reuniões anuais Encontros realizados uma vez por ano, nos quais os acionistas de uma corporação têm oportunidade de se reunir e votar várias questões relacionadas à gestão da empresa.

rumor Relato, história ou declaração não confirmados que atingem circulação geral.

S

sala de imprensa Área reservada para fornecimento de informações, serviços e cortesias a jornalistas que cobrem algum tema.

sanções Restrições impostas a um membro de uma profissão por um órgão oficial.

Securities and Exchange Commission (SEC) Órgão regulador federal estabelecido pelo Congresso dos Estados Unidos em 1934 para supervisionar a venda de ações e títulos e as operações dos mercados financeiros.

sinergia Proposição subjacente à teoria dos sistemas que sustenta que o todo é maior do que a soma das partes.

sistema Conjunto de objetos ou eventos agrupados por conjuntos de relações.

slander Difamação verbal.

social bookmarking Método para os usuários da internet armazenarem, organizarem, pesquisarem e administrarem marcadores de páginas na internet com a ajuda de metadados.

solução de conflitos Iniciativas para reduzir os atritos entre indivíduos ou organizações e públicos.

staff Funcionários de uma organização empregados para dar apoio e orientação a gestores.

stakeholders Indivíduos ou grupos percebidos como alguém que tem interesse nas ações de uma organização.

subsídio de informações Economia de tempo dos repórteres por parte de organizações de mídia quando estas aceitam notas à imprensa e materiais em vídeo das organizações.

subsistema Um componente de um sistema.

Sunshine Act Lei federal dos Estados Unidos que exige que reuniões de órgãos, comissões e agências governamentais sejam abertas ao público.

survey Estudo formal ou científico geralmente realizado com o uso de um questionário administrado a uma amostra do público que está sendo estudado.

T

tagging Forma gerada pelos usuários de descrever conteúdo ao acrescentar *tags* a textos, imagens, vídeos, postagens ou outros conteúdos de mídia social.

táticas de guerrilha Conceito segundo o qual se usam veículos de comunicação não tradicionais para obter visibilidade para um produto ou serviço. Intervenções em pontos de fluxo, salas de bate-papo na internet e programas de entrevistas no rádio são alguns exemplos de táticas de guerrilha.

técnico Profissional de relações públicas que realiza as habilidades de escrita, edição e produção de materiais de relações públicas.

teleconferência Conferência em vídeo ou por telefone com o diretor-presidente e o diretor-financeiro de uma empresa e analistas, repórteres financeiros e outros *stakeholders* com interesses no investimento. A conferência geralmente é marcada para o dia seguinte à divulgação de um relatório trimestral. Serve para os diretores explicarem o significado por trás dos números aos *stakeholders* financeiros.

teoria Explicação ou crença sobre como algo funciona.

teoria crítica Teorias que relacionam falhas subjacentes à prática de relações públicas a questões sociais mais amplas e estruturas de valores.

teoria da aprendizagem social Teoria que tenta explicar e predizer o comportamento observando as formas com que os indivíduos processam a informação.

teoria da difusão Teoria segundo a qual as pessoas só se adaptam a uma ideia depois de passar por cinco etapas: conhecimento, interesse, avaliação, teste e adoção.

teoria das trocas sociais Teoria que parte do princípio de que indivíduos e grupos escolhem estratégias com base em compensações e custos percebidos.

teoria de expectativa-valor Teoria comportamental com relação às recompensas que as pessoas esperam de mensagens baseadas em comportamentos passados.

teoria dos jogos Estrutura para entender os resultados do comportamento organizacional com base em organizações e seus públicos, levando em conta os interesses uns dos outros.

teoria dos sistemas Teoria que sugere como as organizações são formadas por partes inter-relacionadas e como elas as usam para se adaptar ao meio ambiente.

teoria dos usos e gratificações Teoria que garante que as pessoas são usuários ativos e seletivos dos meios.

teoria situacional Técnica importante para segmentar públicos em relações públicas, com base em sua probabilidade de se comunicar.

TiVo Termo que está sendo usado atualmente como verbo em inglês para descrever usuários que gravam programas de televisão e os assistem como bem entendem. TiVo também é uma marca muito popular de gravador de vídeo digital.

U

universo Sistema que proporciona o ambiente para os ecossistemas.

uso justo Permissão para usar a expressão criativa de outros sem compensação; baseia-se em quatro critérios especificados na lei de direitos autorais de 1976 dos Estados Unidos.

V

variável Objeto ou evento que pode ser medido ou manipulado.

varredura ambiental Monitoramento, avaliação e disseminação de informações para pessoas em importantes posições de decisão dentro de uma organização.

video on demand **(VOD)** Permite aos usuários assistir a vídeos a qualquer momento em uma tela de computador ou televisor. Às vezes é soletrado VoD.

video release Pacote de vídeo enviado como matéria jornalística para uso em transmissões de notícias.

W

wiki Abreviação de wikipédia. Wiki é uma tecnologia para criar páginas colaborativas.

Wikipédia Termo que combina *wiki* com "enciclopédia", dando nome a uma página na internet iniciada em 2001 por Jimmy Wales e Larry Sanger.

Créditos

CRÉDITOS DAS FOTOGRAFIAS

Capítulo 1
p. 21: © image100/PunchStock;
p. 25: © Kayte M. Deioma/PhotoEdit, Inc.;
p. 31: © Fisher-Thatcher/Getty Images

Capítulo 2
p. 38: © Bettmann/Corbis;
p. 50: © Rachel Epstein/PhotoEdit, Inc.

Capítulo 3
p. 60: Cortesia de Stacey Smith

Capítulo 4
p. 81: Foto: Win McNamee/Getty Images;
p. 87: © Don Emmert/AFP/Getty Images

Capítulo 5
p. 99: © Jeff Greenberg/PhotoEdit, Inc.;
p. 106: © Spencer Grant/Stock Boston;
p. 112: © Michael Newman/PhotoEdit, Inc.

Capítulo 6
p. 126: © Alex Wong/Getty Images;
p. 128: © Rachel Epstein/PhotoEdit, Inc.

Capítulo 7
p. 141: © Jonathan Nourok/Getty Images;
p. 147: © Bill Aron/PhotoEdit, Inc.

Capítulo 8
p. 170: AP Photo/Ed Andrieski

Capítulo 9
p. 177: © Royalty-Free/Corbis;
p. 179: © Spencer Grant/Stock Boston;
p. 197: AP Photo/Steve Helber

Capítulo 10
p. 205: © moodboard/Corbis;
p. 210: © Mary Katz/The Image Works;
p. 218: © Foto: CNN/Getty Images

Capítulo 11
p. 226: AP Photo/Expedia, Ron Wurzer;
p. 238: © Photodisc/Getty Images

Capítulo 12
p. 256: Cortesia do autor

Capítulo 13
p. 284: © David Young-Wolff/PhotoEdit, Inc.;
p. 287, 288: Cortesia do autor

Capítulo 14
p. 295: © John A. Rizzo/Getty Images;
p. 301: © AFP/Corbis;
p. 308: Andy Wong-Pool/Getty Images

Capítulo 15
p. 318: © Michael Newman/PhotoEdit, Inc.;
p. 323: Cortesia de North American Mission Board, SBC

Capítulo 16
p. 342: AP Photo/Springfield News-Leader, Steve J.P. Liang;
p. 348: © Reuters NewMedia, Inc./Corbis;
p. 356: Cortesia de MasterCard e Weber Shandwick Public Relations

Capítulo 17
p. 370: AP Photo/Chris Carlson;
p. 384: AP Photo/Koji Sasahara

Índice

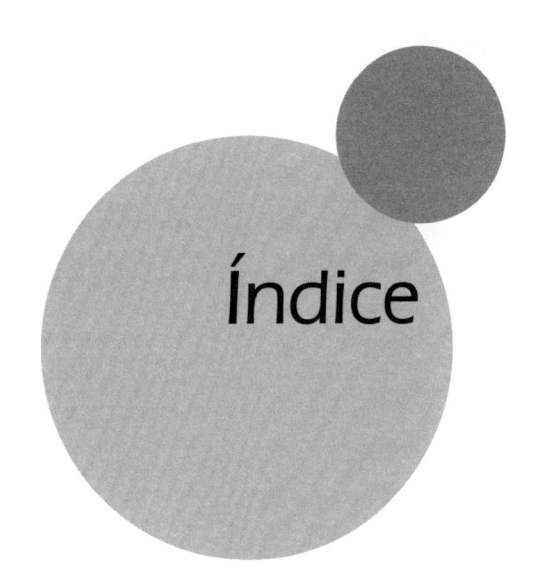

A

A Plain English Handbook: How To Create Clear SEC Disclosure Documents (SEC), 278-279
AARP, 320
ABA. *Ver* American Bankers Association
ABC. *Ver* Accredited Business Communicator
ABC News, 218-219
"Absolutely Incredible Kid Day", 329-330
Ação nas relações públicas 99, 103, 149-151
   cartas de agradecimento, 139-140
   Cedar Springs Community Hospital, 99, 138-141
   difundindo informações, 141-142
   elaborando uma matriz de relações públicas, 143-144
   processo de adoção de, 142-144
   público-alvo para, 126-127, 141, 143-144, 339
   tomada de decisões gerenciais para, 138-140
   video release, 138
Ação política, 230-231
Ação socialmente responsável, 224
Accredited Business Communicator (ABC), 50-52
Accredited Public Relations (APR), 50-52
Acionistas, 273, 282-283, 365-366
Ackerman McQueen, 331-333
ACM, 324-325

ACM, 41-42, 316-318
ActBlue, 301-302
Adams, Samuel, 38
Administradores de fundos, 283-285
Adoção, 64-65, 137
Aeroporto Heathrow, 223
Aéropostale, 256-257
Agência principal, 343
Agência turística do governo francês, 250
Agências de notícias, 183-184
Agências de serviços humanos, 23
Agências reguladoras do governo, 78-80, 82-84
Agenda, 66-67, 187-188
Agenda de temas, 114-115
Agentes de imprensa, 37, 39, 68-69
Agentes de palestrantes, 142-143
Agilent, 234-238
Agulhas hipodérmicas, 139-140
AHA. *Ver* American Heart Association
Alcance, 167-168
Alemanha nazista, 41
Alliance to Save Energy, 316
AMA. *Ver* American Medical Association
Ambiente da força de trabalho, 209-211
Ambiente ético das relações públicas, 86-97
   Código da IABC, 90, 93-96
   Código da PRSA, 89-90, 93-94
   código de ética em, 87-88
   estudos de caso, 88-89, 95-97
   ética empresarial, 88-90
   ética individual, 87-89
   licenciamento, 90, 93-95

   padrões de conduta social, 87-88
Ambiente jurídico das relações públicas, 78-87
   agências reguladoras do governo, 78-80, 82-84
   direitos e limites da Primeira Emenda, 78-82
   estudo de caso, 79-80
   na internet, 85-86
   regulamentações empresariais gerais, 83-85
   relações públicas de litígio, 85-87
Ameaças, 126-127
American Bankers Association (ABA), 303-304
American Bar Association, 229-230
American Dental Association, 303
American Heart Association (AHA), 250-251, 316-317
American Institute of Certified Public Accountants, 326-327
American Medical Association (AMA), 320
American Morning, 244-245
American Press Institute, 144-145
American Society for the Prevention of Cruelty to Animals (ASPCA), 319
American Telephone and Telegraph Company (AT&T), 44-45, 169-170, 266
Amostragem aleatória estratificada, 117-118
Amostragem aleatória simples, 111-112, 117-118f
Amostragem sistemática, 111-112
Amostras, 111-112, 117-118, 166-167

Análise de conteúdo, 107-108, 114-117
Análise de impacto, 157, 159, 163-164
Análise de rede, 115-117
Analistas financeiros, 273, 283-285
Anastas, Peter, 275-276
Anexos, 215-216
Anexos aos cheques de dividendos, 285-286
Anthony, Susan B., 41-42
Anúncio de lançamento de produto, 22
Anúncios de interesse público (PSAs), 26, 108-110, 191-192
Apoio de *marketing*, 379-380
Apollo 1, 133
Apollo 13, 133
Apple, 347-348, 350
APR. *Ver* Accredited Public Relations
Apropriação, 80-81
Aqua Teen Hunger Force, 261
Aquisições corporativas, 205
Aquisições hostis, 273
Árabe-americanos, 227
ARCNET, 206-207
Arizona Corporate Commission, 142-143
Armstrong Cork, 161-162
Artes, 108-109, 238-240
Arthur Anderson, 274-275
Artigos empresariais, 188-189
Artwork, 22
Árvore da Liberdade, 38
As 100 corporações mais sustentáveis do mundo, 224-225
Ash, Mary Kay, 340-341
Ásia, 31-32
Asiático-americanos, 227
ASPCA. *Ver* American Society for the Prevention of Cruelty to Animals
Assessores de investimentos, 283-285
Associações de indivíduos, 320
Associated General Contractors, 304
Associated Milk Producers, 303
Associated Press, 183-184, 218-219
Association of Industrial Editors, 50-52
Assuntos de consumidor, 265, 268
Assuntos públicos, 297, 341-343.
Ver também Assuntos públicos governamentais
   comunicações políticas internas, 305-306
   definição de, 297
   em negócios, 298
   especialistas em, 305-306
   para organizações sem fins lucrativos, 298
   tarefas em, 300
Assuntos públicos governamentais, 306-307, 322
AT&T. *Ver* American Telephone and Telegraph Company
Atenção, 149-151
Atenção seletiva, 151-152
Atendimento a pacientes, 102
Atitudes, 25, 165-169, 187-188, 253
Atividades eleitorais, 300-301
Ativismo, 370-371
Ativismo comunitário, 241-243
Atlanta, GA, 200
Atmosfera familiar, 49-50
Auditorias sociais, 117-118, 169-170
Austin, Texas, 227
Austrália, 235
Autonomia, 89-90
Autoridade, 151-152
Avaliação de consequências, 170-171
Avaliação de resultados, 170-171
Avaliação formativa, 129-130, 159
Avaliação inicial, 160
Avaliação nas relações públicas, 29, 99, 103, 129-130, 137, 157-174
   abordagem de sistema aberto, 168-173
   abordagem de sistema fechado, 167-169
   abordagem formativa a, 129-130, 159
   abordagem somativa a, 129-130, 159
   abordagem tradicional, 158-159
   campanha, 73
   campanha "Love Is Not Abuse", 245-246
   campanha Kleenex Moments, 253f
   Cedar Springs Community Hospital, 160-161
   componentes de plano de, 160
   CSCT da campanha Geek Squad, 269
   de comunicação com os funcionários, 214-215
   desenho de pré-teste/pós-teste em, 167-168
   estratégia de medição, 162-163
   fontes de erros de medição em, 166-167
   ineficácia de medir *output*, 158
   MasterCard Project Math como exemplo de, 359
   medição por objetivos, 163-164
   medições importantes, 161-163
   medindo o valor de campanhas, 161-167
   métodos de resultados/consequências em, 170-171
   para processos administrativos, 170-172
   pesquisas relacionadas a, 158, 161
   planejamento e, 129-130
   plano para, 160
   programas de computador para, 172-173
   publicações para funcionários e, 171-173
   questão de avaliação na Armstrong Cork, 161-162
   relações com a mídia e, 171-173
   River City Symphony, 172-173
   survey na internet para, 158
Avaliação somativa, 129-130, 159
Avaliações, 29-30
Avanço no emprego, 213-214

B

Baer, George, 40
BALCO labs, 95-96
Ballance, Frank, 219-220
Bancos de dados, 107
Band-Aid, 84-85
Bandura, Albert, 64-65
Bank of America, 354-355
Bankers Land Company, 210-211
Banners, 216-217
Barber, Dan, 328-331
Barnum, Phineas T., 39, 46-49
Baron, David, 224-226
base de dados EDGAR, 107
Baskin, Rob, 226
Bateman, Carol, 33-34
Baxter, Leone, 46-49
BCRA. *Ver* Bipartisan Campaign Reform Act
Beardsley, Harrison, 282-283
Begor, Mark, 275-276
Bell South Georgia, 199-200
Belloti, Francis, 78
Ben & Jerry's, 125-126
Bento XVI, Papa, 323-324
Berkshire Hathaway, 347-348, 350
Bernays, Doris Fleischman, 46-49

Bernays, Edward, 37, 43-44, 94-95
Best Buy, 268-269
Beveridge, Oscar, 287-288
Biblioteca, 107
Bibliotecários de órgãos abertos ao público, 107
Bill and Melinda Gates Foundation, 233-234
Bipartisan Campaign Reform Act (BCRA), 331-334
Birmingham Summit, 229-230
Blackberry, 259-260
Bliss and Laughlin Industries, 305-306
Bloch, Marc, 40
Blogosfera, 195-196
Blogpulse, 352-353
Blogs, 149, 186-187, 195-196, 342-343, 352-353
   no desastre do furacão Katrina, 198-199
   para comunicação com os funcionários 217-218
   questões relacionadas à Primeira Emenda em, 194
Bloomberg, Michael, 340-341
Bloomberg Television, 284-285
Blunt, Matt, 355-356
BMW, 347-348, 350
BNET, 217-218
Bolsa de Valores de Nova York, 279-280
Bonds, Barry, 95-96
Boston Tea Party, 38
Boston University, 50-52
Boundary spanners, 61
Bowling Green, KY, 228-229
Brainstorming, 124-125
Break the Cicle, 244-245
Brochuras, 149-151, 215-216
B-roll, 193-194
Brotzman, Donald, 300
Brousse, Paul, 39
Brown, David, 309-310
Brown, Michael, 198-199
Budd Company, 305-306
Bureau of Labor Statistics, 31-32
Burger, Chester, 47-49
Burke, Shonali, 319
Burson, Harold, 37, 47-49
Burson-Marstellar Public Relations, 48-49, 339-340
Busch, August, 264
Bush, George H. W., 298-299
Bush, George W., 123-124, 198-199, 278-279
Business Barometer, 285-286
Business Committee for the Arts, 238-239
Byoir, Carl, 45-49, 114-115

C

Cacioppo, John, 64-65
Caldwell, Lucy, 182-183
Calendário, 129-131
Callaway Golf, 228-229
Câmaras de Comércio, 320
Caminhos centrais, 141-142
Campanha "Let's Be Friends", 105-106
Campanha "Love Is Not Abuse", 243-246
Campanha de mudança climática, 26
Campanha Go Direct, 310-313
Campanha pelo teste de mama, 129-131
Campanhas, 30-31, 36, 124-125, 129-130, 157, 165-166, 298
Campanhas políticas, 298, 310-311
Campfire USA, 329-330
Canais de influência, 142
Cannon, Howard, 303
Capellas, Michael, 289-291
Capitalização de mercado, 161-162
Características de produto, 189
Características do serviço aos consumidores, 189
Careers in Public Relations (PRSA), 28-29
Caribbean Conservation Corporation, 323-324
Carlsbad, CA, 228-229
Carlyle, Thomas, 264
Carnation, 280-281
Cartas de agradecimento, 139-140
Cartazes, 216-217
Cartazes no trânsito, 150
Cartoon Network, 261
Cassatt, Alexander, 55-56
Categorias de crises, 364-365
Cater, Douglas, 180
Cato, Sid, 287-288
CBS News, 218-219
Cedar Springs Community Hospital, 99, 139-141
   avaliação da campanha no, 160-161
   decisões gerenciais necessárias no, 138-139
   equipe de funcionários do, 138-139
   "Gente de qualidade, atendimento de qualidade" como tema, 138-139
   identificação de problemas, 101
   implementação de ações da campanha de RP para, 138
   objetivos desenvolvidos em, 122-123
   opiniões dos pacientes como parte da campanha para, 138-139
   pesquisa com survey usada no, 107-108
   pesquisa informal, 102
   pesquisa primária, 102
   pesquisa secundária, 101-102
   planejamento para implementação de estratégias em, 122-123
CEI. *Ver* Comunidade de Estados Independentes
Center, Allen, 87-88
Center for Association Leadership, 113-114
Center for Corporate Citizenship, 228-229
Chafee, Zachariah Jr., 308-309
Challenger (ônibus espacial), 133
Chevrolet Impala, 259-260
Chevrolet Nova, 256-257
Chick-fil-A, 255-257
Christopher Reeve Paralysis Foundation (CRPF), 327-328
Chrysler Corporation, 280-281, 286-287
Ciclo da notícia de 41 horas, 181-182
Cidadania corporativa, 224, 231, 240
Cingapura, 235
Circuito dialógico, 147-148
Cirque du Soleil, 223
Citizens to Stop the Coal Trains (CSCT), 71-72
   avaliação de sucesso de, 73
   execução de plano, 72-73
   pesquisas para sustentar ação, 71-73
   planejamento para atingir objetivos, 72-73
City of Hope, 316
Clarke, Victoria, 307-308
Clemens, Roger, 95-96
Clientelas, 102
Clientes, 365-366
Clínica Mayo, 71-72
Clinton, Bill, 300-301
CNN, 194, 198-199
Coalizão dominante, 61
Coca-Cola, 89, 226, 233-234, 364
Código de ética, 87-96
Cohen, Bernard, 66-67
Cohn & Wolfe, 364-365
Colesterol, 146-147

Colorado Department of Health and Environment, 320
Columbia (ônibus espacial), 133
Columbia University, 38
Columbus, Indiana, 238-239
Comitê Creel, 42-43, 307-308
Comitês de ação política (Political Action Committees, PACs), 79-80, 300-302
Comitês de Correspondência, 38
Comitês especiais, 104-105
Communication World, 51-52
Compartilhamento de informações, 28
Compensação, 210-211
Comportamento socialmente responsável, 29-31
Compromisso, 70-71, 89-90, 381
Comunicação, 99, 257-258, 364. *Ver também* Comunicações corporativas; Comunicação interna
   auditorias, 115-117
   bidirecional, 47-49, 68-70, 378
   Communication World, 51-52
   em *marketing*, 254-255, 341-342, 369-371
   facilitador de, 67-68
   integrada, 254-255, 261, 379-380
   interna, 370-371, 373-376, 378
   inverídica, 80
   pesquisas de clima, 115-117
   planejador, 380
   política de, 207-210
Comunicação com os funcionários, 102, 204-221, 211-212 *Ver também* Comunicação; Habilidades de comunicação; Comunicação interna
   benefícios aos funcionários e, 210-212
   blogs para, 217-218
   cultura organizacional e, 206-209
   definição de políticas para, 207-208
   durante a tragédia, 217-218
   fontes preferidas de informação dos trabalhadores, 208
   importância de, 209-212
   meios internos para, 212-217
   mudança organizacional e, 208
   página na internet para, 205
   papel dos profissionais de relações públicas em, 206-208
   percepções dos funcionários, 161
   publicações, 171-173
   relações com funcionários, 222
   retenção e, 206-207
   situações especiais em, 209-212
   temas de interesse em, 213-214
   West Pharmaceutical Services, Inc., 217-218
Comunicações corporativas, 41-42, 275-276, 351-352
Comunicações globais, 345-346
Comunidade de Estados Independentes (CIS), 31-32, 235-236
Concorrência, 91-92
Concursos/sorteios, 261-262
Conduta imprópria, 91-92
Conferências de investimentos, 283-285
Confiança, salvaguardando, 91-92
Conflitos de interesse, 91-92
Congregatio de Propaganda, 37
Conhecimento, 137, 253
Conseco, Jose, 96-97
Consentimento por escrito, 80-81
Consideração, 84-85
Consolidated Edison, 78
Consolidated Edison Company of New York v. Public Service Commission of New York, 78
Construção de cenários, 124-125
Construção de marca (*branding*)
   de organizações sem fins lucrativos, 327-330
   exportação a novos mercados, 250-251
   Kleenex, 84-85, 252
   notícias com marca, 261, 331-334
   questões da LSA com a, 328-331
   reforçando a posição por meio de *marketing*, 250-251
   revigorando antigas, 250
Construção de relações, 36, 44-45
Consultor
   de comunicação interno, 378
   de gestão de conhecimento, 376-377
   especializado, 67-68
Consumer Product Safety Commission (CPSC), 304-305, 366-367
Consumer Reports, 267
Consumidores multiculturais, 232-233
Consumidores multiculturais, 232-233
"Contagens de aparições na imprensa", 161-162
Contatos fundamentais, 104-105
Contenção, 70-71
Contexto, 151-152
Contratos, 84-85
Cooperação, 70-71
Cornell University, 322-323
Corvette, 228-229
Couey, James Jr., 144-146
Council for Corporate & School Partnerships, 233-234
Council of Better Business Bureaus, 267
Council of Public Relations Firms, 33-34, 373-376
CPSC. *Ver* Consumer Product Safety Commission
Craigslist, 198-199
Credibilidade, 350-351
Creel, George, 42-43, 46-49
Crise da Ford/pneus Firestone, 254-255
Crise do Antraz, 329-330
Crise do Exxon Valdez, 364-365
CRPF. *Ver* Christopher Reeve Paralysis Foundation
Cruz Vermelha Americana, 41-42, 89-90, 224, 256-257, 317-318, 326-327
Crystallizing Public Opinion (Bernays), 43-44
CSCT. *Ver* Citizens to Stop the Coal Trains
Cultura corporativa, 49-50
Cultura organizacional, 206-207-209
Culturas autoritárias, 207-208
Culturas participativas, 207-208
Cummins Engine, 238-239
Curti, Merle, 40
Cutlip, Scott, 30-31, 308-309
Cystic Fibrosis Foundation, 324-325

D

D.A.R.E. *Ver* Drug Abuse Resistance Education
Dados
   ambientais, 169-170
   demográficos, 107-108
   descritivos, 108-110, 117-118
   do Censo, 107
   inferenciais, 108-110, 117-118
   sobre clima interno, 169-170
DaimlerChrysler, 62-63
Dakota, Minnesota & Eastern Railroad (DM&E), 71-73
Daugherty, Rick, 73
Davey, Harold, 209-210

Davis, Harold, 144-145
Decisão de fazer *recall*, 63-64
Decisões programáveis, 130-132
Decisões/políticas de gestão, 212-213, 364
Declaração de missão, 125-126
DEIS. *Ver* Draft Environmental Impact Statement
Del Calzo, Nick, 104
Delahaye Medialink, 330-332
Dell, Michael, 340-341
Deloitte Touche Tohmatsu, 233-235
Delta Airlines, 204
Denny's, 264
Denver Post, 104
Departamento de pessoal contratando, 171-172
Departamento do Tesouro dos EUA, 310-313
Departamentos de reclamações, 142-143
Depressão, 45-48
Desafio Stax, 249
Desenho de produto, 255-257
Desenho estratégico global, 52-53
Desenho pré-teste/pós-teste, 168-169
Destaques financeiros, 288-289
Detroit, MI, 223, 227
Dewey, John, 42-44, 112-113
Difamação, 79-80
Diferença, 151-152
Digital Future Project, 185-187
Dilenschneider, Robert, 30-31
Diplomacia pública, 298-299
Direitos da Segunda Emenda, 333
Direitos de privacidade, 80, 85-86
Diretor-presidente (Chief Executive Officer, CEO), 258-259
 altos salários de, 379-380
 papel de, nas relações públicas, 339-341
Dispositivos portáteis com múltiplos usos, 259-260
Disputas por procurações, 273, 281-282
Distribuição, 167-168, 257-258
Diva Marketing, 217-218
Diversidade, 354-355
Divulgação de informações, 91-92, 280-281
DM&E. *Ver* Dakota, Minnesota & Eastern Railroad
Do Something, 256-257
Documentários, 26

Doença da vaca louca, 79-80
Dole, Elizabeth, 219-220
Dow Chemical, 305-306
Dow Corning, 86-87
Dozier, David, 68-69, 123
Draft Environmental Impact Statement (DEIS), 71-72
Drug Abuse Resistance Education (D.A.R.E.), 321
Duffy, Margaret, 43-44
Durbin, William, 350-351

E

Easley, Mike, 219-220
Easy Share One (ESO), 134-135
Eaton, Dorman, 40
Ebay, 233-234
Ebbers, Bernard, 274-275, 289-290
Eckert, Bob, 339-340
Economia, 231-232
EDC. *Ver* Education Development Center
Edelman Public Relations Worldwide, 276-277
Editor de internet, 322
Educação, 108-109
 de profissionais de relações públicas, 33-34, 52-53
 do consumidor, 265
 Drug Abuse Resistance Education, 321
 Education Development Center, 244-245
 Encontro de Educação em Matemática, 358
 escolas de ensino fundamental, 321
 escolas de ensino médio, 321
 superior, 322-323
 superior, relações públicas na, 321-322
Educação superior, 322-323
Education Development Center (EDC), 244-245
Edwards, Cam, 333-334
Edwards, John, 219-220
Elaboração de serviços, 255-257
Elanceur, 217-218
Eldridge, Susan, 279-280
Elliot, Charles, 41-42
Ellison, Larry, 233-234
Ellison Medical Foundation, 233-234
E-mail, 53-54, 191-192
Emenda Gilett, 306-309
Emergências, 131-132
Emerson, Ralph Waldo, 87-88

EMILY's List, 301-302
Empreendedores sociais, 233-234
Empresas
 de carvão, 40
 de perda de peso, 65-66
 de telefonia de longa distância, 65-66
 globais, 224-225, 344-345, 347-348, 350
 multinacionais, 23, 343-346, 372-373. *Ver também* Empresas globais
 petrolíferas, 168-169
Encartes, 215-216
Encontro de Educação em Matemática, 358
Endosso de terceiros, 179
Engano, 87-88
Enron, 273-275, 339-340
Entendimento, 149-151, 167-168
Entendimento público, 351-352
Entrevista coletiva. *Ver* Conferências de imprensa
Entrevistas, 110-111, 192-193
 coletivas, 88-89, 187-188, 192-194
 coletivas via satélite, 193-194
Environmental Protection Agency (EPA), 304-305, 339-340
Envolvimento
 das organizações com a comunidade, 213-214
 do grupo de trabalho, 163-164
 gestor-subordinado, 163-164
EPA. *Ver* Environmental Protection Agency
Erros humanos, 364
Ertel, Michael, 316-317
Escândalos, 339-340
Escolas
 de ensino fundamental, 321
 de ensino médio, 321
Escoteiros, 224
Esforço
 de arrecadação de fundos, 187
 por doação de sangue na universidade, 118-119
Esforços de base, 311-312
ESO. *Ver* Easy Share One
Especialistas
 em assuntos públicos, 305-306
 em gestão de mudanças, 376-377
Estados Unidos, 235
Estantes de informações, 216-217
Esteroides, 95-96
Estimativas, 166-167
Estratégias, 128-129, 172-173

Estudos
  de legibilidade, 116-117, 164-165
  de opinião, 114-115
Euro RSCG Magnet and Columbia University Survey of Media, 195-196
Europa, 31-32
Evento para a Família dos Funcionários no Projeto Math, 358
Eventos, 27, 29, 125-126, 162-163, 322
Evitação, 70-71
Excellence in Public Relations and Communications Management, 207-208
Executivos, 192-193, 342-343
Exército da Salvação, 317-318
Expectativas da sociedade, 23
Experimentos
  de campo, 107-110
  de laboratório, 107-110
Expertise, 89-90
Exposições, 216-217
Expositores em pontos de venda, 150
Extranets, 196-197
Exxon Coal USA, 210-211
Exxon Mobil, 344-345

F

Facebook, 184-185
Facilitador para solução de problemas, 67-68
Faculdade de Direito Yale, 40
Faculdades/universidades, 41-42
FAMILY MATTERS, 330-332
FBI. *Ver* Federal Bureau of Investigation
FCC. *Ver* Federal Communications Commission
FDA. *Ver* Food and Drug Administration
Federal Bureau of Investigation (FBI), 96-97, 218-219
Federal Communications Commission (FCC), 83-84
Federal Election Campaign Act, 301-302
Federal Emergency Management Administration (FEMA), 88-89, 198-199
Federal Reserve Bank of St. Louis, 107
Federal Trade Commission (FTC), 83-84
FedEx, 209, 209-210f, 229-230, 347-348, 350

Feedback dos pacientes, 138-139
FEMA. *Ver* Federal Emergency Management Administration
Fenômenos naturais, 364
Fetig, James, 181-182
Filantropia, 229-234, 353-354
  corporativa, 232-233, 353-354
  do empreendimento, 233-234
Filosofia da empresa, 31-32
Finlândia, 235-236
First National Bank of Boston, 78
First National Bank of Boston *versus* Bellotti, 78
Flaherty, Rob, 353-354
Fleischman, Doris. *Ver* Bernays, Doris Fleischman
Fleishman-Hillard, 328-330
Flickr, 184-185
Flying Hospital, 234-238
Fogg, B.J., 185-187
Fogle, Jared, 250-251
FOIA. *Ver* Freedom of Information Act
Folhetos, 128-130, 215-216
Fonte, 62-63
  aberta, 186-187
Fontes de informação preferidas dos trabalhadores, 208
Food and Drug Administration (FDA), 83-84, 339-340
Ford, Henry II, 303
Ford Motor Company, 224, 254-255
Formulário
  8-K, 277-278
  10-K, 277-278
  10-Q, 277-278
Formulário-padrão de *release*, 81-82
Fóruns de discussão, 208, 215-216
Fotografias publicitárias, 189
Fotógrafos permanentes, 189
Fotojornalismo, 189
Franklin, Benjamin, 36
Fraser, Edie, 371-372
Frases, 145-146
Freedom of Information Act (FOIA), 80-81
Freud, Sigmund, 43-44
Friedman, Jon, 340-341
FTC. *Ver* Federal Trade Commission
FTSE4Good Index, 224-225
Função de imprensa na definição de agendas, 180
Funcionários
  benefícios de, 210-211
  dedicados, 49-50
  realizações de, 212-213
  rotatividade, 211-212

  satisfação de, 205
  segurança de, 212-213
Furacão Katrina, 197-200, 232-233

G

Gaines-Ross, Leslie, 350-351
Gandy, Oscar, 181-182
Garbage in, Garbage Out. *Ver* Princípio GIGO
Gary Siegel Organization, 345-346
Gates, Bill, 258-259
Geek Squad, 268-269
General Accepted Practices Study, 342-343
General Electric, 347-348, 350
General Mills, 252
General Motors, 149, 228-229, 287-288, 344-345
Gênero, 381
German Dye Trust, 41
Gestão
  de conhecimento, 373-376
  de crises, 139-140, 326-327, 342-343, 364-367, 381
  de temas controversos, 102, 380-381
  por objetivos (Management by Objectives, MBO), 130-132
Gestão, 29-30
Gilbert, William, 307-309
Gitlin, Todd, 52-53
Gleason, Joseph, 300
Global Issues Communications, 243-244
GlobalFluency, 316
Globalismo sociológico, 298-299
Globalização, 363
Goldman, Eric, 41
Goldman Sachs Foundation, 234-238
Golin Harris, 210-211
Goodyear, 287-288
Google, 53-54, 77, 184-185
Górgias de Leontina, 37
Government and Mass Communication (Chafee), 308-309
Government Communications, 182-183
Governo
  atividades eleitorais em, 300-301
  atividades legislativas em, 303
  lobby no, 303-304
  local, 230-231
  relações públicas para, 42-43, 296, 300, 306-308

sistema político, 300-306
The Fourth Branch of Government, 180
GPTMC. *Ver* Greater Philadelphia Tourism Marketing Corporation
Grants, 222
Grande Prêmio de Indianápolis, 255
Grates, Gary, 208
Greater Chicago Food Depository, 234-238
Greater Philadelphia Tourism Marketing Corporation (GPTMC), 227
Greyhound, 349
Grisham, John, 77
Griswold, Denny, 47-49
Grunig, James, 67-69, 87-88, 378
Grunig, Larissa, 68-69, 105-106
Grupos
  ambientais, 52-53
  da comunidade, 36
  de discussão, 113-114
  de interesses especiais, 142
  demográficos, 205-207
  focais, 102, 104-106, 117-118, 165-166
Guerra Revolucionária, 38

H

H.G.H., 96-97
H.J. Heinz, 253
Habilidades de comunicação, 144-151
  barreiras a, 151-152
  como ser ouvido, 149-154
  diferença como barreira a, 151-152
  especialistas em, 29-30
  estudo de caso para, 153-154
  onde ocorre a comunicação, 152-153
  quadro de referência em, 152-153
  retenção seletiva, 152-154
  sem comunicação, 152-153
Habitat for Humanity, 229-230, 317-318, 324-325, 330-332
Hacking Netflix, 137
Handbook for Public Relations (Lesly), 229-230
Handspring, 255
Hanson Industries, 31-32
Harkness, Jan, 192-193
Harlow, Rex, 30-31, 47-49
Harris Interactive Poll, 266, 311-312
Harry Potter, 267
Harvard College, 37

Hasbro, 255
Health, Safety and Environment (HSE), 224-225
Hecht, Charles, 303
Heckenberger, Annie, 227
Hedstrom Corporation, 263
Heibert, Ray, 41
Heiss, Brian, 371-372
Hemingway, Ernest, 144-145
Hennepin County, Minnesota, 309-310
Hewlett-Packard, 255
HHC. *Ver* Hilton Hotels Corporation
HHS. *Ver* U.S. Department of Health and Human Services
Hill & Knowlton, 30-31, 284-285, 350-351
Hill, John, 46-49
Hilton Hotels Corporation (HHC), 354-355
Hispano-americanos, 227
HIV Alliance, 23-25
Home Depot, 227-228
Honestidade, 91-92, 195-196
Howard, Carole, 53-54
HSE. *Ver* Health, Safety and Environment
Hudson River Park, 223
Hughes, Karen, 307-308
Hungria, 235
Hunt, Todd, 67-68
Hutton, Stan, 326-327

I

IABC. *Ver* International Association of Business Communicators
ICM. *Ver* Institute for Crisis Management
Ideias, embalando, 144-146
Idyllwild, CA, 327-328
Idyllwild School of Music and the Arts, 327-328
Igreja de Jesus Cristo dos Santos dos Últimos Dias, 323-324
Igrejas, 41-42
IMPACT Day, 235
"Impressões", 161-162
Índice de Sustentabilidade Dow Jones, 224-225
Indústria de carne, 79-80
Industrialização, 40
Informações públicas, 68-69
Iniciar programa, 160
Inserção de produto, 259-260
Institute for Crisis Management (ICM), 364
Institute of Excellence in Employee Management Communications, 209

Institute of Public Relations, 371-372
Integração
  de ferramentas, 346-347
  interdisciplinar, 346-347
Interactive Public Relations (Ragan), 73
Interesse, 137, 167-168
  do consumidor, 79-80
Intermediários tendenciosos, 142
International Association of Business Communicators (IABC), 33-34, 50-52, 90, 93-96
International Council of Industrial Editors, 50-52
International Public Relations Exchange (IPREX), 377-378
Internet, 52-53, 107, 146-147, 368-369. *Ver também Blogs*; Páginas na internet
  ciclo da notícia de 24 horas, 181-182
  considerações legais de, 85-86
  desastre do furacão Katrina e, 198-199
  direitos de privacidade na, 85-86
  e-mail, 53-54, 191-192
  escrever para, 146-147
  Howard falando sobre, 53-54
  Impacto sobre negócios/ jornalismo, 367-368
  Implicações para as relações com a mídia de, 368-370
  Institute of Public Relations on, 371-372
  leis de direitos autorais sobre, 85-86
  libel na, 85-86
  meios de comunicação pela internet, 55-56, 184-185
  mensagens pela internet, 116-117, 162-163
  Middleberg falando sobre, 53-54
  nas relações públicas governamentais, 309-310
  notas à imprensa na, 191-192
  operação de 24 horas, 194
  para a comunicação de *marketing*, 369-371
  para comunicação interna, 370-371
  para relações com investidores, 369-370
  pesquisa de avaliação pela internet, 158
  Pew Internet and American Life Project, 195-196
  stakeholders/ativistas e, 370-371

taxa de adoção de, 367-368
usabilidade de páginas na internet, 116-118, 147-148
usando *blogs* para relações públicas corporativas, 352-353
webcasting na, 53-54
wikis na, 196-197
Internet 2.0, 186-187
Intranets, 196-197
Intrusão, 80-81
Invasão de privacidade, 80-81
IPREX. *Ver* International Public Relations Exchange
Irish Tourist Board, 323-324
IRS. *Ver* U.S. Internal Revenue Service
Issues brief, 61

J

J. Walter Thompson, 259-260
Jackson, Andrew, 38
Jackson, Patrick, 47-49, 59-60, 87-88
James, Jesse, 39
Jedlicka, Judith, 238-239
Johnson & Johnson, 257-258, 347-348, 350
Johnson, Harvey, 88-89
Jones, Joyce F., 114-115
Jones Apparel Group, 234-238
Jornais, 150, 171-173, 182-184, 222
Jornal da empresa. *Ver* Comunicação com os funcionários
Jornalismo, 28
Jornalistas, 36, 181
  atitudes de, 180
  construindo relações positivas com, 181-182
  dicas para se relacionar bem com, 181-182
  importância da precisão com, 182-183
Jump Rope for Heart, 250-251

K

Kaiser Family Foundation, 319
Kaltschnee, Mike, 137
Kamras, Jason, 358
Kansas State University, 298-299
Kant, 86-87
Kealey, Burch, 279-280
Kellogg Foundation, 330-332
Kendall, Amos, 38
Kendrix, Moss, 47-50

Kennedy, Edward, 303
Kerkorian, Kirk, 286-287
Kerry, John, 193-194
Ketchum Public Relations, 134, 249, 268, 297, 326-327
Kettleson, Lynn, 347-348
Kia Motors, 250-251
Kiam, Victor, 258-259
Kilpatrick, Kwame, 223
Kimmel, Sydney, 234-238
King Features, 183-184
King's College, 38
Kinko's, 229-230
Kinston, NC, 217-218
Kiwanis Club, 227-228
Kleenex, 84-85, 252
Kleenex Moments, 252
Klein, Calvin, 340-341
Kleisterlee, Gerald, 266
Knapp, John, 346-347
Kodak, 224-225
Kodak Galleries, 134, 135
Kotcher, Ray, 55-56, 371-372
KRC Research, 311-312
KVO Public Relations, 374-375

L

L. L. Bean, 267
Lands' End, 267
Lasswell, Harold, 42-43
Lautenberg, Frank, 193-194
Lazarsfield, Paul, 45-48
Lead, 145-146
Lee, Ivy, 37, 40-41, 46-49, 55-56
Lei de marcas registradas, 82-85
Lei de Valores Mobiliários de 1934, 84, 277-279
Lei do lixo, 104
Lei Sarbanes-Oxley, 82-83, 278-280, 339-340
Lei Sunshine, 80-81
Lei USA Patriot, 81-82
Leis de direitos autorais, 79-80, 82-83, 85-86
Lenoir County Board of Commissioners, 219-220
Levitas, Elliott, 304-305
Levy, Ron, 307-308
Libel, 78-80
  na internet, 85-86
Liberalismo internacional, 298-299
Liberdade de expressão, 78-80
Libéria, 49-50
Liderança, 29-30
Líderes de opinião, 104-105
Ligação corporativa, 268
"Lights Golden Jubilee", 43-44

Lipitor, 146-147
Literatura de orientação, 214-215
Live with Lester Holt, 244-245
Liz Claiborne, Inc., 243-245
Lobby, 298, 303-304
  de base, 304
Lockheed Martin Corporation, 181-182, 238-239
Los Angeles Times, 183-184
Louis Harris and Associates, 115-117
Lowe's, 229-230
Lowman, Bill, 327-328
LSA. *Ver* Lutheran Services in America
Lucros, 351-352
Luporter, Christine, 206-207
Lurie, Ann, 234-238
Lutheran Services in America (LSA), 328-331
Luty, Bob, 149

M

M&M, 266
MADD. *Ver* Mothers Against Drunk Driving
Madison, James, 303
Mala direta, 150, 312-313
Malícia, 80
Manhattan, NY, 223
Manischewitz, 250
Manning, Selvage & Lee, 300
Manter registros, 104
Manuais, 215-216
Marcas registradas, 79-80
March of Dimes, 48-50
Margaritis, Bill, 209
Marken, G.A., 286-287
Marker, Robert, 161-163
Marketing, 27
  aplicando técnicas de relações públicas a, 255-262
  associado a relações públicas com, 250-255
  comunicação e, 257-258
  concursos/sorteios, 261-262
  de entretenimento, 249
  de relacionamento, 254-255, 370-371
  de rua, 134
  diretor-presidente como porta-voz de, 258-259
  distribuição e, 257-258
  Diva Marketing, 217-218
  Greater Philadelphia Tourism Marketing Corporation, 227
  internet para, 369-371
  por mecanismos de busca, 261

posição de marca reforçada por meio de, 250-251
práticas antigas *versus* novas em, 250-251
reforçando a posição de marca por meio de, 250-251
relacionado a causas, 239-241
relações com consumidores e, 263, 267-268
relações públicas associadas a, 254-255
social, 23-25
táticas de guerrilha, 261
viral, 261-262
Marlboro, 341-342
Marriott Hotels, 229-230
Martinica, 250
Massacre de Boston, 38
MasterCard Project Math, 355-356
  avaliação de, 359
  pesquisa para, 355-357
  público para, 355-357
  táticas para, 357-358
Materiais prontos para uso, 312-313
Material
  colateral, 263
  de referência, 214-215
Matérias com imagens, 189
Math, Engineering, Technology and Science initiative (METS), 355-356
Matriz de compensação, 63-64
Matriz de relações públicas, 143-144
Mattel, Inc., 339-340
Maule, Marci, 343-344
MBO. *Ver* Gestão por Objetivos
McCombs, Maxwell, 66-67
McDonalds Corporation, 86-87, 229-230, 255, 303
McElreath, Mark, 167-168
McGwire, Mark, 96-97
MCI, 290-291
Mediação ambiental, 157, 163-166
MediaScope, 331-333
Medicamentos controlados, 78
Medição
  de eventos, 162-163
  em Armstrong Cork, 161-162
  estratégias para, 162-163
  fontes de erro em, 166-167
  por objetivos, 163-164
Médicos, 102
Meio ambiente, 61
Meios controlados, 27, 146-147, 211-212

Meios de comunicação
  de massa, 142
  pela internet, 55-56, 184-185
Meios não controlados, 146-147, 182-183
Melhora geral na imagem, 252
Melhoria
  da reputação da empresa, 162-163
  de produtividade, 213-214
Memphis Image Survey Summary, 108-109f
Mensagens, 62-63, 215-216
  na internet, 162-163
  pela internet, 116-117
Mercado de trabalho, 224
Mercados globais, 371-373
Mercados-alvo, 339
Mescon, Michael, 204
Metas/objetivos, 123
Métodos de amostragem, 111-112
METS. *Ver* Math, Engineering, Technology and Science initiative
Meyer, Herbert, 287-288
Meyers, Gerald, 346-347
Meyerson, Mort, 234-238
Michaelis, George, 40, 46-49
Micropersuasão, 217-218
Microsoft, 22, 33-34, 347-348, 350
Middleberg, Don, 53-54
Mídia. *Ver também* Jornalismo; Jornalistas
  agenda para, 66-67
  cobertura de, 161-162, 171-173, 235-236
  controlados, 27, 146-147, 211-212
  crises de, 181
  de massa, 142
  eletrônica, 193-194, 216-217
  escolha de, 145-147
  especial, 214-215
  espontânea, 188-189
  Euro RSCG Magnet and Columbia University Survey of Media, 195-196
  financeira, 189, 273, 284-285
  gerados por consumidores, 352-353
  interativa, 27
  interna, 211-215
  kits de, 191-192, 250
  monitoramento de, 170-171
  na internet, 55-56, 184-185, 368-370
  não controlados, 146-147, 182-183

  panorama de, 259-260
  para comunicação com funcionários, 212-217
  preferências, 116-117
  relatório diário de acompanhamento da, 22
  rica, 368-369
  social, 162-163, 179, 184-187, 367-368
  tours de mídia via satélite, 193-194
  usos de, 65-67
  vantagens/desvantagens, 150
Miller, Karen, 41-42
Missão
  de produto, 125-126
  econômica, 125-126
  social, 125-126
Missouri State Teachers Association, 320
Mitchell, George, 95-96
Mobil Corporation, 304-305
Modelo
  de influência pessoal, 69-70
  de motivações mistas, 70-71
  de probabilidade elaborada, 64-65
  de processo para as relações públicas, 99, 103
  do intérprete cultural, 69-70
Modelos, 64-65, 69-71
Monitoramento
  ambiental, 113-115, 165-166, 169-170
  casual, 105-106
  durante o processo, 159
Morel, Don, 218-219
Morpheus, 374-375
Mostradores, 216-217
Mothers Against Drunk Driving (MADD), 323-324
Mountain Bell, 105-106, 142-144
Moveon.org, 301-302
Movimento sindical, 40
Movimentos sociais, 36
MSNBC, 194, 229-230
MTV, 23-24, 26
Mudança organizacional, 207-208, 376-377
MusicCity, 374-375
Musings from POP!, 217-218
MySpace, 184-185

N

Napster, 229-230, 374-375
NASA. *Ver* National Aeronautics and Space Administration

NASCAR Kids Multi-Vitamin, 266
National Aeronautics and Space Administration (NASA), 133
National Association of Broadcasters, 327-328
National Association of Realtors, 303
National Center for Nonprofit Boards, 329-330
National Crime Prevention Council, 316
National Fisheries Institute, 339-340
National Foundation for Teaching Entrepreneurship (NFTE), 234-238
National Fuel Funds Network, 250, 316
National Investor Relations Institute (NIRI), 278-279
National Labor Relations Board (NLRB), 83-84
National Latino AIDS Awareness Day, 25
National Marine Fisheries Service, 339-340
National Newspaper Syndicate, 183-184
National Press Club, 244-245
National Restaurant Association, 321
National Rifle Association (NRA), 331-333
National Tuberculosis Association, 41-42
Natrecor, 276-277
Necessidades de informação, 116-117
Negociação, 381
  coletiva, 209-210
  de contratos, 210-211
Neighbors Helping Neighbors, 199-200
Nestlé, 280-281
Netflix, 137
Nev On, 217-218
New Deal, 307-308
New England's First Fruits, 37
New Haven, CT, 226
New Profit, Inc., 233-234
New York Central Railroad, 55-56
New York Times v. Sullivan, 78
Newman, Frank, 346-347
Newmark, Craig, 198-199
News bureau, 322
NewsNight with Aaron Brown, 244-245
Newsweek, 229-230

NFTE. Ver National Foundation for Teaching Entrepreneurship
Nickelodeon, 295
Nike, 61, 79-80, 264, 283-285
NIRI. Ver National Investor Relations Institute
Nível de envolvimento, 61-62
Nixon, Richard, 89-90, 309-310
NLRB. Ver National Labor Relations Board
Nordstrom, 267
Norte-americanos, questões importantes para, 231-232
Notas à imprensa, 188-190, 200, 219-220. Ver também Press releases
Notícias de marca, 261, 331-334
Nova Orleans, Louisiana, 198-199
NRA. Ver National Rifle Association
NRANews, 333-334
NYC One Gallery Photo blog, 135

O

O'Connell, Mark, 199-200
O'Connor Kenny Partners, 206-207
O'Keefe, Sean, 133
Oakbrook, IL, 305-306
Objetivos, 127-128
  na campanha da River City Symphony, 172-173
  na campanha das Kodak Galleries, 134
  para as relações com a comunidade, 226
Objetivos organizacionais, 23
Occupational Safety and Health Administration (OSHA), 215-216, 304-305
Ofertas de compra, 273, 281-282
Office of War Information (OWI), 45-48, 307-308
OMC. Ver Organização Mundial do Comércio
Omidyar, Pierre, 233-234
One Laptop Per Child, 316-317
"Operation Helping Hand", 199-200
Opinião de massa. Ver Opinião pública
Opinião pública, 23-25, 111-113
Opinion Research Center, Inc., 115-117
Oportunidades, 126-127
  iguais, 83-84
Oracle, 233-234
Orçamento de projeto, 129-130

Orçamentos, 72-73, 123, 129-130, 149-151
  para relações públicas corporativas, 346-347
  para um folheto de teatro comunitário, 129-130
Oreck, David, 258-259
Oregon Health & Science University, 322-323
Organização Mundial do Comércio (OMC), 300-301
Organizações
  de relações públicas, 50-52
  do movimento social, 23, 25, 41-42
  religiosas, 322-324
Organizações sem fins lucrativos, 36, 41-42
  abordagem da unificação das relações públicas externas a, 329-330
  ambiente de, 316-319
  assuntos públicos para, 298
  concorrência por recursos de, 324-325
  construção de marca de, 327-330
  crises/escândalos em, 326-327
  desafios da tragédia do furacão Katrina a, 200
  desafios de relações públicas enfrentados por, 319, 324-325, 328-332
  estudo de caso em "notícias com marca", 331-333
  fatores de sucessos de, nas relações públicas, 328-332
  geradoras de receitas, 317-318
  National Center for Nonprofit Boards, 329-330
  organizações com fins lucrativos *versus*, 316-317
  para turismo, 323-324
  profissionais de relações públicas em, 319
OSHA. Ver Occupational Safety and Health Administration
Outdoors, 216-217
Outdoors ao ar livre, 150
OWI. Ver Office of War Information
Oxley, Michael, 278-279

P

Pacote de benefícios, 206-207
PACs. Ver Comitês de ação política
Padrões
  de consumo, 264
  profissionais, 89-90

Pagani, Frank, 289-290
Page, Arthur, 43-45, 46-49
Páginas na internet, 196-197, 222, 312-313
 ciclo dialógico em, 147-148
 como parte de um plano de comunicação integrada, 261
 comunicação com os funcionários por, 205
 entrevistas coletivas substituídas por, 192-193
 necessidade de conteúdo atualizado na, 53-54
 usabilidade de, 116-118, 147-148
 visitas de retorno a, 147-148
Palestrantes, 37
Palestrar, 29
Palestras, 215-216
Palm, 255
Palm Beach Gardens, Flórida, 210-211
Palmquist, Catherine, 324-325
Paluszek, John, 297
Panfletos, 149-151
Papel
 do gestor, 67-68
 do técnico, 66-67
Parker, Sarah Jessica, 261-262
Participação em diretorias, 329-330
Partido de Preservação das Vacas, 255
Patrocínio, 341-342
Peak, W.J., 224-225
Pearl Harbor, 257-258
Pennsylvania Railroad, 55-56
People's Bank, 226
Pepsi Diet, 138
PepsiCo, 138-140, 347-348, 350
Percepções seletivas, 152-153
Perot Systems, 234-238
Persuasão, 61-63
Peru, 235
Pesquisa
 com *survey*, 107-108
 de avaliação pela internet, 158
 de opinião pública, 123-124
 experimental, 108-110
 formal, 104, 117-118f
 informal, 104, 117-118
 pelo correio, 108-109
 por telefone, 105-106
 primária, 117-118
 qualitativa, 110-111
 secundária, 117-118
 sobre imagem da organização, 115-117

Pesquisa em relações públicas, 23-24, 99, 103
 abordagem qualitativa a, 110-111
 abordagem secundária a, 117-118
 auditorias de comunicação para, 115-117
 auditorias sociais em, 117-118
 básica, 117-118
 Cedar Springs Community Hospital, 101-102, 107-108
 entrevistas para, 110-111
 estudos de caso, 118-119
 formal *versus* informal, 104, 117-118
 MasterCard Project Math, 355-357
 método para proporcionar valor, 103-112
 monitoramento ambiental para, 113-114
 necessidade de, 101
 observações para, 110-111
 pesquisa em usabilidade, 116-118
 pesquisa experimental, 108-110
 planejamento e, 126-127
 questionários de *survey* para, 107-108, 110-111
 questionários para, 102
 relações com a mídia e, 187-188
 técnicas de pesquisa científica formais, 107-108
 técnicas para, 107-108
 técnicas usadas em, 107-108
 Teenage Research Unlimited, 243-244
Pessoal, 129-131
Pettite, Andy, 95-98
Petty, Richard, 64-65
Pew Internet and American Life Project, 195-196
Phair, Judy, 193-194
Philanthropic Peer-to-Peer Network, 229-230
Philbin, John, 88-89
Philip Morris, 238-239
Philips Electronics, 266
Phillips-Van Heusen Corporation, 242-243
PIER Systems, Inc., 88-89
Pinnacle Worldwide, 377-378
Pirâmide invertida, 145-146
Planejamento em relações públicas, 99, 103
 ameaças determinadas em, 126-127
 avaliação de, 129-130

 brainstorming em, 124-125
 calendário em, 129-131
 Cedar Springs Community Hospital, 122-123
 construção de cenário em, 124-125
 CSCT como exemplo de, 72-73
 declaração de missão, 125-126
 desenvolvimento de temas como parte de, 127-128
 elementos de, 124-132
 estratégia em, 122-124, 128-129
 fundamentos de, 123-124
 hierarquia em, 124-125
 importância de, 123-124
 Kodak Galleries, 134, 135
 objetivos como parte de, 124-125
 objetivos desenvolvidos em, 127-128
 oportunidades determinadas em, 126-127
 orçamento elaborado para, 129-130
 para eventos especiais, 125-126
 pesquisa e, 126-127
 pesquisas de opinião pública em, 123-124
 pessoal para, 129-131
 planejamento de emergência da NASA, 133
 plano
  de campanha, 124-125
  de uso único em, 124-125
  permanente em, 124-125
 políticas para, 131-132
 priorização em, 127-128
 procedimentos para, 131-132
 públicos-alvo para, 126-127
 regras para, 131-132
 relações com a mídia e, 187-188
 táticas em, 123-124, 128-129
Planejamento estratégico, 122-124, 128-129
Plano
 da organização, 213-214
 de uso único (plano de campanha), 124-125
 estratégico, 103, 123-124
 permanente, 124-125, 130-132
 tático, 123-124
Pneus Firestone, 89-90, 254-255
Podcasts, 134, 186-187, 194
Pogue, David, 255
Points of Light Foundation, 330-332

Polícia do *campus*, 322
Políticas, 131-132
  das bolsas de valores, 279-280
  de pessoal, 213-214
Ponto de vista falso, 80-81
Post, Emily, 250
Powell, Justice, 78
PR Data Systems, Inc., 171-173
Práticas enganosas, 266
Press kits, 191-192
Press kits eletrônicos, 193-194
Prevenção, 122
Primeira divisão do beisebol, 95-96
Primeira Emenda, 78, 194
Princípio GIGO (Garbage In, Garbage Out), 104-105
Print for Libraries (Google), 77
PRIO. *Ver* Public Relations Organization International
Prioritization, 127-128
Prismas de mesa, 138-139
Proatividade, 122
Probabilidade, 111-112
Problemas mecânicos, 364
Procedimentos, 131-132
Processo
  de difusão, 141
  legislativo, 298, 303
Procter & Gamble, 250, 252, 259-260, 316, 347-348, 350
Produção, 29, 167-168
Produtividade de trabalhadores, 224
Profiles of Our Times (programa de rádio), 49-50
Profissionais de relações públicas, 30-31
  como comunicadores, 144-151
  como diretores de produção, 192-194
  como especialistas em gestão de mudanças, 376-377
  corporativos, habilidades de, 345-347
  corporativos, papel de, 343-344
  dependência mútua entre jornalistas e, 181-182
  dicas para se relacionar bem com jornalistas, 181-182
  formação de, 33-34, 52-53
  idade de, 33-34
  Internal Communication Consultant, 378
  jornalistas e, 178-183
  mudança de paradigma entre, 370-372
  nas organização sem fins lucrativos, 319
  necessidade de familiaridade com questões legais de, 78

necessidade que os jornalistas têm da precisão de, 182-183
níveis salariais de, 33-34
objetivos de, com investidores, 275-276
papel de, na comunicação com funcionários, 206-208
qualificações de, 29-30
questões legais como preocupação de, 80-81
relação dos jornalistas com, 179-180
relações da mídia com, 178-183
responsabilidades de, sobre o clima de opinião pública, 30-31
tendência de gênero em, 33-34, 381
visão dos, acerca de jornalistas, 180-181
Programação, 28
Programas de certificação, 94-95
Projeções sobre a força de trabalho, 205
"Project TurboBoost", 276-277
Promotores, 37
Propaganda, 146-147, 149-151, 304-305, 312-313
  comercial, 78
  de temas, 304-305
  para a defesa. *Ver* Propaganda de temas
  pelo ato, 39
PRSSA, A Brief History (Champions), 33-34
PRSSA. *Ver* Public Relations Students Society of America
PRTrack, 172-173
PRWeek, 319
PSAs. *Ver* Anúncios de interesse público
Psicologia social, 25
Public Affairs Council, 297
Public Relations Journal, 51-52
Public Relations Organization International (PRIO), 376-377
Public Relations Society of America (PRSA), 23-24, 33-34, 50-52, 345-346
  código de ética da, 89-94
  em testemunho com relação a *video releases*, 193-194
Public Relations Students Society of America (PRSSA), 33-34
Publicação de informações privadas, 80-81
Publicações setoriais 3, 182-184, 188-189
Publicidade, 187-188
  de temas, 304-305
  planejada, 188-189

Publicity Bureau, 40
Públicos, 149, 282-283, 355-357, 365-366. *Ver também* Públicos-alvo
  ativo, 113-114, 141
  cobertura, 157, 163-165
  conhecimento de, em relações com o consumidor, 264
  de televisão, 184-185
  definição de, 177
  envolvimento, 27
  estudo de caso sobre o furacão Katrina, 197-198
  extranets como, 196-197
  informado, 113-114, 141
  intervenientes, 141
  intranets como, 196-197
  latente, 112-113, 141
  moderadores, 141
  principal, 141
  relevantes, lista de, 114-115
  resposta, 157, 164-165
  wikis como, 196-197
Públicos-alvo, 126-127, 141, 143-144, 339
Pure Asymmetry Model, 69-70
Pure Cooperation Model, 69-70

Q

Quadro de referência, 152-153
Qualificações, 29-30
Quest, 316-317
Questionários. *Ver* Questionários de *survey*
Questionários de *survey*, 104-105, 110-111, 214-215
  para obter a opinião de pacientes, 138-139
  para pesquisas em relações públicas, 102
  pesquisa por telefone, 105-106
Questionários pela internet, 110-111
Questões étnicas, 108-109
Qwest Communications, 170-171, 290-291

R

Rabin, Steven, 319
Rádio, 150, 183-185
Raimondo, Lois, 257-258
Rakoff, Jed, 290-291
Realismo, 298-299
Really Simple Syndication (RSS), 186-187f, 194, 353-354
Receptor, 62-63

Reconhecimento
 de limitações, 61-62
 de problemas, 61-62
Recursos humanos (RH), 373-376
Redação/edição, 28, 144-147
Rede de restaurantes O'Charley's, 287-288
Rede mundial de computadores. *Ver* Internet
Reed, John, 344-345
Referendo sobre a "Lei das garrafas", 104
Regra 10B-5, 280-281
Regras, 131-132
Regulamentações, 82-83
Reimpressões, 215-216
Reino Unido, 235-236
Relações, 23-24, 28
Relações com a comunidade, 52-53, 222-246, 341-343
 ação política e, 230-231
 ativismo em, 241
 campanha "Love Is Not Abuse", 243-246
 comunicações em, 227-228
 conhecendo a comunidade, 226-227
 critérios para, 229-230
 definição de, 224-225
 eficazes, diretrizes para, 227-228
 envolvimento organizacional e, 213-214
 funções específicas, 228-229
 governos locais e, 230-231
 IMPACT Day, 235-236
 importância de, 223-225
 objetivos de, 226
 processo de, 224-225
 programas da Starbucks de, 383
 quando uma organização avança, 228-230
Relações com a mídia, 182-183, 263, 312-313, 341-342
 avaliação de, 171-173
 com blogueiros, 195-196
 distribuindo notas à imprensa, 191-192
 elementos de programa de, 188-189
 estratégias de preparação para reuniões, 187-188
 impacto da internet sobre, 368-370
 no desastre do furacão Katrina, 198-200
 pacotes de notas à imprensa, 191-192
 papel da tecnologia em, 193-197

 pesquisa/planejamento em, 187-188
 preparando-se para se reunir com a mídia, 185-188
 trabalhando com a mídia, 185-189
Relações com consumidores, 249
 assuntos de consumidor e, 265, 268
 comunicações corporativas e, 351-352
 conhecimento de públicos em, 264
 Consumer Product Safety Commission, 304-305, 366-367
 desafios de, 263
 diminuindo a distância entre corporação e consumidores por meio de, 261-264
 excelentes, educação de consumidores por meio de, 265
 exemplo da Best Buy de, 268
 Geek Squad, 268
 lidando com reclamações, 267
 ligação corporativa, 268
 marketing e, 263, 267-268
 padrões de consumo, 264
 práticas enganosas tratadas em, 266
 tecnologia e, 267
 Virginia State Board of Pharmacy *versus* Virginia Citizens Consumer Council, Inc., 78
Relações com investidores, 52-53. *Ver também* Relações financeiras
 com acionistas, 282-283
 confiança dos investidores e, 275-276
 disputas por procurações e, 281-282
 divulgação de informações sobre, 280-281
 escândalo da WorldCom, 289-290
 estratégias de comunicação em, 285-286
 eventos definidores de, 273-274
 impacto da internet sobre, 369-370
 imprensa financeira em, 284-285
 interesse crescente em, 273-276
 lições aprendidas da Enron, 274-275
 NIRI como recurso para, 278-279

 ofertas de compra pública e, 281-282
 políticas das bolsas de valores e, 279-280
 "Project TurboBoost", 276-277
 profissionais das relações financeiras, 281-282
 proporcionando informações públicas, 277-278
 públicos para, 282-283
 questões de crises em, 280-282
 regulamentações da SEC e, 277-278
 relações públicas e, 273
Relações financeiras, 213-214, 274-276, 281-285, 341-342
Relações públicas. *Ver também* Ação nas relações públicas; Relações públicas corporativas; Avaliação nas relações públicas; Ambiente jurídico das relações públicas; Planejamento em relações públicas; Pesquisa em relações públicas
 Accredited Public Relations (APR), 50-52
 aplicações de, em *marketing*, 255-262
 áreas de especialização em, 340-342
 assuntos de consumidor e, 265
 auditoria de, 114-115
 avaliações para qualificações em, 29-30
 Burson-Marstellar Public Relations, 48-49
 campanhas políticas em, 310-311
 Careers in Public Relations, 28-29
 como instituição em mudança, 372-376
 corporativas, panorama de, 339-348
 corporativas, papel do profissional em, 343-344
 Council of Public Relations Firms, 33-34
 definição de, 23-24
 desafios na história do século XXI, 364
 diferenças com o jornalismo, 28
 em corporações multinacionais, 343-346
 em faculdades, universidades, 41-42
 exemplo da MusicCity sobre, 374-375
 Handbook for Public Relations, 229-230

importância de, internas fortes, 328-331
lições aprendidas com a Enron em, 274-275
marketing associado a, 250-255
matriz de, 143-144
mídias sociais e, 367-368
modelos de, 67-68
na educação superior, 321-322
na Europa, 31-32
na negociação coletiva, 209-210
no governo, 42-43, 296, 300, 306-308
orçamentação em, 123
papéis em, 66-67
papel da tecnologia em, 193-197
papel das teorias em, 58
papel do diretor-presidente em, 339-341
para organizações religiosas 322-324
para organizações sem fins lucrativos, 319, 324-325, 328-332
por objetivos, 130-132
prevenção em, 122
primeiras agências de, 41-42
primeiro uso do termo, 40
princípios de Page sobre, 44-45
proatividade em, 122
processo de, 380
propaganda e, 149
provando o valor de, 103-112
Public Relations Society of America, 23-24, 33-34, 50-52
Public Relations Students Society of America, 33-34
publicações profissionais em, 51-52
táticas para relações com consumidores/*marketing*, 263, 267-268
tradições conceituais em, 51-52
Relações públicas corporativas
atividades de, 342-344
blogs para, 352-353
CSR para, 353-354
desafio de conquistar uma boa reputação por meio de, 347-348, 350
diversidade tratada por meio de, 354-355
entendimento público promovido por meio de, 351-352
ligação para, 268
MasterCard Project Math, 355-356

nova visão de marca da Greyhound como exemplo de, 349
orçamentos para, 346-347
panorama, 339-348
papel do profissional em, 343-344
para empresas multinacionais, 343-346
para pequenas empresas, 345-346
reputação/credibilidade por meio de, 347-348
RSS para, 353-354
Starbucks como exemplo de, 382-383
táticas usadas em, 346-348
tecnologia e, 351-354
Relações públicas de governo, 42-43
campanha Go Direct, 310-313
Departamento do Tesouro dos EUA, 310-313
função de, 308-309
importância/alcance de, 307-309
internet em, 309-310
prática de, 308-310
Relatório de acompanhamento da mídia. *Ver* Relatório diário de acompanhamento da mídia
Relatório diário de acompanhamento da mídia, 22
Relatórios anuais, 208, 286-287
conteúdos de, 287-289
eletrônicos, 289-290
propósito de, 287-288
RembrandtAdvantage, 29
Reputação, 347-348, 350
Responsabilidade, 89-90
de produto, 86-87
social corporativa (RSC), 230-231, 253-255, 353-354, 379-380
Responsáveis por assuntos públicos (*Public affairs officers*, PAOs), 306-307
Responsáveis por informações públicas, 305-306, 309-310
Resumo executivo, 286-287
Retenção, 149-153
Retenção seletiva, 152-153
Retórica, 37
Retóricos, 36, 37
Retorno sobre investimento (RSI), 161-162
Reunião da equipe de contas, 22
Reuniões anuais, 285-287
Revistas, 150, 183-184
Revolução Americana, 38

Revolução Industrial, 39
RF GlobeComm, 244-245
RH. *Ver* Recursos humanos
Rhode Island Department of Health, 129-131
Rivalidades, 102
River City Symphony, 172-173
Road Ready Teens, 62-63
Roalman, Arthur, 276-277
Rochester, MN, 71-73
Rochester Philharmonic Orchestra, 224-225f
Rockefeller, John D., 41
Rogers, Kathy, 316-317
Rogers, Will Jr., 104
Roosevelt, Franklin, 45-49, 278-279
Rosenthal, Herbert, 289-290
Rota periférica, 65-66
Rotary Club, 227-228
Royal Dutch Shell, 344-345
RPs corporativas, 217-218
RSC. *Ver* Responsabilidade social corporativa
RSI. *Ver* Retorno sobre investimento
RSS. *Ver* Really Simple Syndication
Rubber Manufacturer's Association, 300
Ruder Finn Public Relations, 239-240, 243-244, 343-344
Ruder Finn Rotman Agency, 114-115
Rumores, 366-367
Russell, Karen Miller, 45-48
Ryan, Charlotte, 52-53

S

Salários, 33-34
Salzman, Marian, 259-260
San Jose, CA, 228-229
San Jose Mercury News, 276-277
Sands, Michael, 340-341
São Francisco, CA, 227
Sarbanes, Paul, 278-279
Satisfação de gestores, 209
Satisfação no emprego, 211-212
Saúde, 234-238
Sauerhaft, Stan, 284-285
Schick Shave Shack, 256-257
Schmertz, Herbert, 304-305
Schultz, David, 242-243
Schwartz, Jonathan, 149
Schwartz Communications, 217-220
Schweiker, Mark, 316
Scios Inc., 276-277
Seattle, WA, 300-301

SEC. *Ver* Securities and Exchange Commission
SEC *versus* Texas Gulf Sulfur Co., 273-274, 280-281
Second Harvest, 324-325
Securities and Exchange Commission (SEC), 82-83, 273-274, 277-279
Segunda Guerra Mundial, 45-48
SEIU. *Ver* Service Employees International Union
Selig, Bud, 95-96
Sem comunicação, 152-153
Seminário de planejamento corporativo, 171-172
Seong-Hun Yun, 298-299
Service Employees International Union (SEIU), 301-302
Serviço local por medição, 142-143
Serviços de saúde, 108-109
Serviços de saúde/humanos, 319-324
Serviços humanos, 234-238, 317-318
Setores econômicos, 33-34
Shaw, Donald, 66-67
Shel of My Former Self, 217-218
Simetria, 69-70
Sindicatos, 209-212
Sistema político, 300-306
Sistemas
 abertos, 59-61
 fechados, 59-60, 167-169
Slander, 78-80
Slogans, 38
Smithsonian Institution, 326-327
Sociedade global da informação, 52-54
Solução de conflitos, 67-70
Sons of Liberty, 38
Soon Beng Yeap, 383
Sosa, Sammy, 96-97
Spaeth, Merrie, 258-259
Spaeth Communications, 258-259
Speed Stacks, 249
Sprint, 241
St. Jude's Children's Research Hospital, 229-230
St. Louis, MO, 355-356
Stakeholders, 59-60, 70-71, 143-144, 370-371
 análise de, 142-143, 151-152
 gestão de, 154-155
 internos, 143-144
Standard Oil, 364-365
Starbucks, 382-383
STB. *Ver* Surface Transportation Board

Steele, Erin, 200
Steinberg, Charles, 31-32
Stengel, James, 259-260
Stewart, Jon, 197-198
Stewart, Martha, 86-87, 339-341
Stokes, Anson Phelps, 41-42
Subway, 250-251
Sul da África, 235-236
Sullivan, L.B., 78
Sullivan, Scott, 347-348
Sun Company, 282-283
Sun Microsystems, 149
Surface Transportation Board (STB), 71-72

T

Taco Bell, 264
Tate, Sheila, 298-299
Táticas, 128-129
 na campanha da River City Symphony, 172-173
 na campanha das Kodak Galleries, 134
Táticas de guerrilha, 261
Taxas de resposta, 170-171
Teahan, Frederick, 33-34
Técnicos, 345-346
Tecnocratas, 352-353
Tecnologia da informação (TI), 373-376
Tecnologias de imagem digital, 224-225
Teenage Research Unlimited, 243-244
Teleconferências, 283-285
Televisão, 23-24, 26, 150, 182-185, 194, 197-199, 218-219, 229-230, 284-286, 295
Tema, 127-128, 138-139
Teoria
 da aprendizagem social, 64-65
 da comunicação de massa, 65-67
 da definição de agenda, 66-67
 da difusão, 63-65
 das relações, 59-65
 das trocas sociais, 62-64
 de sistemas, 59-61
 definição de, 59
 do apelo ao medo, 59
 do fluxo de informações em dois passos, 142
 dos usos e gratificações, 65-67
 modelo de probabilidade elaborada, 64-65
 papel de, em relações públicas, 58
 situacional, 61-62

Terceiros neutros, 142
Testes, 137
Texas Instruments, 228-229
The Daily Show, 197-198
The Fourth Branch of Government (Cater), 180
The New York Times, 78, 183-184, 339-340
The Public and its Problems (Dewey), 112-113
The Richards Group, 349
Thomas, Dave, 258-259, 321
TI. *Ver* Tecnologia da informação
Tide, 250
Tide Coldwater, 316
Tigers, 181
Times Square Alliance, 257-258
Timing, 149-152
Tirone, James, 169-173
Today Show, 244-245
Tomada de decisões, 30-31, 130-132
Toth, Elizabeth, 298-299
Tours de mídia via satélite, 193-194
Toyota, 341-342
Toyota Motor, 347-348, 350
Toys "R" Us, Inc., 283-285
Trading Graces, 328-330
Tráfego, 108-109
Trailers de filmes, 150
TRAKWare, Inc., 172-173
Transmissões de áudio e vídeo, 53-54
Trent, Grace Chen, 290-291
3M Post-It notes, 316
Trump, Donald, 340-341
Tsunami, 323-324
Turner Broadcasting System, Inc., 326-327
TV a cabo, 182-183, 285-286
Two Elk Lodge, 242-243
Tyco, 277-278

U

U. S. Census Report, 227
U. S. Chemical Safety Board, 218-219
U. S. Civil Service Commission, 306-307
U. S. Conference of Mayors, 250
U. S. Department of Energy, 108-110
U. S. Department of Health and Human Services (HHS), 329-330
U. S. Internal Revenue Service (IRS), 316-317

U. S. Olympic Committee (USOC), 252
U. S. Supreme Court, 79-80
Unilever, 266
United Technologies, 210-211
United Way, 328-330
United Way Loaned Executive Program, 230-231
United Way of Metropolitan Atlanta (UWMA), 199-200
United Way/Cruz Vermelha da Grande Rochester, 224-225
Universidade Johns Hopkins, 324-325
Universidades, 23
University of Maryland, 298-299
University of Nebraska, 279-280
University of Southern California, 185-187
Usabilidade, 116-118, 147-148
USOC. *Ver* U.S. Olympic Committee
UWMA. *Ver* United Way of Metropolitan Atlanta

V

Valores culturais, 90, 93-94
Verificação de implementação, 159, 160
Verizon, 290-291
Video release, 129-131, 138-140, 188-189, 193-194
Videocasts, 194
Virginia State Board of Pharmacy *versus* Virginia Citizens Consumer Council, Inc., 78
Visitas repetidas, 147-148
Voluntários, 128-129, 226, 238-239, 328-330
Volunteers of America, 328-330
Voz ativa, 145-146
Voz passiva, 145-146

W

Wade, John, 73
WalkAmerica, 49-50
Walker, Charles, 304
Walker, Tom, 286-287
Wall Street Week, 285-286
Wal-Mart, 344-345
Warm Springs Foundation, 48-49
Washington, George, 38
Washington Post, 183-184
Weber Shandwick, 310-313, 350-351
Weissman, George, 238-239
Wheat Foods Council, 329-330
White, Gordon, 31-32
Wikis, 186-187, 196-197
Wilson, Woodrow, 42-43
Winfrey, Oprah, 79-80
Winn-Dixie, 228-229
Wired, 22
WirthlinWorldwide, 311-312
Woods, Tiger, 256-257
World Changers, 322-323
World Communication Group, 377-378
World Congress Center, 200
World Trade Center, 39, 89-90, 326-327, 379-380
WorldCom, 274-275, 289-290, 347-348
"Worlds Greatest Love Stories", 257-258

X

Xerox, 84-85

Y

Yak-Pak, 185-187
Yale University, 322-323
Yankolovich, Skelly and White, 115-117
Young, Thomas, 238-239
YouTube, 26, 184-185, 320

Z

Zahn, Paula, 198-199
Zoológico de São Francisco, 181